高等教育教材

经 济 管 理 数 学

何良材　编著

重庆大学出版社

内 容 提 要

本书是根据国家教育部高等教育有关经济、管理类专业《经济数学》教学大纲要求,集作者20余年"经济数学"课程教学经验与其所著《经济应用数学》教材(一、二、三版)实践运行,并结合当前教育实际及社会需求编写而成.

本书共5章:函数、极限与连续;微分学及其应用;积分学及其应用;矩阵方法及其应用;概率统计及其应用.

本书主要介绍经济数学的基本知识,特别强化其经济分析中的应用;对基本理念、法则充分阐明其来源背景、实质意义、做法步骤及应用去向.

本书专供高等院校财经、管理类各专科,高职高专财经、管理类各专业使用,也可作为工科少学时、文科有关专业及经济、管理实际工作者与兴趣爱好者选读参考.

图书在版编目(CIP)数据

经济管理数学/何良材编著.—重庆:重庆大学出版社,2006.2(2017.7 重印)

ISBN 978-7-5624-3587-7

Ⅰ.经… Ⅱ.何… Ⅲ.经济数学—高等学校—教材 Ⅳ.F224.0

中国版本图书馆 CIP 数据核字(2006)第 003763 号

高等教育教材

经济管理数学

何良材 编著

责任编辑:曾令维 穆安民　　版式设计:曾令维
责任校对:任卓惠　　　　　　责任印制:赵　晟

*

重庆大学出版社出版发行
出版人:易树平
社址:重庆市沙坪坝区大学城西路 21 号
邮编:401331
电话:(023) 88617190　88617185(中小学)
传真:(023) 88617186　88617166
网址:http://www.cqup.com.cn
邮箱:fxk@ cqup.com.cn (营销中心)
全国新华书店经销
POD:重庆书源排校有限公司

*

开本:787mm×1092mm　1/16　印张:21.75　字数:543 千
2006 年 2 月第 1 版　　2017 年 7 月第 5 次印刷
ISBN 978-7-5624-3587-7　定价:46.00 元

本书如有印刷、装订等质量问题,本社负责调换

版权所有,请勿擅自翻印和用本书
制作各类出版物及配套用书,违者必究

编 者 的 话

本书是根据国家教育部高等教育有关经济、管理类专业《经济数学》教学大纲要求,集作者20余年"经济数学"教学经验与其所编《经济应用数学》教材(一、二、三版)实践运行,并结合当前教育实际(特别是学生实际)和社会需要编写而成.

本书内容共计5章:第1章 函数、极限与连续;第2章 微分学及其应用;第3章 积分学及其应用;第4章 矩阵方法及其应用;第5章 概率统计及其应用.

本书专供高等院校财经、管理类各专科,高职高专财经、管理类各专业使用,也可作为工科少学时、文科有关专业以及经济、管理实际工作者与兴趣爱好者选读参考. 凡注有"＊"号内容可酌情取舍.

本书具有以下特色:

(1)不片面追求数学理论的严密性、完整性,突出"以应用为目的,必须够用为尺度"的指导思想,力图构筑以"掌握基本知识、方法和使用技能,强化实际应用"为重点,把编写教材的立足点放在培养高级应用型人才的目标上.

(2)内容简明扼要,紧密联系经济实际,努力实现教学上的灵活性与实用性. 结构层次分明,重点显著突出,难点剖析透彻. 对基本理念、法则充分阐明其来源背景、实质意义、做法步骤及应用去向.

(3)文字叙述上力求浅出深入,形数结合,通俗易懂,渐进深化. 注重培养学生抽象思维,观察综合,应用计算、技能以及分析、解决问题的基本素质和创新能力.

(4)书中每章选有适量的练习题及综合自测题. 还编有与教材配套的学习指导与习题全解(含内容辅导与提要、范例分析、习题解答及概念思考题4部分).

本书由知名数学家段虞荣(教授)审阅. 重庆大学何中市(教授、博士生导师)、王代先(副教授)、万象明(副教授)、工英仪(副教授)、侯勇之(副教授)、白任伦(副教授)、李新(副教授)、王新质(副教授)、王克金、钟小伟以及重庆师范大学陈忠友等老师提出了许多中肯有益的修正意见,同时还得到了重庆大学成人教育学院领导和有关同志的关怀支持,作者在此向他们深致谢意.

限于作者水平,不妥与错误在所难免,恳请读者批评指正.

编著者 何良材(教授)

2005 年 10 月于重庆大学

目　录

引　言

数学是研究现实世界中的空间形式和数量关系的科学,初等数学是常量为主的数学,而高等数学则是变数为主的数学,其中核心部分是微积分. 高等数学和其他科学一样,也是随着社会生产的不断发展而产生和发展起来的. 它是人们认识世界、改造世界不可缺少的有力工具,为了帮助读者对高等数学有一粗略了解,先谈谈下面两个问题,或许多少有所帮助.

0.1　微积分的产生和发展

追溯历史,无论在我国还是西方,任何一门科学都是在社会生产的推动下产生和发展起来的. 事实证明,微积分的产生和发展也是以生产劳动实践为基础,且与科学地继承和发展数学长期积累的研究成果是分不开的.

在我国古代,已孕育着微积分思想的萌芽,如西汉刘歆在《西京杂记》中提到的"记里车",东汉张衡制造的"浑天仪",蜀汉诸葛亮使用并改进的"木牛流马",都要设计制造圆形的物件,要求更精确的圆周率,从而产生了魏晋时刘徽提出的"割圆术". 他从圆内接的正多边形做起,令边数成倍地增加,即从 6 而 12,而 24,而 48,……而 384,……而 3 072. 用这个正 3 072 边形面积"近似代替"圆面积,就得 π 的更精确值3. 141 6,"割之弥细,所失弥少;割之又割,以至于不可割,则与圆周合体而无所失矣",这里就已包含着微积分中"无限细分,无限求和"的思想方法. 又如,隋代建造的跨度达 37 m 的大石拱桥——赵州桥,系用一条条长方形条石砌成,一段段直的条石却砌成了一整条弧形曲线的拱圈,这就是微积分"以直代曲"(或"以常代变")这个基本思想的生动原型.

16 世纪的欧洲,处于资本主义萌芽时期,为适应资本积累的需要,生产力得到很大的发展. 当时,生产和技术中的大量问题迫切要求力学、天文学等基础科学的发展,这些科学是离不开数学的,因而也就推动了数学的发展. 航海事业(如美洲的发现)需要确定船只在海洋中的位置,这就要求精确地测定地球的经纬度和制造精确的时钟,于是促进了对天体运行的深入研究. 船舶形体的研制改进,需要探讨流体及物体在流体中运动的规律. 战争中用枪炮发射弹丸,要求炮弹打得准确,导致对抛物体运动的研究. 机械、建筑、水利等方面也都向数学提出了种种新课题. 在实际需要的基础上,通过大量观察和系统实验,人们逐步用新的数学方法帮助总结事物的运动规律. 例如,克卜莱根据长期天文观察资料运用数学推导,总结出行星三大运动规律;伽利略系统地研究了落体速度变化的规律,并提出了惯性定律,把物理实验与数学方法结合起来,精确地用数学公式描述了物理学规律. 以机械运动中的基本问题之一的速度、路程和时间三者关系为例,若在等速运动的条件下,用初等数学方法立即可获得解决:速度 = 路程 ÷时间;路程 = 速度 × 时间. 但是,在变速运动中,也就是在速度随时间变化的条件下,只用初等数学的方法就难以解决了. 究其原因,是因为在变速运动的条件下,路程除以时间,只能得到在这段时间内的平均速度,而不能得出所要知道的每一瞬时的速度. 同样地,由于速度随时间在变化,简单地用速度乘以时间也不能准确地计算出路程来. 这就要求数学必须突破研究常数的范围,提供研究物体运动及变化过程的新工具——变数数学. 微积分作为变数数学的主要部分,正是适应当时客观现实的需要,在有了变数的基础上产生的. 正如恩格斯所指出的"数学的转折点是笛卡儿的变数. 有了变数,运动进入了数学;有了变数,辩证法进入了数学. 有了变数,微分和积分也就立刻成为必要的了. 而它们也就立刻产生,并且是由牛顿和莱布尼兹大体上完成的,但不是由他们发明的."

0.2 微积分如何解决实际问题

这里来分析微积分中的两个典型问题,从中可以大致了解微积分解决实际问题的基本思想和求解方法.

问题 1 自由落体的速度问题.

由物理学可知,自由落体的运动规律为

$$s = \frac{1}{2}gt^2$$

式中 s ——路程;

$\qquad t$ ——时间。

$g = 9.8 \text{ m/s}^2$ 是重力加速度,从而上述问题成为:$s = 4.9t^2$,求 $t = t_0$ 时的瞬时速度. 为方便直观起见,不妨设 $t_0 = 1 \text{ s}$ 来进行讨论.

解 第一步 分析问题,提出矛盾

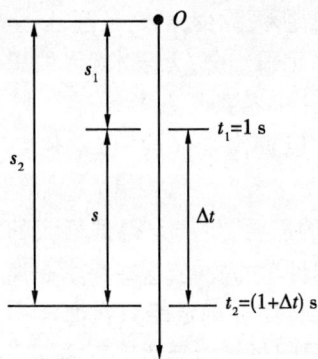

图 0.1

若物体做等速直线运动,显然,速度 = 路程/时间,记为

$$v = \frac{\Delta s}{\Delta t} = \frac{s_2 - s_1}{t_2 - t_1}$$

但对于自由落体来说,情况就大不相同了,由于自由落体的速度是随时间的变化而改变的,用上述公式只能得到落体在一段时间间隔内的平均速度,而不是物体的瞬时速度. 因此,若要以计算等速运动速度的方法为基础,来解决变速运动的速度问题,这里就遇到速度的"变"与"不变"(即"变"与"常")的矛盾.

第二步 寻求做法,解决问题

从自由落体运动的整个过程来看,速度的变化是显著的,但若在时刻 $t = 1 \text{ s}$ 邻近的很短的一段时间内,比如 $t = 1 \text{ s}$ 到 $t = 1.1 \text{ s}$ 这段时间内,其速度变化的差异不大,因此在这段很短的时间内,可以把变速运动近似地视为等速运动,从而可得出落体在 $t = 1 \text{ s}$ 到 $t = 1.1 \text{ s}$ 这段时间内的平均速度(图 0.1)为

$$\bar{v}_1 = \frac{\Delta s}{\Delta t} = \frac{4.9 \times (1.1)^2 \text{ m} - 4.9 \times (1)^2 \text{ m}}{1.1 \text{ s} - 1 \text{ s}}$$

$$= \frac{1.029 \text{ m}}{0.1 \text{ s}} = 10.29 \text{ m/s}$$

若再将时间间隔缩短一些,落体速度的变化就更小,从而求得的平均速度就更接近于落体在时刻 $t = 1 \text{ s}$ 时的瞬时速度,比如时刻 $t = 1 \text{ s}$ 到 $t = 1.01 \text{ s}$ 这段时间落体的平均速度为

$$\bar{v}_2 = \frac{\Delta s}{\Delta t} = \frac{4.9 \times (1.01)^2 \text{ m} - 4.9 \times (1)^2 \text{ m}}{1.01 \text{ s} - 1 \text{ s}} = 9.849 \text{ m/s}$$

$\bar{v}_2$ 就比 $\bar{v}_1$ 更接近于落体在时刻 $t = 1$ s 时的瞬时速度. 如此继续将时间间隔缩短下去, 一般地, 落在 $t = 1$ s 到 $t = (1 + \Delta t)$ s 这段时间内的平均速度为

$$\bar{v} = \frac{4.9 \times (1 + \Delta t)^2 \text{ m} - 4.9 \times (1)^2 \text{ m}}{(1 + \Delta t) \text{ s} - 1 \text{ s}} = 9.8 \text{ m/s} + 4.9 \times \Delta t \text{ m/s}$$

但无论这段时间的长度 Δt 多么短, 总不是落体在时刻 $t = 1$ s 时的瞬时速度, 而只是落体的平均速度, 即 $\bar{v} \approx v$. 于是又产生了"近似"与"精确"的矛盾, 但是已经看到这样一个事实: Δt 越小, 平均速度就越接近于瞬时速度, 当 Δt 无限变小时, 平均速度就无限接近于瞬时速度. 这就是说, 在时间间隔 Δt 无限变小的过程中, 平均速度就向瞬时速度转化. 这里, 转化的条件是 Δt "无限变小", 因此, 可以从 Δt "无限变小"的过程中, 考察平均速度 $\bar{v}$ 的"变化趋势", 来寻求瞬时速度 v.

从平均速度的数学表达式

$$\bar{v} = 9.8 + 4.9 \Delta t$$

可以看出, 当 Δt 无限变小时, $\bar{v}$ 就"无限接近"于常数值 9.8, 因此, 自由落体在 $t = 1$ s 时的瞬时速度为 9.8 m/s, 即 $v = 9.8$ m/s.

上面由平均速度向瞬时速度转化的分析, 可图示如下:

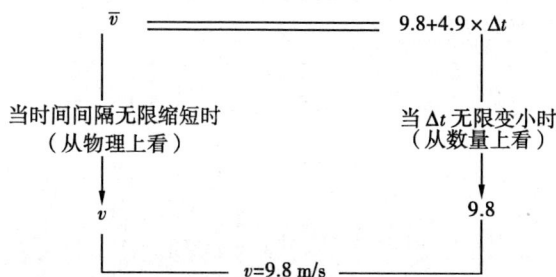

```
  v̄ ─────────────────────  9.8+4.9×Δt
  │                              │
当时间间隔无限缩短时         当 Δt 无限变小时
  （从物理上看）               （从数量上看）
  │                              │
  ↓                              ↓
  v                             9.8
  └──────── v=9.8 m/s ──────────┘
```

综合以上讨论, 可得到求自由落体瞬时速度的方法如下:

第一步 以"不变代变"（或以常代变）, 求出 $t = 1$ s 到 $t(1 + \Delta t)$ s 这段时间内的平均速度 $\bar{v}$.

第二步 在 Δt "无限变小"的过程中, 考察平均速度 $\bar{v}$ 的变化趋势, 从而得出其自由落体在 $t = 1$ s 时的瞬时速度.

问题 2 曲边三角形面积问题

在生产实际中, 往往需要求由曲线所围成的平面图形的面积. 例如, 为了控制流量, 需要估算河道横断面面积; 为了计算船舶的排水量, 需要知道船体横截面面积等. 关于计算曲线围成图形面积的一般讨论, 将在第 3 章中进行, 这里先看一简单例子.

计算由抛物线 $y = x^2$ 及直线 $x = 1, y = 0$ 所围成的曲边三角形的面积(图 0.2).

解 第一步 分析问题, 提出矛盾

对于矩形来说, 由于其底边上的各点处的高度始终保持不变, 可由初等数学方法计算, 即

$$\text{矩形面积} = \text{高} \times \text{底}$$

但对于曲边三角形来说, 情况就不同. 它的底边上各点处的高度 $y = x^2$ 是变化的, 故不能直接应用上面的公式来计算曲边三角形的面积. 现在要以矩形面积的计算公式来解决此曲边三角形

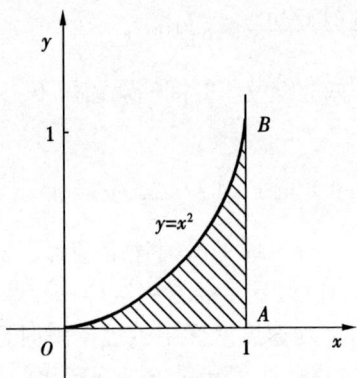

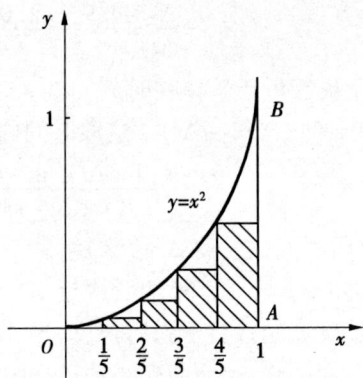

图 0.2   图 0.3

面积的计算问题,就遇到高度"变"与"不变"的矛盾.

第二步　寻求做法,解决问题

若从整个底边上来看,曲边三角形 OAB 的高度变化的差异自然比较大,但从底边上很小的局部来看,高度的变化就较小,可以近似地看做不变,从而求出曲边三角形面积的近似值.

例如,把曲边三角形 OAB 底边分为五等分,过每个分点引平行于 y 轴的直线,曲边三角形就被分成五个窄条,由于每个窄条上的高度变化差异不大,就可以用"不变代变"的方法算出台阶形(图 0.3 阴影部分)的面积为

$$A_5 = \left(\frac{0}{5}\right)^2 \times \frac{1}{5} + \left(\frac{1}{5}\right)^2 \times \frac{1}{5} + \left(\frac{2}{5}\right)^2 \times \frac{1}{5} +$$

$$\left(\frac{3}{5}\right)^2 \times \frac{1}{5} + \left(\frac{4}{5}\right)^2 \times \frac{1}{5}$$

$$= \left[\left(\frac{1}{5}\right)^2 + \left(\frac{2}{5}\right)^2 + \left(\frac{3}{5}\right)^2 + \left(\frac{4}{5}\right)^2 \right] \times \frac{1}{5} = 0.24$$

把 $A_5 = 0.24$ 作为曲边三角形面积 A 的近似值,当分段的长度再短一些,高度的变化就更小,从而求得的台阶形面积更加接近于曲边三角形的面积. 例如,把曲边三角形底边十等分,相应台阶(图 0.4 的阴影部分)的面积为

$$A_{10} = \left[\left(\frac{1}{10}\right)^2 + \left(\frac{2}{10}\right)^2 + \cdots + \left(\frac{9}{10}\right)^2 \right] \times \frac{1}{10} = 0.285$$

这里的 $A_{10} = 0.285$ 比 $A_5 = 0.24$ 更接近于曲边三角形面积 A. 如此继续下去,一般地,把曲边三角形底边 n 等分,相应的台阶形(图 0.5 的阴影部分)的面积为

$$A_n = \left[\left(\frac{1}{n}\right)^2 + \left(\frac{2}{n}\right)^2 + \cdots + \left(\frac{n-1}{n}\right)^2 \right] \times \frac{1}{n} = \frac{1}{6}\left(1 - \frac{1}{n}\right)\left(2 - \frac{1}{n}\right)$$

但无论分段的长度多么小,所求得的台阶形面积都只是曲边三角形面积的近似值,而不是它的精确值. 这就要求进一步解决"近似"与"精确"的矛盾.

把图 0.3、图 0.4、图 0.5 相比较,可直观地看出分段的个数 n 越多,台阶形的面积就越接近于曲边三角形的面积;在 n "无限增大"的过程中,台阶形的面积就"无限接近"曲边三角形面积. 这就是说,在 n "无限增大"(即分段长度"无限变小")的过程中,台阶形面积就向曲边三角形面积转化. 因此,可以从 n 无限增大的过程中,考察台阶形面积 A_n 的变化趋势,来寻找曲边三角形的面积 A.

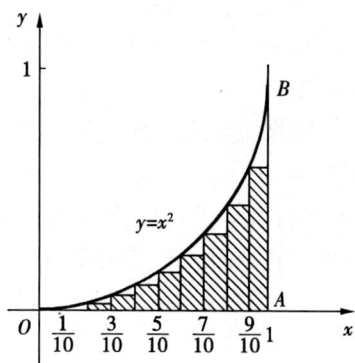

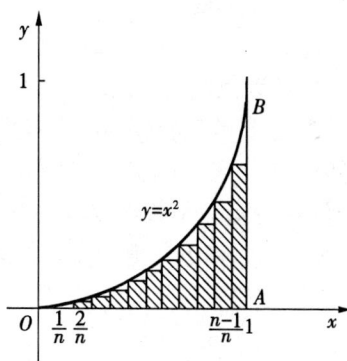

图 0.4   图 0.5

从 A_n 的数学表达式

$$A_n = \frac{1}{6}\left(1 - \frac{1}{n}\right)\left(2 - \frac{1}{n}\right)$$

可以看出,在 n 无限增大的过程中,A_n "无限趋近" 于一个确定常数 $\frac{1}{3}$. 因此,可以认为曲边三角形 OAB 面积是 $\frac{1}{3}$,即

$$A = \frac{1}{3}(平方单位)$$

以上关于台阶形面积向曲边三角形面积转化的分析,可图示如下:

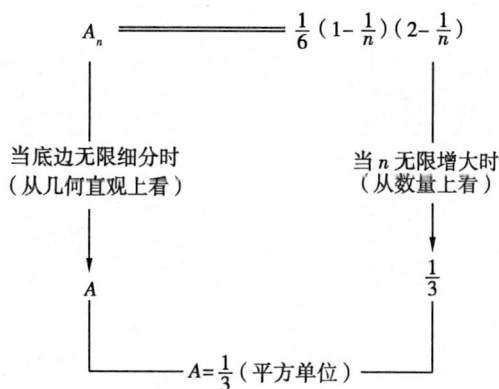

综合以上讨论,可得求曲边三角形面积的步骤如下:

第一步 把曲边三角形分成底边相等的 n 个窄条曲边梯形,并对高度以 "不变代变",用窄矩形面积来近似代替相应窄条曲边梯形的面积,从而求得台阶形的面积 A_n.

第二步 在 n "无限增大"(在底边无限细分)的过程中,考察台阶形面积 A_n 的 "变化趋势",从而求得曲边三角形的面积 A.

问题 1 是求自由落体在某一时刻的速度,问题 2 是求曲边三角形的面积. 尽管这两个问题的实际意义各不相同,但在解决问题的过程中,所遇到的矛盾和解决矛盾的方法却有共同之处:

1）解决这两个问题所遇到的矛盾，都是有关量"变"与"不变"的矛盾.

2）解决矛盾的方法都是通过在很小的局部上以"不变代变"，得出所求量的近似值，然后通过考察一系列近似值的"变化趋势"，得到所求量的精确值.

问题1、问题2是微积分的两个典型问题，解决这两个问题的方法是微积分的基本分析方法. 从中可以看到，局限于初等数学方法只能得出所求量的近似值，原因是这里都遇到了变化的量（即变量）. 变量和函数在数量关系上反映了客观世界的运动和变化，它是微积分研究的基本对象. 而由一系列近似值的变化趋势来认识和确定所求量的精确值，是微积分解决问题的主要方法，这种方法叫做极限方法. 因此，首先在第1章中讨论函数和极限.

第1章 函数、极限与连续

17世纪笛卡尔把变量引入数学,对数学的发展产生了极大的影响,使数学由初等数学以研究常量为主进一步发展到研究变量,从而产生了一门崭新的学科——微积分学(或高等数学).函数是微积分学研究问题的基本对象,极限方法是微积分学解决问题的主要方法.本章主要讨论初等函数、函数的极限及其连续性等基本概念,以及有关性质与运算法则.函数与极限是本课程的核心基础,读者应予切实掌握.

1.1 函 数

一切客观事物都是在不断变化、不断运动、不断发展的,要认识它们的规律只有从"变化"中去考察研究.这就要求我们不仅要研究事物的数量变化,更重要的是要研究同一过程中各个变量之间的相互依存、相互制约的关系.正是变量之间这种相互依存的确定关系,反映到数学上面来就产生了"函数"概念,因此,函数概念成为高等数学一个极为重要的基本概念和研究的中心对象.

1.1.1 变量

(1)变量和常量

事物运动有两种状态:相对静止的状态与显著变化的状态.这两种状态表现在数量上,就有所谓常量与变量之分.具体地讲,当在观察自然现象或技术过程或经济活动时,会遇到很多不同的量,在某一变化过程中,始终保持一定数值而不变化的量叫做常量,通常以字母 a,b,c 等表示常量;可以取不同数值而变化的量叫做变量,通常以字母 x,y,z 等表示变量.例如,飞机在飞行过程中,乘客的数目、行李的重量等是常量,而飞机离起飞地或目的地的距离、离地面的高度、汽油的储存量、周围空气的压力和温度等则是变量.又例如,在充电过程中,电源电压是常量,时间、电流就是变量.

对一个量来说,是变量还是常量并不是绝对的,往往与具体问题有关.对于同一个量,在某一情况下可认为是常量,但在另一情况下则有可能是变量.如上面谈到的,飞机在飞行过程中,乘客数目、行李重量是常量,汽油储存量、飞机离起飞地的距离等是变量.但在飞机到达目的地停定后上、下乘客时,乘客数目、行李重量等又是变量了,而汽油储存量、飞机离起飞地的距离等量又是常量了.由此可见,一个量是常量还是变量,要根据具体情况进行分析,不能一概而论.

(2)区间

变量有时可毫无限制地任取实数值,有时又要受到某种限制,这要根据问题的具体性质来决定.例如温度的变化不能低于 -273 ℃,圆的内接正多边形的边数只能是不小于 3 的自然数……

通常用"区间"来表示变量 x 的变化范围.设 a,b 是两个给定的实数,满足 $a \leqslant x \leqslant b$ 的实数的全体叫做闭区间,用记号 $[a,b]$ 表示;满足 $a<x<b$ 的实数的全体叫做开区间,用记号 (a,b) 表示;满足 $a<x\leq b$ 或 $a\leq x<b$ 的实数的区间叫做半开半闭区间,用记号 $(a,b]$ 或 $[a,b)$ 表示.

以上这些区间叫做有限区间.除了有限区间之外,还有无限区间.

$(a,+\infty)$ 表示全体大于 a 的实数;$[a,+\infty)$ 表示全体不小于 a 的实数;

$(-\infty,b)$ 表示全体小于 b 的实数;$(-\infty,b]$ 表示全体不大于 b 的实数;

$(-\infty,+\infty)$ 表示全体实数.

其中,$-\infty$,$+\infty$ 分别读成负无穷大,正无穷大.

(3)邻域

邻域是今后常用的一个概念,在数轴上,一个以 x_0 点为中心,半径为 δ 的对称开区间 $(x_0-\delta,x_0+\delta)$ 叫做点 x_0 的 δ 邻域,记为 $N(x_0,\delta)$. 很明显,该邻域内任一点 x 到 x_0 的距离都小于 δ,即 $|x-x_0|<\delta$.

1.1.2 函数概念

(1)引例

在观察自然现象、经济活动或技术过程中,常常会遇到各种不同的变量,它们之间往往不是孤立的,而是相互依赖、相互制约的. 相互依赖的变量之间的确定关系,在数学上就称为函数关系. 例如:

引例1 圆的面积 A 与其半径 r 之间的相互关系为:$A=\pi r^2$,当 r 在 $(0,+\infty)$ 内任意取定一个数值时,就可由上式确定圆面积 A 的对应数值.

引例2 某商品的销售单价为 k(元),销售数量 x 与销售收入 R(元)之间的相互关系为:$R=kx$,当 x 在自然数集1,2,3,…中任意取定一个数值时,就可由上式确定销售收入 R 的对应数值.

引例3 某气象站用自动记录仪记下一昼夜气温的变化情况. 图1.1是温度记录仪在坐标纸上画出的温度变化曲线图,其中横坐标是时间 t,纵坐标是温度 T,它形象地表示出温度 T 随时间 t 变化而变化的规律:对于某一确定的时间 $t(0\leq t<24)$,就有一个确定的 T 值与之对应. 例如,当 $t=t_0$ 时,由图1.1有 $T=T_0$.

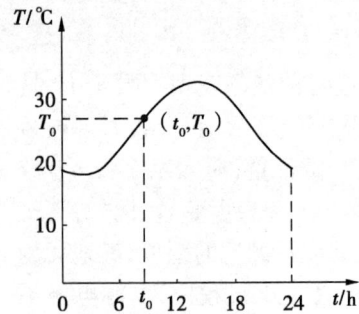

图1.1

引例4 某百货商店记录了毛线历年来的月销售量(单位:百公斤),并将近10年来的平均月销售量列成表1.1.

表1.1

月份 t	1	2	3	4	5	6	7	8	9	10	11	12
平均月销售量 S	81	84	45	49	9	5	6	17	94	161	144	123

表1.1表示了该商店毛线的销售量 S 与月份 t 之间的相互关系,且当 t 在1,2,…,12中任意取定一个数值时,从表中就可确定一个平均月销售量 S 的对应数值.

以上各例,虽其具体意义各不相同,但其共同特点是它们都表达了两个变量之间的相依关系,并为这种相依关系给出了一种对应法则. 根据这一法则,当其中一个变量在其变化范围内任取一个数值时,另一个变量就有确定的值与之对应. 两个变量之间的这种对应关系就是函数概念的实质. 于是,抽象成如下函数定义:

(2) 函数定义

定义 1.1　设有两个变量 x 与 y,若当变量 x 在其变化范围内任取一个数值时,变量 y 按照一定的法则,总有确定的数值与之对应,则称 y 是 x 的函数. 记作

$$y = f(x)$$

其中,x 叫自变量,y 叫因变量,自变量 x 可取值的全体叫函数的定义域,常记为 D;对应 x 的函数值的全体叫函数的值域,常记为 E. 两者一般都用区间表示,有时也用不等式表示. 对于任意 $x \in Df$,若 y 只有一个值与之对应,则称 $y = f(x)$ 为单值函数. 若 $|f(x)| \leqslant M(>0)$ 对于任意 $x \in D(f)$ 成立,则称 $y = f(x)$ 在 $D(f)$ 内有界.

函数的表示法通常用表格、图像或解析式(即公式)来表示.

两个函数相同:指的是定义域相同、对应法则相同. 因此函数中的变量与用什么字母表示无关. 如 $y = f(x)$ 与 $s = f(t)$ 表示同一个函数;又如,$f_1(x) = \sin^2 x + \cos^2 x$ 与 $f_2(x) = 1$ 表示同一个函数,因为这两个函数的定义域相同、对应法则亦相同;再如,$y_1 = x$ 与 $y_2 = |x|$ 是不同的两个函数,因为它们的定义域虽然相同,但其对应法则不同.

(3) 函数定义域的求法

确定函数定义域 D 的一般原则:

对于反映实际问题的函数关系,其 D 由所研究的实际问题确定,如引例 3 中的 $D = [0, 24)$.

对于纯数学上的函数关系,其 D 规定为使函数表达式保持有意义的一切 x 取值的全体.

例 1　求下列函数定义域:

1) $y = \dfrac{1}{\lg(3x - 2)}$;　2) $y = \dfrac{1}{x} - \sqrt{1 - x^2}$;

3) $y = \arcsin \dfrac{x - 1}{5} + \dfrac{1}{\sqrt{25 - x^2}}$.

解　1) 当 $3x - 2 > 0$ 且 $3x - 2 \neq 1$ 时,即 $x > \dfrac{2}{3}$ 且 $x \neq 1$ 时,$y = \dfrac{1}{\lg(3x - 2)}$ 才能取得确定的实数值,故 $y = \dfrac{1}{\lg(3x - 2)}$ 的定义域为

$$D = \left(\frac{2}{3}, 1 \right) \cup (1, +\infty)$$

或

$$D = \left\{ x \,\middle|\, \frac{2}{3} < x < +\infty, \text{且 } x \neq 1 \right\}$$

2) 当 $x \neq 0$ 且 $1 - x^2 \geqslant 0$ 时,即 $x \neq 0$ 且 $-1 \leqslant x \leqslant 1$ 时,$y = \dfrac{1}{x} - \sqrt{1 - x^2}$ 才能取得确定的实数值,故 $y = \dfrac{1}{x} - \sqrt{1 - x^2}$ 的定义域为

$$D = [-1, 0) \cup (0, 1]$$

或

$$D = \{x \mid -1 \leqslant x \leqslant 1, \text{且} x \neq 0\}$$

3）当 $\left| \dfrac{x-1}{5} \right| \leqslant 1$ 且 $x^2 < 25$ 时，即 $|x-1| \leqslant 5$ 且 $|x| < 5$，即 $-4 \leqslant x \leqslant 6$ 且 $-5 < x < 5$，亦即

$-4 \leqslant x < 5$ 时，$y = \arcsin \dfrac{x-1}{5} + \dfrac{1}{\sqrt{25 - x^2}}$ 才能取得确定的实数值，故 $y = \arcsin \dfrac{x-1}{5} + \dfrac{1}{\sqrt{25 - x^2}}$

的定义域为

$$D = [-4, 5) \text{ 或 } D = \{x \mid -4 \leqslant x < 5\}$$

（4）函数符号 $f(x)$ 的使用

函数 $y = f(x)$ 中的"$f(\ )$"表示函数关系中的对应法则，即对每一个 $x \in D(f)$，按法则 $f(\ )$ 有确定的 y 值与之相对应.

$f(x)$ 表示将法则 $f(\ )$ 施用于 x，如果把 $f(x)$ 中括号内的 x 转换成 $D(f)$ 中的某个具体数值 x_0 或表示数值的字母 a 以及某个数学式子 $\varphi(x)$，则表示将法则 $f(\ )$ 施用于那个具体数值 x_0 或表示数值的字母 a 以及那个数学式子 $\varphi(x)$. 具体做法见以下各例.

例 2 求函数 $f(x) = 2x^2 - 1$ 在 $x = 0, x = -2, x = x_0, x = -\dfrac{1}{t}, x = \sin \dfrac{\pi}{2}, x = x_0 + h$ 处的函数值.

解 用符号表示出其函数的对应规律：

$f(\ ) = 2(\ )^2 - 1$

$f(0) = 2 \times 0^2 - 1 = -1$

$f(-2) = 2 \times (-2)^2 - 1 = 7$

$f(x_0) = 2 \times x_0^2 - 1 = 2x_0^2 - 1$

$f\left(-\dfrac{1}{t}\right) = 2 \times \left(-\dfrac{1}{t}\right)^2 - 1 = \dfrac{2}{t^2} - 1$

$f\left(\sin \dfrac{\pi}{2}\right) = 2 \times \left(\sin \dfrac{\pi}{2}\right)^2 - 1 = 1$

$f(x_0 + h) = 2 \times (x_0 + h)^2 - 1$

$\qquad\qquad = 2x_0^2 + 4hx_0 + 2h^2 - 1$

例 3 设 $\varphi(x) = \dfrac{1}{x}(x \neq 0)$，求函数增量 $\Delta\varphi(x) = \varphi(x + \Delta x) - \varphi(x)$；$\varphi[\varphi(x)]$.

解 用符号表示出其函数的对应规律：

$\varphi(\ ) = \dfrac{1}{(\ )}$

$\Delta\varphi(x) = \varphi(x + \Delta x) - \varphi(x)$

$\qquad\quad = \dfrac{1}{x + \Delta x} - \dfrac{1}{x} = \dfrac{-\Delta x}{x(x + \Delta x)}$

$\varphi[\varphi(x)] = \dfrac{1}{\varphi(x)} = \dfrac{1}{\dfrac{1}{x}} = x$

例 4 设 $F(t) = e^t$，求证：

1）$F(-t) \cdot F(t) - 1 = 0$；

2)$F(x) \cdot F(y) = F(x+y)$.

证 用符号表示出其函数的对应规律：

$$F(\quad) = e^{(\quad)}$$

1)$F(-t) \cdot F(t) - 1 = e^{(-t)} \cdot e^{(t)} - 1 = e^{-t+t} - 1 = e^0 - 1 = 1 - 1 = 0$

2)$F(x) \cdot F(y) = e^x \cdot e^y = e^{x+y} = F(x+y)$

例5 设 $f(x) = \dfrac{x}{x-1}(x \neq 1)$,求证:

1)$f(f(x)) = x$;

2)$f(f(f(x))) = f(x)$,并求 $f(f(f(0)))$.

证 用符号表示出其函数的对应规律：

$$f(\quad) = \frac{(\quad)}{(\quad)-1}$$

1)$f(f(x)) = \dfrac{f(x)}{f(x)-1} = \dfrac{x}{x-1} \bigg/ \left(\dfrac{x}{x-1} - 1 \right)$

$$= \frac{x}{x-1} \bigg/ \frac{1}{x-1} = x$$

所以 $f(f(x)) = x$

2)$f(f(f(x))) = \dfrac{f(f(x))}{f(f(x))-1}$

$$= \frac{f(x)}{f(x)-1} \bigg/ \left(\frac{f(x)}{f(x)-1} - 1 \right)$$

$$= \frac{f(x)}{f(x)-1} \bigg/ \frac{1}{f(x)-1}$$

$$= f(x)$$

所以 $f(f(f(x))) = f(x)$

于是 $f(f(f(x))) = \dfrac{x}{x-1}$

故 $f(f(f(0))) = \dfrac{0}{0-1} = 0$

例6 设 $f(x) = \dfrac{1}{1+x}(x \neq -1)$,$g(x) = e^{2x}$. 求:

1)$f(g(x))$;2)$g(f(x))$;3)$f(\dfrac{1}{g(x)})$.

解 用符号表示出其函数的对应规律：

$$f(\quad) = \frac{1}{1+(\quad)}, g(\quad) = e^{2(\quad)}$$

1)$f(g(x)) = \dfrac{1}{1+g(x)} = \dfrac{1}{1+e^{2x}}$

2)$g(f(x)) = e^{2(f(x))} = e^{2\frac{1}{1+x}} = e^{\frac{2}{1+x}}$

3)$f\left(\dfrac{1}{g(x)}\right) = \dfrac{1}{1+\dfrac{1}{g(x)}} = \dfrac{1}{1+\dfrac{1}{e^{2x}}}$

$$= \frac{e^{2x}}{e^{2x}+1}$$

例7 设 $f(x-1) = \frac{1}{x}$,求 $f(x)$.

解 方法一: $f(x-1) = \frac{1}{x-1+1} = \frac{1}{(x-1)+1}$

所以 $$f(\quad) = \frac{1}{(\quad)+1}$$

于是得 $$f(x) = \frac{1}{x+1}(x \neq -1)$$

方法二:令 $x-1 = t$,则 $x = t+1$

于是得 $$f(t) = \frac{1}{t+1}(t = -1)$$

所以 $$f(x) = \frac{1}{x+1}(x \neq -1)$$

例8 已知 $f(2x-1) = x^2 - \frac{1}{4}$,求 $f(x)$.

解 令 $2x-1 = u$,有 $x = \frac{u+1}{2}$.

于是 $$f(u) = \left(\frac{u+1}{2}\right)^2 - \frac{1}{4}$$

$$= \frac{1}{4}(u^2 + 2u + 1) - \frac{1}{4}$$

$$= \frac{u}{4}(u+2)$$

所以 $$f(x) = \frac{x}{4}(x+2)$$

(5)分段函数

用公式法表示两变量间的函数关系,它的优点是简明、准确、完整. 同时还便于理论推导,微积分学中常采用函数的这种表示方法. 但在公式法里,有时,一函数关系用一个分析式子表示还不够,必须用两个或两个以上的式子来分段给出,方能完整而准确地将两个变量间的函数关系表示出来,这就是所谓的分段函数. 这里先看一例子.

某商店销售一种商品,当销售量 x 不超过 10 件时,按单价 p 元计算;当销售量超过 10 件时,其超过部分按单价 p 元九五折计算. 试建立该商品的销售额 y 与销售量 x 之间的函数表达式.

按题意,当 $0 \leqslant x \leqslant 10$ 时,$y = px$.

当 $x > 10$ 时,销售额 y 应是两部分之和,其中一部分为 10 件的销售额:$10p$;另一部分则为 x 超过 10 件的销售额:

$$\frac{95}{100}(x-10)p = \frac{19}{20}p(x-10)$$

可得 $y = 10p + \frac{19}{20}p(x-10)$. 现将以上两种情况合并起来,可完整地表示销售额 y 与销售量 x

之间的函数关系,即

$$y = \begin{cases} px, & 0 \leqslant x \leqslant 10; \\ 10p + \dfrac{19}{20}p(x-p), & x > 10 \end{cases}$$

由此实例规定:凡函数公式法中,用两个或两个以上的分析式子所给出的函数,称为分段函数.

分段函数可以把一些较复杂的经济活动的全过程(例如企业进行购买、生产和销售的全过程)表示出来,它在实际应用中经常遇见,很有实用价值.

这里需要说明的是:一般而言,分段函数已不属于初等函数的范围了.但它仍然表示一个函数,不要把分段函数误认为有几个表达式就看成几个函数,千万要注意这一点.而且分段函数的函数值是用自变量所在区间相对应的那个式子去计算.

(6)反函数

在 $y = 2x + 1$ 中,若将 y 看做自变量,x 看做因变量,由此确定 x 是 y 的函数 $x = \dfrac{y-1}{2}$,称 $x = \dfrac{y-1}{2}$ 是 $y = 2x + 1$ 的反函数,习惯上把自变量记作 x,因变量记作 y,因此 $y = 2x + 1$ 的反函数记为 $y = \dfrac{x-1}{2}$.这种习惯的依据是:函数与函数变量用什么字母表示无关.

一般由 $y = f(x)$(直接函数)确定 x 是 y 的函数:$x = \varphi(y)$,称 $x = \varphi(y)$ 为 $y = f(x)$ 的反函数.习惯上记 $x = \varphi(y)$ 为 $y = \varphi(x)$,通常 $y = f(x)$ 的反函数记为 $y = f^{-1}(x)$.以便在同一坐标系中反映出直接函数和其反函数的图形关系.

函数 $y = f(x)$ 的图形与其反函数 $y = f^{-1}(x)$ 的图形是关于直线 $y = x$ 对称的两条曲线,见图 1.2.

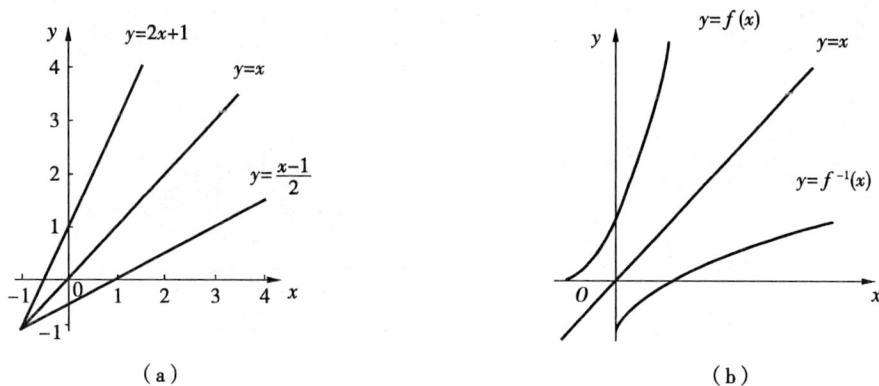

图 1.2

例 9　设 $y = f(x) = e^{2x} - 1$,求其反函数.

解　由 $y = e^{2x} - 1$ 有 $e^{2x} = y + 1$

两边同时取自然对数:$\ln e^{2x} = \ln(y+1)$,即 $2x = \ln(y+1)$,得 $x = \dfrac{1}{2}\ln(y+1)$.因此 $y = \dfrac{1}{2}\ln(x+1)$ 为 $y = f(x) = e^{2x} - 1$ 的反函数.

例 10 求证：$y = \dfrac{2x+5}{x-2}$ 的反函数为其自己本身.

证 由 $y = \dfrac{2x+5}{x-2}$ 有 $yx - 2y = 2x + 5$，得

$$(y-2)x = 2y+5$$

即

$$x = \frac{2y+5}{y-2}$$

所以 $y = \dfrac{2x+5}{x-2}$ 的反函数为 $y = \dfrac{2x+5}{x-2}$，其自己本身.

这里必须指出：反函数是建立在一一对应的基础上的，如果函数关系不是一一对应，那么 $y = f(x)$ 在整个定义域上就没有反函数. 但若将定义域划分成几个单调区间，则可在各个单调区间上求反函数.

例如，$y = x^2$ 的反函数问题. 由 $y = x^2$ 解得 $x = \pm\sqrt{y}$，于是 $y = x^2$ 的函数关系不是一一对应的，所以 $y = x^2$ 在定义域 $(-\infty, +\infty)$ 内不存在反函数. 但若将 $(-\infty, +\infty)$ 分成 $(-\infty, 0)$，$[0, +\infty)$，则 $y = x^2$ 在此二区间上存在反函数，分别为 $y = -\sqrt{x}\,(x>0)$；$y = \sqrt{x}\,(x \geq 0)$.

(7) 建立函数关系式举例

运用数学工具解决实际问题时，首先遇到的一个关键问题就是从该实际问题列出函数关系式，即一般所说的建立数学模型. 只有将函数列出以后，才能对所讨论的实际问题进行进一步的分析和计算. 下面通过几个实例来说明如何建立函数的分析表达式.

例 11 设有一块边长为 a 的正方形铁皮，在它的四角各剪去边长相等的一块小正方形，制成一个无盖盒子，求这盒子的容积与被剪去的小正方形边长之间的函数关系.

解 设被剪去的小正方形边长为 x，盒子的容积为 V，这时，盒子的高为 x，正方形的底边长为 $(a-2x)$（图 1.3），根据几何知识，底面积乘以高等于体积，于是可得盒子的容积为

$$V = x(a-2x)^2 \qquad \left(0 < x < \frac{a}{2}\right)$$

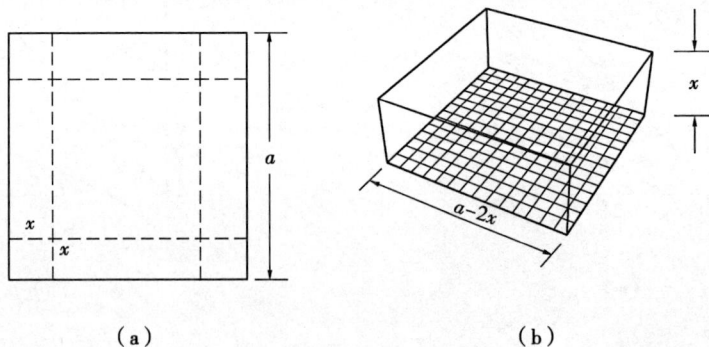

（a） （b）

图 1.3

例 12 某校拟建成一个容积为 300 m³的无盖圆柱形蓄水池，已知池底单位面积造价为周围单位面积造价的两倍，试将总造价 y 表示为水池底圆半径的函数.

解 设池底圆半径为 r，池高为 h，由几何知识，圆柱体体积等于底面积乘以高，可得 $\pi r^2 h = 300$，由此有

$$h = \frac{300}{\pi r^2}$$

又设水池周围单位面积造价为 p 元，则水池底面的单位面积造价为 $2p$ 元，于是得总造价为

$$y = 2p(\pi r^2) + p(2\pi rh) = 2p\pi r^2 + \frac{600p}{r} \quad (r > 0)$$

例13　（数量折扣与价格差）公路运输中规定货物的吨公里运价为：在50公里以内（包括50公里）每吨公里 a 元，超过50公里，每增加1公里为 $\frac{4}{5}a$ 元. 试建立总运费与路程之间的函数关系.

解　设总运费为 C（单位：元），路程为 x（单位：公里）. 由题设中有关规定，有

$$C = C(x) = \begin{cases} ax, & 0 < x \leqslant 50 \\ 50a + \frac{4}{5}a(x-50), & x > 50 \end{cases}$$

例14　（最优批量问题）某工厂生产某种型号的车床，年产量为 a 台. 分若干批进行生产，每批生产准备费为 b 元，产品进库后被均匀投放市场（即平均库存量为批量的一半）. 设每年每台库存费用为 C 元，显然，生产批量大则库存费高，生产批量小，则批数增加，因而生产准备费高. 为了选择最优批量，试建立一年中生产准备费与库存费之和与批量之间的函数关系.

解　设批量为 x 台，生产准备费与库存费之和为 $p(x)$. 因为年产量为 a 台，所以年生产的批数为（可设为正整数）$\frac{a}{x}$，则生产准备费为 $b \cdot \frac{a}{x}$.

又因为库存量为 $\frac{x}{2}$，所以库存费为 $C \cdot \frac{x}{2}$. 于是可得

$$p(x) = \frac{ab}{x} + \frac{C}{2}x \quad (0 < x \leqslant a, x \text{ 及 } \frac{a}{x} \text{ 均为正整数})$$

例15　某企业将不拟投资的资金 A_0 元存入银行，如果年利率为 r，经过 x 年后有资金 y 元，试将 y 表示为 x 的函数.

解　一年后有资金 $A_0 + A_0 r = A_0(1+r)$（元）

两年后有资金 $A_0(1+r) + A_0(1+r)r = A_0(1+r)^2$（元）

$\vdots$

依此类推，可得 x 年后有资金

$$y = A_0(1+r)^x \text{（元）}$$

这就是 y 与 x 的函数关系，其中 x 取正整数.

例16　有一工厂与铁路的垂直距离为4公里，其垂足 B 离火车站 C 为16公里，该厂产品必须经过火车站 C 才能转销外地，已知汽车的吨公里运费为 a 元，火车吨公里运费为汽车吨公里运费的一半. 今拟在 B,C 间的铁路旁建一转运站 M，问应在何处才能使每吨总费用最少？

解　由题意设 $x = BM$，总运费为 y，于是有 $BA = 4, BC = 16$，

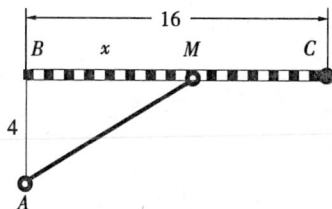

图 1.4

公路长 $AM = \sqrt{4^2 + x^2}$，每吨运费 $y_1 = a\sqrt{4^2 + x^2}$，

铁路长 $MC = 16 - x$，每吨运费 $y_2 = \dfrac{a}{2}(16 - x)$，

故每吨运输总费用

$$y = y_1 + y_2 = a\sqrt{4^2 + x^2} + \frac{a}{2}(16 - x)\,(\text{元}) \quad (0 \leqslant x \leqslant 16)$$

通过以上建立函数关系的例子可以看到，建立函数关系式最重要的是寻求变量之间的对应法则. 由于实际问题的多样性、复杂性，函数关系式的形式也就千变万化，各有不同，因而布列一个函数关系式没有一个固定的模式，也没有一个统一的方法. 必须对具体问题进行具体分析，分析问题中哪些是变量，哪些是常量；然后利用几何知识、经济规律或其他知识，列出变量间的函数关系，便能确定所要寻求的对应法则.

1.1.3　函数的几种特性

(1)增减性

对 $y = f(x)$ 在 (a,b) 内的任意两点 x_1, x_2，若当 $x_1 < x_2$ 时，有 $f(x_1) < f(x_2)$，则称此函数在 (a,b) 内是单调增加的；当 $x_1 < x_2$ 时，有 $f(x_1) > f(x_2)$，则称此函数在 (a,b) 内是单调减少的.

单调增加函数的图形是沿 x 轴正方向逐渐上升的，如图 1.5 所示；单调减少函数的图形是沿 x 轴正方向逐渐下降的，如图 1.6 所示.

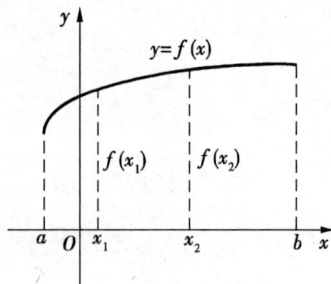

图 1.5

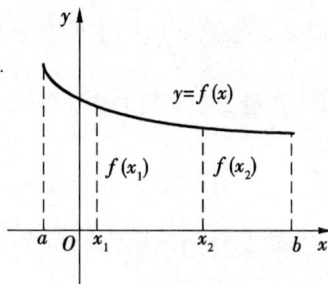

图 1.6

例如，函数 $y = \lg x$ 在 $(0, +\infty)$ 上是单调增加的；$y = x^2$ 在 $(-\infty, 0)$ 上是单调减少的，而在 $(0, +\infty)$ 上是单调增加的.

例 17　求证 $f(x) = 2x - 5$ 为增函数.

证　$Df = (-\infty, +\infty)$，在 Df 内任取两点 x_1, x_2，且 $x_1 < x_2$，即 $x_1 - x_2 < 0$. 现需证 $f(x_1) < f(x_2)$. 事实上

$$f(x_1) - f(x_2) = (2x_1 - 5) - (2x_2 - 5)$$
$$= 2(x_1 - x_2) < 0$$

从而 $f(x_1) < f(x_2)$ 成立，所以 $f(x) = 2x - 5$ 为增函数.

例 18　求证 $f(x) = 1 - \ln x \quad (x > 0)$ 为减函数.

证　在定义域 $Df = (0, +\infty)$ 内任取两点 x_1, x_2，且 $x_1 < x_2$，即 $\dfrac{x_1}{x_2} < 1$.

$$f(x_1) - f(x_2) = (1 - \ln x_1) - (1 - \ln x_2)$$

$$= -(\ln x_1 - \ln x_2) = -\ln \frac{x_1}{x_2} > 0$$

得 $f(x_1) > f(x_2)$ 成立,故 $f(x) = 1 - \ln x$ 为减函数.

(2)奇偶性

对函数 $y = f(x)$,若当自变量 x 改变符号时,函数值 y 也改变符号,即恒有 $f(-x) = -f(x)$,则称 $y = f(x)$ 为奇函数;若当 x 改变符号时,函数值不变号,即恒有 $f(-x) = f(x)$,则称 $y = f(x)$ 为偶函数.由函数奇偶性定义不难看出:

函数为奇函数的充要条件为 $f(-x) + f(x) = 0$ 恒成立;

函数为偶函数的充要条件为 $f(-x) - f(x) = 0$ 恒成立.

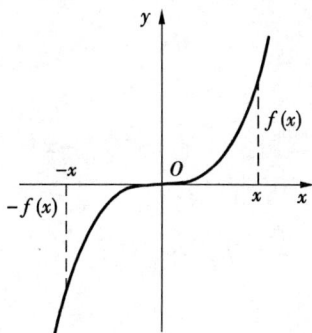 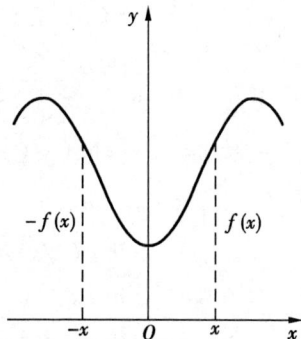

图 1.7　　　　　　　　　　　图 1.8

奇函数的图形对称于坐标原点,如图 1.7 所示;偶函数的图形对称于 y 轴,如图 1.8 所示.

例 19 判断下列函数的奇偶性:

1)$y = \dfrac{1}{x}$;　　　　2)$y = x \sin x$;

3)$y = x \cos x$;　　　4)$y = x^2 + \sin x$.

解 1)因为 $f(-x) = \dfrac{1}{-x} = -\dfrac{1}{x} = -f(x)$

所以 $y = \dfrac{1}{x}$ 是奇函数.

2)因为 $f(-x) = (-x)\sin(-x)$
$$= (-x) \cdot (-\sin x)$$
$$= x \sin x = f(x)$$

所以 $y = x \sin x$ 是偶函数.

3)因为 $f(-x) = (-x) \cdot \cos(-x)$
$$= (-x) \cdot \cos x$$
$$= -x \cos x = -f(x)$$

所以 $y = x \cos x$ 是奇函数.

4)因为 $f(-x) = (-x)^2 + \sin(-x) = x^2 - \sin x$,可看出
$$f(-x) \neq f(x), f(-x) \neq -f(x)$$

这表明 $y = x^2 + \sin x$ 既非奇函数,也非偶函数.亦称 $y = x^2 + \sin x$ 为非奇非偶函数.

例 20 求证 $f(x) = x\ln(\sqrt{x^2+1}-x)$ 为偶函数.

证 法一: $f(-x) = (-x)\ln(\sqrt{(-x)^2+1}-(-x))$

$$= -x\ln(\sqrt{x^2+1}+x)$$

$$= x\ln(\sqrt{x^2+1}+x)^{-1}$$

$$= x\ln\frac{1}{\sqrt{x^2+1}+x}$$

$$= x\ln\frac{\sqrt{x^2+1}-x}{(\sqrt{x^2+1}+x)(\sqrt{x^2+1}-x)}$$

$$= x\ln(\sqrt{x^2+1}-x)$$

$$= f(x)$$

即 $f(-x) = f(x)$,得 $f(x) = x\ln(\sqrt{x^2+1}-x)$ 为偶函数.

法二: $f(-x) - f(x) = (-x)\ln(\sqrt{(-x)^2+1}-(-x)) - x\ln(\sqrt{x^2+1}-x)$

$$= -x[\ln(\sqrt{x^2+1}+x) + \ln(\sqrt{x^2+1}-x)]$$

$$= -x\ln[(\sqrt{x^2+1}+x)(\sqrt{x^2+1}-x)]$$

$$= -x\ln(x^2+1-x^2)$$

$$= -x\ln 1 = 0$$

即 $f(-x) - f(x) = 0$,从而

$$f(-x) = f(x)$$

得证 $f(x) = x\ln(\sqrt{x^2+1}-x)$ 为偶函数.

例 21 求证:奇函数与偶函数之乘积为奇函数.

证 设 $f(x)$ 为任一奇函数,则有

$$f(-x) = -f(x)$$

又设 $g(x)$ 为任一偶函数,则有

$$g(-x) = g(x)$$

令 $H(x) = f(x) \cdot g(x)$,这里只需证 $H(x)$ 为奇函数即可.

因为 $H(-x) = f(-x) \cdot g(-x)$

$$= [-f(x)] \cdot g(x)$$

$$= -f(x) \cdot g(x) = -H(x)$$

所以 $$H(-x) = -H(x)$$

故 $H(x)$ 为奇函数,即 $f(x) \cdot g(x)$ 为奇函数.

而 $f(x)$,$g(x)$ 分别为任意的奇函数、偶函数,所以得证奇函数与偶函数之乘积为奇函数.

(3)周期性

对 $y = f(x)$,如存在正数 T,使 $f(x+T) = f(x)$ 恒成立,则称此函数为周期函数,且称满足这个等式的最小正数 T 为函数的周期. 对周期函数,可由任何一段长为 T 的区间上的图形通过平移确定其整个图形. 例如 $y = \sin x$,$y = \tan x$,它们都是周期函数,且其周期分别为 2π 与 π.

1.1.4　初等函数

(1)基本初等函数

1)常量函数

$$y = c \qquad (c \text{ 为常数})$$

这里顺便指出:常数函数 $y = c$ 在定义域 $(-\infty, +\infty)$ 内为偶函数. 特别地,$y = 0$ 既是奇函数,同时又是偶函数. 显然,$y = c$ 也是有界函数.

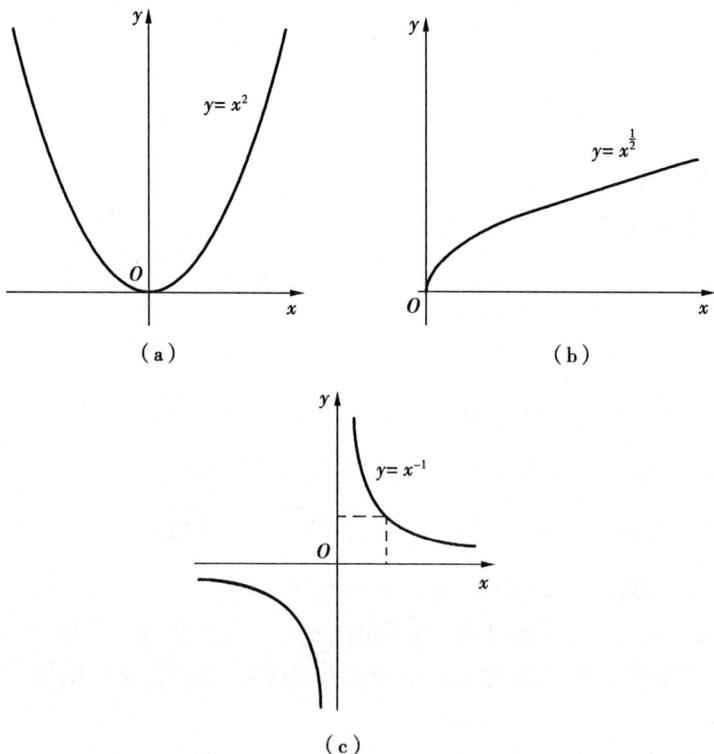

（a）

（b）

（c）

图 1.9

2)幂函数

$$y = x^{\alpha} \qquad (\alpha \text{ 为任意一个实数})$$

幂函数的定义域随 α 的不同而不同,但其图形均过点 $(1,1)$. 例如 $y = x^2$ 的定义域是 $(-\infty, +\infty)$;$y = x^{\frac{1}{2}}$ 的定义域是 $[0, +\infty)$;$y = x^{-\frac{1}{3}}$ 的定义域是 $(-\infty, 0) \cup (0, +\infty)$.

幂函数的图形也随 α 的不同而不同,如图 1.9 是当 $\alpha = 2, \frac{1}{2}, -1$ 时的图形.

3)指数函数

$$y = a^x \qquad (a > 0, \text{且} a \neq 1)$$

指数函数的定义域是 $(-\infty, +\infty)$,值域是 $(0, +\infty)$. 图形均通过点 $(0,1)$,且当 $a > 1$ 时,函数单调增加;当 $0 < a < 1$ 时,函数单调减少,如图 1.10 所示.

4)对数函数

$$y = \log_a x \qquad (a > 0, \text{且} a \neq 1)$$

对数函数的定义域为$(0, +\infty)$,值域为$(-\infty, +\infty)$,其图形均通过点$(1,0)$,且当$a>1$时,函数单调增加;当$0<a<1$时,函数单调减少,如图 1.11 所示.

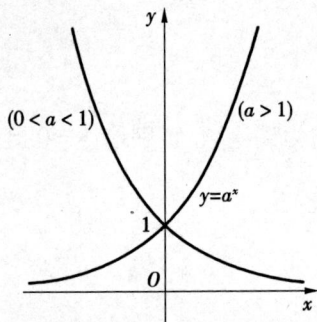

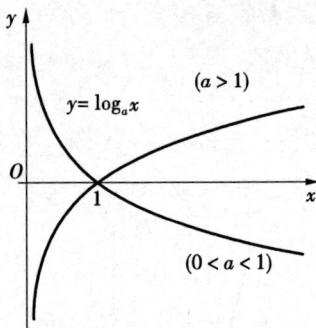

图 1.10   图 1.11

指数函数与对数函数互为反函数.

5)三角函数

$y = \sin x$,定义域是$(-\infty, +\infty)$,值域为$[-1,1]$;

$y = \cos x$,定义域是$(-\infty, +\infty)$,值域为$[-1,1]$;

$y = \tan x$,定义域是除$x = n\pi + \dfrac{\pi}{2}(n = 0, \pm1, \cdots)$的其他实数;

$y = \cot x$,定义域是除$x = n\pi(n = 0, \pm1, \cdots)$的其他实数;

$y = \sec x$,定义域是除$x = n\pi + \dfrac{\pi}{2}(n = 0, \pm1, \cdots)$的其他实数;

$y = \csc x$,定义域是除$x = n\pi(n = 0, \pm1, \cdots)$的其他实数.

函数 $\sin x, \cos x, \sec x, \csc x$ 是以 2π 为周期;$\tan x, \cot x$ 是以 π 为周期的周期函数. $\sin x$,$\cos x$ 是有界函数,其他都是无界函数. $\cos x, \sec x$ 是偶函数,其他都是奇函数.

6)反三角函数

反三角函数是把三角函数限制在单调区间上的反函数. 常用的反三角函数是:

反正弦函数 $y = \arcsin x, x \in [-1,1], y \in \left[-\dfrac{\pi}{2}, \dfrac{\pi}{2}\right]$;

反余弦函数 $y = \arccos x, x \in [-1,1], y \in [0,\pi]$;

反正切函数 $y = \arctan x, x \in (-\infty, +\infty), y \in \left(-\dfrac{\pi}{2}, \dfrac{\pi}{2}\right)$;

反余切函数 $y = \operatorname{arccot} x, x \in (-\infty, +\infty), y \in (0,\pi)$.

注意,反三角函数有许多单值枝,上面所列的是它们的主枝.

上面 6 种函数统称为基本初等函数.

(2)复合函数

在实际问题中,常常遇到两个变量的函数关系是通过另一个变量联系着的. 例如,$y = \ln \sin x$,不难看出这个函数的值不是直接由 x 来确定的,而是通过 x 的函数 $\sin x$ 的值来确定的. 如用 u 表示 $\sin x$,则 $y = \ln \sin x$ 就可表示成两个简单函数 $y = \ln u$ 和 $u = \sin x$,这表明了 y 与 x 之间的函数关系,是通过中间变量 u 来确定的. 这种函数关系可说成是函数的函数,通常

把这种关系称为复合关系. 其抽象定义如下:

定义 1.2 若 y 是 u 的函数 $y = f(u)$,而 u 又是 x 的函数 $u = \varphi(x)$,且与 x 对应的 u 值能使 y 有定义,则称 y 为 x 的复合函数,记作 $y = f[\varphi(x)]$. 其中 u 叫中间变量,x 叫基本变量.

由此定义可以看出:复合函数 $y = f[\varphi(x)]$ 的定义域或者与 $u = \varphi(x)$ 的定义域相同,或者是 $u = \varphi(x)$ 的定义域的一部分(即保证对应的 u 值能使 $y = f(u)$ 有定义的那些 x 值),而且并非任何两个函数都可复合成复合函数. 例如:

$y = \sin u, u = \sqrt{x}$ 可以复合成复合函数 $y = \sin\sqrt{x}$,且这个复合函数的定义域是 $[0, +\infty)$,与 $u = \sqrt{x}$ 的定义域 $[0, +\infty)$ 相同.

$y = \ln u, u = 2x + 1$ 可以复合成复合函数 $y = \ln(2x + 1)$,但这个复合函数的定义域为 $\left(-\dfrac{1}{2}, +\infty\right)$,是 $u = 2x + 1$ 的定义域 $(-\infty, +\infty)$ 的一部分(保证 $u = 2x + 1 > 0$ 的那些 x 值).

而 $y = \arcsin u, u = e^x + 1$,则不能复合成复合函数 $y = \arcsin(e^x + 1)$,这是因为 $u = e^x + 1$ 定义域 $(-\infty, +\infty)$ 中任何 x 所对应的 u 值都大于 1,致使 $y = \arcsin u$ 无定义.

为便于分析和计算,常常需要把一个复合函数分解为若干个简单函数,对复合函数正确进行分解十分重要,这将减少今后学习中可能遇到的许多困难.

例 22 下列复合函数是由哪些简单函数复合而成?

1)$y = \sqrt{1 + x^2}$;　　　　　2)$y = \cos^2 x$;

3)$y = 2\sin\sqrt{1 - x^2}$;　　　4)$y = \ln(1 + \sqrt{1 + x^2})$.

解 将复合函数分解为简单函数的关键是抓住每次复合的末一道运算.

1)$y = \sqrt{1 + x^2}$ 的末一道运算是幂运算,因此它是由简单函数 $y = \sqrt{u}, u = 1 + x^2$ 复合而成.

2)$y = \cos^2 x$ 的末一道运算是幂运算,因此它由 $y = u^2, u = \cos x$ 复合而成.

3)$y = 2\sin\sqrt{1 - x^2}$ 的末一道运算是乘积运算,因此它是由 $y = 2u, u = \sin v, v = \sqrt{w}, w = 1 - x^2$ 复合而成.

4)$y = \ln(1 + \sqrt{1 + x^2})$ 的末一道运算是对数运算,因此,它是由 $y = \ln u, u = 1 + v, v = \sqrt{w}, w = 1 + x^2$ 复合而成.

一般而言,所谓把一个复合函数分解成若干个简单函数,就是由外到里,逐层分析复合函数是由哪些简单函数(基本初等函数或基本初等函数经简单运算而得)复合而成,即每个层次都应是一个简单函数.

(3)初等函数

定义 1.3 由基本初等函数经过有限次四则运算(加、减、乘、除、乘方、开方)与复合步骤构成的,且能用一个数学式子表示的一切函数,统称为初等函数.

初等函数是微积分学研究的主要对象.

1.1.5 经济学中常用的函数

社会经济越发达,越是需要对经济活动过程中的变量之间的关系进行讨论、研究和分析,这种分析如果仅停留在定性讨论分析的基础上,那是远远不能达到预想的目的的,还必须做进一步定量的讨论分析. 于是对社会经济的研究和定量分析自然应该得到重视与加强. 而数学方法就是对社会经济变量间相互关系做定量分析的一种十分重要而卓有成效的手段和工具.

经济理论与方法的基本任务之一是:研究揭示社会经济活动中变量间的变化规律,从而达到认识并利用这种规律,进一步促进社会经济的发展. 这种规律反映在数学上就是函数关系. 这里,仅对经济学中常用到的经济函数,做一简要介绍. 至于它们更深刻的经济涵义和实用价值,将在以后各章中陆续做进一步研究讨论.

(1)微观经济学中常用的经济函数

1)需求函数

经济活动的最终目的,是需求的满足. 在经济学中,购买者(消费者)对商品的需求这一概念的涵义是:购买者既有购买商品的欲望,同时又有购买商品的能力,两者缺一不可. 也就是说,只有购买者同时具备了购买商品的欲望和支付能力两个条件才能得到需求. 影响需求的因素很多,在众多因素中,有些因素可做定量描述,如人口数、收入、资产、商品价格、其他商品价格、产出时间、季节影响等;另外,还有一些因素无法定量描述,如购买者对商品的"爱好"程度、对美的鉴赏力等.

在所考虑的时间范围内,如果把该商品除价格以外的其他因素,暂时视为不变因素,则可把商品价格 P 看做自变量,需求量 Q 看做因变量,即需求量 Q 可视为商品价格 P 的函数,称为需求函数,记作

$$Q = Q(P)$$

需求函数的几何图形,称为需求曲线,用 D 表示.

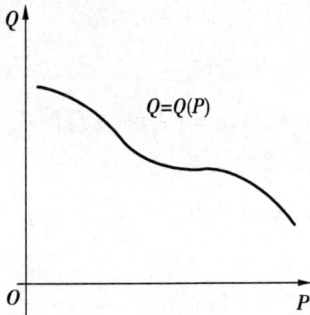

图 1.12

需求函数一般来说是价格的递减函数. 需求曲线通常是一条从左向右下方倾斜的曲线,如图 1.12 所示,即价格上涨,需求量则逐渐减小;价格下降,需求量则逐渐增大. 引起商品价格和需求反方向变化的原因在于:一是收入效应,亦即当价格上升或下降时,都会影响个人的实际收入,从而影响购买力. 例如价格下降时,意味着购买者实际收入增加,从而增加对该商品的需求量. 一些在原价格上无力购买的人,此时成为新的购买者,也使购买力增加. 二是替代效应,一些商品在使用上存在着彼此可以替代的关系,当某种商品的价格高于其他商品价格时,购买者就可能改变购买计划,以价格变得相对低的商品去替代价格变得相对较高的商品. 例如,由于猪肉价格上涨幅度大了,人们就可能多购买一些涨价幅度较小的鱼类来替代部分猪肉的消费.

不过,也有例外的情形,需求曲线出现从左向右上升的时候. 例如,古画、文物等珍品价格越高,越被人们认为珍贵,对它们的需求就越大.

需求函数种类. 在经济学和企业管理中常用的需求函数有:

线性需求函数 $Q = a - bP$ ($a \geqslant 0, b \geqslant 0$,均为常数)线性函数斜率 $-b < 0$,说明该需求函数为一递减函数. 这是最常用的一种需求函数.

当 $P = 0$ 时,$Q = a$,这表示当价格为零时,购买者对该商品的需求量为 a(即需求量达到最大值),如图 1.13 所示.

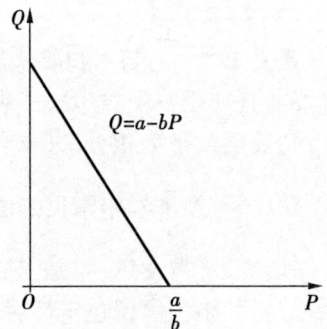

图 1.13

当 $P=\dfrac{a}{b}$ 时，$Q=0$，这表示当价格上涨到 $\dfrac{a}{b}$，已无人购买该商品了.

二次曲线需求函数 $Q=a-bP-cP^2$ （$a\geq 0,b\geq 0,c\geq 0$，均为常数）.

指数需求函数 $Q=ae^{-bP}$（$a\geq 0,b\geq 0$，均为常数）.

以上 3 种需求函数，其价格 P 均限定在一定范围内.

需求函数 $Q=Q(P)$ 的反函数，就是价格函数，记为 $P=P(Q)$.

一般而言，价格函数是需求量的递减函数.

2）供给函数（供应函数）

供给是与需求相对的概念，需求是就购买者而言，供给是就生产者而言. 供给是生产者在某一时刻内，在各种可能的价格水平上，对某种商品愿意并能够出售的数量，这就是说，作为供给必须具备两个条件：一是有出售商品的愿望；二是有供应商品的能力，二者缺一便不能构成供给. 供给不仅与生产中的成本及技术状况有关，而且与生产者对其他商品和劳务价格的预测等因素有关. 供给函数是讨论在其他因素不变的条件下，供应商品的价格与相应供给量的关系. 即把供应商品的价格 P 作为自变量，把相应的供给量 q 作为因变量. 供给函数一般记为 $q=q(P)$，表示价格为 P 时，生产者愿意提供的生产量.

供给函数的图形称为供给曲线，用 S 表示. 它与需求曲线相反，一般是一条从左向右上方倾斜的曲线，即当商品价格上升时，供给量就会上升，当价格下降时，供给量随之下降. 就是说，商品供给量随价格变动而发生同方向变动. 但也有例外情形，例如珍贵文物和古董等价格上升后，人们就会把存货拿出来出售，从而供应量增加，而当价格上升到一定限度后，人们会认为它们可能更贵重，就不会提供到市场出售，因而，价格上升，供应量可能减少，此时供给曲线可能呈现出不是从左向右上方倾斜的形状.

经济学中最常用的供给函数是线性供给函数，它的一般形式为 $q=cP-d(c>0,d>0)$，供给曲线如图 1.14 所示，其反函数为 $P=\dfrac{1}{c}q+\dfrac{d}{c}$，由此可见，$\dfrac{d}{c}$ 为价格的最低限，只有当价格大于 $\dfrac{d}{c}$ 时，生产者才会供应该类商品.

其他常见的供给函数还有二次函数、幂函数、指数函数等.

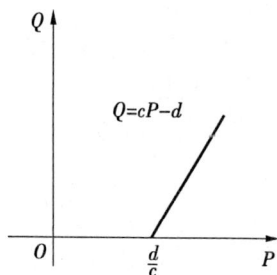

图 1.14

3）成本函数（费用函数）

从事生产，就需要有投入，也就是成本. 如需要有场地（厂房等）、机器设备、劳动力、能源、原材料等. 在成本投入中大体可分为两大部分，其一是在短时间内不发生变化或变化很小或不明显地随产品数量增加而变化的，如厂房、设备等，称为固定成本，常用 C_1 表示；其二是随产品数量变化而直接变化的部分，如原材料、能源等，称为可变成本，常用 C_2 表示，它是产品数量的函数，即 $C_2=C_2(x)$. 生产 x 个单位时某种产品的固定成本 C_1 与可变成本 $C_2(x)$ 之和，称为总成本，记作 C，即

$$C=C_1+C_2(x)$$

费用函数的图形称为费用曲线，常用 TC 表示.

经济学中常用的总成本函数有：

线性函数 $\quad C = C(x) = C_1 + ax$

其中, $C_1 = C(0)$ 是固定成本, $C_2 = ax$ 是可变成本, a 是单位产品的可变成本.

二次函数 $\quad C = C(x) = a_1 + a_2 x + a_3 x^2$

其中, $a_1 = C(0)$ 是固定成本.

三次函数 $\quad C = C(x) = k_0 + k_1 x + k_2 x^2 + k_3 x^3$

它的固定成本为 k_0.

只给出总成本不能说明企业生产的好坏,常用平均成本,亦即生产 x 个单位产品时,单位产品的成本,记作

$$\overline{C}(x) = \frac{C(x)}{x}\left(= \frac{\text{固定成本} + \text{可变成本}}{\text{产量}} \right)$$

在生产技术水平和生产要素的价格固定不变的条件下,总成本、平均成本都是产量的函数.

4)收益函数

收益是指商品出售后的收入,又可分为总收益和平均收益.

总收益是销售者售出一定数量商品所得的全部收入,常用 R 表示.

平均收益是销售者售出一定数量商品时,平均每售出一个单位商品的收入,也就是售出一定数量商品时的单位商品的销售价格,常用 $\overline{R}$ 表示.

总收益、平均收益都是售出商品数量的函数. 设 P 为商品价格, x 为商品数量(显然,这个 x 对销售者来说就是销售的商品量,对消费者来说,就是需求量),于是有

$$R = R(x), \overline{R} = \frac{R(x)}{x}$$

其中, $R(x)$ 是售出商品(数量为 x 时)的总收益函数.

收益函数的图形称为收益曲线,常用 TR 表示.

5)利润函数

生产一定数量的产品的总收入与总成本之差,就是总利润,记作 L,即

$$L = L(x) = R(x) - C(x)$$

其中, x 是产品数量.

平均利润记作 $\overline{L}$,即

$$\overline{L} = \overline{L}(x) = \frac{L(x)}{x}$$

总利润 L 和平均利润 $\overline{L}$ 都是产量 x 的函数.

生产产品的总成本总是产量 x 的增加函数. 但是对产品的需求量由于受价格及社会诸多因素的影响往往不是增加的,也就是说,对某种商品而言,销售的总收入 $R(x)$,有时增加显著,有时增长缓慢. 利润 L 可能达到顶点,如再继续销售,利润反而下降. 因此利润函数 $L(x)$ 出现了 3 种情况:

①$L(x) = R(x) - C(x) > 0$,有盈余生产,即生产处于有利润状态.

②$L(x) = R(x) - C(x) < 0$,亏损生产,即生产处于亏损状态.

③$L(x) = R(x) - C(x) = 0$,无盈亏生产. 把无盈亏生产的产量记为 x_0,称为无盈亏点.

盈亏分析常用于企业(经营)管理和经济学中分析各种定价和生产决策.

6）生产函数

生产函数是生产中"投入"与"产出"的函数关系. 一般来说,产出与许多投入（如劳动量、资金等）都有关,与其他产品的产出也有关. 为研究简便起见,假设只有一个投入量变化,而其他的都是常量,这时产出是指在某投入量下,应用已知最佳技术,所得出的最大产量.

如果以 x 表示变化的投入量,q 表示产出量,则生产函数为

$$q = q(x)$$

典型的生产函数如图 1.15 所示,它符合经济学中的报酬递减律. 投入为"零"时没有产出,图形从原点出发,在某一固定的投入量前,产出的增长十分明显,达到 x_0 点及其以后,再继续增加单位投入量的情况下,产出的增长越来越缓慢.

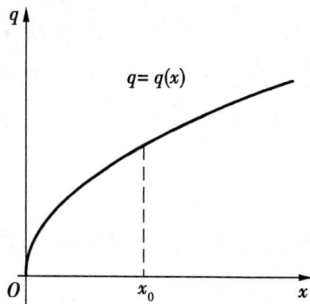

图 1.15

（2）宏观经济学中常用的经济函数

1）综合生产函数

它反映国民经济生产总值关于资本、土地、劳力、智力开发等的综合变化规律,在资本、土地不能增加,劳力充分就业的情况下,可以看成是智力开发 d 的函数:$y = f(d)$,这是一个递增函数.

2）消费函数

它反映国民消费总额 C 与国民生产总值 x 的关系:$C = \varphi(x)$,一般地,也是一个递增函数.

3）投资函数

它反映投入 I 与银行利率 r 的关系:$I = f(r)$,其中 I 是总投资额,r 是银行利率. 这是一个递减函数,即当利率提高时,投资就减少.

（3）经济函数的简单应用

1）均衡价格

均衡价格就是市场上需求量与供给量相等时的价格. 在图 1.16 中,即需求曲线 D 与供给曲线 S 之交点 E 的横坐标 $P = P_0$,称为供给均衡价格. 此时,需求量与供给量均为 Q_0,称为均衡商品量.

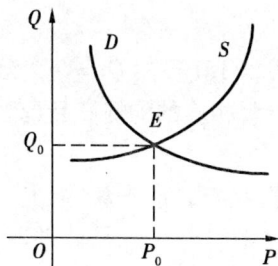

图 1.16

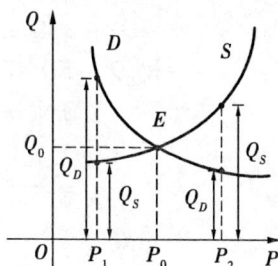

图 1.17

当 $P < P_0$ 时（如图 1.17 中 $P = P_1$ 处）,消费者希望购买的商品量 Q_D 大于生产者卖出的商品量 Q_S,即 $Q_D > Q_S$,这时,市场上出现"供不应求",商品短缺,这种状况不会持久,必然导致商品价格上涨,即 P 增大.

当 $P > P_0$ 时（如图 1.17 中 $P = P_2$ 处）,$Q_S > Q_D$,市场上出现"供过于求",商品滞销,这种状

况也不会持久,必然导致商品价格下跌,即 P 减小.

总之,市场上的商品价格将围绕均衡价格上下摆动.

例 23 设某商品的需求函数和供给函数分别为

$$Q = b - aP(a > 0, b > 0)$$
$$Q = cP - d(c > 0, d > 0)$$

试求均衡价格和均衡商品量.

解 求均衡价格 P_0 和均衡商品量 Q_0,从几何角度说,就是找需求曲线 D 和供给曲线 S 交点的横坐标与纵坐标;从代数的角度说,就是求解需求函数 $Q = Q(P)$ 与供给函数 $Q = q(P)$ 构成的联立方程组:

$$\begin{cases} Q = Q(P) \\ Q = q(P) \end{cases}$$

于是,可令 $b - aP = cP - d$,解之,得均衡价格为

$$P_0 = \frac{b + d}{a + c}$$

从而均衡商品量为

$$Q_0 = b - a\frac{b + d}{a + c}$$

例 24 某商品的需求量和供给量与价格的函数关系式分别为

$$\begin{cases} Q^2 - 20Q - P = -99 \\ 3Q^2 + P = 123 \end{cases}$$

试求市场均衡价格 P_0 和均衡商品量 Q_0.

解 求均衡价格和均衡商品量,就是求解需求函数 $Q = Q(P)$ 与供给函数 $Q = q(P)$ 构成的联立方程组:

$$\begin{cases} Q^2 - 20Q - P = -99 \\ 3Q^2 + P = 123 \end{cases}$$

将第二式 $P = 123 - 3Q^2$ 代入第一式得

$$Q^2 - 20Q - (123 - 3Q^2) = -99$$
$$4Q^2 - 20Q - 24 = 0$$

即 $Q^2 - 5Q - 6 = 0$,得 $Q_1 = 6, P_1 = 15$(显然 $Q_1 = -1$ 无意义).

故所求均衡价格为:$P_0 = 15$,相应的均衡商品量为:$Q_0 = 6$.

2)无盈亏量

无盈亏量就是企业的总收益与总成本相等的产量. 即收益恰好等于补偿总成本的产量. 在图 1.18 中,即收益曲线 TR 与总成本曲线 TC 的交点的横坐标 x_0.

由图可以看出:当产量 $0 < x < x_0$ 时,企业出现亏损;当产量 $x > x_0$ 时,企业才能盈利(在第 2 章中还要讨论最大盈利问题). 因此,x_0 又称为盈亏临界点.

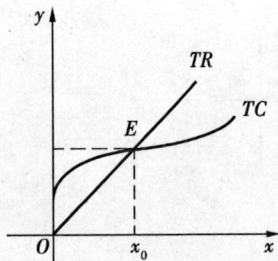

图 1.18

例 25 设生产某种商品 x 件时的总成本为

$$C(x) = 20 + 2x + 0.5x^2(万元)$$

①若每售出一件该商品的收入是 20 万元,求生产 20 件时的总利润 L 和平均利润 $\overline{L}$;

②求经济活动的保本点;

③若每天销售 40 件商品,为了不亏本,单价应定为多少?

解 ①已知总成本函数为 $C(x)$,又由题意知 $P=20$ 万元,故售出 x 件商品时的总收入函数为

$$R(x) = Px = 20x$$

由此,有

$$L(x) = R(x) - C(x) = 20x - (20 + 2x + 0.5x^2)$$

即

$$L(x) = -20 + 18x - 0.5x^2$$

当 $x=20$ 时,总利润为

$$L(20) = (-20 + 18x - 0.5x^2)\big|_{x=20} 万元 = 140 \ 万元$$

$$\overline{L}(20) = \frac{L(20)}{20} = \frac{140}{20} 万元 = 7 \ 万元$$

②所谓保本点,就是无盈亏点,可令

$$L(x) = 0, 即 -20 + 18x - 0.5x^2 = 0$$

解得 $x_1 = 1.15$,$x_2 = 34.85$.

因为 $L(x)$ 是二次函数,当 $x<x_1$ 或 $x>x_2$ 时,都有 $L(x)<0$,这时生产经营是亏损的;当 $x_1<x<x_2$ 时,$L(x)>0$,这时生产经营是盈利的. 因此 $x=2$ 件和 $x=34$ 件是盈利的临界点,都可以是保本点,即无盈亏点. 同时把 (x_1,x_2) 事实上即 $[2,34]$ 称为盈利区间;$[0,1]$ 与 $[35,+\infty)$ 称为亏损区间.

③设单价定为 P(万元),销售 40 件的收入应为 $R=40P$,这时的成本函数为

$$C(20) = (20 + 2x + 0.5x^2)\big|_{x=40} 万元 = 900 \ 万元$$

利润函数 $L = R(40) - C(40) = 40P - 900$,为使生产经营不亏本,就必须使 $L = 40P - 900 \geq 0$,故得 $P \geq 22.5$ 万元.

所以只有当销售单价不低于 22.5 万元,才能不亏本.

1.2 函数的极限

上一节讨论了变量与变量之间的函数关系,本节将进一步讨论当自变量按某种方式变化时,函数值随之而变的变化趋势(或变化动态),从而建立极限的概念.

极限是微积分学中一个最基本的概念,它是从有限中找到无限、从暂时中找到永久的一种认识方法,在数学中的体现,就是研究变量的变化趋势. 极限方法是解决近似与精确这对矛盾的基本方法. 微积分学的主要基本概念都归结于极限,由极限的运算法则又可导出微分法与积分法. 所以掌握极限概念及其运算法则就十分重要了.

1.2.1 极限概念

(1)两个引例

先通过两个实例的分析,说明极限是怎么一回事.

引例1 圆的面积问题.

在初等数学中,已学会求一些直边形的面积,如矩形、三角形、平行四边形、梯形等,对特殊曲边形——圆的面积也知道等于 πr^2(r 为圆半径),但这个 πr^2 是怎样求出来的呢?

在引言中,已提到我国古代数学家刘徽(3 世纪)曾提出利用圆内接正多边形来推算圆面积的方法——割圆术.刘徽说:"割之弥细,所失弥少,割之又割,以至于不可割,则与圆周合体而无失矣."这就包含着"无限细分,无限求和"的极限思想方法.

从几何图形上看(图1.19),内接正多边形的边数越多,它就越贴近于圆,当边数无穷无尽地增多时,它就无穷无尽地贴近于圆,这时内接正多边形的面积,在无穷无尽地变化过程中就转化为圆的面积.

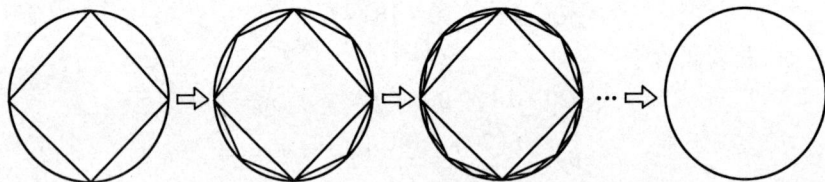

图 1.19

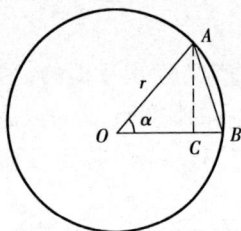

图 1.20

再从数量上来看,将内接正 n 边形分成 n 个全等的等腰三角形(图1.20),等腰三角形 $\triangle OAB$ 的顶角 $\alpha = \dfrac{2\pi}{n}$,OB 边上高 $AC = r\sin\alpha = r\sin\dfrac{2\pi}{n}$,于是 $\triangle OAB$ 的面积为 $\dfrac{1}{2}OB \cdot AC = \dfrac{1}{2}r^2\sin\dfrac{2\pi}{n}$,而内接 n 边形的面积 A_n 等于 $\triangle OAB$ 面积的 n 倍,故有

$$A_n = \frac{n}{2}r^2\sin\frac{2\pi}{n}$$

根据这一公式,可算出一系列内接正多边形的面积值如表 1.2 所示.

表 1.2

n	3	4	5	6	8	16
A_n	$1.299\,0r^2$	$2.000r^2$	$2.387\,7r^2$	$2.598\,1r^2$	$2.828\,4r^2$	$2.939\,0r^2$
n	20	100	1 000	3 000	…	
A_n	$3.090\,2r^2$	$3.139\,5r^2$	$3.142\,0r^2$	$3.142\,5r^2$	…	

从表 1.2 可以看出,当"n 无限变大时",A_n 的变化趋势(或动态)是"无限接近"于一个固定常数 πr^2,此处"无限接近"的意思是 A_n 和 πr^2 的差可以"要多小,有多小".这时我们就说,圆面积 $A = \pi r^2$ 是内接正多边形面积 A_n 的极限,或者说,A_n 的极限是 πr^2,把它记为

$$\lim_{n\to\infty} A_n = \pi r^2$$

这里的"lim"表示极限的意思,把它读作"里米特";"$n \to \infty$"表示 n 无限制增大的意思,把它读作"n 趋于无穷".上面的整个式子说成:当 n 无限制地增大时,A_n 的极限是 πr^2,也就是 A_n 转化为 $A = \pi r^2$.

引例2 自由落体运动 $s = \dfrac{1}{2}gt^2$ 在 $t = 1$ s 时的速度问题.

我们知道,自由落体运动不是等速运动,它的速度是随时间而变化的,因此从第 1 s 末到

第 t s,物体下落的路程 $s(t)-s(1)$ 与下落这段路程所需时间 $t-1$ 的比值

$$\bar{v}=\frac{s(t)-s(1)}{t-1}=\frac{\frac{1}{2}gt^2-\frac{1}{2}g\cdot 1^2}{t-1}=\frac{1}{2}g(t+1)$$

只是表示落体在时间间隔 $[1,t]$ 内的平均速度,它还不能反映落体在第 1 s 末的瞬时速度,如何来描述落体在第 1 s 末的瞬时速度呢? 根据物理意义,自由落体的速度虽然是随时间而变化的,但它是逐渐变化的,因此,若取 t 使得 $|t-1|$ 很小,即在很短的时间间隔 $[1,t]$ 内,它的速度变化不大,可以近似看做是等速运动,平均速度 $\bar{v}$ 就近似地表示落体在第 1 s 末的瞬时速度,且当 t 越接近于 1 时,即时间间隔 $[1,t]$ 越短,则落体在这段时间内的速度变化越小,这时,平均速度 $\bar{v}$ 就越接近于第 1 s 的瞬时速度. 因此,当 t 无限接近于 1 时,平均速度 $\bar{v}$ 就转化为第 1 s 末时的瞬时速度.

现在从数量上来看,在时间间隔 $[1,t]$ 内的平均速度 $\bar{v}=\frac{1}{2}g(t+1)$ 是 t 的函数,当 t 越接近于 1 时,它的变化趋势怎样呢? 计算一批数值如表 1.3 所示.

表 1.3

t	1.1	1.01	1.001	1.000 1	1.000 01	…
$\bar{v}$	1.05g	1.00 5g	1.000 5g	1.000 05g	1.000 005g	…

从表 1.3 可以看出,当 t 无限接近于 1 时,平均速度 $\bar{v}$ 的变化趋势是无限接近于一个固定常数 g,既然当 t 无限接近于 1 时,平均速度 $\bar{v}$ 无限接近于第 1 s 末的瞬时速度,因此 g 就应该是落体在第 1 s 末的瞬时速度.

与引例 1 类似,应当注意:对于固定的 t,平均速度 $\bar{v}$ 只能是第 1 s 末的瞬时速度的近似值,只有当 t 无限接近于 1 时,平均速度 $\bar{v}$ 无限接近的那个数 g,才是第 1 s 末的瞬时速度,并记为

$$v=\lim_{t\to 1}\bar{v}=\lim_{t\to 1}\frac{1}{2}g(t+1).$$

以上两例,虽然其实际意义各不相同,但这两个问题中的变量都具有一个共同特性:即在变化过程中都有一个确定的变化趋势. 如当 n 无限变大时,多边形面积 A_n 无限接近的数 πr^2,就是圆的面积;当 t 无限接近于 1 时,平均速度 $\bar{v}$ 无限接近的数 g,就是自由落体在第 1 s 末的瞬时速度. 研究变量的变化趋势问题就是研究变量的极限问题. 下面对数列的极限和函数的极限分别加以研究.

(2)数列的极限

1)数列

在引例 1 的多边形面积函数 $A_n=\frac{n}{2}r^2\sin\frac{2\pi}{n}$ 中自变量只能取正整数,相应的 A_n 是有序的一列数:$A_1,A_2,\cdots,A_n,\cdots$,把它叫做数列. 一般地

定义 1.4　定义在正整数集上的函数 $y_n=f(n)$(称为整标函数),当自变量 n 按正整数 1,2,3,$\cdots$,依次增大的顺序取值时,函数值 y_n 按相应顺序排成的一串有序数:

$$y_1,y_2,\cdots,y_n,\cdots$$

称为一个无穷数列,简称数列,记为 $\{y_n\}$ 或 $\{f(n)\}$,其中每一个数称为数列的项,$y_n=f(n)$ 称为数列的通项. 由定义可知,一个数列只要知道它的通项 y_n,这个数列立即就可写出.

远在 2 200 多年前,庄子《天下篇》里记载着战国时代宋国人惠施的这样一段话:"一尺之棰,日取其半,万世不竭."意思是说:一尺长的木棒,第一天切去一半,第二天切去第一天剩下部分的一半,第三天又切去第二天剩下部分的一半,这样继续下去永远也切不完. 我们把每天剩下部分的长度这个变量的值顺序排列起来,就得到一个数列:

$$\left\{y_n = \frac{1}{2^n}\right\}: \frac{1}{2}, \frac{1}{2^2}, \frac{1}{2^3}, \cdots, \frac{1}{2^n}, \cdots \tag{①}$$

其他如

$$\left\{y_n = \frac{n-1}{n}\right\}: 0, \frac{1}{2}, \frac{2}{3}, \frac{3}{4}, \cdots, \frac{n-1}{n}, \cdots \tag{②}$$

$$\left\{y_n = (-1)^n \frac{1}{n}\right\}: -1, \frac{1}{2}, -\frac{1}{3}, \frac{1}{4}, \cdots, (-1)^n \frac{1}{n}, \cdots \tag{③}$$

$$\left\{y_n = 4 - \frac{1}{n+1}\right\}: 4 - \frac{1}{2}, 4 - \frac{1}{3}, 4 - \frac{1}{4}, \cdots, 4 - \frac{1}{n}, \cdots \tag{④}$$

$$\left\{y_n = 2^n\right\}: 2, 2^2, 2^3, 2^4, \cdots, 2^n, \cdots \tag{⑤}$$

$$\left\{y_n = \frac{1 + (-1)^n}{2}\right\}: 0, 1, 0, 1, \cdots, \frac{1 + (-1)^n}{2}, \cdots \tag{⑥}$$

2)数列的极限

从引例 1 看出,圆的面积 $A = \pi r^2$ 是由正多边形面积 A_n 当 n 无限增大时的变化趋势求得的. 因此研究数列主要是研究这个数列的变化趋势如何? 从以上 6 个数列可以看出:当 n 无限增大时,数列 $\{y_n\}$ 的变化趋势有两种状态:

其一,当 $n \to \infty$ 时,数列 $\{y_n\}$ 无限地趋近于某一个固定常数 A:如①无限地趋近于 0;②无限地趋近于 1;③无限地趋近于 0;④无限地趋近于 4.

其二,当 $n \to \infty$ 时,数列 $\{y_n\}$ 不趋近于任何一个固定常数. 如对于⑤、⑥,不论 n 多么大,都不能使它们趋近于某一个固定的常数. 事实上,当 $n \to \infty$ 时,数列⑤的项无限增大,即数列⑤无界;数列⑥的项在 0 与 1 两点跳动.

对于数列 $\{y_n\}$ 来说,最重要的是在变化过程中无限趋近于某一常数 A 的那种渐趋稳定的状态.

一般地,若数列 $\{y_n\}$ 当 n "无限增大"时,y_n 的值就"无限趋近"于某一常数 A,则把 A 叫做数列 $\{y_n\}$ 的极限. 记为 $\lim\limits_{n \to \infty} y_n = A$.

为了精确地表明"无限增大"和"无限趋近"的真实意义,借助于研究数列 $\left\{y_n = \frac{n-1}{n}\right\}$ 的进一步讨论来加以阐明.

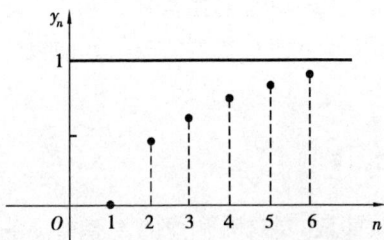

图 1.21

从图 1.21 可看出,当 n 无限增大时,y_n 的值无限趋近于 1,这意味着:

当 n 充分大时,动点 y_n 与 1 可以任意地接近. 即

$$|y_n - 1| = \left|\frac{n-1}{n} - 1\right| = \frac{1}{n}$$

可以任意地小,也就是说,只要 n 足够大时,就能使 $|y_n-1|$ 小于预先给定的无论多么小的正数 ε.

比如,给定 $\varepsilon=\dfrac{1}{100}$,由 $|y_n-1|=\dfrac{1}{n}<\dfrac{1}{100}$,得 $n>100$,即数列 $\left\{\dfrac{n-1}{n}\right\}$ 从第 101 项开始的所有项 $y_{101},y_{102},\cdots,y_n,\cdots$ 都能使不等式恒成立.

又比如,给定 $\varepsilon=\dfrac{1}{1\,000}$,由 $|y_n-1|=\dfrac{1}{n}<\dfrac{1}{1\,000}$,得 $n>1\,000$,即数列 $\left\{\dfrac{n-1}{n}\right\}$ 从第 1 001 项开始的所有项 $y_{1\,001},y_{1\,002},\cdots,y_n,\cdots$ 都能使不等式 $|y_n-1|<\dfrac{1}{1\,000}$ 恒成立.

由此可知,对于数列 $\left\{y_n=\dfrac{n-1}{n}\right\}$,不论给定一个多么小的正数 ε,总存在正整数 N(项数),使得对于 $n>N$ 的一切 y_n,不等式 $|y_n-1|<\varepsilon$ 恒成立,即 $|y_n-1|$ 可以"任意小".这就精确地表达了数列 $\left\{\dfrac{n-1}{n}\right\}$ 当 n 无限增大时,它无限趋近于 1 的实质,这就是数列极限概念.常数 1 叫做数列 $\left\{\dfrac{n-1}{n}\right\}$ 当 $n\to\infty$ 时的极限,从而给出数列极限"$\varepsilon-N$"定义.

定义 1.5　若对任意给定的不管多么小的正数 ε,总存在正整数 N,使得对于 $n>N$ 的一切 y_n,不等式 $|y_n-A|<\varepsilon$ 恒成立,则 A 叫做数列 $\{y_n\}$ 当 $n\to\infty$ 时的极限,或称数列 $\{y_n\}$ 收敛于 A,记为

$$\lim_{n\to\infty}y_n=A \text{ 或 } y_n\to A(n\to\infty) \tag{1.1}$$

否则,就说数列 $\{y_n\}$ 的极限不存在或数列 $\{y_n\}$ 发散.

从而上面的 6 个数列,前 4 个是收敛的,且记为 $\lim\limits_{n\to\infty}\dfrac{1}{2^n}=0,\lim\limits_{n\to\infty}\dfrac{n-1}{n}=1,\lim\limits_{n\to\infty}(-1)^n\dfrac{1}{n}=0,$ $\lim\limits_{n\to\infty}\left(4-\dfrac{1}{n+1}\right)=4,$ 而 $\{y_n=2^n\}$ 与 $\left\{y_n=\dfrac{1+(-1)^n}{2}\right\}$ 是发散的.

在数列极限定义中,必须注意:

①正数 ε 任意给定这一要求至关重要,因为只有这样,不等式 $|y_n-A|<\varepsilon$ 才能表达出 y_n 与 A 可以"无限接近"(或要多近,有多近)这一内在含义.

②正整数 N 与任意给定的 ε 有关,一般而言,ε 越小,相应的 $N(\varepsilon)$ 越大,但 N 不具唯一性.

③数列 $\{y_n\}$ 若有极限,则其极限 A 是唯一的.

④数列 $\{y_n\}$ 若有极限,则数列 $\{y_n\}$ 必有界,反之不真.

3)数列极限的几何解释

当 $\lim\limits_{n\to\infty}y_n=A$ 时,对任意给定的正数 ε,作

图 1.22

两条直线 $y=A-\varepsilon$ 与 $y=A+\varepsilon$ 形成带形域,不论 ε 多么小,即带形域多么狭窄,只要 $n>N$ 时,所有的无穷多个点 (n,y_n) 全部落入带形域内,也即是 y_n 落入 A 的 ε 邻域 $(A-\varepsilon,A+\varepsilon)$ 内,而在带形域外至多有有限个点,如图 1.22 所示.

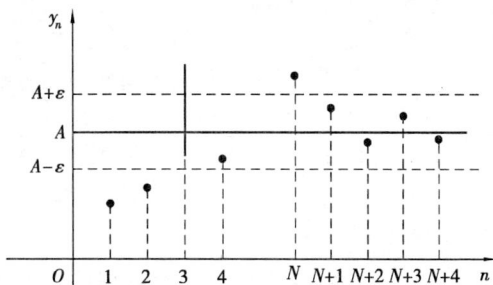

（3）函数的极限

1）$x \to x_0$ 时，函数 $f(x)$ 的极限

在引例 2 中，已经计算过自由落体在时刻 $t = 1$ s 时的瞬时速度，具体方法是：先求出落体在 1 s 到 t s 这段时间内的平均速度

$$\bar{v} = \frac{\frac{1}{2}gt^2 - \frac{1}{2}g \cdot 1^2}{t - 1} = \frac{1}{2}g(t+1)$$

把它作为所求瞬时速度的近似值，对于确定的时刻 t s 来说，平均速度 $\bar{v}$ 只与时刻 t 有关，因此它是 t 的函数：

$$\bar{v} = \bar{v}(t) = \frac{1}{2}g(t+1)$$

然后考察当 t 趋向 1 s（记为 $t \to 1$）时，平均速度 $\bar{v}$ 的变化趋势（或动态）．可以看出，此时平均速度 $\bar{v}(t)$ 无限趋近于一个确定的常数 g，这个 g 就是自由落体在时刻 1 s 时的瞬时速度 v，即

$$v = g \text{ m/s}$$

我们便说，瞬时速度 v 是平均速度 $\bar{v}(t)$ 当 $t \to 1$ s 时的极限，记为

$$\lim_{t \to 1} \bar{v} = \lim_{t \to 1} \frac{1}{2}g(t+1) = g$$

或者记为

$$\bar{v}(t) \to g \, (t \to 1)$$

一般地，当 $x \to x_0$ 时，函数 $y = f(x)$ 的极限定义如下．

定义 1.6 若当 x 无限趋近于 $x_0 (x \neq x_0)$ 时，函数 $f(x)$ 无限趋近于一个固定的常数 A，则 A 叫做函数 $f(x)$ 当 $x \to x_0$ 时的极限，记作

$$\lim_{x \to x_0} f(x) = A \text{ 或 } f(x) \to A (x \to x_0) \tag{1.2}$$

例如，求 $\lim\limits_{x \to 0} \sin x$.

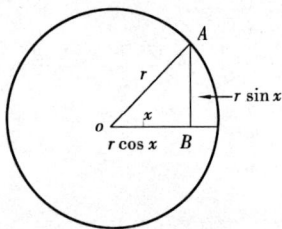

图 1.23

如图 1.23 所示，$\sin x = \dfrac{AB}{r}$，当 $x \to 0$ 时，AB 无限趋近于常数 0，从而 $\dfrac{AB}{r}$ 也无限趋近于 0．

所以 $\qquad \lim\limits_{x \to 0} \sin x = 0$

同理可得：$\lim\limits_{x \to 0} \cos x = 1$，$\lim\limits_{x \to \frac{\pi}{2}} \sin x = 1$.

定义 1.6 中所说的 x 无限趋近于 $x_0 (x \neq x_0)$，指的是 x 以任何方式，特别是从 x_0 的左方或右方无限趋近于 x_0 时，$f(x)$ 与 A 均能无限地接近．

当 x 从 x_0 的左方（$x < x_0$）无限趋近于 x_0 时，$f(x)$ 无限趋近于 A，则称 A 为 $f(x)$ 当 $x \to x_0$ 时的左极限，记为 $\lim\limits_{x \to x_0^-} f(x) = A$，或 $f(x_0 - 0) = A$；

当 x 从 x_0 的右方（$x > x_0$）无限趋近于 x_0 时，$f(x)$ 无限趋近于 A，则称 A 为 $f(x)$ 当 $x \to x_0$ 时的右极限，记为 $\lim\limits_{x \to x_0^+} f(x)$，或 $f(x_0 + 0) = A$.

可以证明：$\lim\limits_{x \to x_0} f(x) = A$ 的充要条件为

$$\lim_{x \to x_0^-} f(x) = \lim_{x \to x_0^+} f(x) = A \tag{1.3}$$

2)极限$\lim_{x \to x_0} f(x) = A$的几何意义

在几何图形上,函数极限$\lim_{x \to x_0} f(x) = A$可表示为:当$x \to x_0$时,曲线$y = f(x)$上的动点$(x, f(x))$无限地接近于定点$(x_0, A)$,如图1.24所示.

当$\lim_{x \to x_0} f(x) = A$时,称$\lim_{x \to x_0} f(x)$存在,否则,称$\lim_{x \to x_0} f(x)$不存在.

如,$\lim_{x \to 1} \dfrac{x^2 - 1}{x - 1} = \lim_{x \to 1} (x + 1) = 2$

故 $\lim_{x \to 1} \dfrac{x^2 - 1}{x - 1}$存在.

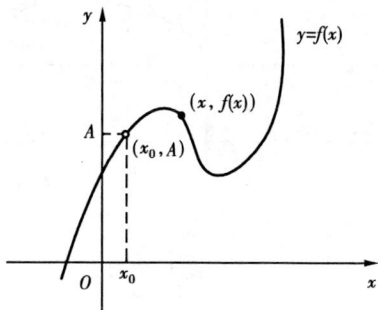

图1.24

又如,电子技术中的"单位阶跃函数":$f(t) = \begin{cases} 0, t < 0 \\ 1, t > 0 \end{cases}$,由于$t = 0$处的左极限 $\lim_{t \to 0^-} f(t) = \lim_{t \to 0} 0 = 0$,而右极限 $\lim_{t \to 0^+} f(t) = \lim_{t \to 0} 1 = 1$,因 $\lim_{t \to 0^-} f(t) \neq \lim_{t \to 0^+} f(t)$,这就表明当$t \to 0$时$f(t)$不趋近于某一固定常数. 故$\lim_{t \to 0} f(t)$不存在.

以上二例,用极限的几何意义容易得到解释.

3)$x \to \infty$时,函数$f(x)$的极限

除了形如$\lim_{x \to x_0} f(x)$的极限外,在某些实际问题中,如对电容器充放电过程、物体在介质中的冷却过程、放射性元素的蜕变过程等进行分析时,还需要考察自变量无限增大时函数的变化趋势,在这种情况下,函数极限的定义如下:

定义1.7 若当x的绝对值无限增大($|x| \to \infty$)时,函数$f(x)$无限趋近于一个固定常数A,则A叫做函数$f(x)$当$x \to \infty$时的极限,记为

$$\lim_{x \to \infty} f(x) = A \text{ 或 } f(x) \to A(x \to \infty) \tag{1.4}$$

例如,设函数$f(x) = \dfrac{1}{1 + x^2}$,当$x \to \infty$时,分母$1 + x^2$无限地增大,因而$\dfrac{1}{1 + x^2}$无限地减小而趋近于零,故$\lim_{x \to \infty} \dfrac{1}{1 + x^2} = 0$. 如图1.25所示,当点$(x, y)$沿曲线$y = \dfrac{1}{1 + x^2}$向$y$轴左、右两侧无限地远离时,它就与$x$轴(即$y = 0$)无限逼近.

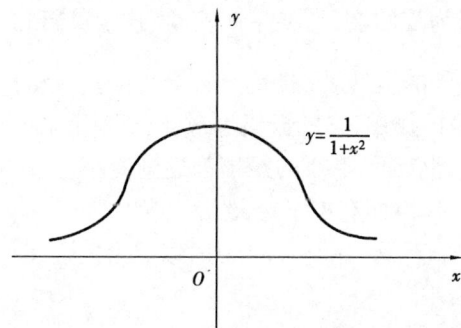

图1.25

有时,为了区别起见,把x总取正数而无限地增大,记为$x \to +\infty$;而把x总取负值且其绝对值无限地增大,记为$x \to -\infty$,$\lim_{x \to \infty} f(x) = A$的充要条件为

$$\lim_{x \to -\infty} f(x) = \lim_{x \to +\infty} f(x) = A$$

例如,反正切函数$f(x) = \arctan x$,当$x \to +\infty$时,它趋近于$\dfrac{\pi}{2}$;而当$x \to -\infty$时,它趋近于$-\dfrac{\pi}{2}$,则把它们分别记为 $\lim_{x \to -\infty} \arctan x = -\dfrac{\pi}{2}$,$\lim_{x \to +\infty} \arctan x =$

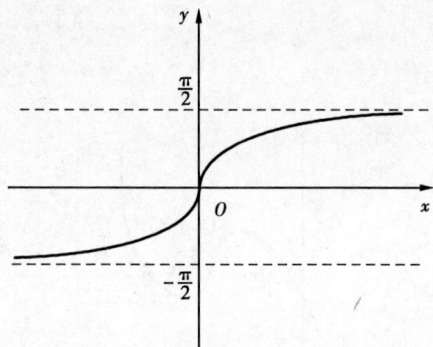

图 1.26

$\dfrac{\pi}{2}$,由此,$\lim\limits_{x \to \infty} \arctan x$ 不存在,如图 1.26 所示.

*例 26 热处理问题.

对某种工件进行热处理时,先将工件加热,让它在空气中冷却到 730 ℃后,再放入温度为 20 ℃的溶液中冷却.根据实验与理论分析,在溶液温度不变的条件下,工件温度 T 与时间 t 之间的关系为

$$T = 20 + 730e^{-kt} \quad (k > 0)$$

试问,随着时间的增加,工件最终冷却到什么温度?

解 从该例的要求,是要知道,当时间 t 无限增加时,工件温度 T 的变化趋势.这就要计算极限

$$\lim_{t \to +\infty} T = \lim_{t \to +\infty} (20 + 730e^{-kt})$$

如图 1.27 所示,当 $x \to +\infty$,$y = e^{-x}$ 无限地趋近于 0,即有

$$\lim_{x \to +\infty} e^{-x} = 0$$

现令 $x = kt$,当 $t \to +\infty$ 时,因 $k > 0$,而有 $x \to +\infty$,故得

$$\lim_{t \to +\infty} (20 + 730e^{-kt}) = \lim_{x \to +\infty} (20 + 730e^{-x})$$
$$= 20 + 0 = 20$$

这就表示,随着时间 t 的增加,工件温度与溶液温度逐渐趋于一致(20 ℃),但在实际情况下,只需经过不太长一段时间,就可以认为工件温度与溶液温度一致了.

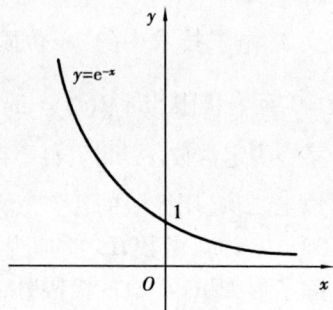

图 1.27

1.2.2 无穷小量与无穷大量

(1)无穷小量

1)无穷小量的概念

在引例 1 中,求 $t = 1$ s 末的瞬时速度,需求出其平均速度,已得 $\bar{v} = \dfrac{\Delta s}{\Delta t} = \dfrac{1}{2}g(t+1)$,从而有

$$\Delta s = \frac{1}{2}g(t+1)(t-1), (t-1 = \Delta t)$$

当 $t \to 1$ 时,$\lim\limits_{t \to 1} \Delta s = \lim\limits_{t \to 1} \dfrac{1}{2}g(t+1)(t-1) = 0$,这种极限为零的变量,在生产实践、技术革新和日常生活中也是屡见不鲜.例如,关掉电动机的电源,转子的运转就缓慢下来,最后停止转动;又如,单摆离开铅直位置而摆动,由于空气阻力和摩擦力的作用,它的振幅越来越小,到后来单摆就慢慢停下来了.在这些变化过程中,我们看到,转子的转速、单摆的振幅都逐渐变小,并趋近于零.这类极限为零的变量在微积分中占有重要的地位,因而有如下定义:

定义 1.8 若函数 $f(x)$ 当 $x \to *$($*$ 可以代表 $x_0, x_0^-, x_0^+, \infty, -\infty, +\infty$)时以零为极限,即 $\lim\limits_{x \to *} f(x) = 0$,则 $f(x)$ 叫做 $x \to *$ 时的无穷小量,简称无穷小.

例如,因 $\lim\limits_{x \to 1} (x^2 - 1) = 0$,故 $(x^2 - 1)$ 当 $x \to 1$ 时为无穷小.

又如,因 $\lim\limits_{x\to\infty}\dfrac{1}{1+x}=0$,故 $\dfrac{1}{1+x}$ 当 $x\to\infty$ 时为无穷小.

注意　无穷小是以零为极限的变量,除零外任何绝对值很小的数都不能说成是无穷小,如 $0.000\,1,10^{-100\,000}$ 等,因为它们已经是一个确定的数了.

2)无穷小的性质

以下所谈的无穷小,都是指在同一变化过程中的无穷小.

性质1　有限个无穷小的代数和仍为无穷小.

性质2　有限个无穷小的乘积仍为无穷小.

性质3　有界变量与无穷小量之乘积为无穷小.特别地,常量与无穷小的乘积仍为无穷小.

性质4　具有极限的函数等于它的极限与一个无穷小之和,即 $\lim\limits_{x\to *}f(x)=A$(常数)的充要条件为

$$f(x)=A+\alpha(x),\quad \text{其中}\lim\limits_{x\to *}\alpha(x)=0$$

例如,$\lim\limits_{x\to1}(x^2+1)=2\Leftrightarrow(x^2+1)=2+(x^2-1)$,其中$\lim\limits_{x\to1}(x^2-1)=0$.

又例如,$\lim\limits_{n\to\infty}\dfrac{n-1}{n}=1\Leftrightarrow\dfrac{n-1}{n}=1+\left(-\dfrac{1}{n}\right)$,其中$\lim\limits_{n\to\infty}\left(-\dfrac{1}{n}\right)=0$.

3)无穷小的比较

由无穷小性质可知,两个无穷小的和、差、积仍为无穷小,但两个无穷小之商就会出现不同情况.

例如,当 $x\to0$ 时,$\alpha=x,\beta=2x,\gamma=x^2$ 均为无穷小,但其商的极限:

$$\lim\limits_{x\to0}\frac{x^2}{x}=0;\quad \lim\limits_{x\to0}\frac{x}{2x}=\frac{1}{2};\quad \lim\limits_{x\to0}\frac{x}{x^2}=\infty$$

就各不相同,这说明无穷小之商不一定为无穷小.究其原因在于,两个无穷小趋于零的快慢程度各不相同,因而有如下定义:

定义 1.9　设 $\lim\limits_{x\to *}\alpha(x)=0,\lim\limits_{x\to *}\beta(x)=0$

若 $\lim\limits_{x\to *}\dfrac{\alpha(x)}{\beta(x)}=\begin{cases}0, & \text{则称 }\alpha\text{ 是比 }\beta\text{ 高阶的无穷小};\\ \infty, & \text{则称 }\alpha\text{ 是比 }\beta\text{ 低阶的无穷小};\\ k\ne0,\text{或}\infty, & \text{则称 }\alpha\text{ 与 }\beta\text{ 为同阶无穷小};\\ 1, & \text{则称 }\alpha\text{ 与 }\beta\text{ 为等价(或称相当)无穷小,并记为 }\alpha\sim\beta.\end{cases}$

在实际问题计算中,如遇到几个不同阶的无穷小之和,常常把高阶无穷小忽略不计.有时,利用等价无穷小的互换性,常可简化极限的运算.

(2)无穷大量

当 $x\to0$ 时,$\left|\dfrac{1}{x}\right|$ 的值可以变得任意地大,称 $\dfrac{1}{x}$ 当 $x\to0$ 时为无穷大量,因而有如下定义:

定义 1.10　当 $x\to *$ 时,若函数 $f(x)$ 的绝对值 $|f(x)|$ 无限增大,则称 $f(x)$ 当 $x\to *$ 时为无穷大量,简称无穷大,记为

$$\lim\limits_{x\to *}f(x)=\infty$$

注意　无穷大不是数.它是指变量在变化过程中绝对值无限增大的变化趋势.因此,任何大的数,如一百万、一千万、一亿等,都不能说是无穷大.而且无穷大是没有极限的变量.

较小的数的倒数是较大的数,较大的数的倒数是较小的数,无穷小与无穷大之间也有类似的关系,即在同一变化过程中,无穷小(0 除外)与无穷大互为倒数关系. 即无穷小的倒数是无穷大,无穷大的倒数是无穷小.

1.2.3　极限的计算

(1)基本函数的极限

1)常数函数 $f(x) = C$(C 为常数)的极限

设 x_0 为 $(-\infty, +\infty)$ 内任一点,因无论 x 作何变化,$f(x)$ 始终为 C,即有 $\lim\limits_{x \to *} f(x) = C$,故常数函数 C 的极限仍为 C.

2)函数 $f(x) = x$ 的极限

设 x_0 为 $(-\infty, +\infty)$ 内任一点,有 $\lim\limits_{x \to x_0} f(x) = \lim\limits_{x \to x_0} x = x_0$;又 $\lim\limits_{x \to \infty} f(x) = \lim\limits_{x \to \infty} x = \infty$,这表明函数 $f(x) = x$ 的变化趋势与自变量 x 的变化趋势一致,故函数 $f(x) = x$ 的极限等于自变量 x 的极限.

以上两个基本极限,读者作图,即可得到直观解释.

3)两个重要极限

① $\lim\limits_{x \to 0} \dfrac{\sin x}{x} = 1$

先将 $\dfrac{\sin x}{x}$ 取值列表 1.4,观察当 x 趋近于 0 时 $\dfrac{\sin x}{x}$ 的变化趋势.

表 1.4

x/rad	0.50	0.10	0.05	0.01	…
$\sin x$	0.479 73	0.099 883	0.049 979	0.009 999 8	…
$\dfrac{\sin x}{x}$	0.958 86	0.998 33	0.999 85	0.999 98	…

从表 1.4 中看出,当 x 越接近 0 时,$\dfrac{\sin x}{x}$ 就越接近 1. 再将此结论证明于下:

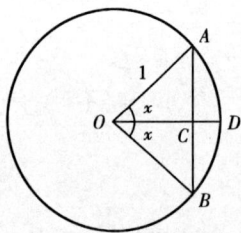

图 1.28

证　因为 $\dfrac{\sin(-x)}{-x} = \dfrac{\sin x}{x}$,所以只需就 $0 < x < \dfrac{\pi}{2}$ 的情况讨论,做一单位圆(图 1.28),设 $\angle AOD = \angle BOD = x$,则弦 $\overline{AB} = 2\sin x$,弧 $\overparen{AB} = 2x$,于是 $\dfrac{\overline{AB}}{\overparen{AB}} = \dfrac{\sin x}{x}$,当 x 很小时,弦 $\overline{AB}$ 与弧 $\overparen{AB}$ 也很接近,当 $x \to 0$ 时,$2x \to 0$,$\dfrac{\overline{AB}}{\overparen{AB}} \to 1$,所以 $\lim\limits_{x \to 0^+} \dfrac{\sin x}{x} = \lim\limits_{x \to 0^+} \dfrac{2\sin x}{2x} = \lim\limits_{x \to 0^+} \dfrac{\overline{AB}}{\overparen{AB}} = 1$,

故

$$\lim\limits_{x \to 0} \dfrac{\sin x}{x} = 1 \tag{1.5}$$

② $\lim\limits_{x \to \infty} \left(1 + \dfrac{1}{x}\right)^x = e$

在许多实际问题中,诸如电容器放电、物体冷却、细胞繁殖、放射性元素蜕变、复利息计算等,都需要研究函数$\left(1+\dfrac{1}{x}\right)^{x}$当$x\to\infty$时的极限问题. 将$\left(1+\dfrac{1}{x}\right)^{x}$取值列表,观察$x$的绝对值无限变大时函数$\left(1+\dfrac{1}{x}\right)^{x}$的变化趋势.

由表1.5可以看出:当x的绝对值逐渐增大时,函数$\left(1+\dfrac{1}{x}\right)^{x}$也随之而逐渐增大,且第一个有效数字"2"始终不变;当$|x|>100$后,前2个有效数字"2.7"保持不变;当$|x|>1\,000$后,前3个有效数字"2.71"保持不变;当$|x|>10\,000$后,前4个有效数字"2.718"保持不变;当$|x|>100\,000$后,前5个有效数字"2.7182"保持不变……但无论x的绝对值多么大,$\left(1+\dfrac{1}{x}\right)^{x}$总超不过3,即它单调增加而有上界. 可以证明(证明从略),当$x\to\infty$时,函数$\left(1+\dfrac{1}{x}\right)^{x}$无限趋近于一个固定的无限不循环小数:2.718 281 828 459 045…,把它记为e,即

表 1.5

x	1	10	100	1 000	10 000	100 000	1 000 000
$\left(1+\dfrac{1}{x}\right)^{x}$	2.000 000	2.593 742	2.704 814	2.716 924	2.718 146	2.718 268	2.718 280
x	−10	−100	−1 000	−10 000	−100 000	−1 000 000	−10 000 000
$\left(1+\dfrac{1}{x}\right)^{x}$	2.867 922	2.731 999	2.719 642	2.718 418	2.718 295	2.718 283	2.718 282

$$\lim_{x\to\infty}\left(1+\frac{1}{x}\right)^{x}=\mathrm{e} \tag{1.6}$$

若令$\dfrac{1}{x}=t$,当$x\to\infty$,$t\to0$,则有$\lim\limits_{x\to\infty}\left(1+\dfrac{1}{x}\right)^{x}=\lim\limits_{t\to0}(1+t)^{\frac{1}{t}}=\mathrm{e}$,即

$$\lim_{t\to0}(1+t)^{\frac{1}{t}}=\mathrm{e} \tag{1.7}$$

(2)极限的运算法则

前面谈及的极限例子中,是直观地从数表或图形来观察和分析当自变量x在某一变化过程中,函数$f(x)$的变化趋势,从而求出一些简单函数的极限. 为了求出更多更复杂函数的极限,通常的办法是利用一些已知函数的极限,通过极限的运算法则把它们求出来.

定理1.1(极限四则运算定理) 设$\lim\limits_{x\to *}f(x)=A$,$\lim\limits_{x\to *}g(x)=B$,则

①$\lim\limits_{x\to *}[f(x)\pm g(x)]=\lim\limits_{x\to *}f(x)\pm\lim\limits_{x\to *}g(x)=A\pm B$; $\tag{1.8}$

②$\lim\limits_{x\to *}[f(x)\cdot g(x)]=\lim\limits_{x\to *}f(x)\cdot\lim\limits_{x\to *}g(x)=AB$; $\tag{1.9}$

③$\lim\limits_{x\to *}\dfrac{f(x)}{g(x)}=\dfrac{A}{B}(B\neq0)$. $\tag{1.10}$

证 因$\lim\limits_{x\to *}f(x)=A$,$\lim\limits_{x\to *}g(x)=B$,由无穷小性质4:$f(x)=A+\alpha$,$g(x)=B+\beta$,其中$\lim\limits_{x\to *}\alpha(x)=0$,$\lim\limits_{x\to *}\beta(x)=0$,于是有

①$f(x)\pm g(x)=(A+\alpha)\pm(B+\beta)=(A\pm B)+(\alpha+\beta)$,由于$\lim\limits_{x\to *}\alpha(x)=0$,$\lim\limits_{x\to *}\beta(x)=0$,所以$\lim\limits_{x\to *}(\alpha+\beta)=0$,故由无穷小性质4,有

$$\lim_{x \to *} \left[f(x) \pm g(x) \right] = A \pm B = \lim_{x \to *} f(x) \pm \lim_{x \to *} g(x)$$

②$f(x) \cdot g(x) = (A + \alpha)(B + \beta) = AB + (A\beta + B\alpha + \alpha\beta)$

因 $\lim_{x \to *} \alpha(x) = 0$，$\lim_{x \to *} \beta(x) = 0$，又 A,B 为常数，由无穷小性质，$\lim_{x \to *}(A\beta + B\alpha + \alpha\beta) = 0$，故由无穷小性质 4，有

$$\lim_{x \to *} \left[f(x) \cdot g(x) \right] = AB = \lim_{x \to *} f(x) \cdot \lim_{x \to *} g(x)$$

③（证明从略）

该定理的重要意义在于：若两个函数的极限各自存在，那么它们的和、差、积、商所构成的新函数也必有极限，且其极限就是它们各自极限的和、差、积、商（但除式极限不为零）．注意：该定理的逆定理不真.

定理中的①，②可以推广到有限个函数的情形，且还有以下推论：

$$\lim_{x \to *} cf(x) = c \lim_{x \to *} f(x) = cA \quad （c \text{ 为常数}）$$

$$\lim_{x \to *} \left[f(x) \right]^n = \left[\lim_{x \to *} f(x) \right]^n = A^n$$

对我们来说，正确运用极限运算定理来计算极限，就显得十分重要，也是我们学习极限的一个任务.

（3）极限求法例题

例 27　求 $\lim\limits_{x \to 2} (3x^2 - 2x + 1)$.

解　因为当 $x \to 2$ 时，函数 $3x^2$，$-2x$，1 都有极限，由定理 1.1 及其推论，以及基本函数极限 $\lim\limits_{x \to *} c = c$，$\lim\limits_{x \to x_0} x = x_0$，有

$$\lim_{x \to 2} (3x^2 - 2x + 1) = \lim_{x \to 2} 3x^2 - \lim_{x \to 2} 2x + \lim_{x \to 2} 1$$

$$= 3 \lim_{x \to 2} x^2 - 2 \lim_{x \to 2} x + \lim_{x \to 2} 1$$

$$= 3 (\lim_{x \to 2} x)^2 - 2 \lim_{x \to 2} x + \lim_{x \to 2} 1$$

$$= 3 \cdot 2^2 - 2 \cdot 2 + 1 = 9$$

由此可见，$x \to 2$ 时，多项式函数 $f(x) = 3x^2 - 2x + 1$ 的极限值就是这个函数在 $x = 2$ 时的函数值，即 $f(2) = 9$. 这一结论，对任何多项式函数都适用. 一般地有

若 $f(x) = a_0 x^n + a_1 x^{n-1} + a_2 x^{n-2} + \cdots + a_n$，则

$$\lim_{x \to x_0} f(x) = f(x_0) \tag{1.11}$$

例 28　求 $\lim\limits_{x \to 1} \dfrac{x^2 + 3x - 4}{5x - 5}$.

解　因分母的极限为 $\lim\limits_{x \to 1}(5x - 5) = \lim\limits_{x \to 1} 5x - \lim\limits_{x \to 1} 5 = 5 \lim\limits_{x \to 1} x - \lim\limits_{x \to 1} 5 = 5 \cdot 1 - 5 = 0$，所以不能直接用商的极限运算法则，但当 $x \to 1$ 的过程中 $x \neq 1$，即 $(x-1) \neq 0$，因而在分式中可以约去不为零的公因子，然后再求极限，即

$$\lim_{x \to 1} \frac{x^2 + 3x - 4}{5x - 5} = \lim_{x \to 1} \frac{(x-1)(x+4)}{5(x-1)}$$

$$= \lim_{x \to 1} \frac{(x+4)}{5} = \frac{1}{5} \lim_{x \to 1} (x+4)$$

$$= \frac{1}{5} (\lim_{x \to 1} x + \lim_{x \to 1} 4) = \frac{1}{5} (1 + 4) = 1$$

即
$$\lim_{x \to 1} \frac{x^2 + 3x - 4}{5x - 5} = 1$$

由此可知,当 $x \to 1$ 时,$x^2 + 3x - 4$ 与 $5x - 5$ 为等价无穷小.

例 29 求 $\lim\limits_{x \to 0} \dfrac{\sqrt{1+x} - 1}{x}$.

解 因分母的极限 $\lim\limits_{x \to 0} x = 0$,所以不能直接用商的极限运算法则,设法先改变函数形式. 将分子、分母同乘分子($\sqrt{1+x} - 1$)的共轭根式($\sqrt{1+x} + 1$),并注意 $x \to 0$ 的过程中 $x \ne 0$,因而在分式中可以约去不为零的公因子,然后再求极限,即

$$\lim_{x \to 0} \frac{\sqrt{1+x} - 1}{x} = \lim_{x \to 0} \frac{(\sqrt{1+x} - 1)(\sqrt{1+x} + 1)}{x(\sqrt{1+x} + 1)} = \lim_{x \to 0} \frac{1 + x - 1}{x(\sqrt{1+x} + 1)}$$

$$= \lim_{x \to 0} \frac{x}{x(\sqrt{1+x} + 1)} = \lim_{x \to 0} \frac{1}{(\sqrt{1+x} + 1)} = \frac{\lim\limits_{x \to 0} 1}{\lim\limits_{x \to 0}(\sqrt{1+x} + 1)}$$

$$= \frac{\lim\limits_{x \to 0} 1}{\lim\limits_{x \to 0} \sqrt{1+x} + \lim\limits_{x \to 0} 1} = \frac{1}{\sqrt{\lim\limits_{x \to 0}(1 + x)} + 1} = \frac{1}{\sqrt{1 + 0} + 1} = \frac{1}{2}$$

由此可知,当 $x \to 0$ 时,$(\sqrt{1+x} - 1)$ 与 x 为同阶无穷小.

例 30 求下列极限.

① $\lim\limits_{x \to \infty} \dfrac{4x^2 - 3x + 2}{-2x^2 + x + 1}$;

② $\lim\limits_{x \to +\infty} \dfrac{\sqrt{x+1} - 1}{2x + 1}$;

③ $\lim\limits_{x \to \infty} \dfrac{x^2 + 2x}{3x - x^3}$;

④ $\lim\limits_{x \to \infty} \dfrac{(1 - 2x)^7 (x+1)^3}{(2x - 1)^{10}}$.

解 此题中每小题当 $|x| \to \infty$ 时,分子、分母极限均不存在,所以不能直接用商的极限运算法则,但若将分式同除 x 的最高次方,将其变形后再求极限就成为可能的了.

① $\lim\limits_{x \to \infty} \dfrac{4x^2 - 3x + 2}{-2x^2 + x + 1} = \lim\limits_{x \to \infty} \dfrac{\dfrac{4x^2 - 3x + 2}{x^2}}{\dfrac{-2x^2 + x + 1}{x^2}} = \lim\limits_{x \to \infty} \dfrac{4 - \dfrac{3}{x} + \dfrac{2}{x^2}}{-2 + \dfrac{1}{x} + \dfrac{1}{x^2}}$

$$= \frac{\lim\limits_{x \to \infty}\left(4 - \dfrac{3}{x} + \dfrac{2}{x^2}\right)}{\lim\limits_{x \to \infty}\left(-2 + \dfrac{1}{x} + \dfrac{1}{x^2}\right)} = \frac{4 - 0 - 0}{-2 + 0 + 0} = -\frac{4}{2} = -2$$

② $\lim\limits_{x \to +\infty} \dfrac{\sqrt{x+1} - 1}{2x + 1} = \lim\limits_{x \to +\infty} \dfrac{\dfrac{\sqrt{x+1} - 1}{x}}{\dfrac{2x + 1}{x}} = \lim\limits_{x \to +\infty} \dfrac{\sqrt{\dfrac{1}{x} + \dfrac{1}{x^2}} - \dfrac{1}{x}}{2 + \dfrac{1}{x}}$

$$= \frac{\lim\limits_{x \to +\infty}\left(\sqrt{\dfrac{1}{x} + \dfrac{1}{x^2}} - \dfrac{1}{x}\right)}{\lim\limits_{x \to +\infty}\left(2 + \dfrac{1}{x}\right)} = \frac{\sqrt{0 + 0} - 0}{2 + 0} = \frac{0}{2} = 0$$

③$\lim\limits_{x\to\infty}\dfrac{x^2+2x}{3x-x^3}=\lim\limits_{x\to\infty}\dfrac{\dfrac{x^2+2x}{x^3}}{\dfrac{3x-x^3}{x^3}}=\lim\limits_{x\to\infty}\dfrac{\dfrac{1}{x}+\dfrac{2}{x^2}}{\dfrac{3}{x^2}-1}=\dfrac{\lim\limits_{x\to\infty}\left(\dfrac{1}{x}+\dfrac{2}{x^2}\right)}{\lim\limits_{x\to\infty}\left(\dfrac{3}{x^2}-1\right)}=\dfrac{0+0}{0-1}=0$

由无穷小量与无穷大量之间的关系知：$\lim\limits_{x\to\infty}\dfrac{3x-x^3}{x^2+2x}=\infty$ ；

④$\lim\limits_{x\to\infty}\dfrac{(1-2x)^7(x+1)^3}{(2x-1)^{10}}=\lim\limits_{x\to\infty}\dfrac{\dfrac{(1-2x)^7(x+1)^3}{x^{10}}}{\dfrac{(2x-1)^{10}}{x^{10}}}=\lim\limits_{x\to\infty}\dfrac{\left(\dfrac{1-2x}{x}\right)^7\cdot\left(\dfrac{x+1}{x}\right)^3}{\left(\dfrac{2x-1}{x}\right)^{10}}$

$=\dfrac{\left(\lim\limits_{x\to\infty}\dfrac{1-2x}{x}\right)^7\cdot\left(\lim\limits_{x\to\infty}\dfrac{x+1}{x}\right)^3}{\left(\lim\limits_{x\to\infty}\dfrac{2x-1}{x}\right)^{10}}=\dfrac{(-2)^7\cdot1^3}{2^{10}}=-\dfrac{1}{2^3}$

通过此例的结果，可总结出如下规律

$$\lim_{x\to\infty}\frac{a_0x^n+a_1x^{n-1}+\cdots+a_n}{b_0x^m+b_1x^{m-1}+\cdots+b_m}=\begin{cases}\dfrac{a_0}{b_0},n=m\\[2mm]0,n<m\\[2mm]\infty,n>m\end{cases}\tag{1.12}$$

（$a_0\neq0,b_0\neq0,m,n$ 为非负整数）.

例31 求$\lim\limits_{x\to1}\left(\dfrac{1}{x-1}-\dfrac{2}{x^2-1}\right)$.

解 当$x\to1$ 时，$\dfrac{1}{x-1}$与$\dfrac{2}{x^2-1}$均为无穷大量，故不能直接用差的极限运算法则，但若采取通分的办法将函数变形，就成为可能的了，即

$$\lim_{x\to1}\left(\frac{1}{x-1}-\frac{2}{x^2-1}\right)=\lim_{x\to1}\frac{x+1-2}{x^2-1}=\lim_{x\to1}\frac{x-1}{(x-1)(x+1)}=\lim_{x\to1}\frac{1}{x+1}=\frac{1}{2}$$

例32 求下列极限.

①$\lim\limits_{x\to0}\dfrac{\sin kx}{x}$； ②$\lim\limits_{x\to1}\dfrac{\sin(2x-2)}{1-\sqrt{3x-2}}$； ③$\lim\limits_{n\to\infty}A_n=\lim\limits_{n\to\infty}\dfrac{n}{2}r^2\sin\dfrac{2\pi}{n}$.

解 ①$\lim\limits_{x\to0}\dfrac{\sin kx}{x}=\lim\limits_{x\to0}\dfrac{k\sin kx}{kx}=k\lim\limits_{kx\to0}\dfrac{\sin kx}{kx}=k\cdot1=k$

或令$kx=t$,有$x=\dfrac{t}{k}$,当$x\to0$,有$t\to0$,所以

$$\lim_{x\to0}\frac{\sin kx}{x}=\lim_{t\to0}\frac{\sin t}{\dfrac{t}{k}}=\lim_{t\to0}k\frac{\sin t}{t}=k\lim_{t\to0}\frac{\sin t}{t}=k\cdot1=k$$

②$\lim\limits_{x\to1}\dfrac{\sin(2x-2)}{1-\sqrt{3x-2}}=\lim\limits_{x\to1}\dfrac{(1+\sqrt{3x-2})\sin2(x-1)}{(1+\sqrt{3x-2})(1-\sqrt{3x-2})}$

$=\lim\limits_{x\to1}\dfrac{\sin2(x-1)}{1-(3x-2)}\cdot(1+\sqrt{3x-2})$

$$= \lim_{x \to 1} \frac{\sin 2(x-1)}{3(1-x)} \cdot (1 + \sqrt{3x-2})$$

$$= -\frac{2}{3} \Big[\lim_{2(x-1) \to 0} \frac{\sin 2(x-1)}{2(x-1)} \Big] \cdot \Big[\lim_{x \to 1} (1 + \sqrt{3x-2}) \Big]$$

$$= -\frac{2}{3} \cdot 1 \cdot (1 + \sqrt{3 \cdot 1 - 2}) = -\frac{4}{3}$$

③此题是引例 1 中圆内接正 n 边形面积的极限:

$$\lim_{n \to \infty} A_n = \lim_{n \to \infty} \frac{n}{2} r^2 \sin \frac{2\pi}{n} = \lim_{n \to \infty} \frac{n}{2\pi} \pi r^2 \sin \frac{2\pi}{n} = \pi r^2 \lim_{\frac{2\pi}{n} \to 0} \frac{\sin \frac{2\pi}{n}}{\frac{2\pi}{n}}$$

$$= \pi r^2 \cdot 1 = \pi r^2$$

这就证明了圆内接正 n 边形面积,当边数 $n \to \infty$ 时的极限为 πr^2.

例 33　求下列极限.

① $\lim\limits_{x \to \infty} \left(1 + \frac{k}{x} \right)^x$;　　② $\lim\limits_{x \to 0} (1 + 2x)^{-\frac{1}{x}}$;　　③ $\lim\limits_{x \to \infty} \left(\frac{x+1}{x-1} \right)^x$.

解　① $\lim\limits_{x \to \infty} \left(1 + \frac{k}{x} \right)^x = \lim\limits_{x \to \infty} \left[\left(1 + \frac{1}{\frac{x}{k}} \right)^{\frac{x}{k}} \right]^k = \left[\lim\limits_{\frac{x}{k} \to \infty} \left(1 + \frac{1}{\frac{x}{k}} \right)^{\frac{x}{k}} \right]^k = \mathrm{e}^k$

或令 $\frac{k}{x} = t$,则 $x = \frac{k}{t}$,当 $x \to \infty$ 时,$t \to 0$,故

$$\lim_{x \to \infty} \left(1 + \frac{k}{x} \right)^x = \lim_{t \to 0} (1 + t)^{\frac{k}{t}} = \left[\lim_{t \to 0} (1 + t)^{\frac{1}{t}} \right]^k = \mathrm{e}^k$$

② $\lim\limits_{x \to 0} (1 + 2x)^{-\frac{1}{x}} = \lim\limits_{x \to 0} (1 + 2x)^{-\frac{2}{2x}} = \lim\limits_{x \to 0} \left[(1 + 2x)^{\frac{1}{2x}} \right]^{(-2)}$

$$= \left[\lim_{2x \to 0} (1 + 2x)^{\frac{1}{2x}} \right]^{(-2)} = \mathrm{e}^{-2}$$

或令 $2x = \frac{1}{t}$,$x = \frac{1}{2t}$,$x \to 0$ 时,$t \to \infty$,故

$$\lim_{x \to 0} (1 + 2x)^{-\frac{1}{x}} = \lim_{t \to \infty} \left(1 + \frac{1}{t} \right)^{(-2t)} = \left[\lim_{t \to \infty} \left(1 + \frac{1}{t} \right)^t \right]^{(-2)} = \mathrm{e}^{-2}$$

或　$\lim\limits_{x \to 0} (1 + 2x)^{-\frac{1}{x}} = \dfrac{1}{\lim\limits_{x \to 0} (1 + 2x)^{\frac{1}{x}}} = \dfrac{1}{\lim\limits_{x \to 0} \left[(1 + 2x)^{\frac{1}{2x}} \right]^2}$

$$= \frac{1}{\left[\lim\limits_{2x \to 0} (1 + 2x)^{\frac{1}{2x}} \right]^2} = \frac{1}{\mathrm{e}^2} = \mathrm{e}^{-2}$$

③ $\lim\limits_{x \to \infty} \left(\frac{x+1}{x-1} \right)^x = \lim\limits_{x \to \infty} \left(\frac{x-1+2}{x-1} \right)^x = \lim\limits_{x \to \infty} \left(1 + \frac{2}{x-1} \right)^x$

令 $\frac{2}{x-1} = t$,$x = \frac{2}{t} + 1$,当 $x \to \infty$,$t \to 0$,所以

$$\lim_{x \to \infty} \left(\frac{x+1}{x-1} \right)^x = \lim_{x \to \infty} \left(1 + \frac{2}{x-1} \right)^x = \lim_{t \to 0} (1 + t)^{\frac{2}{t} + 1}$$

$$= \left[\lim_{t \to 0} (1 + t)^{\frac{1}{t}} \right]^2 \cdot \lim_{t \to 0} (1 + t) = \mathrm{e}^2 \cdot (1 + 0) = \mathrm{e}^2$$

或令 $\dfrac{2}{x-1}=\dfrac{1}{t},x=2t+1$，当 $x\to\infty$，$t\to\infty$，所以

$$\lim_{x\to\infty}\left(\frac{x+1}{x-1}\right)^x=\lim_{x\to\infty}\left(1+\frac{2}{x-1}\right)^x=\lim_{t\to\infty}\left(1+\frac{1}{t}\right)^{2t+1}=\lim_{t\to\infty}\left[\left(1+\frac{1}{t}\right)^{2t}\cdot\left(1+\frac{1}{t}\right)\right]$$

$$=\left[\lim_{t\to\infty}\left(1+\frac{1}{t}\right)^t\right]^2\cdot\lim_{t\to\infty}\left(1+\frac{1}{t}\right)=e^2\cdot(1+0)=e^2$$

或

$$\lim_{x\to\infty}\left(\frac{x+1}{x-1}\right)^x=\lim_{x\to\infty}\left[\frac{1+\dfrac{1}{x}}{1-\dfrac{1}{x}}\right]^x=\lim_{x\to\infty}\frac{\left(1+\dfrac{1}{x}\right)^x}{\left(1-\dfrac{1}{x}\right)^x}=\frac{\lim\limits_{x\to\infty}\left(1+\dfrac{1}{x}\right)^x}{\lim\limits_{x\to\infty}\left(1-\dfrac{1}{x}\right)^x}$$

$$=\frac{\lim\limits_{x\to\infty}\left(1+\dfrac{1}{x}\right)^x}{\left[\lim\limits_{-x\to\infty}\left(1+\dfrac{1}{-x}\right)^{(-x)}\right]^{(-1)}}=\frac{e}{e^{-1}}=e^2$$

例 34　求 $\lim\limits_{x\to\infty}\dfrac{1-\sin x}{x^2}$.

解　因为 $|\sin x|\leqslant 1$，即 $\sin x$ 有界，且 $\lim\limits_{x\to\infty}\dfrac{1}{x^2}=0$，根据有界变量与无穷小量之积仍为无穷小量这一性质，所以

$$\lim_{x\to\infty}\frac{1-\sin x}{x^2}=\lim_{x\to\infty}\frac{1}{x^2}-\lim_{x\to\infty}\frac{1}{x^2}\sin x=0-0=0$$

*例 35　求 $\lim\limits_{x\to 0}\dfrac{\sin 3x\ln(1+x)}{(\tan 2x)^2}$

解　当 $x\to 0$ 时，$\sin 3x,\ln(1+x),\tan 2x$ 均为无穷小量，且它们分别与 $3x,x,2x$ 等价，即 $\sin 3x\sim 3x,\ln(1+x)\sim x,\tan 2x\sim 2x$，利用等价无穷小的互换性，即在被求极限函数为积、商形式时，等价无穷小可以相互代替的性质，所以

$$\lim_{x\to 0}\frac{\sin 3x\ln(1+x)}{(\tan 2x)^2}=\lim_{x\to 0}\frac{3x\cdot x}{(2x)^2}=\frac{3}{4}\lim_{x\to 0}\frac{x^2}{x^2}=\frac{3}{4}$$

（4）连续复利

所谓复利问题：就是求对本利和的计算. 现设本金为 A_0，年度为 t. 如果每年结算一次，年利率为 r，则

1 年后的本利和为：$A_1=A_0+A_0r=A_0(1+r)$

2 年后的本利和为：$A_2=A_0(1+r)+A_0(1+r)r=A_0(1+r)^2$

3 年后的本利和为：$A_3=A_0(1+r)^2+A_0(1+r)^2r$

$$=A_0(1+r)^3$$

$\vdots$

t 年后的本利和为：$A_t=A_0(1+r)^t$

如果每年结算 n 次，每期利率为 $\dfrac{r}{n}$，于是

1 年后的本利和为：$A_1=A_0\left(1+\dfrac{r}{n}\right)^n$

2 年后的本利和为：$A_2 = A_0 (1 + \dfrac{r}{n})^{2n}$

$\vdots$

t 年后的本利和为：$A_t = A_0 (1 + \dfrac{r}{n})^{tn}$

如果每年结算次数 $n \to \infty$，则 t 年后的本利和为

$$\lim_{n \to \infty} A_0 (1 + \frac{r}{n})^{tn} = \lim_{n \to \infty} A_0 \left[\left(1 + \frac{1}{\frac{n}{r}} \right)^{\frac{n}{r}} \right]^{rt} = A_0 \mathrm{e}^{rt}$$

特别地，当 $r = 100\%$，$A_0 = 1$ 元，$t = 1$ 年，$n \to \infty$ 时，有本利和：

$$\lim_{n \to \infty} A_0 (1 + \frac{r}{n})^{tn} = A_0 \mathrm{e}^{rt} = 1 \cdot \mathrm{e}^{1 \cdot 1} = \mathrm{e} \quad （元）$$

这表明，在经济学中可以解释为：当利率按 100% 的比例连续复计时，1 元钱在一年后将增至 $\mathrm{e} \approx 2.72$ 元. 该结论反映出"货币的时间价值".

这里还要指出，对极限 $\lim\limits_{n \to \infty} A_0 (1 + \dfrac{r}{n})^{tn} = A_0 \mathrm{e}^{rt}$，若 r 表示人口的增长率，A_0 表示原有人口数，则 $A_0 \mathrm{e}^{rt}$ 表示 t 年后的人口总数.

1.3　函数的连续性

在客观现实中，许多变量的变化都给我们一个"连续不断"的直观印象，如气温的变化，植物的生长，质点的运动过程等都是连续变化的，函数的"连续性"就是这些现象在数学上的反映，它是微积分学中的又一重要概念.

1.3.1　连续函数的概念

当对连续变化的一些现象做具体分析时，我们发现：当时间 t 微小变化时，气温 $T = T(t)$ 变化也是极微小的；又当时间 t 的变化极微小时，路程 $s = s(t)$ 变化也是极微小的，……如果撇开其具体意义，仅从数量上分析，则有如下共性：当自变量的变化极微小时，函数的对应变化也极微小. 从而有如下定义：

定义 1.11　设 $y = f(x)$ 在点 x_0 的某一邻域内有定义，若

图 1.29

当自变量的增量 $\Delta x = x - x_0$ 无限趋近于零时，函数的相应增量 $\Delta y = f(x_0 + \Delta x) - f(x_0)$ 也无限趋近于零，即

$$\lim_{\Delta x \to 0} \Delta y = \lim_{\Delta x \to 0} [f(x_0 + \Delta x) - f(x_0)] = 0 \qquad (1.13)$$

则称函数 $y = f(x)$ 在点 x_0 处连续，x_0 叫 $y = f(x)$ 的连续点，如图 1.29 所示.

若记 $x = x_0 + \Delta x$，则当 $\Delta x \to 0$ 时，有 $x \to x_0$，于是

$$\begin{aligned} \lim_{\Delta x \to 0} \Delta y &= \lim_{\Delta x \to 0} [f(x_0 + \Delta x) - f(x_0)] \\ &= \lim_{x \to x_0} [f(x) - f(x_0)] \end{aligned}$$

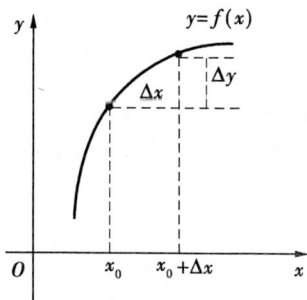

$$= \lim_{x \to x_0} f(x) - f(x_0) = 0$$

即

$$\lim_{x \to x_0} f(x) = f(x_0) \tag{1.14}$$

所以,函数 $y = f(x)$ 在点 x_0 处连续又可叙述为:若函数 $y = f(x)$ 在 x_0 的某邻域内有定义,当 $x \to x_0$ 时,函数的极限存在,且等于 $x = x_0$ 处的函数值 $f(x_0)$,即 $\lim\limits_{x \to x_0} f(x) = f(x_0)$,则称函数 $y = f(x)$ 在点 x_0 处连续.

若 $\lim\limits_{x \to x_0^-} f(x) = f(x_0)$,则称函数 $y = f(x)$ 在点 x_0 处左连续;若 $\lim\limits_{x \to x_0^+} f(x) = f(x_0)$,则称函数 $y = f(x)$ 在点 x_0 处右连续. 显然:

函数 $y = f(x)$ 在点 x_0 处连续的充要条件是 $y = f(x)$ 在点 x_0 处左连续同时右连续. 即

$$\lim_{x \to x_0} f(x) = f(x_0) \Leftrightarrow \lim_{x \to x_0^-} f(x) = \lim_{x \to x_0^+} f(x) = f(x_0)$$

在开区间 (a,b) 内每一点都连续的函数称为在开区间 (a,b) 内的连续函数,此区间称为函数的连续区间. 在闭区间 $[a,b]$ 上连续的函数,除了在开区间 (a,b) 内每一点都连续外,还需满足:

$$\lim_{x \to a^+} f(x) = f(a), \lim_{x \to b^-} f(x) = f(b)$$

在区间上连续函数的图形是一条在该区间上连续的曲线.

由函数 $y = f(x)$ 在点 x_0 处连续的定义可知,函数 $y = f(x)$ 在点 x_0 处连续必须同时满足下面 3 个条件:

①$f(x_0)$ 有意义,即 $f(x_0)$ 存在;

②$\lim\limits_{x \to x_0} f(x)$ 存在;

③$\lim\limits_{x \to x_0} f(x) = f(x_0)$.

若上述 3 条中至少一条不满足,则称函数 $y = f(x)$ 在点 x_0 处不连续或间断. 点 x_0 叫函数 $y = f(x)$ 的间断点. 特别地,对于 $\lim\limits_{x \to x_0} f(x) = \infty$ 的间断点 x_0 称为 $f(x)$ 的无穷间断点.

值得注意的是:连续实质上是极限问题.

例 36 讨论下列函数的连续性.

①$y = \dfrac{1}{x-1}$;

②$y = \begin{cases} 1+x & x > 0 \\ 2, & x = 0 \\ \mathrm{e}^x, & x < 0. \end{cases}$

解 ①因为 $x = 1$ 时,y 无定义,又 $\lim\limits_{x \to 1} \dfrac{1}{x-1} = \infty$,故 $x = 1$ 是 $y = \dfrac{1}{x-1}$ 的无穷间断点,如图 1.30 所示.

②因 $x = 0$ 时

$$f(0-0) = \lim_{x \to 0^-} f(x) = \lim_{x \to 0} \mathrm{e}^x = 1$$

$$f(0+0) = \lim_{x \to 0^+} f(x) = \lim_{x \to 0} (1+x) = 1$$

所以 $\lim\limits_{x \to 0} f(x) = 1$,但它不等于 $f(0) = 2$,故 $x = 0$ 是

$$y = \begin{cases} 1+x, & x>0 \\ 2, & x=0 \\ e^x, & x<0 \end{cases}$$

的间断点,并称这种极限值存在的间断点为第一类可去间断点,如图 1.31 所示.

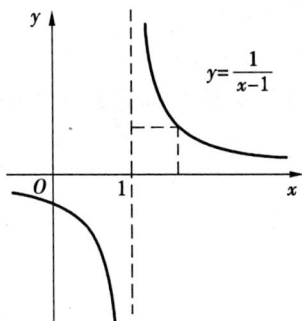

图 1.30

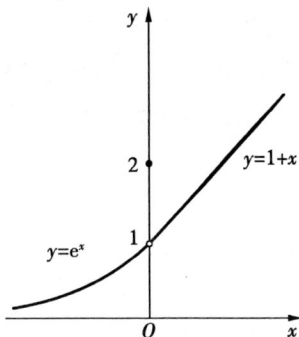

图 1.31

*例 37   设 $f(x) = \begin{cases} \dfrac{x^2-2x-3a^2}{x+1}, & x \neq -1 \\ 4a, & x = -1 \end{cases}$

1)当 a 为何值时,$\lim\limits_{x \to -1} f(x)$ 存在?

2)当 a 为何值时,$f(x)$ 在 $x = -1$ 处连续?

解   1)要使 $\lim\limits_{x \to -1} f(x) = \lim\limits_{x \to -1} \dfrac{x^2-2x-3a^2}{x+1}$ 存在,因 $\lim\limits_{x \to -1}(x+1)=0$,必须 $\lim\limits_{x \to -1}(x^2 - 2x - 3a^2) = 0$,即 $(-1)^2 - 2 \cdot (-1) - 3a^2 = 0, a = \pm 1$. 并且当 $a = \pm 1$ 时

$$\begin{aligned} \lim_{x \to -1} f(x) &= \lim_{x \to -1} \frac{x^2-2x-3a^2}{x+1} \\ &= \lim_{x \to -1} \frac{x^2-2x-3}{x+1} = \lim_{x \to -1} \frac{(x-3)(x+1)}{x+1} \\ &= \lim_{x \to -1}(x-3) = -4 \end{aligned}$$

所以当 $a = \pm 1$ 时,$\lim\limits_{x \to -1} f(x)$ 存在.

2)欲使 $f(x)$ 在 $x = -1$ 处连续,必须

$$\lim_{x \to -1} f(x) = f(-1) = 4a$$

首先由1)有 $a = \pm 1$,其次得 $-4 = 4a$,即 $a = -1$,因此,当 $a = -1$ 时,$f(x)$ 在 $x = -1$ 处连续.

1.3.2   连续函数的运算与性质

(1)连续函数的四则运算

定理1.2   若函数 $f(x)$ 与 $g(x)$ 在 $x = x_0$ 处连续,则 $f(x) \pm g(x)$;$f(x) \cdot g(x)$;$\dfrac{f(x)}{g(x)}(g(x) \neq 0)$ 在 $x = x_0$ 处均连续.

证   这里只证乘积的情形.

因为 $\lim\limits_{x \to x_0} f(x) = f(x_0)$；$\lim\limits_{x \to x_0} g(x) = g(x_0)$，由极限运算法则得

$$\lim_{x \to x_0} \left[f(x) \cdot g(x) \right] = \lim_{x \to x_0} f(x) \cdot \lim_{x \to x_0} g(x)$$
$$= f(x_0) \cdot g(x_0)$$

即 $f(x) \cdot g(x)$ 在 $x = x_0$ 处连续.

（2）初等函数的连续性

定理 1.3　一切初等函数在其定义区间内都是连续的.

这一性质提供了连续函数求极限的一种方法：若 $x = x_0$ 是初等函数定义区间内的一个点，则

$$\lim_{x \to x_0} f(x) = f(x_0) = f(\lim_{x \to x_0} x)$$

例 38　求 $\lim\limits_{x \to \frac{\pi}{2}} \ln \sin x$.

解　因为函数 $y = \ln \sin x$ 在点 $x = \dfrac{\pi}{2}$ 处连续，根据 $\lim\limits_{x \to x_0} f(x) = f(\lim\limits_{x \to x_0} x)$ 得

$$\lim_{x \to \frac{\pi}{2}} \ln \sin x = \ln (\sin \lim_{x \to \frac{\pi}{2}} x)$$
$$= \ln (\sin \frac{\pi}{2})$$
$$= \ln 1 = 0$$

***例** 39　设 $f(x) = \begin{cases} \dfrac{\ln(1+x)}{x}, & x > 0 \\ k, & x = 0 \\ \dfrac{\sqrt{1+x} - \sqrt{1-x}}{x}, & -1 < x < 0 \end{cases}$

讨论 k 为何值时，$f(x)$ 在定义域内连续.

解　函数 $f(x)$ 的定义域为 $Df = (-1, +\infty)$，很明显，$f(x)$ 的连续区间为 $(-1, 0) \cup (0, +\infty)$，故只需考察 $f(x)$ 在 $x = 0$ 处的连续性. 这里先考察极限 $\lim\limits_{x \to 0} f(x)$ 的存在性. 由于在 $x = 0$ 处的左、右 $f(x)$ 是不同的表达式，故应考察其左、右极限：

$$f(0-0) = \lim_{x \to 0^-} f(x) = \lim_{x \to 0} \frac{\sqrt{1+x} - \sqrt{1-x}}{x}$$
$$= \lim_{x \to 0} \frac{(\sqrt{1+x} - \sqrt{1-x})(\sqrt{1+x} + \sqrt{1-x})}{x(\sqrt{1+x} + \sqrt{1-x})}$$
$$= \lim_{x \to 0} \frac{(1+x) - (1-x)}{x(\sqrt{1+x} + \sqrt{1-x})}$$
$$= \lim_{x \to 0} \frac{2x}{x(\sqrt{1+x} + \sqrt{1-x})}$$
$$= \lim_{x \to 0} \frac{2}{\sqrt{1+x} + \sqrt{1-x}}$$
$$= \frac{2}{\sqrt{1+0} + \sqrt{1-0}} = 1$$

$$f(0 + 0) = \lim_{x \to 0^+} f(x)$$

$$= \lim_{x \to 0} \frac{\ln (1 + x)}{x} = \lim_{x \to 0} \ln (1 + x)^{\frac{1}{x}}$$

$$= \ln \left[\lim_{x \to 0} (1 + x)^{\frac{1}{x}} \right] = \ln e = 1$$

即 $f(0-0) = f(0+0)$，所以 $\lim\limits_{x \to 0} f(x) = 1$.

欲使 $f(x)$ 在 $x = 0$ 处连续，须 $\lim\limits_{x \to 0} f(x) = f(0)$，即 $1 = k$.

故当 $k = 1$ 时，函数 $f(x)$ 在定义域 $(-1, +\infty)$ 内连续.

(3)闭区间 $[a,b]$ 上连续函数的性质

这里介绍定义在闭区间 $[a,b]$ 上连续函数的三个基本性质，由于证明要用到实数理论，这里只从几何直观上加以说明.

定理 1.4(有界定理) 若函数 $y = f(x)$ 在闭区间 $[a,b]$ 上连续，则 $f(x)$ 在这个区间上有界.

定理 1.5(最值定理) 若函数 $y = f(x)$ 在闭区间 $[a,b]$ 上连续，则 $y = f(x)$ 在此区间上一定有最大值与最小值，如图 1.32 所示.

定理 1.6(介值定理) 若函数 $y = f(x)$ 在闭区间 $[a,b]$ 上连续，m 与 M 分别为 $f(x)$ 在 $[a,b]$ 上的最小值与最大值，则对介于 m 与 M 之间的任一实数 $c(m < c < M)$，至少存在一点 $\xi \in (a,b)$，使得 $f(\xi) = c$，如图 1.33 所示.

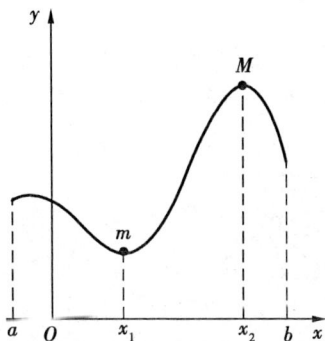

图 1.32

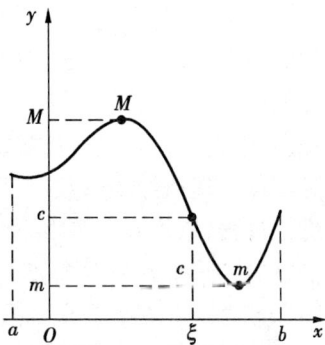

图 1.33

(4)连续函数的零点定理与求根的二分法

由连续函数的介值定理可知，假设函数 $y = f(x)$ 在闭区间 $[a,b]$ 上连续，且两端点函数值 $f(a)$ 与 $f(b)$ 异号，因零是 y 轴上 $f(a)$ 与 $f(b)$ 之间的一个点，所以在 (a,b) 内至少有一个点 ξ，使得 $f(\xi) = 0$，从而有如下定理：

1)连续函数的零点定理

定理 1.7 设 $y = f(x)$ 在闭区间 $[a,b]$ 上连续，且 $f(a)f(b) < 0$，则在区间 (a,b) 内至少有一点 ξ，使得 $f(\xi) = 0$. 如图 1.34.

例 40 求证方程 $4x = 2^x$ 在区间 $\left(0, \dfrac{1}{2}\right)$ 内至少有一实根.

证 设 $f(x) = 4x - 2^x$，由于 $f(x)$ 是初等函数，所以 $f(x)$ 在定义域 $(-\infty, +\infty)$ 内必连续，从

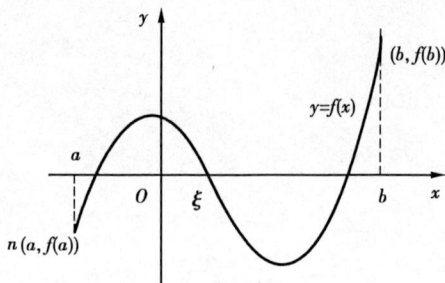

图 1.34

而 $f(x)$ 在闭区间 $\left[0, \dfrac{1}{2}\right]$ 上连续, 又因 $f(0) = 4 \times 0 - 2^0 = -1 < 0, f\left(\dfrac{1}{2}\right) = 4 \times \dfrac{1}{2} - 2^{\frac{1}{2}} = 2 - \sqrt{2} > 0$, 由闭区间上连续函数零点定理, 可知在 $\left(0, \dfrac{1}{2}\right)$ 内至少存在一个实数 ξ, 使得 $f(\xi) = 0$, 即 $4\xi - 2^{\xi} = 0$, 所以方程 $4x - 2^x = 0$, 即 $4x = 2^x$ 在 $\left(0, \dfrac{1}{2}\right)$ 内至少有一实根.

2)求根二分法

零点定理最直接的应用就是求解一元方程根的二分法. 这里先看以下引例, 然后给出求方程根的近似值的二分法.

引例 你到图书馆, 从一本电子技术著作目录上, 查看到你感兴趣的一篇文章, 记下所在的页码, 你将如何去查找呢?

你的查找过程也许会是这样:①任翻一页, 这样就把书分成了两部分, 看看翻开那页的页码, 你马上就知道了所查找文章应在哪一半内;②对含有所找文章的那一半按上述①的做法, 再次重复进行, 直至找到那篇文章为止.

上面翻书过程就是所谓的二分思想. 分析不难发现, 这一查找过程有效的前提是:

①所查文章应在此书中;

②此书不能有缺页, 且书的页码是按页码顺序装订的.

这种思想方法在对数据库中数据进行查找时很有用, 但要注意所查找数据库应具有这种查找过程有效的两个前提. 数学上也常用这种方法来求一个方程的根, 其理论依据就是连续函数的零点定理. 其中连续正是上述前提②的体现, 而 $f(a)$ 与 $f(b)$ 异号正是根存在的具体体现. 因此对于满足零点定理条件的函数, 可以依据二分法来求其零点.

将上述翻书过程, 用于方程求根, 可得二分法求根的过程:

将含唯一根的区间平分为两个较小的区间, 然后判断其中哪一个是含根区间, 再进一步将含根的小区间平分为两个更小的小区间, 再判断其中哪一个是含根区间, 并进一步对它平分; 如此继续下去. 这样, 含根区间越分越小, 若取含根区间的中点作为所求根的近似值, 则随着含根区间的缩小, 根的近似值就越来越接近根的精确值, 且其误差不超过最后的含根区间长度的一半或 $\dfrac{b-a}{2^n}$.

对于方程 $f(x) = 0$, 假设最初的含唯一根的区间是 $[a_0, b_0]$(即 $f(a_0)$ 与 $f(b_0)$ 异号), 其区间中点为 $m_0 = \dfrac{a_0 + b_0}{2}$, 若 $f(m_0)$ 与 $f(a_0)$ 异号, 则 $[a_0, m_0]$ 为新的含根区间; 若 $f(m_0)$ 与 $f(b_0)$ 异号, 则 $[m_0, b_0]$ 为新的含根区间, 记新的含根区间为 $[a_i, b_i]$, 如此继续, 可由含根区间 $[a_i, b_i]$ 经中点 $m_i = \dfrac{a_i + b_i}{2}$ 计算出含根区间 $[a_{i+1}, b_{i+1}]$, 直至含根区间长度满足根的求解精度为止.

例 41 用二分法求方程 $x^3 - x - 1 = 0$ 区间 $[1, 1.5]$ 内的一个实根, 使绝对误差不超过 0.001.

解 设$f(x) = x^3 - x - 1$,显然此函数是连续函数,因$f(1) = -1, f(1.5) = 0.875$,所以区间$[1, 1.5]$是含唯一根的区间,以此区间为初始含根区间,可计算出表1.6.

表 1.6

i	a_i	b_i	m_i	$f(m_i)$
0	1.000 0	1.500 0	1.250 0	-0.296 9
1	1.250 0	1.500 0	1.375 0	0.224 6
2	1.250 0	1.375 0	1.312 5	-0.051 5
3	1.312 5	1.375 0	1.343 8	0.082 8
4	1.312 5	1.343 8	1.328 2	0.014 9
5	1.312 5	1.328 2	1.320 4	-0.018 3
6	1.320 4	1.328 2	1.324 3	-0.001 8
7	1.324 3	1.328 2	1.326 3	0.006 8
8	1.324 3	1.326 3	1.325 3	0.002 5

假设需要经过n次二分区间,得到二分法求解方程的最终结果,所得根的近似解是最终含根区间的中点,则最终区间的长度为$\dfrac{1.5 - 1}{2^n}$,近似解与精确解误差的最大值为$\dfrac{1}{2} \times \dfrac{1.5 - 1}{2^n}$. 因此只要使误差上限小于所要求的精度即可,即$\dfrac{1}{2} \times \dfrac{1.5 - 1}{2^n} < 0.001$,也就是$n > \log_2 \dfrac{1.5 - 1}{2 \times 0.001} = 7.965\ 8$,故八次二分区间后所得区间的中点$1.325\ 3$必是满足要求精度的方程根的近似值.

通过此例的分析可知,对于任何求解精度ε,由初始区间$[a_0, b_0]$开始二分区间,最后只需$n = \log_2(b_0 - a_0) - \log_2(2\varepsilon)$次二分区间,便可达到精度要求.

习 题 1

1. 已知$f(x) = x^2 - 2x + 3$,求$f(0), f(1), f(-x), f(1+x), f\left(\dfrac{1}{x}\right), f(x^2)$.

2. 求下列函数的定义域:

(1)$y = \sqrt{2x - 1}$;　　　　(2)$y = \sqrt{x^2 - 4}$;

(3)$y = \dfrac{1}{x^2 - 2x}$;　　　　(4)$y = \dfrac{1}{x + 3} + \sqrt{-x} + \sqrt{x + 4}$;

(5)$y = \lg(3x + 2)$;　　　　(6)$y = \arcsin \dfrac{x}{2}$.

3. 判断下列函数的奇偶性:

(1)$f(x) = \cos 2x$;　　　　(2)$f(x) = \dfrac{1}{x^3} + x$;

(3)$f(x) = x^3 - \sin x$;　　　　(4)$f(x) = \dfrac{e^x - e^{-x}}{2}$;

(5)$f(x) = x \tan x$;　　　　(6)$f(x) = x + \cos x$.

4. 设$f(x) = a^x (0 < a \neq 1)$,求证

$$f(x) \cdot f(y) = f(x+y), \frac{f(x)}{g(x)} = f(x-y).$$

5. 设 $f(x) = \sin x, g(x) = e^{x+1}$, 求

(1) $f(g(x))$;　　　　　(2) $g(f(x))$;

(3) $f(g(\frac{1}{x}))$;　　　(4) $g(f(\frac{1}{x}))$.

6. 求下列函数的反函数:

(1) $y = 3x + 2$;　　　　(2) $y = \ln(x+1)$;

(3) $y = 1 + \lg(x+2)$;　　(4) $y = e^{-2x} - 1$;

(5) $y = x^2 + 1$.

7. 验证函数 $y = f(x) = \dfrac{1-x}{1+x}$ 的反函数为它本身.

8. 下列函数是由哪些简单函数复合而成?

(1) $y = \sqrt{3x+1}$;　　　(2) $y = (x^2 + 3x + 1)^5$;

(3) $y = \lg\sqrt{x^2+1}$;　　(4) $y = e^{-\frac{x^2}{2}}$;

(5) $y = (1 + \ln x)^5$;　　　(6) $y = \sqrt{\ln\sqrt{x}}$;

(7) $y = \sin\ln\sqrt{x^2-1}$.

9. 已知 $f(e^x) = xe^{-x}$, 求 $f(x)$.

10. 根据给定条件建立函数关系:

(1) 设生产与销售某产品的总收入 R 是产量 x 的二次函数, 经统计得知: 当产量 $x = 0, 2, 4$ 时, 总收入 $R = 0, 6, 8$, 试确定总收入 R 与产量 x 的函数关系.

(2) 某产品的产量为 x 台, 每台售价为 200 元, 市场最大销售量为 700 台, 当年产量在 500 台以内时, 可全部售出; 当产量超过 500 台时, 经广告宣传后可再售 200 台, 每台平均广告费为 20 元. 求总收入 R 与年产量 x 间的关系.

(3) 某商店进布 1 500 m, 售价 21.7 元/m, 售至 1 000 m 后, 折价 15% 销售, 求总收益函数 R.

11. 求下列极限:

(1) $\lim\limits_{x \to -1} \dfrac{x^2 + 2x + 5}{x^2 + 1}$;　　(2) $\lim\limits_{x \to -2} \dfrac{x^2 - 4}{x + 2}$;

(3) $\lim\limits_{x \to \infty} \left(\dfrac{1}{x} + 2\right)$;　　　(4) $\lim\limits_{x \to \infty} \dfrac{2x^2 - 2x + 7}{3x^2 + 1}$;

(5) $\lim\limits_{x \to \infty} \dfrac{3x^2 + 4x - 1}{4x^3 - 2x^2 + 1}$;　(6) $\lim\limits_{x \to \infty} \dfrac{2x^2 + 4x + 2}{3x - 1}$;

(7) $\lim\limits_{x \to 5} \dfrac{x^2 - 6x + 5}{x - 5}$;　　(8) $\lim\limits_{x \to 9} \dfrac{\sqrt{x} - 3}{x - 9}$;

(9) $\lim\limits_{x \to 0} \dfrac{x^2}{1 - \sqrt{1 + x^2}}$;　　(10) $\lim\limits_{x \to -1} \left(\dfrac{1}{x+1} - \dfrac{3}{x^3 + 1}\right)$;

(11) $\lim\limits_{\Delta x \to 0} \dfrac{\sqrt{x + \Delta x} - \sqrt{x}}{\Delta x}$;　(12) $\lim\limits_{x \to \infty} \dfrac{\sin x}{x^2}$;

(13) $\lim\limits_{x \to \infty} \dfrac{(2x - 1)^{30}(3x - 2)^{20}}{(2x + 1)^{50}}$;

(14) $\lim\limits_{x \to \infty} \left(\sqrt{x^2 + 1} - x\right)$;

(15) 若 $\lim\limits_{x \to \infty} f(x) = 2$, 求 $\lim\limits_{x \to \infty} \left[\left(\sqrt{x^2 + 1} - x\right)f(x)\right]$.

12. 利用两个重要极限, 求下列极限:

（1）$\lim\limits_{x\to 0}\dfrac{\sin 3x}{x}$；   （2）$\lim\limits_{x\to 0}\dfrac{\sin 2x}{\sin 3x}$；

（3）$\lim\limits_{x\to 0}\dfrac{\sin ax}{\tan bx}$；   （4）$\lim\limits_{x\to 0}\dfrac{x^2}{\sin^2\dfrac{x}{3}}$；

（5）$\lim\limits_{x\to 2}\dfrac{\sin(2-x)}{\sqrt{x+1}-\sqrt{3}}$；   （6）$\lim\limits_{x\to\frac{1}{2}}\dfrac{\arcsin(2x-1)}{4x^2-1}$；

（7）$\lim\limits_{n\to\infty}2^n\sin\dfrac{x}{2^n}$；   （8）$\lim\limits_{x\to\infty}\left(1+\dfrac{k}{x}\right)^{-x}$；

（9）$\lim\limits_{x\to\infty}\left(\dfrac{x}{1+x}\right)^x$；   （10）$\lim\limits_{x\to\infty}\left(1-\dfrac{2}{x}\right)^{3x}$；

（11）$\lim\limits_{x\to\infty}\left(\dfrac{1+x}{x-2}\right)^x$；   （12）$\lim\limits_{x\to\infty}\left(\dfrac{x+a}{x-a}\right)^x$；

（13）$\lim\limits_{x\to 0}(1+2x)^{\frac{1}{x}}$；   （14）$\lim\limits_{x\to a}\dfrac{\ln x-\ln a}{x-a}(a>0)$；

（15）$\lim\limits_{x\to 1}x^{\frac{4}{x-1}}$.

13. 求下列函数的间断点：

（1）$y=\dfrac{1}{(x+2)^2}$；   （2）$y=\dfrac{x^2-1}{x^2-3x+2}$；

（3）$y=\dfrac{1}{x(e^{x-1}-1)}$；   （4）$y=\dfrac{\sin x}{x}$；

（5）$y=\begin{cases}x-1, & x\leqslant 0 \\ x^2, & x>0\end{cases}$

14. 若 $\lim\limits_{x\to 3}\dfrac{x^2-2x+k}{x-3}=4$，求 k 的值.

15. 已知 $\lim\limits_{x\to +\infty}\left(3x-\sqrt{ax^2-x+1}\right)=2$，求 k.

16. 设 $f(x)=\begin{cases}\dfrac{1}{x}\tan ax, & x<0 \\ x+2, & x\geqslant 0\end{cases}$，若 $\lim\limits_{x\to 0}f(x)$ 存在，求 a.

17. 当 $x\to 0$ 时，将下列函数（无穷小）与 x 进行比较，哪些是高阶无穷小，哪些是低阶无穷小，哪些是同阶无穷小，哪些是等价无穷小？

（1）$\tan^3 x$；   （2）$\sqrt{1+x^2}-1$；

（3）$\csc x-\cot x$；   （4）$x+x^2\sin\dfrac{1}{x}$.

18. 已知当 $x\to 0$ 时，$\sqrt{1+ax^2}-1$ 与 $\sin^2 x$ 是等价无穷小，求 a.

19. 设

$$f(x)=\begin{cases}\dfrac{1}{x}\sin x, & x<0 \\ k(\text{常数}), & x=0. \\ x\sin\dfrac{1}{x}+1, & x>0\end{cases}$$

问当 k 为何值时，函数 $f(x)$ 在其定义域内连续？为什么？

20. 证明五次方程 $x^5-3x=1$ 在 1 与 2 之间至少有一个实根.

21. 求证方程 $9x=3^x$ 在 $\left(0,\dfrac{1}{2}\right)$ 内至少有一个实根.

自测试题 1

一、两函数相同指的是什么？下列各函数是否相同？并说明理由；如不相同,指出它们在什么范围内又相同.

1. $f(x) = \dfrac{x}{x(x-1)}; g(x) = \dfrac{1}{x-1}$.

2. $f(x) = \ln \sqrt{x}; g(x) = \dfrac{1}{2}\ln x$.

3. $f(x) = x; g(x) = e^{\ln x}$.

二、求函数

$$y = \frac{1}{\sqrt{1-x^2}} + \arccos \frac{x^2+1}{5}$$

的定义域.

三、已知函数 $f(x) = ax^2 + bx + c$,且 $f(0) = -3, f(1) = 0, f(-1) = -4$. 求 $f(2), f(x+1)$.

四、证明函数 $f(x) = \cos x \cdot \dfrac{e^{-x}-1}{e^{-x}+1}$ 为奇函数.

五、求下列极限：

1. $\lim\limits_{x \to 1} \dfrac{x^n - 1}{x-1}$ (n 为正整数)；

2. $\lim\limits_{x \to \infty} \left(\sqrt{x^2+x} - \sqrt{x^2+1} \right)$；

3. $\lim\limits_{x \to 0} \dfrac{x^2 \sin \dfrac{1}{x}}{\sin x}$；

4. $\lim\limits_{n \to \infty} n(\sqrt[n]{a} - 1)$ ($a > 0$)；

5. $\lim\limits_{x \to 0} \dfrac{\sin 2x}{\ln(1+kx)}$ ($k \neq 0$)；

6. $\lim\limits_{x \to a} \dfrac{e^x - e^a}{x-a}$.

六、若 $\lim\limits_{x \to 2} \dfrac{x^2 - 5x + k}{x-2} = -1$,求 k 的值.

七、设 $f(x) = \begin{cases} \dfrac{\sin 2x}{x}, & x < 0 \\ 3x^2 - 2x + k, & x \geqslant 0 \end{cases}$

问：k 为何值时,$f(x)$ 在其定义域内连续？为什么？

八、求解下列问题

1. 将长为 l 的铁丝剪成两段,一段弯成圆,一段弯成正方形,若设正方形的边长为 x,圆与正方形的面积之和为 y,试将 y 表示成 x 的函数,并写明 x 的变化区域.

2. 某企业的一种商品,若以 1.75 元的单价出售,所生产的产品全可卖掉. 企业的生产能力为每天 5 000 单位,每天的总固定费用是 2 000 元,每单位商品的可变成本是 0.50 元,问要达到损益平衡点,该公司每天应生产多少单位？

九、证明曲线 $y = x^4 - 3x^2 + 7x - 10$ 在 $x = 1$ 与 $x = 2$ 之间至少与 x 轴有一个交点.

第2章 微分学及其应用

本章将要介绍微积分学中的重要组成部分——微分学. 微分学的基本任务是研究两类问题:一是函数相对于自变量的变化快慢程度,即函数的变化率问题;二是函数的增量问题. 由前一问题引出导数概念,而由后一问题引出微分概念.

这一章将主要讨论导数、微分的概念及其计算方法,以及导数的一些应用(包括经济分析中的一些应用).

2.1 导数概念

前一章论述的函数关系表达了变量之间的变化规律,函数的极限反映了变量在变化过程中的变化趋势,但这远远不能满足实际需要. 这一节先来解决微分学中的第一类问题,即函数的变化率问题. 实际问题还需要研究某个变量相对于另一个变量变化的快慢程度,这类问题通常叫变化率问题. 导数概念就是为研究这类问题而引进的. 它描述函数在局部范围内变化的速度,即快慢程度.

2.1.1 引例

引例1 变速直线运动的瞬时速度.

若物体作匀速直线运动,则物体在任何时刻的速度都等于运动路程除以运动时间. 但若物体做非匀速直线运动,且知其运动规律为 $s = s(t)$,应如何求它在 $t = t_0$ 时的瞬时速度呢?这个问题可以通过下述办法解决:

当时间 t 从 t_0 变到 $t_0 + \Delta t$ 时,物体所经过的路程为

$$\Delta s = s(t_0 + \Delta t) - s(t_0) \tag{1}$$

于是,在 Δt 时间内物体的平均速度为

$$\bar{v} = \frac{\Delta s}{\Delta t} = \frac{s(t_0 + \Delta t) - s(t_0)}{\Delta t} \tag{2}$$

这里,$\bar{v}$ 只能说明在 Δt 这段时间内物体运动的平均快慢程度. 显然,可用 $\bar{v}$ 近似表示物体在时刻 t_0 的运动速度,而且 Δt 越小,近似程度越好,因此,要精确地刻画物体在时刻 t_0 的运动速度,很自然地将平均速度的极限

$$\lim_{\Delta t \to 0} \frac{\Delta s}{\Delta t} = \lim_{\Delta t \to 0} \frac{s(t_0 + \Delta t) - s(t_0)}{\Delta t} = v(t_0) \tag{3}$$

称为物体在 t_0 时的瞬时速度,同时也提供了计算瞬时速度的计算方法.

引例2 产品总成本的变化率.

设某产品的总成本 C 随产量 x 而确定,则 C 是 x 的函数,记作 $C = C(x)(x > 0)$,通常称它为成本函数. 试求产量为 x_0 个单位时,总成本的变化率.

当产量 x 从 x_0 变化到 $x_0 + \Delta x$ 时,总成本取得相应的改变量

$$\Delta C = C(x_0 + \Delta x) - C(x_0) \tag{1}'$$

于是,在产量 x 由 x_0 变到 $x_0 + \Delta x$ 时,总成本的平均变化率为

$$\frac{\Delta C}{\Delta x} = \frac{C(x_0 + \Delta x) - C(x_0)}{\Delta x} \tag{2}'$$

显然,当 $\Delta x \to 0$ 时,极限值

$$\lim_{\Delta x \to 0} \frac{\Delta C}{\Delta x} = \lim_{\Delta x \to 0} \frac{C(x_0 + \Delta x) - C(x_0)}{\Delta x}$$

就可认为是产量为 x_0 个单位时总成本的变化率.

2.1.2　导数定义

上述二例虽其具体含义各不相同,但解决问题的思想方法一致,即:取小段,以常代变得近似,克服变与常的矛盾;取极限,近似精确相统一,克服精与近的矛盾,数学形式也相同. 可归结为:已知一函数,要计算函数增量与自变量增量之比当自变量增量趋近于零时的极限,这种特殊极限,在数学上就叫做函数的导数.

定义 2.1　设函数 $y = f(x)$ 在点 x_0 的某邻域内有定义,当自变量 x 在 x_0 处取得增量 $\Delta x (\neq 0)$ 时,函数 $f(x)$ 取得相应的增量 $\Delta y = f(x_0 + \Delta x) - f(x_0)$,如果当 $\Delta x \to 0$ 时,比值 $\frac{\Delta y}{\Delta x}$ 的极限存在,则称函数 $f(x)$ 在点 x_0 处可导,并把该极限叫做函数 $y = f(x)$ 在点 x_0 处的导数,记作 $f'(x_0)$,即

$$f'(x_0) = \lim_{\Delta x \to 0} \frac{\Delta y}{\Delta x} = \lim_{\Delta x \to 0} \frac{f(x_0 + \Delta x) - f(x_0)}{\Delta x} \tag{2.1}$$

也可记作 $y'\big|_{x = x_0}$ 或 $\frac{\mathrm{d}y}{\mathrm{d}x}\big|_{x = x_0}$ 或 $\frac{\mathrm{d}f(x)}{\mathrm{d}x}\big|_{x = x_0}$.

如果此极限不存在,则称函数 $y = f(x)$ 在 x_0 处不可导.

在式(2.1) 中,若令 $x_0 + \Delta x = x$,则有 $\Delta x = x - x_0$ 且当 $\Delta x \to 0$ 时,$x \to x_0$,于是,

$$f'(x_0) = \lim_{\Delta x \to 0} \frac{f(x_0 + \Delta x) - f(x_0)}{\Delta x} = \lim_{x \to x_0} \frac{f(x) - f(x_0)}{x - x_0}$$

即

$$f'(x_0) = \lim_{x \to x_0} \frac{f(x) - f(x_0)}{x - x_0} \tag{2.1}'$$

特别地,若 $x_0 = 0$,则有 $f'(0) = \lim_{x \to 0} \frac{f(x) - f(0)}{x}$.

若函数 $y = f(x)$ 在区间 (a, b) 内每一点都可导,则称函数在区间 (a, b) 内可导,这时,对每一个确定的 x 值,对应着一个确定的导数值,所以导数也是 x 的函数,称为函数 $y = f(x)$ 的导函数,简称导数,用 $f'(x)$,$(f(x))'$,$\frac{\mathrm{d}f(x)}{\mathrm{d}x}$ 或 y',$\frac{\mathrm{d}y}{\mathrm{d}x}$ 表示,即

$$f'(x) = \lim_{\Delta x \to 0} \frac{f(x + \Delta x) - f(x)}{\Delta x}, x \in (a, b) \tag{2.1}''$$

从导数定义可知,上述二例可说成为:瞬时速度是路程 s 对时间 t 的导数,即 $v = s' = \frac{\mathrm{d}s}{\mathrm{d}t}$;

成本变化率(边际成本)是成本 C 对产量 x 的导数,即 $C' = \dfrac{\mathrm{d}C}{\mathrm{d}x}$.

由导数定义还可将求导数方法概括为以下三步:

算增量: $\Delta y = f(x_0 + \Delta x) - f(x_0)$;

写比值: $\dfrac{\Delta y}{\Delta x}$;

求极限: $f'(x_0) = \lim\limits_{\Delta x \to 0} \dfrac{\Delta y}{\Delta x}$.

例 1　求函数

1) $y = f(x) = x^2$;　2) $y = \dfrac{1}{x}$;　3) $y = \sqrt{x}$

在点 $x = 1$ 处的导数.

解　1) $\Delta y = f(1 + \Delta x) - f(1)$

$\qquad = (1 + \Delta x)^2 - 1^2$

$\qquad = 2\Delta x + (\Delta x)^2$

$$\frac{\Delta y}{\Delta x} = \frac{2\Delta x + (\Delta x)^2}{\Delta x} = 2 + \Delta x$$

$f'(1) = \lim\limits_{\Delta x \to 0} \dfrac{\Delta y}{\Delta x} = \lim\limits_{\Delta x \to 0} (2 + \Delta x)$

$\qquad = 2$

2) $\Delta y = f(1 + \Delta x) - f(1)$

$\qquad = \dfrac{1}{1 + \Delta x} - \dfrac{1}{1} = -\dfrac{\Delta x}{1 + \Delta x}$

$\qquad \dfrac{\Delta y}{\Delta x} = -\dfrac{1}{1 + \Delta x}$

$f'(1) = \lim\limits_{\Delta x \to 0} \dfrac{\Delta y}{\Delta x} = \lim\limits_{\Delta x \to 0} \left(-\dfrac{1}{1 + \Delta x} \right)$

$\qquad = -1$

3) $\Delta y = f(1 + \Delta x) - f(1)$

$\qquad = \sqrt{1 + \Delta x} - 1$

$\qquad \dfrac{\Delta y}{\Delta x} = \dfrac{\sqrt{1 + \Delta x} - 1}{\Delta x}$

$\qquad = \dfrac{(\sqrt{1 + \Delta x} - 1)(\sqrt{1 + \Delta x} + 1)}{\Delta x(\sqrt{1 + \Delta x} + 1)}$

$\qquad = \dfrac{\Delta x}{\Delta x(\sqrt{1 + \Delta x} + 1)} = \dfrac{1}{\sqrt{1 + \Delta x} + 1}$

$f'(1) = \lim\limits_{\Delta x \to 0} \dfrac{\Delta y}{\Delta x} = \lim\limits_{\Delta x \to 0} \dfrac{1}{\sqrt{1 + \Delta x} + 1}$

$\qquad = \dfrac{1}{2}$

应当明确,函数 $y = f(x)$ 的导函数 $f'(x)$ 与函数 $y = f(x)$ 在 x_0 处的导数 $f'(x_0)$ 是既有

联系又有区别的两个不同概念. 其区别在于, 前者是一个函数, 后者是一个数值; 其联系在于, 函数在 x_0 处的导数等于函数的导函数在 x_0 处的函数值. 即有

$$f'(x_0) = f'(x) \Big|_{x=x_0}$$

因此, 通常总是先求出函数 $f(x)$ 的导函数 $f'(x)$, 于是任何一点的导数值就不难求得了.

特别提醒注意: $f'(x_0) \neq (f(x_0))'$.

例如, $y = x^2$ 在 $x = 1$ 处的导数 $y'(1) = 2$ 也可由以下做法求得.

$$\begin{aligned}
\Delta y &= f(x + \Delta x) - f(x) \\
&= (x + \Delta x)^2 - x^2 \\
&= 2x\Delta x + (\Delta x)^2
\end{aligned}$$

$$\frac{\Delta y}{\Delta x} = 2x + \Delta x$$

$$y'(x) = \lim_{\Delta x \to 0} \frac{\Delta y}{\Delta x} = \lim_{\Delta x \to 0} (2x + \Delta x) = 2x$$

所以

$$y'(1) = y'(x) \Big|_{x=1} = (2x) \Big|_{x=1} = 2$$

而 $y(1) = 1$, 所以 $(y(1))' = (1)' = 0$ (此式可由导数定义求得), 显然有 $y'(1) \neq (y(1))'$.

2.1.3 导数的几何意义

如图 2.1 所示, 设 $P(x_0, f(x_0))$ 为曲线 $y = f(x)$ 上一点, 当自变量在 x_0 处取得增量 Δx 时, 在曲线 $y = f(x)$ 上相应得到另一点 $Q((x_0 + \Delta x), f(x_0 + \Delta x))$, 连接这两点得割线 PQ, 设其倾角为 φ, 则割线 PQ 的斜率为

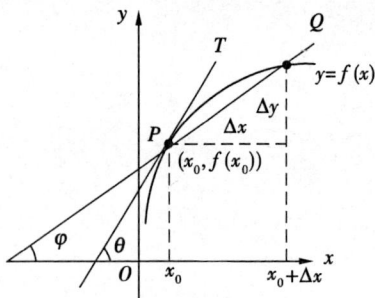

图 2.1

$$\tan \varphi = \frac{\Delta y}{\Delta x}$$

即平均变化率 $\frac{\Delta y}{\Delta x}$ 表示割线 PQ 的斜率. 当 Q 沿曲线移动逐渐趋近于点 P, 即 $\Delta x \to 0$ 时, 割线 PQ 的位置绕 P 点移动而趋于它的极限位置 —— 切线 PT, 这时 $\varphi \to \theta$, 于是

$$\begin{aligned}
f'(x_0) &= \lim_{\Delta x \to 0} \frac{\Delta y}{\Delta x} = \lim_{\varphi \to \theta} \tan \varphi \\
&= \tan \theta
\end{aligned}$$

即

$$f'(x_0) = \tan \theta \tag{2.2}$$

这就是说, 函数 $y = f(x)$ 在 x_0 处的导数 $f'(x_0)$ 的几何意义是: 曲线 $y = f(x)$ 在点 $(x_0, f(x_0))$ 处所引切线的斜率.

由直线的点斜式方程可得, 曲线 $y = f(x)$ 在点 (x_0, y_0) 处的切线方程为:

$$y - y_0 = f'(x_0)(x - x_0)$$

例 2 求等轴双曲线 $y = \frac{1}{x}$ 在点 $x = 1$ 处的切线方程.

解 由例 1 可知, $y = \frac{1}{x}$ 在 $x = 1$ 处的切线斜率为

$$f'(1) = -1$$

又以 $x = 1$ 代入 $y = \dfrac{1}{x}$，得切点坐标为 $P(1,1)$，故所求切线方程为

$$y - 1 = -1(x - 1)$$

即

$$x + y - 2 = 0$$

2.1.4　函数可导与连续的关系

定理 2.1　若函数 $y = f(x)$ 在点 x_0 处可导，则 $y = f(x)$ 在点 x_0 处连续. 反之不真.

证　由题设有

$$\lim_{\Delta x \to 0} \frac{\Delta y}{\Delta x} = \lim_{\Delta x \to 0} \frac{f(x_0 + \Delta x) - f(x_0)}{\Delta x} = f'(x_0)$$

故

$$\lim_{\Delta x \to 0} \Delta y = \lim_{\Delta x \to 0} \left(\frac{\Delta y}{\Delta x} \cdot \Delta x\right)$$

$$= \lim_{\Delta x \to 0} \frac{\Delta y}{\Delta x} \cdot \lim_{\Delta x \to 0} \Delta x$$

$$= f'(x_0) \cdot 0 = 0$$

即函数 $y = f(x)$ 在点 x_0 处连续.

由此定理即知：如果函数在某点不连续，则此函数在该点导数不存在.

同时还应指出：此定理表明，连续是可导的必要条件，但非充分条件，即函数在某一点连续，但在该点不一定可导.

$$f(x) = |x| = \begin{cases} x, & x > 0 \\ 0, & x = 0 \\ -x, & x < 0 \end{cases}$$

在 $x = 0$ 处连续，但它在 $x = 0$ 处不可导. 事实上，设在 $x = 0$ 处 x 的增量为 Δx，分别有：

当 $\Delta x > 0$ 时

$$\Delta y = f(0 + \Delta x) - f(0)$$
$$= (0 + \Delta x) - 0 = \Delta x$$

故右导数为

$$f'_+(0) = \lim_{\Delta x \to 0^+} \frac{\Delta y}{\Delta x} = \lim_{\Delta x \to 0^+} \frac{\Delta x}{\Delta x}$$
$$= \lim_{\Delta x \to 0^+} 1 = 1$$

当 $\Delta x < 0$ 时

$$\Delta y = f(0 + \Delta x) - f(0)$$
$$= -(0 + \Delta x) - 0 = -\Delta x$$

故左导数为

$$f'_-(0) = \lim_{\Delta x \to 0^-} \frac{\Delta y}{\Delta x} = \lim_{\Delta x \to 0^-} \frac{-\Delta x}{\Delta x}$$
$$\lim_{\Delta x \to 0^-} (-1) = -1$$

于是 $f'_+(0) \neq f'_-(0)$,故函数 $y = |x|$ 在 $x = 0$ 处不可导.

但由于

$$\lim_{x \to 0^-} f(x) = \lim_{x \to 0^-} (-x) = 0 = f(0)$$

$$\lim_{x \to 0^+} f(x) = \lim_{x \to 0^+} x = 0 = f(0)$$

所以该函数在 $x = 0$ 处连续,这个函数的图像如图 2.2 所示,是一条折线,此折线在点 $(0,0)$ 连续,但不存在切线.

这里指出:函数 $f(x)$ 在 x_0 处可导的充分必要条件是:$f(x)$ 在 x_0 处的左、右导数同时存在而且相等. 即

$$f'(x_0) \text{ 存在} \Leftrightarrow f'_+(x_0) = f'_-(x_0)$$

例 3　设 $f(x) = \begin{cases} x^2, & x \geqslant 0 \\ 2x, & x < 0 \end{cases}$,判断 $f(x)$ 在 $x = 0$ 处的连续性及可导性.

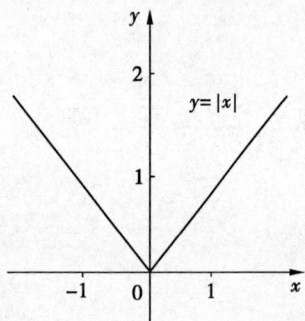

图 2.2

解　1) 因 $f(0 - 0) = \lim_{x \to 0^-} f(x) = \lim_{x \to 0^-} 2x = 0$

$$f(0 + 0) = \lim_{x \to 0^+} f(x) = \lim_{x \to 0^+} x^2 = 0$$

故 $\lim_{x \to 0} f(x) = 0$,又 $f(0) = 0$,所以 $f(x)$ 在 $x = 0$ 处连续.

2) $f'_-(0) = \lim_{x \to 0^-} \dfrac{f(x) - f(0)}{x} = \lim_{x \to 0^-} \dfrac{2x - 0}{x}$

$$= \lim_{x \to 0^-} 2 = 2$$

$$f'_+(0) = \lim_{x \to 0^+} \frac{f(x) - f(0)}{x} = \lim_{x \to 0^+} \frac{x^2 - 0}{x}$$

$$= \lim_{x \to 0^+} x = 0$$

可知 $f'_+(0) \neq f'_-(0)$,即 $f(x)$ 在 $x = 0$ 处不可导.

2.2　求导方法

导数的定义原则上提供了求导函数的方法,然而对一些复杂函数,直接用定义求导是比较困难的. 而实际问题中遇得最多的是初等函数,初等函数又是由基本初等函数经过有限次四则运算及复合运算而得到的. 因此只要建立了基本初等函数的求导公式、导数的四则运算以及复合函数的求导法则,初等函数求导问题就基本上能得到解决,下面就按这个思路研究求导问题.

2.2.1　导数定义求导法

由导数定义

$$f'(x_0) = \lim_{\Delta x \to 0} \frac{f(x_0 + \Delta x) - f(x_0)}{\Delta x}$$

可知,它给出了一种求导方法.

例 4　设 $y = f(x) = c$(c 为常数),求 y'.

解　因为 $\Delta y = f(x + \Delta x) - f(x) = c - c = 0$

$$\frac{\Delta y}{\Delta x} = \frac{0}{\Delta x} = 0$$

所以

$$y' = \lim_{\Delta x \to 0} \frac{\Delta y}{\Delta x} = \lim_{\Delta x \to 0} 0 = 0$$

即

$$y' = c' = 0$$

这就是说:任何常数的导数等于零.

例5　设 $y = x^n$ (n 为自然数),求 y'.

解　$\Delta y = f(x + \Delta x) - f(x)$

$$= (x + \Delta x)^n - x^n$$

$$= nx^{n-1}\Delta x + \frac{n(n-1)}{2!}x^{n-2}(\Delta x)^2$$

$$+ \cdots + (\Delta x)^n$$

$$\frac{\Delta y}{\Delta x} = nx^{n-1} + \frac{n(n-1)}{2!}x^{n-2}\Delta x + \cdots + (\Delta x)^{n-1}$$

所以

$$y' = \lim_{\Delta x \to 0} \frac{\Delta y}{\Delta x}$$

$$= \lim_{\Delta x \to 0} \left[nx^{n-1} + \frac{n(n-1)}{2!}x^{n-2}\Delta x + \cdots + (\Delta x)^{n-1} \right]$$

$$= \lim_{\Delta x \to 0} nx^{n-1} + \frac{n(n-1)}{2!}x^{n-2} \lim_{\Delta x \to 0} \Delta x + \cdots + \lim_{\Delta x \to 0} (\Delta x)^{n-1}$$

$$= nx^{n-1}$$

即

$$y' = (x^n)' = n\,x^{n-1}$$

例如　$y' = (x^3)' = 3x^{3-1} = 3x^2$

$\quad\quad y' = (x^6)' = 6x^{6-1} = 6x^5$

可以证明,对于 n 为任何实数,公式都正确(见例18). 如

$$y' = (\sqrt{x})' = (x^{\frac{1}{2}})'$$

$$= \frac{1}{2}x^{\frac{1}{2}-1} = \frac{1}{2\sqrt{x}}$$

$$y' = (\sqrt[3]{x^2})' = (x^{\frac{2}{3}})'$$

$$= \frac{2}{3}x^{\frac{2}{3}-1} = \frac{2}{3\sqrt[3]{x}}$$

例6　设 $y = \sin x$,求 y'.

解　$\Delta y = f(x + \Delta x) - f(x)$

$$= \sin(x + \Delta x) - \sin x$$

$$= 2\sin\frac{\Delta x}{2}\cos(x + \frac{\Delta x}{2})$$

$$\frac{\Delta y}{\Delta x} = \frac{2\sin\frac{\Delta x}{2}\cos(x + \frac{\Delta x}{2})}{\Delta x}$$

$$= \frac{\sin\frac{\Delta x}{2}}{\frac{\Delta x}{2}} \cdot \cos(x + \frac{\Delta x}{2})$$

所以 $y' = \lim\limits_{\Delta x \to 0} \dfrac{\Delta y}{\Delta x} = \lim\limits_{\Delta x \to 0}\left(\dfrac{\sin\frac{\Delta x}{2}}{\frac{\Delta x}{2}} \cdot \cos(x + \frac{\Delta x}{2})\right)$

$$= \lim_{\frac{\Delta x}{2} \to 0}\frac{\sin\frac{\Delta x}{2}}{\frac{\Delta x}{2}} \cdot \lim_{\Delta x \to 0}\cos(x + \frac{\Delta x}{2})$$

$$= 1 \cdot \cos x = \cos x$$

即

$$y' = (\sin x)' = \cos x$$

类似地,可以推导出

$$(\cos x)' = -\sin x$$

例7　设 $y = \log_a x (0 < a \neq 1, x > 0)$,求 y'.

解　$\Delta y = f(x + \Delta x) - f(x)$

$$= \log_a(x + \Delta x) - \log_a x$$

$$= \log_a\left(1 + \frac{\Delta x}{x}\right)$$

$$\frac{\Delta y}{\Delta x} = \frac{\log_a\left(1 + \frac{\Delta x}{x}\right)}{\Delta x}$$

$$= \frac{1}{x} \cdot \frac{x}{\Delta x}\log_a\left(1 + \frac{\Delta x}{x}\right)$$

$$= \frac{1}{x} \cdot \log_a\left(1 + \frac{\Delta x}{x}\right)^{\frac{x}{\Delta x}}$$

所以 $y' = \lim\limits_{\Delta x \to 0}\dfrac{\Delta y}{\Delta x} = \lim\limits_{\Delta x \to 0}\left[\dfrac{1}{x} \cdot \log_a\left(1 + \dfrac{\Delta x}{x}\right)^{\frac{x}{\Delta x}}\right]$

$$= \frac{1}{x} \cdot \log_a\left[\lim_{\Delta x \to 0}\left(1 + \frac{\Delta x}{x}\right)^{\frac{x}{\Delta x}}\right]$$

$$= \frac{1}{x} \cdot \log_a e = \frac{1}{x\ln a}$$

即

$$y' = (\log_a x)' = \frac{1}{x\ln a}(x > 0)$$

特别地 $(\ln x)' = \dfrac{1}{x}$.

2.2.2　四则运算求导法

定理 2.2　设函数 $u(x)$ 与 $v(x)$ 在 x 处可导,则 $(u \pm v)$,uv,$\dfrac{u}{v}$ 在 x 处可导,且

$(1)(u \pm v)' = u' \pm v'$ 　　　　　　　　　　　　　　(2.3)

$(2)(uv)' = u'v + uv'$ 　　　　　　　　　　　　　　(2.4)

$(3)\left(\dfrac{u}{v}\right)' = \dfrac{u'v - uv'}{v^2}(v \neq 0)$ 　　　　　　　　(2.5)

证　(1) 设 $y = u \pm v$

$\Delta y = [u(x + \Delta x) \pm v(x + \Delta x)] - [u(x) \pm v(x)]$

$\quad = [u(x + \Delta x) - u(x)] \pm [v(x + \Delta x) - v(x)]$

$\quad = \Delta u \pm \Delta v$

$\dfrac{\Delta y}{\Delta x} = \dfrac{\Delta u \pm \Delta v}{\Delta x} = \dfrac{\Delta u}{\Delta x} \pm \dfrac{\Delta v}{\Delta x}$

已知 $u(x)$ 与 $v(x)$ 在 x 处可导

所以　　　　　$y' = \lim\limits_{\Delta x \to 0} \dfrac{\Delta y}{\Delta x} = \lim\limits_{\Delta x \to 0} \left(\dfrac{\Delta u}{\Delta x} \pm \dfrac{\Delta v}{\Delta x}\right)$

$\qquad\qquad = \lim\limits_{\Delta x \to 0} \dfrac{\Delta u}{\Delta x} \pm \lim\limits_{\Delta x \to 0} \dfrac{\Delta v}{\Delta x} = u' \pm v'$

即

$$(u \pm v)' = u' \pm v'$$

类似地,可以证明(2)、(3),且由(2) 有

$[cf(x)]' = cf'(x)(c \text{ 为常数})$

$$(uvw)' = u'vw + uv'w + uvw'$$

例 8　已知 $y = 2\sin x - \cos x + \dfrac{1}{4}x^4 + \pi^2$,求 y'.

解　$y' = \left(2\sin x - \cos x + \dfrac{1}{4}x^4 + \pi^2\right)'$

$\qquad = (2\sin x)' - (\cos x)' + \left(\dfrac{1}{4}x^4\right)' + (\pi^2)'$

$\qquad = 2(\sin x)' - (\cos x)' + \dfrac{1}{4}(x^4)' + (\pi^2)'$

$\qquad = 2(\cos x) - (-\sin x) + \dfrac{1}{4}4x^{4-1} + 0$

$\qquad = 2\cos x + \sin x + x^3$

例 9　已知 $y = x^2 \ln x$,求 $y'(1)$.

解　$y' = (x^2 \ln x)' = (x^2)' \ln x + x^2 (\ln x)'$

$\qquad = 2x \ln x + x^2 \dfrac{1}{x} = 2x \ln x + x$

所以　$y'(1) = (2x \ln x + x) \Big|_{x=1} = 1$

例 10　设 $y = \tan x$,求 y'.

61

解 $y' = (\tan x)' = \left(\dfrac{\sin x}{\cos x}\right)'$

$\quad = \dfrac{(\sin x)'\cos x - \sin x(\cos x)'}{\cos^2 x}$

$\quad = \dfrac{\cos x \cdot \cos x - \sin x \cdot (-\cos x)}{\cos^2 x}$

$\quad = \dfrac{\cos^2 x + \sin^2 x}{\cos^2 x} = \dfrac{1}{\cos^2 x}$

$\quad = \sec^2 x$

即

$$(\tan x)' = \sec^2 x$$

类似地

$$(\cot x)' = -\csc^2 x$$
$$(\sec x)' = \sec x \tan x$$
$$(\csc x)' = -\csc x \cot x$$

例 11 设 $f(x) \neq 0$，且可导，证明曲线 $y_1 = f(x)$ 与 $y_2 = f(x)\sin x$ 在交点处相切.

证 欲证两曲线在交点处相切，即证两函数在交点处导数相同. 设两曲线交点为 $P_0(x_0, y_0)$，则有 $y_1(x_0) = y_2(x_0)$，即

$$f(x_0) = f(x_0)\sin x_0$$

亦即 $f(x_0)(1 - \sin x_0) = 0.$ 又因为 $f(x) \neq 0$，所以 $f(x_0) \neq 0.$ 故

$$1 - \sin x_0 = 0$$

即 $\sin x_0 = 1$，可得 $\cos x_0 = 0.$

又 $y'_1 = (f(x))' = f'(x)$

$\quad y'_2 = (f(x)\sin x)' = (f(x))'\sin x + f(x)(\sin x)'$

$\qquad = f'(x)\sin x + f(x)\cos x$

所以 $y'_2(x_0) = [f'(x)\sin x + f(x)\cos x]\Big|_{x=x_0}$

$\qquad = f'(x_0) \cdot \sin x_0 + f(x_0) \cdot \cos x_0$

$\qquad = f'(x_0) \cdot 1 + f(x_0) \cdot 0$

$\qquad = f'(x_0) \approx y'_1(x_0)$

从而说明两曲线 $y_1 = f(x)$ 与 $y_2 = f(x)\sin x$ 在交点处相切.

2.2.3 反函数求导法

定理 2.3 设函数 $x = \varphi(y)$ 在某一区间内单调、连续、可导，且 $\varphi'(y) \neq 0$，则其反函数 $y = f(x)$ 在对应区间内可导，且

$$f'(x) = \frac{1}{\varphi'(y)} \text{ 或 } y'_x = \frac{1}{x'_y} \tag{2.6}$$

换句话说：即反函数的导数等于直接函数导数的倒数.

证 由假设 $\varphi(y)$ 在某一区间内的单调、连续性可知，其反函数 $f(x)$ 在相应区间内也单调且连续. 现给 x 以增量 $\Delta x(\neq 0)$，由 $f(x)$ 的单调性可知对应的增量

$$\Delta y = f(x + \Delta x) - f(x) \neq 0$$

于是有等式

$$\frac{\Delta y}{\Delta x} = \frac{1}{\dfrac{\Delta x}{\Delta y}}$$

令 $\Delta x \to 0$, 由 $f(x)$ 的连续性可知 $\Delta y \to 0$, 又由 $\varphi(y)$ 的可导性, 故上式右边的分母趋于极限值 $\varphi'(y) \neq 0$, 因此上式左边 $\lim\limits_{\Delta x \to 0} \dfrac{\Delta y}{\Delta x}$ 存在, 且有 $f'(x) = \dfrac{1}{\varphi'(y)}$.

例 12 设 $y = a^x (0 < a \neq 1)$, 求 y'.

解 因为 $y = a^x$ 与 $x = \log_a y$ 互为反函数, 由反函数求导法, 得

$$y'_x = \frac{1}{x'_y} = \frac{1}{(\log_a y)'} = \frac{1}{\dfrac{1}{y \ln a}}$$

$$= y \ln a = a^x \ln a$$

即

$$(a^x)' = a^x \ln a$$

特别地

$$(e^x)' = e^x$$

例 13 设 $y = \arcsin x (-1 < x < 1)$, 求 y'.

解 因为 $y = \arcsin x (-1 < x < 1)$

与

$$x = \sin y \quad \left(-\frac{\pi}{2} < y < \frac{\pi}{2} \right)$$

互为反函数, 由反函数求导法, 得

$$y'_x = \frac{1}{x'_y} = \frac{1}{(\sin y)'} = \frac{1}{\cos y}$$

$$= \frac{1}{\sqrt{1 - \sin^2 y}} = \frac{1}{\sqrt{1 - x^2}}$$

即

$$(\arcsin x)' = \frac{1}{\sqrt{1 - x^2}} \quad (-1 < x < 1)$$

类似地

$$(\arccos x)' = -\frac{1}{\sqrt{1 - x^2}} \quad (-1 < x < 1)$$

$$(\arctan x)' = \frac{1}{1 + x^2} \quad (-\infty < x < +\infty)$$

$$(\text{arccot}\, x)' = -\frac{1}{1 + x^2} \quad (-\infty < x < +\infty)$$

2.2.4 复合函数求导法

（1）复合函数求导

定理 2.4 设函数 $u = \varphi(x)$ 在点 x 处可导,函数 $y = f(u)$ 在对应点处可导,则复合函数 $y = f[\varphi(x)]$ 在点 x 处可导,且

$$\frac{\mathrm{d}y}{\mathrm{d}x} = \frac{\mathrm{d}y}{\mathrm{d}u} \cdot \frac{\mathrm{d}u}{\mathrm{d}x} \quad \text{或} \quad y'_x = y'_u \cdot u'_x \tag{2.7}$$

证 当 x 有增量 Δx,相应函数 $u = \varphi(x)$ 有增量 Δu,从而使得函数 $y = f(u)$ 有增量 Δy

当 $\Delta u \neq 0$ 时,有 $\dfrac{\Delta y}{\Delta x} = \dfrac{\Delta y}{\Delta u} \cdot \dfrac{\Delta u}{\Delta x}$

由已知条件 $\lim\limits_{\Delta x \to 0} \dfrac{\Delta u}{\Delta x} = \varphi'(x)$, $\lim\limits_{\Delta u \to 0} \dfrac{\Delta y}{\Delta u} = f'(u)$

且由可导与连续的关系知, $\Delta x \to 0$ 时, $\Delta u \to 0$, $\Delta y \to 0$,所以

$$\lim_{\Delta x \to 0} \frac{\Delta y}{\Delta x} = \lim_{\Delta x \to 0} \left(\frac{\Delta y}{\Delta u} \cdot \frac{\Delta u}{\Delta x} \right)$$

$$= \lim_{\Delta u \to 0} \frac{\Delta y}{\Delta u} \cdot \lim_{\Delta x \to 0} \frac{\Delta u}{\Delta x}$$

于是

$$\frac{\mathrm{d}y}{\mathrm{d}x} = \frac{\mathrm{d}y}{\mathrm{d}u} \cdot \frac{\mathrm{d}u}{\mathrm{d}x}$$

当 $\Delta u = 0$ 时,可以证明,结论仍然成立.

这就是说,复合函数的导数等于已知函数对中间变量的导数乘以中间变量对自变量的导数.

重复应用上述方法,可把复合函数的求导法则推广到多次复合的情形,例如,设

$$y = f(u), u = \varphi(v), v = \psi(x)$$

则复合函数

$$y = f(\varphi[\psi(x)])$$

的导数为

$$\frac{\mathrm{d}y}{\mathrm{d}x} = \frac{\mathrm{d}y}{\mathrm{d}u} \cdot \frac{\mathrm{d}u}{\mathrm{d}v} \cdot \frac{\mathrm{d}v}{\mathrm{d}x}$$

或

$$y'_x = y'_u \cdot u'_v \cdot v'_x$$

复合函数求导公式形式上是按复合函数由外及里的层次把它们各自的导数一个连一个地乘起来,每次求导都抓住末一道运算. 此法则也称为复合函数求导数的链导法,链导法在导数的计算中占有十分重要的地位,务必熟练掌握运用.

例 14 设 $y = (2x + 1)^3$,求 y'.

解 设 $u = 2x + 1$,则 $y = (2x + 1)^3$ 可看成由 $y = u^3$ 和 $u = 2x + 1$ 复合而成,由复合函数求导法则得

$$y' = \frac{\mathrm{d}y}{\mathrm{d}x} = \frac{\mathrm{d}y}{\mathrm{d}u} \cdot \frac{\mathrm{d}u}{\mathrm{d}x}$$

$$= (u^3)' \cdot (2x+1)' = 3u^2 \cdot 2 = 6(2x+1)^2$$

例 15　设 $y = \ln \sin x$,求 y'.

解　设 $u = \sin x$,则 $y = \ln \sin x$ 可看成由 $y = \ln u$ 和 $u = \sin x$ 复合而成,由复合函数求导法则得

$$y' = \frac{\mathrm{d}y}{\mathrm{d}x} = \frac{\mathrm{d}y}{\mathrm{d}u} \cdot \frac{\mathrm{d}u}{\mathrm{d}x}$$

$$= (\ln u)' \cdot (\sin x)' = \frac{1}{u} \cdot \cos x$$

$$= \frac{\cos x}{\sin x} = \cot x$$

对复合函数求导的关键是:求导之前,要把一个复合函数分解成若干简单函数. 求导之后还应注意把中间变量还原为自变量. 如对这种分解很熟悉后,就不必引入中间变量了. 看以下例子:

例 16　设 $y = \sin \mathrm{e}^{-x}$,求 y'.

解　
$$y' = (\sin \mathrm{e}^{-x})' = \cos \mathrm{e}^{-x} (\mathrm{e}^{-x})'$$
$$= \mathrm{e}^{-x} \cos \mathrm{e}^{-x} (-x)'$$
$$= -\mathrm{e}^{-x} \cos \mathrm{e}^{-x}$$

例 17　设 $y = \ln(x + \sqrt{1+x^2})$,求 y'.

解　
$$y' = \left[\ln(x + \sqrt{1+x^2}) \right]'$$

$$= \frac{1}{x + \sqrt{1+x^2}} (x + \sqrt{1+x^2})'$$

$$= \frac{1}{x + \sqrt{1+x^2}} \left[1 + \frac{1}{2\sqrt{1+x^2}} (1+x^2)' \right]$$

$$= \frac{1}{x + \sqrt{1+x^2}} \left(1 + \frac{x}{\sqrt{1+x^2}} \right)$$

$$= \frac{1}{x + \sqrt{1+x^2}} \cdot \frac{x + \sqrt{1+x^2}}{\sqrt{1+x^2}}$$

$$= \frac{1}{\sqrt{1+x^2}}$$

例 18　设 $y = x^{\alpha}$(α 为任何实数),求 y'.

解　$y = x^{\alpha} = \mathrm{e}^{\alpha \ln x}$,

所以　
$$y' = (\mathrm{e}^{\alpha \ln x})' = \mathrm{e}^{\alpha \ln x} \cdot (\alpha \ln x)'$$

$$= \mathrm{e}^{\alpha \ln x} \cdot \alpha \cdot \frac{1}{x} = \alpha \cdot x^{\alpha} \cdot \frac{1}{x}$$

$$= \alpha x^{\alpha - 1}$$

即

$$(x^{\alpha})' = \alpha x^{\alpha - 1}$$

这就把幂函数的求导公式从自然数推广到了任意实数.

*****例 19**　设 $y = f(\mathrm{e}^{\sqrt{x}})$,$x \geqslant 0$,且 $f'(u)$ 存在,求 y'.

解 这是一道带有抽象形式的复合函数求导题,在求导过程中,碰到具体函数时,就具体求其导数,碰到抽象函数时,就写出其抽象导数符号. 其求导法则按复合函数求导处理,此题具体解法如下:

此函数 $y = f(e^{\sqrt{x}})$ 的最末一道运算为抽象函数符号 $f(u)$,中间变量 $u = e^{\sqrt{x}}$ 为具体函数,在求导时采用它具体我具体、它抽象我抽象的做法.

$$y' = [f(e^{\sqrt{x}})]' = (f(e^{\sqrt{x}}))'_{e^{\sqrt{x}}} (e^{\sqrt{x}})'_{\sqrt{x}} (\sqrt{x})'_x$$

$$= f'(e^{\sqrt{x}}) e^{\sqrt{x}} \frac{1}{2\sqrt{x}}$$

这里特别提醒读者注意:$[f(e^{\sqrt{x}})]' \neq f'(e^{\sqrt{x}})$,$f'(e^{\sqrt{x}})$ 表示函数 $f(e^{\sqrt{x}})$ 对中间变量 $e^{\sqrt{x}}$ 求导,而 $[f(e^{\sqrt{x}})]'$ 表示 $f(e^{\sqrt{x}})$ 对最终变量 x 求导.

(2) 隐函数求导法

前面讨论的函数,都是能表示为 $y = f(x)$ 形式的函数,称它为显函数. 而实际中有些含 x,y 的方程 $F(x,y) = 0$ 也蕴涵变量 x 与 y 之间的依赖关系,因而也可确定 y 为 x 的函数,例如:$x^2 + y - 1 = 0$,$x^2 + y^2 - 4 = 0$,$xy - e^x + e^y = 0$ 等等. 这种由一个包含 x 与 y 的方程 $F(x,y) = 0$ 所确定的函数,称它为隐函数.

有些隐函数可以化为显函数,如

$$x^2 + y - 1 = 0 \quad 可化为 \quad y = 1 - x^2$$

更多的隐函数是难以甚至不能化为显函数,如

$$xy - e^x + e^y = 0$$

就不能化为显函数. 因此,有必要研究隐函数的求导方法.

求隐函数 $F(x,y) = 0$ 的导数,一般是将方程两端同时对自变量 x 求导,遇到含 y 的项就把它看成是 x 的函数 $y(x)$,同时利用复合函数的求导法则,然后从所得的关系式中解出 y',就得到所求隐函数的导数.

例 20 求由方程

$$xy - e^x + e^y = 0$$

所确定隐函数的导数 y' 与 $y'(0)$.

解 将 $xy - e^x + e^y = 0$ 两边同时对 x 求导数,并注意到 y 是 x 的函数,e^y 是 x 的复合函数. 于是有

$$(xy)' - (e^x)' + (e^y)' = (0)'$$
$$xy' + y - e^x + e^y \cdot y' = 0$$
$$(x + e^y)y' + (y - e^x) = 0$$

解出 y',得

$$y' = \frac{e^x - y}{x + e^y}$$

又将 $x = 0$ 代入方程 $xy - e^x + e^y = 0$,得 $y = 0$.

所以 $\quad y'(0) = \dfrac{e^x - y}{x + e^y}\bigg|_{x=0, y=0} = 1.$

例 21 由方程 $e^{xy} + \sin(x^2 y) = y^2$ 确定 y 是 x 的隐函数,求 $y'(0)$.

解 由方程两边同时对 x 求导得:

$$e^{xy}(xy)' + \cos(x^2y)(x^2y)' = 2yy'$$

即

$$e^{xy}(y + xy') + \cos(x^2y)(2xy + x^2y') = 2yy'$$

解得

$$y' = \frac{ye^{xy} + 2xy\cos(x^2y)}{2y - xe^{xy} - x^2\cos(x^2y)}$$

将 $x = 0$ 代入原方程得

$$e^{0y} + \sin(0^2y) = y^2$$

即　$1 = y^2$，所以 $y = \pm 1$. 故

$$
\begin{aligned}
y'(0) &= y'\Big|_{x=0, y=\pm 1} \\
&= \frac{ye^{xy} + 2xy\cos(x^2y)}{2y - xe^{xy} - x^2\cos(x^2y)}\Big|_{x=0, y=\pm 1} \\
&= \frac{1}{2}
\end{aligned}
$$

例 22　求曲线 $y^3 + y^2 - 2x = 0$ 在其横坐标为 1 的点处的切线方程.

解　由导数几何意义知道，所求切线斜率为

$$k = y'\Big|_{x=1}$$

将方程 $y^3 + y^2 - 2x = 0$ 两边同时对 x 求导数，有

$$3y^2 \cdot y' + 2y \cdot y' - 2 = 0$$
$$y(3y + 2)y' = 2$$

解出 y'，得

$$y' = \frac{2}{y(3y + 2)}$$

把 $x = 1$ 代入方程 $y^3 + y^2 - 2x = 0$ 中解得 $y = 1$，故切点为 $(1,1)$

$$
\begin{aligned}
k &= y'\Big|_{x=1} = \frac{2}{y(3y + 2)}\Big|_{x=1, y=1} \\
&= \frac{2}{5}
\end{aligned}
$$

故所求切线方程为

$$y - 1 = \frac{2}{5}(x - 1)$$

即 $2x - 5y + 3 = 0$.

*(3) 对数求导法

若一个函数是许多函数的乘积、商或根式，或者是幂指函数（形如 $f(x)^{g(x)}$ 一类函数）时，利用对数的性质，可使求导运算变得简便，具体做法是：先取对数，然后按隐函数求导法则求导，如：

例 23　设 $y = \dfrac{\sqrt[3]{(x+1)^2(x-2)}}{x - 1}$，求 y'.

解　方程两边取自然对数

$$\ln y = \ln \frac{\sqrt[3]{(x+1)^2(x-2)}}{x-1}$$

$$= \ln(x+1)^{\frac{2}{3}} + \ln(x-2)^{\frac{1}{3}} - \ln(x-1)$$

$$= \frac{2}{3}\ln(x+1) + \frac{1}{3}\ln(x-2) - \ln(x-1)$$

由隐函数求导法则,将上式两边同时对 x 求导得

$$\frac{1}{y} \cdot y' = \frac{2}{3} \cdot \frac{1}{x+1} + \frac{1}{3} \cdot \frac{1}{x-2} - \frac{1}{x-1}$$

解出 y',得

$$y' = y\left(\frac{2}{3(x+1)} + \frac{1}{3(x-2)} - \frac{1}{x-1}\right)$$

即

$$y' = \frac{\sqrt[3]{(x+1)^2(x-2)}}{x-1} \cdot \left(\frac{2}{3(x+1)} + \frac{1}{3(x-2)} - \frac{1}{x-1}\right)$$

例24 设 $y = x^x$,求 y'.

解 此处 $y = x^x$ 是一幂指函数,求导时既不能用幂函数的求导公式,也不能用指数函数的求导公式.

两边取自然对数

$$\ln y = x \ln x$$

再按隐函数法则求导

$$\frac{1}{y}y' = \ln x + 1$$

解出 y'

$$y' = y(\ln x + 1)$$

即

$$y' = x^x(1 + \ln x)$$

另外,此题也可照下法来做:

因 $y = x^x = e^{\ln x^x} = e^{x \ln x}$

故 $y' = e^{x \ln x} \cdot (x \ln x)'$

$\quad = e^{x \ln x} \cdot (\ln x + 1)$

即

$$y' = x^x(1 + \ln x)$$

*例25 已知 $f(e^{2x}) = xe^{4x}$(其中 $f(x)$ 为可导函数),求 $f'(x)$.

解 方法一:令 $e^{2x} = t$,则 $x = \frac{1}{2}\ln t$ $(t > 0)$,可得

$$f(t) = \frac{1}{2}\ln t \cdot t^2$$

即

$$f(x) = \frac{1}{2}x^2\ln x(x > 0)$$

所以 $f'(x) = (\frac{1}{2}x^2\ln x)' = x \cdot \ln x + \frac{1}{2}x^2 \cdot \frac{1}{x}$

$$= x\ln x + \frac{1}{2}x \quad (x > 0)$$

方法二:利用复合函数求导公式,由方程 $f(e^{2x}) = xe^{4x}$ 两边同时对 x 求导:

左边导数为

$$\frac{\mathrm{d}}{\mathrm{d}x}[f(e^{2x})] = \frac{\mathrm{d}}{\mathrm{d}(e^{2x})}[f(e^{2x})] \cdot \frac{\mathrm{d}(e^{2x})}{\mathrm{d}x}$$
$$= f'(e^{2x}) \cdot 2e^{2x}$$
$$= 2e^{2x}f'(e^{2x})$$

右边导数为

$$\frac{\mathrm{d}}{\mathrm{d}x}[xe^{4x}] = (xe^{4x})' = e^{4x} + 4xe^{4x}$$

得

$$2e^{2x}f'(e^{2x}) = e^{4x} + 4xe^{4x}$$

即 $f'(e^{2x}) = e^{2x}(\frac{1}{2} + 2x)$

令 $e^{2x} = t$,则 $2x = \ln t$ $(t > 0)$,

所以 $f'(t) = t(\frac{1}{2} + \ln t)$ $(t > 0)$

即

$$f'(x) = x(\frac{1}{2} + \ln x)$$
$$= x\ln x + \frac{1}{2}x \quad (x > 0)$$

可见,两种方法的结果一致.

*例 26 设 $f(x) = \begin{cases} ax + b, & x \leqslant 0 \\ \ln(1 + x), & x > 0 \end{cases}$

(1)a,b 为何值时,$f(x)$ 在 $x = 0$ 处连续?

(2)a,b 为何值时,$f(x)$ 在 $x = 0$ 处可导?并求 $f'(x)$.

解 这是一个分段函数,在分段点 $x = 0$ 处的连续、可导问题,应用定义来讨论.

1) 要使函数 $f(x)$ 在 $x = 0$ 处连续,必须

$$\lim_{x \to 0^-} f(x) = \lim_{x \to 0^+} f(x) = f(0)$$

由 $\lim_{x \to 0^-} f(x) = \lim_{x \to 0^-}(ax + b) = b$

$$\lim_{x \to 0^+} f(x) = \lim_{x \to 0^+} \ln(1 + x) = 0$$

又 $f(0) = a \cdot 0 + b = b$.得 $b = 0 = b$,即 $b = 0$.

故,当 $b = 0$ 时(a 可任意取值),$f(x)$ 在 $x = 0$ 处连续.

2) 要使函数 $f(x)$ 在 $x = 0$ 处可导,必须函数 $f(x)$ 在 $x = 0$ 处连续,由(1)知 $b = 0$,并且 $f(x)$ 在 $x = 0$ 处的左导数与右导数相等,即 $f'_-(0) = f'_+(0)$.

而

$$f'_-(0) = \lim_{x \to 0^-} \frac{f(x) - f(0)}{x}$$

$$= \lim_{x \to 0^-} \frac{ax + b - b}{x}$$

$$= \lim_{x \to 0^-} \frac{ax}{x} = a$$

$$f'_+(0) = \lim_{x \to 0^+} \frac{f(x) - f(0)}{x}$$

$$= \lim_{x \to 0^+} \frac{\ln(1 + x) - 0}{x}$$

$$= \lim_{x \to 0^+} \ln(1 + x)^{\frac{1}{x}}$$

$$= \ln \lim_{x \to 0^+} (1 + x)^{\frac{1}{x}}$$

$$= \ln e = 1$$

所以 $a = 1$.

故当 $a = 1, b = 0$ 时，$f(x)$ 在 $x = 0$ 处可导. 且

$$f'(x) = \begin{cases} 1, & x < 0 \\ 1, & x = 0 \\ \dfrac{1}{1 + x}, & x > 0 \end{cases}$$

即

$$f'(x) = \begin{cases} 1, & x \leqslant 0 \\ \dfrac{1}{1 + x}, & x > 0 \end{cases}$$

*例 27　设 $y = f(\cos \sqrt{1 - x^2})$，且 $f'(u)$ 连续，$f'(1) = \dfrac{1}{2}$，求 $\lim\limits_{x \to 1^-} y'$.

解　这是一道综合性的复合函数求导函数的极限问题. 下面分两步解出此题:
先求导数.

$$y' = [f(\cos \sqrt{1 - x^2})]'$$

$$= f'(\cos \sqrt{1 - x^2})(\cos \sqrt{1 - x^2})'$$

$$= f'(\cos \sqrt{1 - x^2})(-\sin \sqrt{1 - x^2})(\sqrt{1 - x^2})'$$

$$= f'(\cos \sqrt{1 - x^2})(-\sin \sqrt{1 - x^2}) \frac{1}{2\sqrt{1 - x^2}}(1 - x^2)'$$

$$= -f'(\cos \sqrt{1 - x^2}) \frac{\sin \sqrt{1 - x^2}}{2\sqrt{1 - x^2}}(-2x)$$

$$= f'(\cos \sqrt{1 - x^2}) \frac{x \sin \sqrt{1 - x^2}}{\sqrt{1 - x^2}}$$

然后再求导数的极限.

$$\lim_{x \to 1^-} y' = \lim_{x \to 1^-} \left[f'(\cos \sqrt{1 - x^2}) \frac{x \sin \sqrt{1 - x^2}}{\sqrt{1 - x^2}} \right]$$

$$= \lim_{x \to 1^-} f'(\cos \sqrt{1-x^2}) \lim_{x \to 1^-} \frac{x \sin \sqrt{1-x^2}}{\sqrt{1-x^2}}$$

$$= f'(\lim_{x \to 1^-} \cos \sqrt{1-x^2}) \lim_{x \to 1^-} x \lim_{\sqrt{1-x^2} \to 0} \frac{\sin \sqrt{1-x^2}}{\sqrt{1-x^2}}$$

$$= f'(1) \cdot 1 \cdot 1$$

$$= \frac{1}{2}$$

即　$\lim\limits_{x \to 1^-} y' = \dfrac{1}{2}$

2.2.5　初等函数求导公式

前面已经推导出所有基本初等函数的导数公式,又推导出函数的和、差、积、商、反函数及复合函数求导数的法则,现把它们归纳列举如下:

(1) 导数基本公式

1)$(C)' = 0$;　　　　　　2)$(x^{\alpha})' = \alpha x^{\alpha-1}$;

3)$(\sin x)' = \cos x$;　　　4)$(\cos x)' = -\sin x$;

5)$(\tan x)' = \sec^2 x$;　　　6)$(\cot x)' = -\csc^2 x$;

7)$(\sec x)' = \sec x \tan x$;

8)$(\csc x)' = -\csc x \cdot \cot x$;

9)$(\log_a x)' = \dfrac{1}{x \ln a}(0 < a \neq 1)$;

10)$(\ln x)' = \dfrac{1}{x}$;

11)$(a^x)' = a^x \ln a(0 < a \neq 1)$;

12)$(e^x)' = e^x$;

13)$(\arcsin x)' = \dfrac{1}{\sqrt{1-x^2}}(|x| < 1)$;

14)$(\arccos x)' = -\dfrac{1}{\sqrt{1-x^2}}(|x| < 1)$;

15)$(\arctan x)' = \dfrac{1}{1+x^2}(-\infty < x < +\infty)$;

16) $(\text{arccot } x)' = -\dfrac{1}{1+x^2}(-\infty < x < +\infty)$.

(2) 函数和差积商求导法则

1)$(u \pm v)' = u' \pm v'$;

2)$(uv)' = u'v + uv'$;

3)$\left(\dfrac{u}{v}\right)' = \dfrac{u'v - uv'}{v^2}(v \neq 0)$.

(3) 反函数求导法则

设 $y = f(x)$ 是 $x = \varphi(y)$ 的反函数,则

$$y'_x = \frac{1}{x'_y}$$

即

$$f'(x) = \frac{1}{\varphi'(y)}$$

(4) 复合函数求导法则

设 $y = f(u), u = \varphi(x)$,则复合函数 $y = f[\varphi(x)]$ 的导数为

$$\frac{dy}{dx} = \frac{dy}{du} \cdot \frac{du}{dx}$$

或

$$y'_x = y'_u \cdot u'_x$$

有了以上的公式和法则,任何初等函数都能求得它的导数,并且其导数仍为初等函数.

2.2.6 高阶导数求法

如果给定的函数 $y = f(x)$ 存在导数 $y' = f'(x)$,则这个导数 $f'(x)$ 一般来说仍是 x 的函数,因而可将 $f'(x)$ 再对 x 求导数,所得的结果 $(y')' = (f'(x))'$(如果存在)就称为 $f(x)$ 的二阶导数,用符号 $y'' = (f'(x))'$ 或 $f''(x) = (f'(x))'$ 表示,也常用记号 $\frac{d^2y}{dx^2}$ 来表示它,即

$$y'' = \frac{d^2y}{dx^2} = (y')'$$

函数 $y = f(x)$ 的二阶导数 $f''(x)$ 一般仍旧是 x 的函数,如果对它再求导数(如果存在),则称这个导数为函数 $y = f(x)$ 的三阶导数,记为

$$y''' \text{ 或 } f'''(x) \text{ 或} \frac{d^3y}{dx^3}$$

依次类推,函数 $y = f(x)$ 的 $n - 1$ 阶导数的导数称为 n 阶导数,记为 $y^{(n)}$,即

$$y^{(n)} = (y^{(n-1)})'$$

n 阶导数也可记为 $f^{(n)}(x)$ 或 $\frac{d^ny}{dx^n}$.

二阶及二阶以上的导数,统称为高阶导数. 从高阶导数的定义可知,要求函数 $y = f(x)$ 的高阶导数,只要反复运用求导方法,逐阶求导即可.

例28 求下列函数的二阶导数:

1) $y = \ln(x + \sqrt{x^2 + a^2})$;   2) $y = (x^2 + 4)\arctan\frac{2}{x}$.

解 1) $y' = [\ln(x + \sqrt{x^2 + a^2})]'$

$$= \frac{(x + \sqrt{x^2 + a^2})'}{x + \sqrt{x^2 + a^2}} = \frac{1 + \frac{(x^2 + a^2)'}{2\sqrt{x^2 + a^2}}}{x + \sqrt{x^2 + a^2}}$$

$$= \frac{\frac{\sqrt{x^2 + a^2} + x}{\sqrt{x^2 + a^2}}}{x + \sqrt{x^2 + a^2}} = \frac{1}{\sqrt{x^2 + a^2}}$$

$$y'' = (y')' = \left(\frac{1}{\sqrt{x^2 + a^2}}\right)'$$

$$= \left[(x^2 + a^2)^{-\frac{1}{2}}\right]' = -\frac{1}{2}(x^2 + a^2)^{-\frac{3}{2}}(x^2 + a^2)'$$

$$= -\frac{x}{\left(\sqrt{x^2 + a^2}\right)^3}$$

2) $y' = \left[(x^2 + 4)\arctan\frac{2}{x}\right]'$

$$= 2x\arctan\frac{2}{x} + (x^2 + 4)\frac{-\dfrac{2}{x^2}}{1 + \left(\dfrac{2}{x}\right)^2}$$

$$= 2x\arctan\frac{2}{x} - 2$$

$$y'' = (y')' = \left(2x\arctan\frac{2}{x} - 2\right)'$$

$$= 2\arctan\frac{2}{x} + 2x\frac{-\dfrac{2}{x^2}}{1 + \left(\dfrac{2}{x}\right)^2}$$

$$= 2\arctan\frac{2}{x} - \frac{4x}{x^2 + 4}$$

例 29　求 $y = x^3 - 2x^2 + 3x + 7$ 的各阶导数.

解　$y' = (x^3 - 2x^2 + 3x + 7)'$
$$= 3x^2 - 4x + 3$$
$$y'' = (y')' = (3x^2 - 4x + 3)' = 6x - 4$$
$$y''' = (y'')' = (6x - 4)' = 6$$
$$y^{(4)} = (y''')' = (6)' = 0$$

可见,当 $n > 3$ 时,该函数的 n 阶导数均为零.

例 30　求 $y = a^x$ 的 n 阶导数.

解　$y' = a^x \ln a$,
$$y'' = (y')' = (a^x \ln a)' = a^x \ln a \cdot \ln a$$
$$= a^x (\ln a)^2$$
$$y''' = (y'')' = (a^x (\ln a)^2)' = a^x (\ln a)^2 \cdot \ln a$$
$$= a^x (\ln a)^3$$
$$\cdots$$
$$y^{(n)} = a^x (\ln a)^n$$

所以　$(a^x)^{(n)} = a^x (\ln a)^n$.

例 31　求 $y = \sin x$ 的 n 阶导数.

解　$y' = (\sin x)' = \cos x = \sin\left(x + 1 \cdot \dfrac{\pi}{2}\right)$

$$y'' = \left[\sin\left(x + 1 \cdot \frac{\pi}{2}\right) \right]' = \cos\left(x + \frac{\pi}{2}\right)$$

$$= \sin\left(x + 2 \cdot \frac{\pi}{2}\right)$$

$$y''' = \left[\sin\left(x + 2 \cdot \frac{\pi}{2}\right) \right]' = \cos\left(x + 2 \cdot \frac{\pi}{2}\right)$$

$$= \sin\left(x + 3 \cdot \frac{\pi}{2}\right)$$

$$\cdots$$

$$y^{(n)} = \sin\left(x + n \cdot \frac{\pi}{2}\right)$$

所以　　$(\sin x)^{(n)} = \sin\left(x + \dfrac{n\pi}{2}\right)$

同理　　$(\cos x)^{(n)} = \cos\left(x + \dfrac{n\pi}{2}\right)$

2.3　微　分

前面两节讨论的是微分学中的第一类问题,即函数的变化率问题. 这一节将讨论微分学中的第二类问题,即函数的增量问题. 许多实际问题中,需要研究函数由于自变量的微小变化而引起函数值的改变量(即增量). 而函数的改变量往往不易计算出来,有些问题也不要求算出它的准确值,所以就有必要找出一种用近似值代替准确值的方法. 微分学为寻求这种方法提供了理论依据和计算方法.

2.3.1　微分概念

引例1　一正方形金属板因受热而膨胀,其面积 $A = A(x) = x^2$,当边长由 x 变到 $x + \Delta x$,求面积改变量 ΔA 的近似值.

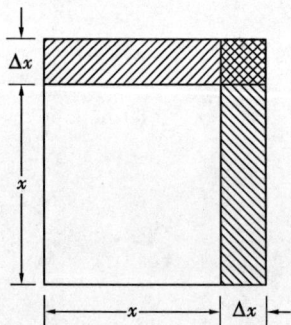

图2.3

解　相应的面积改变量为

$$\Delta A = (x + \Delta x)^2 - x^2 = 2x \cdot \Delta x + (\Delta x)^2$$

上式包括两部分:第一部分 $2x\Delta x$ 是 Δx 的线性函数,其系数 $2x$ 正好是 $A = x^2$ 的导数,即图2.3中画斜线的那两个矩形面积之和;第二部分 $(\Delta x)^2$,因 $\lim\limits_{\Delta x \to 0} \dfrac{(\Delta x)^2}{\Delta x} = 0$,所以 $(\Delta x)^2$ 是 Δx 的高阶无穷小,即图2.3中画网线的小正方形的面积. 可见,在面积增量的两部分中第一部分 $2x\Delta x$ 是主要的,第二部分 $(\Delta x)^2$ 可以忽略不计,于是得面积改变量的近似值 $\Delta A \approx 2x \cdot \Delta x$,而 $A'(x) = 2x$,所以

$$\Delta A \approx A'(x)\Delta x$$

即面积的改变量近似地等于面积函数对边长的导数与边长改变量的乘积.

引例2　自由落体 $s = \dfrac{1}{2}gt^2$ 的下落路程 s 是时间 t 的函数,时间由 t 变到 $t + \Delta t$,求路程改变量 Δs 的近似值.

解 其路程 $s = \dfrac{1}{2}gt^2$ 相应的改变量为

$$\Delta s = \frac{1}{2}g \cdot (t + \Delta t)^2 - \frac{1}{2}gt^2$$

$$= gt\Delta t + \frac{1}{2}g(\Delta t)^2$$

上式包括两部分:第一部分 $gt\Delta t$ 是 Δt 的线性函数,其系数 gt 正好是 $s = \dfrac{1}{2}gt^2$ 的导数;第二部分 $\dfrac{1}{2}g(\Delta t)^2$,因

$$\lim_{\Delta t \to 0} \frac{\frac{1}{2}g(\Delta t)^2}{\Delta t} = 0$$

所以 $\dfrac{1}{2}g(\Delta t)^2$ 是 Δt 的高阶无穷小. 可见,在路程增量的两部分中第一部分 $gt\Delta t$ 是主要的,第二部分 $\dfrac{1}{2}g(\Delta t)^2$ 可以忽略不计,于是得路程改变量 $\Delta s \approx gt\Delta t$,而 $s'(t) = gt.$ 所以

$$\Delta s \approx s'(t)\Delta t$$

即路程的改变量近似地等于路程函数对时间的导数与时间改变量的乘积.

以上两例,虽其具体内容不同,但其共同点是:当自变量的改变量极其微小时,函数的导数与自变量的改变量的乘积是函数改变量的近似值. 这一结论对一般的可导函数均成立,即

$$\Delta y \approx f'(x)\Delta x$$

于是,如 Δy 的计算较复杂时,用 Δx 的线性函数 $f'(x)\Delta x$ 作为 Δy 的近似值,既计算简便而又相当准确,在理论上和应用上都有重要意义,因此在数学上对 $f'(x)\Delta x$ 这个量给予如下定义:

定义 2.2 若函数 $y = f(x)$ 在点 x 处有导数 $f'(x)$,则 $f'(x)\Delta x$ 叫做函数 $y = f(x)$ 在点 x 处的微分,记作 $\mathrm{d}y$ 或 $\mathrm{d}f(x)$,即

$$\mathrm{d}y = f'(x)\Delta x$$

或

$$\mathrm{d}f(x) = f'(x)\Delta x$$

由定义可知,函数 $y = x$ 的微分 $\mathrm{d}y = \mathrm{d}x = x'\Delta x = \Delta x$,即 $\mathrm{d}x = \Delta x.$ 所以

$$\mathrm{d}y = f'(x)\mathrm{d}x \quad 或 \quad \mathrm{d}f(x) = f'(x)\mathrm{d}x$$

亦即

$$\mathrm{d}y = y'\mathrm{d}x \tag{2.8}$$

因此,函数的微分就是函数的导数与自变量微分的乘积. 可见,函数的微分存在的充分必要条件是函数的导数存在,即函数可微必可导,反之,函数可导必可微. 式(2.8)又可写成

$$\frac{\mathrm{d}y}{\mathrm{d}x} = y' = f'(x) \quad 或 \frac{\mathrm{d}f(x)}{\mathrm{d}x} = f'(x)$$

所以,又把函数的导数称为微商. 同时由定义知,求微分的问题可归为求导数的问题. 因此,求导数与求微分的方法又统称为微分法.

例 32 求函数 $y = x^2 + 1$ 当 x 由 1 变到 1.01 时的增量 Δy 与微分 $\mathrm{d}y$.

解 因为 $\Delta y = [(x + \Delta x)^2 + 1] - (x^2 + 1)$

$$= 2x\Delta x + (\Delta x)^2$$

而 $\mathrm{d}y = y'\mathrm{d}x = (x^2 + 1)'\mathrm{d}x = 2x\,\mathrm{d}x$

所以 当 $x = 1, \Delta x(= \mathrm{d}x) = 0.01$ 时,有

$$\Delta y = 2 \times 1 \times 0.01 + (0.01)^2 = 0.020\ 1$$

$$\mathrm{d}y = 2 \times 1 \times 0.01 = 0.020\ 0$$

误差 $|\Delta y - \mathrm{d}y| = |0.020\ 1 - 0.020\ 0| = 0.000\ 1.$

由微分的定义 2.2 可知

$$\Delta y \approx \mathrm{d}y$$

而

$$\Delta y = f(x_0 + \Delta x) - f(x_0)$$

$$\mathrm{d}y = f'(x_0)\mathrm{d}x = f'(x_0)\,\Delta x$$

所以

$$f(x_0 + \Delta x) - f(x_0) \approx f'(x_0)\,\Delta x$$

亦即

$$f(x_0 + \Delta x) \approx f(x_0) + f'(x_0)\,\Delta x$$

令 $x = x_0 + \Delta x$,则上式可写成

$$f(x) \approx f(x_0) + f'(x_0)(x - x_0) \tag{2.9}$$

可见,如果 $f(x)$ 在 x 点的函数值不易计算,而在它附近的 x_0 点的函数值及其导数值容易计算时,就可用上式求得 $f(x)$ 的近似值,只要 $\Delta x = x - x_0$ 的绝对值较小,计算就是比较精确的.

在式(2.9)中取 $x_0 = 0$,于是得

$$f(x) \approx f(0) + f'(0)x \tag{2.10}$$

近似计算公式(2.10)的精度与 $|x|$ 大小有关,$|x|$ 越小,精度越高. 应用式(2.10)可以得到以下几个在工程计算及经济分析中常用的近似计算公式:

1) $\sqrt[n]{1 \pm x} \approx 1 \pm \dfrac{1}{n}x$

2) $\mathrm{e}^x \approx 1 + x$

3) $\ln(1 + x) \approx x$

4) $\sin x \approx x$ (x 用弧度作单位)

5) $\tan x \approx x$ (x 用弧度作单位)

证 1) 取 $f(x) = \sqrt[n]{1 \pm x}$,则

$$f(0) = \sqrt[n]{1} = 1,f'(0) = \frac{1}{n}(1 \pm x)^{\frac{1}{n} - 1}\bigg|_{x=0} = \frac{1}{n},代入式(2.10)即得 \sqrt[n]{1 \pm x} \approx$$

$1 \pm \dfrac{1}{n}x.$

同理可证其余几个结果.

例 33 半径为 10 cm 的金属圆片,加热后半径增大了 0.05 cm,问这时金属圆片面积增大多少?

解 设该金属圆片的半径为 r,面积为 A,则有

$$A = A(r) = \pi r^2$$

所以 $\Delta A \approx \mathrm{d}A = \mathrm{d}(\pi r^2) = 2\pi r \mathrm{d}r$

即　$\Delta A \approx 2\pi r \mathrm{d}r = 2\pi \times 10 \times 0.05$

$\qquad = \pi(\mathrm{cm}^2)$

也就是说金属圆片面积约增大 $\pi\mathrm{cm}^2$.

例 34　计算 $\sqrt[5]{1.01}$ 的近似值.

解　由近似公式 $\sqrt[n]{1 \pm x} \approx 1 \pm \dfrac{1}{n}x$，令 $x = 0.01$，则

$$\sqrt[5]{1.01} = \sqrt[5]{1 + 0.01} \approx 1 + \frac{1}{5} \times 0.01$$

$$= 1.002$$

2.3.2　微分的几何意义

如图 2.4 所示，设 $P(x,y)$ 为曲线 $y = f(x)$ 上的一点，PT 是切线，该切线的斜率便是 $\tan\alpha = f'(x)$，令 P 的横坐标 x 取增量 $\Delta x = PQ$，曲线在 P 点的纵坐标得到相应的增量 $\Delta y = P'Q$，同时切线 PT 在 P 点的纵坐标得到增量 TQ，所以

$$TQ = \tan\alpha \cdot PQ = \tan\alpha \cdot \Delta x$$
$$= f'(x)\mathrm{d}x = \mathrm{d}y$$

因此，函数 $y = f(x)$ 的微分 $\mathrm{d}y$ 的几何意义是：函数 $y = f(x)$ 的图形在 $(x, f(x))$ 点处所引切线在区间 $[x, x + \Delta x]$ 上的纵坐标的增量. 而 $P'T = P'Q - TQ = \Delta y - \mathrm{d}y$，它是对于 Δx 而言的高阶无穷小.

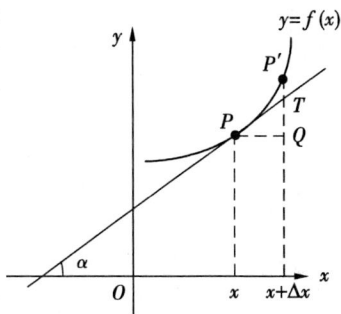

图 2.4

2.3.3　微分的运算

由 $\mathrm{d}y = f'(x)\mathrm{d}x$ 可知，求一个函数的微分，只要求出导数再乘以 $\mathrm{d}x$ 就得到微分 $\mathrm{d}y$，因此不难由导数公式表得出相应的微分公式表. 例如，对 $y = \sin x$，有 $\dfrac{\mathrm{d}y}{\mathrm{d}x} = y' = \cos x$，从而 $\mathrm{d}y = \cos x \mathrm{d}x$；对于 $y = a^x$，有 $\dfrac{\mathrm{d}y}{\mathrm{d}x} = y' = a^x \ln a$，从而 $\mathrm{d}y = a^x \ln a \mathrm{d}x$ 等，这里就不再列出微分表了，留给读者自己写出.

至于各种微分法则都不难由相应的求导法则得出：

$\mathrm{d}(cu) = c\mathrm{d}u;$ $\qquad\qquad \mathrm{d}(u \pm v) = \mathrm{d}u \pm \mathrm{d}v;$

$\mathrm{d}(uv) = u\mathrm{d}v + v\mathrm{d}u;$ $\qquad \mathrm{d}\left(\dfrac{u}{v}\right) = \dfrac{v\mathrm{d}u - u\mathrm{d}v}{v^2} \quad (v \neq 0).$

应该着重指出一点：当 u 为自变量时，函数 $y = f(u)$ 的微分 $\mathrm{d}y = f'(u)\mathrm{d}u$；当 u 不是自变量，而是自变量 x 的函数 $u = \varphi(x)$ 时，有

$$\mathrm{d}y = \mathrm{d}[f(\varphi(x)] = [f(\varphi(x))]'\mathrm{d}x$$
$$= f'(\varphi(x))\varphi'(x)\mathrm{d}x$$

但　$\mathrm{d}u = \mathrm{d}\varphi(x) = \varphi'(x)\mathrm{d}x$

故仍有　$\mathrm{d}y = f'(u)\mathrm{d}u$

这说明不论 u 是自变量还是中间变量,函数 $y = f(u)$ 的微分形式都是 $dy = f'(u)du$,这叫做微分形式不变性.

根据微分形式不变性,计算复合函数的微分时,可以按复合步骤一步一步地往下算.

例35 设 $y = x^2 \ln x^2 + \cos x$,求 dy.

解 方法一:

$$\begin{aligned}
dy &= d(x^2 \ln x^2 + \cos x) \\
&= d(x^2 \ln x^2) + d\cos x \\
&= d(x^2)\ln x^2 + x^2 d(\ln x^2) + d\cos x \\
&= 2x dx \cdot \ln x^2 + x^2 \cdot \frac{2x}{x^2} dx - \sin x dx \\
&= (2x \ln x^2 + 2x - \sin x)dx
\end{aligned}$$

方法二:

$$\begin{aligned}
y' &= (x^2 \ln x^2 + \cos x)' \\
&= 2x \ln x^2 + x^2 \frac{2x}{x^2} - \sin x \\
&= 2x \ln x^2 + 2x - \sin x
\end{aligned}$$

所以 $dy = y'dx = (2x\ln x^2 + 2x - \sin x)dx$.

例36 设 $y = e^{-ax}\sin bx$,求 dy.

解
$$\begin{aligned}
dy &= d(e^{-ax}\sin bx) \\
&= \sin bx d(e^{-ax}) + e^{-ax}d(\sin bx) \\
&= e^{-ax}\sin bx d(-ax) + e^{-ax}\cos bx d(bx) \\
&= (-ae^{-ax}\sin bx + be^{-ax}\cos bx)dx \\
&= e^{-ax}(b\cos bx - a\sin bx)dx
\end{aligned}$$

例37 设 y 是由方程 $e^{xy} = 2x + y^3$ 所确定的隐函数,求 dy.

解 对方程两边分别取微分,得

$$d(e^{xy}) = d(2x + y^3)$$

即
$$e^{xy}d(xy) = d(2x) + d(y^3)$$
$$e^{xy}(ydx + xdy) = 2dx + 3y^2dy$$
$$(xe^{xy} - 3y^2)dy = (2 - ye^{xy})dx$$

所以 $dy = \dfrac{2 - ye^{xy}}{xe^{xy} - 3y^2}dx$

2.4 导数的应用

2.4.1 微分中值定理

图2.5, $y = f(x)$ 是一条 $x \in [a,b]$ 上的连续光滑曲线,连接 A, B 两点,则弦 AB 的斜率为:

$$K = \frac{f(b) - f(a)}{b - a}$$

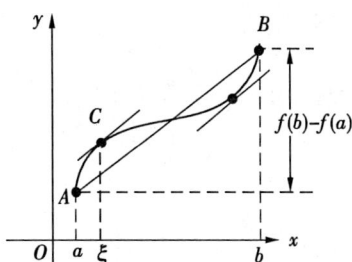

如果 $f(x)$ 在 $[a,b]$ 上可导, 也就是过曲线 $y = f(x)$ 上每一点都可以作一条切线. 那么, 曲线上至少存在一点 $C(\xi, f(\xi))$, 使得过 C 点的切线与弦 AB 平行, 即两者斜率相等. 故有

$$f'(\xi) = \frac{f(b) - f(a)}{b - a}$$

上面即是中值定理表示的事实, 归纳为如下定理:

定理 2.5(拉格朗日中值定理)　设函数 $y = f(x)$ 在闭区间 $[a,b]$ 上连续, 开区间 (a,b) 内可导, 则在 (a,b) 内至少存在一点 ξ, 使得

$$f'(\xi) = \frac{f(b) - f(a)}{b - a}$$

也可写成

$$f(b) - f(a) = f'(\xi)(b - a) \quad (a < \xi < b) \tag{2.11}$$

定理中如 $f(b) = f(a)$, 即得 $f'(\xi) = 0$, 这就是罗尔中值定理.

中值定理有如下两个重要推论:

推论 1　设 $f'(x) = 0$, 则 $f(x) = C, x \in (a,b)$.

推论 2　设 $f'(x) = g'(x)$, 则 $f(x) - g(x) = C, x \in (a,b)$.

2.4.2　罗彼达法则

在第 1 章曾遇到过两个无穷小之比 "$\frac{0}{0}$" 型或两个无穷大之比 "$\frac{\infty}{\infty}$" 型的极限问题, 由于这类极限有的存在, 有的不存在(如 $\lim\limits_{x \to 0} \frac{\sin x}{x} = 1$, 而 $\lim\limits_{x \to 0} \frac{\sin x}{x^2}$ 不存在), 因此称这类极限为 "未定式", 未定式除 $\frac{0}{0}, \frac{\infty}{\infty}$ 型外, 还有 $0 \cdot \infty; \infty - \infty; 1^{\infty}; 0^0; \infty^0$ 等. 下面介绍解决这类极限的一个简便而又重要的方法 —— 罗彼达法则.

定理 2.6(罗彼达法则)　设函数 $f(x), g(x)$ 满足下列条件:

1° $\lim\limits_{x \to x_0} f(x) = \lim\limits_{x \to x_0} g(x) = 0$;

2° 在点 x_0 的某个邻域内(点 x_0 可除外) 可导, 且 $g'(x) \neq 0$;

3° $\lim\limits_{x \to x_0} \dfrac{f'(x)}{g'(x)} = A$ 存在(或为无穷大).

则

$$\lim_{x \to x_0} \frac{f(x)}{g(x)} = \lim_{x \to x_0} \frac{f'(x)}{g'(x)} = A(\text{或为无穷大})$$

例 38　求 $\lim\limits_{x \to 1} \dfrac{x^2 - 1}{x - 1}$.

解　$\lim\limits_{x \to 1} \dfrac{x^2 - 1}{x - 1} \left(\dfrac{0}{0}\right) = \lim\limits_{x \to 1} \dfrac{(x^2 - 1)'}{(x - 1)'}$

$\qquad\qquad = \lim\limits_{x \to 1} \dfrac{2x}{1} = 2$

例 39 求 $\lim\limits_{x \to 0} \dfrac{a^x - e^x}{x}$ $(a > 0, a \neq 1)$.

解 $\lim\limits_{x \to 0} \dfrac{a^x - e^x}{x} \left(\dfrac{0}{0} \right) = \lim\limits_{x \to 0} \dfrac{(a^x - e^x)'}{(x)'}$

$\qquad\qquad\qquad\qquad = \lim\limits_{x \to 0} \dfrac{a^x \ln a - e^x}{1} = \ln a - 1$

例 40 求 $\lim\limits_{x \to 0} \dfrac{x - \sin x}{x^3}$.

解 $\lim\limits_{x \to 0} \dfrac{x - \sin x}{x^3} \left(\dfrac{0}{0} \right) = \lim\limits_{x \to 0} \dfrac{(x - \sin x)'}{(x^3)'}$

$\qquad\qquad = \lim\limits_{x \to 0} \dfrac{1 - \cos x}{3x^2} \left(\dfrac{0}{0} \right) = \lim\limits_{x \to 0} \dfrac{(1 - \cos x)'}{(3x^2)'}$

$\qquad\qquad = \lim\limits_{x \to 0} \dfrac{\sin x}{6x} \left(\dfrac{0}{0} \right) = \lim\limits_{x \to 0} \dfrac{(\sin x)'}{(6x)'} = \lim\limits_{x \to 0} \dfrac{\cos x}{6}$

$\qquad\qquad = \dfrac{1}{6}$

注意 在使用罗彼达法则时,分子分母各求各的导数,如满足条件,可连续使用.

例 41 求 $\lim\limits_{x \to 0} \dfrac{1 - \cos^2 x}{x(1 - e^x)}$.

解 $\lim\limits_{x \to 0} \dfrac{1 - \cos^2 x}{x(1 - e^x)} \left(\dfrac{0}{0} \right) = \lim\limits_{x \to 0} \dfrac{(1 - \cos x)(1 + \cos x)}{x(1 - e^x)}$

$\qquad\qquad\qquad = \lim\limits_{x \to 0} (1 + \cos x) \cdot \lim\limits_{x \to 0} \dfrac{1 - \cos x}{x(1 - e^x)}$

$\qquad\qquad\qquad = 2 \lim\limits_{x \to 0} \dfrac{1 - \cos x}{x(1 - e^x)} \left(\dfrac{0}{0} \right)$

$\qquad\qquad\qquad = 2 \lim\limits_{x \to 0} \dfrac{(1 - \cos x)'}{(x(1 - e^x))'}$

$\qquad\qquad\qquad = 2 \lim\limits_{x \to 0} \dfrac{\sin x}{1 - e^x - x e^x} \left(\dfrac{0}{0} \right)$

$\qquad\qquad\qquad = 2 \lim\limits_{x \to 0} \dfrac{\cos x}{- e^x - e^x - x e^x}$

$\qquad\qquad\qquad = 2 \cdot \dfrac{1}{-2} = -1$

对 $x \to \infty$ 时的未定式 $\dfrac{0}{0}$,以及对于 $x \to x_0$(或 $x \to \infty$)时的 $\dfrac{\infty}{\infty}$ 型未定式也都有相应的罗彼达法则.下面通过例子说明其应用.

例 42 求 $\lim\limits_{x \to +\infty} \dfrac{\dfrac{\pi}{2} - \arctan x}{\dfrac{1}{x}}$.

解 $\lim\limits_{x \to +\infty} \dfrac{\dfrac{\pi}{2} - \arctan x}{\dfrac{1}{x}} \left(\dfrac{0}{0} \right) = \lim\limits_{x \to +\infty} \dfrac{\left(\dfrac{\pi}{2} - \arctan x \right)'}{\left(\dfrac{1}{x} \right)'}$

$$= \lim_{x \to +\infty} \frac{-\dfrac{1}{1 + x^2}}{-\dfrac{1}{x^2}} = \lim_{x \to +\infty} \frac{x^2}{1 + x^2} \quad \left(\frac{\infty}{\infty}\right)$$

$$= \lim_{x \to +\infty} \frac{(x^2)'}{(1 + x^2)'} = \lim_{x \to +\infty} \frac{2x}{2x} = 1$$

例 43　求 $\lim\limits_{x \to 0^+} \dfrac{\ln x}{\dfrac{1}{x}}$.

解　$\lim\limits_{x \to 0^+} \dfrac{\ln x}{\dfrac{1}{x}} \quad \left(\dfrac{\infty}{\infty}\right) = \lim\limits_{x \to 0^+} \dfrac{(\ln x)'}{\left(\dfrac{1}{x}\right)'}$

$$= \lim_{x \to 0^+} \frac{\dfrac{1}{x}}{-\dfrac{1}{x^2}} = \lim_{x \to 0^+} (-x)$$

$$= 0$$

例 44　求 $\lim\limits_{x \to +\infty} \dfrac{e^x}{x^2}$.

解　$\lim\limits_{x \to +\infty} \dfrac{e^x}{x^2} \left(\dfrac{\infty}{\infty}\right) = \lim\limits_{x \to +\infty} \dfrac{e^x}{2x^2} \left(\dfrac{\infty}{\infty}\right)$

$$= \lim_{x \to +\infty} \frac{e^x}{2} = +\infty$$

***例 45**　求 $\lim\limits_{x \to +\infty} \dfrac{\ln(1 + e^x)}{\sqrt{1 + x^2}}$.

解　$\lim\limits_{x \to +\infty} \dfrac{\ln(1 + e^x)}{\sqrt{1 + x^2}} \quad \left(\dfrac{\infty}{\infty}\right) = \lim\limits_{x \to +\infty} \dfrac{\dfrac{e^x}{1 + e^x}}{\dfrac{x}{\sqrt{1 + x^2}}}$

$$= \frac{\lim\limits_{x \to +\infty} \dfrac{e^x}{1 + e^x}}{\lim\limits_{x \to +\infty} \dfrac{x}{\sqrt{1 + x^2}}} = \frac{\lim\limits_{x \to +\infty} \dfrac{1}{1 + e^{-x}}}{\lim\limits_{x \to +\infty} \dfrac{1}{\sqrt{1 + \dfrac{1}{x^2}}}}$$

$$= \frac{\dfrac{1}{1 + 0}}{\dfrac{1}{\sqrt{1 + 0}}} = 1$$

例 46　求 $\lim\limits_{x \to 0^+} x^2 \ln x$.

解　$\lim\limits_{x \to 0^+} x^2 \ln x (0 \cdot \infty) = \lim\limits_{x \to 0^+} \dfrac{\ln x}{\dfrac{1}{x^2}} \quad \left(\dfrac{\infty}{\infty}\right)$

$$= \lim_{x \to 0^+} \frac{\dfrac{1}{x}}{\dfrac{-2}{x^3}} = \lim_{x \to 0^+} \left(-\frac{x^3}{2x} \right) \left(\frac{0}{0} \right)$$

$$= \lim_{x \to 0^+} \left(-\frac{x^2}{2} \right) = 0$$

例 47 求 $\lim\limits_{x \to 1} \left(\dfrac{x}{x-1} - \dfrac{1}{\ln x} \right)$.

解 $\lim\limits_{x \to 1} \left(\dfrac{x}{x-1} - \dfrac{1}{\ln x} \right) \ (\infty - \infty)$

$$= \lim_{x \to 1} \frac{x \ln x - x + 1}{(x-1) \ln x} \left(\frac{0}{0} \right)$$

$$= \lim_{x \to 1} \frac{\ln x + 1 - 1}{\ln x + \dfrac{x-1}{x}} = \lim_{x \to 1} \frac{\ln x}{\ln x + 1 - \dfrac{1}{x}} \left(\frac{0}{0} \right)$$

$$= \lim_{x \to 1} \frac{(\ln x)'}{\left(\ln x + 1 - \dfrac{1}{x} \right)'}$$

$$= \lim_{x \to 1} \frac{\dfrac{1}{x}}{\dfrac{1}{x} + \dfrac{1}{x^2}} = \frac{1}{2}$$

例 48 求 $\lim\limits_{x \to 0^+} x^x$.

解 $\lim\limits_{x \to 0^+} x^x (0^0) = \lim\limits_{x \to 0^+} e^{\ln x^x}$

$$= \lim_{x \to 0^+} e^{x \ln x} = e^{\lim\limits_{x \to 0^+} x \ln x}$$

因为 $\lim\limits_{x \to 0^+} x \ln x \ \ (0 \cdot \infty) = \lim\limits_{x \to 0^+} \dfrac{\ln x}{\dfrac{1}{x}} \ \ \left(\dfrac{\infty}{\infty} \right)$

$$= \lim_{x \to 0^+} \frac{\dfrac{1}{x}}{-\dfrac{1}{x^2}} = \lim_{x \to 0^+} (-x)$$

$$= 0$$

所以 $\lim\limits_{x \to 0^+} x^x = e^0 = 1$.

2.4.3 函数的性态

(1) 函数的增减性

从图 2.6(a) 看出,当曲线 $y = f(x)$ 上点 x 处的切线斜率为正,即 $f'(x) > 0$ 时,曲线上升,亦即 $f(x)$ 单调增加;又从图 2.6(b) 看出,当曲线 $y = f(x)$ 上点 x 处的切线斜率为负,即 $f'(x) < 0$ 时,曲线下降,亦即 $f(x)$ 单调减少. 由此可见,函数的增减性与导数的正负性有着密切的关系. 于是有以下函数增减性的判定法则:

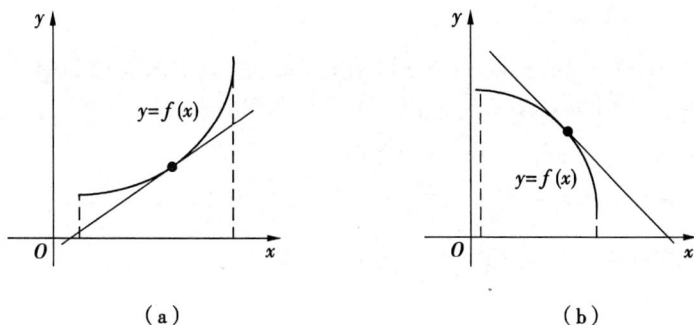

（a）　　　　　　　　（b）

图 2.6

定理 2.7　设函数 $f(x)$ 在 $[a,b]$ 上连续,在 (a,b) 内可导.

1) 若在 (a,b) 内 $f'(x) > 0$,则 $f(x)$ 在 $[a,b]$ 上单调增加.

2) 若在 (a,b) 内 $f'(x) < 0$,则 $f(x)$ 在 $[a,b]$ 上单调减少.

证　1) 在 (a,b) 内任取两点 x_1,x_2,且 $x_1 < x_2$,则函数 $f(x)$ 在 $[x_1,x_2]$ 上必定满足拉格朗日中值定理条件,于是有

$$f(x_2) - f(x_1) = f'(\xi)(x_2 - x_1) \quad (x_1 < \xi < x_2)$$

因为 $x_2 - x_1 > 0$,$f'(\xi) > 0$,所以 $f(x_1) < f(x_2)$,即 $f(x)$ 在 $[a,b]$ 上单调增加.

2)（证明留给读者）

如果把定理中的闭区间换成其他各种区间（包括无穷区间）,这个结论也成立.

例 49　讨论函数 $y = f(x) = x^3 - 3x$ 的增减性.

解　$y' = 3x^2 - 3$
$$= 3(x+1)(x-1)$$

令　　$y' = 3(x+1)(x-1) = 0$

解之,有　$x = -1,1$.

当 $-\infty < x < -1$ 或 $1 < x < +\infty$ 时,有 $y' > 0$,从而函数在区间 $(-\infty,-1)$ 和 $(1,+\infty)$ 内单调增加.

当 $-1 < x < 1$ 时,$y' < 0$,从而函数在区间 $(-1,1)$ 内单调减少,如图 2.7 所示.

例 50　求证函数

$$f(x) = \ln(x + \sqrt{1 + x^2})$$

为单调增函数.

证　因为 $f'(x) = [\ln(x + \sqrt{1 + x^2})]'$
$$= \frac{1}{x + \sqrt{1 + x^2}}(x + \sqrt{1 + x^2})'$$
$$= \frac{1}{x + \sqrt{1 + x^2}}\left(1 + \frac{2x}{2\sqrt{1 + x^2}}\right)$$
$$= \frac{1}{x + \sqrt{1 + x^2}}\left(\frac{x + \sqrt{1 + x^2}}{\sqrt{1 + x^2}}\right)$$

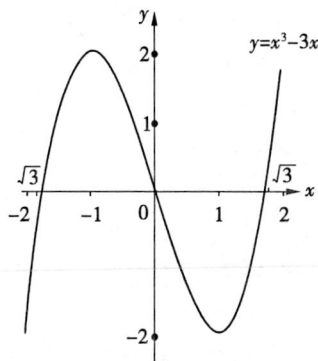

图 2.7

83

$$= \frac{1}{\sqrt{1+x^2}} > 0 (-\infty < x < +\infty)$$

根据定理 2.7，知 $f(x) = \ln(x + \sqrt{1+x^2})$ 在 $(-\infty, +\infty)$ 内为单调增函数.

例 51　求证：当 $x > 0$ 时，$x > \arctan x$.

证　欲证 $x > \arctan x$，可证 $x - \arctan x > 0$.

令　$f(x) = x - \arctan x, x \in [0, +\infty)$

因　$f'(x) = (x - \arctan x)' = 1 - \dfrac{1}{1+x^2}$

$$= \frac{x^2}{1+x^2} > 0 \quad (x > 0)$$

故 $f(x) = x - \arctan x$ 在区间 $[0, +\infty)$ 上为单调增函数.

当 $x > 0$ 时，有 $f(x) > f(0)(x > 0)$，又 $f(0) = 0$. 所以 $f(x) > 0(x > 0)$，即 $x - \arctan x > 0$，所以

$$x > \arctan x (x > 0)$$

例 52　证明：当 $x > 0$ 时，$\ln(1 + x) > \dfrac{x}{1+x}$.

证　将不等式变形为　$\ln(1 + x) - \dfrac{x}{1+x} > 0$.

令　$f(x) = \ln(1 + x) - \dfrac{x}{1+x}$，则问题变为证明当 $x > 0$ 时，$f(x) > 0$.

$$f'(x) = \left[\ln(1 + x) - \frac{x}{1+x}\right]' = \frac{x}{(1+x)^2}$$

在 $(0, +\infty)$ 内，$f'(x) > 0$，又因 $f(x)$ 在 $[0, +\infty)$ 上连续，因此，$f(x)$ 因在 $[0, +\infty)$ 上单调增加，从而当 $x > 0$ 时，$f(x) > f(0)$. 而 $f(0) = 0$，故当 $x > 0$ 时，$f(x) > 0$，即

$$\ln(1 + x) - \frac{x}{1+x} > 0$$

亦即　$\ln(1 + x) > \dfrac{x}{1+x}$.

（2）函数的极值

定义 2.3　设函数 $f(x)$ 在 x_0 的某邻域内有定义，如对于这邻域内任一点 x 都有 $f(x) \leqslant f(x_0)$，则称 $f(x_0)$ 是 $f(x)$ 的一个极大值. 如对于这个邻域内任一点 x 都有 $f(x) \geqslant f(x_0)$，则称 $f(x_0)$ 是 $f(x)$ 的一个极小值.

函数的极小值与极大值统称为函数的极值. 使函数取得极值的点称为函数的极值点.

从例 49 可知，$x = -1$ 是函数 $f(x) = x^3 - 3x$ 由增变减的转折点，且 $f(-1) \geqslant f(x)$，故 $x = -1$ 是极大点；$x = 1$ 是函数 $f(x) = x^3 - 3x$ 由减变增的转折点，且 $f(1) \leqslant f(x)$，故 $x = 1$ 是极小点.

定理 2.8（极值判定定理）　设函数 $f(x)$ 在点 x_0 的某个邻域内可导，且 $f'(x_0) = 0$，

1）若 $x < x_0$ 时，$f'(x) > 0$；$x > x_0$ 时，$f'(x) < 0$，则 $f(x)$ 在 x_0 处取得极大值.

2）若 $x < x_0$ 时，$f'(x) < 0$；$x > x_0$ 时，$f'(x) > 0$，则 $f(x)$ 在 x_0 处取得极小值.

3）若在 x_0 的两侧，$f'(x)$ 保持同号，则 $f(x)$ 在 x_0 处没有取得极值.

证　1）设 $x (\neq x_0)$ 为该邻域内的任一点，由中值定理有

$$f(x) - f(x_0) = f'(\xi)(x - x_0)(\xi 在 x 与 x_0 之间)$$

当 $x < x_0$ 时，$f'(x) > 0$，可导出

$$f'(\xi)(x - x_0) < 0$$

即 $f(x) < f(x_0)$；

当 $x > x_0$ 时，$f'(x) < 0$，可导出

$$f'(\xi)(x - x_0) < 0$$

即 $f(x) < f(x_0)$.

故函数 $f(x)$ 在 x_0 处取得极大值，x_0 为函数的极大点.

2），3）（留给读者证明）

例 53　求函数 $f(x) = (x - 1)^2(x - 2)^3$ 的极值.

解　第一步：求导数

$$f'(x) = 2(x - 1)(x - 2)^3 + 3(x - 1)^2(x - 2)^2$$
$$= (x - 1)(x - 2)^2(5x - 7)$$

第二步：求驻点，令 $f'(x) = 0$，即

$$(x - 1)(x - 2)^2(5x - 7) = 0$$

解得驻点 $x_1 = 1, x_2 = \dfrac{7}{5}, x_3 = 2$.

第三步：判极值，列表 2.1 讨论 $f'(x)$ 的符号变化，确定 $f(x)$ 的极值.

表 2.1

x	$(-\infty, 1)$	1	$(1, \frac{7}{5})$	$\frac{7}{5}$	$(\frac{7}{5}, 2)$	2	$(2, +\infty)$
$f'(x)$	+	0	−	0	+	0	+
$f(x)$	↗	极大值	↘	极小值	↗	无极值	↗

由表 2.1 可知，$f(x)$ 有：

极大值 $f(1) = 0$，极小值 $f\left(\dfrac{5}{7}\right) = -\dfrac{108}{5^5}$.

$f(x)$ 在 $x = 2$ 的两侧均单调增加，所以 $f(x)$ 在 $x = 2$ 处无极值.

这里需要指出三点：

第一，极值必要条件：若 $f(x_0)$ 是 $f(x)$ 的可导极值，则 $f'(x_0) = 0$，反之不真. 称函数 $y = f(x)$ 的一阶导数等于零的自变量 x 的值 x_0，即 $f'(x_0) = 0$ 中的 x_0 为驻点. 由极值必要条件可知，函数的可导极值点必为驻点.

第二，以上讨论函数极值时，是函数在极值点可导的情况. 但连续函数在不可导点处，也可能取得极值. 其判别方法仍是考察 $f(x)$ 在此不可导点 x_0 的左、右 $f'(x)$ 是否异号.

例如 $y = x^{\frac{2}{3}} + 1$ 是连续函数，但 $y' = \dfrac{2}{3\sqrt[3]{x}}$ 在 $x = 0$ 处不存在，即 $y = x^{\frac{2}{3}} + 1$ 在 $x = 0$ 处不可导，可是当 $x < 0$ 时，$f'(x) < 0$；当 $x > 0$ 时，$f'(x) > 0$，因此，$f(0) = 1$ 是函数 $y = x^{\frac{2}{3}} + 1$ 的极小值.

第三，用定理 2.8 判定函数的极值，需要观察它的导数在驻点左、右邻近的符号，有时用起

来不大方便,可用如下办法判定函数的极值.

设 $f(x)$ 在 x_0 处有二阶导数,且 $f'(x_0) = 0$,则当 $f''(x_0) < 0$ 时,$f(x_0)$ 为极大值;

当 $f''(x_0) > 0$ 时,$f(x_0)$ 为极小值;

当 $f''(x_0) = 0$ 时,则不能判别 $f(x_0)$ 是否为极值,可采用定理2.8.

例如,例49,$y' = 3x^2 - 3$,$y'' = 6x$,驻点 $x_1 = -1$,$x_2 = 1$.

由于 $f''(-1) = -6 < 0$,因此 $f(-1) = 2$ 为极大值,$f''(1) = 6 > 0$,所以 $f(1) = -2$ 为极小值.

*例54 a 为何值时,$f(x) = a\sin x + \dfrac{1}{3}\sin 3x$ 在 $x = \dfrac{\pi}{3}$ 处有极值,它是极大值还是极小值?并求此极值.

解 $f'(x) = a\cos x + \cos 3x$

$\qquad f''(x) = -a\sin x - 3\sin 3x$

由题意 $f'\left(\dfrac{\pi}{3}\right) = 0$,即 $a\cos\dfrac{\pi}{3} + \cos\pi = 0$,亦即

$$a \times \frac{1}{2} + (-1) = 0$$

所以 $a = 2$.

又 $f''\left(\dfrac{\pi}{3}\right) = -2\sin\dfrac{\pi}{3} - 3\sin\pi = -\sqrt{3} < 0$,故

$$f(\frac{\pi}{3}) = 2\sin\frac{\pi}{3} + \frac{1}{3}\sin\pi = \sqrt{3}$$

为极大值.

*例55 $y = \sqrt{5 - 4x}$ 在 $[-1,1]$ 上无极值,但有最值.

解 $y' = (\sqrt{5-4x})'$

$\qquad = \dfrac{-4}{2\sqrt{5-4x}} = \dfrac{-2}{\sqrt{5-4x}} < 0$,$x \in [-1,1]$

即 y' 在 $[-1,1]$ 上连续且导数总是为负,由极值存在的必要条件,知 $y = \sqrt{5-4x}$ 在 $[-1,1]$ 上无极值;由闭区间上连续函数的最值定理知 y 在 $[-1,1]$ 上有最值.

*(3) 曲线的凹向性与拐点

仅仅知道函数图形的上升或下降趋势,还不能完全反映出函数的变化规律. 如图2.8所示的函数 $y = f(x)$ 的图形,在区间 (a,b) 内虽然一直是上升的,但是却有不同的弯曲方向. 从左向右,曲线先是向上弯曲,且该曲线弧段位于其上各点切线之上方. 通过 P 点后,扭转了曲线的方向,而向下弯曲,且该曲线弧段位于其上各点切线的下方. 据此,给出如下定义:

定义2.4 若曲线弧位于 (a,b) 上每一点处切线的上方,就称曲线在 (a,b) 上是上凹的(或凹的,或凹向向上);若曲线弧位于 (a,b) 上每一点处切线的下方,就称曲线在 (a,b) 上是下凹的(或凸的,或凹向向下);且曲线上上凹与下凹部分的分界点称为该曲线的拐点.

根据 $f''(x)$ 的符号给出判定函数图形的凹向性及拐点的法则.

定理2.9 设函数 $f(x)$ 在 (a,b) 内具有二阶导数.

1) 如在 (a,b) 上有 $f''(x) > 0$,则函数 $y = f(x)$ 对应的曲线向上凹.

2）如在 (a,b) 上有 $f''(x) < 0$,则函数 $y = f(x)$ 对应的曲线向下凹.

3）如 $x_0 \in (a,b)$ 使 $f''(x_0) = 0$,且在 x_0 附近 $f''(x)$ 变号,则点 $(x_0, f(x_0))$ 是曲线 $y = f(x)$ 的拐点,若在 x_0 附近 $f''(x)$ 不变号,则点 $(x_0, f(x_0))$ 不是曲线 $y = f(x)$ 的拐点.

（证明从略）

注意　1）$f(x)$ 在 $x = x_0$ 的 $f'(x)$ 存在,而 $f''(x)$ 不存在,则点 $(x_0, f(x_0))$ 可能是拐点. 如 $f(x)$ 在 $x = x_0$ 左右 $f''(x)$ 存在且符号相反,则该点 $(x_0, f(x_0))$ 是拐点;符号相同则不是拐点.

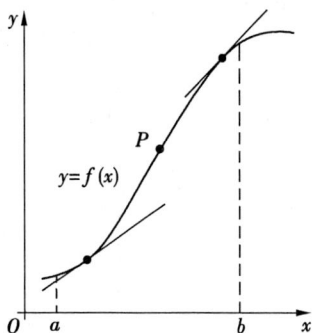

图 2.8

2）$f(x)$ 在 $x = x_0$ 处连续,而 $f'(x)$,$f''(x)$ 均不存在,但在 $x = x_0$ 左右 $f''(x)$ 存在且符号相反,则点 $(x_0, f(x_0))$ 是拐点;符号相同则点 $(x_0, f(x_0))$ 不是拐点.

例 56　求曲线 $y = 3x^4 - 4x^3 + 1$ 的增减区间、极值、凹向区间及拐点,并描出图形.

解　$y' = 12x^3 - 12x^2 = 12x^2(x - 1)$

令 $y' = 0$,得驻点 $x_1 = 0, x_3 = 1$.

$y'' = 36x^2 - 24x = 12x(3x - 2)$

令 $y'' = 0$,得实根 $x_1 = 0, x_2 = \dfrac{2}{3}$.

为便于判定函数的增减区间、极值、凹向区间及拐点,将上述各根 $x_1 = 0, x_2 = \dfrac{2}{3}, x_3 = 1$ 依次插入函数定义域 $(-\infty, +\infty)$,将其分成四个区间,列出表 2.2 讨论.

表 2.2

x	$(-\infty, 0)$	0	$(0, \frac{2}{3})$	$\frac{2}{3}$	$(\frac{2}{3}, 1)$	1	$(1, +\infty)$
$y'(x)$	$-$	0	$-$		$-$	0	$+$
$y''(x)$	$+$	0	$-$	0	$+$	$+$	$+$
y	⤸	1（拐点）	⤷	$\frac{11}{27}$（拐点）	⤸	1（极小值）	⤴

由表 2.2 知:减区间为 $(-\infty, 1)$,增区间为 $(1, +\infty)$;上凹区间为 $(-\infty, 0)$,$(\frac{2}{3}, +\infty)$,下凹区间为 $(0, \frac{2}{3})$;拐点为 $(0, 1)$,$(\frac{2}{3}, \frac{11}{27})$;极小点为 $x = 1$,极小值为 $y(1) = 0$,见图 2.9.

例 57　用微分法作函数 $\varphi(x) = \dfrac{1}{\sqrt{2\pi}} e^{-\frac{x^2}{2}}$ 的图形.

解　1）定义域为 $(-\infty, +\infty)$,由于 $\varphi(x)$ 是偶函数,故其图形关于 y 轴对称.

2）一、二阶导数的零点

$$\varphi'(x) = -\frac{x}{\sqrt{2\pi}} e^{-\frac{x^2}{2}}; \quad \varphi''(x) = \frac{(x+1)(x-1)}{\sqrt{2\pi}} e^{-\frac{x^2}{2}}$$

令 $\varphi'(x) = 0$ 得驻点 $x_2 = 0$;

令 $\varphi''(x) = 0$,得实根 $x_1 = -1, x_3 = 1$.

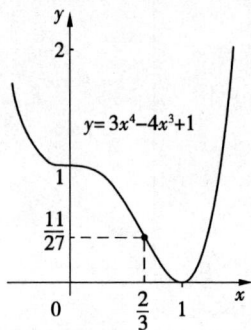

图 2.9

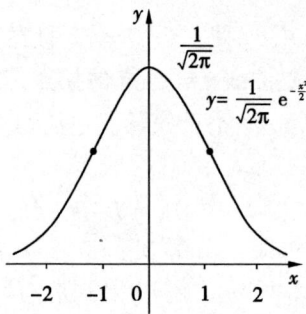

图 2.10

3) 列表 2.3 讨论增减、极值、凹向性及拐点.

表中 $\dfrac{1}{\sqrt{2\pi}} \approx 0.4, \dfrac{1}{\sqrt{2\pi e}} \approx 0.24$.

4) 因为 $\lim\limits_{x\to\infty} \varphi(x) = \lim\limits_{x\to\infty} \dfrac{1}{\sqrt{2\pi}} e^{-\frac{x^2}{2}} = 0$,故 $y = 0$ 是水平渐近线.

表 2.3

x	$(-\infty, -1)$	-1	$(-1, 0)$	0	$(0,1)$	1	$(1, +\infty)$
$\varphi'(x)$	$+$		$+$	0	$-$	0	$-$
$\varphi''(x)$	$+$	0	$-$	$-$	$-$	0	$+$
$\varphi(x)$	⤴	$\dfrac{1}{\sqrt{2\pi e}}$ （拐点）	⤴	$\dfrac{1}{\sqrt{2\pi}}$ （极大值）	⤵	$\dfrac{1}{\sqrt{2\pi e}}$ （拐点）	⤵

5) 作图:先作出 $(0, +\infty)$ 内的图形,可利用对称性再作出 $(-\infty, 0)$ 内的图形,见图 2.10,这个函数图形叫高斯曲线,它在概率统计中是很有用的. 函数 $\varphi(x) = \dfrac{1}{\sqrt{2\pi}} e^{-\frac{x^2}{2}}$ 是标准正态分布的概率密度函数.

*例 58 用微分法作函数 $f(x) = \dfrac{2x-1}{(x-1)^2}$ 的图形.

解 1) 定义域 $(-\infty, 1) \cup (1, +\infty)$,无对称性.

2) 一、二阶导数的零点及不存在的点

$$f'(x) = \frac{2(x-1)^2 - (x-1)(2x-1)}{(x-1)^4}$$

$$= \frac{-2x}{(x-1)^3} = 0$$

得 $x_2 = 0$;

$$f''(x) = \frac{-2(x-1)^3 - 3(x-1)^2(-2x)}{(x-1)^6} = \frac{4\left(x + \dfrac{1}{2}\right)}{(x-1)^4} = 0$$

得　$x_1 = -1/2$.

又 $x = 1$ 时，$f(x)$，$f'(x)$，$f''(x)$ 均不存在，取 $x_3 = 1$.

3）列表 2.4 讨论函数的增减、极值、凹向及拐点.

表 2.4

x	$(-\infty, -\frac{1}{2})$	$-\frac{1}{2}$	$(-\frac{1}{2},0)$	0	$(0,1)$	1	$(1, +\infty)$
$f'(x)$	$-$		$-$	0	$+$	/	$-$
$f''(x)$	$-$	0	$+$	$+$	$+$	/	$+$
$f(x)$	⤵	$-\dfrac{8}{9}$（拐点）	⤵	-1（极小值）	⤴	/	⤵

4）渐近线：因为 $\lim\limits_{x\to\infty} f(x) = \lim\limits_{x\to\infty} \dfrac{2x-1}{(x-1)^2} = 0$，所以 $y = 0$ 是函数图形的水平渐近线.

又因为 $\lim\limits_{x\to 1} f(x) = \lim\limits_{x\to 1} \dfrac{2x-1}{(x-1)^2} = +\infty$，所以 $x = 1$ 是函数图形的垂直渐近线.

5）作出图形：为了图形更准确，增补几个点：

$$\left(-2, -\frac{5}{9}\right), \left(\frac{1}{2},0\right), \left(4,\frac{7}{9}\right)$$

根据以上讨论，作出函数图形如图 2.11 所示.

2.4.4　导数在经济分析中的应用

（1）最值应用问题

在生产实践和各种经济活动中，往往会遇到求最值（最大值、最小值的统称）的问题. 解决这类问题是导数的重要应用之一.

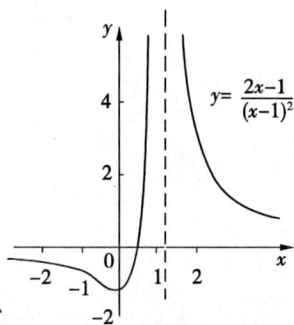

图 2.11

设函数 $f(x)$ 在闭区间 $[a,b]$ 上连续，则它一定在 $[a,b]$ 上取得最值. 求函数最值的做法如下：

1° 求使 $f'(x) = 0$ 和 $f'(x)$ 不存在的 x 值，并求出相应于这些 x 的函数值；

2° 计算端点函数值 $f(a)$ 与 $f(b)$；

3° 比较 $f(a)$，$f(b)$ 和 1° 中求出的函数值的大小，其中最大者就是函数在 $[a,b]$ 上的最大值；最小者就是最小值.

特别地，如连续函数 $f(x)$ 在 (a,b) 内只有一个极大（小）值，而又没有极小（大）值，则此极大（小）值一定是函数 $f(x)$ 在 $[a,b]$ 上的最大（小）值. 在许多实际问题中最值就属于这种情况，可以采取求极值的方法来解决.

例 59　（发挥原材料的最大效益问题）　将一块边长为 a 的正方形铁皮的四角截去一个大小相等的小正方形，然后把各边折起来做成一个无盖的盒子. 问截去的小正方形的边长为多大时，才能使盒子的容积最大？

解　如图 2.12，设所截去的小正方形边长为 x，则盒底是边长为 $a - 2x$ 的正方形，高为 x，所以铁盒的容积为

$$V = (a - 2x)^2 \cdot x \left(0 < x < \frac{a}{2}\right)$$

$$V' = (a - 2x)(a - 6x)$$

令 $V' = 0$，得 $x_1 = \dfrac{a}{6}, x_2 = \dfrac{a}{2}$（舍去）.

因为只有 $x_1 = \dfrac{a}{6} \in \left(0, \dfrac{a}{2}\right)$，故只需检验 $x_1 = \dfrac{a}{6}$.

当 $x < \dfrac{a}{6}, V'(x) > 0$；当 $x > \dfrac{a}{6}, V'(x) < 0$.

所以 $x_1 = \dfrac{a}{6}$ 是极大值点，同时也是最大值点.

由此可知，当截去的小正方形的边长为 $\dfrac{a}{6}$ 时，所做成的铁皮盒子容积最大.

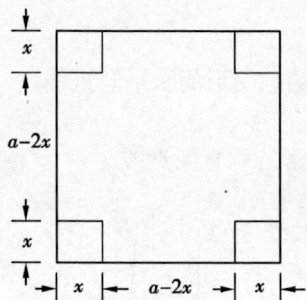

图 2.12

例 60 （节约原材料问题） 要做一个容积为 V 的圆柱形罐头筒，如何设计才能使所花材料最省？

解 要使材料最省，就是要罐头筒的总表面积最小. 设罐头筒的底半径为 r，高为 h，如图 2.13 所示，它的侧面积为 $2\pi rh$，底面积为 πr^2，因此总表面积为

$$S = 2\pi r^2 + 2\pi rh$$

由体积公式 $V = \pi r^2 h$，有

$$h = \frac{V}{\pi r^2}$$

所以 $\quad S = 2\pi r^2 + \dfrac{2V}{r} \quad (0 < r < +\infty)$，

$$S' = 4\pi r - \frac{2V}{r^2} = \frac{2(2\pi r^3 - V)}{r^2}$$

令 $S' = 0$，得驻点 $r_0 = \sqrt[3]{\dfrac{V}{2\pi}}$.

由于 $S''(r_0) = \left(4\pi + \dfrac{4V}{r^3}\right)\Big|_{r=r_0} > 0$，因此 S 在 $r_0 = \sqrt[3]{\dfrac{V}{2\pi}}$ 处取得极小值，也就是最小值. 这时相应的高为

$$h_0 = \frac{V}{\pi r_0^2} = \frac{V}{\pi\left(\sqrt[3]{\dfrac{V}{2\pi}}\right)^2} = 2\sqrt[3]{\frac{V}{2\pi}} = 2r_0$$

于是，当所做罐头筒的高和底直径相等时所花材料最省.

例 61 （销售总利润最大问题） 某工厂生产某种产品，年产量为 x（单位：百台），总成本为 C（单位：万元），其中固定成本为 2 万元，每生产 1 百台，成本增加 1 万元，市场上每年可销售此种商品 4 百台，其销售总收入 R 是 x 的函数

$$R = R(x) = \begin{cases} 4x - \dfrac{1}{2}x^2, & 0 \leqslant x \leqslant 4 \\ 8, & x > 4 \end{cases}$$

问每年生产多少台，总利润 $L = R - C$ 为最大，在总利润最大的基础上，再生产 1 百台，总利润如何变化？

解　总成本 C 是 x 的函数

$$C = C(x) = 2 + x$$

于是　$L = L(x) = R(x) - C(x)$

$$= \begin{cases} 3x - \dfrac{1}{2}x^2 - 2, & 0 \leqslant x \leqslant 4 \\ 6 - x, & x > 4 \end{cases}$$

$$L'(x) = \begin{cases} 3 - x, & 0 \leqslant x \leqslant 4 \\ -1, & x > 4 \end{cases}$$

令 $L'(x) = 0$，得驻点 $x = 3$，因为 $L''(3) = -1 < 0$，所以 $x = 3$ 为极大点，也就是最大值点．因此，每年生产 3 百台时，总利润为最大．最大利润为 $L(3) = 2.5$ 万元，

$$\Delta L = L(4) - L(3)$$
$$= (3 \times 4 - \frac{1}{2} \times 4^2 - 2) - 2.5$$
$$= -0.5(万元)$$

在总利润最大的基础上，再生产 1 百台，总利润将减少 0. 5 万元. 如图 2.14 所示．

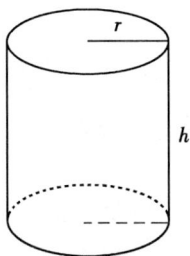

图 2.13

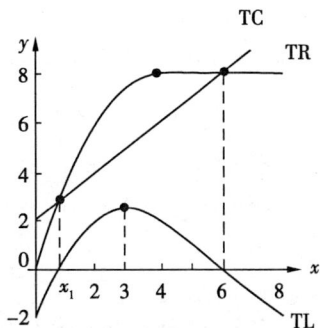

图 2.14

注：不难知道 $x_1 = 3 - \sqrt{5} \approx 0.75$ 与 $x_2 = 6$ 是盈亏临界点，$(0.76, 6)$ 为盈利区间，这一点由图 2.14 也能得到验证．

（2）边际分析

在经济分析中，函数 $f(x)$ 的导函数 $f'(x)$ 也称边际函数．$f'(x_0)$ 也称边际函数值．

当 $\Delta x = 1$ 时，有

$$\Delta y = f(x_0 + 1) - f(x_0) \approx f'(x_0)$$

（$\Delta x = -1$ 时，标志着 x 由 x_0 减少一个单位）这表明 $f(x)$ 在点 $x = x_0$ 处改变"一个单位"时，$f(x)$ 近似改变"$f'(x_0)$ 个单位"．在讨论某个经济函数 $y = f(x)$ 时，常用 $f'(x_0)$ 去分析 y 在 x_0 处的"边际上"的变化，且将 $f'(x_0)$ 称为"边际"．可以说，"边际"概念就是"变化率"（或导数）概念在经济理论中的应用．在经济活动分析中，涉及"边际"的量是很多的，如：

边际成本　设 $C = C(x)$ 是某产品的总成本函数，其中 x 为产品量，则称总成本 C 对产量 x 的导数 $C'(x)$ 为产量 x 单位时的边际成本．相应曲线称为边际成本曲线，常记作 MC. 边际成本的经济意义是：边际成本 $C'(x)$ 近似地等于在产量 x 单位的水平上再生产一个单位产品所增加的成本．或者说，$C'(x)$ 近似地等于第 $x + 1$ 个单位产品的成本．

边际收益 设 $R = R(x)$ 是某产品的总收益函数,其中 x 为产量,则称 R 对产量 x 的导数 $R'(x)$ 为产量 x 单位时的边际收益. 相应曲线称为边际收益曲线,常记作 MR. 边际收益的经济意义是:边际收益 $R'(x)$ 近似地等于在产量 x 单位的水平上再生产一个单位的产品所增加的收益. 或者说,$R'(x)$ 近似地等于第 $x + 1$ 个单位产品的收益.

边际利润 设 $L = L(x)$ 是某产品的总利润函数,其中 x 为产品量,则称总利润 L 对产量 x 的导数 $L'(x)$ 为产量 x 单位时的边际利润. 相应曲线称为边际利润曲线,常记作 ML. 边际利润的经济意义是:边际利润 $L'(x)$ 近似地等于在产量 x 单位的水平上再生产一个单位的产品所增加的利润. 或者说,$L'(x)$ 近似地等于第 $x + 1$ 个单位产品的利润.

边际需求 设 $Q = Q(P)$ 是某商品的需求函数,其中 P 为商品的价格,则称需求量 Q 对价格 P 的导数 $Q'(P)$ 为价格 P 单位时的边际需求,相应曲线称为边际需求曲线,常记作 MQ. 边际需求的经济意义是:边际需求 $Q'(P)$ 近似地等于价格在 P 货币单位的水平上,再增加一个货币单位所增加的需求量. 也称 $P = P(Q)$ 的导数 $P'(Q)$ 为边际价格. 它近似地等于销售量在 Q 的水平上,再增加一个单位的销售量所增加的价格.

还可以举出如边际生产率、边际生产、边际供给、边际消费、边际税率等等许多边际的概念. 不过从数学的角度看都是求变化率(或导数)的问题,就不一一赘述了. 下面举几个边际分析实例:

例62 已知某商品的成本函数和收益函数各为:

$$C(x) = x + 1 - \frac{1}{1 + x} \text{ 和 } R(x) = 2x$$

其中 x 是商品的销售量,试求该商品的边际成本、边际收益和边际利润.

解 边际成本是成本函数的导数,故商品的边际成本为:

$$C'(x) = 1 + \frac{1}{(1 + x)^2}$$

边际收益是收益函数的导数,故商品的边际收益为

$$R'(x) = 2$$

因利润函数等于收益函数减去成本函数,即

$$L(x) = R(x) - C(x) = x - 1 + \frac{1}{1 + x}$$

边际利润是利润函数的导数,故商品的边际利润为:

$$L'(x) = 1 - \frac{1}{(1 + x)^2}$$

实际上

$$L'(x) = R'(x) - C'(x)$$
$$= 2 - \left(1 + \frac{1}{(1 + x)^2}\right)$$
$$= 1 - \frac{1}{(1 + x)^2}$$

其中 $R'(x) = 2$ 为常数,这表明销售量为任何水平时,每生产一个单位产品总收益都增加 2,换句话说,就是每增售一个单位产品,总收益的增加量与销售水平无关.

例63 某企业进行销售分析时指出,总获利 L(元)与日产量 x(t)的关系为

$$L = L(x) = 250x - 5x^2$$

（图 2.15 所示）试确定每月生产 20 t,25 t,35 t 时的边际利润.

解　因边际利润 $L'(x) = 250 - 10x$,所以

$$L'(20) = 250 - 10 \times 20 = 50$$
$$L'(25) = 250 - 10 \times 25 = 0$$
$$L'(35) = 250 - 10 \times 35 = -100$$

上述结果表明,在不同的产量水平 x 上,每增加一个单位产品,利润的增加额不同. 当产量为每月 20 t 时,再增产 1 t 利润将增加 50 元;当产量为每月 35 t 时,再增产 1 t 利润将减少 100 元;当产量为每月 25 t 时,再增加产量利润不但不增加,反而开始减少,见图 2.15,图 2.16.

例 64　某厂每周生产 x 单位(百件) 产品的总成本 C(千元) 为:

$$C = C(x) = x^2 + 12x + 100$$

如果每百件产品销售价格为 4 万元,试求边际利润为零时的每周产量.

解　因 $R(x) = 40x, C(x) = x^2 + 12x + 100$

所以利润函数

$$L(x) = R(x) - C(x)$$
$$= -x^2 + 28x - 100$$

边际利润

$$L'(x) = -2x + 28$$

令 $L'(x) = 0$,得 $x = 14$(百件).

上述结果表明,每周销售在 1 400 件的水平上再销售一件产品时不带来利润. 又因 $L''(x) = -2 < 0$,说明 1 400 件实际上是使利润最大时的产品.

实际上由均衡条件知: $R'(x) = C'(x)$ 的产量 x 即边际利润为 0 时的产量. 据此,本例 x 应满足 $40 = 2x + 12$,解之,同样可得 $x = 14$(百件).

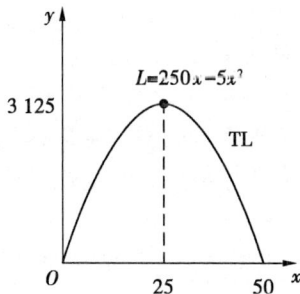

图 2.15

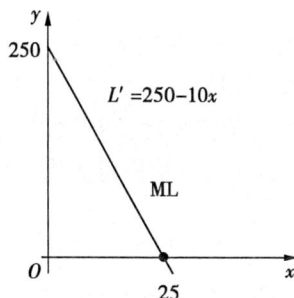

图 2.16

（3）弹性分析

在此之前所谈及的函数改变量与函数变化率是绝对改变量与绝对变化率. 但从实践中体会到,仅仅局限于研究函数的绝对改变量与绝对变化率还是不够的. 例如,商品甲每单位价格 10 元,涨价 1 元;商品乙每单位价格 1 000 元,也涨价 1 元. 这两种商品价格的绝对改变量都是 1 元,但各与它们的单价相比,两者涨价的幅度却大不相同. 商品甲涨了 10%,而商品乙只涨了 0.1%,即商品甲价格上涨幅度远远大于商品乙价格上涨幅度. 因此有必要研究函数的相对改

变量与相对变化率.

例如 $y = x^2$, 当 x 由 10 改变到 12 时, y 由 100 改变到 144, 此时自变量与因变量的绝对改变量分别为 $\Delta x = 2, \Delta y = 44$, 而

$$\frac{\Delta x}{x} = 20\%, \frac{\Delta y}{y} = 44\%$$

这表示当 $x = 10$ 改变到 12, x 产生了 20% 的改变, y 产生了 44% 的改变, 这就是相对改变量.

$$\frac{\Delta y}{y} \bigg/ \frac{\Delta x}{x} = 44\%/20\% = 2.2$$

这表示在 $(10, 12)$ 内, 从 $x = 10$, 当 x 改变 1% 时, y 平均改变 2.2%, 称它为从 $x = 10$ 到 $x = 12$, 函数 $y = x^2$ 的平均相对变化率. 从而称 $\frac{\Delta x}{x}$ 与 $\frac{\Delta y}{y}$ 为函数 $y = f(x)$ 在 x 处的相对改变量, 它们分别反映自变量 x 与函数 y 的相对变化大小, 可用百分比表示. 同时称 $\frac{\Delta y}{y} \bigg/ \frac{\Delta x}{x}$ 为函数 $y = f(x)$ 在 x 处的平均相对变化率, 从而引入弹性(或相对变化率)定义:

1) **定义 2.5** 设函数 $y = f(x)$ 在 x 处可导, 称两个相对改变量 $\frac{\Delta y}{y}$ 与 $\frac{\Delta x}{x}$ 之比值, 当 $\Delta x \to 0$ 时的极限(如存在的话)为函数 $y = f(x)$ 在 x 处的弹性(或相对变化率), 记为 η, 有

$$\eta = \lim_{\Delta x \to 0} \frac{\Delta y}{y} \bigg/ \frac{\Delta x}{x} = \lim_{\Delta x \to 0} \frac{\Delta y}{\Delta x} \cdot \frac{x}{y}$$

$$= \frac{x}{y} \cdot y' = \frac{\dfrac{\mathrm{d}y}{y}}{\dfrac{\mathrm{d}x}{x}}$$

即

$$\eta = y' \cdot \frac{x}{y} \tag{2.12}$$

从弹性定义容易看出, 弹性 η 有一个重要特性: 弹性 η 是一个数量, 它表示函数 $y = f(x)$ 在 x 处的相对变化率, 即当自变量 x 变化 1% 时, 函数 $y = f(x)$ 近似改变 η %.

当 $|\eta| = 1$, 称为单位弹性, 即函数的相对变化等于自变量的相对变化; 当 $|\eta| > 1$, 表明函数的相对变化大于自变量的相对变化; 当 $|\eta| < 1$, 表明函数的相对变化小于自变量的相对变化.

正是由于弹性具有上一特性, 因此在经济活动分析中常常用它研究变量之间的变动关系, 下面就来谈谈几个常用经济量的弹性.

2) 几个常用经济量的弹性

① 需求弹性

需求函数是受多因素(如该商品的价格、消费者的收入水平, 其他代用品价格等)的影响, 这里仅考虑价格这一主要因素, 设商品需求函数为 $Q = Q(P)$, 且在 P 处可导(其中 P 为价格、Q 为需求量), 则称

$$\eta = \lim_{\Delta P \to 0} \frac{\Delta Q}{Q} \bigg/ \frac{\Delta P}{P} = Q'(P) \cdot \frac{P}{Q}$$

为该商品在 P 处的需求弹性, 或称需求 Q 对价格 P 的弹性.

需求弹性 η 的经济意义是:需求弹性 η 近似地等于在价格 P 的水平上,价格变化 1% 时,需求量变化的百分比,它表示需求对价格变动反应的强弱程度.

由于需求函数一般来说为价格函数的递减函数,它的边际函数小于零,因而需求价格弹性取负值,即 $\eta_Q(P) < 0$,这可理解为需求量的变化与价格的变化是反方向的. 如果某种商品为适应市场需要欲适当降低价格时,会不会降低其收入呢?我们说,虽然降价会使单位商品减少一些收益,但降价会使销售量增加,反而可使总收益增加,于是可以得出这样一个结论:若需求量的相对增加大于价格的相对减少,则总收益要增加.

对于需求价格弹性 $\eta_Q(P)$ (<0),在经济学中有如下分类:

a) 富有弹性:若 $|\eta_Q(P)| > 1$,即 $\eta_Q(P) < -1$,则称该商品需求量对价格富有弹性(或称高弹性). 此时价格变化将引起需求量的较大变化. 若将其价格提高 10%,则需求量下降超过 10%,因而总收益减少;反之,若将其价格下降 10%,则需求量增加超过 10%,因而总收益增加. 这就是说对富有弹性的商品,减价会使总收益增加,提价反而使总收益减少.

b) 单位弹性:若 $|\eta_Q(P)| = 1$,即 $\eta_Q(P) = -1$,则称商品具有单位弹性. 此时价格上升的百分数与需求下降的百分数相同,若将其价格提高 10%,则需求量下降 10%,总收益不变.

c) 缺乏弹性:若 $|\eta_Q(P)| < 1$,即 $\eta_Q(P) > -1$,则称该商品的需求量对价格缺乏弹性(或称低弹性). 此时价格变化只会引起需求的微小变化,若将其价格提高 10%,则需求减少低于 10%,因而总收益增加;反之,若将价格下降 10%,则需求量增加低于 10%,因而总收益减少. 这就是说,对缺乏弹性的商品,提价会使总收益增加,降价会使总收益减少.

例 65　设某商品需求量对价格的函数关系为

$$Q = Q(P) = 800\left(\frac{1}{3}\right)^P$$

试求需求量 Q 对价格 P 的弹性,并说明其经济意义.

解　根据需求弹性定义:有

$$\eta(P) = Q'(P) \cdot \frac{P}{Q}$$

即　$\eta(P) = 800\left(\frac{1}{3}\right)^P \cdot \ln\frac{1}{3} \cdot \dfrac{P}{800\left(\frac{1}{3}\right)^P}$

$$= P\ln\frac{1}{3} = -P\ln 3$$

$$\approx -1.1P$$

其经济意义:表示当价格 P 上涨(或下跌)1% 时,需求量 Q 近似减少(或增加)1.1P%.

例 66　若商品的需求函数

$$Q = 100 - 2P(P 为价格)$$

讨论其弹性变化.

解　由于

$$\eta = Q' \cdot \frac{P}{Q} = (-2) \cdot \frac{P}{100 - 2P}$$

$$= \frac{-P}{50 - P}$$

当 $|\eta| = \left| \dfrac{-P}{50-P} \right| = 1$，解得 $P = 25$；

当 $|\eta| = \left| \dfrac{-P}{50-P} \right| > 1$，解得 $25 < P < 50$；

当 $|\eta| = \left| \dfrac{-P}{50-P} \right| < 1$，解得 $0 < P < 25$.

于是,价格在范围 $25 < P < 50$ 内变化时,需求为高弹性,在这个范围内再采取提价措施的话,因需求下降的百分比大于价格上涨的百分比,企业的总收益反而会减少.

价格在范围 $0 < P < 25$ 内变化时,需求为低弹性. 这时如果采取压价措施,因需求增加的百分比小于价格下跌的百分比,企业的总收益也会减少.

从以上分析说明,当弹性 $|\eta| > 1$ 时,如果采取降价措施,能达到薄利多销的目的,从而能增加企业的收入;当弹性 $|\eta| < 1$ 时,如果提高商品的价格,也不会因销售量减少而减少企业的收入.

② 收入弹性

设 $R = R(x)$ 是某产品的总收益函数(其中 x 为产量),且在点 x 处可导,则称

$$\eta = \lim_{\Delta x \to 0} \frac{\Delta R}{R} \bigg/ \frac{\Delta x}{x} = R'(x) \cdot \frac{x}{R}$$

为该产品在点 x 处的收入弹性,其经济意义的解释留给读者完成.

例 67　设某种商品的销售额 R 与价格 P 之间的函数关系为

$$R = R(P) = P(88 - 30P)$$

试求,当价格 $P = 1.00$ 元与 1.50 元水平时,销售额函数的弹性,并说明其经济意义.

解　由弹性定义有

$$\eta = R' \cdot \frac{P}{R} = (88 - 60P) \cdot \frac{P}{P(88-30P)}$$

$$= (88 - 60P) \cdot \frac{1}{88 - 30P}$$

当 $P = 1.00$ 元时, $\eta = \dfrac{28}{58} \approx 0.48$；

当 $P = 1.50$ 元时, $\eta = -\dfrac{2}{43} \approx -0.047$.

其经济含义是:当价格在 1.00 元水平时,价格上涨 1% ,该商品的销售额还可增加 0.48% ;但当价格在 1.50 元水平时,价格上涨 1% ,该商品的销售额将下降 0.047% .

③ 成本弹性

设 $C = C(x)$ 是某产品的总成本函数(其中 x 为产品量),且在点 x 处可导,则称

$$\eta = \lim_{\Delta x \to 0} \frac{\Delta C}{C} \bigg/ \frac{\Delta x}{x} = C'(x) \cdot \frac{x}{C}$$

为该商品在点 x 处的成本弹性. 其经济意义的解释留给读者.

④ 函数弹性的图解法

在具体实际工作中,为方便起见,常通过几何作图的方法来求出函数的弹性,其具体做法如下:

设函数 $y = f(x)$ 的曲线已作出, $A(x_0, y_0)$ 为该曲线上一点,由弹性定义有

$$\eta_y(x) = f'(x_0) \cdot \frac{x_0}{y_0}$$

由图 2.17 知:

$$f'(x_0) = \tan \alpha_1$$

其中 α_1 为过 A 点的切线 AB 与 x 轴的夹角. 又

$$\frac{y_0}{x_0} = \tan \alpha_2$$

其中 α_2 为 OA 与 x 轴的夹角,结合以上三式得

$$\eta_y(x) = \frac{\tan \alpha_1}{\tan \alpha_2}$$

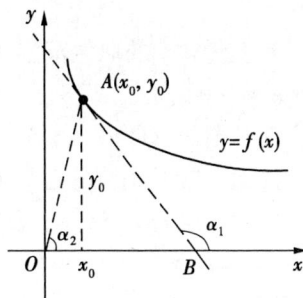

图 2.17

从而得出 $y = f(x)$ 在 x_0 处弹性的几何图解法步骤:

第一步,作出 $y = f(x)$ 的曲线;

第二步,过曲线上点 $A(x_0, y_0)$ 分别作切线 AB 与线段 OA,得到其与 x 轴夹角 α_1 与 α_2;

第三步,按公式 $\eta_y(x) = \dfrac{\tan \alpha_1}{\tan \alpha_2}$ 求出弹性.

2.5　多元函数微分学

在大量经济活动、科学技术和生产实际中,很多问题都是由多种因素决定的,而这些因素之间又往往存在着相互联系和相互制约的相依关系,反映到数学上就是所谓的多元函数. 比如,圆柱体的体积 V 依赖它的底面半径 r 和高 h,其关系为:$V = \pi r^2 h$;又如:某商品的市场销售量 u 与其市场价格 x,消费者收入 y 以及其他代用品价格 z 等因素有关:$u = f(x, y, z)$. 要全面而完整地研究并解决这类问题,只有一元函数微分学的知识,明显不能满足研究问题的需要,必须进一步研究多元函数的微分学. 因此,可以说多元函数微分学是一元函数微分学的自然发展. 多元函数的许多概念及其处理问题的思路、方法都同一元函数基本一致. 不过多元函数由于变量个数的增多,有的地方会出现新情况,既要借鉴,又不硬搬. 因此,在学习多元函数微分学的过程中应该注意它们与一元函数相应内容之间的联系与区别.

本节以二元函数为主,首先简单介绍二元函数有关概念,接着引入偏导数与全微分两个基本概念,在此基础上再讲解复合函数微分法、隐函数微分法、高阶偏导数,关于偏导数的应用,本节只谈极值问题.

2.5.1　偏导数与全微分概念

（1）二元函数的连续性

偏导数的研究基础是多元函数. 这里以二元函数为主.

定义 2.6　设某研究过程中有三个变量 x, y, z,若当变量 x, y 在其变化范围内任取一对数值时,变量 z 按照一定法则总有确定的数值与之对应,则称 z 叫 x, y 的二元函数,记作

$$z = f(x, y) \quad \text{或} \quad z = z(x, y)$$

其中 x, y 叫自变量,z 叫因变量. 必须注意:x, y 是独立变化的,它们之间不存在因果关系.

类似地可以定义三元函数、四元函数,……,统称多元函数.

对于函数 $z = f(x,y)$，当自变量 x,y 分别取值 x_0, y_0 时，函数 z 的对应值，记作 $z_0 = f(x_0, y_0)$. 例如，函数 $f(x,y) = \dfrac{x}{x^2 + y^2}$，当 $x = 1, y = 2$ 时，$f(x,y) = f(1,2) = \dfrac{1}{1^2 + 2^2} = \dfrac{1}{5}$.

自变量 x,y 的取值范围，称为函数 $z = f(x,y)$ 的定义域. 例如 $z = \ln(x + y)$ 的定义域是位于 $x + y > 0$ 的右上半平面；又例如 $z = \arcsin(x^2 + y^2)$ 的定义域是以原点为圆心，1 为半径的闭合单位圆面，即 $(x^2 + y^2) \leqslant 1$.

注意 二元函数的定义域是一个平面区域，二元函数的图形是三维空间中的一张曲面.

例如：$z = ax + by + c$ 表示一张平面；$x^2 + y^2 + z^2 = R^2$ 表示球心在原点，半径为 R 的球面；$(x - x_0)^2 + (y - y_0)^2 + (z - z_0)^2 = R^2$ 表示球心在点 (x_0, y_0, z_0)，半径为 R 的球面；$z = \sqrt{R^2 - x^2 - y^2}$ 表示球心在原点，半径为 R 的上半球面；$z = x^2 + y^2$ 表示开口向上，顶点在原点的抛物面；$z = \sqrt{x^2 + y^2}$ 表示开口向上，顶点在原点的圆锥面.

定义 2.7 设 $z = f(x,y)$ 在点 $P_0(x_0, y_0)$ 及其附近有定义，点 $P(x_0 + \Delta x, y_0 + \Delta y)$ 为 P_0 点附近的另一点，当 $\Delta x \to 0, \Delta y \to 0$（即 $P \to P_0$），若增量
$$\Delta z = f(x_0 + \Delta x, y_0 + \Delta y) - f(x_0, y_0)$$
满足
$$\lim_{\substack{\Delta x \to 0 \\ \Delta y \to 0}} \Delta z = \lim_{\substack{\Delta x \to 0 \\ \Delta y \to 0}} \left[f(x_0 + \Delta x, y_0 + \Delta y) - f(x_0, y_0) \right] = 0$$
则称 $z = f(x,y)$ 在点 $P_0(x_0, y_0)$ 处连续，且 $P_0(x_0, y_0)$ 称 $z = f(x,y)$ 的连续点.

设 $x = x_0 + \Delta x, y = y_0 + \Delta y$ 是二元函数定义域内的任一点，于是当 $\Delta x \to 0$，且 $\Delta y \to 0$，即 $x \to x_0, y \to y_0$，上式可写成
$$\lim_{\substack{x \to x_0 \\ y \to y_0}} f(x,y) = f(x_0, y_0)$$
若 $z = f(x,y)$ 在其定义域内处处连续，则称 $z = f(x,y)$ 在该域内是连续的.

同一元函数一样，多元初等函数在其定义域内是连续的.

（2）偏导数

在二元函数 $z = f(x,y)$ 中，若只给 x 以增量 Δx 而 y 保持不变，所对应的函数增量 $\Delta_x z = f(x + \Delta x, y) - f(x,y)$ 称为 $f(x,y)$ 关于 x 的偏增量，类似地，称 $\Delta_y z = f(x, y + \Delta y) - f(x,y)$ 为 $f(x,y)$ 关于 y 的偏增量.

定义 2.8 若 $\lim\limits_{\Delta x \to 0} \dfrac{\Delta_x z}{\Delta x} = \lim\limits_{\Delta x \to 0} \dfrac{f(x + \Delta x, y) - f(x,y)}{\Delta x}$ 存在，则称此极限为 $f(x,y)$ 关于 x 的偏导数，记为 $\dfrac{\partial z}{\partial x}$ 或 z'_x，即
$$z'_x = \frac{\partial z}{\partial x} = \lim_{\Delta x \to 0} \frac{f(x + \Delta x, y) - f(x,y)}{\Delta x} \tag{2.13}$$
或记为 $\dfrac{\partial f}{\partial x}, f'_x(x,y)$. 类似地，称
$$\lim_{\Delta y \to 0} \frac{f(x, y + \Delta y) - f(x,y)}{\Delta y} \quad （若存在的话）$$
为 $f(x,y)$ 关于 y 的偏导数，记为 $\dfrac{\partial z}{\partial y}$ 或 z'_y，即

$$z'_y = \frac{\partial z}{\partial y} = \lim_{\Delta y \to 0} \frac{f(x, y + \Delta y) - f(x, y)}{\Delta y} \qquad (2.14)$$

如何求偏导数,无须重建新体系,只需借助一元函数求导公式与运算法则即可完成,只是在对某个自变量求偏导时,把其余自变量视为常量按一元函数求导即可.

例 68 设 $z = x^2 + y^2 - 3xy^3$,求 $\frac{\partial z}{\partial x}, \frac{\partial z}{\partial y}$ 及其在点 $(1,2)$ 的值.

解 对 x 求偏导,把 y 视为常量,有

$$\frac{\partial z}{\partial x} = \frac{\partial}{\partial x}(x^2 + y^2 - 3xy^3)$$
$$= 2x - 3y^3$$

对 y 求偏导,把 x 视为常量,有

$$\frac{\partial z}{\partial y} = \frac{\partial}{\partial y}(x^2 + y^2 - 3xy^3)$$
$$= 2y - 9xy^2$$

$$\frac{\partial z}{\partial x}\bigg|_{x=1, y=2} = 2 \times 1 - 3 \times 2^3 = -22$$

$$\frac{\partial z}{\partial y}\bigg|_{x=1, y=2} = 2 \times 2 - 9 \times 1 \times 2^2 = -32$$

例 69 求 $f(x, y) = y^2 \sin x - 2xe^y$ 的偏导数.

解 $$\frac{\partial f}{\partial x} = \frac{\partial}{\partial x}(y^2 \sin x - 2xe^y)$$
$$= y^2 \cos x - 2e^y$$
$$\frac{\partial f}{\partial y} = \frac{\partial}{\partial y}(y^2 \sin x - 2xe^y)$$
$$= 2y \sin x - 2xe^y$$

函数 $f(x, y)$ 的偏导数 $\frac{\partial f}{\partial x}, \frac{\partial f}{\partial y}$ 一般仍是 x, y 的函数,在一定条件下,可以用这些导函数再对自变量求偏导数,这样所得的函数称为 $f(x, y)$ 的二阶偏导数,记为: $\frac{\partial^2 f}{\partial x^2}, \frac{\partial^2 f}{\partial y^2}, \frac{\partial^2 f}{\partial x \partial y}, \frac{\partial^2 f}{\partial y \partial x}$.

例 70 求 $f(x, y) = x^3 + y^3 - 3xy^2$ 的各二阶偏导数.

解 $$\frac{\partial f}{\partial x} = 3x^2 - 3y^2, \frac{\partial f}{\partial y} = 3y^2 - 6xy$$

$$\frac{\partial^2 f}{\partial x^2} = \frac{\partial}{\partial x}(\frac{\partial f}{\partial x}) = \frac{\partial}{\partial x}(3x^2 - 3y^2) = 6x$$

$$\frac{\partial^2 f}{\partial x \partial y} = \frac{\partial}{\partial y}(\frac{\partial f}{\partial x}) = \frac{\partial}{\partial y}(3x^2 - 3y^2) = -6y$$

$$\frac{\partial^2 f}{\partial y \partial x} = \frac{\partial}{\partial x}(\frac{\partial f}{\partial y}) = \frac{\partial}{\partial x}(3y^2 - 6xy) = -6y$$

$$\frac{\partial^2 f}{\partial y^2} = \frac{\partial}{\partial y}(\frac{\partial f}{\partial y}) = \frac{\partial}{\partial y}(3y^2 - 6xy) = 6y - 6x$$

(3) 全微分

若函数 $z = f(x, y)$ 在点 (x, y) 的某一邻域内有连续的偏导数 $\frac{\partial z}{\partial x}, \frac{\partial z}{\partial y}$,则规定 $z = f(x, y)$ 在

点 (x,y) 处的全微分为

$$dz = \frac{\partial z}{\partial x}dx + \frac{\partial z}{\partial y}dy \qquad (2.15)$$

或

$$dz = z'_x dx + z'_y dy$$

例 71　求 $z = x^2 + y^2 - \cos xy$ 的全微分.

解　因为　$\dfrac{\partial z}{\partial x} = \dfrac{\partial}{\partial x}(x^2 + y^2 - \cos xy)$

$$= 2x + y\sin xy$$

$$\frac{\partial z}{\partial y} = \frac{\partial}{\partial y}(x^2 + y^2 - \cos xy)$$

$$= 2y + x\sin xy$$

且它们在全平面上连续.

所以　　$dz = \dfrac{\partial z}{\partial x}dx + \dfrac{\partial z}{\partial y}dy$

$$= (2x + y\sin xy)dx + (2y + x\sin xy)dy$$

2.5.2　二元函数极值

如果二元函数 $z = f(x,y)$ 对于点 $P_0(x_0,y_0)$ 的某一邻域内的所有点 $P(x,y)$,总有 $f(x,y) < f(x_0,y_0)$,则称 $f(x_0,y_0)$ 是 $f(x,y)$ 的极大值;如果总有 $f(x,y) > f(x_0,y_0)$,则称 $f(x_0,y_0)$ 是 $f(x,y)$ 的极小值.

二元函数的极大值与极小值统称为极值,使二元函数取得极值的点称为极值点.

二元函数的极值和一元函数的极值一样,可能在偏导数等于零的点(即驻点)取得,也可能在偏导数不存在的点取得,这里仅就驻点如何判定它为极值点的方法给以介绍.

定理 2.10(二元函数极值判定法则)　设函数 $z = f(x,y)$ 在点 $P_0(x_0,y_0)$ 的某个邻域内连续,且有连续的一阶、二阶偏导数,$P_0(x_0,y_0)$ 为它的驻点(即 $f'_x(x_0,y_0) = 0$,$f'_y(x_0,y_0) = 0$),设

$$A = f''_{xx}(x_0,y_0),\ B = f''_{xy}(x_0,y_0),\ C = f''_{yy}(x_0,y_0)$$
$$\Delta = B^2 - AC$$

则

1) 当 $\Delta < 0$ 且 $\begin{cases} A < 0 \text{ 时}, & f(x_0,y_0) \text{ 为极大值.} \\ A > 0 \text{ 时}, & f(x_0,y_0) \text{ 为极小值.} \end{cases}$

2) 当 $\Delta > 0$ 时,$f(x_0,y_0)$ 不是极值.

3) 当 $\Delta = 0$ 时,不能判定 $f(x_0,y_0)$ 是否为极值.

(证明从略)

例 72　求函数 $f(x,y) = x^3 + y^3 - 3xy$ 的极值.

解　由　$f'_x(x,y) = 3x^2 - 3y = 0$

$$f'_y(x,y) = 3y^2 - 3x = 0$$

解得驻点 $P_1(0,0)$,$P_2(1,1)$. 又

$$f''_{xx}(x,y) = 6x$$
$$f''_{xy}(x,y) = -3$$
$$f''_{yy}(x,y) = 6y$$

在点 $P_1(0,0)$ 处,

$$\Delta = B^2 - AC = (-3)^2 - 0 \times 0 = 9 > 0$$

故函数在 $P_1(0,0)$ 无极值.

在点 $P_2(1,1)$ 处,

$$\Delta = B^2 - AC = (-3)^2 - 6 \times 6 = -27 < 0$$

又 $A = 6 > 0$,故函数在 $P_2(1,1)$ 取得极小值,且极小值为

$$f(1,1) = 1^3 + 1^3 - 3 \times 1 \times 1 = -1$$

例 73　某工厂生产两种产品 Ⅰ 与 Ⅱ,出售单价分别为 10 元与 9 元,生产 x 单位的产品 Ⅰ 与生产 y 单位的产品 Ⅱ 的总费用是:

$$400 + 2x + 3y + 0.01(3x^2 + xy + 3y^2) \quad （单位:元）$$

求取得最大利润时,两种产品的产量各多少.

解　设 $L(x,y)$ 表示产品 Ⅰ 与产品 Ⅱ 分别生产 x 与 y 单位时所得的总利润,因为总利润等于总收入减去总费用,总收入是:

$$R(x,y) = 10x + 9y$$

所以,总利润为

$$L(x,y) = (10x + 9y) - [400 + 2x + 3y + \\ 0.01(3x^2 + xy + 3y^2)]$$

即

$$L(x,y) = 8x + 6y - 0.01(3x^2 + xy + 3y^2) - 400$$
$$(0 < x, y < +\infty)$$

由

$$L'_x(x,y) = 8 - 0.01(6x + y) = 0$$
$$L'_y(x,y) = 6 - 0.01(x + 6y) = 0$$

得驻点 $P_0(120,80)$,即 $x_0 = 120, y_0 = 80$.

$$A = L''_{xx}(x_0, y_0) = -0.06 < 0$$
$$B = L''_{xy}(x_0, y_0) = -0.01$$
$$C = L''_{yy}(x_0, y_0) = -0.06$$
$$\Delta = B^2 - AC = (-0.01)^2 - (-0.06)^2$$
$$= -35 \times 10^{-4} < 0$$

所以当 $x = 120$ 与 $y = 80$ 时,$L(120,80)$ 是极大值,也是最大值. 由题意知,生产 120 件产品 Ⅰ、80 件产品 Ⅱ 时所获得的利润最大.

注意　二元函数的极值与最值类似于一元函数也是两个不同概念. 一般来说求最值较为麻烦,但若在实际问题中在给定区域内必有最值且又恰有一个极值,则此极值必为最值.

*例 74　某企业的成本函数为

$$f(x,y) = 6x^2 + 10y^2 - xy + 30$$

其中 x,y 为两种产品的产出水平,产品限额为 $x + y = 34$,求最小成本.

解　设 $\varphi(x,y) = x + y - 34$

作函数

$$F(x,y) = f(x,y) + \lambda\varphi(x,y)$$
$$= 6x^2 + 10y^2 - xy + 30 + \lambda(x + y - 34)$$
$$(0 \leq x, y \leq 34)$$

由

$$\begin{cases} \dfrac{\partial F}{\partial x} = 12x - y + \lambda = 0 \\[2mm] \dfrac{\partial F}{\partial y} = 20y - x + \lambda = 0 \\[2mm] \varphi(x,y) = x + y - 34 \end{cases}$$

解出 $x = 21, y = 13, \lambda = -239$.

由于驻点 $(21,13)$ 唯一,且此问题必有最小值,因此此驻点就是最小值点,故最小成本为 $f(21,13) = 4\,093$.

此题也可用以下方法解得:

由 $x + y = 34$ 解得 $y = 34 - x$,代入二元函数 $f(x,y)$ 中得到一个一元函数

$$C = f(x, x - 34)$$
$$= 6x^2 + 10(x - 34)^2 - x(x - 34) + 30$$
$$= 17x^2 - 714x + 11\,590$$

则由

$$C' = 34x - 714 = 0$$

解得 $x = 21$.

又 $C'' = 34 > 0$,所以 $x = 21$ 为成本函数的极小值点,也就是最小值点,且最小值为

$$C = 17 \times 21^2 - 714 \times 21 + 11\,590 = 4\,093$$

习 题 2

1. 对下列函数,求 $\dfrac{\Delta y}{\Delta x}$ 之值.

(1)$y = x^3 - 2$,当 $x = 2, \Delta x = 0.1$ 时;

(2)$y = \dfrac{1}{x}$,当 $x = 3, \Delta x = 0.01$ 时,并根据导数定义求

① $y'\big|_{x=0}$; ② $y'(-2)$.

2. 某物体在 t 秒内所经过的路程为 s 米,且 $s = 2t^3 - 3$,试求这物体在第三秒末的速度.

3. 某产品 x 个单位的总成本 c 为 x 的函数: $c = k_0 + k_1\sqrt{x}$(其中 k_0, k_1 为大于零的常量),试求生产 x_0 个单位时总成本的变化率(又称边际成本).

4. 求抛物线 $y = -x^2 - 4x + 2$ 上点 $x = -3$ 处的切线方程.

5. 自变量 x 取哪些值时,抛物线 $y = x^2$ 与 $y = x^3$ 的切线平行?

6. a 为何值时,曲线 $y = ax^2$ 与 $y = \ln x$ 相切?

7. 函数 $f(x) = \begin{cases} x^2 + 1, 0 \leq x < 1 \\ 3x - 1, 1 \leq x < +\infty \end{cases}$ 在点 $x = 1$ 处连续否?可导否?为什么?

8. 函数 $f(x) = \begin{cases} x^2 \sin \dfrac{1}{x}, & x \neq 0 \\ 0, & x = 0 \end{cases}$ 在点 $x = 0$ 处连续否? 可导否? 为什么? 并求 $f'(x)$.

9. 设 $f(x) = \begin{cases} \sin x, & x \leqslant 0 \\ xe^x, & x > 0 \end{cases}$, 求 $f'(x)$.

10. 设 $f(x) = (x - a)\varphi(x)$, 且 $\varphi(x)$ 在 $x = a$ 处连续, 求 $f'(a)$.

11. 求下列函数的导数:

(1) $y = 3x^2 - x + \pi^3$;

(2) $y = 2\sqrt{x} - \dfrac{1}{x} + \sin x$;

(3) $y = x^2(2x - 1)$;

(4) $y = \dfrac{x + a}{x - a}$;

(5) $y = (x^3 - 1)^{100}$;

(6) $y = \sqrt[3]{1 + x^2}$;

(7) $y = \sqrt{x + \sqrt{x}}$;

(8) $y = \sqrt{\dfrac{x + 1}{x - 1}}$;

(9) $y = \cos 3ax$;

(10) $y = \tan(2x + 3)$;

(11) $y = \sin\sqrt{1 - x^2}$;

(12) $y = \cos^3 x^2$;

(13) $y = \ln(ax + b)$;

(14) $y = \log_3(x + \sqrt{x})$;

(15) $y = \ln(1 + \ln x)$;

(16) $y = x \ln x$;

(17) $y = \sin \ln x$;

(18) $y = a^{3x}$;

(19) $y = e^{-\frac{1}{x}}$;

(20) $y = e^{e^x}$;

(21) $y = \dfrac{a}{2}(e^{\frac{x}{a}} + e^{-\frac{x}{a}})$;

(22) $y = x^2 e^{-2x} \sin 3x$;

(23) $y = \arctan \dfrac{2x}{1 - x^2}$;

(24) $y = \dfrac{\arccos x}{\sqrt{1 - x}}$;

(25) $y = \left(\arcsin \dfrac{x}{2}\right)^2$;

(26) $y = x\sqrt{1 - x^2} + \arcsin x$;

(27) $y = \ln\sqrt{\dfrac{1 - x}{1 + x}}$;

(28) $y = \dfrac{x}{2}\sqrt{x^2 + u^2} + \dfrac{a^2}{2}\ln(x + \sqrt{x^2 + a^2})$.

12. 求下列隐函数的导数:

(1) $y = 1 + xe^y$, 求 y' 及 $y'(0)$;

(2) $x^2 + y^2 - xy = 1$, 求 y';

(3) $y = x + \ln y$, 求 y';

(4) $\ln\sqrt{x^2 + y^2} = \arctan \dfrac{y}{x}$, 求 y'.

13. 利用取对数求导法, 求下列函数的导数:

(1) $y = x^{\sin x}$;

(2) $y = \sqrt[x]{x}$;

(3) $y = \left(\dfrac{x}{1 + x}\right)^x$;

(4) $y = \dfrac{(x + 1)(x - 3)}{(x - 1)(x + 3)}$;

(5) $y = \sqrt{\dfrac{x(x^2 + 1)}{(x^2 - 1)}}$;

(6) $y = \sqrt{x \sin x \sqrt{1 - e^x}}$.

14. 验证下列等式:

(1) 设 $y = \ln\dfrac{1}{1 + x}$, 则 $x\dfrac{dy}{dx} + 1 = e^y$;

(2) 设 $xy - \ln y = 1$，则 $y^2 + (xy - 1)y' = 0$.

15. 设 $y = f(e^{-x})$，其中 $f(u)$ 可导，求 y'_x.

16. 设 $y = \arcsin f(x^2)$，其中 $f(u)$ 可导，求 y'_x.

17. 已知 $f\left(\dfrac{1}{x}\right) = \dfrac{x}{1 + x}$，求 $f'(x)$.

18. 求下列函数的二阶导数：

(1) $y = (x^3 + 1)^2$；   (2) $y = \cos^2 x$；

(3) $y = x \ln x$.

19. 已知 $f(\ln x) = \dfrac{1}{x^2} + \cos 2x$，求 $f'(x), f''(x)$.

20. 设 $f(x)$ 二阶可导，求下列函数的二阶导数：

(1) $y = \ln f(x)$；   (2) $y = f(\sin^2 x) + f(\cos^2 x)$.

21. 求 $y = xe^x$ 的 n 阶导数.

22. 求下列函数的微分：

(1) $y = x \ln x - x$；   (2) $y = \dfrac{x}{1 + x^2}$；

(3) $y = 5 \ln \tan x$；   (4) $y = e^{-x} \cos x$；

(5) $y = (e^x + e^{-x})^2$；   (6) $y - xe^y = 1$.

23. 求函数 $y = x^2 - x$ 在 $x = 1$ 处的增量 Δy 与微分 $\mathrm{d}y$.

24. 求 $y = \arctan 1.05$ 的近似值.

25. 利用罗彼达法则，求下列极限：

(1) $\lim\limits_{x \to 0} \dfrac{e^x - e^{-x}}{\sin x}$；   (2) $\lim\limits_{x \to 0} \dfrac{e^x - e^{-x} - 2x}{x - \sin x}$；

(3) $\lim\limits_{x \to \frac{\pi}{2}^+} \dfrac{\ln(x - \frac{\pi}{2})}{\tan x}$；   (4) $\lim\limits_{x \to 1} \dfrac{x^n - 1}{x - 1}$；

(5) $\lim\limits_{x \to 0} \dfrac{\ln(1 + x)}{x}$；   (6) $\lim\limits_{x \to +\infty} \dfrac{x^n}{e^{ax}}$ $(a > 0, n$ 为正整数$)$；

(7) $\lim\limits_{x \to +\infty} \dfrac{(\ln x)^2}{x}$；   (8) $\lim\limits_{x \to 0^+} x^n \ln x$ $(n > 0)$；

(9) $\lim\limits_{x \to 0} \left(\dfrac{1}{e^x - 1} - \dfrac{1}{x}\right)$；   (10) $\lim\limits_{x \to 0} \left(\cot x - \dfrac{1}{x}\right)$；

(11) $\lim\limits_{x \to 0^+} \left(\dfrac{1}{\ln(1 + x)} - \dfrac{1}{x}\right)$；   (12) $\lim\limits_{x \to 0^+} (1 + \sin x)^{\frac{1}{x}}$；

(13) $\lim\limits_{x \to 0^+} \left(\ln \dfrac{1}{x}\right)^x$；   (14) $\lim\limits_{x \to 0^+} x^{\sin x}$；

(15) $\lim\limits_{x \to +\infty} \dfrac{\frac{\pi}{2} - \arctan x}{\sin \frac{1}{x}}$；   (16) $\lim\limits_{x \to 1} \left(\dfrac{1}{x - 1} - \dfrac{1}{\ln x}\right)$；

(17) $\lim\limits_{x \to 0^+} x^{\frac{1}{x}}$；   (18) $\lim\limits_{x \to 0^+} (1 + xe^x)^{\frac{1}{x}}$.

26. 验证下列函数的极限存在，但不能用罗彼达法则.

(1) $\lim\limits_{x \to 0} \dfrac{x^2 \sin \frac{1}{x}}{\sin x}$；   (2) $\lim\limits_{x \to +\infty} \dfrac{x}{\sqrt{1 + x^2}}$.

27. 求下列函数的增减区间：

(1) $y = 3x^2 + 6x + 5$；　　　　(2) $y = xe^{-x}$.

28. 求下列函数的极值：

(1) $y = x^3 - 3x^2 + 7$；　　　　(2) $y = x^2 e^{-x}$；

(3) $y = 2e^x + e^{-x}$；　　　　(4) $y = \dfrac{2x}{1 + x^2}$；

(5) $y = x^x (0.1 \leqslant x < +\infty)$.

29. 已知函数 $f(x) = a \ln x + bx^2 + x$ 在 $x = 1$ 与 $x = 2$ 处有极值，求 a, b.

30. 求下列函数在指定区间上的最大值和最小值.

(1) $y = x^4 - 2x^2 + 5, x \in [-2, 2]$；

(2) $y = \ln(1 + x^2), x \in [-1, 2]$.

31. 求曲线 $y = \dfrac{2x}{\ln x}$ 的凹凸区间与拐点.

32. 已知点 $(1, 3)$ 为曲线 $y = ax^3 + bx^2$ 的拐点，试确定 a, b.

33. 用微分法作出下列函数的图形：

(1) $y = \dfrac{1}{1 + x^2}$；　　　　(2) $y = xe^{-x}$；

(3) $y = \dfrac{4(x + 1)}{x^2} - 2$；　　　　(4) $y = \dfrac{\ln x}{x}$.

34. 用铁皮做一个无盖的圆柱形大桶，规定体积为 V，问圆柱的底面半径及高是多少时，才能使所需的材料最省？

35. 生产某种产品 x 个单位的利润是 $L(x) = 5\,000 + x - 0.000\,1x^2$（元），问生产多少个单位时获得的利润最大？

36. 某厂每批生产某种商品 x 个单位的费用为 $C(x) = 5x + 200$（元），得到的收入为 $R(x) = 10x - 0.01x^2$（元），问：

(1) 每批应生产多少个单位时，才能使利润最大？

(2) 在此最大利润的产量基础上，若再增加生产 1 个单位该种商品，总利润减少多少？

37. 某产品生产 x 个单位的总成本 C 是 x 的函数：

$$C = C(x) = 1\,100 + \frac{1}{1\,200}x^2$$

求：

(1) 生产 900 个单位的总成本和平均单位成本；

(2) 生产 900 个到 1\,000 个单位时总成本的平均变化率；

(3) 生产 900 个单位和 1\,000 个单位时的边际成本.

38. 设某商品需求量 Q 与价格 P 的函数关系为 $Q = Q(P) = 1\,600 (\frac{1}{4})^P$，求需求弹性函数 $\eta(P)$，并说明其经济意义.

39. 某商品需求函数 $Q = Q(P) = 75 - P^2$，

(1) 求 $P = 4$ 时的需求弹性，并说明其经济意义；

(2) 当 $P = 4$ 时，若 P 上涨 1% 时，总收益变化百分之几，是增加还是减少？

(3) 当 $P = 6$ 时，若 P 上涨 1%，总收益变化百分之几？是增加还是减少？

40. 求证下列各题：

(1) 证明：函数 $y = \sin x - x$ 单调减少；

(2) 证明：方程 $x^3 - 3x^2 - 9x + 14 = 0$ 在 -1 与 3 之间只有一个实根；

(3) 证明:当 $x > 0$ 时,$x > \ln(1 + x)$;

(4) 证明:$\ln x > \dfrac{2(x - 1)}{x + 1}(x > 1)$;

(5) 证明:当 $x > 0$ 时,$\dfrac{1}{x} > \arctan x - \dfrac{\pi}{2}$;

(6) 证明:当 $0 < x < \dfrac{\pi}{2}$ 时,$\sin x + \tan x > 2x$;

(7) 证明:函数 $y = 3 - 2(x + 1)^{\frac{1}{3}}$ 无极值;

(8) 证明:曲线 $y = 1 - x^2$ 无拐点.

41. 求下列二元函数的偏导数:

(1) $z = x^2 y^2$;

(2) $z = \ln \dfrac{y}{x}$;

(3) $z = e^{xy} + yx^2$;

(4) $z = xy \sqrt{R^2 - x^2 - y^2}$.

42. 设 $z = x \ln(x + y)$;求 $\dfrac{\partial^2 z}{\partial x^2}, \dfrac{\partial^2 z}{\partial y^2}, \dfrac{\partial^2 z}{\partial x \partial y}$.

43. 求下列函数的全微分:

(1) $z = \sqrt{\dfrac{x}{y}}$;

(2) $z = e^{x^2 + y^2}$;

(3) $z = \arctan(xy)$.

44. 求 $z = 4(x - y) - x^2 - y^2$ 的极值.

45. 在半径为 a 的半球内,内接一长方体,问各边长为多少时,其体积为最大?

46. 把正数 a 分成三个正数之和,使其乘积最大.

自测试题 2

一、选择题(错选倒扣分)

1. 若 $\lim\limits_{x \to a} \dfrac{f(x) - f(a)}{x - a} = A(A$ 为常数$)$,则有(   ).

(1)$f(x)$ 在 $x = a$ 处连续;

(2) $f(x)$ 在 $x = a$ 处可导;

(3) $\lim\limits_{x \to a} f(x)$ 存在;

(4)$f''(a) = 0$

2. 设 $f(x) = \begin{cases} x, & x < 0 \\ xe^x, & x \geq 0 \end{cases}$,则 $f(x)$ 在 $x = 0$ 处(   ).

(1) 连续;(2) 可导;(3) 可微;(4) 连续不可导

3. 若 $f(u)$ 可导,且 $y = f(e^x)$,则有(   ).

(1) $dy = f'(e^x) dx$;

(2) $dy = f'(e^x) de^x$;

(3) $dy = [f(e^x)]' de^x$;

(4) $dy = f'(e^x) e^x dx$

4. 点 $P_0(x_0, y_0)$ 使 $f'_x(x_0, y_0) = 0, f'_y(x_0, y_0) = 0$ 成立,则(   ).

(1) $P_0(x_0, y_0)$ 是 $f(x, y)$ 的驻点;

(2) $P_0(x_0, y_0)$ 是 $f(x, y)$ 的极值点;

(3) $P_0(x_0, y_0)$ 是 $f(x, y)$ 的最大值点或最小值点;

(4) $P_0(x_0, y_0)$ 可能是 $f(x, y)$ 的极值点

二、求解下列各题

1. $y = x \sin(\ln x - \dfrac{\pi}{4})$,求 $y', y''(1)$.

2. 设 $y = (1 + \dfrac{1}{x})^x$,

(1) 求 $\mathrm{d}y, \lim\limits_{x \to 0+} (1 + \dfrac{1}{x})^x$;

(2) 证明:$x > 0$ 时,函数 $y = (1 + \dfrac{1}{x})^x$ 单调增加.

3. 已知 $f(x) = x(x - 1)(x - 2) \cdots (x - 10)$,求 $f'(0)$.

4. 设 $z = \mathrm{e}^{\sin x} \cos y$,求 $\dfrac{\partial z}{\partial x}, \dfrac{\partial z}{\partial y}, \dfrac{\partial^2 z}{\partial x \partial y}$.

5. 已知 $f\left(\dfrac{1}{x}\right) = \dfrac{x}{1 + x} (x \neq 0, -1)$,

(1) 求证:$f\left(\dfrac{1}{x}\right) = xf(x)$;

(2) 求 $f'(x), f''(x)$;

(3) 求证:$f(x)$ 在定义域内既无极值又无拐点.

三、求极限

1. $\lim\limits_{x \to +\infty} \dfrac{\ln\left(1 + \dfrac{1}{x}\right)}{\operatorname{arccot} x}$;

2. 设 $y = f(\mathrm{e}^{\cos\sqrt{x}}), f(u)$ 具有连续导数,$f'(1) = -\dfrac{2}{\mathrm{e}}$,求 $\lim\limits_{x \to 0+} y'$.

四、试证:可导的奇函数的导函数为偶函数.

五、某商品每周需求量 Q 与价格 P 的关系为

$$Q = 100\mathrm{e}^{-\frac{P}{10}} \quad (P \geqslant 0)$$

1. 求需求弹性函数;

2. 求当 $P = 5$ 时的需求弹性,并说明其经济意义.

六、某产品的边际成本 $C'(x) = 2x + 8$(设固定成本为零),又知该产品的市场需求规律为 $2x + P = 32$(P 为价格),求:

1. 最大利润时的产量;

2. 在最大利润的产量基础上,再生产了 1 万件,总利润减少多少(产量:x 万件;价格 P:万元 / 万件;成本、利润:万元)?

第3章 积分学及其应用

积分学是微积分学的重要组成部分,在自然科学、生产实践、科学研究各个领域及经济活动分析、企业管理、可靠性统计等许多方面用得极其广泛. 积分学主要包括不定积分与定积分,微分方程又是以不定积分为主要求解工具. 本章将介绍这三个方面的基础知识.

3.1 不定积分

3.1.1 不定积分概念

在第二章微分学中讨论了求已知函数的导数(或微分)的问题,但是在科学、技术和经济的许多问题中,常常需要解决相反的问题,即要由一个函数的已知导数(或微分)还原出这个函数. 这种由函数的导函数(或微分)反过来去求原来的函数的问题,就是所谓的求不定积分问题. 例如,当物体的运动方程 $s = s(t)$ 为已知时,求物体在时刻 t 的速度 $v(t)$,就是求路程 s 对时间 t 的导数,即 $v(t) = s'(t)$;反过来,当物体在 t 时刻的速度 $v(t)$ 为已知时,要求物体的运动方程 $s = s(t)$,使 $s(t)$ 的导数 $s'(t)$ 正好等于已知函数 $v(t)$.

定义 3.1 如 $f(x)$ 和 $F(x)$ 是定义在某区间上的两个函数,且 $F'(x) = f(x)$ 或 $\mathrm{d}F(x) = f(x)\mathrm{d}x$,则称 $F(x)$ 为 $f(x)$ 的原函数.

例如,在 $(-\infty, +\infty)$ 上,$(x^2)' = 2x$,所以 x^2 是 $2x$ 的一个原函数. 又因为 $(x^2 + 1)' = 2x$,所以 $x^2 + 1$ 也是 $2x$ 的一个原函数.

又例如,$(\sin x)' = \cos x$,所以 $\sin x$ 是 $\cos x$ 的一个原函数,又因为 $(\sin x + 2)' = \cos x$,所以 $\sin x + 2$ 也是 $\cos x$ 的一个原函数.

由此可见,函数的原函数不止一个,而是无穷多个,这是因为如果 $F(x)$ 是 $f(x)$ 的一个原函数,由于 $(F(x) + C)' = f(x)$,所以 $F(x) + C$ 也是 $f(x)$ 的原函数,其中 C 为任意常数.

由拉格朗日中值定理推论2,如果 $F(x)$ 与 $G(x)$ 都是 $f(x)$ 的原函数,则 $G(x) = F(x) + C$. 因此,如能找到 $f(x)$ 的一个原函数 $F(x)$,那么,$f(x)$ 的所有原函数就是 $F(x) + C$. 于是给出定义:

(1)不定积分

定义 3.2 函数 $f(x)$ 的所有原函数 $F(x) + C$,叫做 $f(x)$ 的不定积分,记为 $\int f(x)\mathrm{d}x$,即

$$\int f(x)\mathrm{d}x = F(x) + C \qquad (3.1)$$

其中,$f(x)$ 称为被积函数,"$\int$" 称为积分符号,$f(x)\mathrm{d}x$ 称为被积表达式,x 称为积分变量,C 称为积分常量.

例 1 求下列函数的不定积分:

1)$f(x) = x$; 2)$f(x) = \mathrm{e}^x$; 3)$f(x) = \sin x$.

解 1) 因为 $\left(\dfrac{x^2}{2} + C\right)' = x$

所以
$$\int x\mathrm{d}x = \frac{x^2}{2} + C$$

2) 因为 $(\mathrm{e}^x + C)' = \mathrm{e}^x$

所以
$$\int \mathrm{e}^x \mathrm{d}x = \mathrm{e}^x + C$$

3) 因为 $(-\cos x + C)' = \sin x$

所以
$$\int \sin x\mathrm{d}x = -\cos x + C$$

从该例看出,求 $f(x)$ 的不定积分,归根到底是找出 $f(x)$ 的一个原函数 $F(x)$,再把这个原函数加上一个任意常数 C, $f(x)$ 的不定积分就求出来了. 是否任何函数都存在原函数呢?回答是否定的. 然而如果 $f(x)$ 在某区间上连续,那么在这个区间上 $f(x)$ 的原函数一定存在. 由于初等函数在其定义区间内是连续的,因此,初等函数在其定义区间内都有原函数. 但请注意,初等函数的原函数不一定是初等函数. 求已知函数 $f(x)$ 的原函数或不定积分的运算叫积分法.

不定积分 $\int f(x)\mathrm{d}x = F(x) + C$ 在几何上表示一簇曲线,把它叫做 $f(x)$ 的积分曲线簇. 这簇曲线可以由其中任何一条经上下平移而得. 且它们在任一点 x_0 处有相互平行的切线,如图 3.1 所示.

图 3.1

例 2 求过点 $P_0(1,3)$,且其切线斜率为 $2x$ 的曲线方程.

解 设所求曲线为 $y = f(x)$,由题设 $\dfrac{\mathrm{d}y}{\mathrm{d}x} = 2x$,显然
$$(x^2 + C)' = 2x$$
故
$$y = \int 2x\mathrm{d}x = x^2 + C$$
即为 $2x$ 的积分曲线簇.

又因所求曲线过点 $P_0(1,3)$,代入上式得
$$3 = 1^2 + C$$
所以 $C = 2$,故所求曲线方程为(如图 3.1)
$$y = x^2 + 2$$

(2) 积分形式不变性

在微分一节中,若 $F'(x) = f(x)$,有 $\mathrm{d}F(x) = f(x)\mathrm{d}x$,把 x 换为 x 的函数 u 的复合函数的微分:由于 $[F(u)]' = f(u)u'_x$,所以微分形式有
$$\mathrm{d}F(u) = f(u)u'_x\mathrm{d}x = f(u)\mathrm{d}u$$
因 $\mathrm{d}F(x) = f(x)\mathrm{d}x$ 与 $\mathrm{d}F(u) = f(u)\mathrm{d}u$ 在形式上是一致的,用积分形式表示出来,得到不定积分的一个重要性质:

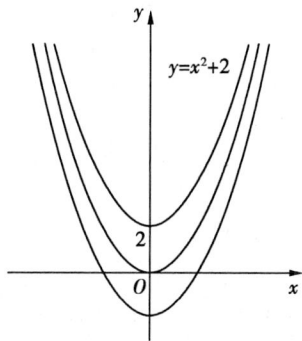

如果 $\int f(x)\mathrm{d}x = F(x) + C$,则等式 $\int f(u)\mathrm{d}u = F(u) + C$ 也成立,这个性质叫积分形式不变性.

必须特别指出,此性质说明了不定积分只与被积函数有关,而与积分变量是否为自变量无关.

3.1.2　不定积分的性质与积分公式

(1) 不定积分的性质

性质 1　积分法与微分法互为逆运算

1)$\left(\int f(x)\mathrm{d}x\right)' = f(x)$

或

$$\mathrm{d}\int f(x)\mathrm{d}x = f(x)\mathrm{d}x \tag{3.2}$$

2)$\int F'(x)\mathrm{d}x = F(x) + C$

或

$$\int \mathrm{d}F(x) = F(x) + C \tag{3.3}$$

这是因为:如 $F(x)$ 是 $f(x)$ 的一个原函数,则

$$\int f(x)\mathrm{d}x = F(x) + C$$

于是

$$\left(\int f(x)\mathrm{d}x\right)' = (F(x) + C)' = F'(x) = f(x)$$

或

$$\mathrm{d}\int f(x)\mathrm{d}x = \mathrm{d}(F(x) + C) = \mathrm{d}F(x) = f(x)\mathrm{d}x$$

故(3.2)式成立.

又因为$(F(x) + C)' = F'(x)$ 或$\mathrm{d}(F(x) + C) = \mathrm{d}F(x)$. 即 $F(x)$ 是 $F'(x)$ 的一个原函数,故(3.3)式成立.

性质 2　被积函数常数因子可提到积分号外面,即

$$\int kf(x)\mathrm{d}x = k\int f(x)\mathrm{d}x \quad (k \neq 0) \tag{3.4}$$

事实上,上式右边的导数

$$\left(k\int f(x)\mathrm{d}x\right)' = k\left(\int f(x)\mathrm{d}x\right)' = kf(x)$$

这恰好是左边的被积函数. 从而知 $k\int f(x)\mathrm{d}x$ 是 $kf(x)$ 的不定积分,即

$$\int kf(x)\mathrm{d}x = k\int f(x)\mathrm{d}x$$

性质 3　两函数代数和的不定积分,等于每个函数不定积分的代数和,即

$$\int[f(x) \pm g(x)]\mathrm{d}x = \int f(x)\mathrm{d}x \pm \int g(x)\mathrm{d}x \tag{3.5}$$

这是因为上式右边的导数

$$\left[\int f(x)\,\mathrm{d}x \pm \int g(x)\,\mathrm{d}x\right]' = \left(\int f(x)\,\mathrm{d}x\right)' \pm \left(\int g(x)\,\mathrm{d}x\right)'$$
$$= f(x) \pm g(x)$$

恰好是左边的被积函数. 由不定积分定义, 有

$$\int [f(x) \pm g(x)]\,\mathrm{d}x = \int f(x)\,\mathrm{d}x \pm \int g(x)\,\mathrm{d}x$$

这一法则可以推广到任意有限个函数代数和的不定积分中去. 以上性质都假设函数的不定积分存在.

（2）积分公式表

因为求不定积分是求导数的逆运算, 所以由求导公式可得到如下的积分公式:

1) $\displaystyle\int 0\,\mathrm{d}x = C$;

2) $\displaystyle\int x^{\alpha}\,\mathrm{d}x = \frac{x^{1+\alpha}}{1+\alpha} + C \quad (\alpha \neq -1)$;

3) $\displaystyle\int \cos x\,\mathrm{d}x = \sin x + C$;

4) $\displaystyle\int \sin x\,\mathrm{d}x = -\cos x + C$;

5) $\displaystyle\int \sec^2 x\,\mathrm{d}x = \tan x + C$;

6) $\displaystyle\int \csc^2 x\,\mathrm{d}x = -\cot x + C$;

7) $\displaystyle\int \sec x\tan x\,\mathrm{d}x = \sec x + C$;

8) $\displaystyle\int \csc x\cot x\,\mathrm{d}x = -\csc x + C$;

9) $\displaystyle\int \frac{1}{x}\,\mathrm{d}x = \ln|x| + C \quad (x \neq 0)$;

10) $\displaystyle\int a^x\,\mathrm{d}x = a^x/\ln a + C \quad (0 < a \neq 1)$;

11) $\displaystyle\int \mathrm{e}^x\,\mathrm{d}x = \mathrm{e}^x + C$;

12) $\displaystyle\int \frac{1}{\sqrt{1-x^2}}\,\mathrm{d}x = \arcsin x + C \quad (-1 < x < 1)$;

13) $\displaystyle\int \frac{1}{1+x^2}\,\mathrm{d}x = \arctan x + C \quad (-\infty < x < \infty)$.

这些积分公式十分重要, 读者务必牢牢记住并会应用.

有了以上不定积分的基本公式与性质, 以及对被积函数进行适当整理, 就可求得相当数量的不定积分了.

例 3 求下列不定积分:

1) $\displaystyle\int (3x^2 - 4\sin x + 1)\,\mathrm{d}x$; 　　　2) $\displaystyle\int \frac{2x - 3x^2 + 1}{x^2}\,\mathrm{d}x$;

3) $\int\left[e^x(4^x - 1) - \dfrac{6}{\sqrt{x}}\right]\mathrm{d}x$;　　　4) $\int \dfrac{x^2}{1 + x^2}\mathrm{d}x$;

5) $\int \dfrac{1 - 2\sqrt{x} + x}{1 - \sqrt{x}}\mathrm{d}x$;　　　6) $\int \dfrac{1}{\sin^2 x \cdot \cos^2 x}\mathrm{d}x$;

7) $\int \cos^2 \dfrac{x}{2}\mathrm{d}x$.

解

1) $\int(3x^2 - 4\sin x + 1)\mathrm{d}x$

$= \int 3x^2\mathrm{d}x - \int 4\sin x\mathrm{d}x + \int 1\mathrm{d}x$

$= 3\int x^2\mathrm{d}x - 4\int \sin x\mathrm{d}x + \int \mathrm{d}x$

$= 3 \cdot \left(\dfrac{x^{1+2}}{1 + 2} + C_1\right) - 4 \cdot (-\cos x + C_2) + (x + C_3)$

$= x^3 + 4\cos x + x + C$　（其中 $C = 3C_1 - 4C_2 + C_3$）

2) $\int \dfrac{2x - 3x^2 + 1}{x^2}\mathrm{d}x = \int\left(\dfrac{2}{x} - 3 + \dfrac{1}{x^2}\right)\mathrm{d}x$

$\qquad\qquad\qquad = \int \dfrac{2}{x}\mathrm{d}x - \int 3\mathrm{d}x + \int \dfrac{1}{x^2}\mathrm{d}x$

$\qquad\qquad\qquad = 2\int \dfrac{1}{x}\mathrm{d}x - \int 3\mathrm{d}x + \int x^{-2}\mathrm{d}x$

$\qquad\qquad\qquad = 2\ln|x| - 3x - \dfrac{1}{1 - 2}x^{1-2} + C$

$\qquad\qquad\qquad = 2\ln|x| - 3x - \dfrac{1}{x} + C$

3) $\int\left[e^x(4^x - 1) - \dfrac{6}{\sqrt{x}}\right]\mathrm{d}x$

$= \int\left(e^x 4^x - e^x - \dfrac{6}{\sqrt{x}}\right)\mathrm{d}x$

$= \int(e4)^x\mathrm{d}x - \int e^x\mathrm{d}x - \int 6x^{-\frac{1}{2}}\mathrm{d}x$

$= \dfrac{(4e)^x}{\ln(4e)} - e^x - 12\sqrt{x} + C$

$= e^x\left(\dfrac{4^x}{2\ln 2 + 1} - 1\right) - 12\sqrt{x} + C$

4) $\int \dfrac{x^2}{1 + x^2}\mathrm{d}x = \int \dfrac{(1 + x^2) - 1}{1 + x^2}\mathrm{d}x$

$\qquad\qquad\quad = \int \dfrac{1 + x^2}{1 + x^2}\mathrm{d}x - \int \dfrac{1}{1 + x^2}\mathrm{d}x$

$\qquad\qquad\quad = \int 1\mathrm{d}x - \int \dfrac{1}{1 + x^2}\mathrm{d}x$

$$= x - \arctan x + C$$

5) $\displaystyle\int \frac{1 - 2\sqrt{x} + x}{1 - \sqrt{x}}\mathrm{d}x = \int \frac{(1 - \sqrt{x})^2}{1 - \sqrt{x}}\mathrm{d}x$

$$= \int (1 - \sqrt{x})\,\mathrm{d}x = \int 1\mathrm{d}x - \int x^{\frac{1}{2}}\mathrm{d}x$$

$$= x - \frac{2}{3}x^{\frac{3}{2}} + C$$

$$= x - \frac{2}{3}\sqrt{x^3} + C$$

$$= x - \frac{2}{3}x\sqrt{x} + C$$

6) $\displaystyle\int \frac{1}{\sin^2 x \cdot \cos^2 x}\mathrm{d}x = \int \frac{\sin^2 x + \cos^2 x}{\sin^2 x \cdot \cos^2 x}\mathrm{d}x$

$$= \int \frac{1}{\cos^2 x}\mathrm{d}x + \int \frac{1}{\sin^2 x}\mathrm{d}x$$

$$= \int \sec^2 x\mathrm{d}x + \int \csc^2 x\mathrm{d}x$$

$$= \tan x - \cot x + C$$

7) $\displaystyle\int \cos^2 \frac{x}{2}\mathrm{d}x = \int \frac{1 + \cos x}{2}\mathrm{d}x$

$$= \frac{1}{2}\int \mathrm{d}x + \frac{1}{2}\int \cos x\mathrm{d}x$$

$$= \frac{1}{2}(x + \sin x) + C$$

例 4　已知 $\displaystyle\int f(x)\,\mathrm{d}x = x\mathrm{e}^{-x^2} + C$，求 $f(x)$.

解　由等式 $\displaystyle\int f(x)\,\mathrm{d}x = x\mathrm{e}^{-x^2} + C$ 两边同时对 x 求导数得

$$\left(\int f(x)\,\mathrm{d}x\right)' = (x\mathrm{e}^{-x^2} + C)'$$

即

$$f(x) = \mathrm{e}^{-x^2} - 2x^2\mathrm{e}^{-x^2} = (1 - 2x^2)\mathrm{e}^{-x^2}$$

3.1.3　不定积分的计算

利用积分性质与公式能求出不定积分的函数非常有限，即使像 $\tan x$ 与 $\ln x$ 这样一些基本初等函数的原函数都无法求出，为了求得更多函数的原函数，还需要引进更多的方法和技巧，下面介绍几种求不定积分的常用方法.

（1）运用公式法

根据积分形式不变性，如 $\displaystyle\int f(x)\,\mathrm{d}x = F(x) + C$，则有

$$\int f(u)\,\mathrm{d}u = F(u) + C$$

其中 $u = \varphi(x)$ 为可导函数.

例如 $\int \cos x \mathrm{d}x = \sin x + C$，则 $\int \cos 3x \mathrm{d}3x = \sin 3x + C$.

又如 $\int \mathrm{e}^x \mathrm{d}x = \mathrm{e}^x + C$，则 $\int \mathrm{e}^{\sin x} \mathrm{d}\sin x = \mathrm{e}^{\sin x} + C$.

根据这一性质，不定积分公式的应用范围就大大扩大了，将积分公式中的自变量 x 换成 x 的函数 $u = \varphi(x)$，公式同样成立.

例 5　求 $\int \dfrac{1}{1+3x} \mathrm{d}x$.

解　积分公式中有 $\int \dfrac{1}{x} \mathrm{d}x = \ln|x| + C$，可得

$$\int \frac{1}{u} \mathrm{d}u = \ln|u| + C$$

于是令 $1 + 3x = u$，两边各自微分 $\mathrm{d}(1+3x) = \mathrm{d}u$，即 $\mathrm{d}x = \dfrac{1}{3}\mathrm{d}u$，
有

$$
\begin{aligned}
\int \frac{1}{1+3x}\mathrm{d}x &= \int \frac{1}{u} \cdot \frac{1}{3}\mathrm{d}u \\
&= \frac{1}{3}\int \frac{1}{u}\mathrm{d}u \\
&= \frac{1}{3}\ln|u| + C \\
&= \frac{1}{3}\ln|1+3x| + C
\end{aligned}
$$

例 6　求 $\int \cos(2x-1)\mathrm{d}x$.

解　方法一：令 $2x - 1 = u$，则 $\mathrm{d}x = \dfrac{1}{2}\mathrm{d}u$，有

$$
\begin{aligned}
\int \cos(2x-1)\mathrm{d}x &= \int \cos u \cdot \frac{1}{2}\mathrm{d}u \\
&= \frac{1}{2}\int \cos u \mathrm{d}u = \frac{1}{2}\sin u + C \\
&= \frac{1}{2}\sin(2x-1) + C
\end{aligned}
$$

方法二：$\displaystyle\int \cos(2x-1)\mathrm{d}x = \int \cos(2x-1) \cdot \frac{1}{2}\mathrm{d}2x$

$$
\begin{aligned}
&= \frac{1}{2}\int \cos(2x-1)\mathrm{d}(2x-1) \\
&\xlongequal[\text{换元}]{\text{令} 2x-1=u} \frac{1}{2}\int \cos u \mathrm{d}u \\
&= \frac{1}{2}\sin u + C \\
&\xlongequal[\text{还原}]{u=2x-1} \frac{1}{2}\sin(2x-1) + C
\end{aligned}
$$

通过例5、例6的解法看出,所谓运用公式法,就是首先将所求的不定积分与已知的基本积分公式相比,先用合适的变换 $u = \varphi(x)$,把要求的积分"凑成"公式中已有的形式,求出以后,再把原来的变量代回,这种先凑微分式,再作变换的积分方法也被形象地称为"凑微分"法.

在运算比较熟悉后,就不必写变量代换式 $u = \varphi(x)$ 了.

不定积分的这种凑微分法,由于被积函数的多样性,其具体做法十分灵活,具有很强的技巧性,为减少读者在学习中的困难,使其易于掌握运用此法,将常见的一些类型介绍于后. 这里假设函数 $f(u)$ 连续,$\varphi(x)$ 可微,$F'(u) = f(u)$,即有

$$\int f(\varphi(x))\,\mathrm{d}\varphi(x) = F(\varphi(x)) + C$$

类型 1 若 $\varphi(x) = ax + b$,则有

$$\int f(ax + b)\,\mathrm{d}x = \frac{1}{a}\int f(ax + b)\,\mathrm{d}(ax + b)$$
$$= \frac{1}{a}F(ax + b) + C$$

例 7 求不定积分 $\int \sqrt{1 - 4x}\,\mathrm{d}x$.

解 $\int \sqrt{1 - 4x}\,\mathrm{d}x = -\frac{1}{4}\int (1 - 4x)^{\frac{1}{2}}\,\mathrm{d}(1 - 4x)$

$$= -\frac{1}{4} \cdot \frac{(1 - 4x)^{\frac{1}{2}+1}}{\frac{1}{2} + 1} + C$$

$$= -\frac{1}{6} \cdot (1 - 4x)\sqrt{1 - 4x} + C$$

例 8 求不定积分 $\int \sin(3x - 1)\,\mathrm{d}x$.

解 $\int \sin(3x - 1)\,\mathrm{d}x = \frac{1}{3}\int \sin(3x - 1)\,\mathrm{d}(3x - 1)$

$$= -\frac{1}{3}\cos(3x - 1) + C$$

类型 2 若 $\varphi(x) = x^n$,则

$$\int x^{n-1}f(x^n)\,\mathrm{d}x = \frac{1}{n}\int f(x^n)\,\mathrm{d}x^n = \frac{1}{n}F(x^n) + C$$

例 9 求不定积分 $\int x\sqrt{x^2 - 1}\,\mathrm{d}x$.

解 $\int x\sqrt{x^2 - 1}\,\mathrm{d}x = \int x(x^2 - 1)^{\frac{1}{2}}\,\mathrm{d}x$

$$= \frac{1}{2}\int (x^2 - 1)^{\frac{1}{2}}\,\mathrm{d}(x^2 - 1)$$

$$= \frac{1}{2}\frac{1}{\frac{1}{2} + 1}(x^2 - 1)^{\frac{1}{2}+1} + C$$

$$= \frac{1}{3}(x^2 - 1)\sqrt{x^2 - 1} + C$$

例 10 求不定积分 $\int x \cos(1 - x^2)\,\mathrm{d}x$.

解 $\int x \cos(1 - x^2)\,\mathrm{d}x = -\dfrac{1}{2}\int \cos(1 - x^2)\,\mathrm{d}(1 - x^2)$

$$= -\dfrac{1}{2}\sin(1 - x^2) + C$$

例 11 求不定积分 $\int x^2 \sin(x^3 + 4)\,\mathrm{d}x$.

解 $\int x^2 \sin(x^3 + 4)\,\mathrm{d}x = \dfrac{1}{3}\int \sin(x^3 + 4)\,\mathrm{d}(x^3 + 4)$

$$= -\dfrac{1}{3}\cos(x^3 + 4) + C$$

类型 3 若 $\varphi(x) = \sin x$, 则

$$\int \cos x f(\sin x)\,\mathrm{d}x = \int f(\sin x)\,\mathrm{d}\sin x = F(\sin x) + C$$

或

$$\int \sin x f(\cos x)\,\mathrm{d}x = -\int f(\cos x)\,\mathrm{d}\cos x = -F(\cos x) + C$$

例 12 求不定积分 $\int \tan x\,\mathrm{d}x$.

解 $\int \tan x\,\mathrm{d}x = \int \dfrac{\sin x}{\cos x}\,\mathrm{d}x = -\int \dfrac{1}{\cos x}\,\mathrm{d}\cos x$

$$= -\ln|\cos x| + C$$

类似地, $\int \cot x\,\mathrm{d}x = \ln|\sin x| + C$.

例 13 求不定积分 $\int \cos x \sin^3 x\,\mathrm{d}x$.

解 $\int \cos x \sin^3 x\,\mathrm{d}x = \int \sin^3 x\,\mathrm{d}\sin x$

$$= \dfrac{1}{3 + 1}(\sin x)^{3+1} + C$$

$$= \dfrac{1}{4}\sin^4 x + C$$

例 14 求不定积分 $\int \cos^5 x\,\mathrm{d}x$.

解 $\int \cos^5 x\,\mathrm{d}x = \int \cos x \cos^4 x\,\mathrm{d}x$

$$= \int \cos x (\cos^2 x)^2\,\mathrm{d}x$$

$$= \int (1 - \sin^2 x)^2\,\mathrm{d}\sin x$$

$$= \int (1 - 2\sin^2 x + \sin^4 x)\,\mathrm{d}\sin x$$

$$= \int \mathrm{d}\sin x - 2\int \sin^2 x\,\mathrm{d}\sin x + \int \sin^4 x\,\mathrm{d}\sin x$$

$$= \sin x - \frac{2}{3}\sin^3 x + \frac{1}{5}\sin^5 x + C$$

类型 4　若 $\varphi(x) = e^x$,则

$$\int e^x f(e^x)\,dx = \int f(e^x)\,de^x = F(e^x) + C$$

例 15　求不定积分 $\int \dfrac{e^x}{1 + e^{2x}}dx$.

解　$\displaystyle\int \frac{e^x}{1 + e^{2x}}dx = \int \frac{1}{1 + (e^x)^2}de^x$

$$= \arctan e^x + C$$

例 16　求不定积分 $\displaystyle\int \dfrac{1}{\sqrt{\dfrac{1}{e^{2x}} - 1}}dx$.

解　$\displaystyle\int \frac{1}{\sqrt{\dfrac{1}{e^{2x}} - 1}}dx = \int \frac{1}{\sqrt{\dfrac{1 - e^{2x}}{e^{2x}}}}dx$

$$= \int \frac{1}{\dfrac{1}{e^x}\sqrt{1 - (e^x)^2}}dx$$

$$= \int \frac{e^x}{\sqrt{1 - (e^x)^2}}dx$$

$$= \int \frac{1}{\sqrt{1 - (e^x)^2}}de^x$$

$$= \arcsin e^x + C$$

类型 5　若 $\varphi(x) = \ln x$,则

$$\int \frac{1}{x}f(\ln x)\,dx = \int f(\ln x)\,d\ln x = F(\ln x) + C$$

例 17　求不定积分 $\displaystyle\int \dfrac{\ln x}{x}dx$.

解　$\displaystyle\int \frac{\ln x}{x}dx = \int \ln x\left(\frac{1}{x}dx\right) = \int \ln x\,d\ln x$

$$= \frac{1}{2}\ln^2 x + C$$

例 18　求不定积分 $\displaystyle\int \dfrac{\sqrt{1 - \ln x}}{x}dx$.

解　$\displaystyle\int \frac{\sqrt{1 - \ln x}}{x}dx = \int (1 - \ln x)^{\frac{1}{2}}\left(\frac{1}{x}dx\right)$

$$= \int (1 - \ln x)^{\frac{1}{2}}d\ln x$$

$$= -\int (1 - \ln x)^{\frac{1}{2}}d(1 - \ln x)$$

$$= - \frac{1}{\frac{1}{2} + 1}(1 - \ln x)^{\frac{1}{2}+1} + C$$

$$= - \frac{2}{3}(1 - \ln x)^{\frac{3}{2}} + C$$

$$= - \frac{2}{3}(1 - \ln x) \sqrt{1 - \ln x} + C$$

类型 6 若 $\varphi(x) = \frac{1}{x}$,则

$$\int \frac{1}{x^2} f\left(\frac{1}{x}\right) dx = - \int f\left(\frac{1}{x}\right) d\left(\frac{1}{x}\right) = - F\left(\frac{1}{x}\right) + C$$

例 19 求不定积分 $\int \frac{e^{\frac{1}{x}}}{x^2} dx$.

解 $\int \frac{e^{\frac{1}{x}}}{x^2} dx = \int e^{\frac{1}{x}}\left(\frac{1}{x^2} dx\right) = - \int e^{\frac{1}{x}} d\left(\frac{1}{x}\right)$

$$= - e^{\frac{1}{x}} + C$$

例 20 求不定积分 $\int \frac{\cos\left(1 - \frac{1}{x}\right)}{x^2} dx$.

解 $\int \frac{\cos\left(1 - \frac{1}{x}\right)}{x^2} dx = \int \cos\left(1 - \frac{1}{x}\right)\left(\frac{1}{x^2} dx\right)$

$$= \int \cos\left(1 - \frac{1}{x}\right) d\left(- \frac{1}{x}\right)$$

$$= \int \cos\left(1 - \frac{1}{x}\right) d\left(1 - \frac{1}{x}\right)$$

$$= \sin\left(1 - \frac{1}{x}\right) + C$$

类型 7 若 $\varphi(x) = \sqrt{x}$,则

$$\int \frac{1}{\sqrt{x}} f(\sqrt{x}) dx = 2\int f(\sqrt{x}) d(\sqrt{x}) = 2F(\sqrt{x}) + C$$

例 21 求不定积分 $\int \frac{\sin\sqrt{x}}{\sqrt{x}} dx$.

解 $\int \frac{\sin\sqrt{x}}{\sqrt{x}} dx = \int \sin\sqrt{x}\left(\frac{1}{\sqrt{x}} dx\right)$

$$= 2\int \sin\sqrt{x} d\sqrt{x}$$

$$= - 2\cos\sqrt{x} + C$$

例 22 求不定积分 $\int \frac{e^{3\sqrt{x}+1}}{\sqrt{x}} dx$.

解　$\displaystyle\int\frac{e^{3\sqrt{x}+1}}{\sqrt{x}}dx = \int e^{3\sqrt{x}+1}\left(\frac{1}{\sqrt{x}}dx\right)$

$\displaystyle\qquad\qquad\qquad = 2\int e^{3\sqrt{x}+1}d\sqrt{x}$

$\displaystyle\qquad\qquad\qquad = \frac{2}{3}\int e^{(3\sqrt{x}+1)}d(3\sqrt{x}+1)$

$\displaystyle\qquad\qquad\qquad = \frac{2}{3}e^{3\sqrt{x}+1} + C$

类型 8　若 $\varphi(x) = \arcsin x$ 或 $\arctan x$,则

$$\int\frac{1}{\sqrt{1-x^2}}f(\arcsin x)dx = \int f(\arcsin x)d(\arcsin x)$$

$$= F(\arcsin x) + C$$

$$\int\frac{1}{1+x^2}f(\arctan x)dx = \int f(\arctan x)d(\arctan x)$$

$$= F(\arctan x) + C$$

例 23　求不定积分 $\displaystyle\int\frac{1}{\sqrt{1-x^2}}\arcsin x dx$.

解　$\displaystyle\int\frac{1}{\sqrt{1-x^2}}\arcsin x dx = \int\arcsin x\left(\frac{1}{\sqrt{1-x^2}}dx\right)$

$\displaystyle\qquad\qquad\qquad\qquad = \int\arcsin x d(\arcsin x)$

$\displaystyle\qquad\qquad\qquad\qquad = \frac{1}{2}(\arcsin x)^2 + C$

例 24　求不定积分 $\displaystyle\int\frac{1}{1+x^2}(\arctan x)^2 dx$.

解　$\displaystyle\int\frac{1}{1+x^2}(\arctan x)^2 dx = \int(\arctan x)^2\left(\frac{1}{1+x^2}dx\right)$

$\displaystyle\qquad\qquad\qquad\qquad = \int(\arctan x)^2 d(\arctan x)$

$\displaystyle\qquad\qquad\qquad\qquad = \frac{1}{3}(\arctan x)^3 + C$

通过以上各类不定积分举例的求解看出,利用这种"凑微分法"求解不定积分,最关键的一步是把被积表达式"凑成"某个函数的微分形式,即将 $f(x)dx$ 凑成 $g(\varphi(x))\varphi'(x)dx$ 或 $g(\varphi(x))d\varphi(x) = d(G(\varphi(x)))$,其中 $G'(x) = g(x)$,然后再换元,求积分,它的解题程序是:

$$\int f(x)dx \xequal{凑微分} \int g(\varphi(x))\varphi'(x)dx = \int g(\varphi(x))d\varphi(x)$$

$$\xequal[\varphi(x)=u]{换元} \int g(u)du \xequal{积分} G(u) + C$$

$$\xequal[u=\varphi(x)]{还原} G(\varphi(x)) + C$$

这种凑微分积分法或扩大公式积分法,主要是处理复合函数的不定积分的问题,实质上是复合函数求导法则的逆运算. 下面再举几个例子,它们可以作为公式运用.

例 25 求不定积分 $\int \dfrac{1}{a^2 + x^2} \mathrm{d}x$.

解
$$\int \frac{1}{a^2 + x^2}\mathrm{d}x = \int \frac{1}{a^2\left(1 + \dfrac{x^2}{a^2}\right)}\mathrm{d}x$$

$$= \frac{1}{a^2}\int \frac{1}{1 + \left(\dfrac{x}{a}\right)^2}\mathrm{d}x = \frac{1}{a^2}a\int \frac{1}{1 + \left(\dfrac{x}{a}\right)^2}\mathrm{d}\left(\frac{x}{a}\right)$$

$$= \frac{1}{a}\arctan\left(\frac{x}{a}\right) + C$$

例 26 求不定积分 $\int \dfrac{1}{x^2 + 4x + 6}\mathrm{d}x$.

解
$$\int \frac{1}{x^2 + 4x + 6}\mathrm{d}x = \int \frac{1}{(x^2 + 4x + 4) + 2}\mathrm{d}x$$

$$= \int \frac{1}{(\sqrt{2})^2 + (x + 2)^2}\mathrm{d}(x + 2)$$

$$= \frac{1}{\sqrt{2}}\arctan\frac{x + 2}{\sqrt{2}} + C$$

例 27 求不定积分 $\int \dfrac{1}{\sqrt{a^2 - x^2}}\mathrm{d}x$.

解
$$\int \frac{1}{\sqrt{a^2 - x^2}}\mathrm{d}x = \int \frac{1}{\sqrt{a^2\left(1 - \dfrac{x^2}{a^2}\right)}}\mathrm{d}x$$

$$= \frac{1}{a}\int \frac{1}{\sqrt{1 - \left(\dfrac{x}{a}\right)^2}}\mathrm{d}x = \int \frac{1}{\sqrt{1 - \left(\dfrac{x}{a}\right)^2}}\mathrm{d}\left(\frac{x}{a}\right)$$

$$= \arcsin\frac{x}{a} + C$$

*例 28 求不定积分 $\int \dfrac{1}{\sqrt{4x - 4x^2}}\mathrm{d}x$.

解
$$\int \frac{1}{\sqrt{4x - 4x^2}}\mathrm{d}x = \int \frac{1}{\sqrt{4x - 4x^2 - 1 + 1}}\mathrm{d}x$$

$$= \int \frac{1}{\sqrt{1 - (4x^2 - 4x + 1)}}\mathrm{d}x$$

$$= \frac{1}{2}\int \frac{1}{\sqrt{1 - (2x - 1)^2}}\mathrm{d}(2x - 1)$$

$$= \frac{1}{2}\arcsin(2x - 1) + C$$

*例 29 求不定积分 $\int \dfrac{1}{a^2 - x^2}\mathrm{d}x$.

解　因为 $\dfrac{1}{a^2-x^2}=\dfrac{1}{(a+x)(a-x)}=\dfrac{1}{2a}\left(\dfrac{1}{a+x}+\dfrac{1}{a-x}\right)$

所以　$\displaystyle\int\dfrac{1}{a^2-x^2}\mathrm{d}x=\dfrac{1}{2a}\left(\int\dfrac{1}{a+x}\mathrm{d}x+\int\dfrac{1}{a-x}\mathrm{d}x\right)$

$$=\dfrac{1}{2a}\left[\int\dfrac{1}{a+x}\mathrm{d}(a+x)-\int\dfrac{1}{a-x}\mathrm{d}(a-x)\right]$$

$$=\dfrac{1}{2a}(\ln|a+x|-\ln|a-x|)+C$$

$$=\dfrac{1}{2a}\ln\left|\dfrac{a+x}{a-x}\right|+C$$

*例 30　求不定积分 $\displaystyle\int\csc x\mathrm{d}x$.

解　方法一：

$$\int\csc x\mathrm{d}x=\int\dfrac{1}{\sin x}\mathrm{d}x$$

$$=\int\dfrac{\sin x}{\sin^2x}\mathrm{d}x=-\int\dfrac{1}{1-\cos^2x}\mathrm{d}(\cos x)$$

$$=-\dfrac{1}{2}\int\left(\dfrac{1}{1+\cos x}+\dfrac{1}{1-\cos x}\right)\mathrm{d}(\cos x)$$

$$=-\dfrac{1}{2}\left[\int\dfrac{1}{1+\cos x}\mathrm{d}(1+\cos x)-\int\dfrac{1}{1-\cos x}\mathrm{d}(1-\cos x)\right]$$

$$=-\dfrac{1}{2}(\ln|1+\cos x|-\ln|1-\cos x|)+C$$

$$=\dfrac{1}{2}\ln\left|\dfrac{1-\cos x}{1+\cos x}\right|+C=\dfrac{1}{2}\ln\left|\dfrac{(1-\cos x)^2}{1-\cos^2x}\right|+C$$

$$=\dfrac{1}{2}\ln\left|\dfrac{1-\cos x}{\sin x}\right|^2+C=\ln\left|\dfrac{1-\cos x}{\sin x}\right|+C$$

$$=\ln|\csc x-\cot x|+C$$

方法二：$\displaystyle\int\csc x\mathrm{d}x=\int\dfrac{1}{\sin x}\mathrm{d}x$

$$=\int\dfrac{1}{2\sin\dfrac{x}{2}\cdot\cos\dfrac{x}{2}}\mathrm{d}x$$

$$=\int\dfrac{1}{\tan\dfrac{x}{2}\cdot\cos^2\dfrac{x}{2}}\mathrm{d}\dfrac{x}{2}$$

利用公式 $\mathrm{d}\left(\tan\dfrac{x}{2}\right)=\dfrac{1}{\cos^2\dfrac{x}{2}}\mathrm{d}\left(\dfrac{x}{2}\right)$，得

$$\int\csc x\mathrm{d}x=\int\dfrac{1}{\tan\dfrac{x}{2}}\mathrm{d}\left(\tan\dfrac{x}{2}\right)=\ln\left|\tan\dfrac{x}{2}\right|+C$$

由 $\csc x - \cot x = \dfrac{1}{\sin x} - \dfrac{\cos x}{\sin x} = \dfrac{1-\cos x}{\sin x} = \tan \dfrac{x}{2}$，易知两种解法的结果是一致的. 同时通过此例还告诉我们，一个函数的不定积分结果的表现形式可以不同,但其实质是一致的. 它们的导函数均等于被积函数.

同理,可推出 $\int \sec x \mathrm{d}x = \ln|\sec x + \tan x| + C$.

（2）换元积分法

在上面扩大公式积分法中,是用新变量 u 代替被积函数中的可微函数 $\varphi(x)$,即 $u = \varphi(x)$, 从而运用基本积分公式,使所求的不定积分易于求出. 而在有些积分里,则是引入新变量 t,将旧积分变量 x 表示为 t 的一个连续函数 $x = \varphi(t)$,将 $\int f(x)\mathrm{d}x$ 先转化为新的不定积分 $\int f[\varphi(t)]\varphi'(t)\mathrm{d}t$ 从而简化积分计算,待新积分求出后,再将其变量 t 还原为 $\varphi^{-1}(x)$,即得原不定积分的结果.

例如 $\int \dfrac{1}{1+\sqrt{x}}\mathrm{d}x$ 中含有根式 $\sqrt{x}$,令 $t = \sqrt{x}$,即 $x = t^2(t>0)$,$\mathrm{d}x = 2t\mathrm{d}t$. 所以

$$\int \frac{1}{1+\sqrt{x}}\mathrm{d}x \xrightarrow[x=t^2]{\text{换元}} \int \frac{1}{1+t}2t\mathrm{d}t = 2\int \frac{t}{1+t}\mathrm{d}t$$

$$= 2\int \frac{1+t-1}{1+t}\mathrm{d}t = 2\int\left(1-\frac{1}{1+t}\right)\mathrm{d}t$$

$$\xrightarrow{\text{积分}} 2(t - \ln|1+t|) + C$$

$$\xrightarrow[t=\sqrt{x}]{\text{还原}} 2(\sqrt{x} - \ln|1+\sqrt{x}|) + C$$

把这种所谓的换元积分法,用定理形式叙述于下:

定理 3.1 设 $f(x)$ 连续,$x = \varphi(t)$ 单调可微,$\varphi'(t) \neq 0$,且 $\int f(\varphi(t))\varphi'(t)\mathrm{d}t = F(t) + C$, 则有换元积分公式

$$\int f(x)\mathrm{d}x = \int f(\varphi(t))\varphi'(t)\mathrm{d}t = F[\varphi^{-1}(x)] + C$$

其中,$t = \varphi^{-1}(x)$ 是 $x = \varphi(t)$ 的反函数.

证 只需证明该公式右端对 x 求导数等于左端的被积函数即可.

现将公式右端对 x 求导,得

$$(F[\varphi^{-1}(x)] + C)' = F'(\varphi^{-1}(x)) \cdot [\varphi^{-1}(x)]'$$
$$= F'(t) \cdot [\varphi^{-1}(x)]'$$

由复合函数求导法则和反函数求导公式,有

$$F'(t) \cdot [\varphi^{-1}(x)]' = f[\varphi(t)]\varphi'(t) \cdot \frac{1}{\varphi'(t)}$$
$$= f[\varphi(t)] = f(x)$$

即
$$(F[\varphi^{-1}(x)] + C)' = f(x)$$

这就证明了定理 3.1 的正确性.

作为换元积分法的运用,在这里主要讨论两类函数的积分,它们的共同做法,都是将无理

函数的积分通过变量代换转化为有理函数的积分.

当被积函数含有一次根式 $\sqrt[n]{ax+b}$(n 为自然数) 时,作代换 $ax+b=t^n$,将根号去掉后再积分.

例 31　求下列不定积分:

1) $\displaystyle\int \frac{1}{3+\sqrt{2x-1}}\mathrm{d}x$; 　　　　2) $\displaystyle\int \frac{x}{\sqrt{x-3}}\mathrm{d}x$;

3) $\displaystyle\int \frac{x+1}{\sqrt[3]{3x+1}}\mathrm{d}x$.

解　这是一组被积函数为线性式 $ax+b$ 开 n 次方的无理函数(又称根式函数) 的积分,即形如 $\int f(\sqrt[n]{ax+b})\,\mathrm{d}x$ 的积分,积分的做法是做适当的变量代换,将无理函数的积分转化为有理函数的积分,然后将新积分变量还原为原积分变量即成.

1) $\displaystyle\int \frac{1}{3+\sqrt{2x-1}}\mathrm{d}x\left(\begin{array}{c}\sqrt{2x-1}=t(>0)\\ x=(t^2+1)/2\\ \mathrm{d}x=t\mathrm{d}t\end{array}\right)\int \frac{1}{3+t}t\mathrm{d}t$

$\displaystyle=\int \frac{3+t-3}{3+t}\mathrm{d}x=\int\left(1-\frac{3}{3+t}\right)\mathrm{d}t$

$\displaystyle=\int \mathrm{d}t-3\int \frac{1}{3+t}\mathrm{d}t=\int \mathrm{d}t-3\int \frac{1}{(3+t)}\mathrm{d}(3+t)$

$=t-3\ln(3+t)+C$

$\underset{t=\sqrt{2x-1}}{=\!=\!=\!=\!=}\sqrt{2x-1}-3\ln(3+\sqrt{2x-1})+C$

2) $\displaystyle\int \frac{x}{\sqrt{x-3}}\mathrm{d}x\left(\begin{array}{c}\sqrt{x-3}=t(>0)\\ x=t^2+3\\ \mathrm{d}x=2t\mathrm{d}t\end{array}\right)\int \frac{t^2+3}{t}2t\mathrm{d}t$

$\displaystyle=2\int(t^2+3)\mathrm{d}t=2\left(\frac{t^3}{3}+3t\right)+C$

$\underset{t=\sqrt{x-3}}{=\!=\!=\!=\!=}2\left[\frac{(\sqrt{x-3})^3}{3}+3\sqrt{x-3}\right]+C$

$\displaystyle=2\left[\frac{1}{3}(x-3)\sqrt{x-3}+3\sqrt{x-3}\right]+C$

$\displaystyle=2\sqrt{x-3}\left(\frac{x}{3}-1+3\right)+C$

$\displaystyle=2\sqrt{x-3}\left(\frac{x}{3}+2\right)+C$

$\displaystyle=\frac{2}{3}(x+6)\sqrt{x-3}+C$

3) $\displaystyle\int \frac{x+1}{\sqrt[3]{3x+1}}\mathrm{d}x\left(\begin{array}{c}\sqrt[3]{3x+1}=t\\ x=(t^3-1)/3\\ \mathrm{d}x=t^2\mathrm{d}t\end{array}\right)\int \frac{\frac{1}{3}(t^3-1)+1}{t}t^2\mathrm{d}t$

$\displaystyle=\frac{1}{3}\int(t^4+2t)\mathrm{d}t=\frac{1}{3}\left(\frac{t^5}{5}+t^2\right)+C$

$$\xlongequal{t=\sqrt[3]{3x+1}} \frac{1}{3}\left[\frac{1}{5}(\sqrt[3]{3x+1})^5 + (\sqrt[3]{3x+1})^2\right] + C$$

$$= \frac{1}{3}\left[\frac{1}{5}(3x+1)\sqrt[3]{(3x+1)^2} + \sqrt[3]{(3x+1)^2}\right] + C$$

$$= \frac{1}{3}\sqrt[3]{(3x+1)^2}\left[\frac{1}{5}(3x+1) + 1\right] + C$$

$$= \frac{1}{3}\sqrt[3]{(3x+1)^2}\left(\frac{3x+6}{5}\right) + C$$

$$= \frac{1}{5}(x+2)\sqrt[3]{(3x+1)^2} + C$$

当被积函数含有二次根式 $\sqrt{a^2-x^2}$, $\sqrt{a^2+x^2}$, $\sqrt{x^2-a^2}$ 时,作适当的三角变换,将根号去掉后再积分.

回忆几个三角恒等式:

$$1 - \sin^2 x = \cos^2 x$$

$$1 + \tan^2 x = \frac{1}{\cos^2 x}$$

$$\frac{1}{\cos^2 x} - 1 = \tan^2 x$$

可见,对于上述形式的二次根式,如作三角代换,便可把两平方和或平方差化为某一个函数的完全平方,从而将根号去掉.

例 32 求不定积分 $\int \sqrt{a^2-x^2}\,\mathrm{d}x \quad (a > 0)$.

解 被积函数含有根式 $\sqrt{a^2-x^2}$,因根号内是平方差(第一项是常数). 它提醒我们用一个三角函数代换 $x = a\sin t\,(-\frac{\pi}{2} \leqslant t \leqslant \frac{\pi}{2})$,就可消去根号,则

$$\mathrm{d}x = a\cos t\,\mathrm{d}t, \quad \sqrt{a^2-x^2} = a\cos t$$

于是

$$\int \sqrt{a^2-x^2}\,\mathrm{d}x = \int a\cos t \cdot a\cos t\,\mathrm{d}t$$

$$= a^2 \int \cos^2 t\,\mathrm{d}t = a^2 \int \frac{1+\cos 2t}{2}\,\mathrm{d}t$$

$$= \frac{a^2}{2}\int (1+\cos 2t)\,\mathrm{d}t$$

$$= \frac{a^2}{2}\left(t + \frac{1}{2}\sin 2t\right) + C$$

由于 $x = a\sin t$,有 $\sin t = \frac{x}{a}$,因此 $t = \arcsin\frac{x}{a}$.

$$\sin 2t = 2\sin t\cos t = 2 \cdot \frac{x}{a} \cdot \frac{\sqrt{a^2-x^2}}{a} = \frac{2x\sqrt{a^2-x^2}}{a^2}$$

代入上式,得

$$\int \sqrt{a^2-x^2}\,\mathrm{d}x = \frac{a^2}{2}\left(\arcsin\frac{x}{a} + \frac{x\sqrt{a^2-x^2}}{a^2}\right) + C$$

$$= \frac{x\sqrt{a^2 - x^2}}{2} + \frac{a^2}{2}\arcsin\frac{x}{a} + C$$

＊例 33 求不定积分 $\displaystyle\int \frac{1}{\sqrt{x^2 + a^2}}\mathrm{d}x \quad (a > 0)$.

解 令 $x = a\tan t \quad \left(-\frac{\pi}{2} < t < \frac{\pi}{2}\right)$，则

$$\mathrm{d}x = a\sec^2 t\mathrm{d}t$$

$$\sqrt{x^2 + a^2} = \sqrt{a^2\tan^2 t + a^2} = a\sqrt{\tan^2 t + 1} = a\sec t$$

于是

$$\int \frac{1}{\sqrt{x^2 + a^2}}\mathrm{d}x = \int \frac{1}{a\sec t} \cdot a\sec^2 t\mathrm{d}t$$

$$= \int \sec t\mathrm{d}t$$

$$= \ln|\sec t + \tan t| + C_1$$

由图 3.2 可知，

$$\tan t = \frac{x}{a}, \sec t = \frac{\sqrt{x^2 + a^2}}{a}$$

因此

$$\int \frac{1}{\sqrt{x^2 + a^2}}\mathrm{d}x = \ln\left|\frac{\sqrt{x^2 + a^2}}{a} + \frac{x}{a}\right| + C_1$$

$$= \ln\left|x + \sqrt{x^2 + a^2}\right| + C$$

其中 $C = C_1 - \ln a$.

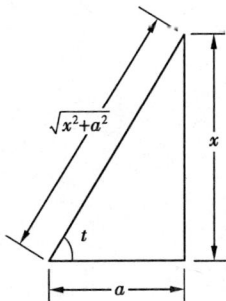

图 3.2

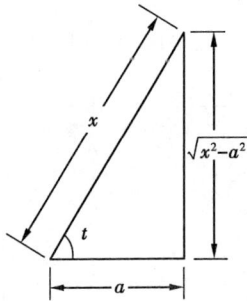

图 3.3

＊例 34 求不定积分 $\displaystyle\int \frac{1}{\sqrt{x^2 - a^2}}\mathrm{d}x \quad (a > 0)$.

解 完全类似地，令 $x = a\sec t$，则 $\mathrm{d}x = a\sec t\tan t\mathrm{d}t$，

$$\sqrt{x^2 - a^2} = \sqrt{a^2\sec^2 t - a^2} = a\sqrt{\sec^2 t - 1} = a\tan t$$

从而有

$$\int \frac{1}{\sqrt{x^2 - a^2}}dx = \int \frac{a \sec t \tan t}{a \tan t}dt$$

$$= \int \sec t dt = \ln|\sec t + \tan t| + C_1$$

由图 3.3 可知,

$$\tan t = \frac{\sqrt{x^2 - a^2}}{a}, \sec t = \frac{x}{a}$$

因此

$$\int \frac{1}{\sqrt{x^2 - a^2}}dx = \ln\left|\frac{x}{a} + \frac{\sqrt{x^2 - a^2}}{a}\right| + C_1$$

$$= \ln\left|x + \sqrt{x^2 - a^2}\right| + C$$

其中 $C = C_1 - \ln a$.

到此为止,还可以增加一些积分公式:

14) $\int \tan x dx = -\ln|\cos x| + C$;

15) $\int \cot x dx = \ln|\sin x| + C$;

16) $\int \sec x dx = \ln|\sec x + \tan x| + C$;

17) $\int \csc x dx = \ln|\csc x - \cot x| + C$;

18) $\int \frac{1}{a^2 + x^2}dx = \frac{1}{a}\arctan\frac{x}{a} + C$;

19) $\int \frac{1}{\sqrt{a^2 - x^2}}dx = \arcsin\frac{x}{a} + C$;

20) $\int \frac{1}{\sqrt{x^2 \pm a^2}}dx = \ln|x + \sqrt{x^2 \pm a^2}| + C$;

21) $\int \sqrt{a^2 - x^2}dx = \frac{1}{2}x\sqrt{a^2 - x^2} + \frac{a^2}{2}\arcsin\frac{x}{a} + C$;

22) $\int \sqrt{a^2 + x^2}dx = \frac{1}{2}x\sqrt{a^2 + x^2} + \frac{a^2}{2}\ln|x + \sqrt{a^2 + x^2}| + C$;

23) $\int \sqrt{x^2 - a^2}dx = \frac{1}{2}x\sqrt{x^2 - a^2} - \frac{a^2}{2}\ln|x + \sqrt{x^2 - a^2}| + C$.

（3）分部积分法

设 $u = u(x)$ 与 $v = v(x)$ 有连续导数,则由函数乘积的微分公式

$$d(uv) = v du + u dv$$

移项得 $u dv = d(uv) - v du$,两边积分有

$$\int u dv = uv - \int v du \tag{3.6}$$

式(3.6) 就是分部积分公式. 当积分 $\int u dv$ 不易计算,而积分 $\int v du$ 较易计算时,就可使用这一公式. 这一公式实质上起到了化难为易的作用.

126

例 35　求 $\int x\cos x\mathrm{d}x$.

解　设 $u=x$, $\mathrm{d}v=\cos x\mathrm{d}x$, 则 $\mathrm{d}u=\mathrm{d}x$, $v=\sin x$, 由分部积分公式得

$$\int x\cos x\mathrm{d}x=\int x\mathrm{d}\sin x=x\sin x-\int\sin x\mathrm{d}x$$
$$=x\sin x+\cos x+C$$

例 36　求 $\int x^2\mathrm{e}^x\mathrm{d}x$.

解　设 $u=x^2$, $\mathrm{d}v=\mathrm{e}^x\mathrm{d}x$, 则 $\mathrm{d}u=2x\mathrm{d}x$, $v=\mathrm{e}^x$, 所以

$$\int x^2\mathrm{e}^x\mathrm{d}x=\int x^2\mathrm{d}\mathrm{e}^x=x^2\mathrm{e}^x-2\int x\mathrm{e}^x\mathrm{d}x$$

在 $\int x\mathrm{e}^x\mathrm{d}x$ 中再次使用分部积分公式, 设 $u_1=x$, $\mathrm{d}v_1=\mathrm{e}^x\mathrm{d}x$, 则 $\mathrm{d}u_1=\mathrm{d}x$, $v_1=\mathrm{e}^x$. 所以

$$\int x\mathrm{e}^x\mathrm{d}x=\int x\mathrm{d}\mathrm{e}^x=x\mathrm{e}^x-\int\mathrm{e}^x\mathrm{d}x$$
$$=x\mathrm{e}^x-\mathrm{e}^x+C_1$$

代入前式得

$$\int x^2\mathrm{e}^x\mathrm{d}x=x^2\mathrm{e}^x-2x\mathrm{e}^x+2\mathrm{e}^x+C$$
$$=(x^2-2x+2)\mathrm{e}^x+C\quad(C=-2C_1)$$

在计算较为熟悉以后, 就不必引进 u, v, 而可直接应用公式.

例 37　求 $\int\ln x\mathrm{d}x$.

解　$\displaystyle\int\ln x\mathrm{d}x=x\ln x-\int x\mathrm{d}\ln x=x\ln x-\int x\cdot\frac{1}{x}\mathrm{d}x$

$$=x\ln x-\int\mathrm{d}x=x\ln x-x+C$$
$$=x(\ln x-1)+C$$

例 38　求 $\int\arctan x\mathrm{d}x$.

解　$\displaystyle\int\arctan x\mathrm{d}x=x\arctan x-\int x\mathrm{d}\arctan x$

$$=x\arctan x-\int x\cdot\frac{1}{1+x^2}\mathrm{d}x$$
$$=x\arctan x-\frac{1}{2}\int\frac{1}{1+x^2}\mathrm{d}(1+x^2)$$
$$=x\arctan x-\frac{1}{2}\ln(1+x^2)+C$$

例 39　求 $\int\mathrm{e}^x\sin x\mathrm{d}x$.

解　$\displaystyle\int\mathrm{e}^x\sin x\mathrm{d}x=\int\sin x\mathrm{d}\mathrm{e}^x=\mathrm{e}^x\sin x-\int\mathrm{e}^x\mathrm{d}\sin x$

$$=\mathrm{e}^x\sin x-\int\mathrm{e}^x\cos x\mathrm{d}x$$

$$= e^x \sin x - \int \cos x \, \mathrm{d}e^x$$

$$= e^x \sin x - e^x \cos x - \int e^x \sin x \, \mathrm{d}x$$

即
$$\int e^x \sin x \, \mathrm{d}x = e^x (\sin x - \cos x) - \int e^x \sin x \, \mathrm{d}x$$

所以
$$2 \int e^x \sin x \, \mathrm{d}x = e^x (\sin x - \cos x) + C_1$$

故
$$\int e^x \sin x \, \mathrm{d}x = \frac{e^x}{2} (\sin x - \cos x) + C$$

总结以上各例,凡属以下类型的不定积分,可用分部积分法一次或多次求得.

① $\int x^n \sin bx \, \mathrm{d}x, \int x^n \cos bx \, \mathrm{d}x, \int x^n e^{ax} \, \mathrm{d}x$,设 $u = x^n$;

② $\int x^n \ln x \, \mathrm{d}x, \int x^n \arcsin x \, \mathrm{d}x, \int x^n \arctan x \, \mathrm{d}x$,设 $v = x^n$;

③ $\int e^{ax} \sin bx \, \mathrm{d}x, \int e^{ax} \cos bx \, \mathrm{d}x$,两者均可选作 u.

其中 n 为正整数,a 与 b 是常数.

例 40 已知 $\sin x$ 为 $f(x)$ 的一个原函数,求 $\int x f'(x) \, \mathrm{d}x$.

解 已知 $\sin x$ 为 $f(x)$ 的一个原函数,所以
$$f(x) = (\sin x)' = \cos x$$

由分部积分法

$$\int x f'(x) \, \mathrm{d}x = \int x \, \mathrm{d}f(x)$$

$$= x f(x) - \int f(x) \, \mathrm{d}x$$

$$= x \cos x - \sin x + C$$

例 41 求下列不定积分:

1) $\int e^x \left[\cos(3e^x + 1) - (1 - 2e^x)^2 \right] \mathrm{d}x$;

2) $\int x (\sqrt{1 + x^2} + e^{2x}) \, \mathrm{d}x$;

3) $\int x \left(\frac{1}{\sqrt{x}} - \sin 3x \right) \mathrm{d}x$;

4) $\int \frac{x^2 \cos x - \sqrt{2 \ln x - 1}}{x} \mathrm{d}x$;

5) $\int \sin x (\sqrt{\cos x} - x) \, \mathrm{d}x$.

解 这是一组关于不定积分换元法与分部积分法的综合题目.

1) $\int e^x \left[\cos(3e^x + 1) - (1 - 2e^x)^2 \right] \mathrm{d}x$

$$= \int \cos(3e^x + 1) (e^x \mathrm{d}x) - \int (1 - 2e^x)^2 (e^x \mathrm{d}x)$$

$$= \int \cos(3\mathrm{e}^x + 1)\,\mathrm{d}\mathrm{e}^x - \int(1 - 2\mathrm{e}^x)^2\,\mathrm{d}\mathrm{e}^x$$

$$= \frac{1}{3}\int \cos(3\mathrm{e}^x + 1)\,\mathrm{d}(3\mathrm{e}^x + 1) + \frac{1}{2}\int(1 - 2\mathrm{e}^x)^2\,\mathrm{d}(1 - 2\mathrm{e}^x)$$

$$= \frac{1}{3}\sin(3\mathrm{e}^x + 1) + \frac{1}{6}(1 - 2\mathrm{e}^x)^3 + C$$

2) $\int x(\sqrt{1 + x^2} + \mathrm{e}^{2x})\,\mathrm{d}x$

$$= \int(1 + x^2)^{\frac{1}{2}}(x\mathrm{d}x) + \int x(\mathrm{e}^{2x}\mathrm{d}x)$$

$$= \frac{1}{2}\int(1 + x^2)^{\frac{1}{2}}\mathrm{d}(1 + x^2) + \frac{1}{2}\int x\mathrm{d}(\mathrm{e}^{2x})$$

$$= \frac{1}{3}(1 + x^2)^{1 + \frac{1}{2}} + \frac{1}{2}\Big[x\mathrm{e}^{2x} - \int\mathrm{e}^{2x}\mathrm{d}x \Big]$$

$$= \frac{1}{3}(1 + x^2)\sqrt{1 + x^2} + \frac{1}{2}\Big[x\mathrm{e}^{2x} - \frac{1}{2}\int\mathrm{e}^{2x}\mathrm{d}(2x) \Big]$$

$$= \frac{1}{3}(1 + x^2)\sqrt{1 + x^2} + \frac{1}{2}\Big(x\mathrm{e}^{2x} - \frac{1}{2}\mathrm{e}^{2x} \Big) + C$$

$$= \frac{1}{3}(1 + x^2)\sqrt{1 + x^2} + \frac{1}{2}\mathrm{e}^{2x}\Big(x - \frac{1}{2} \Big) + C$$

3) $\int x\Big(\dfrac{1}{\sqrt{x}} - \sin 3x \Big)\mathrm{d}x$

$$= \int \frac{x}{\sqrt{x}}\mathrm{d}x - \int x\sin 3x\mathrm{d}x$$

$$= \int x^{\frac{1}{2}}\mathrm{d}x + \frac{1}{3}\int x\mathrm{d}\cos 3x$$

$$= \frac{2}{3}x\sqrt{x} + \frac{1}{3}\Big[x\cos 3x - \int \cos 3x\mathrm{d}x \Big]$$

$$= \frac{2}{3}x\sqrt{x} + \frac{1}{3}\Big[x\cos 3x - \frac{1}{3}\int \cos(3x)\,\mathrm{d}(3x) \Big]$$

$$= \frac{2}{3}x\sqrt{x} + \frac{1}{3}\Big(x\cos 3x - \frac{1}{3}\sin 3x \Big) + C$$

4) $\int \dfrac{x^2\cos x - \sqrt{2\ln x - 1}}{x}\mathrm{d}x$

$$= \int x\cos x\mathrm{d}x - \int \frac{1}{x}(2\ln x - 1)^{\frac{1}{2}}\mathrm{d}x$$

$$= \int x\mathrm{d}\sin x - \int(2\ln x - 1)^{\frac{1}{2}}\mathrm{d}\ln x$$

$$= x\sin x - \int \sin x\mathrm{d}x - \frac{1}{2}\int(2\ln x - 1)^{\frac{1}{2}}\mathrm{d}(2\ln x - 1)$$

$$= x\sin x + \cos x - \frac{1}{3}(2\ln x - 1)\sqrt{2\ln x - 1} + C$$

5) $\int \sin x(\sqrt{\cos x} - x)\,\mathrm{d}x$

$$= \int \sin x (\cos x)^{\frac{1}{2}} \mathrm{d}x - \int x \sin x \mathrm{d}x$$

$$= -\int (\cos x)^{\frac{1}{2}} \mathrm{d}\cos x + \int x \mathrm{d}\cos x$$

$$= -\frac{2}{3} \cos x \sqrt{\cos x} + x \cos x - \int \cos x \mathrm{d}x$$

$$= -\frac{2}{3} \cos x \sqrt{\cos x} + x \cos x - \sin x + C$$

3.2　定积分

在工程技术、科学研究和经济活动中,经常要作定量计算或定量分析. 如发射人造卫星就需研究变力做功;修建水电站就需研究水坝和闸门承受的水压力;要了解某一时期内某种商品的生产情况,就需求出这一时期内该商品的总产量、总成本、总利润,……这类问题枚不胜举,解决它们都要用到定积分. 这一节将从计算曲边梯形的面积与作变速直线运动的物体所经过的路程入手,逐一介绍定积分的基础知识.

3.2.1　定积分概念

（1）积累求和问题

1）求曲边梯形面积

在生产实践中经常会遇到平面图形求面积问题,其中直线与直线所围成的图形,已经解决了求面积问题. 曲线所围成图形的求面积问题,有待引进新的概念才能解决.

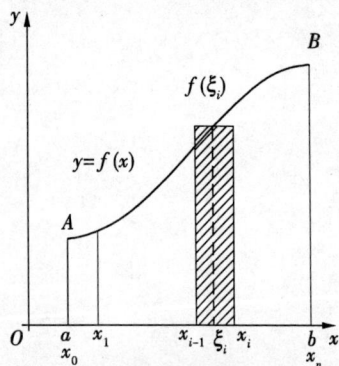
图 3.4

例如,求由连续曲线 $y = f(x)$（设 $f(x) > 0$）和直线 $x = a, x = b, y = 0$ 所围成的曲边梯形 $aABb$ 的面积（如图 3.4 所示）.

这里遇到了新问题,如 $y = f(x)$ 是直线,问题可立即解决,现在 $y = f(x)$ 是曲线,这就要解决以直代曲的问题. 可以这样设想,用一组垂直于底边的直线将整个曲边梯形分割成若干小窄曲边梯形,对于每个小窄曲边梯形来说,虽然其顶是曲边,但由于其高度变化不大（因 $f(x)$ 连续）,就可用相应的小矩形近似代替. 显然,分割越细,所有相应小矩形面积之和就越逼近整个曲边梯形面积,再利用极限概念,就可确定出曲边梯形面积的精确值. 具体做法如下:

［分］　将区间 $[a, b]$ 任意划分为 n 个子区间,取分点坐标为 $a = x_0 < x_1 < x_2 < \cdots < x_{i-1} < x_i < \cdots < x_n = b$,第 i 个子区间 $[x_{i-1}, x_i]$（$i = 1, 2, \cdots, n$）的长度 $\Delta x_i = x_i - x_{i-1}$,从而整个曲边梯形 $aABb$ 被分成 n 个以这些子区间为底的小窄曲边梯形.

［粗］　在第 i 个小窄曲边梯形中,取 $[x_{i-1}, x_i]$ 上任一点 ξ_i,以 $f(\xi_i)$ 代替该小窄曲边梯形的高,则可得该小窄曲边梯形面积 ΔA_i 的近似值是 $f(\xi_i) \Delta x_i$,即

$$\Delta A_i \approx f(\xi_i) \Delta x_i$$

[合]　整个曲边梯形面积

$$A = \Delta A_1 + \Delta A_2 + \cdots + \Delta A_n$$
$$\approx f(\xi_1)\Delta x_1 + f(\xi_2)\Delta x_2 + \cdots + f(\xi_n)\Delta x_n$$
$$= \sum_{i=1}^{n} f(\xi_i)\Delta x_i$$

[精]　根据极限概念,当最大子区间的长度 $\lambda = \max\{\Delta x_i\}$ 趋于零时,(自然子区间个数 n 就该趋于无穷大 ∞)和式 $\sum_{i=1}^{n} f(\xi_i)\Delta x_i$ 的极限就是整个曲边梯形的面积,即

$$A = \lim_{\substack{\lambda \to 0 \\ (n \to \infty)}} \sum_{i=1}^{n} f(\xi_i)\Delta x_i$$

这里解决问题的方法可概括成:

[分]—— 分割对象;[粗]—— 以常代变;

[合]—— 近似求和;[精]—— 取其极限.

2) 求变速直线运动的路程

设物体作变速直线运动,已知速度 $v = v(t) \geqslant 0$ 是时间区间 $[T_1, T_2]$ 上的连续函数,要计算物体在这段时间内所经过的路程. 因为运动的速度是变量,当然不能直接用匀速直线运动公式来计算路程,然而由于速度是连续变化的,在短时间内的变化不会太大,可近似地看成不变,故仿照解决第一个问题的方法来计算路程.

[分]　将区间 $[T_1, T_2]$ 任意划分为 n 个子区间,取分点坐标为 $T_1 = t_0 < t_1 < t_2 < \cdots < t_{i-1} < t_i < \cdots < t_n = T_2$,第 i 个时间区间 $[t_{i-1}, t_i]$ 的长度 $\Delta t_i = t_i - t_{i-1}(i = 1, 2, \cdots, n)$.

[粗]　在第 i 段路程中,取 $[t_{i-1}, t_i]$ 上任一时刻 ξ_i 的速度 $v(\xi_i)$ 代替变化的速度 $v(t)$,得该段路程 ΔS_i 的近似值为 $v(\xi_i)\Delta t_i$,即 $\Delta S_i \approx v(\xi_i)\Delta t_i$.

[合]　全部路程 $s = \sum_{i=1}^{n} \Delta s_i \approx \sum_{i=1}^{n} v(\xi_i)\Delta t_i$

[精]　当最大的一个时间区间长度 $\lambda = \max\{\Delta t_i\}$ 趋近于零时,和式的极限就是全部路程,即

$$s = \lim_{\substack{\lambda \to 0 \\ (n \to \infty)}} \sum_{i=1}^{n} v(\xi_i)\Delta t_i$$

(2) 定积分的定义

从上述两类问题来看,虽其实际意义各不相同,但处理方法上确有相同的规律,反映在数量关系上,归根到底都是要解决一个结构相同的和式极限问题:

$$\lim_{\substack{\lambda \to 0 \\ (n \to \infty)}} \sum_{i=1}^{n} f(\xi_i)\Delta x_i$$

而这类和式的极限问题在实际中又大量存在,为此,撇开问题的实际意义,将它们在数量关系上的共性加以概括,抽象得出下面定积分定义:

定义 3.3　设有界函数 $f(x)$ 定义在区间 $[a,b]$ 上,用分点 $a = x_0 < x_1 < x_2 < \cdots < x_{i-1} < x_i < \cdots < x_n = b$ 将 $[a,b]$ 分成 n 个子区间,各子区间 $[x_{i-1}, x_i]$ 的长度为 $\Delta x_i = x_i - x_{i-1}(i = 1, 2, \cdots, n)$. 取子区间 $[x_{i-1}, x_i]$ 上任一点 ξ_i,作和式 $\sum_{i=1}^{n} f(\xi_i)\Delta x_i$. 如果不论对 $[a,b]$ 如何分法,也

不论$[x_{i-1},x_i]$上的一点ξ_i怎样选取,当最大子区间的长度$\lambda = \max\{\Delta x_i\}$趋于零时,和式的极限存在,则称$f(x)$在$[a,b]$上可积,并称此极限值为$f(x)$在$[a,b]$上的定积分,记作$\int_a^b f(x)\,dx$,即

$$\int_a^b f(x)\,dx = \lim_{\substack{\lambda \to 0 \\ (n \to \infty)}} \sum_{i=1}^n f(\xi_i)\Delta x_i \tag{3.7}$$

其中$f(x)$称为被积函数,$f(x)\,dx$称为被积表达式,x称为积分变量,a,b分别称为积分下限和积分上限,$[a,b]$称为积分区间.

根据定义3.3,上述两个实际问题可表为:

曲边梯形面积:$A = \int_a^b f(x)\,dx$.

变速直线运动路程:$s = \int_a^b v(t)\,dt$.

关于定积分定义3.3,说明几点:

1)定积分存在的充分条件(证明从略):

定理3.2 设$f(x)$在$[a,b]$上连续,则$f(x)$在$[a,b]$上可积.

定理3.3 设$f(x)$在$[a,b]$上有界,且只有有限个间断点,则$f(x)$在$[a,b]$上可积.

2)定积分表示一个数,它具有两有关、三无关的特性,即它与被积函数$f(x)$和积分区间$[a,b]$有关,而与对区间$[a,b]$的如何划分法,$[x_{i-1},x_i]$上点ξ_i的如何取法以及积分变量用什么字母表示无关,即

$$\int_a^b f(x)\,dx = \int_a^b f(t)\,dt = \int_a^b f(u)\,du$$

3)在定积分定义3.3中,假设$a < b$,但如$a > b$,规定

$$\int_a^b f(x)\,dx = -\int_b^a f(x)\,dx \tag{3.8}$$

即当定积分上、下限互换时,定积分反号. 特别地,当$a = b$时,

$$\int_a^b f(x)\,dx = 0$$

(3)定积分的几何意义

1)$x \in [a,b]$,若$f(x) \geq 0$,则$\int_a^b f(x)\,dx$等于曲线$y = f(x)$在$[a,b]$上所围成曲边梯形的面积.

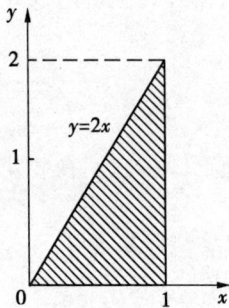

2)$x \in [a,b]$,若$f(x) \leq 0$,则$\int_a^b f(x)\,dx$等于曲线$y = f(x)$在$[a,b]$上所围成曲边梯形面积的负值.

3)$x \in [a,b]$,若$f(x)$有正、有负,则$\int_a^b f(x)\,dx$等于曲线$y = f(x)$在$[a,b]$上所围成图形面积的代数和,上正下负.

例42 求$\int_0^1 2x\,dx$之值.

解 这个定积分表示图3.5所示直角三角形的面积

图3.5

$$S_\triangle = \frac{1}{2} 底 \times 高 = \frac{1}{2} \times 1 \times 2 = 1$$

所以 $\int_0^1 2x\mathrm{d}x = 1$.

3.2.2　定积分的基本性质

为了进一步讨论定积分的理论和计算,现在介绍定积分的基本性质. 这里假设有关函数都是可积的.

性质 1　被积函数的常数因子可提到积分号外,即

$$\int_a^b kf(x)\mathrm{d}x = k\int_a^b f(x)\mathrm{d}x \tag{3.9}$$

性质 2　函数代数和的定积分等于函数定积分的代数和,即

$$\int_a^b [f(x) \pm g(x)]\mathrm{d}x = \int_a^b f(x)\mathrm{d}x \pm \int_a^b g(x)\mathrm{d}x \tag{3.10}$$

性质 3（定积分可加性）　若 $c \in [a,b]$,则

$$\int_a^b f(x)\mathrm{d}x = \int_a^c f(x)\mathrm{d}x + \int_c^b f(x)\mathrm{d}x \tag{3.11}$$

性质 4　若 $x \in [a,b]$ 时,有 $f(x) \geqslant 0$,则

$$\int_a^b f(x)\mathrm{d}x \geqslant 0$$

性质 5　若 $x \in [a,b]$ 时,有 $f(x) \leqslant g(x)$,则

$$\int_a^b f(x)\mathrm{d}x \leqslant \int_a^b g(x)\mathrm{d}x$$

推论　若 $a < b$,则

$$\left| \int_a^b f(x)\mathrm{d}x \right| \leqslant \int_a^b |f(x)|\mathrm{d}x$$

性质 6（估值定理）　若 M,m 为 $f(x)$ 在 $[a,b]$ 上的最大值与最小值,则

$$m(b-a) \leqslant \int_a^b f(x)\mathrm{d}x \leqslant M(b-a) \tag{3.12}$$

这个性质在估计定积分的值时,十分有用. 例如定积分 $\int_a^b (x^2+1)\mathrm{d}x$,由于 $f(x) = x^2+1$ 在 $[0,2]$ 上单调增加,有最小值 $m = 1$,最大值 $M = 5$,故

$$2 = 1 \times 2 \leqslant \int_0^2 (x^2+1)\mathrm{d}x \leqslant 5 \times 2 = 10$$

性质 7（中值定理）　$f(x)$ 在 $[a,b]$ 上连续,则在 $[a,b]$ 内至少存在一点 ξ,使得

$$\int_a^h f(x)\mathrm{d}x = f(\xi)(b-a) \tag{3.13}$$

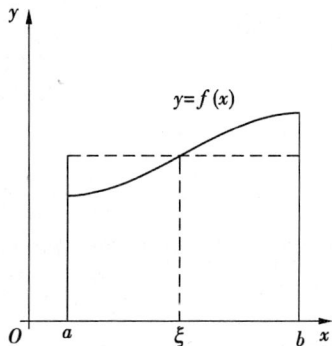

图 3.6

如图 3.6 所示,通常称 $f(\xi) = \dfrac{1}{b-a}\int_a^b f(x)\mathrm{d}x$ 为函数 $f(x)$ 在 $[a,b]$ 上的积分平均值.

3.2.3　定积分的计算

由定积分的定义

$$\int_a^b f(x)\,\mathrm{d}x = \lim_{\substack{\lambda \to 0 \\ (n \to \infty)}} \sum_{i=1}^n f(\xi_i)\,\Delta x_i$$

似乎已解决了定积分的计算问题,其实不然,这种办法从理论上说是可以的,但实际计算起来,往往是十分复杂的,有时是难以如愿的. 因此,有必要寻求新的方法. 著名的牛顿-莱布尼兹公式就很好地解决了这一问题.

（1）积分上限函数

若函数 $f(x)$ 在 $[a,b]$ 上连续,x 是 $[a,b]$ 上任一点,显然 $f(x)$ 在 $[a,x]$ 上连续,从而定积分

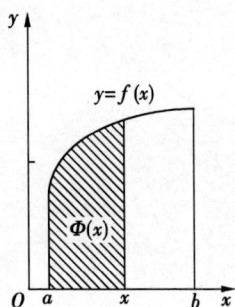

图3.7

$\int_a^x f(t)\,\mathrm{d}t$ 存在,且它的值随 x 的变化而变化,因此,它是 x 的函数,记为 $\Phi(x)$,即

$$\Phi(x) = \int_a^x f(t)\,\mathrm{d}t$$

如图 3.7 所示.

此函数叫积分上限函数或叫变上限函数.

定理 3.4(原函数存在定理)　若 $f(x)$ 在 $[a,b]$ 上连续,则 $\Phi(x) = \int_a^x f(t)\,\mathrm{d}t$ 对 x 的导数等于被积函数在上限的函数值,即

$$\Phi'(x) = \frac{\mathrm{d}}{\mathrm{d}x}\left[\int_a^x f(t)\,\mathrm{d}t\right] = f(x),\ x \in [a,b] \tag{3.14}$$

证　根据导数定义

$$\begin{aligned}
\Phi'(x) &= \lim_{\Delta x \to 0} \frac{\Phi(x + \Delta x) - \Phi(x)}{\Delta x} \\
&= \lim_{\Delta x \to 0} \frac{\int_a^{x+\Delta x} f(t)\,\mathrm{d}t - \int_a^x f(t)\,\mathrm{d}t}{\Delta x} \\
&= \lim_{\Delta x \to 0} \frac{\int_a^x f(t)\,\mathrm{d}t + \int_x^{x+\Delta x} f(t)\,\mathrm{d}t - \int_a^x f(t)\,\mathrm{d}t}{\Delta x} \\
&= \lim_{\Delta x \to 0} \frac{\int_x^{x+\Delta x} f(t)\,\mathrm{d}t}{\Delta x}
\end{aligned}$$

由 $f(x)$ 的连续性,并根据积分中值定理,有

$$\int_x^{x+\Delta x} f(t)\,\mathrm{d}t = f(\xi)\Delta x \quad (\xi\ 在\ x\ 与\ x + \Delta x\ 之间)$$

于是

$$\begin{aligned}
\Phi'(x) &= \lim_{\Delta x \to 0} \frac{f(\xi)\Delta x}{\Delta x} = \lim_{\Delta x \to 0} f(\xi) = \lim_{\xi \to x} f(\xi) \\
&= f(x)
\end{aligned}$$

即
$$\Phi'(x) = \frac{\mathrm{d}}{\mathrm{d}x}\Big[\int_a^x f(t)\,\mathrm{d}t\Big] = f(x)$$

这个定理说明了连续函数的原函数总是存在的;另一方面也揭示了定积分与不定积分之间的内在联系,变上限定积分这个函数 $\Phi(x) = \int_a^x f(t)\,\mathrm{d}t$ 就是连续函数 $f(x)$ 的一个原函数.

例 43　求下列函数的导数:

1) $\int_1^x (\sin t + \mathrm{e}^{2t})\,\mathrm{d}t$;　　　2) $\int_{x^2}^1 \cos t\,\mathrm{d}t$.

解　1) $\Big[\int_1^x (\sin t + \mathrm{e}^{2t})\,\mathrm{d}t\Big]' = (\sin t + \mathrm{e}^{2t})_{t=x}$

$$= \sin x + \mathrm{e}^{2x}.$$

2) $\dfrac{\mathrm{d}}{\mathrm{d}x}\Big[\int_{x^2}^1 \cos t\,\mathrm{d}t\Big] = \dfrac{\mathrm{d}}{\mathrm{d}x}\Big[-\int_1^{x^2} \cos t\,\mathrm{d}t\Big]$

$$= -\frac{\mathrm{d}}{\mathrm{d}(x^2)}\Big(\int_1^{x^2} \cos t\,\mathrm{d}t\Big) \cdot \frac{\mathrm{d}(x^2)}{\mathrm{d}x}$$

$$= -\cos x^2 \cdot 2x$$

$$= -2x \cos x^2$$

例 44　求极限 $\lim\limits_{x\to 0} \dfrac{\int_0^x t\mathrm{e}^t\,\mathrm{d}t}{x}$.

解　$\lim\limits_{x\to 0} \dfrac{\int_0^x t\mathrm{e}^t\,\mathrm{d}t}{x}\Big(\dfrac{0}{0}\Big) = \lim\limits_{x\to 0} \dfrac{\big(\int_0^x t\mathrm{e}^t\,\mathrm{d}t\big)'}{(x)'}$

$$= \lim\limits_{x\to 0} x\mathrm{e}^x = 0$$

例 45　设 $f(t)$ 连续,求证

$$\lim\limits_{x\to a} \frac{x}{x-a}\int_a^x f(t)\,\mathrm{d}t = af(a).$$

证　方法一:利用积分中值定理

$$\int_a^x f(t)\,\mathrm{d}t = f(\xi)(x-a) \quad (\xi\ 在\ a\ 与\ x\ 之间)$$

$$\lim\limits_{x\to a} \frac{x}{x-a}\int_a^x f(t)\,\mathrm{d}t = \lim\limits_{x\to a} \frac{x}{x-a} f(\xi)(x-a)$$

$$= \lim\limits_{x\to a} xf(\xi) = af(a)$$

方法二:利用罗彼达法则

$$\lim\limits_{x\to a} \frac{x}{x-a}\int_a^x f(t)\,\mathrm{d}t = \lim\limits_{x\to a} \frac{x\int_a^x f(t)\,\mathrm{d}t}{x-a}\Big(\frac{0}{0}\Big)$$

$$= \lim\limits_{x\to a} \frac{\big(x\int_a^x f(t)\,\mathrm{d}t\big)'}{(x-a)'}$$

$$= \lim\limits_{x\to a} \frac{\int_a^x f(t)\,\mathrm{d}t + xf(x)}{1}$$

$$= \lim_{x \to a} \int_a^x f(t) \, dt + \lim_{x \to a} x f(x)$$

$$= 0 + af(a) = af(a)$$

（2）牛顿 - 莱布尼兹公式

定理 3.5（微积分学基本定理） 设函数 $f(x)$ 在闭区间 $[a,b]$ 上连续,且 $F(x)$ 是 $f(x)$ 的一个原函数,则有

$$\int_a^b f(x) \, dx = F(b) - F(a)$$

证 已知 $F(x)$ 是 $f(x)$ 的一个原函数,又由定理 3.4 知 $\Phi(x) = \int_a^x f(t) \, dt$ 也是 $f(x)$ 的一个原函数,它们之间最多只差一个常数. 因此,存在常数 C,使得

$$F(x) = \Phi(x) + C = \int_a^x f(t) \, dt + C$$

在上式中令 $x = a$,得 $C = F(a)$,将 C 代入上式右边,移项便有

$$\int_a^x f(t) \, dt = F(x) - F(a)$$

又令 $x = b$,则有

$$\int_a^b f(t) \, dt = F(b) - F(a)$$

亦即

$$\int_a^b f(x) \, dx = F(b) - F(a)$$

此式就是著名的牛顿 - 莱布尼兹（Newton-Leibniz）公式,它是积分学中一个极为重要的公式. 它不仅揭示了不定积分与定积分之间的关系,同时也提供了定积分计算的一个最简捷的方法. 要计算连续函数 $f(x)$ 在 $[a,b]$ 上的定积分 $\int_a^b f(x) \, dx$,只需找出它的一个原函数 $F(x)$,然后求出 $F(x)$ 在 $[a,b]$ 上的增量 $F(b) - F(a)$ 即可,通常用 $F(x) \Big|_a^b$ 表示 $F(b) - F(a)$,即

$$\int_a^b f(x) \, dx = F(x) \Big|_a^b = F(b) - F(a) \tag{3.15}$$

（3）基本积分法

有了微积分学基本定理（即牛 - 莱公式）,就可借助于不定积分求原函数的办法来解决定积分的计算问题,不必要增加什么新的方法,定积分的求积问题即可解决. 类似于不定积分的计算方法,以下介绍三种定积分的计算方法.

1）直接运用公式法

例 46 直接运用牛 - 莱公式计算下列定积分:

① $\int_0^{\frac{\pi}{2}} (3x^2 + 2\cos x) \, dx$;

② $\int_0^1 t e^{-\frac{t^2}{2}} \, dt$;

③ $\int_2^4 \frac{1}{x^2 + 2x + 3} \, dx$;

④ $\int_0^2 f(x) \, dx$,其中 $f(x) = \begin{cases} 2x & 0 \le x \le 1 \\ 5 & 1 < x \le 2 \end{cases}$;

⑤ $\int_{-2}^{2} |x + 1| \, dx$；

*⑥ $\int_{1}^{3} \sqrt{x^2 - 4x + 4} \, dx$.

解　① $\int_{0}^{\frac{\pi}{2}} (3x^2 + 2\cos x) \, dx = \int_{0}^{\frac{\pi}{2}} 3x^2 \, dx + \int_{0}^{\frac{\pi}{2}} 2\cos x \, dx$

$$= x^3 \Big|_{0}^{\frac{\pi}{2}} + 2\sin x \Big|_{0}^{\frac{\pi}{2}}$$

$$= \left(\frac{\pi}{2}\right)^3 - (0)^3 + 2\left(\sin\frac{\pi}{2} - \sin 0\right)$$

$$= \frac{\pi^3}{8} + 2$$

② $\int_{0}^{1} t e^{-\frac{t^2}{2}} \, dt = -\int_{0}^{1} e^{-\frac{t^2}{2}} d\left(-\frac{t^2}{2}\right)$

$$= \int_{1}^{0} e^{-\frac{t^2}{2}} d\left(-\frac{t^2}{2}\right)$$

$$= e^{-\frac{t^2}{2}} \Big|_{1}^{0} = e^0 - e^{-\frac{1^2}{2}}$$

$$= 1 - e^{-\frac{1}{2}} = 1 - \frac{\sqrt{e}}{e}$$

③ $\int_{2}^{4} \frac{1}{x^2 + 2x + 3} \, dx = \int_{2}^{4} \frac{1}{(\sqrt{2})^2 + (x+1)^2} d(x+1)$

$$= \frac{1}{\sqrt{2}} \arctan\frac{x+1}{\sqrt{2}} \Big|_{2}^{4}$$

$$= \frac{1}{\sqrt{2}} \left(\arctan\frac{4+1}{\sqrt{2}} - \arctan\frac{2+1}{\sqrt{2}}\right)$$

$$= \frac{\sqrt{2}}{2} \left(\arctan\frac{5\sqrt{2}}{2} - \arctan\frac{3\sqrt{2}}{2}\right)$$

④ 因被积函数 $f(x)$ 为分段函数，由定积分可加性，有

$$\int_{0}^{2} f(x) \, dx = \int_{0}^{1} 2x \, dx + \int_{1}^{2} 5 \, dx$$

$$= x^2 \Big|_{0}^{1} + 5x \Big|_{1}^{2}$$

$$= 1 + 5 = 6$$

⑤ 解此题的困难在于被积函数的绝对值，首先应将 $|x+1|$ 的绝对值符号在 $[-2,2]$ 上取消，办法是令 $x+1=0$，得 $x=-1$，在 $[-2,-1]$ 上 $|x+1| = -(x+1)$，在 $[-1,2]$ 上 $|x+1| = (x+1)$，由定积分可加性，有

$$\int_{-2}^{2} |1+x| \, dx = \int_{-2}^{-1} -(x+1) \, dx + \int_{-1}^{2} (x+1) \, dx$$

$$= \int_{-1}^{-2} (x+1) \, dx + \int_{-1}^{2} (x+1) \, dx$$

$$= \left(\frac{x^2}{2} + x \right) \Big|_{-1}^{-2} + \left(\frac{x^2}{2} + x \right) \Big|_{-1}^{2}$$

$$= \left(0 - \left(-\frac{1}{2} \right) \right) + \left(4 - \left(-\frac{1}{2} \right) \right)$$

$$= 5$$

*⑥ $\displaystyle\int_1^3 \sqrt{x^2 - 4x + 4}\,\mathrm{d}x = \int_1^3 \sqrt{(x-2)^2}\,\mathrm{d}x$

$$= \int_1^3 |x - 2|\,\mathrm{d}x$$

$$= \int_1^2 -(x-2)\,\mathrm{d}x + \int_2^3 (x-2)\,\mathrm{d}x$$

$$= \int_2^1 (x-2)\,\mathrm{d}x + \int_2^3 (x-2)\,\mathrm{d}x$$

$$= \left(\frac{1}{2}x^2 - 2x \right) \Big|_2^1 + \left(\frac{1}{2}x^2 - 2x \right) \Big|_2^3$$

$$= \left[-\frac{3}{2} - (-2) \right] + \left[-\frac{3}{2} - (-2) \right]$$

$$= 1$$

本例④、⑤、⑥三个小题均为分段函数的积分问题,积分时必须按照其定义将积分区间适当分割后逐段积分. 这里特别指出:类似⑥中的被积函数,它表面上看不是分段函数,稍一疏忽,将 $\sqrt{(x-2)^2} = |x-2|$ 写成 $\sqrt{(x-2)^2} = x - 2$ 就会导致计算错误. 诸如 $\displaystyle\int_0^\pi \sqrt{1 - \sin^2 x}\,\mathrm{d}x = \int_0^\pi \sqrt{\cos^2 x}\,\mathrm{d}x$, $\displaystyle\int_{\frac{1}{e}}^e |\ln x|\,\mathrm{d}x$ 等.

2) 换元积分法

定理 3.6   设函数 $f(x)$ 在 $[a,b]$ 上连续,若 $x = \varphi(t)$ 满足:

1° $\varphi(\alpha) = a, \varphi(\beta) = b$;

2° 在区间 $[\alpha, \beta]$(或 $[\beta, \alpha]$)上单调且有连续导数.

则有定积分换元公式:

$$\int_a^b f(x)\,\mathrm{d}x = \int_\alpha^\beta f[\varphi(t)]\varphi'(t)\,\mathrm{d}t \tag{3.16}$$

证   由题设可知,公式两边被积函数均连续. 因而其原函数均存在.

设 $F(x)$ 是 $f(x)$ 的一个原函数,则 $F[\varphi(t)]$ 是 $f[\varphi(t)]\varphi'(t)$ 的一个原函数,于是

$$\int_a^b f(x)\,\mathrm{d}x = F(b) - F(a)$$

$$= F[\varphi(\beta)] - F[\varphi(\alpha)]$$

$$= \int_\alpha^\beta f[\varphi(t)]\varphi'(t)\,\mathrm{d}t$$

即

$$\int_a^b f(x)\,\mathrm{d}x = \int_\alpha^\beta f[\varphi(t)]\varphi'(t)\,\mathrm{d}t$$

这个公式与不定积分换元公式很类似,所不同的是不定积分换元法需要将变量还原. 而运用定积分换元法时应注意:需将积分限作相应的改变,但不还原积分变量,即计算定积分时,换

元同时又换限.

例 47　计算下列定积分:

$$1) \int_0^4 \frac{1}{1 + \sqrt{2x + 1}} dx ; \qquad 2) \int_{-1}^1 \frac{x}{\sqrt{5 - 4x}} dx.$$

解　1) $\displaystyle\int_0^4 \frac{1}{1 + \sqrt{2x + 1}} dx \left(\begin{array}{c} \sqrt{2x + 1} = t(> 0) \\ \hline x = (t^2 - 1)/2 \\ dx = t dt \\ \hline x : 0 \to 4 \\ t : 1 \to 3 \end{array} \right) \int_1^3 \frac{1}{1 + t} t dt$

$$= \int_1^3 \frac{1 + t - 1}{1 + t} dt = \int_1^3 \left(1 - \frac{1}{1 + t} \right) dt$$

$$= \int_1^3 dt - \int_1^3 \frac{1}{1 + t} d(1 + t)$$

$$= t \Big|_1^3 - \ln(1 + t) \Big|_1^3$$

$$= (3 - 1) - [\ln(1 + 3) - \ln(1 + 1)]$$

$$= 2 - \ln \frac{4}{2} = 2 - \ln 2$$

2) $\displaystyle\int_{-1}^1 \frac{x}{\sqrt{5 - 4x}} dx \left(\begin{array}{c} \sqrt{5 - 4x} = t(> 0) \\ \hline x = (5 - t^2)/4 \\ dx = -\frac{1}{2} t dt \\ \hline x : -1 \to 1 \\ t : 3 \to 1 \end{array} \right) \int_3^1 \frac{\frac{1}{4}(5 - t^2)}{t} \cdot \left(-\frac{t}{2} \right) dt$

$$= \frac{1}{8} \int_1^3 (5 - t^2) dt = \frac{1}{8} \left(5t - \frac{t^3}{3} \right) \Big|_1^3$$

$$= \frac{1}{8} \left[(15 - 9) - (5 - \frac{1}{3}) \right]$$

$$= \frac{1}{6}$$

例 48　计算 $\displaystyle\int_0^1 x^2 \sqrt{1 - x^2} dx.$

解　令 $x = \sin t, x^2 \sqrt{1 - x^2} = \sin^2 t \cos t, dx = \cos t dt,$ 当 $x = 0$ 时, $t = 0$; 又当 $x = 1$ 时,

$t = \dfrac{\pi}{2},$ 因此

$$\int_0^1 x^2 \sqrt{1 - x^2} dx = \int_0^{\frac{\pi}{2}} \sin^2 t \cos^2 t dt$$

$$= \frac{1}{4} \int_0^{\frac{\pi}{2}} \sin^2 2t dt$$

$$= \frac{1}{4} \int_0^{\frac{\pi}{2}} \frac{1 - \cos 4t}{2} dt$$

$$= \frac{1}{8} \int_0^{\frac{\pi}{2}} (1 - \cos 4t) \, dt$$

$$= \frac{1}{8} \left(t - \frac{\sin 4t}{4} \right) \Big|_0^{\frac{\pi}{2}}$$

$$= \frac{\pi}{16}$$

利用换元法计算定积分时,如果方法运用熟悉后,也可不必写出替换的变量,而直接运算,此时,由于没有明确写出新的变量,就不必换限.

例 49 计算 $\int_1^{e^2} \frac{1}{x \sqrt{1 + \ln x}} dx$.

解

$$\int_1^{e^2} \frac{1}{x \sqrt{1 + \ln x}} dx = \int_1^{e^2} \frac{1}{\sqrt{1 + \ln x}} d(1 + \ln x)$$

$$= \int_1^{e^2} (1 + \ln x)^{-\frac{1}{2}} d(1 + \ln x)$$

$$= \frac{(1 + \ln x)^{-\frac{1}{2} + 1}}{-\frac{1}{2} + 1} \Big|_1^{e^2}$$

$$= 2 \sqrt{1 + \ln x} \Big|_1^{e^2}$$

$$= 2(\sqrt{3} - 1)$$

例 50 证明:若 $f(x)$ 是 $[-a, a]$ 上的连续奇函数,则

$$\int_{-a}^a f(x) \, dx = 0$$

证 因为

$$\int_{-a}^a f(x) \, dx = \int_{-a}^0 f(x) \, dx + \int_0^a f(x) \, dx$$

对 $\int_{-a}^0 f(x) \, dx$ 作代换 $x = -t, dx = -dt$,当 $x = -a$ 时,$t = a$;当 $x = 0$ 时,$t = 0$. 所以

$$\int_{-a}^0 f(x) \, dx = -\int_a^0 f(-t) \, dt = \int_0^a f(-x) \, dx$$

从而

$$\int_{-a}^a f(x) \, dx = \int_0^a f(x) \, dx + \int_0^a f(-x) \, dx$$

又由题设 $f(x)$ 为奇函数,有 $f(-x) = -f(x)$,所以

$$\int_{-a}^a f(x) \, dx = \int_0^a f(x) \, dx + \int_0^a f(-x) \, dx$$

$$= \int_0^a f(x) \, dx - \int_0^a f(x) \, dx = 0$$

类似地,若 $f(x)$ 为连续的偶函数,则

$$\int_{-a}^a f(x) \, dx = 2 \int_0^a f(x) \, dx$$

利用本题的结论,常可简化奇、偶函数在对称于原点区间上的定积分. 例如

$$\int_{-\pi}^{\pi} x^3 \cos x \mathrm{d}x = 0; \int_{-a}^{a} x^2 \sin x \mathrm{d}x = 0; \int_{-b}^{b} \frac{t \sin t^2}{t^2 + \cos t} \mathrm{d}t = 0.$$

*例51　设 $f(x)$ 连续,求证

$$\int_{0}^{\frac{\pi}{2}} f(\sin x)\,\mathrm{d}x = \int_{0}^{\frac{\pi}{2}} f(\cos x)\,\mathrm{d}x.$$

证　令 $x = \dfrac{\pi}{2} - t, \mathrm{d}x = -\mathrm{d}t, x:0 \to \dfrac{\pi}{2}; t:\dfrac{\pi}{2} \to 0.$ 所以

$$\int_{0}^{\frac{\pi}{2}} f(\sin x)\,\mathrm{d}x = \int_{\frac{\pi}{2}}^{0} f\left[\sin\left(\frac{\pi}{2} - t\right)\right]\mathrm{d}(-t)$$

$$= \int_{0}^{\frac{\pi}{2}} f\left[\sin\left(\frac{\pi}{2} - t\right)\right]\mathrm{d}t$$

$$= \int_{0}^{\frac{\pi}{2}} f(\cos t)\,\mathrm{d}t$$

$$= \int_{0}^{\frac{\pi}{2}} f(\cos x)\,\mathrm{d}x$$

3) 分部积分法

设函数 $u(x), v(x)$ 在 $[a,b]$ 上具有连续导数 $u'(x), v'(x)$,由不定积分的分部积分法与牛 - 莱公式,得

$$\int_{a}^{b} u\mathrm{d}v = \left[\int u\mathrm{d}v\right]\Big|_{a}^{b} = \left[uv - \int v\mathrm{d}u\right]\Big|_{a}^{b} = uv\Big|_{a}^{b} - \int_{a}^{b} v\mathrm{d}u$$

即

$$\int_{a}^{b} u\mathrm{d}v = uv\Big|_{a}^{b} - \int_{a}^{b} v\mathrm{d}u \tag{3.17}$$

这就是定积分的分部积分法.

例52　计算定积分:

① $\displaystyle\int_{0}^{1} x\mathrm{e}^x \mathrm{d}x$;　② $\displaystyle\int_{0}^{\pi} x \cos 3x \mathrm{d}x$;

③ $\displaystyle\int_{0}^{\frac{1}{2}} \arcsin x \mathrm{d}x$;　④ $\displaystyle\int_{0}^{1} \mathrm{e}^{\sqrt{x}} \mathrm{d}x$.

解　① $\displaystyle\int_{0}^{1} x\mathrm{e}^x \mathrm{d}x = \int_{0}^{1} x\mathrm{d}(\mathrm{e}^x) = x\mathrm{e}^x\Big|_{0}^{1} - \int_{0}^{1} \mathrm{e}^x \mathrm{d}x$

$$= \mathrm{e} - (\mathrm{e} - 1)$$

$$= 1$$

② $\displaystyle\int_{0}^{\pi} x \cos 3x \mathrm{d}x = \frac{1}{3}\int_{0}^{\pi} x\mathrm{d}(\sin 3x)$

$$= \frac{1}{3}\left[x \sin 3x\Big|_{0}^{\pi} - \int_{0}^{\pi} \sin 3x \mathrm{d}x\right]$$

$$= \frac{1}{3}\left[x \sin 3x\Big|_{0}^{\pi} - \frac{1}{3}\int_{0}^{\pi} \sin 3x \mathrm{d}(3x)\right]$$

$$= \frac{1}{3}\left[x \sin 3x\Big|_{0}^{\pi} + \frac{1}{3}\cos 3x\Big|_{0}^{\pi}\right]$$

$$= \frac{1}{3}\Big[(\pi \sin 3\pi - 0) + \frac{1}{3}(\cos 3\pi - \cos 0) \Big]$$

$$= \frac{1}{9}(-1-1)$$

$$= -\frac{2}{9}$$

$$③\int_0^{\frac{1}{2}} \arcsin x \mathrm{d}x = x \arcsin x \Big|_0^{\frac{1}{2}} - \int_0^{\frac{1}{2}} \frac{x}{\sqrt{1-x^2}}\mathrm{d}x$$

$$= \Big(\frac{1}{2}\arcsin\frac{1}{2} - 0 \Big) + \frac{1}{2}\int_0^{\frac{1}{2}} (1-x^2)^{-\frac{1}{2}}\mathrm{d}(1-x^2)$$

$$= \frac{\pi}{12} + \sqrt{1-x^2} \Big|_0^{\frac{1}{2}}$$

$$= \frac{\pi}{12} + \frac{\sqrt{3}}{2} - 1$$

$$④\int_0^1 \mathrm{e}^{\sqrt{x}}\mathrm{d}x$$

先用换元法,令 $\sqrt{x} = t$,即 $x = t^2$,则

$$\int_0^1 \mathrm{e}^{\sqrt{x}}\mathrm{d}x = 2\int_0^1 t\mathrm{e}^t\mathrm{d}t$$

再用分部积分法,得

$$\int_0^1 \mathrm{e}^{\sqrt{x}}\mathrm{d}x = 2\int_0^1 t\mathrm{e}^t\mathrm{d}t = 2\int_0^1 t\mathrm{d}(\mathrm{e}^t)$$

$$= 2\Big[t\mathrm{e}^t \Big|_0^1 - \int_0^1 \mathrm{e}^t\mathrm{d}t \Big]$$

$$= 2\Big[(\mathrm{e} - 0) - \mathrm{e}^t \Big|_0^1 \Big]$$

$$= 2[\mathrm{e} - (\mathrm{e}-1)]$$

$$= 2$$

上面所研究的定积分 $\int_a^b f(x)\mathrm{d}x$ 有两点限制:$[a,b]$ 是有限区间和 $f(x)$ 在 $[a,b]$ 上有界. 如不符合这两条的定积分,称它为广义积分,下面举例说明.

例 53 求广义积分:

$$①\int_0^{+\infty} x\mathrm{e}^{-x^2}\mathrm{d}x; \qquad ②\int_{-\infty}^{+\infty} \frac{1}{1+x^2}\mathrm{d}x;$$

$${}^*③\int_0^1 \ln x\mathrm{d}x; \qquad {}^*④\int_1^{\mathrm{e}} \frac{1}{x\sqrt{1-(\ln x)^2}}\mathrm{d}x.$$

解 ①$\int_0^{+\infty} x\mathrm{e}^{-x^2}\mathrm{d}x$ 是一无穷区间上的广义积分,先取上限为有限值 b,作为正常积分处理,将此积分积出后必为上限 b 的函数,再让 $b \to +\infty$ 视其极限是否存在. 于是

$$\int_0^b x\mathrm{e}^{-x^2}\mathrm{d}x = -\frac{1}{2}\int_0^b \mathrm{e}^{-x^2}\mathrm{d}(-x^2)$$

$$= \frac{1}{2} \int_b^0 e^{-x^2} d(-x^2)$$

$$= \frac{1}{2} e^{-x^2} \Big|_b^0$$

$$= \frac{1}{2} (1 - e^{-b^2})$$

可得

$$\lim_{b \to +\infty} \int_0^b x e^{-x^2} dx = \lim_{b \to +\infty} \frac{1}{2} (1 - e^{-b^2})$$

$$= \frac{1}{2} (1 - 0)$$

$$= \frac{1}{2}$$

所以

$$\int_0^{+\infty} x e^{-x^2} dx = \lim_{b \to +\infty} \int_0^b x e^{-x^2} dx = \frac{1}{2}$$

此时称广义积分 $\int_0^{+\infty} x e^{-x^2} dx$ 收敛.

② 由定积分可加性,得

$$\int_{-\infty}^{+\infty} \frac{1}{1+x^2} dx = \int_{-\infty}^0 \frac{1}{1+x^2} dx + \int_0^{+\infty} \frac{1}{1+x^2} dx$$

而

$$\int_{-\infty}^0 \frac{1}{1+x^2} dx = \lim_{a \to -\infty} \int_a^0 \frac{1}{1+x^2} dx$$

$$= \lim_{a \to -\infty} [\arctan x] \Big|_a^0$$

$$= - \lim_{a \to -\infty} \arctan a$$

$$= \frac{\pi}{2}$$

$$\int_0^{+\infty} \frac{1}{1+x^2} dx = \lim_{b \to +\infty} \int_0^b \frac{1}{1+x^2} dx$$

$$= \lim_{b \to +\infty} [\arctan x] \Big|_0^b$$

$$= \lim_{b \to +\infty} \arctan b$$

$$= \frac{\pi}{2}$$

所以

$$\int_{-\infty}^{+\infty} \frac{1}{1+x^2} dx = \int_{-\infty}^0 \frac{1}{1+x^2} dx + \int_0^{+\infty} \frac{1}{1+x^2} dx$$

$$= \frac{\pi}{2} + \frac{\pi}{2}$$

$$= \pi$$

③ 因被积函数 $\ln x$ 当 $x \to 0^+$ 时无界(或 $x = 0$ 是 $\ln x$ 的无穷断点),先取下限为正数 ε 作为正常积分处理,将此积分积出后必为下限 ε 的函数,再让 $\varepsilon \to 0^+$,视其极限是否存在. 即

$$
\begin{aligned}
\int_{\varepsilon}^{1} \ln x \mathrm{d}x &= (x \ln x - x) \Big|_{\varepsilon}^{1} \\
&= (0 - 1) - (\varepsilon \ln \varepsilon - \varepsilon) \\
&= -1 - \varepsilon \ln \varepsilon + \varepsilon
\end{aligned}
$$

$$
\begin{aligned}
\int_{0}^{1} \ln x \mathrm{d}x &= \lim_{\varepsilon \to 0^+} \int_{\varepsilon}^{1} \ln x \mathrm{d}x \\
&= \lim_{\varepsilon \to 0^+} (-1 - \varepsilon \ln \varepsilon + \varepsilon) \\
&= -1 - \lim_{\varepsilon \to 0^+} \varepsilon \ln \varepsilon
\end{aligned}
$$

对最后一项应用罗彼达法则,有

$$
\begin{aligned}
\lim_{\varepsilon \to 0^+} \varepsilon \ln \varepsilon &= \lim_{\varepsilon \to 0^+} \frac{\ln \varepsilon}{\dfrac{1}{\varepsilon}} = \lim_{\varepsilon \to 0^+} \frac{\dfrac{1}{\varepsilon}}{-\dfrac{1}{\varepsilon^2}} \\
&= \lim_{\varepsilon \to 0^+} (-\varepsilon) = 0
\end{aligned}
$$

所以

$$
\int_{0}^{1} \ln x \mathrm{d}x = \lim_{\varepsilon \to 0^+} \int_{\varepsilon}^{1} \ln x \mathrm{d}x = -1
$$

此时称广义积分 $\int_{0}^{1} \ln x \mathrm{d}x$ 收敛.

④ 因为 $x = \mathrm{e}$ 是被积函数 $\dfrac{1}{x \sqrt{1 - (\ln x)^2}}$ 的无穷断点,故

$$
\begin{aligned}
\int_{1}^{\mathrm{e}} \frac{1}{x \sqrt{1 - (\ln x)^2}} \mathrm{d}x &= \lim_{\varepsilon \to 0^+} \int_{1}^{\mathrm{e}-\varepsilon} \frac{1}{x \sqrt{1 - (\ln x)^2}} \mathrm{d}x \\
&= \lim_{\varepsilon \to 0^+} \left[\arcsin(\ln x) \right] \Big|_{1}^{\mathrm{e}-\varepsilon} \\
&= \lim_{\varepsilon \to 0^+} \{ \arcsin [\ln(\mathrm{e} - \varepsilon)] - 0 \} \\
&= \arcsin [\ln \mathrm{e}] = \arcsin 1 \\
&= \frac{\pi}{2}
\end{aligned}
$$

例 54 讨论广义积分 $\int_{-1}^{1} \dfrac{1}{x^2} \mathrm{d}x$ 的敛散性.

解 因为 $x = 0$ 是被积函数 $\dfrac{1}{x^2}$ 的无穷断点,所以

$$
\int_{-1}^{1} \frac{1}{x^2} \mathrm{d}x = \int_{-1}^{0} \frac{1}{x^2} \mathrm{d}x + \int_{0}^{1} \frac{1}{x^2} \mathrm{d}x
$$

由于

$$
\int_{-1}^{0} \frac{1}{x^2} \mathrm{d}x = \lim_{\varepsilon \to 0^+} \int_{-1}^{-\varepsilon} \frac{1}{x^2} \mathrm{d}x
$$

$$= \lim_{\varepsilon \to 0^+} \left(-\frac{1}{x} \right) \Big|_{-1}^{-\varepsilon}$$

$$= \lim_{\varepsilon \to 0^+} \left(\frac{1}{\varepsilon} - 1 \right)$$

$$= +\infty$$

这时称广义积分 $\int_{-1}^{0} \frac{1}{x^2} \mathrm{d}x$ 发散(或不存在). 因此广义积分 $\int_{-1}^{1} \frac{1}{x^2} \mathrm{d}x$ 发散(或不存在).

注意：如忽视了 $x = 0$ 是 $\frac{1}{x^2}$ 的无穷断点,而按通常计算方法,就会得到错误的结果：

$$\int_{-1}^{1} \frac{1}{x^2} \mathrm{d}x = \left(-\frac{1}{x} \right) \Big|_{-1}^{1} = -1 - 1 = -2$$

因为,在 $[-1,1]$ 上非负值函数 $\frac{1}{x^2}$ 的积分不可能是负数.

3.3　积分学的应用

在这一节里,将主要介绍积分学在几何、经济分析中的实际应用. 其实积分学的应用是十分广泛的,大凡由已知导函数求其原函数的问题均可借助于积分方法予以解决.

3.3.1　定积分在几何中的应用

(1) 平面图形的面积

在定积分的几何意义中已经指出,设 $f(x)$ 在 $[a,b]$ 上连续,则下面曲边梯形的面积(如图 3.8 和图 3.9)S 分别为：

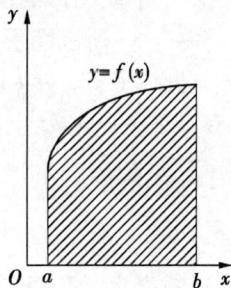 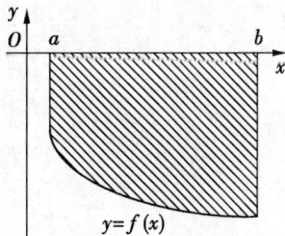

图 3.8　　　　　　　　　　　　图 3.9

当 $f(x) \geqslant 0$ 时,$S = \int_{a}^{b} f(x) \mathrm{d}x$;

当 $f(x) \leqslant 0$ 时,$S = -\int_{a}^{b} f(x) \mathrm{d}x$.

更一般的情况,设函数 $f_1(x)$、$f_2(x)$ 在 $[a,b]$ 上连续,且总有 $0 \leqslant f_1(x) \leqslant f_2(x)$,则曲线 $y = f_2(x)$,$y = f_1(x)$,与 $x = a, x = b$ 所围图形的面积(图 3.10) 为

$$S = \int_{a}^{b} f_2(x) \mathrm{d}x - \int_{a}^{b} f_1(x) \mathrm{d}x = \int_{a}^{b} [f_2(x) - f_1(x)] \mathrm{d}x$$

这个公式对于图 3.11 也成立,事实上,如在 $[a,b]$ 上函数值有正、有负,可将 x 轴向下平移一

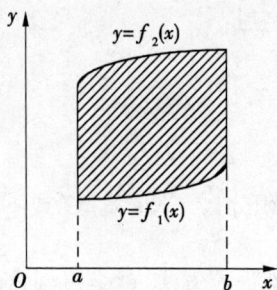
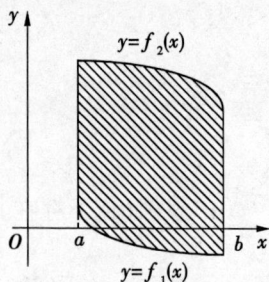

图 3.10　　　　　　　　　　　　　　图 3.11

段,使曲线全位于 x 轴上方. 此时两个函数同时增加一个常数 C,它们之差

$$[f_2(x) + C] - [f_1(x) + C] = f_2(x) - f_1(x)$$

不变,从而得证.

把上述公式形象地写成:

$$S = \int_a^b [f_{上}(x) - f_{下}(x)]\mathrm{d}x \tag{3.18}$$

提醒读者注意:这里必须保证在 $[a,b]$ 上,上曲线 $y_2 = f_{上}(x)$ 的位置始终在下曲线 $y_1 = f_{下}(x)$ 的上方. 否则,就要分区间进行.

归纳由定积分计算平面图形面积的步骤如下:

① 画出平面图形的草图,求出曲线交点;

② 选择适当的积分变量,确定积分限;

③ 写出面积元素,进而计算定积分.

下面通过一些实例,来说明利用定积分求平面图形的面积.

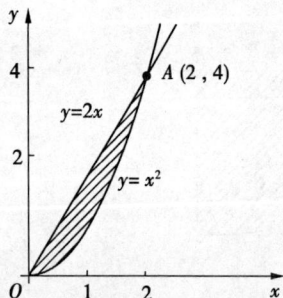

图 3.12

例 55　求以下曲线所围平面图形的面积:

1) 两曲线 $y = 2x$ 与 $y = x^2$ 所围图形;

2) 抛物线 $y^2 = 2x$ 与直线 $y = x - 4$ 所围图形;

3) 正弦曲线 $y = \sin x$ 在 $[-\pi,\pi]$ 上与 x 轴所围图形;

4) 椭圆 $\dfrac{x^2}{a^2} + \dfrac{y^2}{b^2} = 1$ 所围图形.

解

1) 画草图(图 3.12),找交点,解方程组

$$\begin{cases} y = 2x \\ y = x^2 \end{cases}$$

有 $x^2 = 2x, x(x-2) = 0$,得 $x_1 = 0, x_2 = 2$,交点为

$$O(0,0), A(2,4)$$

选积分变量为 x,积分区间为 $[0,2]$,面积元素

$$\mathrm{d}S = [f_{上}(x) - f_{下}(x)]\mathrm{d}x = (2x - x^2)\mathrm{d}x$$

所以

$$S = \int_0^2 \mathrm{d}S = \int_0^2 (2x - x^2)\mathrm{d}x$$

$$= \left(x^2 - \frac{1}{3}x^3 \right) \Big|_0^2 = \left(4 - \frac{8}{3} \right) - (0 - 0)$$

$$= \frac{4}{3}(平方单位)$$

2）如图 3.13 所示,解方程组

$$\begin{cases} y^2 = 2x \\ y = x - 4 \end{cases}$$

得交点,$A(2, -2)$,$B(8,4)$.

选积分变量为 x,积分区间为 $[0,8]$,由于在积分区间 $[0,8]$ 上,$f_上(x) - f_下(x)$ 的表达式不一样,故应将 $[0,8]$ 分成两个小区间 $[0,2]$ 及 $[2,8]$ 来分别求面积. 于是

$$S = \int_0^2 \left[\sqrt{2x} - (- \sqrt{2x}) \right] \mathrm{d}x + \int_2^8 \left[\sqrt{2x} - (x - 4) \right] \mathrm{d}x$$

$$= 2\sqrt{2} \int_0^2 \sqrt{x}\,\mathrm{d}x + \int_2^8 \left[\sqrt{2x} - x + 4 \right) \right] \mathrm{d}x$$

$$= \frac{4}{3}\sqrt{2}x^{\frac{3}{2}} \Big|_0^2 + \sqrt{2} \cdot \frac{2}{3}x^{\frac{3}{2}} \Big|_2^8 - \frac{x^2}{2} \Big|_2^8 + 4x \Big|_2^8$$

$$= \frac{4\sqrt{2}}{3} \times 2\sqrt{2} + \frac{2\sqrt{2}}{3} \times 14\sqrt{2} - \frac{1}{2} \times 60 + 4 \times 6$$

$$= 18(平方单位)$$

以上选的积分变量为 x,如选积分变量为 y,这时的计算就会简便一些. 选 y 为积分变量,则积分区间为 $[-2,4]$,如图 3.14 所示.

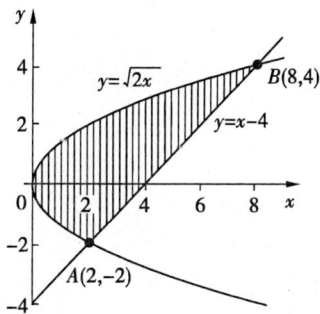

图 3.13

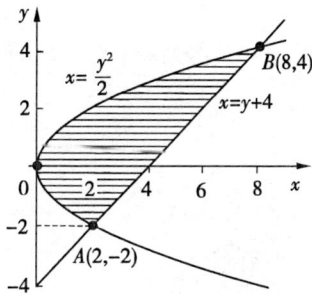

图 3.14

因为面积元素

$$\mathrm{d}S = \left[g_右(y) - g_左(y) \right] \mathrm{d}y = \left[(y + 4) - \frac{y^2}{2} \right] \mathrm{d}y$$

所以

$$S = \int_{-2}^4 \mathrm{d}S = \int_{-2}^4 \left[(y + 4) - \frac{y^2}{2} \right] \mathrm{d}y$$

$$= \left(\frac{y^2}{2} + 4y - \frac{y^3}{6} \right) \Big|_{-2}^4$$

$$= 18(平方单位)$$

从此例看出,一个积分问题,如能选择不同的积分变量,则应选择使积分计算较为简便的

积分变量.

3) 因为在 $[-\pi,0]$ 上，$\sin x \leqslant 0$；在 $[0,\pi]$ 上 $\sin x \geqslant 0$，由定积分的几何意义：

$$
\begin{aligned}
S &= \int_{-\pi}^{\pi} |\sin x| \, \mathrm{d}x \\
&= \int_{-\pi}^{0} (-\sin x) \mathrm{d}x + \int_{0}^{\pi} \sin x \mathrm{d}x \\
&= \cos x \Big|_{-\pi}^{0} - \cos x \Big|_{0}^{\pi} \\
&= 1 - (-1) - (-1 - 1) \\
&= 4(平方单位)
\end{aligned}
$$

注意：在求面积时，无论奇、偶函数，在关于原点对称的区间 $[-a,a]$ 上，都有

$$
S = \int_{-a}^{a} |f(x)| \, \mathrm{d}x = 2\int_{0}^{a} |f(x)| \, \mathrm{d}x
$$

因此，该例也可这样做：

由于 $y = |\sin x|$ 在 $[-\pi,\pi]$ 上是偶函数，故其面积

$$
\begin{aligned}
S &= \int_{-\pi}^{\pi} |\sin x| \, \mathrm{d}x \\
&= 2\int_{0}^{\pi} \sin x \mathrm{d}x = 2(-\cos x) \Big|_{0}^{\pi} \\
&= 2 \times 1 - 2 \times (-1) \\
&= 4(平方单位)
\end{aligned}
$$

一般地，$f(x)$ 在 $[a,b]$ 上所成曲边梯形，其面积又可表为

$$
S = \int_{a}^{b} |f(x)| \, \mathrm{d}x
$$

4) 由椭圆（图 3.15）的对称性，所求面积是椭圆在第一象限的面积的 4 倍. 在第一象限椭圆方程为

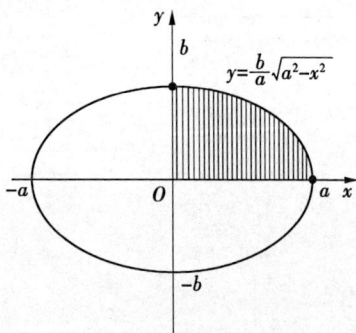

图 3.15

$$
y = \frac{b}{a} \sqrt{a^2 - x^2} \quad (0 \leqslant x \leqslant a)
$$

于是

$$
\begin{aligned}
S &= 4\int_{0}^{a} \frac{b}{a} \sqrt{a^2 - x^2} \mathrm{d}x \\
&= \frac{4b}{a} \int_{0}^{a} \sqrt{a^2 - x^2} \mathrm{d}x \\
&= \frac{4b}{a} \left(\frac{a^2}{2} \arcsin \frac{x}{a} + \frac{x}{2} \sqrt{a^2 - x^2} \right) \Big|_{0}^{a} \\
&= \frac{4b}{a} \cdot \frac{\pi a^2}{4} \\
&= \pi ab(平方单位)
\end{aligned}
$$

特别地，若 $a = b = R$，则得圆面积 $S = \pi R^2$.

（2）旋转体体积

设一立体是由连续曲线 $y = f(x)$ 与直线 $x = a, x = b(a < b)$ 及 x 轴所围成平面图形绕着 x 轴旋转一周所得到的旋转体（如图 3.16），下面来研究该旋转体的体积问题.

　　该旋转体可视为区间 $[a,b]$ 上各小区间对应的窄曲边梯形绕 x 轴旋转而成的小旋转体之和. 取 x 作为积分变量,积分区间为 $[a,b]$,任取 $[x,x+\mathrm{d}x]$ 上一薄片旋转体,其体积近似等于以 $f(x)$ 为底半径,$\mathrm{d}x$ 为高的小圆柱柱体体积. 得体积元素:

$$\mathrm{d}V = 底面积 \times 高 = \pi f^2(x)\mathrm{d}x$$

故所求旋转体体积为:

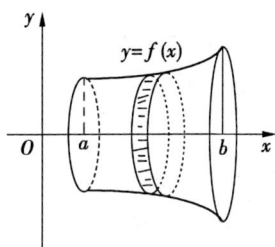 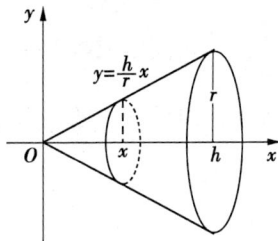

图 3.16　　　　　　　　　　　　　图 3.17

$$V = \int_a^b \mathrm{d}V = \int_a^b \pi f^2(x)\,\mathrm{d}x \tag{3.19}$$

　　例 56　求底半径为 r,高为 h 的正圆锥体的体积.

　　解　如图 3.17 所示,该正圆锥体可视为直线 $y = \dfrac{r}{h}x$ 与直线 $x = h$ 以及 x 轴所围成的平面直角三角形绕 x 轴旋转一周而成. 选 x 为积分变量,积分区间为 $[0,h]$,体积元素为

$$\mathrm{d}V = \pi\left(\frac{r}{h}x\right)^2 \mathrm{d}x$$

于是所求旋转体体积为

$$V = \int_0^h \mathrm{d}V = \int_0^h \pi\left(\frac{r}{h}x\right)^2 \mathrm{d}x$$

$$= \frac{\pi r^2}{h^2} \cdot \frac{x^3}{3}\bigg|_0^h$$

$$= \frac{1}{3}\pi r^2 h\,(立方单位)$$

　　例 57　求椭圆 $\dfrac{x^2}{a^2} + \dfrac{y^2}{b^2} = 1$ 绕 x 轴旋转一周所产生的旋转体体积.

　　解　由于椭圆图形的对称性,因此可考虑求出第一象限的曲边梯形绕 x 轴旋转一周所成的旋转体的体积,然后再 2 倍. 于是

$$V = 2\int_0^a \pi f^2(x)\,\mathrm{d}x = 2\pi\int_0^a \left(\frac{b}{a}\sqrt{a^2 - x^2}\right)^2 \mathrm{d}x$$

$$= 2\pi\frac{b^2}{a^2}\int_0^a (a^2 - x^2)\,\mathrm{d}x = \frac{2\pi b^2}{a^2}\left(a^2 x - \frac{x^3}{3}\right)\bigg|_0^a$$

$$= \frac{4}{3}\pi a b^2\,(立方单位)$$

　　特别地,若 $a = b = R$ 时,则得球体体积 $V = \dfrac{4}{3}\pi R^3$.

3.3.2 积分学在经济分析中的应用举例

在经济问题中,常常要涉及总产量、总收入、总成本等许多经济总量. 这些总量可由其边际量通过积分方法求得.

(1) 已知边际量求总量

例58 某厂生产某种产品,每日生产的产品的总成本 y 的变化率(即边际成本)是日产量 x 的函数 $y' = 7 + \dfrac{25}{\sqrt{x}}$,已知固定成本为 1 000 元,求总成本 y 与日产量 x 的关系.

解 因为总成本是边际成本的一个原函数,所以

$$y = \int\left(7 + \frac{25}{\sqrt{x}}\right)\mathrm{d}x$$

$$= 7x + 50\sqrt{x} + C$$

又已知固定成本为 1 000,即当 $x = 0$ 时,$y = 1\,000$,代入上式得

$$C = 1\,000$$

于是得 $y = 1\,000 + 7x + 50\sqrt{x}$(元),所以,总成本 y 与日产量 x 的函数关系为:

$$y = 1\,000 + 7x + 50\sqrt{x} \qquad\qquad (x \geq 0)$$

例59 某产品销售总收入是销售量 x 的函数 $R(x)$,已知销售总收入对销售量的变化率(即边际收入)为

$$R'(x) = 300 - \frac{2}{5}x$$

求销售量由 100 增加到 400 时所得的销售收入.

解 因为销售收入是边际收入的一个原函数,按题意有

$$R(400) - R(100) = R(x)\Big|_{100}^{400}$$

$$= \int_{100}^{400} R'(x)\,\mathrm{d}x = \int_{100}^{400}\left(300 - \frac{2}{5}x\right)\mathrm{d}x$$

$$= \left(300x - \frac{1}{5}x^2\right)\Big|_{100}^{400} = 60\,000$$

所以,销售量由 100 增加到 400 时,所得的销售收入为 60 000 元.

例60 一种商品投放市场的销售速度(即边际销售)为

$$f(t) = 160 - 40\mathrm{e}^{-2t} \quad (单位:\mathrm{kg}/\,天)$$

t 表示天数,求前 5 天的销售总量 S.

解 因为销售总量是边际销售的一个原函数,按题意有

$$S = \int_0^5 (160 - 40\mathrm{e}^{-2t})\,\mathrm{d}t$$

$$= (160t + 20\mathrm{e}^{-2t})\Big|_0^5$$

$$\approx 780.001(\mathrm{kg})$$

所以,前 5 天的销售量约为 780.001 kg.

（2）利润、产量与开工时数的最佳值的确定

例 61 某厂生产一种产品,年产量为 x 吨时,总费用的变化率（即边际费用）为 $f(x) = 0.25x + 8$（单位:百元 /t）,这种产品每吨的销售价为 3 000 元,问一年生产多少产品工厂利润最大?并求出年利润的最大值.

解 设产量为 x 吨时利润为 $L(x)$,因总费用是边际费用的一个原函数,所以有总费用:

$$C(x) = \int_0^x (0.25x + 8)\mathrm{d}x$$
$$= 0.125x^2 + 8x$$

而收入函数 $R(x) = 30x$,因为利润函数 $L(x) = R(x) - C(x)$,所以

$$L(x) = 30x - 0.125x^2 - 8x$$
$$= 22x - 0.125x^2$$

令 $L'(x) = 22 - 0.25x = 0$,得 $x = 88(\mathrm{t})$. 此时

$$L(88) = 22 \times 88 - 0.125 \times 88^2$$
$$= 968（百元）$$

又

$$L''(88) = -0.25 < 0$$

因此,年产量为 88 t 时工厂利润最大,且利润最大值为 96 800 元.

例 62 某工厂生产一种产品,每日总收入的变化率（边际收入）是日产量 x 的函数: $R'(x) = 30 - 0.2x$（单位:元／件）,该厂生产这种产品的能力是每小时 30 件,问怎样安排生产才能使这种产品每日的总收入最大?并求出此最大总收入值.

解 由题意知每日该产品的总收入为:

$$R(x) = \int_0^x (30 - 0.2x)\mathrm{d}x$$
$$= 30x - 0.1x^2$$

令 $R'(x) = 30 - 0.2x = 0$,得 $x = 150$（件）. 又 $R''(150) = -0.2 < 0$,因此,每日取得最大总收入的产量为 150 件,此时

$$R(150) = 30 \times 150 - 0.1 \times 150^2 = 2\ 250（元）$$

完成 150 件产品需要的工时为（按每小时 30 件计算）:

$$150 \div 30 = 5（小时）$$

所以,每天生产这种产品 5 小时,就能使产品每日的总收入最大,且此总收入的最大值为 2 250 元.

（3）资本存量问题

例 63 资本存量 $S = S(t)$ 是时间 t 的函数,它的导数等于净投资 $I(t)$,现知道净投资 $I(t) = 3\sqrt{t}$（单位:10 万元／年）,求第一年年底到第四年年底的资本存量.

解 因资本存量 S 是净投资的一个原函数,所以从 $t = 1$ 到 $t - 4$ 年的总存量为:

$$S = \int_1^4 3\sqrt{t}\mathrm{d}t = 2t^{\frac{3}{2}}\Big|_1^4$$
$$= 14（10 万元）$$

所以,第一年年底到第四年年底的资本总存量为 1 400 000 元.

例 64 某储蓄所根据前四年存款情况,知该所现金净存量的变化率是时间 t 的函数:

$f(t) = 14.5t^{\frac{5}{4}}$（单位：万元／年），计划从第五年起积存现金 1 000 万元，按此变化率约需几年时间？

解 设第五年开始，积存现金 1 000 万元需要 x 年，由题意知

$$1\ 000 = \int_4^{4+x} 14.5t^{\frac{5}{4}} dt$$

即

$$1\ 000 = \frac{58}{9}\left[(4+x)^{\frac{9}{4}} - 4^{\frac{9}{4}} \right]$$

由此得

$$(4+x)^{\frac{9}{4}} = \frac{9\ 000}{58} + 4^{\frac{9}{4}}$$

解此方程得

$$4 + x \approx 9.999\ 3$$

即 $x \approx 6$，所以，从第五年初开始，积存 1 000 万元现金约需 6 年.

3.3.3 积分法用于求解常微分方程

引例 一曲线上任一点的切线斜率为该点横坐标的（−2）倍，且过点 $P_0(0, -1)$，求此曲线方程.

解 设所求曲线为 $y = f(x)$，$P(x, y)$ 为该曲线上任一点. 根据函数在点 $P(x, y)$ 处导数的几何意义：是该函数对应的曲线在该点 $P(x, y)$ 切线的斜率，依题意有

$$\frac{dy}{dx} = -2x \quad (\text{或 } y' = -2x, \text{或 } dy = -2x dx) \qquad (1)\ \text{一阶微分方程}$$

两边积分

$$\int dy = \int -2 dx$$

得

$$y = -x^2 + C \qquad (2)\ \text{通解}$$

又由曲线过点 $P_0(0, -1)$，即 $\quad y(0) = -1$，或 $\begin{cases} x_0 = 0 \\ y_0 = -1 \end{cases}$ $\qquad (3)\ \text{初始条件}$

代入式（2），$-1 = -0^2 + C$，所以 $C = -1$

故

$$y = -x^2 - 1 \qquad (4)\ \text{特解}$$

因而所求曲线方程为 $y = -x^2 - 1$.

例 65 求解下列微分方程：

1）$y' = e^{x-y}$； 2）$(xy^2 + x)dx + (y - x^2 y)dy = 0$；

3）$y'' = \sin 3x - e^{2x}$； 4）$xy' - y = x^3$；

5）$y'' + 2y' - 3y = 0$； 6）$y'' - 4y' + 4y = 0$.

解 所谓微分方程是指含有未知函数的导数或微分的方程，求解微分方程是指如何通过积分方法求出微分方程中未知函数 $y = f(x)$ 的解法过程. 所求出的这个函数 $y = f(x)$ 叫微分方程的解.

1）$y' = e^{x-y}$，$\quad \dfrac{dy}{dx} = \dfrac{e^x}{e^y}$，$\quad e^y dy = e^x dx$

两边积分 $$\int e^y dy = \int e^x dx, \quad e^y = e^x + C$$

两边取自然对数 $$\ln e^y = \ln(e^x + C)$$
$$y = \ln(e^x + C)$$

这种解叫通解(其中 C 为任意常数,且一阶微分方程通解中必含一个任意常数).

校验:将此通解代入方程 $y' = e^{x-y}$ 进行验证,

$$[\ln(e^x + C)]' = e^{x-\ln(e^x+C)}$$

$$\frac{e^x}{e^x + C} = e^x \cdot e^{-\ln(e^x+C)}$$

$$\frac{e^x}{e^x + C} = \frac{e^x}{e^{\ln(e^x+C)}}$$

即 $$\frac{e^x}{e^x + C} = \frac{e^x}{(e^x + C)} \text{ 两边相等.}$$

故得证 $y = \ln(e^x + C)$ 为微分方程 $y' = e^{x-y}$ 的通解.

当初始条件为 $y(0) = 1$ 或 $\begin{cases} x_0 = 0 \\ y_0 = 1 \end{cases}$,代入通解 $y = \ln(e^x + C)$ 定出常数 C,$1 = \ln(e + C)$,

$\ln e = \ln(1 + C)$.$e = 1 + C$,所以 $C = e - 1$,这时的解 $y = \ln(e^x + e - 1)$ 称为微分方程 $y' = e^{x-y}$ 的特解.

2)将 $(xy^2 + x)dx + (y - x^2 y)dy = 0$ 变形

$$x(1 + y^2)dx + y(1 - x^2)dy = 0$$

$$\frac{x}{1 - x^2}dx + \frac{y}{1 + y^2}dy = 0$$

两边积分

$$\int \frac{x}{1 - x^2}dx + \int \frac{y}{1 + y^2}dy = \int 0 dx$$

$$\frac{1}{2}\int \frac{1}{1 - x^2}dx^2 + \frac{1}{2}\int \frac{1}{1 + y^2}dy^2 = \frac{1}{2}\int 0 dx$$

$$-\int \frac{1}{1 - x^2}d(1 - x^2) + \int \frac{1}{1 + y^2}d(1 + y^2) = \int 0 dx$$

$$-\ln(1 - x^2) + \ln(1 + y^2) = \ln C$$

$$\ln \frac{1 + y^2}{1 - x^2} = \ln C$$

$$1 + y^2 = C(1 - x^2) \qquad \text{(通解)}$$

当初始条件 $y(2) = 1$ 即 $\begin{cases} x_0 = 2 \\ y_0 = 1 \end{cases}$ 时,代入通解 $1 + y^2 = C(1 - x^2)$ 定出 C,$1 + 1^2 = C(1 - 2^2)$,

所以 $C = -\frac{2}{3}$.这时的解 $1 + y^2 = -\frac{2}{3}(1 - x^2)$ 称为微分方程 $(xy^2 + x)dx + (y - x^2 y)dy = 0$ 的特解.也可写成 $y^2 = \frac{2}{3}x^2 - \frac{5}{3}$ 或 $y = \pm\sqrt{\frac{2}{3}x^2 - \frac{5}{3}}$.

3)$y'' = \sin 3x - e^{2x}$ 这是一个二阶微分方程.

$(y')' = \sin 3x - \mathrm{e}^{2x}$,两边同乘 $\mathrm{d}x$

$(y')'\mathrm{d}x = (\sin 3x - \mathrm{e}^{2x})\mathrm{d}x$

$\mathrm{d}y' = (\sin 3x - \mathrm{e}^{2x})\mathrm{d}x$

两边同时积分

$$\int \mathrm{d}y' = \int (\sin 3x - \mathrm{e}^{2x})\mathrm{d}x$$

$$y' = -\frac{1}{3}\cos 3x - \frac{1}{2}\mathrm{e}^{2x} + C_1$$

两边再次积分

$$y = -\frac{1}{3}\int \cos 3x\,\mathrm{d}x - \frac{1}{2}\int \mathrm{e}^{2x}\mathrm{d}x + \int C_1 \mathrm{d}x$$

$$y = -\frac{1}{9}\sin 3x - \frac{1}{4}\mathrm{e}^{2x} + C_1 x + C_2 \quad (\text{通解;注意此通解中含有两个独立的任意常数,}$$

二阶微分方程通解中必有两个任意常数.)

4)将 $xy' - y = x^3$ 两边同除 $x(\neq 0)$ 得

$$y' - \frac{1}{x}y = x^2 \quad (\text{一阶线性非齐次微分方程})$$

形如 $y' + P(x)y = Q(x)$ 称为一阶线性微分方程.

当 $Q(x) = 0$ 时,$y' + P(x)y = 0$ 叫一阶线性齐次微分方程.

当 $Q(x) \neq 0$ 时,$y' + P(x)y = Q(x)$ 叫一阶线性非齐次微分方程.

(这里的线性是指关于 y',y 均为一次式)

此题用两种做法求解:

方法一:公式法

$$y = \mathrm{e}^{-\int P(x)\mathrm{d}x}\left[\int Q(x)\mathrm{e}^{\int P(x)\mathrm{d}x}\mathrm{d}x + C\right] \tag{3.20}$$

将此题中的 $P(x) = -\frac{1}{x}$,$Q(x) = x^2$ 代入公式,得通解

$$y = \mathrm{e}^{-\int -\frac{1}{x}\mathrm{d}x}\left[\int x^2 \mathrm{e}^{\int -\frac{1}{x}\mathrm{d}x}\mathrm{d}x + C\right]$$

$$y = \mathrm{e}^{\int \frac{1}{x}\mathrm{d}x}\left[\int x\mathrm{e}^{-\int \frac{1}{x}\mathrm{d}x}\mathrm{d}x + C\right]$$

$$y = \mathrm{e}^{\ln x}\left[\int x^2 \mathrm{e}^{-\ln x}\mathrm{d}x + C\right]$$

$$y = x\left[\int x^2 \mathrm{e}^{\ln \frac{1}{x}}\mathrm{d}x + C\right]$$

$$y = x\left[\int x^2 \cdot \frac{1}{x}\mathrm{d}x + C\right]$$

所以

$$y = x\left(\frac{x^2}{2} + C\right)$$

方法二:参数变易法

先求齐次方程 $y' - \frac{y}{x} = 0$ 的通解,将 $y' - \frac{y}{x} = 0$ 变形为 $\frac{\mathrm{d}y}{\mathrm{d}x} = \frac{y}{x}$,分离变量后可得 $\frac{\mathrm{d}y}{y} = \frac{\mathrm{d}x}{x}$,两边

积分 $\int \dfrac{1}{y}\mathrm{d}y = \int \dfrac{1}{x}\mathrm{d}x$，得 $\ln y = \ln x + \ln C$，所以 $y' - \dfrac{1}{x} = 0$ 的通解为 $y = Cx$（此处 C 为任意常数）.

再令 $y = C(x) \cdot x$ 为非齐次方程 $y' - \dfrac{1}{x}y = x^2$ 的解. 这个非齐次方程解 $y = C(x) \cdot x$ 的设法是：将其对应的齐次方程通解 $y = Cx$ 中的任意常数 C 视为变量 x 的函数，照同样形式设为非齐次方程的解 $y = C(x) \cdot x$，代入非齐次方程定出这个函数 $C(x)$，从而求出非齐次方程的通解，称此法为参数变易法.

由 $y = C(x) \cdot x$，$y' = [C(x) \cdot x]' = C'(x) \cdot x + C(x)$，代入 $y' - \dfrac{1}{x}y = x^2$ 中，有

$$C'(x) \cdot x + C(x) - \dfrac{1}{x} \cdot C(x) \cdot x = x^2$$

$$C'(x) = x, \quad C(x) = \int x\mathrm{d}x, \quad C(x) = \dfrac{1}{2}x^2 + C_1$$

所以 $y' - \dfrac{1}{x}y = x^2$ 通解为 $y = x\left(\dfrac{1}{2}x^2 + C_1\right)$.

可以看出，两种做法，其通解均为 $y = x\left(\dfrac{1}{2}x^2 + C_1\right)$（$C_1$ 为任意常数）.

5）$y'' + 2y' - 3y = 0$，此方程叫二阶常系数线性齐次微分方程.

首先，写出特征方程，并求出特征根.

特征方程的写法是：将此微分方程中未知函数 y 的导数的阶数相对应写成未知数 r 的次数的代数方程，即 $r^2 + 2r - 3r^0 = 0$，亦即 $r^2 + 2r - 3 = 0$，得特征根 $r_1 = 1, r_2 = -3$.

其次，求出两个线性无关的解.

这里，由于是两相异二特征实根，则两线性无关的解为

$$y_1 = \mathrm{e}^x, \qquad y_2 = \mathrm{e}^{-3x}$$

$$\left(y_1, y_2 \text{ 线性无关；即} \dfrac{y_1}{y_2} = \dfrac{\mathrm{e}^x}{\mathrm{e}^{-3x}} \neq \text{ 常数}\right)$$

最后，$y'' + 2y' - 3y = 0$ 的通解就是上面求得的两线性无关解的线性组合，即

通解 $\qquad\qquad y = C_1 y_1 + C_2 y_2$

所以 $\qquad\qquad y = C_1\mathrm{e}^x + C_2\mathrm{e}^{-3x}$ （其中 C_1, C_2 为任意独立常数）

6）$y'' - 4y' + 4y = 0$

特征方程： $\qquad\qquad r^2 - 4r + 4 = 0$

特征根： $\qquad\qquad r^2 - 4r + 4 = 0 \quad (r - 2)^2 = 0$

所以 $\qquad\qquad r_1 = 2, \qquad r_2 = 2$

两线性无关解 $y_1 = \mathrm{e}^{2x}, y_2 = x\mathrm{e}^{2x}$

$y'' - 4y' + 4y = 0$ 的通解为

$$y = C_1\mathrm{e}^{2x} + C_2 x\mathrm{e}^{2x}$$

或 $\qquad\qquad y = \mathrm{e}^{2x}(C_1 + C_2 x)$ （其中 C_1, C_2 为任意独立常数）

例 66 微分方程在经济分析中的应用举例.

1）设某商品的需求价格弹性 $\eta_Q(P) = -k$（k 为常数）试求该商品的需求函数 $Q = Q(P)$.

解　根据微分学中需求价格弹性的定义

$$\eta_Q(P) = Q'(P) \cdot \frac{P}{Q(P)}$$

有 $$Q'(P) \cdot \frac{P}{Q(P)} = -k, \quad 即 \frac{\mathrm{d}Q}{\mathrm{d}P} \cdot \frac{P}{Q(P)} = -k$$

分离变量后 $$\frac{\mathrm{d}Q}{Q} = -k \cdot \frac{\mathrm{d}P}{P}$$

两边积分 $$\int \frac{1}{Q}\mathrm{d}Q = -k \int \frac{1}{P}\mathrm{d}P$$

$$\ln Q = -k\ln P + \ln C, \quad \ln Q = \ln(CP^{-k})$$

因此所求需求函数为 $Q(P) = CP^{-k}$.

2)已知某厂纯利润 L 对广告费 x 的变化率 $\frac{\mathrm{d}L}{\mathrm{d}x}$ 与常数 A 和纯利润 L 之差成正比,当 $x = 0$ 时,$L = L_0$,试求纯利润 L 与广告费 x 之间的函数关系.

解 由题意可列出微分方程

$$\begin{cases} \dfrac{\mathrm{d}L}{\mathrm{d}x} = k(A-L) \\ L\big|_{x=0} = L_0 \end{cases} \quad (k \text{ 为比例常数})$$

将微分方程 $$\frac{\mathrm{d}L}{\mathrm{d}x} = k(A-L)$$

分离变量后得 $$\frac{\mathrm{d}L}{A-L} = k\mathrm{d}x$$

两边积分 $$-\int \frac{1}{A-L}\mathrm{d}(A-L) = \int k\mathrm{d}x$$

$$-\ln(A-L) = kx + \ln C_1$$

$$A - L = Ce^{-kx} \quad (其中 C = \frac{1}{C_1})$$

$$L = A - Ce^{-kx}$$

由初始条件 $L\big|_{x=0} = L_0$,解得 $C = A - L_0$

所以纯利润 L 与广告费 x 之间的函数关系为

$$L = A - (A - L_0)e^{-kx}$$

例 67 (微积分学综合题)

设 $f(\ln x) = \dfrac{\ln x}{x^2}$ $(x > 0)$

1)求函数 $y = f(x)$;

2)求 $\lim\limits_{x \to +\infty} f(x)$;

3)讨论函数 $y = f(x)$ 的极值与增、减性;

4)求解微分方程 $y' = f(x) - 1$;

5)求曲线 $y = f(x)$,x 轴及直线 $x = \dfrac{1}{2}$ 所围平面图形的面积 S.

解 1)设 $\ln x = t$,$x = e^t$,有

$$f(t) = \frac{t}{(e^t)^2}, 即 f(t) = te^{-2t}$$

由函数中的变量用什么字母表示无关

所以

$$y = f(x) = xe^{-2x}$$

2) $$\lim_{x \to +\infty} f(x) = \lim_{x \to +\infty} xe^{-2x} = \lim_{x \to +\infty} \frac{x}{e^{2x}} \left(\frac{\infty}{\infty} \right)$$

$$= \lim_{x \to +\infty} \frac{x'}{(e^{2x})'} = \lim_{x \to +\infty} \frac{1}{2e^{2x}} = \frac{1}{\infty} = 0$$

3) 讨论函数 $y = f(x) = xe^{-2x}$ 的极值与增、减性

$$y' = f'(x) = (xe^{-2x})' = e^{-2x}(1 - 2x)$$

令 $y' = 0$, 即 $e^{-2x}(1 - 2x) = 0$, 得驻点 $x = \frac{1}{2}$

当 $x < \frac{1}{2}$ 时, $f'(x) > 0$;

$x > \frac{1}{2}$ 时, $f'(x) < 0$.

由极值的判定法则, 可判

$$f\left(\frac{1}{2}\right) = xe^{-2x} \big|_{x = \frac{1}{2}} = \frac{1}{2e} 为 y = f(x) = xe^{-2x} 的极大值.$$

又因 $x < \frac{1}{2}$, $f'(x) > 0$, 故 $y = f(x) = xe^{-2x}$ 在 $\left(-\infty, \frac{1}{2}\right)$ 内为单调增函数.

$x > \frac{1}{2}$, $f'(x) < 0$, 故 $y = f(x) = xe^{-2x}$ 在 $\left[\frac{1}{2}, +\infty\right)$ 内为单调减函数.

关于 $y = f(x) = xe^{-2x}$ 的极值与增、减性可借助图 3.18 说明.

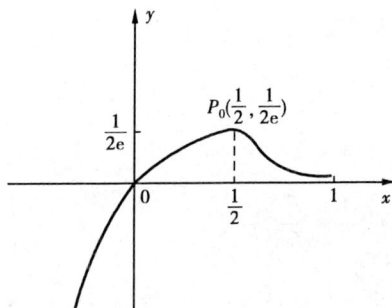

图 3.18

4) $y' = f(x) - 1$, $dy = [f(x) - 1]dx$

$$y = \int xe^{-2x} dx - \int dx = -\frac{1}{2} \int x de^{-2x} - \int dx$$

$$y = -\frac{1}{2} \left(xe^{-2x} - \int e^{-2x} dx \right) - \int dx$$

$$y = -\frac{1}{2} \left[xe^{-2x} + \frac{1}{2} \int e^{-2x} d(-2x) \right] - \int dx$$

$$y = -\frac{1}{2} \left(xe^{-2x} + \frac{1}{2} e^{-2x} \right) - x + C = -\frac{1}{2} \left[e^{-2x} \left(x + \frac{1}{2} \right) \right] - x + C$$

5) 由 $S = \int_a^b \left[f_上(x) - f_下(x) \right] dx$, 从图 3.18 可知,

所求面积

$$S = \int_0^{\frac{1}{2}} (xe^{-2x} - 0) dx$$

$$= \frac{1}{2} \int_{\frac{1}{2}}^{0} x \mathrm{d}(\mathrm{e}^{-2x}) = \frac{1}{2} \left(x\mathrm{e}^{-2x} \Big|_{\frac{1}{2}}^{0} - \int_{\frac{1}{2}}^{0} \mathrm{e}^{-2x} \mathrm{d}x \right)$$

$$= \frac{1}{2} \left[x\mathrm{e}^{-2x} \Big|_{\frac{1}{2}}^{0} + \frac{1}{2} \int_{\frac{1}{2}}^{0} \mathrm{e}^{-2x} \mathrm{d}(-2x) \right]$$

$$= \frac{1}{2} \left[(0 - \frac{1}{2\mathrm{e}}) + \frac{1}{2} \mathrm{e}^{-2x} \Big|_{\frac{1}{2}}^{0} \right]$$

$$= \frac{1}{2} \left[-\frac{1}{2\mathrm{e}} + \frac{1}{2}(1 - \frac{1}{\mathrm{e}}) \right]$$

$$= \frac{1}{2}(\frac{1}{2} - \frac{1}{\mathrm{e}}) \ (平方单位).$$

习 题 3

1. 求解下列各题:

(1) 已知在曲线上任一点切线的斜率为 $2x$,并且曲线经过点 $P(1, -2)$,求此曲线方程.

(2) 已知动点在时刻 t 的速度为 $v(t) = 3t - 2$,且 $t = 0$ 时,$s = 5$,求此动点的运动方程.

(3) 已知某产品的产量的变化率是时间 t 的函数 $f(t) = at + b(a, b$ 是常数),设此产品 t 时刻的产量函数为 $p(t)$ 且 $p(0) = 0$,求函数 $p(t)$.

2. 试证:函数 $y = (\mathrm{e}^x + \mathrm{e}^{-x})^2$ 和 $y = (\mathrm{e}^x - \mathrm{e}^{-x})^2$ 是同一函数的原函数.

3. 求下列不定积分:

(1) $\int (x^2 + 2^x - 1)\mathrm{d}x$;   (2) $\int \left(\frac{x}{2} - \frac{1}{x} + \frac{1}{x^2} - \mathrm{e}^x \right)\mathrm{d}x$;

(3) $\int \sqrt{x}(x - 3)\mathrm{d}x$;   (4) $\int \frac{x^4}{1 + x^2}\mathrm{d}x$;

(5) $\int \frac{x^2 + \sqrt{x^3} + 3}{\sqrt{x}}\mathrm{d}x$;   (6) $\int \frac{1 - x}{1 + \sqrt{x}}\mathrm{d}x$;

(7) $\int \sin^2 \frac{t}{2}\mathrm{d}t$;   (8) $\int \sqrt{x \sqrt{x \sqrt{x}}}\mathrm{d}x$;

(9) $\int \frac{\mathrm{e}^{2u} - 1}{\mathrm{e}^u - 1}\mathrm{d}u$;   (10) $\int \frac{\cos 2x}{\cos x + \sin x}\mathrm{d}x$;

(11) $\int \frac{1}{x^2(1 + x^2)}\mathrm{d}x$.

4. 求下列不定积分:

(1) $\int (2 - x)^{\frac{5}{2}}\mathrm{d}x$;   (2) $\int \frac{1}{\sqrt[3]{3 - 2x}}\mathrm{d}x$;

(3) $\int \mathrm{e}^{-3x}\mathrm{d}x$;   (4) $\int \frac{2x}{1 + x^2}\mathrm{d}x$;

(5) $\int \frac{\mathrm{e}^{\frac{1}{x}}}{x^2}\mathrm{d}x$;   (6) $\int \frac{\sin \frac{1}{x} - 1}{x^2}\mathrm{d}x$;

(7) $\int (\ln x)^2 \frac{\mathrm{d}x}{x}$;   (8) $\int \frac{1}{1 + 2t}\mathrm{d}t$;

(9) $\int \frac{2x - 1}{x^2 - x + 3}\mathrm{d}x$;   (10) $\int \frac{\cos x + 1}{\sin x + x}\mathrm{d}x$;

$(11) \displaystyle\int \frac{1}{x\ln x}\mathrm{d}x$;

$(12) \displaystyle\int \frac{1 + \ln x}{x}\mathrm{d}x$;

$(13) \displaystyle\int \frac{x - 1}{x^2 + 1}\mathrm{d}x$;

$(14) \displaystyle\int \frac{\mathrm{e}^x}{\mathrm{e}^x + 1}\mathrm{d}x$;

$(15) \displaystyle\int \frac{\mathrm{e}^x}{\sqrt{1 - \mathrm{e}^{2x}}}\mathrm{d}x$;

$(16) \displaystyle\int \frac{1}{4 + 9x^2}\mathrm{d}x$;

$(17) \displaystyle\int \frac{1}{x^2 + 4x + 5}\mathrm{d}x$;

$(18) \displaystyle\int \frac{1}{\sqrt{4 - 9x^2}}\mathrm{d}x$;

$(19) \displaystyle\int \sin^2 3x\,\mathrm{d}x$;

$(20) \displaystyle\int \cos^2 (2x + 1)\,\mathrm{d}x$;

$(21) \displaystyle\int \mathrm{e}^{\sin x} \cos x\,\mathrm{d}x$;

$(22) \displaystyle\int \sin^3 x\,\mathrm{d}x$;

$(23) \displaystyle\int \frac{\sin \sqrt{x}}{\sqrt{x}}\mathrm{d}x$;

$(24) \displaystyle\int \frac{1}{\sqrt{x}(1 - x)}\mathrm{d}x$;

$(25) \displaystyle\int \frac{(\arctan x)^2}{1 + x^2}\mathrm{d}x$;

$(26) \displaystyle\int x\, \sqrt{1 + x}\,\mathrm{d}x$;

$(27) \displaystyle\int \frac{x}{\sqrt{3x - 1}}\mathrm{d}x$;

$(28) \displaystyle\int \frac{x}{\sqrt{2x - 3} + 1}\mathrm{d}x$;

$(29) \displaystyle\int \frac{1}{\sqrt{2 - 3x} + 1}\mathrm{d}x$;

$(30) \displaystyle\int \frac{x^2}{\sqrt{1 - x^2}}\mathrm{d}x$;

$(31) \displaystyle\int \frac{\sqrt{x^2 - a^2}}{x}\mathrm{d}x$;

$(32) \displaystyle\int \frac{1}{(\sqrt{a^2 + x^2})^3}\mathrm{d}x$;

$(33) \displaystyle\int \frac{1}{\sqrt{1 + \mathrm{e}^x}}\mathrm{d}x .$

5. 求下列不定积分：

$(1) \displaystyle\int x\mathrm{e}^{-x}\mathrm{d}x$;

$(2) \displaystyle\int x \sin x\,\mathrm{d}x$;

$(3) \displaystyle\int x^{100}\ln x\,\mathrm{d}x$;

$(4) \displaystyle\int \ln(1 + x^2)\,\mathrm{d}x$;

$(5) \displaystyle\int x^2 \cos bx\,\mathrm{d}x$;

$(6) \displaystyle\int x^2\ln(1 + x)\,\mathrm{d}x$;

$(7) \displaystyle\int \mathrm{e}^{ax} \cos bx\,\mathrm{d}x$;

$(8) \displaystyle\int x \sin x \cos x\,\mathrm{d}x$;

$(9) \displaystyle\int \sin(\ln x)\,\mathrm{d}x$;

$(10) \displaystyle\int \mathrm{e}^{\sqrt{x}}\mathrm{d}x$;

$(11) \displaystyle\int \frac{1}{\sqrt{x}}(x + \ln \sqrt{x})\,\mathrm{d}x .$

6. 对于 $\displaystyle\int \sin 2x\mathrm{d}x$ ，甲、乙两位同学的计算分别为：

$$\int \sin 2x\mathrm{d}x = \frac{1}{2}\int \sin(2x)\mathrm{d}(2x) = -\frac{1}{2}\cos 2x + C,$$

$$\int \sin 2x\mathrm{d}x = 2\int \sin x \cos x\mathrm{d}x = 2\int \sin x\mathrm{d}\sin x = \sin^2 x + C_1$$

这两个结果有无矛盾？为什么？

7. 求解下列各题：

(1) 设 $\displaystyle\int f(x)\mathrm{d}x = \cos \mathrm{e}^{\sqrt{x}} + C$ ，求 $f(x)$ ；

159

(2) 已知 e^{x^2} 为 $f(x)$ 的一个原函数,求 $\int xf'(x)dx$;

(3) 设 $\Phi(x) = \int_1^x 2^t \cos\sqrt{t}dt$,求极限 $\lim\limits_{x\to 0^+}\Phi''(x)$.

8. 解下列各题:

(1) 求函数 $F(x) = \int_0^x t(t-4)dt$ 在 $[-1,5]$ 上的最大值、最小值;

(2) 求极限 $\lim\limits_{x\to 0}\dfrac{\int_0^x \arctan tdt}{x^2}$;

(3) 求极限 $\lim\limits_{x\to 0}\dfrac{\int_0^x (e^t - 1)dt}{\sin^2 x}$;

(4) 求函数 $F(x) = \int_x^{-1} te^{-t}dt$ 的导数 $F'(1)$;

(5) 当 x 为何值时 $I(x) = \int_0^x xe^{-x}dx$ 有极值?

9. 计算下列定积分:

(1) $\int_1^3 x^3 dx$;

(2) $\int_{-\frac{1}{2}}^{\frac{1}{2}} \dfrac{1}{\sqrt{1-x^2}}dx$;

(3) $\int_0^{\sqrt{3}a} \dfrac{1}{a^2 + x^2}dx$;

(4) $\int_{-1}^2 |2x-1|dx$;

(5) $\int_0^{2\pi} |\sin x|dx$;

(6) $\int_0^1 (e^x - 1)^4 e^x dx$.

10. 用换元法求下列定积分:

(1) $\int_0^4 \dfrac{1}{1+\sqrt{t}}dt$;

(2) $\int_0^2 \dfrac{1}{\sqrt{x+1} + \sqrt{(x+1)^3}}dx$;

(3) $\int_2^6 \dfrac{1}{\sqrt{2x-3}+1}dx$;

(4) $\int_1^5 \dfrac{x}{\sqrt{2x-1}+1}dx$;

(5) $\int_0^{\ln 2} \sqrt{e^x - 1}dx$;

(6) $\int_{\frac{1}{n}}^n \left(1 - \dfrac{1}{x^2}\right)\sin\left(x + \dfrac{1}{x}\right)dx$;

(7) $\int_0^1 \sqrt{4-x^2}dx$;

(8) $\int_0^1 (1+x^2)^{-\frac{3}{2}}dx$;

(9) $\int_1^2 \dfrac{\sqrt{x^2-1}}{x}dx$.

11. 用分部积分法,计算下列定积分:

(1) $\int_0^{\ln 2} xe^{-x}dx$;

(2) $\int_0^\pi x\sin xdx$;

(3) $\int_1^e \ln^3 xdx$;

(4) $\int_0^{\frac{\pi}{2}} e^x \cos xdx$;

(5) $\int_0^{2\pi} \dfrac{x(1+\cos 2x)}{2}dx$;

(6) $\int_{\frac{1}{e}}^e |\ln x|dx$.

12. 求下列广义积分,或判断它发散:

(1) $\int_0^{+\infty} xe^{-x}dx$;

(2) $\int_0^{+\infty} e^{-x}\sin xdx$;

(3) $\int_0^{+\infty} \dfrac{\ln x}{x}dx$;

(4) $\int_1^{+\infty} \dfrac{e^{-\sqrt{x}}}{\sqrt{x}}dx$;

(5) $\int_0^2 \dfrac{1}{(1-x)^2} \mathrm{d}x.$

13. 证明：

(1) 设 $f(x)$ 连续，则 $\int_{-a}^{a} f(x)\,\mathrm{d}x = \int_{-a}^{a} f(-x)\,\mathrm{d}x$；

(2) 若 $f(t)$ 为连续奇函数，则 $\Phi(x) = \int_0^x f(t)\,\mathrm{d}t$ 为偶函数；

(3) 设 $f(x)$ 连续，则

$$\int_{-a}^{a} \cos x f(x^2)\,\mathrm{d}x = 2\int_0^a \cos x f(x^2)\,\mathrm{d}x.$$

14. 求下列各题中平面图形的面积：

(1) 抛物线 $y = x^2$ 与 $y = 2 - x^2$ 所围成的图形；

(2) 双曲线 $y = \dfrac{1}{x}$ 与直线 $y = x, x = 2$ 所围成的图形；

(3) 指数曲线 $y = \mathrm{e}^x, y = \mathrm{e}^{-x}$ 与 $x = 1$ 所围成的图形；

(4) 抛物线 $y = -x^2 + 4x - 3$ 与其上点 $(3,0)$ 处切线及 y 轴所围成的图形.

15. 计算 $y = \mathrm{e}^{-x}$ 与直线 $y = 0$ 之间位于第一象限内的平面图形绕 x 轴旋转产生的旋转体体积.

16. 利用积分解下列经济应用问题：

(1) 某商品 x 单位的总收入 $R(x)$ 的变化率

$$R'(x) = 100 - \frac{1}{\sqrt{x}}(\text{单位:元})$$

求生产 x 个单位时的总收入和平均单位收入，并求出 100 个单位的总收入和平均单位收入.

(2) 已知某产品总产量的变化率是时间 t（单位:年）的函数

$$f(t) = 2t + 5(t \geq 0)$$

求第一个五年和第二个五年的总产量各为多少？

(3) 某产品的总成本 C（万元）的变化率（边际成本）$C' = 1$，总收益 R（万元）的变化率（边际收益）为产量 x（百台）的函数 $R' = R'(x) = 5 - x$，

① 求生产量等于多少时，总利润 L 为最大？

② 在利润最大的生产量基础上又生产了 100 台，总利润减少多少？

17. 求下列微分方程的通解或在给定初始条件下的特解：

(1) $(1 + 2y)x\mathrm{d}x + (1 + x^2)\mathrm{d}y = 0$；

(2) $\dfrac{\mathrm{d}x}{y} + \dfrac{\mathrm{d}y}{x} = 0, y(3) = 4$；

(3) $\dfrac{\mathrm{d}y}{\mathrm{d}x} + y = \mathrm{e}^{-x}$；

(4) $(x^2 + 1)\dfrac{\mathrm{d}y}{\mathrm{d}x} + 2xy = 4x^2$；

(5) $x\dfrac{\mathrm{d}y}{\mathrm{d}x} - 2y = x^3\mathrm{e}^x, y(1) = 0$；

(6) $y'' = x^2$；

(7) $y'' = x\mathrm{e}^x$；

(8) 设 $\int_0^{2x} f(t)\,\mathrm{d}t - f(2x) + \mathrm{e}^{2x} = 0$，求 $f(x)$.

18. 求解下列微分方程：

(1) $y'' + y' - 2y = 0$；

(2) $y'' - 4y' = 0$；

$(3)\,y'' - 4y' + 4y = 0;$

$(4)\,y'' + 2y = 0;$

$(5)\,y'' + 6y' + 13y = 0;$

$(6)\,y''' - 6y'' + 3y' + 10y = 0;$

$(7)\,y''' + 3y' - 4y = 0;$

$^*(8)\,2y'' + 6y' = 5x^2 - 2x - 1 = 0;$

$^*(9)\,2y'' + y' - y = 2e^x;$

$^*(10)\,y'' - 2y' + 5y = \cos 2x;$

$^*(11)\,y'' + 3y' + 2y = 3xe^{-x}.$

自测试题 3

一、设

$$f(x) = \begin{cases} \dfrac{\sin x}{x}, & 0 < x \le 1 \\ 0, & x = 0 \end{cases}$$

试判断 $f(x)$ 在 $[0,1]$ 上是否可积?如可积,能否在教材现有内容的基础上求出积分值.

二、求下列积分:

1. $\displaystyle\int \frac{1}{\sqrt{1 - 2x}}\mathrm{d}x;$

2. $\displaystyle\int \frac{1}{\sqrt{1 + 2x - x^2}}\mathrm{d}x;$

3. $\displaystyle\int \frac{1 + x}{1 + \sqrt{x}}\mathrm{d}x;$

4. $\displaystyle\int \sin\sqrt{x}\,\mathrm{d}x;$

5. $\displaystyle\int e^x \sin^2 x\,\mathrm{d}x;$

6. $\displaystyle\int_1^{e^3} \frac{1}{x\,\sqrt{1 + \ln x}}\mathrm{d}x;$

7. $\displaystyle\int_0^1 (e^x + 1)^3 e^x\,\mathrm{d}x;$

8. $\displaystyle\int_0^{\frac{\pi}{2a}} (x + 3)\sin ax\,\mathrm{d}x;$

9. $\displaystyle\int_0^{+\infty} xe^{-x^2}\,\mathrm{d}x;$

10. $\displaystyle\int_{-1}^1 e^{-|x|}\,\mathrm{d}x.$

三、求极限

$$\lim_{x \to 0^+} \frac{\displaystyle\int_0^{\sin x} \sqrt{\tan t}\,\mathrm{d}t}{\displaystyle\int_0^{\tan x} \sqrt{\sin t}\,\mathrm{d}t}.$$

四、求 $y' + y\tan x = \sec x, y(0) = 0$ 的特解.

五、证明等式

$$\int_0^a x^3 f(x^2)\,\mathrm{d}x = \frac{1}{2}\int_0^{a^2} xf(x)\,\mathrm{d}x \quad (a > 0).$$

六、下列积分正确的有( ).

1. $\displaystyle\int_{-1}^1 \frac{1}{x^2}\mathrm{d}x = -\frac{1}{x}\Big|_{-1}^1 = -2;$

2. $\displaystyle\int_{-\frac{\pi}{2}}^{\frac{\pi}{2}} \sin x\,\mathrm{d}x = 2\int_0^{\frac{\pi}{2}} \sin x\,\mathrm{d}x = 2;$

3. $\displaystyle\int_{-\frac{\pi}{2}}^{\frac{\pi}{2}} \sin x\,\mathrm{d}x = 0;$

4. $\displaystyle\int_{-1}^{1}\sqrt{1-x^2}\,\mathrm{d}x = 2\int_{0}^{1}\sqrt{1-x^2}\,\mathrm{d}x = \frac{\pi}{2}$.

七、设某种商品每天生产 x 单位时的固定成本为 a 元,边际成本函数 $C'(x) = 0.4x + 2$(元／单位),求总成本函数 $C(x)$. 如果这种商品规定的销售单价为 18 元,且产品可以全部售出,求总利润函数 $L(x)$,并问每天生产多少单位时,才能获得最大利润?

综合自测试题(第 1、2、3 章)

一、填空题

1. 函数 $f(x) = \dfrac{1}{x\mathrm{e}^x(x^2-1)}$ 的间断点为_____.

2. $\displaystyle\lim_{x\to\infty}\frac{\sin 2x}{x^2} =$ _____.

3. 已知 $\displaystyle\lim_{x\to 1}\frac{f(x)-f(1)}{x-1} = 3$,则 $f'(1) =$ _____.

4. 已知 $f(x) = 5$,则 $f(f'(0)) =$ _____.

5. $\displaystyle\lim_{x\to\frac{\pi}{2}}\left[\frac{\mathrm{d}}{\mathrm{d}x}(\sin^2 x)\right] =$ _____.

6. 已知 $y = \displaystyle\int_{-x}^{1}\cos t\,\mathrm{d}t$,则 $\mathrm{d}y =$ _____.

7. $\displaystyle\int_{-1}^{1}\frac{x^2\sin x}{\cos x}\,\mathrm{d}x =$ _____.

8. 设 $\displaystyle\int f(x)\,\mathrm{d}x = F(x) + C$,则 $\displaystyle\int \mathrm{e}^x f(\mathrm{e}^x)\,\mathrm{d}x =$ _____.

9. 已知 $\displaystyle\int_{0}^{1}(x+k)\,\mathrm{d}x = \frac{3}{2}$,则 $k =$ _____.

10. 函数 $f(x) = x^5$ 在区间_____内单调增加;在区间_____内,其图形凹向向下.

11. 曲线 $y = \dfrac{\ln(3+x)}{x+1}$ 的水平渐近线为_____,垂直渐近线为_____.

12. 某商品的收益函数为 $R(x) = 36x - x^2$,问 $x = 3$ 时的边际收益为_____,收益弹性为_____.

13. $\displaystyle\int \frac{f'(x)}{1+f^2(x)}\,\mathrm{d}x =$ _____.

14. 若平面闭区域 D 的面积为 4,则 $\displaystyle\iint_{D}\mathrm{d}x\mathrm{d}y =$ _____.

15. 若 $\displaystyle\int f(x)\,\mathrm{d}x = \mathrm{e}^{-2x} + \ln\sin x + C$,则 $f(x) =$ _____.

二、选择题(错选倒扣分)

1. $f(x) = C$(不为零的常数) 为(　　).

(1) 奇函数;　　(2) 偶函数;　　(3) 可导函数;

(4) 可积函数;　(5) 初等函数;　(6) 有界函数;

(7) $f(x) = C$ 存在反函数

2. 在 $x = 0$ 处,连续的函数有(　　),可导的函数有(　　).

(1) $y = |x|^2$;　(2) $y = \sqrt{x}$;　　(3) $y = \dfrac{x}{\cos x}$;

(4) $y = \dfrac{x}{\sin x}$;　　(5) $y = x|x|$;　(6) $y = \dfrac{|x|}{x}$;

$(7) y = \ln x$

3. 函数 $f(x) = (1 + \cos x) \sin x$ 在( )区间内单调上升.

$(1)(0, \frac{\pi}{3})$；　$(2)(\frac{\pi}{3}, \frac{5\pi}{3})$；　$(3)(\frac{5\pi}{3}, 2\pi)$

4. $\int \sin x \cos x \, dx = ($).

$(1) -\frac{1}{4}\cos x + C$；　　　　　$(2) \frac{1}{2}\sin 2x + C$；

$(3) -\frac{1}{2}\cos^2 x + C$；　　　　　$(4) -\frac{1}{4}\cos 2x + C$

5. $\int_{-1}^{2} |x| \, dx = ($).

$(1) \frac{5}{2}$；　　$(2) -\frac{5}{2}$；　　$(3) \frac{3}{2}$；　　$(4) -\frac{3}{2}$

三、计算题

1. $\lim\limits_{x \to 0}\left(\frac{1}{2x} - \frac{1}{e^{2x} - 1}\right)$.　　　　2. $\lim\limits_{x \to 0}\dfrac{\int_0^x t^2 \sin\frac{1}{t} dt}{x^2}$.

3. 设 $y = x\sqrt{1-x^2} + \arcsin x$，求 dy, y''.

4. 设 $y = 1 + xe^y$，求 $y'(0)$.

5. 设 $z = \ln(x^2 + y^2)$，求 $dz, \dfrac{\partial^2 z}{\partial x \partial y}$.

6. $\int \sqrt{3 - 2x} \, dx$.　　　　　7. $\int \dfrac{1}{x\sqrt{1 - \ln^2 x}} dx$.

8. $\int x^2 e^{-2x} dx$.　　　　　9. $\int_0^{\ln 2} \sqrt{e^x - 1} \, dx$.

10. $\int_0^{\frac{\pi}{2}} x \sin x \cos x \, dx$.

11. $y' + y = e^{-x}$ 当 $y(0) = 1$ 时的特解.

12. $\iint\limits_{D} (x^2 + y) \, dx dy$，$D$ 由抛物线 $y = x^2$ 与 $x = y^2$ 所围成.

四、应用题

1. 试分别用定积分和二重积分求：曲线 $y = 2x^2$，曲线 $y = 2x^2$ 在 $x = 1$ 处的切线以及 y 轴所围平面图形的面积.

2. 某商品的价格 P（单位：万元）与需求量 x（单位：百台）的关系为 $P = 58 - x$，总成本的变化率 $C'(x) = 4x - 2$，固定成本为 10 万元.

（1）求商品的产量 x 为多少时，能使总利润最大？

（2）在总利润最大的产量的基础上再生产 200 台，总利润减少多少？

五、证明题

1. 设 $f(x)$ 连续，用定积分换元积分法求证：

$$\int_{-a}^{a} \sin x f(x^2) \, dx = 0.$$

2. 设 $f(x)$ 为偶函数，求证：$\Phi(x) = \int_0^x f(t) \, dt$ 为奇函数.

3. 设 $f(x)$ 二阶导数连续，且 $f(0) = 0, f'(0) = 1, f''(0) = 2$，求证：

$$\lim\limits_{x \to 0} \frac{f(x) - x}{x^2} = 1.$$

4. 设 $f(x)$, $\Phi(x)$ 二阶可导, 当 $x > 0$ 时, $f''(x) > \Phi''(x)$, 且 $f(0) = \Phi(0)$, $f'(0) = \Phi'(0)$, 求证: 当 $x > 0$ 时,
$$f(x) > \Phi(x).$$

5. 设 $f(x)$ 在 $[0,1]$ 上连续, 且 $f(x) < 0$, 求证:
$$2x - \int_0^x f(t)\,\mathrm{d}t = 1 \text{ 在}[0,1] \text{ 上只有一个实根}.$$

6. 若 $f(x)$ 在 $(-\infty, +\infty)$ 上满足 $f'(x) = f(x)$, 且 $f'(0) = 1$, 求证: $f(x) = \mathrm{e}^x$.

第4章　矩阵方法及其应用

据文献记载,从 1850 年西尔威斯特(Sylvster)提出矩阵,1858 年凯利(Cayley)建立了矩阵运算规则以来,对矩阵的认识和应用日益加深,并在经济规划、管理工程、现代控制理论、电力网络以及其他科学技术方面得到了充分发展和广泛应用.

4.1　矩阵概念

4.1.1　矩阵的由来

引例 1　某地区设有三个不同的商场 S_1, S_2, S_3,它们都出售四种物品 F_1, F_2, F_3, F_4. 这四种物品在不同商场有不同的价格,如表 4.1 所示.

表 4.1

价格／元　商场 ＼ 物品	F_1	F_2	F_3	F_4
S_1	17	7	11	21
S_2	15	9	13	19
S_3	18	8	15	19

譬如:物品 F_2 在商场 S_3 的价格是 8 元,在商场 S_1 购买每种物品各一件的总费用是 17 元 + 7 元 + 11 元 + 21 元 = 56 元.

类似地,在商场 S_2 购买每种物品各一件的总费用是 56 元,在 S_3 则是 60 元. 表 6.1 中的长方形数组称为三行四列的矩阵,记为

$$\begin{bmatrix} 17 & 7 & 11 & 21 \\ 15 & 9 & 13 & 19 \\ 18 & 8 & 15 & 19 \end{bmatrix} \quad \text{或} \quad \begin{pmatrix} 17 & 7 & 11 & 21 \\ 15 & 9 & 13 & 19 \\ 18 & 8 & 15 & 19 \end{pmatrix}$$

这样一个数组由两个集合构成:一个为商场集合,记为 $\{S_1, S_2, S_3\}$;另一个为物品集合,记作 $\{F_1, F_2, F_3, F_4\}$,其中的元素由一串数(即价格)联系着.

引例 2　在物资管理工作中,常常要编制调拨计划,如表 4.2 所示.

这里的长方形数组称为 m 行 n 列矩阵,记为

$$\begin{bmatrix} a_{11} & a_{12} & \cdots & a_{1n} \\ a_{21} & a_{22} & \cdots & a_{2n} \\ \vdots & \vdots & \vdots & \vdots \\ a_{m1} & a_{m2} & \cdots & a_{mn} \end{bmatrix} \quad \text{或} \quad \begin{pmatrix} a_{11} & a_{12} & \cdots & a_{1n} \\ a_{21} & a_{22} & \cdots & a_{2n} \\ \vdots & \vdots & \vdots & \vdots \\ a_{m1} & a_{m2} & \cdots & a_{mn} \end{pmatrix}$$

166

表 4.2

调拨货物量/ t　销 地 产　地	B_1	B_2	$\cdots$	B_n
A_1	a_{11}	a_{12}	$\cdots$	a_{1n}
A_2	a_{21}	a_{22}	$\cdots$	a_{2n}
$\vdots$	$\vdots$	$\vdots$	$\vdots$	$\vdots$
A_m	a_{m1}	a_{m2}	$\cdots$	a_{mn}

这个矩阵代表一个货物调拨计划安排,其中 a_{ij} 是产地 A_i 调到销地 B_j 的货物量,因此这一矩阵表示一种供销关系.

引例 3　一个线性方程组(m 个 n 元线性方程)是由系数 $a_{11},a_{12},\cdots,a_{mn}$ 和常数 $b_1,b_2,\cdots,$ b_m 决定的:

$$\begin{cases} a_{11}x_1 + a_{12}x_2 + \cdots + a_{1n}x_n = b_1 \\ a_{21}x_1 + a_{22}x_2 + \cdots + a_{2n}x_n = b_2 \\ \qquad\qquad\qquad \vdots \\ a_{m1}x_1 + a_{m2}x_2 + \cdots + a_{mn}x_n = b_m \end{cases} \tag{4.1}$$

称长方形数组

$$A = \begin{bmatrix} a_{11} & a_{12} & \cdots & a_{1n} \\ a_{21} & a_{22} & \cdots & a_{2n} \\ \vdots & \vdots & \vdots & \vdots \\ a_{m1} & a_{m2} & \cdots & a_{mn} \end{bmatrix}$$

$$[A \mid B] = \begin{bmatrix} a_{11} & a_{12} & \cdots & a_{1n} & \vdots & b_1 \\ a_{21} & a_{22} & \cdots & a_{2n} & \vdots & b_2 \\ \vdots & \vdots & \vdots & \vdots & \vdots & \vdots \\ a_{m1} & a_{m2} & \cdots & a_{mn} & \vdots & b_m \end{bmatrix}$$

分别为线性方程组(4.1)的系数矩阵和增广矩阵.

以上三例中所遇到的表格,如果抽去实际意义,就其数学本质来说,无非是一个长方形(即矩形)的数表,为此,给出矩阵定义.

4.1.2　矩阵的定义

定义 4.1　由 $m \times n$ 个数(或元素)按确定位置排成 m 行 n 列的矩形表,形如

$$\begin{bmatrix} a_{11} & a_{12} & \cdots & a_{1n} \\ a_{21} & a_{22} & \cdots & a_{2n} \\ \vdots & \vdots & \vdots & \vdots \\ a_{m1} & a_{m2} & \cdots & a_{mn} \end{bmatrix} \text{ 或 } \begin{pmatrix} a_{11} & a_{12} & \cdots & a_{1n} \\ a_{21} & a_{22} & \cdots & a_{2n} \\ \vdots & \vdots & \vdots & \vdots \\ a_{m1} & a_{m2} & \cdots & a_{mn} \end{pmatrix}$$

叫做一个 $m \times n$ 阶矩阵,其中横排叫矩阵的行,竖排叫矩阵的列,a_{ij} 叫矩阵第 i 行第 j 列上的元素,$m \times n$ 叫矩阵的阶. 通常,用大写英文字母 $A, B, C, \cdots$ 表示矩阵,有时为了表明一个矩阵的行数和列数,又用 $A_{m \times n}$ 或 $A = (a_{ij})_{m \times n}$ 表示一个 m 行 n 列的矩阵.

4.1.3　几种特殊矩阵

矩阵有以下各种特殊情形:

(1)行矩阵

1 行 n 列的矩阵即 $1 \times n$ 阶矩阵,称为行矩阵,如

$$(a_1 \quad a_2 \quad \cdots \quad a_n)$$

(2)列矩阵

m 行 1 列的矩阵即 $m \times 1$ 阶矩阵,称为列矩阵,如

$$\begin{bmatrix} b_1 \\ b_2 \\ \vdots \\ b_m \end{bmatrix}$$

(3)零矩阵

所有元素均为 0 的矩阵,称为零矩阵,记为 O 或 $O_{m \times n}$,即

$$O_{m \times n} = \begin{bmatrix} 0 & 0 & \cdots & 0 \\ 0 & 0 & \cdots & 0 \\ \vdots & \vdots & \vdots & \vdots \\ 0 & 0 & \cdots & 0 \end{bmatrix}$$

(4)方阵

行数与列数相等的矩阵,即 $m \times n$ 阶矩阵若 $m = n$ 时,则称为 n 阶方阵或称 $n \times n$ 阶矩阵,即

$$A = \begin{bmatrix} a_{11} & a_{12} & \cdots & a_{1n} \\ a_{21} & a_{22} & \cdots & a_{2n} \\ \vdots & \vdots & \vdots & \vdots \\ a_{n1} & a_{n2} & \cdots & a_{nn} \end{bmatrix}$$

在 n 阶方阵中,从左上角到右下角的对角线称为主对角线;从右上角到左下角的对角线称为次对角线或副对角线.

(5)对称矩阵

在 n 阶方阵 $A = [a_{ij}]$ 中,若它的第 i 行第 j 列上的元素 a_{ij} 与第 j 行第 i 列上的元素 a_{ji} 相等,即 $a_{ij} = a_{ji}(i, j = 1, 2, \cdots, n)$,则称 A 为对称矩阵,简称对称阵,如

$$\begin{bmatrix} 1 & 2 & 3 \\ 2 & 1 & 4 \\ 3 & 4 & 1 \end{bmatrix}, \begin{bmatrix} 2 & 1 & \dfrac{1}{2} \\ 1 & -4 & -2 \\ \dfrac{1}{2} & -2 & -1 \end{bmatrix}, \begin{bmatrix} a & b & c & d \\ b & b & a & c \\ c & a & c & b \\ d & c & b & d \end{bmatrix}$$

都是对称阵.

（6）三角矩阵

主对角线下方的元素全为零的 n 阶方阵，称为 n 阶上三角矩阵，即

$$A = \begin{bmatrix} a_{11} & a_{12} & \cdots & a_{1n} \\ 0 & a_{22} & \cdots & a_{2n} \\ \vdots & \vdots & \vdots & \vdots \\ 0 & 0 & \cdots & a_{nn} \end{bmatrix}$$

主对角线上方的元素全为零的 n 阶方阵，称为 n 阶下三角矩阵，即

$$A = \begin{bmatrix} a_{11} & 0 & \cdots & 0 \\ a_{21} & a_{22} & \cdots & 0 \\ \vdots & \vdots & \vdots & \vdots \\ a_{n1} & a_{n2} & \cdots & a_{nn} \end{bmatrix}$$

上三角矩阵和下三角矩阵统称为三角矩阵.

（7）对角矩阵

如果方阵除主对角线上的元素以外，其余元素全为零，即

$$A = \begin{bmatrix} a_{11} & 0 & \cdots & 0 \\ 0 & a_{22} & \cdots & 0 \\ \vdots & \vdots & \vdots & \vdots \\ 0 & 0 & \cdots & a_{nn} \end{bmatrix}$$

这种矩阵叫对角矩阵，简称对角阵. 显然，对角矩阵既是上三角矩阵又是下三角矩阵.

（8）单位矩阵

主对角线上元素全为 1 的 n 阶对角阵，叫 n 阶单位矩阵，简称单位阵. 记为 E 或 E_n，即

$$E = \begin{bmatrix} 1 & 0 & \cdots & 0 \\ 0 & 1 & \cdots & 0 \\ \vdots & \vdots & \vdots & \vdots \\ 0 & 0 & \cdots & 1 \end{bmatrix}$$

4.2 矩阵的运算

矩阵是一个矩形数表，而不是单个的数字，应该把整个矩阵当做一个数字对象来对待. 在这里，自然要问，既然单个的数字可以进行加、减、乘、除四则运算，那么一个矩形数表，即矩阵的四则运算应取什么形式呢？下面就来讨论这个问题.

4.2.1 矩阵相等

设 A, B 是两个同阶（即有相同的行数和列数）矩阵，若 A 中的每个元素与 B 中的每个元素对应相等，则称矩阵 A 与 B 相等，记为 $A = B$，也就是在

$$A = \begin{bmatrix} a_{11} & a_{12} & \cdots & a_{1n} \\ a_{21} & a_{22} & \cdots & a_{2n} \\ \vdots & \vdots & \vdots & \vdots \\ a_{m1} & a_{m2} & \cdots & a_{mn} \end{bmatrix}$$

$$B = \begin{bmatrix} b_{11} & b_{12} & \cdots & b_{1n} \\ b_{21} & b_{22} & \cdots & b_{2n} \\ \vdots & \vdots & \vdots & \vdots \\ b_{m1} & b_{m2} & \cdots & b_{mn} \end{bmatrix}$$

中,若 $a_{ij} = b_{ij}(i=1, 2, \cdots, m; j = 1, 2, \cdots, n)$,则有 $A = B$. 例如

$$A = \begin{bmatrix} 1 & 3 & 5 \\ 2 & 4 & 8 \\ 3 & 0 & 7 \end{bmatrix}, B = \begin{bmatrix} 1 & 5 & 2 \\ 2 & 4 & 8 \\ 3 & 0 & 7 \end{bmatrix}, C = \begin{bmatrix} 1 & 3 & 5 \\ 2 & 4 & 8 \\ 3 & 0 & 7 \end{bmatrix}$$

则 $A = C$,而 $B \neq C, A \neq B$;反之,若

$$\begin{bmatrix} x_{11} & x_{12} & x_{13} \\ x_{21} & x_{22} & x_{23} \end{bmatrix} = \begin{bmatrix} 1 & -1 & 0 \\ 3 & 2 & 4 \end{bmatrix}$$

则有

$$x_{11} = 1, x_{12} = -1, x_{13} = 0,$$
$$x_{21} = 3, \ x_{22} = 2, \ x_{23} = 4$$

4.2.2 矩阵加法

设

$$A = \begin{bmatrix} a_{11} & a_{12} & \cdots & a_{1n} \\ a_{21} & a_{22} & \cdots & a_{2n} \\ \vdots & \vdots & \vdots & \vdots \\ a_{m1} & a_{m2} & \cdots & a_{mn} \end{bmatrix}$$

$$B = \begin{bmatrix} b_{11} & b_{12} & \cdots & b_{1n} \\ b_{21} & b_{22} & \cdots & b_{2n} \\ \vdots & \vdots & \vdots & \vdots \\ b_{m1} & b_{m2} & \cdots & b_{mn} \end{bmatrix}$$

称 A, B 所有对应元素的和(或差)构成的 $m \times n$ 阶矩阵

$$C = \begin{bmatrix} a_{11} \pm b_{11} & a_{12} \pm b_{12} & \cdots & a_{1n} \pm b_{1n} \\ a_{21} \pm b_{21} & a_{22} \pm b_{22} & \cdots & a_{2n} \pm b_{2n} \\ \vdots & \vdots & \vdots & \vdots \\ a_{m1} \pm b_{m1} & a_{m2} \pm b_{m2} & \cdots & a_{mn} \pm b_{mn} \end{bmatrix}$$

为 A, B 的和(或差),记为 $C = A + B$(或 $C = A - B$).

例1 设

$$A = \begin{bmatrix} 1 & 0 & 2 & 1 \\ 3 & 4 & 7 & -1 \end{bmatrix}, B = \begin{bmatrix} 6 & -2 & -2 & 2 \\ 4 & 1 & -6 & 7 \end{bmatrix}.$$

求 $A + B, A - B$.

解

$$A + B = \begin{bmatrix} 1+6 & 0+(-2) & 2+(-2) & 1+2 \\ 3+4 & 4+1 & 7+(-6) & -1+7 \end{bmatrix}$$

$$= \begin{bmatrix} 7 & -2 & 0 & 3 \\ 7 & 5 & 1 & 6 \end{bmatrix}$$

$$A - B = \begin{bmatrix} 1-6 & 0-(-2) & 2-(-2) & 1-2 \\ 3-4 & 4-1 & 7-(-6) & -1-7 \end{bmatrix}$$

$$= \begin{bmatrix} -5 & 2 & 4 & -1 \\ -1 & 3 & 13 & -8 \end{bmatrix}$$

例2 求下面矩阵方程中的未知矩阵 X：

$$\begin{bmatrix} a & b & c \\ 1 & 1+a & 3-c \end{bmatrix} + X = \begin{bmatrix} 1-a & b+c & c-3 \\ 2 & -1 & c \end{bmatrix}.$$

解

$$X = \begin{bmatrix} 1-a & b+c & c-3 \\ 2 & -1 & c \end{bmatrix} - \begin{bmatrix} a & b & c \\ 1 & 1+a & 3-c \end{bmatrix}$$

$$= \begin{bmatrix} 1-a-a & b+c-b & c-3-c \\ 2-1 & -1-(1+a) & c-(3-c) \end{bmatrix}$$

$$= \begin{bmatrix} 1-2a & c & -3 \\ 1 & -2-a & 2c-3 \end{bmatrix}$$

注意：两矩阵只有行数和列数分别相同时,才能进行加、减运算. 否则是不能进行此运算的.

设 A, B, C, O 均为 $m \times n$ 阶矩阵,容易验证矩阵的加法满足以下运算规则：

1) 加法交换律：$A + B = B + A$；

2) 加法结合律：$(A + B) + C = A + (B + C)$；

3) 零矩阵满足：$A + O = A$.

可以验证：两个同阶上三角矩阵（或下三角矩阵）的和、差仍为上三角矩阵（或下三角矩阵）；两个同阶对角矩阵的和、差仍为对角矩阵.

例3 设 $A = \begin{bmatrix} -1 & 1 & 0 & 2 \\ 0 & -1 & 1 & 3 \\ 1 & 0 & 1 & -1 \end{bmatrix}, B = \begin{bmatrix} 0 & 1 & -1 & 0 \\ 1 & 2 & 3 & 0 \\ -2 & 1 & 0 & -3 \end{bmatrix}, C = \begin{bmatrix} 1 & -2 & 1 & -2 \\ -1 & -1 & -4 & -3 \\ 1 & -1 & -1 & 4 \end{bmatrix}.$

验证 $(A + B) + C = A + (B + C)$.

解 因为

$$(A + B) + C = \left(\begin{bmatrix} -1 & 1 & 0 & 2 \\ 0 & -1 & 1 & 3 \\ 1 & 0 & 1 & -1 \end{bmatrix} + \begin{bmatrix} 0 & 1 & -1 & 0 \\ 1 & 2 & 3 & 0 \\ -2 & 1 & 0 & -3 \end{bmatrix} \right) +$$

$$\begin{bmatrix} 1 & -2 & 1 & -2 \\ -1 & -1 & -4 & -3 \\ 1 & -1 & -1 & 4 \end{bmatrix}$$

$$= \begin{bmatrix} -1 & 2 & -1 & 2 \\ 1 & 1 & 4 & 3 \\ -1 & 1 & 1 & -4 \end{bmatrix} + \begin{bmatrix} 1 & -2 & 1 & -2 \\ -1 & -1 & -4 & -3 \\ 1 & -1 & -1 & 4 \end{bmatrix}$$

$$= \begin{bmatrix} 0 & 0 & 0 & 0 \\ 0 & 0 & 0 & 0 \\ 0 & 0 & 0 & 0 \end{bmatrix} = O$$

又因

$$A + (B + C) = \begin{bmatrix} -1 & 1 & 0 & 2 \\ 0 & -1 & 1 & 3 \\ 1 & 0 & 1 & -1 \end{bmatrix} +$$

$$\left(\begin{bmatrix} 0 & 1 & -1 & 0 \\ 1 & 2 & 3 & 0 \\ -2 & 1 & 0 & -3 \end{bmatrix} + \begin{bmatrix} 1 & -2 & 1 & -2 \\ -1 & -1 & -4 & -3 \\ 1 & -1 & -1 & 4 \end{bmatrix} \right)$$

$$= \begin{bmatrix} -1 & 1 & 0 & 2 \\ 0 & -1 & 1 & 3 \\ 1 & 0 & 1 & -1 \end{bmatrix} + \begin{bmatrix} 1 & -1 & 0 & -2 \\ 0 & 1 & -1 & -3 \\ -1 & 0 & -1 & 1 \end{bmatrix}$$

$$= \begin{bmatrix} 0 & 0 & 0 & 0 \\ 0 & 0 & 0 & 0 \\ 0 & 0 & 0 & 0 \end{bmatrix} = O$$

所以 $(A + B) + C = A + (B + C) = O.$

4.2.3 数乘矩阵

设 k 是一个常数, $A = \begin{pmatrix} a_{11} & a_{12} & \cdots & a_{1n} \\ a_{21} & a_{22} & \cdots & a_{2n} \\ \vdots & \vdots & \vdots & \vdots \\ a_{m1} & a_{m2} & \cdots & a_{mn} \end{pmatrix}$,称矩阵

$$\begin{pmatrix} ka_{11} & ka_{12} & \cdots & ka_{1n} \\ ka_{21} & ka_{22} & \cdots & ka_{2n} \\ \vdots & \vdots & \vdots & \vdots \\ ka_{m1} & ka_{m2} & \cdots & ka_{mn} \end{pmatrix}$$

为数 k 与矩阵 A 的乘积,记为 kA, $(-1)A$ 记为 $-A$.

例4 $A = \begin{bmatrix} 3 & -2 & 4 & -5 \\ 5 & 0 & 2 & -3 \\ 1 & 6 & 0 & 7 \end{bmatrix}, B = \begin{bmatrix} 4 & -3 & 5 & -10 \\ 8 & 2 & 3 & 0 \\ -1 & 7 & -4 & 9 \end{bmatrix}.$

求 $3A - 2B.$

解 先作数乘运算:

$$3A = 3 \begin{bmatrix} 3 & -2 & 4 & -5 \\ 5 & 0 & 2 & -3 \\ 1 & 6 & 0 & 7 \end{bmatrix} = \begin{bmatrix} 9 & -6 & 12 & -15 \\ 15 & 0 & 6 & -9 \\ 3 & 18 & 0 & 21 \end{bmatrix}$$

$$2B = 2\begin{bmatrix} 4 & -3 & 5 & -10 \\ 8 & 2 & 3 & 0 \\ -1 & 7 & -4 & 9 \end{bmatrix} = \begin{bmatrix} 8 & -6 & 10 & -20 \\ 16 & 4 & 6 & 0 \\ -2 & 14 & -8 & 18 \end{bmatrix}$$

再求 $3A$ 与 $2B$ 之差:

$$3A - 2B = \begin{bmatrix} 9 & -6 & 12 & -15 \\ 15 & 0 & 6 & -9 \\ 3 & 18 & 0 & 21 \end{bmatrix} - \begin{bmatrix} 8 & -6 & 10 & -20 \\ 16 & 4 & 6 & 0 \\ -2 & 14 & -8 & 18 \end{bmatrix}$$

$$= \begin{bmatrix} 1 & 0 & 2 & 5 \\ -1 & -4 & 0 & -9 \\ 5 & 4 & 8 & 3 \end{bmatrix}$$

例 5　B_1, B_2, B_3 三个煤矿到 A_1, A_2, A_3, A_4 四个城市的距离如表 4.3 所示.

表 4.3

距离/km　城市 煤　矿	A_1	A_2	A_3	A_4
B_1	a_{11}	a_{12}	a_{13}	a_{14}
B_2	a_{21}	a_{22}	a_{23}	a_{24}
B_3	a_{31}	a_{32}	a_{33}	a_{34}

货物每吨公里运费为 d 元,求各煤矿到各城市每吨煤的运费.

解　若记

$$A = \begin{bmatrix} a_{11} & a_{12} & a_{13} & a_{14} \\ a_{21} & a_{22} & a_{23} & a_{24} \\ a_{31} & a_{32} & a_{33} & a_{34} \end{bmatrix}$$

则各煤矿到各城市每吨煤的运费可表示为

$$dA = \begin{bmatrix} da_{11} & da_{12} & da_{13} & da_{14} \\ da_{21} & da_{22} & da_{23} & da_{24} \\ da_{31} & da_{32} & da_{33} & da_{34} \end{bmatrix}$$

例 6　求矩阵方程中的未知矩阵 X:

$$-\begin{bmatrix} 2 & 5 \\ 3 & 1 \end{bmatrix} + 2X = \begin{bmatrix} 6 & 7 \\ 9 & 3 \end{bmatrix}.$$

解　由已知得

$$2X = \begin{bmatrix} 6 & 7 \\ 9 & 3 \end{bmatrix} + \begin{bmatrix} 2 & 5 \\ 3 & 1 \end{bmatrix}$$

$$= \begin{bmatrix} 8 & 12 \\ 12 & 4 \end{bmatrix}$$

所以

$$X = \frac{1}{2}\begin{bmatrix} 8 & 12 \\ 12 & 4 \end{bmatrix} = \begin{bmatrix} 4 & 6 \\ 6 & 2 \end{bmatrix}$$

注意:数乘矩阵时,要把这个数乘到矩阵的每一个元素上去.

由数乘矩阵的规定,容易验证,对实数 k,l 和矩阵 $A = [a_{ij}]_{m \times n}$, $B = [b_{ij}]_{m \times n}$,应满足以下运算规则:

1)数对矩阵的分配律:$k(A + B) = kA + kB$;

2)矩阵对数的分配律:$(k + l)A = kA + lA$;

3)数与矩阵的结合律:$(kl)A = k(lA)$;

4)数 1 与矩阵满足:$1A = A$.

例7 设 $A = \begin{bmatrix} 1 & 0 & 0 \\ 0 & -1 & -1 \\ 1 & 1 & 0 \end{bmatrix}$, $B = \begin{bmatrix} 1 & 1 & 0 \\ -1 & 0 & 1 \\ 0 & 1 & -1 \end{bmatrix}$,

且 $2(B - A) + 4X = E_3 - 4A$,求矩阵 X.

解 首先将矩阵方程化为:$2B - 2A + 4X = E_3 - 4A$,即

$$\begin{aligned} 4X &= E_3 - 4A + 2A - 2B \\ &= E_3 + (-4 + 2)A - 2B \\ &= E_3 - 2A - 2B \\ &= E_3 - 2(A + B) \end{aligned}$$

又因 $A + B = \begin{bmatrix} 1 & 0 & 0 \\ 0 & -1 & -1 \\ 1 & 1 & 0 \end{bmatrix} + \begin{bmatrix} 1 & 1 & 0 \\ -1 & 0 & 1 \\ 0 & 1 & -1 \end{bmatrix}$

$$= \begin{bmatrix} 2 & 1 & 0 \\ -1 & -1 & 0 \\ 1 & 2 & -1 \end{bmatrix}$$

那么 $-2(A + B) = -2\begin{bmatrix} 2 & 1 & 0 \\ -1 & -1 & 0 \\ 1 & 2 & -1 \end{bmatrix} = \begin{bmatrix} -4 & -2 & 0 \\ 2 & 2 & 0 \\ -2 & -4 & 2 \end{bmatrix}$

$$E_3 - 2(A + B) = \begin{bmatrix} 1 & 0 & 0 \\ 0 & 1 & 0 \\ 0 & 0 & 1 \end{bmatrix} + \begin{bmatrix} -4 & -2 & 0 \\ 2 & 2 & 0 \\ -2 & -4 & 2 \end{bmatrix} = \begin{bmatrix} -3 & -2 & 0 \\ 2 & 3 & 0 \\ -2 & -4 & 3 \end{bmatrix}$$

所以 $X = \frac{1}{4}(E_3 - 2(A + B)) = \begin{bmatrix} -\dfrac{3}{4} & -\dfrac{1}{2} & 0 \\ \dfrac{1}{2} & \dfrac{3}{4} & 0 \\ -\dfrac{1}{2} & -1 & \dfrac{3}{4} \end{bmatrix}$

4.2.4 矩阵乘法

设 A 是 m 行 s 列矩阵,B 是 s 行 n 列矩阵

$$A = \begin{bmatrix} a_{11} & a_{12} & \cdots & a_{1s} \\ a_{21} & a_{22} & \cdots & a_{2s} \\ \vdots & \vdots & \vdots & \vdots \\ a_{m1} & a_{m2} & \cdots & a_{ms} \end{bmatrix}, B = \begin{bmatrix} b_{11} & b_{12} & \cdots & b_{1n} \\ b_{21} & b_{22} & \cdots & b_{2n} \\ \vdots & \vdots & \vdots & \vdots \\ b_{s1} & b_{s2} & \cdots & b_{sn} \end{bmatrix}$$

则由元素

$$c_{ij} = a_{i1}b_{1j} + a_{i2}b_{2j} + \cdots + a_{is}b_{sj} = \sum_{k=1}^{s} a_{ik}b_{kj}$$

$$(i = 1, 2, \cdots, m; j = 1, 2, \cdots, n)$$

所构成的 m 行 n 列矩阵

$$C = \begin{bmatrix} c_{11} & c_{12} & \cdots & c_{1n} \\ c_{21} & c_{22} & \cdots & c_{2n} \\ \vdots & \vdots & \vdots & \vdots \\ c_{m1} & c_{m2} & \cdots & c_{mn} \end{bmatrix}$$

叫矩阵 A 与 B 的乘积,记为 $C = AB$.

例8 设 $A = \begin{bmatrix} -2 & 4 \\ 1 & -2 \end{bmatrix}, B = \begin{bmatrix} 2 & 4 \\ -3 & -6 \end{bmatrix}$. 求 AB 与 BA.

解 由已知有

$$AB = \begin{bmatrix} -2 & 4 \\ 1 & -2 \end{bmatrix}\begin{bmatrix} 2 & 4 \\ -3 & -6 \end{bmatrix}$$

$$= \begin{bmatrix} (-2) \times 2 + 4 \times (-3) & -2 \times 4 + 4 \times (-6) \\ 1 \times 2 + (-2) \times (-3) & 1 \times 4 + (-2) \times (-6) \end{bmatrix}$$

$$= \begin{bmatrix} -16 & -32 \\ 8 & 16 \end{bmatrix} = 8\begin{bmatrix} -2 & -4 \\ 1 & 2 \end{bmatrix}$$

$$BA = \begin{bmatrix} 2 & 4 \\ -3 & -6 \end{bmatrix}\begin{bmatrix} -2 & 4 \\ 1 & -2 \end{bmatrix}$$

$$= \begin{bmatrix} 2 \times (-2) + 4 \times 1 & 2 \times 4 + 4 \times (-2) \\ (-3) \times (-2) + (-6) \times 1 & (-3) \times 4 + (-6) \times (-2) \end{bmatrix}$$

$$= \begin{bmatrix} 0 & 0 \\ 0 & 0 \end{bmatrix}$$

$$= 0$$

例9 设 $f(x) = x^2 - 5x + 3, A = \begin{bmatrix} 2 & -1 \\ -3 & 3 \end{bmatrix}$. 求 $f(A)$.

解 由已知得

$$f(A) = A^2 - 5A + 3E$$

$$= A \cdot A - 5A + 3E$$

$$= \begin{bmatrix} 2 & -1 \\ -3 & 3 \end{bmatrix}\begin{bmatrix} 2 & -1 \\ -3 & 3 \end{bmatrix} - 5\begin{bmatrix} 2 & -1 \\ -3 & 3 \end{bmatrix} + 3\begin{bmatrix} 1 & 0 \\ 0 & 1 \end{bmatrix}$$

$$= \begin{bmatrix} 7 & -5 \\ -15 & 12 \end{bmatrix} - \begin{bmatrix} 10 & -5 \\ -15 & 15 \end{bmatrix} + \begin{bmatrix} 3 & 0 \\ 0 & 3 \end{bmatrix}$$

$$= \begin{bmatrix} 7-10+3 & -5-(-5)+0 \\ -15-(-15)+0 & 12-15+3 \end{bmatrix}$$

$$= \begin{bmatrix} 0 & 0 \\ 0 & 0 \end{bmatrix} = 0$$

通过例8、例9,需要提示以下几点注意:

1)只有左边矩阵 A 的列数与右边矩阵 B 的行数相同时,AB 才有意义,所得乘积矩阵 AB 的行数与左矩阵 A 的行数相同,列数与右矩阵 B 的列数相同.

2)乘积矩阵第 i 行第 j 列的元素 c_{ij} 为 A 的第 i 行与 B 的第 j 列对应元素乘积之和($i=1,2,\cdots,m;j=1,2,\cdots,n$). 如下图所示:

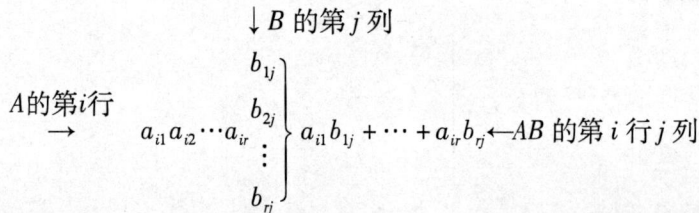

$$\downarrow B\text{ 的第 }j\text{ 列}$$

$$A\text{的第}i\text{行} \rightarrow a_{i1}a_{i2}\cdots a_{ir} \left.\begin{matrix} b_{1j} \\ b_{2j} \\ \vdots \\ b_{rj} \end{matrix}\right\} a_{i1}b_{1j}+\cdots+a_{ir}b_{rj} \leftarrow AB\text{ 的第 }i\text{ 行 }j\text{ 列}$$

3)千万注意:矩阵乘法不满足交换律. 一般地,$AB \neq BA$,且由 $AB=0$ 不能肯定 A,B 中至少一个是零矩阵. 这一点,由例8可以得到证实.

矩阵乘法不满足交换律、消去律,以及两个非零矩阵的乘积有可能是零矩阵. 这些都是矩阵乘法与数的乘法不同的地方,但矩阵乘法与数的乘法也有相同之处,或者说有相似的运算规则. 即矩阵乘法满足以下规则:

①乘法结合律:$(AB)C=A(BC)$;

②左乘分配律:$A(B+C)=AB+AC$;

右乘分配律:$(B+C)A=BA+CA$;

③数乘结合律:$k(AB)=(kA)B=A(kB)$;

④单位矩阵满足:$EA=A,AE=A$.

其中,k 为常数,A,B,C 为矩阵,E 为单位矩阵.

特别地,若 A 为 n 阶方阵,规定

$$A^k=\underbrace{AA\cdots A}_{k\uparrow};A^kA^l=A^{k+l}$$

其中,k,l 为任意正整数.

可以验证,两个同阶上三角矩阵(或下三角矩阵)的乘积仍为上三角矩阵(或下三角矩阵);两个同阶对角矩阵的乘积仍为对角矩阵.

例10 用矩阵运算法则,求解下列经济问题.

1)某公司下属甲、乙、丙三个工厂,全年消耗 Ⅰ,Ⅱ,Ⅲ,Ⅳ4种原材料

用矩阵表示为 $A=\begin{bmatrix} 5 & 2 & 0 & 8 \\ 7 & 1 & 4 & 3 \\ 2 & 9 & 6 & 0 \end{bmatrix}\begin{matrix}甲\\乙\\丙\end{matrix}$

Ⅰ Ⅱ Ⅲ Ⅳ

而4种原材料单价顺次为6,10,4,2(万元),表示为

$$B = \begin{bmatrix} 6 \\ 10 \\ 4 \\ 2 \end{bmatrix}$$

试求该公司甲、乙、丙三个工厂全年消耗总金额.

2)某商场每周销售商品的数量为 700 400 200(千件). 它们的单位价格顺次为 400 600 150(万元)单位成本顺次为325 475 125(万元). 试用总体和单位两种方法计算周利润.

解　1)用 P 表示甲、乙、丙三个工厂全年消耗总金额.

则

$$P = AB = \begin{bmatrix} 5 & 2 & 0 & 8 \\ 7 & 1 & 4 & 3 \\ 2 & 9 & 6 & 0 \end{bmatrix} \cdot \begin{bmatrix} 6 \\ 10 \\ 4 \\ 2 \end{bmatrix}$$

$$= \begin{bmatrix} 5 \times 6 + 2 \times 10 + 0 \times 4 + 8 \times 2 \\ 7 \times 6 + 1 \times 10 + 4 \times 4 + 3 \times 2 \\ 2 \times 6 + 9 \times 10 + 6 \times 4 + 0 \times 2 \end{bmatrix} = \begin{bmatrix} 66 \\ 74 \\ 126 \end{bmatrix}$$

(注: $P \neq BA$,因 BA 无意义)

答:甲、乙、丙三厂全年消耗总金额分别为66,74,126(万元).

2)用总体求解

商品销售量 Q ,价格 P ,成本 C 分别用矩阵表示

$$Q = \begin{bmatrix} 700 \\ 400 \\ 200 \end{bmatrix}, P = \begin{bmatrix} 400 & 600 & 150 \end{bmatrix}, C = \begin{bmatrix} 325 & 475 & 125 \end{bmatrix}$$

$$PQ = \begin{bmatrix} 400 & 600 & 150 \end{bmatrix} \cdot \begin{bmatrix} 700 \\ 400 \\ 200 \end{bmatrix} = 550\ 000$$

$$CQ = \begin{bmatrix} 325 & 475 & 125 \end{bmatrix} \cdot \begin{bmatrix} 700 \\ 400 \\ 200 \end{bmatrix} = 442\ 500$$

则周利润 $L = PQ - CQ = 550\ 000 - 442\ 500 = 107\ 500$ (万元)

用单位求解

$$P - C = \begin{bmatrix} 400 & 600 & 150 \end{bmatrix} - \begin{bmatrix} 325 & 475 & 125 \end{bmatrix} = \begin{bmatrix} 75 & 125 & 25 \end{bmatrix}$$

$$(P - C)Q = \begin{bmatrix} 75 & 125 & 25 \end{bmatrix} \cdot \begin{bmatrix} 700 \\ 400 \\ 200 \end{bmatrix} = 107\ 500$$

所以周利润为

$$L = PQ - CQ = (P - C)Q = 107\ 500(万元)$$

所谓矩阵乘法不满足交换律,是对一般情况而言. 但是对于某些矩阵也可能 $AB = BA$ 成立. 如果两个矩阵 A 与 B 满足 $AB = BA$,那么,称矩阵 A 与 B 是可交换的.

例 11 设矩阵 $A = \begin{bmatrix} -1 & 4 \\ 1 & 2 \end{bmatrix}, B = \begin{bmatrix} 0 & 4 \\ 1 & 3 \end{bmatrix}$. 试问矩阵 A 与 B 是否可交换.

解 首先计算 AB 与 BA,即

$$AB = \begin{bmatrix} -1 & 4 \\ 1 & 2 \end{bmatrix} \begin{bmatrix} 0 & 4 \\ 1 & 3 \end{bmatrix} = \begin{bmatrix} 4 & 8 \\ 2 & 10 \end{bmatrix}$$

$$BA = \begin{bmatrix} 0 & 4 \\ 1 & 3 \end{bmatrix} \begin{bmatrix} -1 & 4 \\ 1 & 2 \end{bmatrix} = \begin{bmatrix} 4 & 8 \\ 2 & 10 \end{bmatrix}$$

其次判断 AB 与 BA 是否相等.

由以上计算,可见 $AB = BA = \begin{bmatrix} 4 & 8 \\ 2 & 10 \end{bmatrix}$,所以矩阵 A 与 B 是可交换的.

顺便指出,利用矩阵乘法运算,引例 3 中线性方程组可简记为:

$$AX = B$$

其中

$$A = \begin{bmatrix} a_{11} & a_{12} & \cdots & a_{1n} \\ a_{21} & a_{22} & \cdots & a_{2n} \\ \vdots & \vdots & \vdots & \vdots \\ a_{m1} & a_{m2} & \cdots & a_{mn} \end{bmatrix}$$

$$X = \begin{bmatrix} x_1 \\ x_2 \\ \vdots \\ x_n \end{bmatrix}, B = \begin{bmatrix} b_1 \\ b_2 \\ \vdots \\ b_m \end{bmatrix}$$

这种形式叫线性方程组的矩阵形式.

4.2.5 矩阵的转置(或转置矩阵)

设矩阵

$$A = \begin{bmatrix} a_{11} & a_{21} & \cdots & a_{1n} \\ a_{12} & a_{22} & \cdots & a_{2n} \\ \vdots & \vdots & \vdots & \vdots \\ a_{m1} & a_{m2} & \cdots & a_{mn} \end{bmatrix}$$

规定 $A^{\mathrm{T}} = \begin{bmatrix} a_{11} & a_{21} & \cdots & a_{m1} \\ a_{12} & a_{22} & \cdots & a_{m2} \\ \vdots & \vdots & \vdots & \vdots \\ a_{1n} & a_{2n} & \cdots & a_{mn} \end{bmatrix}$,称其为 A 的转置矩阵.

说明:1)将 $m \times n$ 矩阵 $A = [a_{ij}]_{m \times n}$ 的行与列按顺序互换,如此得到的 $n \times m$ 矩阵 $A^{\mathrm{T}} = [a_{ji}]_{n \times m}$,称为矩阵 A 的转置矩阵. 其中 A^{T} 的第 j 行第 i 列的元素刚好等于 A 的第 i 行第 j 列的元素.

2)A 为对称矩阵的充要条件为 : $A^{\mathrm{T}} = A$.

例 12　设矩阵

$$A = \begin{bmatrix} a_1 & a_2 & \cdots & a_n \end{bmatrix}, B = \begin{bmatrix} 2 & -1 & 0 \\ -3 & 4 & 1 \end{bmatrix}.$$ 写出它们的转置矩阵 , 并求 $A^{\mathrm{T}}A, AA^{\mathrm{T}}$ 和 $B^{\mathrm{T}}B$.

解　因为

$$A^{\mathrm{T}} = \begin{bmatrix} a_1 & a_2 & \cdots & a_n \end{bmatrix}^{\mathrm{T}} = \begin{bmatrix} a_1 \\ a_2 \\ \vdots \\ a_n \end{bmatrix}$$

即行矩阵的转置矩阵是一个列矩阵. 所以

$$A^{\mathrm{T}}A = \begin{bmatrix} a_1 \\ a_2 \\ \vdots \\ a_n \end{bmatrix} \begin{bmatrix} a_1 & a_2 & \cdots & a_n \end{bmatrix}$$

$$= \begin{bmatrix} a_1^2 & a_1 a_2 & \cdots & a_1 a_n \\ a_2 a_1 & a_2^2 & \cdots & a_2 a_n \\ \vdots & \vdots & \vdots & \vdots \\ a_n a_1 & a_n a_2 & \cdots & a_n^2 \end{bmatrix}$$

$$AA^{\mathrm{T}} = \begin{bmatrix} a_1 & a_2 & \cdots & a_n \end{bmatrix} \begin{bmatrix} a_1 \\ a_2 \\ \vdots \\ a_n \end{bmatrix}$$

$$= \begin{bmatrix} a_1^2 + a_2^2 + \cdots + a_n^2 \end{bmatrix}$$

又因　$B^{\mathrm{T}} = \begin{bmatrix} 2 & -1 & 0 \\ -3 & 4 & 1 \end{bmatrix}^{\mathrm{T}} = \begin{bmatrix} 2 & -3 \\ -1 & 4 \\ 0 & 1 \end{bmatrix}$, 所以

$$B^{\mathrm{T}}B = \begin{bmatrix} 2 & -3 \\ -1 & 4 \\ 0 & 1 \end{bmatrix} \begin{bmatrix} 2 & -1 & 0 \\ -3 & 4 & 1 \end{bmatrix} = \begin{bmatrix} 13 & -14 & -3 \\ -14 & 17 & 4 \\ -3 & 4 & 1 \end{bmatrix}$$

矩阵的转置满足如下运算规则 :

1)$(A^{\mathrm{T}})^{\mathrm{T}} = A$;

2)$(A + B)^{\mathrm{T}} = A^{\mathrm{T}} + B^{\mathrm{T}}$;

3)$(kA)^{\mathrm{T}} = kA^{\mathrm{T}}$;

4)$(AB)^{\mathrm{T}} = B^{\mathrm{T}}A^{\mathrm{T}}$.

例 13　设矩阵 $A = \begin{bmatrix} 4 & -1 \\ 0 & 2 \\ -3 & 2 \end{bmatrix}, B = \begin{bmatrix} 2 & 1 \\ 3 & 4 \end{bmatrix}$. 试验证矩阵 $(AB)^{\mathrm{T}} = B^{\mathrm{T}}A^{\mathrm{T}}$.

解 因 $AB = \begin{bmatrix} 4 & -1 \\ 0 & 2 \\ -3 & 2 \end{bmatrix} \begin{bmatrix} 2 & 1 \\ 3 & 4 \end{bmatrix} = \begin{bmatrix} 5 & 0 \\ 6 & 8 \\ 0 & 5 \end{bmatrix}$

所以 $(AB)^{\mathrm{T}} = \begin{bmatrix} 5 & 6 & 0 \\ 0 & 8 & 5 \end{bmatrix}$

且 $A^{\mathrm{T}} = \begin{bmatrix} 4 & -1 \\ 0 & 2 \\ -3 & 2 \end{bmatrix}^{\mathrm{T}} = \begin{bmatrix} 4 & 0 & -3 \\ -1 & 2 & 2 \end{bmatrix}$, $B^{\mathrm{T}} = \begin{bmatrix} 2 & 1 \\ 3 & 4 \end{bmatrix}^{\mathrm{T}} = \begin{bmatrix} 2 & 3 \\ 1 & 4 \end{bmatrix}$

所以 $B^{\mathrm{T}}A^{\mathrm{T}} = \begin{bmatrix} 2 & 3 \\ 1 & 4 \end{bmatrix} \begin{bmatrix} 4 & 0 & -3 \\ -1 & 2 & 2 \end{bmatrix} = \begin{bmatrix} 5 & 6 & 0 \\ 0 & 8 & 5 \end{bmatrix}$

由此可得 $(AB)^{\mathrm{T}} = B^{\mathrm{T}}A^{\mathrm{T}} = \begin{bmatrix} 5 & 6 & 0 \\ 0 & 8 & 5 \end{bmatrix}$

例 14 设矩阵 $A = \begin{bmatrix} -1 & 2 \\ 0 & 1 \end{bmatrix}$, $B = \begin{bmatrix} 1 & 3 \\ -2 & 1 \end{bmatrix}$. 求解矩阵方程 $(AB)^{\mathrm{T}} + 3X = 2B^{\mathrm{T}}A^{\mathrm{T}} + 3E_2$.

解 因 $A^{\mathrm{T}} = \begin{bmatrix} -1 & 2 \\ 0 & 1 \end{bmatrix}^{\mathrm{T}} = \begin{bmatrix} -1 & 0 \\ 2 & 1 \end{bmatrix}$

$$B^{\mathrm{T}} = \begin{bmatrix} 1 & 3 \\ -2 & 1 \end{bmatrix}^{\mathrm{T}} = \begin{bmatrix} 1 & -2 \\ 3 & 1 \end{bmatrix}$$

$$B^{\mathrm{T}}A^{\mathrm{T}} = \begin{bmatrix} 1 & -2 \\ 3 & 1 \end{bmatrix} \begin{bmatrix} -1 & 0 \\ 2 & 1 \end{bmatrix} = \begin{bmatrix} -5 & -2 \\ -1 & 1 \end{bmatrix}$$

而 $(AB)^{\mathrm{T}} + 3X = 2B^{\mathrm{T}}A^{\mathrm{T}} + 3E_2$ 可化为

$$3X = 2B^{\mathrm{T}}A^{\mathrm{T}} - (AB)^{\mathrm{T}} + 3E_2 = B^{\mathrm{T}}A^{\mathrm{T}} + 3E_2$$

$$= \begin{bmatrix} -5 & -2 \\ -1 & 1 \end{bmatrix} + 3 \begin{bmatrix} 1 & 0 \\ 0 & 1 \end{bmatrix}$$

$$= \begin{bmatrix} -2 & -2 \\ -1 & 4 \end{bmatrix}$$

所以 $X = \dfrac{1}{3} \begin{bmatrix} -2 & -2 \\ -1 & 4 \end{bmatrix}$

例 15 设 A 与 B 均为 n 阶对称矩阵,试证:

1)$5A - 3B$ 为对称矩阵;

2)AB 为对称矩阵的充要条件为 A 与 B 可交换.

证 1)因为 $A^{\mathrm{T}} = A, B^{\mathrm{T}} = B$,所以

$$(5A - 3B)^{\mathrm{T}} = (5A)^{\mathrm{T}} - (3B)^{\mathrm{T}} = 5A^{\mathrm{T}} - 3B^{\mathrm{T}}$$
$$= 5A - 3B$$

即 $(5A - 3B)^{\mathrm{T}} = 5A - 3B$. 所以 $5A - 3B$ 为对称矩阵.

2)先证必要性:设 AB 为对称矩阵,即 $(AB)^{\mathrm{T}} = AB$ 成立,因为 $A^{\mathrm{T}} = A, B^{\mathrm{T}} = B$,所以

$$AB = (AB)^{\mathrm{T}} = B^{\mathrm{T}}A^{\mathrm{T}} = BA$$

即有 $AB = BA$,所以 A, B 可交换.

再证充分性:设 A 与 B 可交换,即 $AB = BA$ 成立.

因为 $A^T = A, B^T = B$，所以

$$(AB)^T = (BA)^T = A^T B^T = AB$$

即 $(AB)^T = AB$，所以 AB 为对称矩阵.

4.2.6　逆矩阵

矩阵的加、减、乘法在一定条件下都是可行的，并且能够具体地运算. 现在问矩阵有没有除法运算呢？回答是，对矩阵来说，除法运算是没有定义的. 不过，在代数中，除零以外的任何数都有倒数（或逆数）. 一个数 $a \neq 0$ 的倒数 a^{-1} 可以用等式

$$aa^{-1} = a^{-1}a = 1$$

来刻画. 对已知矩阵来说，它的情况就有所不同，它的逆矩阵可能存在也可能不存在，这里先看两个矩阵，设

$$A = \begin{bmatrix} 1 & 4 \\ -1 & 2 \end{bmatrix}, B = \frac{1}{6}\begin{bmatrix} 2 & -4 \\ 1 & 1 \end{bmatrix}$$

则

$$AB = \begin{bmatrix} 1 & 4 \\ -1 & 2 \end{bmatrix}\left(\frac{1}{6}\begin{bmatrix} 2 & -4 \\ 1 & 1 \end{bmatrix}\right)$$

$$= \frac{1}{6}\begin{bmatrix} 6 & 0 \\ 0 & 6 \end{bmatrix} = \begin{bmatrix} 1 & 0 \\ 0 & 1 \end{bmatrix}$$

$$BA = \frac{1}{6}\begin{bmatrix} 2 & -4 \\ 1 & 1 \end{bmatrix}\begin{bmatrix} 1 & 4 \\ -1 & 2 \end{bmatrix}$$

$$= \frac{1}{6}\begin{bmatrix} 6 & 0 \\ 0 & 6 \end{bmatrix} = \begin{bmatrix} 1 & 0 \\ 0 & 1 \end{bmatrix}$$

这就表明：A 与 B 无论是左乘，还是右乘，都得出一个单位矩阵，即有 $AB = BA = E$，于是引出：

定义 4.2　设 A 是 n 阶方阵，E 是 n 阶单位阵，如存在 n 阶方阵 B，使得

$$AB = BA = E$$

则称 B 是 A 的逆矩阵，简称逆阵，记为 A^{-1}，即 $B = A^{-1}$.

在什么条件下 A 才有逆矩阵呢？如果 A 的逆矩阵 A^{-1} 存在，那么又怎么来求 A^{-1} 呢？为此，需要讨论一下非奇异矩阵和伴随矩阵，而这两者又涉及行列式.

4.3　行　列　式

4.3.1　行列式概念

(1)行列式的概念

对二元线性方程组 $\begin{cases} x + y = 3 \\ 3x - 4y = 2 \end{cases}$，虽然可以用加减消元法求解，但也可按如下方法解得：

记 $D = \begin{vmatrix} 1 & 1 \\ 3 & -4 \end{vmatrix} = 1 \times (-4) - 1 \times 3 = -7$

$$D_x = \begin{vmatrix} 3 & 1 \\ 2 & -4 \end{vmatrix} = 3 \times (-4) - 1 \times 2 = -14$$

$$D_y = \begin{vmatrix} 1 & 3 \\ 3 & 2 \end{vmatrix} = 1 \times 2 - 3 \times 3 = -7$$

则 $x = \dfrac{D_x}{D} = \dfrac{-14}{-7} = 2, y = \dfrac{D_y}{D} = \dfrac{-7}{-7} = 1$

D, D_x, D_y 均被称为二阶行列式. 行列式与方阵在形式上非常相似,但它们是两个不同的概念.

方阵是一个数表,它本身不具有数值,而行列式是与一方阵相对应的一个数,本身具有确定的数值,行列式只对方阵才有意义.

例如:已知

$$A = \begin{bmatrix} 1 & 2 \\ 5 & 4 \end{bmatrix}, B = \begin{bmatrix} 8 & -3 \\ 7 & 2 \end{bmatrix}$$

A 的行列式记作 $|A|$,规定为

$$|A| = \begin{vmatrix} 1 & 2 \\ 5 & 4 \end{vmatrix} = 1 \times 4 - 2 \times 5 = -6$$

B 的行列式记作 $|B|$,规定为

$$|B| = \begin{vmatrix} 8 & -3 \\ 7 & 2 \end{vmatrix} = 8 \times 2 - (-3) \times 7 = 37$$

一般地,设二阶方阵

$$A = \begin{bmatrix} a_{11} & a_{12} \\ a_{21} & a_{22} \end{bmatrix}$$

则 A 的行列式记作 $|A|$,它的值定义为

$$|A| = \begin{vmatrix} a_{11} & a_{12} \\ a_{21} & a_{22} \end{vmatrix} = a_{11}a_{22} - a_{12}a_{21}$$

由于 A 是二阶方阵,相应的行列式 $|A|$ 称为二阶行列式. 于是,一个三阶方阵相应的行列式称为三阶行列式.

一般地,一个 n 阶方阵相应的行列式称为一个 n 阶行列式. 若设 n 阶方阵为

$$A = \begin{bmatrix} a_{11} & a_{12} & \cdots & a_{1n} \\ a_{21} & a_{22} & \cdots & a_{2n} \\ \vdots & \vdots & \vdots & \vdots \\ a_{n1} & a_{n2} & \cdots & a_{nn} \end{bmatrix}$$

则 A 相应的行列式为

$$|A| = \begin{vmatrix} a_{11} & a_{12} & \cdots & a_{1n} \\ a_{21} & a_{22} & \cdots & a_{2n} \\ \vdots & \vdots & \vdots & \vdots \\ a_{n1} & a_{n2} & \cdots & a_{nn} \end{vmatrix}$$

（2）行列式按一行（列）展开——拉普拉斯展开式

现讨论三阶或三阶以上的行列式的值，即要为高于二阶的行列式赋值，采用拉普拉斯（Laplace）展开法. 对于给定的三阶矩阵

$$A = \begin{bmatrix} a_{11} & a_{12} & a_{13} \\ a_{21} & a_{22} & a_{23} \\ a_{31} & a_{32} & a_{33} \end{bmatrix}$$

其行列式

$$|A| = \begin{vmatrix} a_{11} & a_{12} & a_{13} \\ a_{21} & a_{22} & a_{23} \\ a_{31} & a_{32} & a_{33} \end{vmatrix}$$

的值定义为

$$|A| = a_{11} \begin{vmatrix} a_{22} & a_{23} \\ a_{32} & a_{33} \end{vmatrix} - a_{12} \begin{vmatrix} a_{21} & a_{23} \\ a_{31} & a_{33} \end{vmatrix} + a_{13} \begin{vmatrix} a_{21} & a_{22} \\ a_{31} & a_{32} \end{vmatrix}$$

初看上去，上式似乎十分麻烦，其实只要细心观察一下，算起来并不难，它是具有规律的. 我们注意到，$|A|$ 为三项之和，其中每一项都是第一行的一个元素与某个二阶行列式之积，还应注意式中三个二阶行列式是按特定法则确定的. 例如，第一个二阶行列式

$$\begin{vmatrix} a_{22} & a_{23} \\ a_{32} & a_{33} \end{vmatrix}$$

是从 $|A|$ 中划去第一行和第一列后所得的一个子行列式，a_{11} 处于被划去的行和列的交叉点上，而这个子行列式就叫元素 a_{11} 的余子式，记为 M_{11}. 按照同样方式，第二个二阶行列式可以看做元素 a_{12} 的余子式，记作 M_{12}，它是由 $|A|$ 划去第一行和第二列后得到的，第三个二阶行列式可以看做 a_{13} 的余子式，记作 M_{13}，它是由 $|A|$ 划去第一行和第三列后得到的，这样就有

$$|A| = a_{11}M_{11} - a_{12}M_{12} + a_{13}M_{13}$$

举例说明，已知

$$|A| = \begin{vmatrix} 3 & 0 & 1 \\ 2 & 2 & 5 \\ 7 & -1 & 2 \end{vmatrix}$$

则有

$$\begin{aligned}
|A| &= a_{11}M_{11} - a_{12}M_{12} + a_{13}M_{13} \\
&= 3 \begin{vmatrix} 2 & 5 \\ -1 & 2 \end{vmatrix} - 0 \begin{vmatrix} 2 & 5 \\ 7 & 2 \end{vmatrix} + 1 \begin{vmatrix} 2 & 2 \\ 7 & -1 \end{vmatrix} \\
&= 3 \times 9 - 0 \times (-31) + 1 \times (-16) \\
&= 11
\end{aligned}$$

上述这种用一些二阶行列式来为三阶行列式赋值的步骤叫做行列式的拉普拉斯展开法，这一方法也可用来计算四阶或更高阶的行列式. 为了进一步说明这一方法，再来定义代数余子式的概念，这一概念是与余子式紧密相关的. 比方说，M_{ij} 代表元素 a_{ij} 的余子式，它是由给定的行列式划去第 i 行和第 j 列所得到的，而元素 a_{ij} 的代数余子式记作 A_{ij}，就是带有代数符号的余子式，规定为

$$A_{ij} = (-1)^{i+j} M_{ij}$$

如：

$i = 1, j = 3$，则 $A_{13} = (-1)^{1+3} M_{13} = M_{13}$；

$i = 2, j = 3$，则 $A_{23} = (-1)^{2+3} M_{23} = -M_{23}$.

由此可见，若余子式 M_{ij} 的两个下标 i, j 之和为偶数，则代数余子式的符号与余子式的符号相同；若 i, j 之和为奇数，则代数余子式的符号与余子式的符号相反.

设

$$A = \begin{bmatrix} a_{11} & a_{12} & a_{13} \\ a_{21} & a_{22} & a_{23} \\ a_{31} & a_{32} & a_{33} \end{bmatrix}$$

则

$$
\begin{aligned}
|A| &= a_{11} M_{11} - a_{12} M_{12} + a_{13} M_{13} \\
&= a_{11} A_{11} + a_{12} A_{12} + a_{13} A_{13} \\
&= \sum_{j=1}^{3} a_{1j} A_{1j}
\end{aligned}
$$

这样，三阶行列式就表示为三项之和，其中每一项都是第一行的一个元素与其相应的代数余子式的乘积.

仿照三阶行列式，可以得到用代数余子式来表达四阶行列式的拉普拉斯展开式，例如：

$$
|A| = \begin{vmatrix} a_{11} & a_{12} & a_{13} & a_{14} \\ a_{21} & a_{22} & a_{23} & a_{24} \\ a_{31} & a_{32} & a_{33} & a_{34} \\ a_{41} & a_{42} & a_{43} & a_{44} \end{vmatrix}
$$

$$
= \begin{vmatrix} 1 & 0 & 2 & 4 \\ 0 & -1 & 0 & 1 \\ 3 & 2 & 0 & 7 \\ 1 & 0 & 5 & 2 \end{vmatrix}
$$

则有

$$
|A| = \sum_{j=1}^{4} a_{1j} A_{1j} = a_{11} A_{11} + a_{12} A_{12} + a_{13} A_{13} + a_{14} A_{14}
$$

$$
= 1 \begin{vmatrix} -1 & 0 & 1 \\ 2 & 0 & 7 \\ 0 & 5 & 2 \end{vmatrix} - 0 \begin{vmatrix} 0 & 0 & 1 \\ 3 & 0 & 7 \\ 1 & 5 & 2 \end{vmatrix} +
$$

$$
2 \begin{vmatrix} 0 & -1 & 1 \\ 3 & 2 & 7 \\ 1 & 0 & 2 \end{vmatrix} - 4 \begin{vmatrix} 0 & -1 & 0 \\ 3 & 2 & 0 \\ 1 & 0 & 5 \end{vmatrix}
$$

$$
= 1 \times 45 - 0 \times 15 + 2 \times (-3) - 4 \times 15
$$

$$
= -21
$$

从这个例子看出，四阶行列式的拉普拉斯展开式，先是涉及为四个三阶行列式赋值，进而涉及为二阶行列式赋值. 一般说来，n 阶行列式的拉普拉斯展开，先涉及为 n 个 $(n-1)$ 阶行列式赋值，然后重复应用这个步骤，使问题逐步转至为阶数愈来愈低的行列式赋值，直到转至为二阶行列式赋值为止，最终取得该 n 阶行列式的值.

应该指出,虽然上述对拉普拉斯展开步骤所做的表述,都是按第一行元素的代数余子式来谈的,其实也可以按其任意的一行(甚至任意的一列)的代数余子式展开一个行列式. 例如

$$|A| = \begin{vmatrix} 2 & 1 & 0 \\ 3 & 0 & -1 \\ 5 & 0 & 1 \end{vmatrix}$$

按第二行展开

$$|A| = a_{21}A_{21} + a_{22}A_{22} + a_{23}A_{23}$$

$$= -3 \begin{vmatrix} 1 & 0 \\ 0 & 1 \end{vmatrix} + 0 \begin{vmatrix} 2 & 0 \\ 5 & 1 \end{vmatrix} - (-1) \begin{vmatrix} 2 & 1 \\ 5 & 0 \end{vmatrix}$$

$$= -3 + 0 - 5$$

$$= -8$$

按第二列展开

$$|A| = a_{12}A_{12} + a_{22}A_{22} + a_{32}A_{32}$$

$$= -1 \begin{vmatrix} 3 & -1 \\ 5 & 1 \end{vmatrix} + 0 \begin{vmatrix} 2 & 0 \\ 5 & 1 \end{vmatrix} - 0 \begin{vmatrix} 2 & 0 \\ 3 & -1 \end{vmatrix}$$

$$= -8 + 0 - 0$$

$$= -8$$

由此可见,按第二行或第二列展开,所得结果都是 -8. 对于一个行列式,既然可以任意选择一行或一列来展开,那么,最好是选择其中 0 或 1 较多的行或列,以便减少计算量,显然对于上例中的 $|A|$,最好是按第二列展开计算.

总之,n 阶行列式 $|A|$ 的值可用任意一行或任意一列的拉普拉斯展开式来计算,即行列式等于它任意一行(列)的各元素与对应于它们的代数余子式乘积之和.

一般地,对 n 阶行列式 $|A|$ 按第 $i\ (1 \leqslant i \leqslant n)$ 行的拉普拉斯展开式为

$$|A| = \sum_{j=1}^{n} a_{ij}A_{ij} = \sum_{j=1}^{n} (-1)^{i+j} a_{ij}M_{ij} \tag{4.2}$$

而按第 $j\ (1 \leqslant j \leqslant n)$ 列的拉普拉斯展开式为

$$|A| = \sum_{i=1}^{n} a_{ij}A_{ij} = \sum_{i=1}^{n} (-1)^{i+j} a_{ij}M_{ij} \tag{4.3}$$

4.3.2 行列式的性质

性质 1 矩阵 A 的行列式 $|A|$ 和它的转置矩阵的行列式 $|A^{\mathrm{T}}|$ 相等,即

$$|A| = |A^{\mathrm{T}}|$$

亦即

$$\begin{vmatrix} a_{11} & a_{12} & \cdots & a_{1n} \\ a_{21} & a_{22} & \cdots & a_{2n} \\ \vdots & \vdots & \vdots & \vdots \\ a_{n1} & a_{n2} & \cdots & a_{nn} \end{vmatrix} = \begin{vmatrix} a_{11} & a_{21} & \cdots & a_{n1} \\ a_{12} & a_{22} & \cdots & a_{n2} \\ \vdots & \vdots & \vdots & \vdots \\ a_{1n} & a_{2n} & \cdots & a_{nn} \end{vmatrix}$$

例如

$$|A| = \begin{vmatrix} 2 & 0 & 0 \\ 1 & 1 & 2 \\ 3 & 3 & 5 \end{vmatrix}$$

按第一行展开得

$$|A| = 2 \begin{vmatrix} 1 & 2 \\ 3 & 5 \end{vmatrix} = 2 \times (5-6) = -2$$

而

$$|A^{\mathrm{T}}| = \begin{vmatrix} 2 & 1 & 3 \\ 0 & 1 & 3 \\ 0 & 2 & 5 \end{vmatrix}$$

按第一列展开得

$$|A^{\mathrm{T}}| = 2 \begin{vmatrix} 1 & 3 \\ 2 & 5 \end{vmatrix} = 2 \times (5-6) = -2 (=|A|)$$

该性质表明:在行列式中行与列的地位是对等的. 因此,有关行的性质,对列也同样成立.

性质2 对调行列式的两行(或两列)行列式的值仅改变符号. 例如

$$\begin{vmatrix} 0 & 1 & 4 \\ 2 & 3 & 1 \\ 0 & 2 & 3 \end{vmatrix} = -2 \begin{vmatrix} 1 & 4 \\ 2 & 3 \end{vmatrix} = -2(3-8) = 10$$

将一、二行对调:

$$\begin{vmatrix} 2 & 3 & 1 \\ 0 & 1 & 4 \\ 0 & 2 & 3 \end{vmatrix} = 2 \begin{vmatrix} 1 & 4 \\ 2 & 3 \end{vmatrix} = 2(3-8) = -10$$

即

$$\begin{vmatrix} 0 & 1 & 4 \\ 2 & 3 & 1 \\ 0 & 2 & 3 \end{vmatrix} = - \begin{vmatrix} 2 & 3 & 1 \\ 0 & 1 & 4 \\ 0 & 2 & 3 \end{vmatrix}$$

性质3 若行列式某两行(或两列)的对应元素相同,则此行列式的值为零.

例如,行列式 $\begin{vmatrix} 1 & 1 & 3 \\ 4 & 7 & 6 \\ 1 & 1 & 3 \end{vmatrix}$,因其中第一行与第三行对应元素相同,所以

$$\begin{vmatrix} 1 & 1 & 3 \\ 4 & 7 & 6 \\ 1 & 1 & 3 \end{vmatrix} = 0$$

性质4 行列式某行(或某列)所有元素的公因子可以提到行列式外面. 例如

$$\begin{vmatrix} 2 & 0 & 0 \\ 4 & 6 & 8 \\ 1 & 0 & 1 \end{vmatrix} = 2 \begin{vmatrix} 2 & 0 & 0 \\ 2 & 3 & 4 \\ 1 & 0 & 1 \end{vmatrix} = 4 \begin{vmatrix} 1 & 0 & 0 \\ 2 & 3 & 4 \\ 1 & 0 & 1 \end{vmatrix}$$

$$= 4 \times 3 = 12$$

请留意:数 k 乘行列式只能乘其某一行(或某一列),而数 k 乘矩阵则必须遍乘矩阵的所有元素.

推论1 若行列式两行(或两列)的对应元素成比例,则此行列式的值为零.

如行列式 $\begin{vmatrix} 1 & -2 & 1 \\ -2 & 4 & -1 \\ 4 & -8 & 3 \end{vmatrix}$,因第一列与第二列对应元素成比例,所以

$$\begin{vmatrix} 1 & -2 & 1 \\ -2 & 4 & -1 \\ 4 & -8 & 3 \end{vmatrix} = 0$$

推论2 若行列式有一行(或一列)的所有元素全为零,则此行列式的值为零.

如行列式 $\begin{vmatrix} 7 & 5 & 3 \\ 0 & 0 & 0 \\ -1 & 2 & 4 \end{vmatrix}$,因其中第二行元素全为零,所以

$$\begin{vmatrix} 7 & 5 & 3 \\ 0 & 0 & 0 \\ -1 & 2 & 4 \end{vmatrix} = 0$$

性质5 行列式某一行(或某一列)各元素同乘以 $k(k \neq 0)$ 加到另一行(或另一列)各对应元素上,所得的行列式值不变.

例如

$$\begin{vmatrix} 1 & 3 \\ 5 & 10 \end{vmatrix} = 10 \times 1 - 5 \times 3 = -5$$

将第一行乘 (-5) 加到第二行各对应元素上得

$$\begin{vmatrix} 1 & 3 \\ 5 + 1 \times (-5) & 10 + 3 \times (-5) \end{vmatrix} = \begin{vmatrix} 1 & 3 \\ 0 & -5 \end{vmatrix} = -5$$

即

$$\begin{vmatrix} 1 & 3 \\ 5 & 10 \end{vmatrix} = \begin{vmatrix} 1 & 3 \\ 5 & 10 \end{vmatrix} \times (-5) = \begin{vmatrix} 1 & 3 \\ 0 & -5 \end{vmatrix} = -5$$

例16 计算四阶行列式

$$\begin{vmatrix} 3 & -5 & 2 & 1 \\ 1 & 1 & 0 & -5 \\ -1 & 3 & 1 & 3 \\ 2 & -4 & -1 & -3 \end{vmatrix}$$

解

$$\begin{vmatrix} 3 & -5 & 2 & 1 \\ 1 & 1 & 0 & -5 \\ -1 & 3 & 1 & 3 \\ 2 & -4 & -1 & -3 \end{vmatrix} \quad \times(-2),\ \times 1$$

$$= \begin{vmatrix} 5 & -11 & 0 & -5 \\ 1 & 1 & 0 & -5 \\ -1 & 3 & 1 & 3 \\ 1 & -1 & 0 & 0 \end{vmatrix}$$

$$\xrightarrow{\text{按第三列展开}} 1 \times (-1)^{3+3} \begin{vmatrix} 5 & -11 & -5 \\ 1 & 1 & -5 \\ 1 & -1 & 0 \end{vmatrix}$$

$$= \begin{vmatrix} 5 & -11 & -5 \\ 1 & 1 & -5 \\ 1 & -1 & 0 \end{vmatrix} = \begin{vmatrix} 5 & -6 & -5 \\ 1 & 2 & -5 \\ 1 & 0 & 0 \end{vmatrix}$$

$$\xrightarrow{\text{按第三行展开}} 1 \times (-1)^{3+1} \begin{vmatrix} -6 & -5 \\ 2 & -5 \end{vmatrix} = 2 \times 5 \begin{vmatrix} -3 & -1 \\ 1 & -1 \end{vmatrix}$$

$$= 10 \begin{vmatrix} -3 & -1 \\ 1 & -1 \end{vmatrix} = 10 \times [-3 \times (-1) - (-1) \times 1]$$

$$= 40$$

这条性质在计算行列式中具有极为重要的作用,它的做法是:将行列式中某行(或列)固定一个元素(最好是 1)不动,通过该性质的应用把该行(或列)其他元素全化为 0,然后再按此行(或列)展开,就极为简便.

性质 6 行列式中某一行(或某一列)的各元素与另一行(或另一列)对应元素的代数余子式的乘积之和必为零. 例如

$$|A| = \begin{vmatrix} 3 & 2 & 1 \\ 5 & 0 & -2 \\ 1 & 4 & 0 \end{vmatrix} = 40$$

而 $|A|$ 的第一行元素与第二行对应代数余子式的乘积之和

$$\sum_{j=1}^{3} a_{1j} A_{2j} = a_{11} A_{21} + a_{12} A_{22} + a_{13} A_{23}$$

$$= -3 \begin{vmatrix} 2 & 1 \\ 4 & 0 \end{vmatrix} + 2 \begin{vmatrix} 3 & 1 \\ 1 & 0 \end{vmatrix} - 1 \begin{vmatrix} 3 & 2 \\ 1 & 4 \end{vmatrix}$$

$$= -3 \times (-4) + 2 \times (-1) - 1 \times 10$$

$$= 12 - 2 - 10$$

$$= 0$$

4.3.3 行列式的计算

关于行列式的计算,既可直接用拉普拉斯展开法(又称拉氏展开法),亦可利用行列式的性质简化计算,还可将其性质和拉氏展开结合使用. 其中:拉氏展开法即是行列式的值等于它的某一行(或某一列)的各元素与其对应的代数余子式的乘积之和(行列式降低一阶),再对低一阶的行列式继续使用拉氏展开法,直至计算出其值为止. 利用性质(特别是性质 5)则是将行列式化为"上三角"行列式(行列式主对角线左下方的元素全为 0),再按行列式的值等于其主对角线上所有元素的连乘积算出其值.

例 17　计算四阶行列式

$$D = \begin{vmatrix} 1 & 1 & 0 & -5 \\ -1 & 3 & 1 & 3 \\ 3 & -5 & 2 & 1 \\ 2 & -4 & -1 & -3 \end{vmatrix}.$$

解　方法一：拉氏展开法

$$D \xrightarrow{\text{按第一行展开}} 1 \times (-1)^{1+1} \begin{vmatrix} 3 & 1 & 3 \\ -5 & 2 & 1 \\ -4 & -1 & -3 \end{vmatrix}$$

$$+ 1 \times (-1)^{1+2} \begin{vmatrix} -1 & 1 & 3 \\ 3 & 2 & 1 \\ 2 & -1 & -3 \end{vmatrix} + (-5) \times (-1)^{1+4} \begin{vmatrix} -1 & 3 & 1 \\ 3 & -5 & 2 \\ 2 & -4 & -1 \end{vmatrix}$$

其中

$$\begin{vmatrix} 3 & 1 & 3 \\ -5 & 2 & 1 \\ -4 & -1 & -3 \end{vmatrix} \xrightarrow{\text{按第一列展开}} 3 \times (-1)^{1+1} \begin{vmatrix} 2 & 1 \\ -1 & -3 \end{vmatrix}$$

$$+ (-5) \times (-1)^{2+1} \begin{vmatrix} 1 & 3 \\ -1 & -3 \end{vmatrix} + (-4) \times (-1)^{3+1} \begin{vmatrix} 1 & 3 \\ 2 & 1 \end{vmatrix}$$

$$= 3 \times (-5) + 5 \times 0 - 4 \times (-5)$$

$$= 5$$

同理得

$$\begin{vmatrix} -1 & 1 & 3 \\ 3 & 2 & 1 \\ 2 & -1 & -3 \end{vmatrix} = -5, \quad \begin{vmatrix} -1 & 3 & 1 \\ 3 & -5 & 2 \\ 2 & -4 & -1 \end{vmatrix} = 6$$

所以　　　　　　　　　　　$D = 5 - (-5) + 5 \times 6 = 40$

方法二：上三角法

$$D = \begin{vmatrix} 1 & 1 & 0 & -5 \\ -1 & 3 & 1 & 3 \\ 3 & -5 & 2 & 1 \\ 2 & -4 & -1 & -3 \end{vmatrix} \begin{matrix} \times 1, \times(-3), \times(-2) \end{matrix}$$

$$= \begin{vmatrix} 1 & 1 & 0 & -5 \\ 0 & 4 & 1 & -2 \\ 0 & -8 & 2 & 16 \\ 0 & -6 & -1 & 7 \end{vmatrix} \begin{matrix} \times 2, \times \dfrac{3}{2} \end{matrix}$$

$$= \begin{vmatrix} 1 & 1 & 0 & -5 \\ 0 & 4 & 1 & -2 \\ 0 & 0 & 4 & 12 \\ 0 & 0 & \dfrac{1}{2} & 4 \end{vmatrix} \times \left(-\dfrac{1}{8}\right)$$

$$= \begin{vmatrix} 1 & 1 & 0 & -5 \\ 0 & 4 & 1 & -2 \\ 0 & 0 & 4 & 12 \\ 0 & 0 & 0 & \dfrac{5}{2} \end{vmatrix}$$

此为"上三角"行列式,其值应为主对角线元素的连乘积,即

$$D = 1 \times 4 \times 4 \times \frac{5}{2} = 40$$

方法三:综合法

$$D = \begin{bmatrix} 1 & 1 & 0 & -5 \\ -1 & 3 & 1 & 3 \\ 3 & -5 & 2 & 1 \\ 2 & -4 & -1 & -3 \end{bmatrix} = \begin{vmatrix} 1 & 0 & 0 & 0 \\ -1 & 4 & 1 & -2 \\ 3 & -8 & 2 & 16 \\ 2 & -6 & -1 & 7 \end{vmatrix}$$

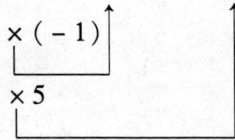

$$\xrightarrow{\text{按第一行展开}} 1 \times (-1)^{1+1} \begin{vmatrix} 4 & 1 & -2 \\ -8 & 2 & 16 \\ -6 & -1 & 7 \end{vmatrix} \times (-2), \times 1$$

$$= \begin{vmatrix} 4 & 1 & -2 \\ -16 & 0 & 20 \\ -2 & 0 & 5 \end{vmatrix} \xrightarrow{\text{按第二列展开}} 1 \times (-1)^{1+2} \begin{vmatrix} -16 & 20 \\ -2 & 5 \end{vmatrix}$$

$$= -\left[-16 \times 5 - (-2) \times 20 \right]$$
$$= 40$$

例18 计算行列式 $\begin{vmatrix} 1 & \dfrac{1}{2} & \dfrac{1}{2} & \dfrac{1}{2} \\ \dfrac{1}{2} & 1 & \dfrac{1}{2} & \dfrac{1}{2} \\ \dfrac{1}{2} & \dfrac{1}{2} & 1 & \dfrac{1}{2} \\ \dfrac{1}{2} & \dfrac{1}{2} & \dfrac{1}{2} & 1 \end{vmatrix}$

解 将此行列式每行均提公因子 $\dfrac{1}{2}$ 到行列式符号外面,则有

$$\begin{vmatrix} 1 & \frac{1}{2} & \frac{1}{2} & \frac{1}{2} \\ \frac{1}{2} & 1 & \frac{1}{2} & \frac{1}{2} \\ \frac{1}{2} & \frac{1}{2} & 1 & \frac{1}{2} \\ \frac{1}{2} & \frac{1}{2} & \frac{1}{2} & 1 \end{vmatrix} = \left(\frac{1}{2}\right)^4 \begin{vmatrix} 2 & 1 & 1 & 1 \\ 1 & 2 & 1 & 1 \\ 1 & 1 & 2 & 1 \\ 1 & 1 & 1 & 2 \end{vmatrix}$$

$$\times 1 \times 1 \times 1$$

$$= \frac{1}{16} \begin{vmatrix} 5 & 1 & 1 & 1 \\ 5 & 2 & 1 & 1 \\ 5 & 1 & 2 & 1 \\ 5 & 1 & 1 & 2 \end{vmatrix} = \frac{5}{16} \begin{vmatrix} 1 & 1 & 1 & 1 \\ 1 & 2 & 1 & 1 \\ 1 & 1 & 2 & 1 \\ 1 & 1 & 1 & 2 \end{vmatrix} \times (-1)$$

$$= \frac{5}{16} \begin{vmatrix} 1 & 1 & 1 & 1 \\ 0 & 1 & 0 & 0 \\ 0 & 0 & 1 & 0 \\ 0 & 0 & 0 & 1 \end{vmatrix} = \frac{5}{16}$$

例 19　求解行列式方程：

1) $\begin{vmatrix} 1 & x & 0 \\ x & 0 & 1 \\ 0 & 1 & x \end{vmatrix} = 0$；　2) $\begin{vmatrix} 1 & 1 & 1 & 1 \\ -1 & x & 2 & 2 \\ 2 & 2 & x & 3 \\ 3 & 3 & 3 & x \end{vmatrix} = 0$；

3) $\begin{vmatrix} x-3 & 1 & 1 & 1 \\ 1 & x-3 & 1 & 1 \\ 1 & 1 & x-3 & 1 \\ 1 & 1 & 1 & x-3 \end{vmatrix} = 0.$

解　1)因为 $\begin{vmatrix} 1 & x & 0 \\ x & 0 & 1 \\ 0 & 1 & x \end{vmatrix} \begin{array}{c} \times(-x) \end{array} = \begin{vmatrix} 1 & x & 0 \\ 0 & -x^2 & 1 \\ 0 & 1 & x \end{vmatrix}$

$$= 1 \cdot \begin{vmatrix} -x^2 & 1 \\ 1 & x \end{vmatrix}$$

$$= -x^3 - 1$$

$$= -(x+1)(x^2 - x + 1)$$

所以 $-(x+1)(x^2 - x + 1) = 0$，解得 $x = -1$.

2)由于

$$\begin{vmatrix} 1 & 1 & 1 & 1 \\ -1 & x & 2 & 2 \\ 2 & 2 & x & 3 \\ 3 & 3 & 3 & x \end{vmatrix} \begin{array}{c} \times 1, \times(-2), \times(-3) \end{array}$$

$$= \begin{vmatrix} 1 & 1 & 1 & 1 \\ 0 & x+1 & 3 & 3 \\ 0 & 0 & x-2 & 1 \\ 0 & 0 & 0 & x-3 \end{vmatrix}$$

$$= (x+1)(x-2)(x-3)$$

所以

$$(x+1)(x-2)(x-3) = 0$$

解得 $x = -1$ 或 $x = 2$ 或 $x = 3$.

3）因为 $\begin{vmatrix} x-3 & 1 & 1 & 1 \\ 1 & x-3 & 1 & 1 \\ 1 & 1 & x-3 & 1 \\ 1 & 1 & 1 & x-3 \end{vmatrix}$

$$= \begin{vmatrix} x & 1 & 1 & 1 \\ x & x-3 & 1 & 1 \\ x & 1 & x-3 & 1 \\ x & 1 & 1 & x-3 \end{vmatrix}$$

$$= x \begin{vmatrix} 1 & 1 & 1 & 1 \\ 1 & x-3 & 1 & 1 \\ 1 & 1 & x-3 & 1 \\ 1 & 1 & 1 & x-3 \end{vmatrix}$$

$$= x \begin{vmatrix} 1 & 1 & 1 & 1 \\ 0 & x-4 & 0 & 0 \\ 0 & 0 & x-4 & 0 \\ 0 & 0 & 0 & x-4 \end{vmatrix}$$

$$= x(x-4)^3$$

所以 $x(x-4)^3 = 0$

解得 $x = 0$ 或 $x = 4$.

*例 20 求下列行列式的值：

1）$\begin{vmatrix} a-b & b-c & c-a \\ b-c & c-a & a-b \\ c-a & a-b & b-c \end{vmatrix}$；

2）$\begin{vmatrix} 1+a & b & c \\ a & 1+b & c \\ a & b & 1+c \end{vmatrix}$.

解 1）$\begin{vmatrix} a-b & b-c & c-a \\ b-c & c-a & a-b \\ c-a & a-b & b-c \end{vmatrix}$

$$= \begin{vmatrix} a-b & b-c & c-a \\ b-c & c-a & a-b \\ 0 & 0 & 0 \end{vmatrix}$$

$$=0$$

2) $\begin{vmatrix} 1+a & b & c \\ a & 1+b & c \\ a & b & 1+c \end{vmatrix}$

$$= \begin{vmatrix} 1+a & b & 1+a+b+c \\ a & 1+b & 1+a+b+c \\ a & b & 1+a+b+c \end{vmatrix}$$

$$= (1+a+b+c) \begin{vmatrix} 1+a & b & 1 \\ a & 1+b & 1 \\ a & b & 1 \end{vmatrix}$$

$$= (1+a+b+c) \begin{vmatrix} 1 & 0 & 1 \\ 0 & 1 & 1 \\ 0 & 0 & 1 \end{vmatrix}$$

$$= (1+a+b+c) \times 1 \times 1 \times 1$$

$$= (1+a+b+c)$$

4.3.4　行列式在矩阵中的应用

(1)行列式求逆矩阵

1)伴随矩阵

对 n 阶方阵 $A = [a_{ij}]$,由其元素 a_{ij} 的代数余子式 A_{ij} 按如下形式构成的矩阵 A^*

$$A^* = \begin{bmatrix} A_{11} & A_{21} & \cdots & A_{n1} \\ A_{12} & A_{22} & \cdots & A_{n2} \\ \vdots & \vdots & \vdots & \vdots \\ A_{1n} & A_{2n} & \cdots & A_{nn} \end{bmatrix} \tag{4.4}$$

叫方阵 A 的伴随矩阵(简称伴随阵).

例21　求矩阵 $A = \begin{bmatrix} 2 & 2 & 2 \\ 1 & 2 & 3 \\ 1 & 3 & 6 \end{bmatrix}$ 的伴随阵 A^*,并计算 AA^*.

解

$$A_{11} = (-1)^{1+1} \begin{vmatrix} 2 & 3 \\ 3 & 6 \end{vmatrix} = 3, A_{21} = (-1)^{2+1} \begin{vmatrix} 2 & 2 \\ 3 & 6 \end{vmatrix} = -6,$$

$$A_{31} = (-1)^{3+1} \begin{vmatrix} 2 & 2 \\ 2 & 3 \end{vmatrix} = 2, A_{12} = (-1)^{1+2} \begin{vmatrix} 1 & 3 \\ 1 & 6 \end{vmatrix} = -3,$$

$$A_{22} = (-1)^{2+2} \begin{vmatrix} 2 & 2 \\ 1 & 6 \end{vmatrix} = 10, A_{32} = (-1)^{3+2} \begin{vmatrix} 2 & 2 \\ 1 & 3 \end{vmatrix} = -4,$$

$$A_{13} = (-1)^{1+3} \begin{vmatrix} 1 & 2 \\ 1 & 3 \end{vmatrix} = 1, A_{23} = (-1)^{2+3} \begin{vmatrix} 2 & 2 \\ 1 & 3 \end{vmatrix} = -4,$$

$$A_{33} = (-1)^{3+3} \begin{vmatrix} 2 & 2 \\ 1 & 2 \end{vmatrix} = 2$$

所以

$$A^* = \begin{bmatrix} 3 & -6 & 2 \\ -3 & 10 & -4 \\ 1 & -4 & 2 \end{bmatrix}$$

$$AA^* = \begin{bmatrix} 2 & 2 & 2 \\ 1 & 2 & 3 \\ 1 & 3 & 6 \end{bmatrix} \begin{bmatrix} 3 & -6 & 2 \\ -3 & 10 & -4 \\ 1 & -4 & 2 \end{bmatrix} = \begin{bmatrix} 2 & 0 & 0 \\ 0 & 2 & 0 \\ 0 & 0 & 2 \end{bmatrix} = 2E$$

而 $|A| = \begin{vmatrix} 2 & 2 & 2 \\ 1 & 2 & 3 \\ 1 & 3 & 6 \end{vmatrix} = \begin{vmatrix} 2 & 0 & 0 \\ 1 & 1 & 2 \\ 1 & 2 & 5 \end{vmatrix} = 2 \begin{vmatrix} 1 & 2 \\ 2 & 5 \end{vmatrix} = 2$，可知

$$AA^* = 2E = |A|E$$

可以证明，n 阶方阵 A 的伴随矩阵 A^* 具有如下性质：

$$AA^* = A^*A = |A|E \tag{4.5}$$

2)逆矩阵的求法

关于方阵 A 的伴随矩阵 A^* 与 A 的逆矩阵 A^{-1}（若 A 可逆）的关系由如下定理给出：

定理 4.1 设 $A = [a_{ij}]$ 为 n 阶方阵，则

1）A 的逆矩阵 A^{-1} 存在的充分必要条件为 $|A| \neq 0$；

2）$A^{-1} = \dfrac{1}{|A|}A^*$. \tag{4.6}

其中 A^* 为 A 的伴随矩阵.

*证 1）先证必要性：设 A^{-1} 存在，则有 $AA^{-1} = E$，取行列式得

$$|AA^{-1}| = |A||A^{-1}|, |E| = 1$$

即

$$|A||A^{-1}| = 1$$

所以 $|A| \neq 0$.

再证充分性：设 $|A| \neq 0$，由(4.5)式两边同时乘以 $\dfrac{1}{|A|}$ 得

$$\frac{1}{|A|}AA^* = \frac{1}{|A|}A^*A = \frac{1}{|A|}|A|E$$

即

$$A\left(\frac{1}{|A|}A^*\right) = \left(\frac{1}{|A|}A^*\right)A = E$$

由定义知 A^{-1} 存在,且 $A^{-1}=\dfrac{1}{|A|}A^{*}$.

2)由 1)即知.

定理 4.2 既给出了判别方阵是否可逆的方法,同时又给出了求方阵 A 的逆矩阵的一种方法,即首先求出方阵 A 的行列式 $|A|$($|A|\neq0$,若 $|A|=0$,则 A 不可逆),再求出 A 的伴随矩阵 A^{*},即得 A 的逆阵 $A^{-1}=\dfrac{1}{|A|}A^{*}$. 如此求逆阵的方法亦叫伴随矩阵法.

例 22 求 $A=\begin{bmatrix}2&2&2\\1&2&3\\1&3&6\end{bmatrix}$ 的逆矩阵 A^{-1}.

解 因为

$$|A|=\begin{vmatrix}2&2&2\\1&2&3\\1&3&6\end{vmatrix}=2\begin{vmatrix}1&1&1\\1&2&3\\1&3&6\end{vmatrix}\xrightarrow{\times(-1)}=2\begin{vmatrix}1&1&1\\0&1&2\\0&2&5\end{vmatrix}$$

$$=2\begin{vmatrix}1&2\\2&5\end{vmatrix}=2\neq0$$

所以 A^{-1} 存在,又由例 26 知

$$A^{*}=\begin{bmatrix}3&-6&2\\-3&10&-4\\1&-4&2\end{bmatrix}$$

由定理 4.1 得

$$A^{-1}=\frac{1}{|A|}A^{*}=\frac{1}{2}\begin{bmatrix}3&-6&2\\-3&10&-4\\1&-4&2\end{bmatrix}$$

$$=\begin{bmatrix}\dfrac{3}{2}&-3&1\\[2mm]-\dfrac{3}{2}&5&-2\\[2mm]\dfrac{1}{2}&-2&1\end{bmatrix}$$

例 23 设 $A=\begin{bmatrix}1&0\\-1&1\end{bmatrix}$,$B=\begin{bmatrix}0&-1\\1&1\end{bmatrix}$,$f(x)=x^{2}+2x-3$:

1)求 $f(AB)$;$|3f(AB)|$

2)验证,$|AB|=|A|\cdot|B|$;$(AB)^{\mathrm{T}}=B^{\mathrm{T}}A^{\mathrm{T}}$;$(AB)^{-1}=B^{-1}A^{-1}$

3)求解矩阵方程 $f(B)X-2(AB)^{-1}=(AB)^{\mathrm{T}}|E_{2}|$.

解 1)$AB=\begin{bmatrix}1&0\\-1&1\end{bmatrix}\cdot\begin{bmatrix}0&-1\\1&1\end{bmatrix}=\begin{bmatrix}0&-1\\1&2\end{bmatrix}$

$$f(AB)=(AB)^{2}+2(AB)-3E_{2}$$

$$=\begin{bmatrix}0&-1\\1&2\end{bmatrix}^{2}+2\begin{bmatrix}0&-1\\1&2\end{bmatrix}-3\begin{bmatrix}1&0\\0&1\end{bmatrix}$$

$$= \begin{bmatrix} 0 & -1 \\ 1 & 2 \end{bmatrix} \cdot \begin{bmatrix} 0 & -1 \\ 1 & 2 \end{bmatrix} + 2\begin{bmatrix} 0 & -1 \\ 1 & 2 \end{bmatrix} - 3\begin{bmatrix} 1 & 0 \\ 0 & 1 \end{bmatrix}$$

$$= \begin{bmatrix} -1 & -2 \\ 2 & 3 \end{bmatrix} + \begin{bmatrix} 0 & -2 \\ 2 & 4 \end{bmatrix} - \begin{bmatrix} 3 & 0 \\ 0 & 3 \end{bmatrix}$$

$$= \begin{bmatrix} -4 & -4 \\ 4 & 4 \end{bmatrix}$$

$$|3f(AB)| = 3^2 |f(AB)| = 9\begin{vmatrix} -4 & -4 \\ 4 & 4 \end{vmatrix} = 9 \times 0 = 0$$

2）由(1) $AB = \begin{bmatrix} 0 & -1 \\ 1 & 2 \end{bmatrix}$

因为 $|AB| = \begin{vmatrix} 0 & -1 \\ 1 & 2 \end{vmatrix} = 1, |A| = \begin{vmatrix} 1 & 0 \\ -1 & 1 \end{vmatrix} = 1, |B| = \begin{vmatrix} 0 & -1 \\ 1 & 1 \end{vmatrix} = 1; |A| \cdot |B| = |1 \times 1| = 1$

所以 $|AB| = |A| \cdot |B|$

因为 $(AB)^{\mathrm{T}} = \begin{bmatrix} 0 & -1 \\ 1 & 2 \end{bmatrix}^{\mathrm{T}} = \begin{bmatrix} 0 & 1 \\ -1 & 2 \end{bmatrix}$

$B^{\mathrm{T}}A^{\mathrm{T}} = \begin{bmatrix} 0 & -1 \\ 1 & 1 \end{bmatrix}^{\mathrm{T}} \cdot \begin{bmatrix} 1 & 0 \\ -1 & 1 \end{bmatrix}^{\mathrm{T}} = \begin{bmatrix} 0 & 1 \\ -1 & 1 \end{bmatrix} \cdot \begin{bmatrix} 1 & -1 \\ 0 & 1 \end{bmatrix} = \begin{bmatrix} 0 & 1 \\ -1 & 2 \end{bmatrix}$

所以 $(AB)^{\mathrm{T}} = B^{\mathrm{T}}A^{\mathrm{T}}$

因为 $|AB| = \begin{bmatrix} 0 & -1 \\ 1 & 2 \end{bmatrix} = 1 \neq 0, (AB)^* = \begin{bmatrix} 0 & -1 \\ 1 & 2 \end{bmatrix}^* = \begin{bmatrix} 2 & 1 \\ -1 & 0 \end{bmatrix}$

所以 $(AB)^{-1} = \dfrac{1}{|AB|}(AB)^* = \begin{bmatrix} 2 & 1 \\ -1 & 0 \end{bmatrix}$

又因为 $|B| = \begin{vmatrix} 0 & -1 \\ 1 & 1 \end{vmatrix} = 1, B^* = \begin{bmatrix} 0 & -1 \\ 1 & 1 \end{bmatrix}^* = \begin{bmatrix} 1 & 1 \\ -1 & 0 \end{bmatrix}, B^{-1} = \dfrac{1}{|B|}B^* = \begin{bmatrix} 1 & 1 \\ -1 & 0 \end{bmatrix}$

$|A| = \begin{vmatrix} 1 & 0 \\ -1 & 1 \end{vmatrix} = 1, A^* = \begin{bmatrix} 1 & 0 \\ -1 & 1 \end{bmatrix}^* = \begin{bmatrix} 1 & 0 \\ 1 & 1 \end{bmatrix}, A^{-1} = \dfrac{1}{|A|}A^* = \begin{bmatrix} 1 & 0 \\ 1 & 1 \end{bmatrix}$

有 $B^{-1}A^{-1} = \begin{bmatrix} 1 & 1 \\ -1 & 0 \end{bmatrix} \cdot \begin{bmatrix} 1 & 0 \\ 1 & 1 \end{bmatrix} = \begin{bmatrix} 2 & 1 \\ -1 & 0 \end{bmatrix}$，

所以 $(AB)^{-1} = B^{-1}A^{-1}$

3）$f(B) = B^2 + 2B - 3E_2 = \begin{bmatrix} 0 & -1 \\ 1 & 1 \end{bmatrix}^2 + 2\begin{bmatrix} 0 & -1 \\ 1 & 1 \end{bmatrix} - 3\begin{bmatrix} 1 & 0 \\ 0 & 1 \end{bmatrix}$

$$= \begin{bmatrix} -1 & -1 \\ 1 & 0 \end{bmatrix} + \begin{bmatrix} 0 & -2 \\ 2 & 2 \end{bmatrix} - \begin{bmatrix} 3 & 0 \\ 0 & 3 \end{bmatrix} = \begin{bmatrix} -4 & -3 \\ 3 & -1 \end{bmatrix}$$

将方程 $f(B)X - 2(AB)^{-1} = (AB)^{\mathrm{T}}|E_2|$ 变形

$$f(B)X = 2(AB)^{-1} + (AB)^{\mathrm{T}}|E_2|$$

$$f(B)X = 2\begin{bmatrix} 2 & 1 \\ -1 & 0 \end{bmatrix} + \begin{bmatrix} 0 & 1 \\ -1 & 2 \end{bmatrix} \cdot \begin{vmatrix} 1 & 0 \\ 0 & 1 \end{vmatrix}$$

$$f(B)X = \begin{bmatrix} 4 & 2 \\ -2 & 0 \end{bmatrix} + \begin{bmatrix} 0 & 1 \\ -1 & 2 \end{bmatrix}$$

$$f(B)X = \begin{bmatrix} 4 & 3 \\ -3 & 2 \end{bmatrix}$$

$$X = [f(B)]^{-1} \begin{bmatrix} 4 & 3 \\ -3 & 2 \end{bmatrix}$$

而 $[f(B)]^{-1} = \dfrac{1}{|f(B)|}[f(B)]^* = \begin{bmatrix} -4 & -3 \\ 3 & -1 \end{bmatrix}^{-1} = \dfrac{1}{13}\begin{bmatrix} -1 & 3 \\ -3 & -4 \end{bmatrix}$

即 $X = \dfrac{1}{13}\begin{bmatrix} -1 & 3 \\ -3 & -4 \end{bmatrix} \cdot \begin{bmatrix} 4 & 3 \\ -3 & 2 \end{bmatrix} = \dfrac{1}{13}\begin{bmatrix} -13 & 3 \\ 0 & -17 \end{bmatrix}$

所以,原矩阵方程的解为

$$X = \begin{bmatrix} -1 & \dfrac{3}{13} \\ 0 & -\dfrac{17}{13} \end{bmatrix}$$

通过此例求解,指出以下两点注意:

①在矩阵具有可行性运算的条件下,有

$|AB| = |A| \cdot |B| = |B| \cdot |A|$;$(AB)^T = B^T A^T$;$(AB)^{-1} = B^{-1}A^{-1}$

但 $(AB)^T \neq A^T B^T$;$(AB)^{-1} \neq A^{-1}B^{-1}$.

②对二阶方阵 $A = \begin{bmatrix} a & b \\ c & d \end{bmatrix}$,其伴随矩阵 $A^* = \begin{bmatrix} d & -b \\ -c & a \end{bmatrix}$,即二阶方阵的伴随矩阵为其主对角线元素换位不变号,副对角线元素变号不换位.

(2)矩阵的秩

任取矩阵的 r 行、r 列 $(r \leqslant \min\{m,n\})$,位于这 r 行、r 列交叉位置上的元素构成的 r 阶子行列式,称为矩阵 A 的一个 r 阶子式.

定义 4.3 若 A 有一个 r 阶子式,其值不为零,而所有 $(r+1)$ 阶子式的值均为零,或无 $(r+1)$ 阶子式,则称矩阵 A 的秩为 r ,记为 $R(A) = r$,即矩阵 A 的秩就是矩阵 A 的不等于零的子式的最大阶数.

例如

$$A = \begin{bmatrix} -1 & 0 & 0 & 0 & 1 \\ 2 & -1 & 0 & 0 & -2 \\ 3 & 3 & 4 & 0 & -3 \\ 0 & 0 & 0 & 0 & 0 \end{bmatrix}$$

因为 A 有一个三阶子式(取第 1、2、3 行,第 1、2、3 列所得)

$$\begin{vmatrix} -1 & 0 & 0 \\ 2 & -1 & 0 \\ 3 & 3 & 4 \end{vmatrix} = -1\begin{vmatrix} -1 & 0 \\ 3 & 4 \end{vmatrix} = 4 \neq 0$$

而其所有四阶子式(因有一行元素全为 0)的值均为零,故矩阵 A 的秩 $R(A) = 3$.

关于一般矩阵 A 的秩的具体求法,将在 4.4.2 中介绍采用初等变换的方法来求矩阵的秩.

对 n 阶方阵 A ,若其秩 $R(A) = n$,则称 A 为满秩方阵,简称 A 满秩. 所以,若 A 满秩,则 A 的行列式 $|A| \neq 0$,反之亦然.

(3)非奇异方阵

定义 4.4　设 A 是 n 阶方阵,若矩阵 A 的行列式 $|A| \neq 0$,称 A 是非奇异方阵;若 $|A| = 0$,称 A 是奇异方阵.

例如

$$A = \begin{bmatrix} 1 & 0 & 0 \\ 2 & 3 & 0 \\ 4 & 5 & 6 \end{bmatrix}$$

因

$$|A| = \begin{vmatrix} 1 & 0 & 0 \\ 2 & 3 & 0 \\ 4 & 5 & 6 \end{vmatrix} = 18 \neq 0$$

所以,A 是非奇异方阵,故 A 的逆矩阵 A^{-1} 存在,即 A 可逆.

$$B = \begin{bmatrix} 1 & 5 & 8 \\ 2 & 10 & 16 \\ 1 & 0 & 2 \end{bmatrix}$$

因

$$|B| = \begin{vmatrix} 1 & 5 & 8 \\ 2 & 10 & 16 \\ 1 & 0 & 2 \end{vmatrix} = 0$$

所以,B 是奇异方阵,故 B 的逆矩阵不存在,即 B 不可逆.

由此,关于方阵 A 可逆的充要条件有如下定理:

定理 4.2　设 A 为 n 阶方阵,则以下命题等价:

1°　A 可逆;

2°　A 为非奇异矩阵($|A| \neq 0$);

3°　A 为满秩矩阵($R(A) = n$).

4.4　矩阵的初等变换及其应用

前面谈到的求逆阵、求矩阵的秩都要涉及计算行列式,当矩阵的阶数较高时,由于要计算多个高阶行列式,致使计算工作量相当大,如用拉氏展开法计算一个 n 阶行列式,需要做

$$n + n(n-1) + n(n-1)(n-2) + \cdots + n(n-1)\cdots3 + n(n-1)\cdots3 \times 2$$

次乘法. 显然,至少需要做 $n!$ 次乘法.

对于一个 20 阶行列式,$20! = 2.4 \times 10^{18}$,若计算机做一次乘法的时间为 10^{-10} 秒(每秒百亿次运算),则用计算机计算一个 20 阶行列式的值,至少需要七八年的时间. 因此,有必要寻求更为简便的方法来求逆阵和求矩阵的秩. 矩阵的初等变换就是一种使用方便、行之有效的好方法.

4.4.1　矩阵的初等变换

矩阵的初等变换是指对矩阵施行以下三种变换:

1°　互换矩阵两行(或两列)的位置;

2°　用一个非零的数乘以矩阵的某一行(或某一列);

3°　将矩阵的某一行(或某一列)乘以一个常数加到矩阵的另一行(或另一列)上去.

如果仅对矩阵的行而言,则称为初等行变换;如果仅对矩阵的列而言,就称为初等列变换.

矩阵的初等变换有如下特性:

性质 1　初等变换不改变矩阵的秩.

该性质可以直接用于求矩阵的秩.

性质 2　任何 n 阶非奇异方阵只用初等行变换就可化为 n 阶单位阵.

例 24　只用初等行变换把矩阵

$$A = \begin{bmatrix} -2 & 3 & 2 \\ -1 & 1 & 0 \\ 2 & -2 & 1 \end{bmatrix}$$

化为单位矩阵.

解　矩阵 A 的行列式为

$$|A| = \begin{vmatrix} -2 & 3 & 2 \\ -1 & 1 & 0 \\ 2 & -2 & 1 \end{vmatrix} \times(-2)$$

$$= \begin{vmatrix} -6 & 7 & 0 \\ -1 & 1 & 0 \\ 2 & -2 & 1 \end{vmatrix}$$

$$= 1 \times (-1)^{3+3} \begin{vmatrix} -6 & 7 \\ -1 & 1 \end{vmatrix}$$

$$= -6 + 7$$

$$= 1 \neq 0$$

所以 A 是非奇异阵,现只施行初等行变换有:

$$A = \begin{bmatrix} -2 & 3 & 2 \\ -1 & 1 & 0 \\ 2 & -2 & 1 \end{bmatrix} \rightarrow \begin{bmatrix} -1 & 1 & 0 \\ -2 & 3 & 2 \\ 2 & -2 & 1 \end{bmatrix} \times(-1)$$

$$\rightarrow \begin{bmatrix} 1 & -1 & 0 \\ -2 & 3 & 2 \\ 2 & -2 & 1 \end{bmatrix} \times 2, \times(-2) \rightarrow \begin{bmatrix} 1 & -1 & 0 \\ 0 & 1 & 2 \\ 0 & 0 & 1 \end{bmatrix} \times 1$$

$$\rightarrow \begin{bmatrix} 1 & 0 & 2 \\ 0 & 1 & 2 \\ 0 & 0 & 1 \end{bmatrix} \times(-2) \rightarrow \begin{bmatrix} 1 & 0 & 0 \\ 0 & 1 & 0 \\ 0 & 0 & 1 \end{bmatrix} = E$$

由此例可知

$$A \xrightarrow{\text{初等行变换}} E$$

注:因为 E 为非奇异方阵,又初等变换不改变矩阵的秩,所以 A 应为非奇异方阵.

满足下列两个条件的矩阵称为阶梯形矩阵:

1）矩阵的零行全在矩阵的最下方；

2）每行的第一个非零元素的列标随着行标的增大而严格递增.

例如,矩阵

$$A = \begin{bmatrix} 1 & 0 & 0 & 2 \\ 0 & 1 & 0 & 0 \\ 0 & 0 & 1 & -1 \end{bmatrix}, B = \begin{bmatrix} 2 & 0 & -1 & 3 & 5 \\ 0 & -5 & 4 & 1 & 2 \\ 0 & 0 & 0 & 7 & -3 \\ 0 & 0 & 0 & 0 & 0 \end{bmatrix}$$

都是阶梯形矩阵. 由于 A 的左上角为单位阵,又称矩阵 A 为简化阶梯形矩阵或简化梯形阵. 而矩阵

$$C = \begin{bmatrix} 2 & 1 & 0 \\ 0 & 0 & 0 \\ 0 & 3 & 0 \end{bmatrix}, F = \begin{bmatrix} 3 & 1 & -5 & 0 \\ 0 & 2 & 1 & 3 \\ 0 & -1 & 0 & 0 \\ 0 & 0 & 0 & 0 \end{bmatrix}$$

不是阶梯形矩阵. 但若将矩阵 C 的第 2 行与第 3 行互换位置,即

$$\begin{bmatrix} 2 & 1 & 0 \\ 0 & 0 & 0 \\ 0 & 3 & 0 \end{bmatrix} \rightarrow \begin{bmatrix} 2 & 1 & 0 \\ 0 & 3 & 0 \\ 0 & 0 & 0 \end{bmatrix} = G$$

则矩阵 G 又为阶梯形矩阵了. 下面再列出矩阵初等变换的第三个特性:

性质3 任何一个矩阵 $A = \left[a_{ij} \right]_{m \times n}$ 经过若干次初等行变换总可以化为阶梯形矩阵,进而一般可以化为简化阶梯形矩阵(左上角为单位阵). 即

$$A = \begin{bmatrix} a_{11} & a_{12} & \cdots & a_{1n} \\ a_{21} & a_{22} & \cdots & a_{2n} \\ \vdots & \vdots & \vdots & \vdots \\ a_{m1} & a_{m2} & \cdots & a_{mn} \end{bmatrix}$$

$$\xrightarrow{\text{行变换}} \cdots \rightarrow \begin{bmatrix} a'_{11} & a'_{12} & \cdots & a'_{1r} & a'_{1r+1} & \cdots & a'_{1n} \\ 0 & a'_{22} & \cdots & a'_{2r} & a'_{2r+1} & \cdots & a'_{2n} \\ \vdots & \vdots & & \vdots & \vdots & \vdots & \vdots \\ 0 & 0 & \cdots & a'_{rr} & a'_{rr+1} & \cdots & a'_{rn} \\ 0 & 0 & \cdots & 0 & 0 & \cdots & 0 \\ \vdots & \vdots & & \vdots & \vdots & & \vdots \\ 0 & 0 & \cdots & 0 & 0 & \cdots & 0 \end{bmatrix}$$

$$\xrightarrow{\text{行变换}} \cdots \rightarrow \begin{bmatrix} 1 & 0 & \cdots & 0 & b_{1r+1} & \cdots & b_{1n} \\ 0 & 1 & \cdots & 0 & b_{2r+1} & \cdots & b_{2n} \\ \vdots & \vdots & \vdots & \vdots & \vdots & \vdots & \vdots \\ 0 & 0 & \cdots & 1 & b_{rr+1} & \cdots & b_{rn} \\ 0 & 0 & \cdots & 0 & 0 & \cdots & 0 \\ \vdots & \vdots & \vdots & \vdots & \vdots & \vdots & \vdots \\ 0 & 0 & \cdots & 0 & 0 & \cdots & 0 \end{bmatrix} = \begin{bmatrix} E_r & \vdots & B \\ \cdots & & \cdots \\ & O & \end{bmatrix} \quad (4.7)$$

其中

$$E_r = \begin{bmatrix} 1 & 0 & \cdots & 0 \\ 0 & 1 & \cdots & 0 \\ \vdots & \vdots & \vdots & \vdots \\ 0 & 0 & \cdots & 1 \end{bmatrix}_{r \times r}, B_{r \times (n-r)}, O_{(m-r) \times n}$$

例 25 将下列矩阵化为简化梯形阵

$$1) A = \begin{bmatrix} 1 & -2 & 3 & 5 \\ 0 & 1 & 2 & 1 \\ 1 & -1 & 5 & 6 \end{bmatrix}; \quad 2) B = \begin{bmatrix} 0 & 2 & -4 \\ -1 & -4 & 5 \\ 3 & 1 & -1 \\ 0 & 5 & -10 \\ 2 & 2 & 0 \end{bmatrix}.$$

解 1) $A = \begin{bmatrix} 1 & -2 & 3 & 5 \\ 0 & 1 & 2 & 1 \\ 1 & -1 & 5 & 6 \end{bmatrix} \times(-1) \rightarrow \begin{bmatrix} 1 & -2 & 3 & 5 \\ 0 & 1 & 2 & 1 \\ 0 & 1 & 2 & 1 \end{bmatrix} \times(-1); \times 2$

$\rightarrow \begin{bmatrix} 1 & 0 & 7 & 7 \\ 0 & 1 & 2 & 1 \\ 0 & 0 & 0 & 0 \end{bmatrix}$（简化梯形阵）

2) $B = \begin{bmatrix} 0 & 2 & -4 \\ -1 & -4 & 5 \\ 3 & 1 & -1 \\ 0 & 5 & -10 \\ 2 & 2 & 0 \end{bmatrix} \times(-1) \rightarrow \begin{bmatrix} 1 & 4 & -5 \\ 0 & 2 & -4 \\ 3 & 1 & -1 \\ 0 & 5 & -10 \\ 2 & 2 & 0 \end{bmatrix} \times(-3); \times(-2)$

$\rightarrow \begin{bmatrix} 1 & 4 & -5 \\ 0 & 2 & -4 \\ 0 & -11 & 14 \\ 0 & 5 & -10 \\ 0 & -6 & 10 \end{bmatrix} \times \frac{1}{2} \rightarrow \begin{bmatrix} 1 & 4 & -5 \\ 0 & 1 & -2 \\ 0 & -11 & 14 \\ 0 & 5 & -10 \\ 0 & -6 & 10 \end{bmatrix} \times 11; \times(-5); \times 6$

$\rightarrow \begin{bmatrix} 1 & 4 & -5 \\ 0 & 1 & -2 \\ 0 & 0 & -8 \\ 0 & 0 & 0 \\ 0 & 0 & -2 \end{bmatrix} \begin{matrix} \times(-4) \\ \times\left(-\frac{1}{8}\right) \end{matrix}$

$\rightarrow \begin{bmatrix} 1 & 0 & 3 \\ 0 & 1 & -2 \\ 0 & 0 & 1 \\ 0 & 0 & 0 \\ 0 & 0 & -2 \end{bmatrix} \times 2; \times(-3) \rightarrow \begin{bmatrix} 1 & 0 & 0 \\ 0 & 1 & 0 \\ 0 & 0 & 1 \\ 0 & 0 & 0 \\ 0 & 0 & 0 \end{bmatrix}$（简化梯形阵）

4.4.2 利用初等变换求矩阵的秩

由于矩阵的初等变换不改变矩阵的秩这一性质,因此可借助初等变换把一个矩阵化为易于求秩的矩阵(如梯形阵)来决定原矩阵的秩,举例说明.

例 26 求下列矩阵的秩

$$1) A = \begin{bmatrix} -1 & 2 & -4 \\ 1 & 2 & 3 \\ 2 & -4 & 8 \end{bmatrix}; \quad 2) B = \begin{bmatrix} 1 & 5 & -1 & -1 & -1 \\ 1 & -2 & 1 & 3 & 3 \\ 3 & 8 & -1 & 1 & 1 \\ 1 & -9 & 3 & 7 & 7 \end{bmatrix};$$

$$3) C = \begin{bmatrix} 3 & 2 & 2 & -2 & 4 \\ 2 & 2 & 2 & 0 & 3 \\ -2 & 0 & 0 & 3 & 2 \\ 6 & 2 & 2 & -7 & 3 \end{bmatrix}.$$

解 为了加强对矩阵化为简化梯形阵的训练,我们均将矩阵的梯形阵进一步化为简化梯形阵.

$$1) A = \begin{bmatrix} -1 & 2 & -4 \\ 1 & 2 & 3 \\ 2 & -4 & 8 \end{bmatrix} \rightarrow \begin{bmatrix} 1 & 2 & 3 \\ -1 & 2 & -4 \\ 2 & -4 & 8 \end{bmatrix} \times 1; \times(-2)$$

$$\rightarrow \begin{bmatrix} 1 & 2 & 3 \\ 0 & 4 & -1 \\ 0 & -8 & 2 \end{bmatrix} \times 2; \times\left(-\frac{1}{2}\right) \rightarrow \begin{bmatrix} 1 & 0 & \frac{7}{2} \\ 0 & 4 & -1 \\ 0 & 0 & 0 \end{bmatrix} \times \frac{1}{4}$$

$$\rightarrow \begin{bmatrix} 1 & 0 & \frac{7}{2} \\ 0 & 1 & -\frac{1}{4} \\ 0 & 0 & 0 \end{bmatrix} = \tilde{A},$$

因为 $R(\tilde{A}) = 2$,所以矩阵 A 的秩 $R(A) = R(\tilde{A}) = 2$.

$$2) B = \begin{bmatrix} 1 & 5 & -1 & -1 & -1 \\ 1 & -2 & 1 & 3 & 3 \\ 3 & 8 & -1 & 1 & 1 \\ 1 & -9 & 3 & 7 & 7 \end{bmatrix} \times(-1); \times(-3); \times(-1)$$

$$\rightarrow \begin{bmatrix} 1 & 5 & -1 & -1 & -1 \\ 0 & -7 & 2 & 4 & 4 \\ 0 & -7 & 2 & 4 & 4 \\ 0 & -14 & 4 & 8 & 8 \end{bmatrix} \times(-1); \times(-2)$$

$$\rightarrow \begin{bmatrix} 1 & 5 & -1 & -1 & -1 \\ 0 & -7 & 2 & 4 & 4 \\ 0 & 0 & 0 & 0 & 0 \\ 0 & 0 & 0 & 0 & 0 \end{bmatrix} \times \left(-\frac{1}{7}\right)$$

$$\rightarrow \begin{bmatrix} 1 & 5 & -1 & -1 & -1 \\ 0 & 1 & -\dfrac{2}{7} & -\dfrac{4}{7} & -\dfrac{4}{7} \\ 0 & 0 & 0 & 0 & 0 \\ 0 & 0 & 0 & 0 & 0 \end{bmatrix} \times (-5)$$

$$\rightarrow \begin{bmatrix} 0 & 0 & \dfrac{3}{7} & \dfrac{13}{7} & \dfrac{13}{7} \\ 0 & 1 & -\dfrac{2}{7} & -\dfrac{4}{7} & -\dfrac{4}{7} \\ 0 & 0 & 0 & 0 & 0 \\ 0 & 0 & 0 & 0 & 0 \end{bmatrix} = \tilde{B}$$

因为 $R(\tilde{B}) = 2$, 所以 $R(B) = R(\tilde{B}) = 2$.

$$3)\, C = \begin{bmatrix} 3 & 2 & 2 & -2 & 4 \\ 2 & 2 & 2 & 0 & 3 \\ -2 & 0 & 0 & 3 & 2 \\ 6 & 2 & 2 & -7 & 3 \end{bmatrix}$$

$$\times(-1) \uparrow$$

$$\rightarrow \begin{bmatrix} 3 & 2 & 0 & -2 & 4 \\ 2 & 2 & 0 & 0 & 3 \\ -2 & 0 & 0 & 3 & 2 \\ 6 & 2 & 0 & -7 & 3 \end{bmatrix} \times 1$$

$$\rightarrow \begin{bmatrix} 1 & 2 & 0 & 1 & 6 \\ 2 & 2 & 0 & 0 & 3 \\ -2 & 0 & 0 & 3 & 2 \\ 6 & 2 & 0 & -7 & 3 \end{bmatrix} \times(-2);\ \times 2;\ \times(-6)$$

$$\rightarrow \begin{bmatrix} 1 & 2 & 0 & 1 & 6 \\ 0 & -2 & 0 & -2 & -9 \\ 0 & 4 & 0 & 5 & 14 \\ 0 & -10 & 0 & -13 & -33 \end{bmatrix} \times 2;\ \times(-5)$$

$$\rightarrow \begin{bmatrix} 1 & 2 & 0 & 1 & 6 \\ 0 & -2 & 0 & -2 & -9 \\ 0 & 0 & 0 & 1 & -4 \\ 0 & 0 & 0 & -3 & 12 \end{bmatrix} \times 3$$

$$\rightarrow \begin{bmatrix} 1 & 2 & 0 & 1 & 6 \\ 0 & -2 & 0 & -2 & -9 \\ 0 & 0 & 0 & 1 & -4 \\ 0 & 0 & 0 & 0 & 0 \end{bmatrix}$$

$$\rightarrow \begin{bmatrix} 1 & 2 & 6 & 1 & 0 \\ 0 & -2 & -9 & -2 & 0 \\ 0 & 0 & -4 & 1 & 0 \\ 0 & 0 & 0 & 0 & 0 \end{bmatrix} \times 1$$

$$\rightarrow \begin{bmatrix} 1 & 0 & -3 & -1 & 0 \\ 0 & -2 & -9 & -2 & 0 \\ 0 & 0 & -4 & 1 & 0 \\ 0 & 0 & 0 & 0 & 0 \end{bmatrix} \rightarrow \begin{bmatrix} 1 & 0 & -1 & -3 & 0 \\ 0 & -2 & -2 & -9 & 0 \\ 0 & 0 & 1 & -4 & 0 \\ 0 & 0 & 0 & 0 & 0 \end{bmatrix} \times 2; \times 1$$

$$\rightarrow \begin{bmatrix} 1 & 0 & 0 & -7 & 0 \\ 0 & -2 & 0 & -17 & 0 \\ 0 & 0 & 1 & -4 & 0 \\ 0 & 0 & 0 & 0 & 0 \end{bmatrix} \times \left(-\frac{1}{2}\right) \rightarrow \begin{bmatrix} 1 & 0 & 0 & -7 & 0 \\ 0 & 1 & 0 & \frac{17}{2} & 0 \\ 0 & 0 & 1 & -4 & 0 \\ 0 & 0 & 0 & 0 & 0 \end{bmatrix} = \tilde{C}$$

因为 $R(\tilde{C}) = 3$. 所以 $R(C) = R(\tilde{C}) = 3$.

应当注意：在求矩阵的秩时，初等行变换与初等列变换切可同时使用，不受限制，且只要将矩阵化为梯形阵后也可定出其矩阵的秩.

4.4.3 利用初等变换求逆矩阵

要求 n 阶方阵 A 的逆矩阵 A^{-1}，当 $|A| \neq 0$ 时，只需在矩阵 A 右边并列排放一个与 A 同阶单位阵 E_n，然后对 $[A \mid E]$ 仅施行初等行变换，若 A 已变为单位阵，则它右边就是 A 所要求的逆矩阵 A^{-1}，即

$$[A \mid E] \xrightarrow{\text{初等行变换}} [E \mid A^{-1}] \tag{4.8}$$

例 27　用初等变换求下列矩阵的逆矩阵

$$1) A = \begin{bmatrix} 1 & -1 \\ 2 & 3 \end{bmatrix}; \quad 2) B = \begin{bmatrix} 1 & 2 & 3 \\ 2 & 2 & 1 \\ 3 & 4 & 3 \end{bmatrix}$$

解　1) $[A \mid E_2] = \begin{bmatrix} 1 & -1 & \vdots & 1 & 0 \\ 2 & 3 & \vdots & 0 & 1 \end{bmatrix} \times (-2)$

$$\rightarrow \begin{bmatrix} 1 & -1 & \vdots & 1 & 0 \\ 0 & 5 & \vdots & -2 & 1 \end{bmatrix} \times \frac{1}{5} \rightarrow \begin{bmatrix} 1 & -1 & \vdots & 1 & 0 \\ 0 & 1 & \vdots & -\frac{2}{5} & \frac{1}{5} \end{bmatrix} \times 1$$

$$\rightarrow \begin{bmatrix} 1 & 0 & \vdots & \dfrac{3}{5} & \dfrac{1}{5} \\ 0 & 1 & \vdots & -\dfrac{2}{5} & \dfrac{1}{5} \end{bmatrix} = \begin{bmatrix} E_2 & \vdots & A^{-1} \end{bmatrix}$$

所以 $A^{-1} = \begin{bmatrix} \dfrac{3}{5} & \dfrac{1}{5} \\ -\dfrac{2}{5} & \dfrac{1}{5} \end{bmatrix}$

2) $\begin{bmatrix} B & \vdots & E_3 \end{bmatrix} = \begin{bmatrix} 1 & 2 & 3 & \vdots & 1 & 0 & 0 \\ 2 & 2 & 1 & \vdots & 0 & 1 & 0 \\ 3 & 4 & 3 & \vdots & 0 & 0 & 1 \end{bmatrix} \times(-2); \times(-3)$

$$\rightarrow \begin{bmatrix} 1 & 2 & 3 & \vdots & 1 & 0 & 0 \\ 0 & -2 & -5 & \vdots & -2 & 1 & 0 \\ 0 & -2 & -6 & \vdots & -3 & 0 & 1 \end{bmatrix} \times 1; \times(-1)$$

$$\rightarrow \begin{bmatrix} 1 & 0 & -2 & \vdots & -1 & 1 & 0 \\ 0 & -2 & -5 & \vdots & -2 & 1 & 0 \\ 0 & 0 & -1 & \vdots & -1 & -1 & 1 \end{bmatrix} \times(-5); \times(-2)$$

$$\rightarrow \begin{bmatrix} 1 & 0 & 0 & \vdots & 1 & 3 & -2 \\ 0 & -2 & 0 & \vdots & 3 & 6 & -5 \\ 0 & 0 & -1 & \vdots & -1 & -1 & 1 \end{bmatrix} \begin{matrix} \\ \times\left(-\dfrac{1}{2}\right) \\ \times(-1) \end{matrix}$$

$$\rightarrow \begin{bmatrix} 1 & 0 & 0 & \vdots & 1 & 3 & -2 \\ 0 & 1 & 0 & \vdots & -\dfrac{3}{2} & -3 & \dfrac{5}{2} \\ 0 & 0 & 1 & \vdots & 1 & 1 & -1 \end{bmatrix} = \begin{bmatrix} E & \vdots & B^{-1} \end{bmatrix}$$

所以 $B^{-1} = \begin{bmatrix} 1 & 3 & -2 \\ -\dfrac{3}{2} & -3 & \dfrac{5}{2} \\ 1 & 1 & -1 \end{bmatrix}$

应当注意:用初等行变换求逆矩阵时,绝不允许施行初等列变换,且求逆矩阵的矩阵右边所配单位阵的阶数必须和该矩阵同阶.

4.4.4 利用初等变换解矩阵方程

对矩阵方程 $AX = B$,当 $|A| \neq 0$ 时,其解为 $X = A^{-1}B$. 要求 $AX = B$ 的解 $X = A^{-1}B$,只需对矩阵 $[A \mid B]$ 施行初等行变换即可,当左半部的矩阵 A 化为单位阵 E 时,右半部的矩阵 B 即化为要求的 $A^{-1}B$,即

$$[A \mid B] \xrightarrow{\text{初等行变换}} [E \mid A^{-1}B] \tag{4.9}$$

例 28 求方程组的解

$$\begin{cases} 2x - 3y + z = -1 \\ x + y + z = 6 \\ 3x + y - 2z = -1 \end{cases}$$

解 此方程组的矩阵式为 $AX = B.$ 其中

$$A = \begin{bmatrix} 2 & -3 & 1 \\ 1 & 1 & 1 \\ 3 & 1 & -2 \end{bmatrix}, X = \begin{bmatrix} x \\ y \\ z \end{bmatrix}, B = \begin{bmatrix} -1 \\ 6 \\ -1 \end{bmatrix}$$

对增广矩阵 $[A \mid B]$ 施行初等行变换：

$$[A \mid B] = \begin{bmatrix} 2 & -3 & 1 & \vdots & -1 \\ 1 & 1 & 1 & \vdots & 6 \\ 3 & 1 & -2 & \vdots & -1 \end{bmatrix} \times (-1)$$

$$\rightarrow \begin{bmatrix} 1 & -4 & 0 & \vdots & -7 \\ 1 & 1 & 1 & \vdots & 6 \\ 3 & 1 & -2 & \vdots & -1 \end{bmatrix} \times (-1), \times (-3)$$

$$\rightarrow \begin{bmatrix} 1 & -4 & 0 & \vdots & -7 \\ 0 & 5 & 1 & \vdots & 13 \\ 0 & 13 & -2 & \vdots & 20 \end{bmatrix} \times \frac{4}{5}, \times (-\frac{13}{5})$$

$$\rightarrow \begin{bmatrix} 1 & 0 & \frac{4}{5} & \vdots & \frac{17}{5} \\ 0 & 5 & 1 & \vdots & 13 \\ 0 & 0 & -\frac{23}{5} & \vdots & \frac{-69}{5} \end{bmatrix} \times \frac{5}{23}, \times \frac{4}{23}$$

$$\rightarrow \begin{bmatrix} 1 & 0 & 0 & \vdots & 1 \\ 0 & 5 & 0 & \vdots & 10 \\ 0 & 0 & -\frac{23}{5} & \vdots & \frac{-69}{5} \end{bmatrix} \times \frac{1}{5} \\ \times (-\frac{5}{23})$$

$$\rightarrow \begin{bmatrix} 1 & 0 & 0 & \vdots & 1 \\ 0 & 1 & 0 & \vdots & 2 \\ 0 & 0 & 1 & \vdots & 3 \end{bmatrix} = [E \mid A^{-1}B]$$

由此得

$$X = A^{-1}B = \begin{bmatrix} 1 \\ 2 \\ 3 \end{bmatrix}, \text{即} \quad \begin{bmatrix} x \\ y \\ z \end{bmatrix} = \begin{bmatrix} 1 \\ 2 \\ 3 \end{bmatrix}$$

故原方程组的解为：$x = 1, y = 2, z = 3.$

例 29 用初等变换法求解矩阵方程：

$$\begin{bmatrix} 3 & -1 & 0 \\ -2 & 1 & 1 \\ 2 & -1 & 4 \end{bmatrix} X = \begin{bmatrix} -1 & 1 \\ 0 & 2 \\ -5 & 3 \end{bmatrix}.$$

解　设

$$A = \begin{bmatrix} 3 & -1 & 0 \\ -2 & 1 & 1 \\ 2 & -1 & 4 \end{bmatrix}, B = \begin{bmatrix} -1 & 1 \\ 0 & 2 \\ -5 & 3 \end{bmatrix}$$

则矩阵方程为: $AX = B$, 因

$$|A| = \begin{vmatrix} 3 & -1 & 0 \\ -2 & 1 & 1 \\ 2 & -1 & 4 \end{vmatrix} = 5 \neq 0$$

所以 A 可逆, 故　$X = A^{-1}B$. 由

$$[A|B] = \begin{bmatrix} 3 & -1 & 0 & \vdots & -1 & 1 \\ -2 & 1 & 1 & \vdots & 0 & 2 \\ 2 & -1 & 4 & \vdots & -5 & 3 \end{bmatrix}$$

$$\rightarrow \begin{bmatrix} -2 & 1 & 1 & \vdots & 0 & 2 \\ 3 & -1 & 0 & \vdots & -1 & 1 \\ 2 & -1 & 4 & \vdots & -5 & 3 \end{bmatrix} \times \frac{3}{2}, \times 1$$

$$\rightarrow \begin{bmatrix} -2 & 1 & 1 & \vdots & 0 & 2 \\ 0 & \frac{1}{2} & \frac{3}{2} & \vdots & -1 & 4 \\ 0 & 0 & 5 & \vdots & -5 & 5 \end{bmatrix} \begin{array}{l} \times \left(-\frac{1}{2}\right) \\ \times 2 \\ \times \frac{1}{5} \end{array}$$

$$\rightarrow \begin{bmatrix} 1 & -\frac{1}{2} & -\frac{1}{2} & \vdots & 0 & -1 \\ 0 & 1 & 3 & \vdots & -2 & 8 \\ 0 & 0 & 1 & \vdots & -1 & 1 \end{bmatrix} \times (-3), \times \frac{1}{2}$$

$$\rightarrow \begin{bmatrix} 1 & -\frac{1}{2} & 0 & \vdots & -\frac{1}{2} & -\frac{1}{2} \\ 0 & 1 & 0 & \vdots & 1 & 5 \\ 0 & 0 & 1 & \vdots & -1 & 1 \end{bmatrix} \times \frac{1}{2}$$

$$\rightarrow \begin{bmatrix} 1 & 0 & 0 & \vdots & 0 & 2 \\ 0 & 1 & 0 & \vdots & 1 & 5 \\ 0 & 0 & 1 & \vdots & -1 & 1 \end{bmatrix} = [E | A^{-1}B]$$

得

$$X = A^{-1}B = \begin{bmatrix} 0 & 2 \\ 1 & 5 \\ -1 & 1 \end{bmatrix}$$

例 30　设 $A = \begin{bmatrix} 1 & 2 \\ 1 & 3 \end{bmatrix}, B = \begin{bmatrix} 2 & -1 \\ 0 & 1 \end{bmatrix}$.

1) 求 $|AB - BA|$, $|A^* A^{\mathrm{T}} B^{-1}|$;

2)求解矩阵方程:$(A^*B^T)X - 2A^T = (AB)^{-1}$.

解 由已知有:$|A| = \begin{vmatrix} 1 & 2 \\ 1 & 3 \end{vmatrix} = 1$,$|B| = \begin{vmatrix} 2 & -1 \\ 0 & 1 \end{vmatrix} = 2$

$$A^T = \begin{bmatrix} 1 & 1 \\ 2 & 3 \end{bmatrix}, A^* = \begin{bmatrix} 3 & -2 \\ -1 & 1 \end{bmatrix}$$

$$A^{-1} = \frac{1}{|A|}A^* = \begin{bmatrix} 3 & -2 \\ -1 & 1 \end{bmatrix}$$

$$B^T = \begin{bmatrix} 2 & 0 \\ -1 & 1 \end{bmatrix}, B^* = \begin{bmatrix} 1 & 1 \\ 0 & 2 \end{bmatrix}$$

$$B^{-1} = \frac{1}{|B|}B^* = \frac{1}{2}\begin{bmatrix} 1 & 1 \\ 0 & 2 \end{bmatrix}$$

1)因为

$$AB - BA = \begin{bmatrix} 1 & 2 \\ 1 & 3 \end{bmatrix}\begin{bmatrix} 2 & -1 \\ 0 & 1 \end{bmatrix} - \begin{bmatrix} 2 & -1 \\ 0 & 1 \end{bmatrix}\begin{bmatrix} 1 & 2 \\ 1 & 3 \end{bmatrix}$$

$$= \begin{bmatrix} 2 & 1 \\ 2 & 2 \end{bmatrix} - \begin{bmatrix} 1 & 1 \\ 1 & 3 \end{bmatrix} = \begin{bmatrix} 1 & 0 \\ 1 & -1 \end{bmatrix}$$

所以

$$|AB - BA| = \begin{vmatrix} 1 & 0 \\ 1 & -1 \end{vmatrix} = -1$$

$$|A^*A^TB^{-1}| = |A^*||A^T||B^{-1}|$$

$$= \begin{vmatrix} 3 & -2 \\ -1 & 1 \end{vmatrix}\begin{vmatrix} 1 & 1 \\ 2 & 3 \end{vmatrix}\begin{vmatrix} \frac{1}{2}\begin{bmatrix} 1 & 1 \\ 0 & 2 \end{bmatrix} \end{vmatrix}$$

$$= 1 \cdot 1 \cdot \left(\frac{1}{2}\right)^2 \cdot 2 = \frac{1}{2}$$

2)因为

$$A^*B^T = \begin{bmatrix} 3 & -2 \\ -1 & 1 \end{bmatrix}\begin{bmatrix} 2 & 0 \\ -1 & 1 \end{bmatrix} = \begin{bmatrix} 8 & -2 \\ -3 & 1 \end{bmatrix}$$

所以 $\qquad (A^*B^T)^{-1} = \frac{1}{|A^*B^T|}(A^*B^T)^* = \frac{1}{2}\begin{bmatrix} 1 & 2 \\ 3 & 8 \end{bmatrix}$

由已知 $(A^*B^T)X - 2A^T = (AB)^{-1}$ 得

$$(A^*B^T)X = B^{-1}A^{-1} + 2A^T$$

所以

$$X = (A^*B^T)^{-1}(B^{-1}A^{-1} + 2A^T)$$

$$= \frac{1}{2}\begin{bmatrix} 1 & 2 \\ 3 & 8 \end{bmatrix}\left(\frac{1}{2}\begin{bmatrix} 1 & 1 \\ 0 & 2 \end{bmatrix}\begin{bmatrix} 3 & -2 \\ -1 & 1 \end{bmatrix} + 2\begin{bmatrix} 1 & 1 \\ 2 & 3 \end{bmatrix}\right)$$

$$= \frac{1}{2}\begin{bmatrix} 1 & 2 \\ 3 & 8 \end{bmatrix} \cdot \frac{1}{2}\begin{bmatrix} 6 & 3 \\ 6 & 14 \end{bmatrix} = \frac{1}{4}\begin{bmatrix} 18 & 31 \\ 66 & 121 \end{bmatrix}$$

4.5 线性方程组解法

线性方程组是应用数学研究的一个重要基本问题. 它在经济分析与管理中的规划、决策以及在统计分析中回归分析模型的建立与求解都有广泛应用. 本节主要讨论利用矩阵的初等变换,如何求解线性方程组的解法问题.

线性方程组的一般形式

$$\begin{cases} a_{11}x_1 + a_{12}x_2 + \cdots + a_{1n}x_n = b_1 \\ a_{21}x_1 + a_{22}x_2 + \cdots + a_{2n}x_n = b_2 \\ \cdots \\ a_{m1}x_1 + a_{m2}x_2 + \cdots + a_{mn}x_n = b_m \end{cases} \quad 或 \quad AX = B$$

其中,称 $A = \begin{bmatrix} a_{11} & a_{12} & \cdots & a_{1n} \\ a_{21} & a_{22} & \cdots & a_{2n} \\ \vdots & \vdots & \cdots & \vdots \\ a_{m1} & a_{m2} & \cdots & a_{mn} \end{bmatrix}$ 为系数矩阵

$$[A \mid B] = \begin{bmatrix} a_{11} & a_{12} & \cdots & a_{1n} & \vdots & b_1 \\ a_{21} & a_{22} & \cdots & a_{2n} & \vdots & b_2 \\ \vdots & \vdots & \cdots & \vdots & \vdots & \vdots \\ a_{m1} & a_{m2} & \cdots & a_{mn} & \vdots & b_m \end{bmatrix} \text{为增广矩阵}$$

$X = \begin{bmatrix} x_1 & x_2 & \cdots & x_n \end{bmatrix}^{\mathrm{T}}$ 为未知矩阵

$B = \begin{bmatrix} b_1 & b_2 & \cdots & b_m \end{bmatrix}^{\mathrm{T}}$ 为常数项矩阵

当 $B = O$, 称 $AX = O$ 为 n 元齐次线性方程组.

当 $B \neq O$, 称 $AX = R$ 为 n 元非齐次线性方程组.

注意:这里 O 表示线性方程组常数项全为零的零矩阵,即

$$O = \begin{bmatrix} 0 & 0 & \cdots & 0 \end{bmatrix}^{\mathrm{T}}.$$

定理 4.3 (线性方程组 $AX = B$ 解的判定定理)

设线性方程组 $AX = B, R(A) = r$

1)当 $R(A) = R[A \mid B]$ 时,则 $AX = B$ 有解,且

$r = n$(未知数个数). $AX = B$ 有唯一解

$r < n$ $\qquad\qquad AX = B$ 有无穷多组解.

2)当 $R(A) \neq R[A \mid B]$ 时,则 $AX = B$ 无解.

下面将 $AX = B$ 分为方程个数 m 与未知数(亦称变元)个数 n 相等与不相等两类情况加以讨论,且把重点放在如何求解的方法上,至于其理论问题,不作严格讨论,如线性相关与无关,方程组解的结构定理等,请参看有关《线性代数》教材.

4.5.1 当 $m = n$ 时,即 $A_{nn}X_{n \times 1} = B_{n \times 1}$

此处着重讨论 $r = n$ 且 $B \neq O$ 时,$AX = B$ 具有唯一解的情况.

例 31 求解线性方程组 $\begin{cases} x_1 + 2x_2 + x_3 = 4 \\ 2x_1 + x_2 - x_3 = 6 \\ 3x_1 + x_2 - 4x_3 = 8 \end{cases}$

解 由解的判定定理,因本线性方程组的系数矩阵 A 的秩 $R(A) = 3 = n$,故该线性方程有唯一解. 这里采用三种方法求解.

方法一:行列式法(或克莱姆法)

第一步 求系数行列式值

$$D = \begin{vmatrix} 1 & 2 & 1 \\ 2 & 1 & -1 \\ 3 & 1 & -4 \end{vmatrix} \times(-2);\times(-3) \qquad = \begin{vmatrix} 1 & 2 & 1 \\ 0 & -3 & -3 \\ 0 & -5 & -7 \end{vmatrix} = \begin{vmatrix} -3 & -3 \\ -5 & -7 \end{vmatrix}$$

$$= 21 - 15 = 6 \neq 0 \text{(有唯一解)}$$

第二步 将系数行列式 D 中的三个列分别用常数项代替,算出下面三个行列式值.

$$D_1 = \begin{vmatrix} 4 & 2 & 1 \\ 6 & 1 & -1 \\ 8 & 1 & -4 \end{vmatrix} = -\begin{vmatrix} 1 & 2 & 4 \\ -1 & 1 & 6 \\ -4 & 1 & 8 \end{vmatrix} \times 1;\times(4) \qquad = -\begin{vmatrix} 1 & 2 & 4 \\ 0 & 3 & 10 \\ 0 & 9 & 24 \end{vmatrix}$$

$$= -(72 - 90) = 18$$

$$D_2 = \begin{vmatrix} 1 & 4 & 1 \\ 2 & 6 & -1 \\ 3 & 8 & -4 \end{vmatrix} \times(-2);\times(-3) \qquad = \begin{vmatrix} 1 & 4 & 1 \\ 0 & -2 & -3 \\ 0 & -4 & -7 \end{vmatrix} = 14 - 12 = 2$$

$$D_3 = \begin{vmatrix} 1 & 2 & 4 \\ 2 & 1 & 6 \\ 3 & 1 & 8 \end{vmatrix} \times(-2);\times(-3) \qquad = \begin{vmatrix} 1 & 2 & 4 \\ 0 & -3 & -2 \\ 0 & -5 & -4 \end{vmatrix} = 12 - 10 = 2$$

第三步 将 D_1, D_2, D_3 分别除以 D 即得解

$$x_1 = \frac{D_1}{D} = \frac{18}{6} = 3, x_2 = \frac{D_2}{D} = \frac{2}{6} = \frac{1}{3}, x_3 = \frac{D_3}{D} = \frac{2}{6} = \frac{1}{3},$$

所以 $\begin{cases} x_1 = 3 \\ x_2 = \dfrac{1}{3} \\ x_3 = \dfrac{1}{3} \end{cases}$

方法二:逆矩阵法

若 $AX = B$ 的 $|A| \neq 0$,则 $X = A^{-1}B$.

第一步 求 A^{-1}.

$$[A \,\vdots\, E] = \begin{bmatrix} 1 & 2 & 1 & \vdots & 1 & 0 & 0 \\ 2 & 1 & -1 & \vdots & 0 & 1 & 0 \\ 3 & 1 & -4 & \vdots & 0 & 0 & 1 \end{bmatrix} \times(-2);\times(-3)$$

$$\rightarrow \begin{bmatrix} 1 & 2 & 1 & \vdots & 1 & 0 & 0 \\ 0 & -3 & -3 & \vdots & -2 & 1 & 0 \\ 0 & -5 & -7 & \vdots & -3 & 0 & 1 \end{bmatrix} \times \left(-\frac{1}{3} \right)$$

$$\rightarrow \begin{bmatrix} 1 & 2 & 1 & \vdots & 1 & 0 & 0 \\ 0 & 1 & 1 & \vdots & \dfrac{2}{3} & -\dfrac{1}{3} & 0 \\ 0 & -5 & -7 & \vdots & -3 & 0 & 1 \end{bmatrix} \times(-2); \times 5$$

$$\rightarrow \begin{bmatrix} 1 & 0 & -1 & \vdots & -\dfrac{1}{3} & \dfrac{2}{3} & 0 \\ 0 & 1 & 1 & \vdots & \dfrac{2}{3} & -\dfrac{1}{3} & 0 \\ 0 & 0 & -2 & \vdots & \dfrac{1}{3} & -\dfrac{5}{3} & 1 \end{bmatrix} \times \left(-\frac{1}{2} \right)$$

$$\rightarrow \begin{bmatrix} 1 & 0 & -1 & \vdots & -\dfrac{1}{3} & \dfrac{2}{3} & 0 \\ 0 & 1 & 1 & \vdots & \dfrac{2}{3} & -\dfrac{1}{3} & 0 \\ 0 & 0 & 1 & \vdots & -\dfrac{1}{6} & \dfrac{5}{6} & -\dfrac{1}{2} \end{bmatrix} \times(-1); \times 1$$

$$\rightarrow \begin{bmatrix} 1 & 0 & 0 & \vdots & -\dfrac{3}{6} & \dfrac{9}{6} & -\dfrac{1}{2} \\ 0 & 1 & 0 & \vdots & \dfrac{5}{6} & -\dfrac{7}{6} & \dfrac{1}{2} \\ 0 & 0 & 1 & \vdots & -\dfrac{1}{6} & \dfrac{5}{6} & -\dfrac{1}{2} \end{bmatrix} = \begin{bmatrix} E & \vdots & A^{-1} \end{bmatrix}$$

所以 $A^{-1} = \begin{bmatrix} -\dfrac{3}{6} & \dfrac{9}{6} & -\dfrac{1}{2} \\ \dfrac{5}{6} & -\dfrac{7}{6} & \dfrac{1}{2} \\ -\dfrac{1}{6} & \dfrac{5}{6} & -\dfrac{1}{2} \end{bmatrix}$

第二步　作乘 $A^{-1}B$.

$$A^{-1}B = \begin{bmatrix} -\dfrac{3}{6} & \dfrac{9}{6} & -\dfrac{1}{2} \\ \dfrac{5}{6} & -\dfrac{7}{6} & \dfrac{1}{2} \\ -\dfrac{1}{6} & \dfrac{5}{6} & -\dfrac{1}{2} \end{bmatrix} \begin{bmatrix} 4 \\ 6 \\ 8 \end{bmatrix} = \begin{bmatrix} 3 \\ \dfrac{1}{3} \\ \dfrac{1}{3} \end{bmatrix}$$

第三步　$X = A^{-1}B$.

方程组的解为 $\begin{bmatrix} x_1 \\ x_2 \\ x_3 \end{bmatrix} = \begin{bmatrix} 3 \\ \dfrac{1}{3} \\ \dfrac{1}{3} \end{bmatrix}$，即 $\begin{cases} x_1 = 3 \\ x_2 = \dfrac{1}{3} \\ x_3 = \dfrac{1}{3} \end{cases}$

方法三：初等变换法

当 $|A| \neq 0$ 时，将 $AX = B$ 的增广矩阵 $[A \mid B] \xrightarrow{\text{(行)}} \cdots \to [E \mid C]$

则 $X = C$

$$[A \mid B] = \begin{bmatrix} 1 & 2 & 1 & 4 \\ 2 & 1 & -1 & 6 \\ 3 & 1 & -4 & 8 \end{bmatrix} \begin{matrix} \times(-2);\times(-3) \end{matrix} \to \begin{bmatrix} 1 & 2 & 1 & 4 \\ 0 & -3 & -3 & -2 \\ 0 & -5 & -7 & -4 \end{bmatrix} \times\left(-\dfrac{1}{3}\right)$$

$$\to \begin{bmatrix} 1 & 2 & 1 & 4 \\ 0 & 1 & 1 & \dfrac{2}{3} \\ 0 & -5 & -7 & -4 \end{bmatrix} \begin{matrix} \times(-2);\times 5 \end{matrix} \to \begin{bmatrix} 1 & 0 & -1 & \dfrac{8}{3} \\ 0 & 1 & 1 & \dfrac{2}{3} \\ 0 & 0 & -2 & -\dfrac{2}{3} \end{bmatrix} \times\left(-\dfrac{1}{2}\right)$$

$$\to \begin{bmatrix} 1 & 0 & -1 & \dfrac{8}{3} \\ 0 & 1 & 1 & \dfrac{2}{3} \\ 0 & 0 & 1 & \dfrac{1}{3} \end{bmatrix} \begin{matrix} \times(-1);\times 1 \end{matrix} \to \begin{bmatrix} 1 & 0 & 0 & 3 \\ 0 & 1 & 0 & \dfrac{1}{3} \\ 0 & 0 & 1 & \dfrac{1}{3} \end{bmatrix} = [E \mid C]$$

则 $X = C$，即 $\begin{bmatrix} x_1 \\ x_2 \\ x_3 \end{bmatrix} = \begin{bmatrix} 3 \\ \dfrac{1}{3} \\ \dfrac{1}{3} \end{bmatrix}$

所以方程组的解为 $\begin{cases} x_1 = 3 \\ x_2 = \dfrac{1}{3} \\ x_3 = \dfrac{1}{3} \end{cases}$

以上三种做法求出的解均为相同.

这里说明一点，对初等变换解法，每一次初等变换后矩阵所对应的方程组都是同解方程组. 因此对方程个数与未知数个数相等的线性方程组 $AX = B$，若 $|A| \neq 0$，只需将其增广矩阵 $[A \mid B]$ 经过初等行变换化为简化梯形阵，就可立即求出其解.

例 32　求解线性方程组 $\begin{cases} x_1 + 2x_2 + 3x_3 + x_4 = 5 \\ 2x_1 + x_2 \qquad - x_4 = -2 \\ -x_1 - 2x_2 + 3x_3 + 3x_4 = 8 \\ x_1 - 2x_2 - 9x_3 - 5x_4 = -21 \end{cases}$

解　本题只采取初等变换法求解

$$[A \mid B] = \begin{bmatrix} 1 & 2 & 3 & 1 & \vdots & 5 \\ 2 & 1 & 0 & -1 & \vdots & -2 \\ -1 & -2 & 3 & 3 & \vdots & 8 \\ 1 & -2 & -9 & -5 & \vdots & -21 \end{bmatrix} \begin{matrix} \times(-2); \times 1; \times(-1) \\ \\ \\ \\ \end{matrix}$$

$$\rightarrow \begin{bmatrix} 1 & 2 & 3 & 1 & \vdots & 5 \\ 0 & -3 & -6 & -3 & \vdots & -12 \\ 0 & 0 & 6 & 4 & \vdots & 13 \\ 0 & -4 & -12 & -6 & \vdots & -26 \end{bmatrix} \begin{matrix} \\ \\ \\ \times(-1) \end{matrix}$$

$$\rightarrow \begin{bmatrix} 1 & 2 & 3 & 1 & \vdots & 5 \\ 0 & 1 & 6 & 3 & \vdots & 14 \\ 0 & 0 & 6 & 4 & \vdots & 13 \\ 0 & -4 & -12 & -6 & \vdots & -26 \end{bmatrix} \begin{matrix} \\ \times(-2); \times 4 \\ \\ \end{matrix}$$

$$\rightarrow \begin{bmatrix} 1 & 0 & -9 & -5 & \vdots & -23 \\ 0 & 1 & 6 & 3 & \vdots & 14 \\ 0 & 0 & 6 & 4 & \vdots & 13 \\ 0 & 0 & 12 & 6 & \vdots & 30 \end{bmatrix} \begin{matrix} \\ \\ \times(-1); \times\frac{3}{2}; \times(-2) \\ \end{matrix}$$

$$\rightarrow \begin{bmatrix} 1 & 0 & 0 & 1 & \vdots & -\frac{7}{2} \\ 0 & 1 & 0 & -1 & \vdots & 1 \\ 0 & 0 & 6 & 4 & \vdots & 13 \\ 0 & 0 & 0 & -2 & \vdots & 4 \end{bmatrix} \begin{matrix} \\ \\ \times\frac{1}{6} \\ \times\left(-\frac{1}{2}\right) \end{matrix}$$

$$\rightarrow \begin{bmatrix} 1 & 0 & 0 & 1 & \vdots & -\frac{7}{2} \\ 0 & 1 & 0 & -1 & \vdots & 1 \\ 0 & 0 & 1 & \frac{2}{3} & \vdots & \frac{13}{6} \\ 0 & 0 & 0 & 1 & \vdots & -2 \end{bmatrix} \begin{matrix} \\ \\ \\ \times\left(-\frac{2}{3}\right); \times 1; \times(-1) \end{matrix}$$

$$\rightarrow \begin{bmatrix} 1 & 0 & 0 & 0 & \vdots & -\dfrac{3}{2} \\ 0 & 1 & 0 & 0 & \vdots & -1 \\ 0 & 0 & 1 & 0 & \vdots & \dfrac{7}{2} \\ 0 & 0 & 0 & 1 & \vdots & -2 \end{bmatrix} = [E \mid C], 故 X = C.$$

即 $\begin{bmatrix} x_1 \\ x_2 \\ x_3 \\ x_4 \end{bmatrix} = \begin{bmatrix} -\dfrac{3}{2} \\ -1 \\ \dfrac{7}{2} \\ -2 \end{bmatrix}$

所以方程组的解 $\begin{cases} x_1 = -\dfrac{3}{2} \\ x_2 = -1 \\ x_3 = \dfrac{7}{2} \\ x_4 = -2 \end{cases}$

4.5.2 当 $m \neq n$ 时, $A_{mn}X_{n \times 1} = B_{m \times 1}$

(1)若 $B = O$,即求解齐次线性方程组 $AX = O$, $AX = O$ 一定有零解.

当 $R(A) = r < n$(未知数个数)时,则 $AX = O$ 有非零解.且这无穷多组非零解,可以通过 $(n - r)$ 组有限组线性无关非零解就可表出.

例 33 求解下列齐次线性方程组

1) $\begin{cases} x_1 + 2x_2 + x_3 - x_4 = 0 \\ 2x_1 - x_2 - 3x_3 + 13x_4 = 0 \end{cases}$

2) $\begin{cases} x_1 + 2x_2 + 2x_3 - x_4 + 2x_5 = 0 \\ 2x_1 + 5x_2 + 4x_3 - 3x_4 + 3x_5 = 0 \\ 4x_1 + 2x_2 + 8x_3 + 2x_4 + 14x_5 = 0 \end{cases}$

3) $\begin{cases} x_1 + x_2 + x_3 + 4x_4 = 0 \\ x_1 - x_2 + 3x_3 - 2x_4 = 0 \\ x_1 \qquad + 2x_3 + x_5 = 0 \\ 2x_1 + x_2 + 3x_3 + 5x_5 = 0 \\ x_1 + 3x_2 - x_3 + 10x_5 = 0 \end{cases}$

解 1)先将方程组的系数矩阵 A 化为简化梯形阵

$$A = \begin{bmatrix} 1 & 2 & 1 & -1 \\ 2 & -1 & -3 & 13 \end{bmatrix} \begin{smallmatrix} \times(-2) \\ \end{smallmatrix} \rightarrow \begin{bmatrix} 1 & 2 & 1 & -1 \\ 0 & -5 & -5 & 15 \end{bmatrix} \times \left(-\dfrac{1}{5}\right)$$

$$\rightarrow \begin{bmatrix} 1 & 2 & 1 & -1 \\ 0 & 1 & 1 & -3 \end{bmatrix} \begin{smallmatrix} \\ \times(-2) \end{smallmatrix} \rightarrow \begin{bmatrix} 1 & 0 & -1 & 5 \\ 0 & 1 & 1 & -3 \end{bmatrix}$$

将此简化梯形阵左边单位阵右边元素构成的矩阵,记为

$$H = \begin{bmatrix} -1 & 5 \\ 1 & -3 \end{bmatrix}$$

再作新矩阵 $W = \begin{bmatrix} -H^{\mathrm{T}} & \vdots & E \end{bmatrix} = \begin{bmatrix} 1 & -1 & \vdots & 1 & 0 \\ -5 & 3 & \vdots & 0 & 1 \end{bmatrix}$

由 $\overline{W}$ 矩阵的行写成:

$$X_1 = \begin{bmatrix} 1 \\ -1 \\ 1 \\ 0 \end{bmatrix}, \quad X_2 = \begin{bmatrix} -5 \\ 3 \\ 0 \\ 1 \end{bmatrix}$$

它们就是原方程 1)的两组线性无关的解,并把它们称为一个基础解系(注意:基础解系中的解组个数,刚好是方程组未知数个数 n 减去系数矩阵的秩 $R(A)$,本例即:$n - R(A) = 4 - 2 = 2$).

最后,方程组 1)的通解为

$$V = k_1 X_1 + k_2 X_2,\text{即} \begin{bmatrix} x_1 \\ x_2 \\ x_3 \\ x_4 \end{bmatrix} = k_1 \begin{bmatrix} 1 \\ -1 \\ 1 \\ 0 \end{bmatrix} + k_2 \begin{bmatrix} -5 \\ 3 \\ 0 \\ 1 \end{bmatrix}$$

亦即 $\begin{cases} x_1 = & k_1 - 5k_2 \\ x_2 = & -k_1 + 3k_2 \\ x_3 = & k_1 \\ x_4 = & k_2 \end{cases}$,其中 k_1, k_2 为任意常数.

2)先将系数矩阵 A 化为简化梯形阵

$$A = \begin{bmatrix} 1 & 2 & 2 & -1 & 2 \\ 2 & 5 & 4 & -3 & 3 \\ 4 & 2 & 8 & 2 & 14 \end{bmatrix} \times(-2); \times(-4)$$

$$\rightarrow \begin{bmatrix} 1 & 2 & 2 & -1 & 2 \\ 0 & 1 & 0 & -1 & -1 \\ 0 & -6 & 0 & 6 & 6 \end{bmatrix} \times(-2); \times 6$$

$$\rightarrow \begin{bmatrix} 1 & 0 & 2 & 1 & 4 \\ 0 & 1 & 0 & -1 & -1 \\ 0 & 0 & 0 & 0 & 0 \end{bmatrix}$$

将此简化梯形阵全为 0 的第三行以上、左上角单位阵右边元素构成的矩阵,记为

$$H = \begin{bmatrix} 2 & 1 & 4 \\ 0 & -1 & -1 \end{bmatrix}$$

作新矩阵 $W = \begin{bmatrix} -H^{\mathrm{T}} & \vdots & E \end{bmatrix} = \begin{bmatrix} -2 & 0 & 1 & 0 & 0 \\ -1 & 1 & 0 & 1 & 0 \\ -4 & 1 & 0 & 0 & 1 \end{bmatrix}$,得出基础解系

$$X_1 = \begin{bmatrix} -2 \\ 0 \\ 1 \\ 0 \\ 0 \end{bmatrix}, \quad X_2 = \begin{bmatrix} -1 \\ 1 \\ 0 \\ 1 \\ 0 \end{bmatrix}, \quad X_3 = \begin{bmatrix} -4 \\ 1 \\ 0 \\ 0 \\ 1 \end{bmatrix}.$$

由此,方程组 2)的通解为

$$V = k_1 X_1 + k_2 X_2 + k_3 X_3,$$

即

$$\begin{bmatrix} x_1 \\ x_2 \\ x_3 \\ x_4 \\ x_5 \end{bmatrix} = k_1 \begin{bmatrix} -2 \\ 0 \\ 1 \\ 0 \\ 0 \end{bmatrix} + k_2 \begin{bmatrix} -1 \\ 1 \\ 0 \\ 1 \\ 0 \end{bmatrix} + k_3 \begin{bmatrix} -4 \\ 1 \\ 0 \\ 0 \\ 1 \end{bmatrix}$$

亦即

$$\begin{cases} x_1 = -2k_1 - k_2 - 4k_3 \\ x_2 = \qquad k_2 + k_3 \\ x_3 = \quad k_1 \\ x_4 = \qquad k_2 \\ x_5 = \qquad\qquad k_3 \end{cases}$$

其中,k_1, k_2, k_3 为任意常数.

$$3)A \begin{bmatrix} 1 & 1 & 1 & 4 \\ 1 & -1 & 3 & -2 \\ 1 & 0 & 2 & 1 \\ 2 & 1 & 3 & 5 \\ 1 & 3 & -1 & 10 \end{bmatrix} \begin{matrix} \times(-1); \times(-2) \end{matrix} \rightarrow \begin{bmatrix} 1 & 1 & 1 & 4 \\ 0 & -2 & 2 & -6 \\ 0 & -1 & 1 & -3 \\ 0 & -1 & 1 & -3 \\ 0 & 2 & -2 & 6 \end{bmatrix} \times\left(-\frac{1}{2}\right)$$

$$\rightarrow \begin{bmatrix} 1 & 1 & 1 & 4 \\ 0 & 1 & -1 & 3 \\ 0 & -1 & 1 & -3 \\ 0 & -1 & 1 & -3 \\ 0 & 2 & -2 & 6 \end{bmatrix} \begin{matrix} \times(-1); \times 1; \times(-2) \end{matrix} \rightarrow \begin{bmatrix} 0 & 0 & 2 & 1 \\ 0 & 1 & -1 & 3 \\ 0 & 0 & 0 & 0 \\ 0 & 0 & 0 & 0 \\ 0 & 0 & 0 & 0 \end{bmatrix}$$

将此简化梯形阵元素全为 0 的行以上,左上角单位阵右边元素构成的矩阵,记为

$$H = \begin{bmatrix} 2 & 1 \\ -1 & 3 \end{bmatrix}$$

作新矩阵 $\overline{W} = [-H^T \vdots E] = \begin{bmatrix} -2 & 1 & 1 & 0 \\ -1 & -3 & 0 & 1 \end{bmatrix}$

得出基础解系 $X_1 = \begin{bmatrix} -2 \\ 1 \\ 1 \\ 0 \end{bmatrix}, \quad X_2 = \begin{bmatrix} -1 \\ -3 \\ 0 \\ 1 \end{bmatrix}.$

由此,方程组 3)的通解为

$$V = k_1 X_1 + k_2 X_2, 即 \begin{bmatrix} x_1 \\ x_2 \\ x_3 \\ x_4 \end{bmatrix} = k_1 \begin{bmatrix} -2 \\ 1 \\ 1 \\ 0 \end{bmatrix} + k_2 \begin{bmatrix} -1 \\ -3 \\ 0 \\ 1 \end{bmatrix}$$

亦即 $\begin{cases} x_1 = -2k_1 - k_2 \\ x_2 = k_1 - 3k_2 \\ x_3 = k_1 \\ x_4 = k_2 \end{cases}$

其中,k_1, k_2 为任意常数.

通过该例做法,总结出齐次线性方程组 $AX = O$ 求解步骤如下:

第一步　$A \xrightarrow{\text{初等行变换}} \begin{bmatrix} E_r & \vdots & H \\ \hline & O & \end{bmatrix}$

第二步　作 $W = [-H^T \vdots E]$

第三步　写出基础解系,即矩阵 $\overline{W}$ 的行(注意:基础解系解组的个数为未知数个数减系数矩阵的秩,即 $n - R(A)$).

第四步　写出通解:$V = \sum\limits_{i=1}^{t} k_i X_i$

其中,k_i 为任意常数,$t = n - R(A)$.

上面提出的求解齐次线性方程组的方法非常巧妙,同时也好记、适用,一般来说都能较好地求出其解。如遇到少数特殊情况,即系数矩阵 A 难以化为左上角为单位阵的简化梯形阵,这时也可通过同解方程组的原理求出其通解,再由通解找出基础解系.

如 $\begin{cases} x_1 - x_2 + x_3 - x_4 = 0 \\ x_1 - x_2 - x_3 + x_4 = 0 \\ 2x_1 - 2x_2 - 4x_3 + 4x_4 = 0 \end{cases}$

$$A = \begin{bmatrix} 1 & -1 & 1 & -1 \\ 1 & -1 & -1 & 1 \\ 2 & -2 & -4 & 4 \end{bmatrix} \begin{matrix} \times(-1); \times(-2) \end{matrix} \rightarrow \begin{bmatrix} 1 & -1 & 1 & -1 \\ 0 & 0 & -2 & 2 \\ 0 & 0 & -6 & 6 \end{bmatrix} \times\left(-\frac{1}{2}\right)$$

$$\rightarrow \begin{bmatrix} 1 & -1 & 1 & -1 \\ 0 & 0 & 1 & -1 \\ 0 & 0 & -6 & 6 \end{bmatrix} \begin{matrix} \times(-1); \times 6 \end{matrix} \rightarrow \begin{bmatrix} 1 & -1 & 0 & 0 \\ 0 & 0 & 1 & -1 \\ 0 & 0 & 0 & 0 \end{bmatrix}$$

可知　$R(A) = 2 < 4 = n$,故该齐次线性方程组有非零解. 此时,无论如何只用初等行变换,都不可能将以上矩阵化为简化梯形阵的形式,不过由此可以得到相应的同解方程组为

$\begin{cases} x_1 - x_2 = 0 \\ \quad x_3 - x_4 = 0 \end{cases}$

即 $\begin{cases} x_1 = x_2 \\ x_3 = x_4 \end{cases}$,　令 $x_2 = k_1, x_3 = k_2$

故原方程组的通解

$$V = \begin{bmatrix} x_1 \\ x_2 \\ x_3 \\ x_4 \end{bmatrix} = \begin{bmatrix} k_1 \\ k_1 \\ k_2 \\ k_2 \end{bmatrix} = \begin{bmatrix} 1 \\ 1 \\ 0 \\ 0 \end{bmatrix} k_1 + \begin{bmatrix} 0 \\ 0 \\ 1 \\ 1 \end{bmatrix} k_2$$

其中,k_1,k_2 为任意常数.

由此,可知基础解系中含有两组解,它们分别为

$$X_1 = \begin{bmatrix} 1 \\ 1 \\ 0 \\ 0 \end{bmatrix}, \quad X_2 = \begin{bmatrix} 0 \\ 0 \\ 1 \\ 1 \end{bmatrix}$$

如果同时也采取初等列变换,此题系数矩阵 A 也是可以化为简化梯形阵的,只不过未知数的顺序相应要作改变.

定理 4.4 （齐次方程组解的结构）

设 $X_1,X_2,\cdots,X_t$ 是齐次方程组 $AX = O$ 的一个基础解系,则其通解为

$$V = \sum_{i=1}^{t} k_i X_i \tag{4.10}$$

其中,$k_i(i=1,2,\cdots,t)$ 为任意常数.

(2)当 $B \neq O$,即求解非齐次线性方程组 $AX = B$

$AX = B$ 的通解 X 为其对应齐次方程组 $AX = O$ 的通解 V,加上本身 $AX = B$ 的任一特解 U_0,即

$$X = U_0 + V$$

例 34 求下列非齐次线性方程组的通解.

1) $\begin{cases} x_1 + x_2 - 3x_3 - x_4 = 1 \\ 3x_1 - x_2 - 3x_3 + 4x_4 = 4 \\ x_1 + 5x_2 - 9x_3 - 8x_4 = 0 \end{cases}$

2) $\begin{cases} x_1 + x_2 - 2x_3 = 3 \\ 3x_2 - 5x_3 = 5 \\ 2x_1 - x_2 + x_3 = 1 \\ 3x_1 - x_3 = 4 \\ x_1 - 2x_2 + 3x_3 = -2 \end{cases}$

3) $\begin{cases} x_1 + 2x_2 - x_3 = 4 \\ 2x_1 - x_2 + 3x_3 = -2 \end{cases}$

4) $\begin{cases} x_1 + 2x_2 + x_3 + x_4 = 1 \\ 3x_2 + 2x_4 = -1 \\ 2x_1 + x_2 + 2x_3 = 3 \end{cases}$

$$5) \begin{cases} x_1 + x_2 + x_3 + x_4 = 1 \\ 3x_1 - 2x_2 + x_3 + x_4 = 4 \\ 2x_1 - 3x_2 \qquad\quad = 8 \end{cases}$$

解 方程组 1)

第一步 判解

先将增广矩阵化为简化梯形阵.

$$[A \mid B] = \begin{bmatrix} 1 & 1 & -3 & -1 & \vdots & 1 \\ 3 & -1 & -3 & 4 & \vdots & 4 \\ 1 & 5 & -9 & -8 & \vdots & 0 \end{bmatrix} \times(-3); \times(-1)$$

$$\rightarrow \begin{bmatrix} 1 & 1 & -3 & -1 & \vdots & 1 \\ 0 & -4 & 6 & 7 & \vdots & 1 \\ 0 & 4 & -6 & -7 & \vdots & -1 \end{bmatrix} \times 1 \rightarrow \begin{bmatrix} 1 & 1 & -3 & -1 & \vdots & 1 \\ 0 & -4 & 6 & 7 & \vdots & 1 \\ 0 & 0 & 0 & 0 & \vdots & 0 \end{bmatrix} \times \frac{1}{4}$$

$$\rightarrow \begin{bmatrix} 1 & 0 & -\dfrac{3}{2} & \dfrac{3}{4} & \vdots & \dfrac{5}{4} \\ 0 & -4 & 6 & 7 & \vdots & 1 \\ 0 & 0 & 0 & 0 & \vdots & 0 \end{bmatrix} \times \left(-\dfrac{1}{4}\right)$$

$$\rightarrow \begin{bmatrix} 1 & 0 & -\dfrac{3}{2} & \dfrac{3}{4} & \vdots & \dfrac{5}{4} \\ 0 & 1 & -\dfrac{3}{2} & -\dfrac{7}{4} & \vdots & -\dfrac{1}{4} \\ 0 & 0 & 0 & 0 & \vdots & 0 \end{bmatrix}$$

知 $R(A) = R(A \mid B) = 2, r = 2 < 4 = n$

即 $r < n$,故方程组 1) 有无穷多组解.

第二步 求齐次方程组通解 V

将简化梯形矩阵全为零的行的上方,左上角单位阵的右方,最后一列(即虚线)左方的元素构成的矩阵记为 H,即 $H = \begin{bmatrix} -\dfrac{3}{2} & \dfrac{3}{4} \\ -\dfrac{3}{2} & -\dfrac{7}{4} \end{bmatrix}$.

作出新矩阵

$$W = \begin{bmatrix} -H^{\mathrm{T}} \mid E \end{bmatrix} = \begin{bmatrix} \dfrac{3}{2} & \dfrac{3}{2} & \vdots & 1 & 0 \\ -\dfrac{3}{4} & \dfrac{7}{4} & \vdots & 0 & 1 \end{bmatrix}$$

得基础解系 $X_1 = \begin{bmatrix} \dfrac{3}{2} \\ \dfrac{3}{2} \\ 1 \\ 0 \end{bmatrix}$; $X_2 = \begin{bmatrix} -\dfrac{3}{4} \\ \dfrac{7}{4} \\ 0 \\ 1 \end{bmatrix}$

于是齐次方程组通解 $V = k_1 X_1 + k_2 X_2$

第三步 求非齐次线性方程特解 U_0

由同解原理,简化梯形阵所对应的线性方程组应该与原方程组 1)同解. 而简化梯形阵所对应的方程组

$$\begin{cases} x_1 & -\frac{3}{2}x_3 + \frac{3}{4}x_4 = & \frac{5}{4} \\ & x_2 - \frac{3}{2}x_3 - \frac{7}{4}x_4 = & -\frac{1}{4} \end{cases}$$

是两个方程 4 个变量的方程组,其中两个变量可以任意取值,称这种变量叫独立(或自由)变量,此处,可以取 x_3, x_4 为独立变量,不妨设 $x_3 = x_4 = 0$,于是可得 $x_1 = \frac{5}{4}, x_2 = -\frac{1}{4}$.

从而得方程组 1)的一个特解 $U_0 = \begin{bmatrix} \frac{5}{4} \\ -\frac{1}{4} \\ 0 \\ 0 \end{bmatrix}$.

第四步 得出非齐次方程组 1)的通解(或称一般解)

$$X = U_0 + V$$

即

$$\begin{bmatrix} x_1 \\ x_2 \\ x_3 \\ x_4 \end{bmatrix} = \begin{bmatrix} \frac{5}{4} \\ -\frac{1}{4} \\ 0 \\ 0 \end{bmatrix} + k_1 \begin{bmatrix} \frac{3}{2} \\ \frac{3}{2} \\ 1 \\ 0 \end{bmatrix} + k_2 \begin{bmatrix} -\frac{3}{2} \\ \frac{7}{4} \\ 0 \\ 1 \end{bmatrix}$$

亦即

$$\begin{cases} x_1 = & \frac{5}{4} + \frac{3}{2}k_1 - \frac{3}{2}k_2 \\ x_2 = & -\frac{1}{4} + \frac{3}{2}k_1 + \frac{7}{4}k_2 \\ x_3 = & k_1 \\ x_4 = & k_2 \end{cases}$$

其中,k_1, k_2 为任意常数.

方程组 2)

第一步 判解

$$[A \mid B] = \begin{bmatrix} 1 & 1 & -2 & \vdots & 3 \\ 0 & 3 & -5 & \vdots & 5 \\ 2 & -1 & 1 & \vdots & 1 \\ 3 & 0 & -1 & \vdots & 4 \\ 1 & -2 & 3 & \vdots & -2 \end{bmatrix} \begin{matrix} \times(-2); \times(-3); \times(-1) \\ \\ \\ \\ \\ \end{matrix}$$

$$\rightarrow \begin{bmatrix} 1 & 1 & -2 & \vdots & 3 \\ 0 & 3 & -5 & \vdots & 5 \\ 0 & -3 & 5 & \vdots & -5 \\ 0 & -3 & 5 & \vdots & -5 \\ 0 & -3 & 5 & \vdots & -5 \end{bmatrix} \times 1 \quad \rightarrow \begin{bmatrix} 1 & 1 & -2 & \vdots & 3 \\ 0 & 3 & -5 & \vdots & 5 \\ 0 & 0 & 0 & \vdots & 0 \\ 0 & 0 & 0 & \vdots & 0 \\ 0 & 0 & 0 & \vdots & 0 \end{bmatrix} \times \frac{1}{3}$$

$$\rightarrow \begin{bmatrix} 1 & 1 & -2 & \vdots & 3 \\ 0 & 1 & -\dfrac{5}{3} & \vdots & \dfrac{5}{3} \\ 0 & 0 & 0 & \vdots & 0 \\ 0 & 0 & 0 & \vdots & 0 \\ 0 & 0 & 0 & \vdots & 0 \end{bmatrix} \times (-1) \quad \rightarrow \begin{bmatrix} 1 & 0 & -\dfrac{1}{3} & \vdots & \dfrac{4}{3} \\ 0 & 1 & -\dfrac{5}{3} & \vdots & \dfrac{5}{3} \\ 0 & 0 & 0 & \vdots & 0 \\ 0 & 0 & 0 & \vdots & 0 \\ 0 & 0 & 0 & \vdots & 0 \end{bmatrix}$$

$R(A) = R(A \mid B) = 2,$ 且 $2 < 3(=n)$

故方程组 2)有无穷多组解.

第二步　求 V

由简化梯形阵,取 $H = \begin{bmatrix} -\dfrac{1}{3} \\ -\dfrac{5}{3} \end{bmatrix}$

作矩阵 $W = \begin{bmatrix} -H^{\mathrm{T}} \mid E \end{bmatrix} = \begin{bmatrix} \dfrac{1}{3} & \dfrac{5}{3} & 1 \end{bmatrix}$

得基础解 $X_1 = \begin{bmatrix} \dfrac{1}{3} \\ \dfrac{5}{3} \\ 1 \end{bmatrix}$

第三步　求 U_0

取 x_3 为独立变量,不妨设 $x_3 = 0$,得 $x_1 = \dfrac{4}{3}, x_2 = \dfrac{5}{3}$,于是特解 $U_0 = \begin{bmatrix} \dfrac{4}{3} \\ \dfrac{5}{3} \\ 0 \end{bmatrix}$

第四步　方程组 2)通解

$$X = U_0 + V$$

即

$$\begin{bmatrix} x_1 \\ x_2 \\ x_3 \end{bmatrix} = \begin{bmatrix} \dfrac{4}{3} \\ \dfrac{5}{3} \\ 0 \end{bmatrix} + k_1 \begin{bmatrix} \dfrac{1}{3} \\ \dfrac{5}{3} \\ 1 \end{bmatrix}$$

亦即
$$\begin{cases} x_1 = \dfrac{4}{3} + \dfrac{1}{3}k \\[2mm] x_2 = \dfrac{5}{3} + \dfrac{5}{3}k \\[2mm] x_3 = \qquad k \end{cases}$$

其中, k 为任意常数.

方程组 3)

第一步　判解

$$[A \mid B] = \begin{bmatrix} 1 & 2 & -1 & \vdots & 4 \\ 2 & -1 & 3 & \vdots & -2 \end{bmatrix} \begin{array}{l} \times(-2) \\ \hookleftarrow \end{array} \rightarrow \begin{bmatrix} 1 & 2 & -1 & \vdots & 4 \\ 0 & -5 & 5 & \vdots & -10 \end{bmatrix} \times\left(-\dfrac{1}{5}\right)$$

$$\rightarrow \begin{bmatrix} 1 & 2 & -1 & \vdots & 4 \\ 0 & 1 & -1 & \vdots & 2 \end{bmatrix} \times(-2) \rightarrow \begin{bmatrix} 1 & 0 & 1 & \vdots & 0 \\ 0 & 1 & -1 & \vdots & 2 \end{bmatrix}$$

$R(A) = R(A \mid B) = 2.$ 且 $2 < 3$, 故方程组 3)有无穷多组解.

第二步　求 V

由简化梯形矩阵, $H = \begin{bmatrix} 1 \\ -1 \end{bmatrix}$, $W = \begin{bmatrix} -H^{\mathrm{T}} \mid E \end{bmatrix} = \begin{bmatrix} -1 & 1 & 1 \end{bmatrix}$

基础解系 $X_1 = \begin{bmatrix} -1 \\ 1 \\ 1 \end{bmatrix}$, 所以 $\overline{V} = kX_1$.

第三步　求 U_0

取 x_3 为独立变量, 不妨设 $x_3 = 0$, 得 $x_1 = 0$, $x_2 = 2$, 于是 $U_0 = \begin{bmatrix} 0 \\ 2 \\ 0 \end{bmatrix}$.

第四步　方程组 3)通解

$$X = U_0 + V$$

即 $\begin{bmatrix} x_1 \\ x_2 \\ x_3 \end{bmatrix} = \begin{bmatrix} 0 \\ 2 \\ 0 \end{bmatrix} + k\begin{bmatrix} -1 \\ 1 \\ 1 \end{bmatrix}$, 亦即 $\begin{cases} x_1 = -k \\ x_2 = 2 + k \\ x_3 = \quad k \end{cases}$

其中, k 为任意常数.

方程组 4)

第一步　判解

$$[A \mid B] = \begin{bmatrix} 1 & 2 & 1 & 1 & \vdots & 1 \\ 0 & 3 & 0 & 2 & \vdots & -1 \\ 2 & 1 & 2 & 0 & \vdots & 3 \end{bmatrix} \begin{array}{l} \times(-2) \\ \\ \hookleftarrow \end{array} \rightarrow \begin{bmatrix} 1 & 2 & 1 & 1 & \vdots & 1 \\ 0 & 3 & 0 & 2 & \vdots & -1 \\ 0 & -3 & 0 & -2 & \vdots & 1 \end{bmatrix} \begin{array}{l} \times 1 \\ \\ \hookleftarrow \end{array}$$

$$\rightarrow \begin{bmatrix} 1 & 2 & 1 & 1 & \vdots & 1 \\ 0 & 3 & 0 & 2 & \vdots & -1 \\ 0 & 0 & 0 & 0 & \vdots & 0 \end{bmatrix} \times\dfrac{1}{3} \rightarrow \begin{bmatrix} 1 & 2 & 1 & 1 & \vdots & 1 \\ 0 & 1 & 0 & \dfrac{2}{3} & \vdots & -\dfrac{1}{3} \\ 0 & 0 & 0 & 0 & \vdots & 0 \end{bmatrix} \times(-2)$$

$$\rightarrow \begin{bmatrix} 1 & 0 & 1 & -\dfrac{1}{3} & \vdots & \dfrac{5}{3} \\ 0 & 1 & 0 & \dfrac{2}{3} & \vdots & -\dfrac{1}{3} \\ 0 & 0 & 0 & 0 & \vdots & 0 \end{bmatrix}$$

$R(A) = R(A \mid B) = 2$,且 $2 < 4$,方程组 4)有无穷多组解。

第二步　求 V

$$H = \begin{bmatrix} 1 & -\dfrac{1}{3} \\ 0 & \dfrac{2}{3} \end{bmatrix}, W = \begin{bmatrix} -H^{\mathrm{T}} \mid E \end{bmatrix} = \begin{bmatrix} -1 & 0 & \vdots & 0 & 1 \\ \dfrac{1}{3} & -\dfrac{2}{3} & \vdots & 1 & 0 \end{bmatrix}$$

基础解系 $X_1 = \begin{bmatrix} -1 \\ 0 \\ 1 \\ 0 \end{bmatrix}$, $X_2 = \begin{bmatrix} \dfrac{1}{3} \\ -\dfrac{2}{3} \\ 0 \\ 1 \end{bmatrix}$

$$V = k_1 X_1 + k_2 X_2$$

第三步　求 U_0

取 x_3, x_4 为独立变量,不妨设 $x_3 = x_4 = 0$,可得

$x_1 = \dfrac{5}{3}, x_2 = -\dfrac{1}{3}$,于是 $U_0 = \begin{bmatrix} \dfrac{5}{3} \\ -\dfrac{1}{3} \\ 0 \\ 0 \end{bmatrix}$

第四步　方程组 4)通解

$$X = U_0 + V$$

即

$$\begin{bmatrix} x_1 \\ x_2 \\ x_3 \\ x_4 \end{bmatrix} = \begin{bmatrix} \dfrac{5}{3} \\ -\dfrac{1}{3} \\ 0 \\ 0 \end{bmatrix} + k_1 \begin{bmatrix} -1 \\ 0 \\ 1 \\ 0 \end{bmatrix} + k_2 \begin{bmatrix} \dfrac{1}{3} \\ -\dfrac{2}{3} \\ 0 \\ 1 \end{bmatrix}$$

亦即

$$\begin{cases} x_1 = \dfrac{5}{3} - k_1 + \dfrac{1}{3} k_2 \\ x_2 = -\dfrac{1}{3} - \dfrac{2}{3} k_2 \\ x_3 = k_1 \\ x_4 = k_2 \end{cases}$$

其中,k_1,k_2 为任意常数.

方程组 5)

第一步　判解

$$[A \mid B] = \begin{bmatrix} 1 & 1 & 1 & 1 & \vdots & 1 \\ 3 & -2 & 1 & 1 & \vdots & 4 \\ 2 & -3 & 0 & 0 & \vdots & 8 \end{bmatrix} \begin{matrix} \times(-3); \times(-2) \\ \leftarrow \end{matrix} \to \begin{bmatrix} 1 & 1 & 1 & 1 & \vdots & 1 \\ 0 & -5 & -2 & -2 & \vdots & 1 \\ 0 & -5 & -2 & -2 & \vdots & 6 \end{bmatrix} \begin{matrix} \times(-1) \\ \leftarrow \end{matrix}$$

$$\to \begin{bmatrix} 1 & 1 & 1 & 1 & \vdots & 1 \\ 0 & -5 & -2 & -2 & \vdots & 1 \\ 0 & 0 & 0 & 0 & \vdots & 5 \end{bmatrix} \times\left(-\frac{1}{5}\right) \to \begin{bmatrix} 1 & 1 & 1 & 1 & \vdots & 1 \\ 0 & 1 & 1 & \frac{2}{5} & \vdots & -\frac{1}{5} \\ 0 & 0 & 0 & 0 & \vdots & 5 \end{bmatrix} \times(-1)$$

$$\to \begin{bmatrix} 1 & 0 & 0 & \frac{3}{5} & \vdots & \frac{6}{5} \\ 0 & 1 & 1 & \frac{2}{5} & \vdots & -\frac{1}{5} \\ 0 & 0 & 0 & 0 & \vdots & 5 \end{bmatrix}$$

由于 $R(A)=2\neq 3=R(A\mid B)$,故方程组 5)无解.

例35　设线性方程组 $AX=B$ 的增广矩阵 $[A\mid B]$ 经过一系列的初等行变换化为下面的简化梯形阵.

$$[A\mid B] \xrightarrow{(行)} \begin{bmatrix} 1 & 0 & 1 & -4 & \vdots & -1 \\ 0 & 1 & -3 & 2 & \vdots & 1 \\ 0 & 0 & 0 & 0 & \vdots & \lambda-1 \end{bmatrix}, 讨论:$$

1)λ 为何值时,$AX=B$ 无解

2)λ 为何值时,$AX=B$ 有解,是唯一或无穷多组解,并求其解.

解　1)当 $\lambda-1\neq 0$,即 $\lambda\neq 1$ 时,因 $R(A)=2\neq 3=R(A\mid B)$

所以　$AX=B$ 无解.

　　2)当 $\lambda-1=0$,即 $\lambda=1$ 时,因 $R(A)=2=R(A\mid B)$

所以　$AX=B$ 有解,又因 $2<4$,所以 $AX=B$ 有无穷多组解

由方程组 $AX=B$ 的增广矩阵已化成的简化梯形阵可知

$$H = \begin{bmatrix} 1 & -4 \\ -3 & 2 \end{bmatrix}, W = [-H^{\mathrm{T}}\mid E] = \begin{bmatrix} -1 & 3 & \vdots & 1 & 0 \\ 4 & -2 & \vdots & 0 & 1 \end{bmatrix}$$

得基础解系　$X_1 = \begin{bmatrix} -1 \\ 3 \\ 1 \\ 0 \end{bmatrix}$,　$X_2 = \begin{bmatrix} 4 \\ -2 \\ 0 \\ 1 \end{bmatrix}$

于是　$AX=O$ 通解 $V=k_1X_1+k_2X_2$

此时 x_3,x_4 为独立变量,不妨设 $x_3=x_4=0$

可得 $x_1 = -1, x_2 = 1, U_0 = \begin{bmatrix} -1 \\ 1 \\ 0 \\ 0 \end{bmatrix}$

从而 $AX = B$ 通解　$X = U_0 + V$

即 $\begin{bmatrix} x_1 \\ x_2 \\ x_3 \\ x_4 \end{bmatrix} = \begin{bmatrix} -1 \\ 1 \\ 0 \\ 0 \end{bmatrix} + k_1 \begin{bmatrix} -1 \\ 3 \\ 1 \\ 0 \end{bmatrix} + k_2 \begin{bmatrix} 4 \\ -2 \\ 0 \\ 1 \end{bmatrix}$

亦即 $\begin{cases} x_1 = -1 - k_1 + 4k_2 \\ x_2 = \ \ \ 1 + 3k_1 - 2k_2 \\ x_3 = \qquad\quad k_1 \\ x_4 = \qquad\qquad\quad k_2 \end{cases}$

定理 4.5（非齐次方程组解的结构）

设 U_0 是非齐次线性方程组 $AX = B$ 的任一特解,V 为其对应的齐次线性方程组 $AX = O$ 通解,则非齐次线性方程组 $AX = B$ 的通解为

$$X = U_0 + V \tag{4.11}$$

4.6　矩阵方法在经济分析中应用实例

4.6.1　线性规划(实例)

例36 某厂下属两个车间,生产甲、乙两种产品,每种产品都必须经过第一、第二车间加工,第一车间生产每件甲、乙产品所需时间分别为8,4 小时;第二车间生产每件甲、乙产品所需时间分别为2,6 小时;每生产一件甲、乙产品可获得利润3 000,4 000 元,现该厂一、二车间可供占用时间分别为160,60 小时,如表4.4 所示.

表4.4

单位产品所需时间　产品 / 车间	甲	乙	可供时间/h
一车间	8	4	160
二车间	2	6	60

试问:应如何安排生产(即生产两种产品各多少件),才能使该厂获得最大利润.

解 首先,建立数学模型

设该厂生产甲、乙两种产品的产量分别为 x_1, x_2 且称 x_1, x_2 为决策变量,则问题的数学模型为

求一组变量 x_1, x_2 的值,使其满足

$$\text{约束条件} \begin{cases} 8x_1 + 4x_2 \leqslant 160 \left(\begin{array}{l}\text{一车间生产甲、乙两种产品可用}\\ \text{时间总数不超过 160 小时}\end{array}\right) \\ 2x_1 + 6x_2 \leqslant 60 \left(\begin{array}{l}\text{二车间生产甲、乙两种产品可用}\\ \text{时间总数不超过 60 小时}\end{array}\right) \\ x_1 \geqslant 0 \\ x_2 \geqslant 0 \end{cases} \text{（产品产量必须为正整数）}$$

$$\text{即} \begin{cases} 2x_1 + x_2 \leqslant 40 \\ x_1 + 3x_2 \leqslant 30 \\ x_1 \geqslant 0 ; x_2 \geqslant 0 \end{cases}$$

并使目标函数(即该厂所获总利润)

$$Z = 3x_1 + 4x_2$$

达到最大值

即该厂获得最大利润函数为

$$\max Z = 3x_1 + 4x_2$$

由于该类问题中的目标函数、约束条件均为决策变量 x_1, x_2 的线性等式,或线性不等式. 它要求求一组决策变量,使其满足一组线性约束条件,并使一线性目标函数达到最值(最大值或最小值). 在数学中称这类问题为线性规划问题. 简称线性规划(Linear Programming,简记为 LP),其特定的数学模式(表达式)称为线性数学模型,简称线性规划模型,于是本问题的形式

LP

$$\max Z = 3x_1 + 4x_2$$

$$\text{s. t.} \begin{cases} 2x_1 + x_2 \leqslant 40 \\ x_1 + 3x_2 \leqslant 30 \\ x_1 \geqslant 0 \\ x_2 \geqslant 0 \end{cases}$$

由以上分析看出,这类线性规划问题实质是最优化问题.

其次,求解线性规划

这里,只介绍用图解法来求解这一线性规划问题.

第一步:定出可行解域 K:以 x_1 为横坐标,x_2 为纵坐标,作成一平面直角坐标系,以四个约束条件的四条直线构成的凸四边形 $OCEB$(即图中的阴影部分)叫 LP 的可行解域,记为 K,在此 K 域中(含边界)任意一点所对应的坐标,均为此 LP 的一个解.

第二步:作出目标直线并定其指向:令目标函数中 $Z = 0$,即 $3x_1 + 4x_2 = 0$,解出 $x_2 = -\dfrac{3}{4}x_1$,即

为目标直线 $l_0 : x_2 = -\dfrac{3}{4}x_1$,欲使目标函数 $Z = 3x_1 + 4x_4$ 达到最大值,必须使目标直线 l_0 的指向为右向上走,这样,才能使目标函数为增函数.

第三步:将目标直线 l_0 按右向上在可行解域 K 中平行移动到 E 点时,对应的 Z 值也就是目标函数 $Z = 3x_1 + 4x_2$ 在可行解域 K 上的最大值. 因而 E 点的坐标(x_1^*, x_2^*) 也就是该线性规

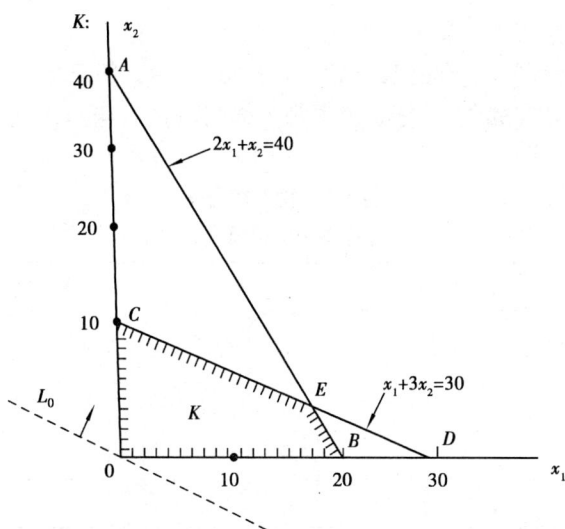

划的最优解,由图可知 E 点就是直线 $2x_1 + x_2 = 40$ 与 $x_1 + 3x_2 = 30$ 的交点,即求解线性方程组

$$\begin{cases} 2x_1 + x_2 = 40 \\ x_1 + 3x_2 = 30 \end{cases}$$

亦即求解矩阵方程 $AX = B$

其中

$$A = \begin{bmatrix} 2 & 1 \\ 1 & 3 \end{bmatrix}, \quad X = \begin{bmatrix} x_1 \\ x_2 \end{bmatrix}, \quad B = \begin{bmatrix} 40 \\ 30 \end{bmatrix}$$

$$[A \vdots B] = \begin{bmatrix} 2 & 1 & \vdots & 40 \\ 1 & 3 & \vdots & 30 \end{bmatrix} \rightarrow \begin{bmatrix} 1 & 3 & \vdots & 30 \\ 2 & 1 & \vdots & 40 \end{bmatrix} \times (-2)$$

$$\rightarrow \begin{bmatrix} 1 & 3 & \vdots & 30 \\ 0 & -5 & \vdots & -20 \end{bmatrix} \times (-\frac{1}{5}) \rightarrow \begin{bmatrix} 1 & 3 & \vdots & 30 \\ 0 & 1 & \vdots & 4 \end{bmatrix} \times (-3)$$

$$\rightarrow \begin{bmatrix} 1 & 0 & \vdots & 18 \\ 0 & 1 & \vdots & 4 \end{bmatrix}$$

最优解为 $(x_1^*, x_2^*) = (18, 4)$

因此,该厂应安排甲、乙两种产品各为 18 件,4 件时,所得利润最大.

第四步:求最优值.

将最优解代入目标函数 $Z = 3x_1 + 4x_2$,得最优值 $Z^* = 3 \times 18 + 4 \times 4 = 70$(千元).

4.6.2 投入产出法(实例)

投入产出(Input-Output)法又称部门联系平衡法,或产业间分析(Inter Industry Analysis)法,这是一种通过编制投入产出表,建立投入产出数学模型,以便研究国民经济各部门,再生产各环节间数量关系的方法. 所谓投入,就是指生产过程中的各种消耗(如原材料、燃料、动力和劳动力等),所谓产出,就是指生产出来的各种成果. 投入产出表实质上是一张综合的棋盘式平衡表(即矩阵表),该表可以综合反映国民经济各部门(各类产品)的投入来源与产出分配使用的去向. 投入产出模型则是按照投入产出表中所反映的经济内容与经济现象间的直接联系,利用矩阵方法这一工具而建立的一个联立方程组,通过投入产出模型的运算,能反映揭示出国民经济中各部门、各方面的内在联系.

由于部门繁多且各部门间产品流量相互制约,相互依赖,部门之间就形成了错综复杂的网络系统,为了便于研究其间的关系,把系统中每个部门按投入与产出两个方向,并以一定的次序排成表 4.5.

表 4.5　投入产出表
(静态价值型简表)

部门间流量 投入＼产出		中 间 产 品						最 终 产 品					总产品
		1	2	3	…	n	合计	消费	积累	出口	…	合计	
（生产资料补偿价值） 物质消耗	1	x_{11}	x_{12}	x_{13}	…	x_{1n}						y_1	x_1
	2	x_{21}	x_{22}	x_{23}	…	x_{2n}						y_2	x_2
	3	x_{31}	x_{32}	x_{33}	…	x_{3n}						y_3	x_3
	⋮	⋮	⋮	⋮		⋮						⋮	⋮
	n	x_{n1}	x_{n2}	x_{n3}	…	x_{nn}						y_n	x_n
	合计												
（新创造价值） 非物质消耗	劳动报酬	v_1	v_2	v_3	…	v_n							
	社会纯收入	m_1	m_2	m_3	…	m_n							
	合计	z_1	z_2	z_3	…	z_n							
总 投 入		x_1	x_2	x_3	…	x_n							

表 4.5 中各量的经济意义:

x_i:第 i 部门的总产品量;

y_i:第 i 部门的最终产品量;

v_j:第 j 个消耗部门的劳动者付出必要劳动而收入的价值(工资);

m_j:第 j 个消耗部门的劳动者的劳动为社会创造的价值(利润、税金等);

z_j:第 j 个消耗部门的劳动者创造价值总和;

x_{ij}:第 j 部门所消耗第 i 部门的产品量,或第 i 部门分配给第 j 部门的产品量,称为部门间流量.

投入产出法,是以最终产品 y_i 为经济活动目标,从经济系统的整体出发,分析各部门之间产品流入与输出的数量关系,以及再生产的综合比例,从而确定达到平衡状态的条件.

从投入产出表横行来看,这个行模型它反映各部门生产和分配使用间的平衡关系,即:中间产品 + 最终产品 = 总产品,从而有线性方程组

$$\sum_{j=1}^{n} x_{ij} + y_i = x_i \, (i = 1,2,\cdots,n)$$

引入直接消耗系数 a_{ij} ,它表示第 j 部门生产单位产品所消耗第 i 部门的中间产品量,计算公式为

$$a_{ij} = \frac{x_{ij}}{x_j} \tag{4.12}$$

并称

$$A = \left[\, a_{ij} \,\right]_{nn} = \begin{bmatrix} a_{11} & a_{12} & \cdots & a_{1n} \\ a_{21} & a_{22} & \cdots & a_{2n} \\ \vdots & \vdots & & \vdots \\ a_{n1} & a_{n2} & \cdots & a_{nn} \end{bmatrix}$$

为直接消耗系数矩阵.

从而有

$$\sum_{j=1}^{n} a_{ij} x_j + y_i = x_i$$

写成矩阵形式为: $AX + Y = X$,合并同类项有

$$(E_n - A)X = Y \tag{4.13}$$

其中, $(E_n - A)$ 称为投入产出矩阵.

在直接消耗系数 a_{ij} 已知的条件下,当已知各部门总产品时,由 $(E_n - A)X$ 即可得到各部门最终产品 Y .

$E_n - A$ 的逆矩阵 $(E_n - A)^{-1}$ 称为列昂节夫矩阵.

由 $(E_n - A)X = Y$,有

$$X = (E_n - A)^{-1} Y \tag{4.14}$$

当已知各部门最终产品 Y 时,由 $(E_n - A)^{-1} Y$,即可得出各部门总产品 X .

从投入产出表直列来看,这个列模型它反映的是各部门在生产中的各种消耗与总投入的平衡关系,

即:物质消耗 + 非物质消耗 = 总投入(总产品)

或　$\dfrac{\text{生产资料}}{\text{补偿价值}} + \dfrac{\text{新创造}}{\text{价值}} = $ 总投入(总产品)

从而有线性方程组

$$\sum_{i=1}^{n} x_{ij} + z_j = x_j \quad \text{或} \quad z_j = x_j - \sum_{i=1}^{n} x_{ij}$$

因 $x_{ij} = a_{ij} x_j$

亦可

$$\sum_{i=1}^{n} a_{ij} x_j + z_j = x_j, \text{或} z_j = \left(1 - \sum_{i=1}^{n} a_{ij}\right) x_j$$

在直接消耗系数 a_{ij} 已知条件下

当已知 x_j 时,则

$$z_j = \left(1 - \sum_{i=1}^{n} a_{ij}\right) x_j \tag{4.15}$$

当已知 z_j 时,则

$$x_j = \frac{z_j}{1 - \sum\limits_{i=1}^{n} a_{ij}} \tag{4.16}$$

例 37 （编制经济计划方案）

已知某系统三个部门在某时期的一张投入产出表 4.6.

表 4.6　　　　　　　　单位:亿元

部门间流量 投入＼产出	中间产品 农业	中间产品 工业	中间产品 其他	最终产品	总产出
农业	40	80	0	80	200
工业	40	40	20	300	400
其他	0	80	20	100	200
新创造价值	120	200	160		
总投入	200	400	200		

试以它为报告期投入产出表,编制下一期各部门计划方案,要求农业、工业、其他三个部门的最终产品(即计划期内三个部门的非生产性消耗的产品需求量)分别为 90,300,105(亿元).

解　首先,计算出报告期的直接消耗矩阵 A,投入产出矩阵 $(E-A)$ 及列昂节夫矩阵 $(E-A)^{-1}$

$$A = \begin{bmatrix} \dfrac{x_{11}}{x_1} & \dfrac{x_{12}}{x_2} & \dfrac{x_{13}}{x_3} \\ \dfrac{x_{21}}{x_1} & \dfrac{x_{22}}{x_2} & \dfrac{x_{23}}{x_3} \\ \dfrac{x_{31}}{x_1} & \dfrac{x_{32}}{x_2} & \dfrac{x_{33}}{x_3} \end{bmatrix} = \begin{bmatrix} \dfrac{40}{200} & \dfrac{80}{400} & \dfrac{0}{200} \\ \dfrac{40}{200} & \dfrac{40}{400} & \dfrac{20}{200} \\ \dfrac{0}{200} & \dfrac{80}{400} & \dfrac{20}{200} \end{bmatrix}$$

即直接消耗系数(或称技术系数)矩阵

$$A = \begin{bmatrix} 0.2 & 0.2 & 0 \\ 0.2 & 0.1 & 0.1 \\ 0 & 0.2 & 0.1 \end{bmatrix}$$

投入产出矩阵　$E-A = \begin{bmatrix} 1 & 0 & 0 \\ 0 & 1 & 0 \\ 0 & 0 & 1 \end{bmatrix} - \begin{bmatrix} 0.2 & 0.2 & 0 \\ 0.2 & 0.1 & 0.1 \\ 0 & 0.2 & 0.1 \end{bmatrix} = \begin{bmatrix} 0.8 & -0.2 & 0 \\ -0.2 & 0.9 & -0.1 \\ 0 & -0.2 & 0.9 \end{bmatrix}$

列昂节夫矩阵　$(E-A)^{-1} = \dfrac{1}{|E-A|}(E-A)^* = \begin{bmatrix} 1.325\,5 & 0.302\,0 & 0.033\,6 \\ 0.302\,0 & 1.208\,1 & 0.134\,2 \\ 0.067\,1 & 0.268\,5 & 1.140\,9 \end{bmatrix}$

其次,计算计划期各部门的总产品 X,部门间流量 x_{ij}.

因计划期最终产品为　$Y = \begin{bmatrix} 90 \\ 300 \\ 105 \end{bmatrix}$

根据行模型产出平衡方程 $X = (E-A)^{-1}Y$ 的解可得计划期的总产品

$$\begin{bmatrix} x_1 \\ x_2 \\ x_3 \end{bmatrix} = \begin{bmatrix} 1.325\,5 & 0.302\,0 & 0.033\,6 \\ 0.302\,0 & 1.208\,1 & 0.134\,2 \\ 0.067\,1 & 0.268\,5 & 1.140\,9 \end{bmatrix} \cdot \begin{bmatrix} 90 \\ 300 \\ 105 \end{bmatrix} = \begin{bmatrix} 213.42 \\ 403.70 \\ 206.38 \end{bmatrix}$$

即农业、工业、其他三个部门计划期的总产品量分别为：

$$213.42, 403.70, 206.38 (亿元)$$

又根据 $x_{ij} = a_{ij}x_j$ 可计算出各部门间的流量 x_{ij}.

$$x_{11} = a_{11}x_1 = 0.2 \times 213.42 = 42.684$$
$$x_{12} = a_{12}x_2 = 0.2 \times 403.70 = 80.740$$
$$x_{13} = a_{13}x_3 = 0 \times 206.38 = 0$$
$$x_{21} = a_{21}x_1 = 0.2 \times 213.42 = 42.684$$
$$x_{22} = a_{22}x_2 = 0.1 \times 403.7 = 40.370$$
$$x_{23} = a_{23}x_3 = 0.1 \times 206.38 = 20.638$$
$$x_{31} = a_{31}x_1 = 0 \times 213.42 = 0$$
$$x_{32} = a_{32}x_2 = 0.2 \times 403.7 = 80.740$$
$$x_{33} = a_{33}x_3 = 0.1 \times 206.38 = 20.638$$

再次，计算出计划期各部门的新创造价值 z_j.

根据列模型投入(消耗)平衡方程组的解

$$z_j = x_j - \sum_{i=1}^{3} x_{ij}, 可得$$

$$z_1 = x_1 - (x_{11} + x_{21} + x_{31})$$
$$= 213.42 - (42.684 + 42.684 + 0) = 128.052$$
$$z_2 = x_2 - (x_{12} + x_{22} + x_{32})$$
$$= 403.7 - (80.74 + 40.37 + 80.74) = 201.85$$
$$z_3 = x_3 - (x_{13} + x_{23} + x_{33})$$
$$= 206.38 - (0 + 206.38 + 206.38) = 165.104$$

最后，编制出下一期该系统农业、工业、其他三个部门的计划方案，即投入产出表 4.7.

表 4.7　　　　　　　　　　　　单位：亿元

部门间流量 投入＼产出	中间产品			最终产品	总产品
	农业	工业	其他		
农业	42.684	80.740	0	90	213.42
工业	42.684	40.370	20.638	300	403.70
其他	0	80.740	20.638	105	206.38
新创造价值	128.05	201.85	165.10		
总投入	213.42	403.70	206.38		

习 题 4

1. 设 $A = \begin{pmatrix} 1 & -1 & 2 \\ 2 & 0 & 3 \end{pmatrix}$, $B = \begin{pmatrix} -2 & 1 & -1 \\ 0 & -1 & 1 \end{pmatrix}$, $C = \begin{pmatrix} -1 & 2 & 1 \\ 1 & 1 & 3 \end{pmatrix}$

求$(1)A+B$；$(2)2C+A$；$(3)A-B+C$；$(4)-A+3B+2C$.

2. 设 $A=\begin{pmatrix}1 & -1 & 3\\2 & 0 & 1\end{pmatrix}$，$B=\begin{pmatrix}2 & 1\\1 & 3\end{pmatrix}$，$C=\begin{pmatrix}-1 & 3\\2 & 1\\0 & 2\end{pmatrix}$，

求$(1)BA$；$(2)CB$；$(3)B^2$；$(4)CA$；$(5)AC$.

3. 四个工厂均能生产甲、乙、丙三种产品，其单位成本如下表：

单位成本 ＼ 产品 工厂	甲	乙	丙
Ⅰ	3	5	6
Ⅱ	2	4	8
Ⅲ	4	5	5
Ⅳ	4	3	7

现要生产甲产品600件，乙产品500件，丙产品200件，问由哪个工厂生产总成本最低？

4. 设 $A=\begin{pmatrix}-1 & 2 & 3\\0 & 1 & 2\end{pmatrix}$，$B=\begin{pmatrix}1 & 1\\-1 & -2\\3 & 1\end{pmatrix}$，

验证：$(AB)^T=B^TA^T$.

5. 已知函数 $f(x)=x^2-x-1$，且 $A=\begin{pmatrix}2 & 1 & 1\\3 & 1 & 2\\1 & -1 & 0\end{pmatrix}$，

求$(1)f(A)$；$(2)f(2E)$.

6. 计算下列行列式：

$(1)\begin{vmatrix}2 & 3 & 4\\5 & -2 & 1\\1 & 2 & 3\end{vmatrix}$；　$(2)\begin{vmatrix}1 & a & a^2\\1 & b & b^2\\1 & c & c^2\end{vmatrix}$；

$(3)\begin{vmatrix}3 & 1 & 1 & 1\\1 & 3 & 1 & 1\\1 & 1 & 3 & 1\\1 & 1 & 1 & 3\end{vmatrix}$；　$(4)\begin{vmatrix}1 & 1 & 1 & 0\\1 & 1 & 0 & 1\\1 & 0 & 1 & 1\\0 & 1 & 1 & 1\end{vmatrix}$.

7. 求解行列式方程：

$(1)\begin{vmatrix}3 & x+4\\-x & 1\end{vmatrix}=0$；　$(2)\begin{vmatrix}x-5 & 2 & 2\\2 & x-5 & 2\\2 & 2 & x-5\end{vmatrix}=0$；

$(3)|A-xE|=0$，其中 $A=\begin{pmatrix}1 & 1 & 0\\1 & 1 & 0\\0 & 0 & 1\end{pmatrix}$，$x$ 为实数.

8. 用初等变换求下列矩阵的秩：

$$(1)\begin{pmatrix} 1 & -1 & 2 & 1 \\ -1 & 2 & 3 & -2 \\ 2 & -3 & -2 & 2 \end{pmatrix}; \quad (2)\begin{pmatrix} 3 & 1 & 2 & 1 & 4 \\ 1 & 1 & 0 & -1 & 2 \\ 2 & 1 & 1 & 0 & 3 \\ 5 & 2 & 3 & 1 & 7 \end{pmatrix}.$$

9. 用初等行变换将下列矩阵化为简化梯形阵：

$$(1)\begin{pmatrix} 2 & 1 & -3 & 1 \\ 3 & 1 & 0 & 7 \\ -1 & 2 & 4 & -2 \\ 1 & 0 & -1 & 5 \end{pmatrix}; \quad (2)\begin{pmatrix} 3 & 2 & -1 & -3 & -2 \\ 2 & -1 & 3 & 1 & -3 \\ 4 & 5 & -5 & -6 & 1 \\ 5 & 1 & 2 & -2 & -5 \end{pmatrix}.$$

10. 只用初等行变换将下列矩阵化为单位阵：

$$(1)\begin{pmatrix} 1 & 0 & 1 \\ 2 & 1 & 0 \\ 3 & 2 & 5 \end{pmatrix}; \quad (2)\begin{pmatrix} 3 & -4 & 5 \\ 2 & -3 & 1 \\ 3 & -5 & -1 \end{pmatrix}; \quad (3)\begin{pmatrix} 1 & 2 & 3 & 4 \\ 2 & 3 & 1 & 2 \\ 1 & 1 & 1 & -1 \\ 1 & 0 & -2 & -6 \end{pmatrix}.$$

11. 用伴随矩阵法求下列矩阵的逆矩阵：

$$(1)\begin{pmatrix} 2 & 2 & 3 \\ 1 & -1 & 0 \\ -1 & -2 & 1 \end{pmatrix}; \quad (2)\begin{pmatrix} 3 & 2 & 1 \\ 3 & 1 & 5 \\ 3 & 2 & 3 \end{pmatrix}.$$

12. 用初等变换法求下列矩阵的逆矩阵

$$(1)\begin{pmatrix} 3 & -1 & 0 \\ -2 & 1 & 1 \\ 2 & -1 & 4 \end{pmatrix}; \quad (2)\begin{pmatrix} 1 & 0 & 0 & 0 \\ 1 & 2 & 0 & 0 \\ 2 & 1 & 3 & 0 \\ 1 & 2 & 1 & 3 \end{pmatrix}.$$

13. 已知 $A = \begin{pmatrix} 2 & 1 \\ 3 & 4 \end{pmatrix}$, $B = \begin{pmatrix} -2 & -3 \\ 1 & 2 \end{pmatrix}$

验证：$(AB)^{-1} = B^{-1}A^{-1}$.

14. 设 $A = \begin{pmatrix} 2 & 3 \\ 3 & 4 \end{pmatrix}$, $B = \begin{pmatrix} 3 & -2 \\ -2 & 1 \end{pmatrix}$

(1) 求 $(AB)^{\mathrm{T}}$, $A^{\mathrm{T}}B^{\mathrm{T}}$, 由此可以得出一个什么结论？

(2) 求 $(AB)^{-1}$, $A^{-1}B^{-1}$, 由此可以得出一个什么结论？

15. 求下列未知矩阵 X：

$$(1)\begin{pmatrix} 1 & 2 \\ 3 & 4 \end{pmatrix} - 4X = \begin{pmatrix} 5 & 10 \\ -1 & 0 \end{pmatrix};$$

$$(2)\begin{pmatrix} 1 & -1 & 2 \\ 3 & 0 & 8 \\ -1 & 0 & -2 \end{pmatrix} + X = \begin{pmatrix} 3 & 1 & 2 \\ 6 & 3 & 8 \\ 2 & 0 & 4 \end{pmatrix} + \frac{1}{2}X;$$

$$(3)\, X\begin{pmatrix} 3 & -2 \\ 5 & -4 \end{pmatrix} = \begin{pmatrix} -1 & 2 \\ -5 & 6 \end{pmatrix};$$

$$(4)\begin{pmatrix} 1 & 1 & -1 \\ 0 & 2 & 2 \\ 1 & -1 & 0 \end{pmatrix} X = \begin{pmatrix} 1 & 1 & 3 \\ 4 & 3 & 2 \\ 1 & -2 & 5 \end{pmatrix};$$

$$(5)\begin{pmatrix} 1 & -1 & 1 \\ 1 & 1 & 0 \\ 3 & 2 & 1 \end{pmatrix} X \begin{pmatrix} 1 & -1 & 1 \\ 1 & 1 & 0 \\ 3 & 2 & 1 \end{pmatrix} = \begin{pmatrix} 4 & 2 & 3 \\ 0 & -1 & 5 \\ 2 & 1 & 1 \end{pmatrix}.$$

16. 设 $A = \begin{pmatrix} -1 & 3 \\ 2 & 1 \end{pmatrix}$, $B = \begin{pmatrix} 1 & 0 \\ 3 & 1 \end{pmatrix}$

(1) 求 $|AB - BA|$, $|A^* B^{\mathrm{T}}|$;

(2) 解方程 $A^* B^{\mathrm{T}} X - 2A^{\mathrm{T}} E = B^* A$;

(3) 解方程 $||A|B^*|X - A^{\mathrm{T}} B^{-1} = 2E$.

17. 设 A, B 为 n 阶对称阵, 求证: $2A + 3B$, A^2, B^2 均为对称阵.

18. 设 A, B 为 n 阶方阵

(1) 求证: $AB^{\mathrm{T}} + BA^{\mathrm{T}}$, AA^{T} 和 $A + A^{\mathrm{T}}$ 均为对称矩阵;

(2) 若 $AB = BA$, 证明: $(A + B)(A - B) = A^2 - B^2$.

19. 设 A, B 为 n 阶方阵, 证明: AB 可逆的充分必要条件是 A, B 皆可逆.

20. 用克莱姆方法求解下列线性方程组:

(1) $\begin{cases} 3x + 4y - 5z = 32 \\ 4x - 5y + 3z = 18 \\ 5x - 3y - 4z = 2 \end{cases}$; (2) $\begin{cases} x_1 + 2x_2 + x_3 = 0 \\ x_1 + x_2 + x_3 + x_4 = 0 \\ 3x_2 - x_4 = 0 \\ x_1 + x_2 - x_4 = 1 \end{cases}$.

21. 试用逆矩阵解下列线性方程组:

(1) $\begin{cases} x_1 + x_2 = 2 \\ x_2 + x_3 = 1 \\ x_1 + 2x_2 + 2x_3 = -1 \end{cases}$; (2) $\begin{cases} -x_1 + 2x_2 + 4x_3 = 4 \\ 2x_1 + x_2 + 2x_3 = 1 \\ 2x_1 + 2x_2 - x_3 = 2 \end{cases}$.

22. 用初等变换解下列线性方程组:

(1) $\begin{cases} x_1 + 2x_2 + 3x_3 = 8 \\ 2x_1 + 5x_2 + 9x_3 = 11 \\ 3x_1 - 4x_2 - 5x_3 = 42 \end{cases}$; (2) $\begin{cases} 4x_1 - 3x_2 + x_3 + 5x_4 = 7 \\ x_1 - 2x_2 - 2x_3 - 3x_4 = 3 \\ 3x_1 - x_2 + 2x_3 = -1 \\ 2x_1 + 3x_2 + 2x_3 - 8x_4 = -7 \end{cases}$.

23. 求下列齐次线性方程组的基础解系和通解:

(1) $\begin{cases} x_1 + x_2 - 3x_3 - 5x_4 = 0 \\ 3x_1 - x_2 - 3x_3 + 4x_4 = 0 \\ x_1 + 5x_2 - 9x_3 - 8x_4 = 0 \end{cases}$; (2) $\begin{cases} x_1 + x_2 + 2x_3 - x_4 = 0 \\ 2x_1 + x_2 + x_3 - x_4 = 0 \\ 2x_1 + 2x_2 + x_3 + 2x_4 = 0 \end{cases}$;

(3) $\begin{cases} x_1 + x_2 + x_3 + x_4 + x_5 = 0 \\ 3x_1 + 2x_2 + x_3 + x_4 - 3x_5 = 0 \\ x_2 + 2x_3 + 2x_4 + 6x_5 = 0 \\ 5x_1 + 4x_2 + 3x_3 + 3x_4 - x_5 = 0 \end{cases}$.

24. 讨论 λ 为何值时, 齐次线性方程组:

$$\begin{cases} \lambda x_1 + x_2 + x_3 = 0 \\ x_1 + \lambda x_2 + x_3 = 0 \\ x_1 + x_2 + \lambda x_3 = 0 \end{cases}.$$

有非零解.

25. 求解下列非齐次线性方程组:

(1) $\begin{cases} 2x_1 + x_2 - x_3 + x_4 = 1 \\ x_1 - x_2 + 2x_3 - x_4 = 2 \\ x_1 - x_2 + x_3 - x_4 = -1 \\ 3x_1 - x_2 - x_3 + 2x_4 = 0 \end{cases}$; (2) $\begin{cases} x_1 - 2x_2 + 2x_3 = 1 \\ x_1 - 2x_2 - x_3 = 2 \\ 3x_1 - x_2 + 5x_3 = 3 \\ 2x_1 - 2x_2 - 3x_3 = 4 \end{cases}$;

$(3)\begin{cases} 5x_1 - x_2 + 2x_3 + x_4 = 7 \\ 2x_1 + x_2 + 4x_3 - 2x_4 = 1; \\ x_1 - 3x_2 - 6x_3 + 5x_4 = 0 \end{cases}$ $(4)\begin{cases} x_1 - x_2 + x_3 - x_4 = 1 \\ x_1 - x_2 - x_3 + x_4 = 0; \\ 2x_1 - 2x_2 - 4x_3 + 4x_4 = -1 \end{cases}$

$(5)\begin{cases} x_1 - x_2 + 2x_3 + x_4 = 1 \\ 2x_1 - x_2 + x_3 + 2x_4 = 3 \\ x_1 \quad\quad - x_3 + x_4 = 2 \\ 3x_1 - x_2 \quad\quad + 3x_4 = 5 \end{cases}.$

26. 当 λ 为何值时,非齐次线性方程组

$$\begin{cases} \lambda x_1 + x_2 + x_3 = 1 \\ x_1 + \lambda x_2 + x_3 = \lambda \\ x_1 + x_2 + \lambda x_3 = \lambda^2 \end{cases}$$

有唯一解？有无穷多解？无解？

27. 设非齐次线性方程组 $AX = B$ 的增广矩阵 $(A \vdots B)$ 经过一系列的初等行变换化为

$$(A \vdots B) \xrightarrow{\text{初等行变换}} \begin{pmatrix} 1 & 0 & -2 & 0 & \vdots & 3 \\ 0 & 1 & 1 & 3 & \vdots & 1 \\ 0 & 0 & 0 & 0 & \vdots & \lambda^2 - 1 \end{pmatrix}$$

(1)当 λ 为何值时,$AX = B$ 无解？

(2)当 λ 为何值时,$AX = B$ 有解？并求出其全部解(或称通解)。

28. 某工厂计划生产 A,B 两种产品,它们都使用相同的原材料且原材料资源丰富,但是生产使用的水每日不能超过 360 吨,生产消耗的电每日不能超过 200 千瓦,生产劳动力有 300 个工作日,每生产 1 吨 A,B 产品分别耗水是 9 吨,4 吨;耗电是 4 千瓦,5 千瓦;耗工作日是 3 个,10 个,每销售 1 吨 A,B 产品的利润分别是 7 千元,12 千元,问怎样安排每日的产量,才能使该工厂获取最大利润？

试建立线性规划数学模型.

29. 用图解法解下列线性规划模型:

(1)第 28 题的线性规划数学模型;

(2)$\min z = -x_1 + 2x_2$

s. t. $\begin{cases} x_1 - x_2 \geqslant -2 \\ x_1 + 2x_2 \leqslant 6 \\ x_1 \geqslant 0, x_2 \geqslant 0 \end{cases}$

(3)$\max z = 30x_1 + 20x_2$

s. t. $\begin{cases} x_1 + x_2 \geqslant 1 \\ x_1 - x_2 \geqslant -1 \\ 3x_1 + 2x_2 \leqslant 6 \\ x_1 \geqslant 0, x_2 \geqslant 0 \end{cases}$

30. 已知某系统在一个时期内,三个部门间的交易需求如表 4.8 所示:

表 4.8 　　　　　　　　　　　单位:亿元

部门间流量 投入 ＼ 产品	国防 农业 工业	最终产品	总产品
国防	50　40　100	10	200
农业	70　30　60	90	250
工业	70　160　10	60	300
新创造价值	10　20　130		
产品总值	200　250　300		

(1)求直接消耗矩阵 A;

(2)若计划国防部门总产品 350 亿元,农业部门总产品 300 亿元,工业部门总产品 350 亿元,原部门间流量不变,试求各部门的最终产品;

(3)求列昂节夫矩阵 $(E-A)^{-1}$;

(4)若计划国防部门最终产品 20 亿元,农业部门最终产品 100 亿元,工业部门最终产品 80 亿元,推算各部门的总产品。

(5)若在计划的执行过程中,发现国防部门有 5 亿元的缺口,农业部门有 2 亿元的余量,那么各部门的总产品应如何调整,才能保持各部门的供求平衡?

综合自测试题(第4章)

一、选择题(错选倒扣分)

1. $\begin{vmatrix} k-1 & 2 \\ 2 & k-1 \end{vmatrix} \neq 0$ 的充分而必要条件是( ).

(1)$k \neq -1$;　　　　　　　　(2)$k \neq 3$;

(3)$k \neq -1$ 且 $k \neq 3$;　　　(4)$k \neq -1$ 或 $k \neq 3$

2. 已知 $A = \begin{bmatrix} 1 & 0 & 2 \\ 0 & 1 & 3 \\ 2 & 3 & 1 \end{bmatrix}$,则( ).

(1)A 为可逆阵;　　　　　　(2)A 为非奇异阵;

(3)AA^{-1} 为对称阵;　　　　(4)$A^{\mathrm{T}} = A$;

(5)A 为单位阵;　　　　　　(6)$\begin{bmatrix} 0 & 1 & 1 \\ 0 & 0 & 0 \\ 1 & 1 & 0 \end{bmatrix} A = \begin{bmatrix} 2 & 3 & 4 \\ 0 & 1 & 3 \\ 1 & 0 & 2 \end{bmatrix}$

3. $\lambda = ($) 时,下面方程组无解.

$$\begin{cases} x_1 + 2x_2 - x_3 = 4 \\ x_2 + 2x_3 = 2 \\ (\lambda-1)(\lambda-2)x_3 = (\lambda-3)(\lambda-4) \end{cases}$$

(1)1;　(2)2;　(3)3;　(4)4

4. 对完全消耗系数 b_{ij} 有( ).

(1)$a_{ij} \leqslant b_{ij} \leqslant 1$;　　　　(2)$b_{ij} \geqslant 0$;

$(3)b_{ij} \leqslant 1$;　　　　　　　$(4)b_{ij}$ 可能大于1.

5. 线性规划 LP 的最优解(　　).

(1) 只有一个;(2) 可以是无穷多个;(3) 必是可行解;(4) 只能是可行域所构成的凸多面体的某个顶点;

(5) 必能在可行域所构成的凸多面体的某个顶点取得

二、设矩阵 $A = \begin{bmatrix} 1 & 0 & 3 \\ 0 & 2 & 1 \\ 0 & 0 & 1 \end{bmatrix}$, $B = \begin{bmatrix} 1 & 0 & 0 \\ 0 & 2 & 1 \\ 3 & 0 & 1 \end{bmatrix}$,

$$f(x) = x^2 - 2x + 3$$

1. 求 $(A+B)(A-B)$ 与 $A^2 - B^2$,比较两者结果,可得出什么结论?

2. 求 $(AB)^{-1}$ 与 $A^{-1}B^{-1}$,比较两者结果,又可得出什么结论?

3. 求 $f(A),f(A-B)$.

三、求矩阵方程 $\begin{bmatrix} 1 & 1 & -1 \\ -2 & 1 & 1 \\ 1 & 1 & 1 \end{bmatrix} X = \begin{bmatrix} 2 \\ 3 \\ 6 \end{bmatrix}$ 中的未知矩阵 X.

四、用齐次线性方程组的基础解系表示下面线性方程的全部解:

$$\begin{cases} x_1 + 2x_2 - x_3 + x_4 = 1 \\ 2x_1 - 3x_2 + x_3 + x_4 = 0 \\ 4x_1 + x_2 - x_3 + 3x_4 = 2 \end{cases}$$

五、用图解法与单纯形法求解线性规划 LP:

$$\max z = x_1 - 2x_2$$

$$\text{s. t.} \begin{cases} x_1 - x_2 \geqslant -2 \\ x_1 + 2x_2 \leqslant 6 \\ x_1, x_2 \geqslant 0 \end{cases}$$

六、已知某经济系统在一个生产周期内的直接消耗系数及最终产品见表4.9.

表4.9

直接消耗系数\产出 投入	1	2	3	最终产品	总产品
1	0.2	0.1	0.2	75	x_1
2	0.1	0.2	0.2	120	x_2
3	0.1	0.1	0.1	225	x_3

1. 求各部门总产品 x_1, x_2, x_3.

2. 列出投入产出平衡表,即求出 x_{ij} 及 $z_j (i = 1,2,3;j = 1,2,3)$.

七、证明题

1. A,B 设为 n 阶对称矩阵,求证:$3A - 4B$ 也为 n 阶对称矩阵.

2. 设 A,B 为 n 阶方阵,且均可逆,求证 $(3A^2)(2B)$ 也可逆.

3. 设 X_1 为矩阵方程 $AX = 0$ 的解,X_2 为矩阵方程 $AX = B$ 的解,求证:$4X_1 + X_2$ 为矩阵方程 $AX = B$ 的解.

第5章 概率统计及其应用

在自然界和人类社会中,人们经常可能遇到两类不同的现象:一类是在一定条件下必然发生(或必然不发生)某一确定结果的现象. 例如:上抛一枚硬币,必然下落;水温在 0 ℃ 时必然不沸腾,这类现象称为确定性(或必然)现象. 微积分学、矩阵方法等就是研究这类确定性现象规律性的数学学科. 概率统计将目光投向客观世界中另一类现象:非确定性现象 —— 随机现象. 什么叫随机现象?在一定条件下可能出现多种结果,但事先又不能肯定出现哪种结果的现象. 例如,上抛一枚硬币,就可能出现正面朝上,也可能出现反面朝上,但在抛硬币之前,又不能预先肯定到底出现哪一面朝上. 又如,为了了解产品质量,从一批某种产品中任查一件,它可能是正品,也可能是次品,事先无法确定. 称这类现象为随机(或偶然)现象. 概率统计就是研究这类随机现象的统计规律性的数学学科. 对于随机现象,由于人们事先无法肯定它将出现哪一种结果,从表面上看似乎难以捉摸,其结果纯属偶然. 其实并非这样,前人的实践证明:在相同条件下,只要对随机现象进行大量的重复试验(或观测),就会发现各种结果出现的可能性又呈现出某种规律性,并称之为统计规律性.

为使读者对随机现象统计规律性有一个直观的理解,这里不妨来考查一个实例.

某一熟练技术工人,在相同的条件下(比如采用同种原材料、同一机床、同一工艺过程等),按照零件设计的标准尺寸长度 a 加工,生产这种零件. 很明显,零件长度是什么结果,是不能事先预测的,纯属不确定型随机现象. 如果仅加工生产一个或两个这样的少数零件,其长度似乎看不出有什么规律;但若大量重复加工生产这种零件,比如 n 个. 经过统计观察,其长度比 a 小的个数和比 a 大的个数大致相等(即具有对称性或均等性,记为 $m_左 \approx m_右$). 同时这 n 个零件的长度偏离 a 近的个数"多",偏离 a 远的个数"少",偏离 a 特别远的个数"极少"(即具有密集性 —— 近密远疏). 也就是说:这 n 个零件中,正品是多数,次品是少数,废品是极少数. 且当加工零件个数 n 越大时,上述两个特性 —— 对称性、密集性就越明显. 这种统计规律就是著名的正态分布,即中间大、两头小的分布. 当然随机现象的统计规律不只是具有这两个特性的规律,还有许多其他的一些规律,这里只是举例说明随机现象有规律可循的这个事实罢了.

概率统计就是揭示与研究随机现象统计规律性的一门数学学科.

5.1 随机事件与概率

5.1.1 随机事件

为了研究随机现象,就需要对客观事物进行观察,观察的过程叫试验. 在概率论中,把在相同条件下可以重复实现,每次结果不一定相同,试验之前所有可能结果完全已知,但又无法肯定到底会出现哪个具体结果的试验,称为随机试验.

随机试验的每一个可能发生但又不能再细分的结果,称为该试验的一个基本事件, 记为 $\omega_1, \omega_2, \cdots$.

238

某试验的全体基本事件所组成的集合,称为该试验的样本空间(或基本事件空间),记为 $\Omega = \{\omega_1, \omega_2, \cdots\}$.

定义 5.1　样本空间 Ω 的子集,称为该随机试验的一个随机事件,简称事件,常用大写字母 $A, B, C, \cdots$ 表示,记为 $A \subset \Omega, B \subset \Omega, C \subset \Omega, \cdots$.

例 1　掷一枚硬币,观察其正面和反面的出现情况,由于该试验的可能结果有两个:正面朝上,记为 ω_1;或反面朝上,记为 ω_2,因此,该试验有两个基本事件:ω_1, ω_2;样本空间:

$$\Omega_1 = \{\omega_1, \omega_2\}$$

例 2　10 件同类产品,分别标有 $1, 2, \cdots, 10$ 的数字,从中任抽一件观察其标号,由于试验的可能结果有 10 个,分别记为 $\omega_1, \omega_2, \cdots, \omega_{10}$,因此,该试验有 10 个基本事件:$\omega_1, \omega_2, \cdots, \omega_{10}$. 样本空间:

$$\Omega_2 = \{\omega_1, \omega_2, \cdots, \omega_{10}\}$$

$A = \{\omega_2, \omega_4, \omega_6, \omega_8, \omega_{10}\}$ 是 Ω_2 的子集,表示"出现偶数号产品"这一事件.

$B = \{\omega_3, \omega_6, \omega_9\}$ 是 Ω_2 的子集,表示"出现产品的号数能被 3 整除"这一事件.

$C = \{\omega_3, \omega_4, \omega_5\}$ 是 Ω_2 的子集,表示"出现的号数大于 2,小于 6"这一事件.

例 3　圆形车轮上均匀地刻上区间 $[0, 3)$ 上的诸数字,当车轮停定时,观察车轮与地面触点的刻度 x. 由于该试验的可能结果有无穷多个,因此该试验有无穷多个基本事件,即样本空间:$\Omega_3 = \{x \mid 0 \leqslant x < 3\}$. $A = \{x \mid 1 \leqslant x < 2\}$ 是 Ω_3 的子集,表示"触点刻度 x 落入区间 $[1, 2)$ 内"这一事件.

由事件定义可知,事件 A 是由基本事件组成. 通常,当事件 A 中的一个基本事件出现时,就说事件 A 发生,否则就说 A 不发生,记为 $\overline{A}$. 对于上面的例 2,如试验结果是"产品标号为 4 出现",就说 A 发生,也可说 C 发生.

在每次试验中,必定要出现的结果称为必然事件. 由于样本空间 Ω 作为一个事件,也是一个必然事件,因此,通常把必然事件仍记为 Ω.

在每次试验中,必定不发生的结果,称为不可能事件,通常把它记为 $\varnothing$.

概率论中研究的是随机事件,但为了讨论问题的方便起见,一般将必然事件和不可能事件看成随机事件的两个极端情况.

5.1.2　事件的概率

由于概率统计是研究随机现象统计规律性的一门数学学科,因此,只知道试验中可能出现哪些事件是不够的,还必须对事件的发生作量的描述,即研究随机事件发生的可能性的大小问题,这就是事件的概率.

当多次作某一随机试验时,常常会察觉到某些事件发生的可能性要大一些,而另一些事件发生的可能性要小一些. 比如例 2 中,任取一件为偶数标号的产品就比能被 3 整除的标号的产品发生的可能性要大一些;而标号为 3 的产品就比能被 3 整除的标号的产品发生的可能性要小一些. 又比如,一批产品中若优质品很多,则从中任取一件恰为优质品的可能性就比较大;而当优质品很少时,取到优质品的可能性就比较小. 这就是说,事件发生的可能性大小是事件本身所固有的一种客观属性. 为了研究事件发生可能性的大小,就需要用一个数能把这种可能性大小表达出来,这种表示事件发生可能性大小的数值叫做事件的概率,通常将事件 A 的概率用符号 $P(A)$ 来表示.

那么,对于一个给定的事件 A,其概率 $P(A)$ 到底是一个什么数呢?这个数又如何去求出呢?在概率论的发展史上,人们曾对不同的问题,从不同的角度给出了概率的定义和计算概率的方法. 在此,主要介绍概率的统计定义和古典定义.

(1)统计概率

随机事件就个别试验而言具有偶然性的一面,但在大量重复试验中却又具有规律性的一面,从以下引例可以看到这一点.

引例1 历史上有不少人试验过,连续投掷一枚均匀硬币,几个著名的试验结果见表5.1:设 A 表示硬币"正面朝上"这一事件.

事件 A 在 n 次试验中出现 m_A 次,则比值 $f_n(A) = \dfrac{m_A}{n}$ 称为事件 A 在这 n 次试验中出现的频率.

可以看出,硬币出现"正面朝上"即事件 A 的频率可以认为接近于 0.5,且投掷次数越多,频率越接近于 0.5.

表5.1

实验者	掷币次数 n	出现"正面朝上"的次数 m_A(频数)	频率 $f_n(A) = \dfrac{m_A}{n}$
德·摩根	2 048	1 061	0.518 1
浦 丰	4 040	2 048	0.501 9
皮 尔 逊	12 000	6 019	0.501 6
皮 尔 逊	24 000	12 012	0.500 5
维 尼	30 000	14 994	0.499 8

引例2 某厂质检部门,抽检某种产品的质量,其结果见表 5.2:设 B 表示"正品"这一事件.

表5.2

抽检总数 n	10	100	150	600	900	1 200
正品数 m_B	7	88	131	548	820	1 091
正品率 $f_n(B) = \dfrac{m_B}{n}$	0.7	0.88	0.873	0.913	0.911	0.909

可以认为:正品率接近于 0.9,且抽检总数越大,正品率越接近于 0.9.

频率反映了一个事件发生的频繁程度,从而在一定程度上刻画了这个事件发生的可能性大小. 经验表明,每次试验的频率不尽相同,即频率具有波动性的一面. 但在相同条件下重复进行同一试验,当试验的次数 n 很大时,事件 A 发生的频率又总是在一个固定值 p 上下摆动. 一般而言,重复试验的次数 n 越大,波动的振幅就越小,即频率又具有稳定性的一面. 因此,事件 A 发生的可能性大小,即事件发生的概率,就可以用这个稳定常数值来描述. 由此有:

定义 5.2(概率的统计定义) 如果在 n 次重复试验中,当 n 充分大时,事件 A 在这 n 次试验中出现的频率稳定在某个固定常数 p 附近,则称此常数 p 为事件 A 出现的统计概率,简称概率,记为

$$P(A) = p$$

由于这个定义是以统计角度为出发点而抽象出来,因此人们常称它为概率的统计定义,并且,这个定义适合于一切类型的随机试验.

在上面两例中,可以认为 $P(A) = 0.5, P(B) = 0.9$.

提醒读者注意:事件 A 的频率 $f_n(A)$ 与概率 $P(A)$ 是有区别的. 频率是个试验值,具有波动性,它回答的是 n 次试验中事件 A 发生的可能性大小,因此它只能是事件 A 发生可能性大小的一种近似度量. 而概率是个理论值,它是由事件的本质所决定的,只能取唯一值,它回答的是一次试验中事件 A 发生的可能性大小,因此,它能精确地度量事件 A 发生的可能性的大小. 又由于概率的统计定义只是描述性的,一般不能用来计算事件的概率,通常只能在 n 充分大时,以事件出现的频率作为事件概率的近似值,即

$$P(A) \approx f_n(A)$$

由于 $0 \leq m_A \leq n$,故频率 $0 \leq f_n(A) \leq 1$,从而有 $f_n(A) \geq 0, f_n(\Omega) = 1$,故概率有下列性质:

$$P(A) \geq 0 \quad (A \text{ 为任何事件})$$
$$P(\Omega) = 1 \quad (\Omega \text{ 为必然事件})$$

(2) 古典概率

对于像本章例1、例2那两个较简单的随机试验,可以直接算出有关事件的概率. 此二例的特点是基本事件个数有限,且每个基本事件出现的机会又是相同的.

一般地,若随机试验满足下面两个条件:

1) 基本事件的个数是有限的,即

$$\Omega = \{\omega_1, \omega_2, \cdots, \omega_n\}$$

2) 每个基本事件发生的可能性相同,即

$$P(\omega_1) = P(\omega_2) = \cdots = P(\omega_n)$$

这种随机现象是概率论早期研究的对象,称为古典型随机试验. 古典型随机试验所描述的数学模型称为古典概型.

定义 5.3(概率的古典定义)　在古典概型中,如果基本事件的总数为 n,而事件 A 又由其中 m_A 个基本事件组成,则定义事件 A 的概率为

$$P(A) = \frac{m_A}{n} = \left(\frac{A \text{ 中包含的基本事件数}}{\text{试验的基本事件总数}}\right) \tag{5.1}$$

这叫概率的古典定义,由它所定义的概率,称为古典概率. 可见,对古典概型的问题,只要求出基本事件总数 n 和事件 A 所包含的基本事件数 m_A,由公式(5.1)就可直接计算事件 A 的概率了.

例4　一盒灯泡共50个,已知其中有2个次品,求灯泡的次品率(即从中任取一个是次品的概率).

解　对50个灯泡任意抽取时,每一个都有相同的出现机会,即一共有50种等可能性的结果,$n = 50$. 若设 A 表示"任取一灯泡是次品"事件,则 A 发生的可能结果有两个,即 $m_A = 2$,由古典概率定义:

$$P(A) = \frac{m_A}{n} = \frac{2}{50} = \frac{1}{25} = 0.04$$

例5　在8位数的电话号码中,求8个数字都不相同的概率.

解　8位数的电话号码与数字顺序有关,故为排列问题. 基本事件总数

$$n = 10 \times 10 \times \cdots \times 10 = 10^8$$

设 B 表示"8位数的电话号码中,8个数字都不相同"事件,从 $0,1,2,\cdots,9$ 这10个数字中任取 8个不同的数字,可以排成 P_{10}^8 个不同的8位数电话号码,即事件 B 包含基本事件个数是

$$m_B = P_{10}^8$$

由古典概率定义,有

$$P(B) = \frac{m_B}{n} = \frac{P_{10}^8}{10^8}$$

$$= \frac{10 \times 9 \times 8 \times 7 \times 6 \times 5 \times 4 \times 3}{10^8}$$

$$= 0.018\ 144$$

例6 一批产品共200个,其中有6个废品,求

1) 这批产品的废品率;

2) 任取3个恰有1个废品的概率;

3) 任取3个全为正品的概率.

解 1) 设 A 表示"任取一件是废品"事件,有 $m_A = C_6^1 = 6$,此时基本事件总数 $n = C_{200}^1 = 200$. 由古典概率定义

$$P(A) = \frac{m_A}{n} = \frac{6}{200} = 0.03$$

即这批产品的废品率为 0.03.

2) 由题意,从200个产品中任取3个是一次试验,因是一次取3个,又与顺序无关,故为组合问题,基本事件总数为

$$n = C_{200}^3$$

设 B 表示"任取3个恰有1个废品"事件. 为保证事件 B 的发生,须且只需先从194个正品中任取2个,再从6个废品中取1个组成一个基本事件,则 B 所包含的基本事件数 $m_B = C_{194}^2 \cdot C_6^1$,于是

$$P(B) = \frac{m_B}{n} = \frac{C_{194}^2 \cdot C_6^1}{C_{200}^3}$$

$$= \frac{\dfrac{194 \times 193}{1 \times 2} \times 6}{\dfrac{200 \times 199 \times 198}{1 \times 2 \times 3}}$$

$$= 0.085\ 5$$

3) 设 C 表示"任取3个全为正品"事件,则 C 所包含的基本事件数 $m_C = C_{194}^3$,由2)有

$$P(C) = \frac{m_C}{n} = \frac{C_{194}^3}{C_{200}^3} = 0.912\ 2$$

(3) 事件的关系和运算

从古典概率的计算中可以看到,事件有的比较简单(如基本事件),有些则比较复杂. 为了计算复杂事件的概率,常常需要研究和分析事件间的关系并对其进行必要的运算. 下面介绍几个事件关系的基本概念和几种基本的运算.

1）包含　如果事件 A 发生,必然导致事件 B 发生,则称事件 B 包含事件 A(或称 A 是 B 的子事件),记为 $A \subset B$.

例如,一件产品合格是指直径和长度都合格,且记

A_1:产品合格,　A_2:直径合格,　A_3:长度合格;

$\overline{A_1}$:产品不合格,$\overline{A_2}$:直径不合格,$\overline{A_3}$:长度不合格.

则有 $A_1 \subset A_2, \overline{A_2} \subset \overline{A_1}$.

2）相等　如果 $A \subset B$,且 $B \subset A$,则称事件 A 与事件 B 相等或等价,记为 $A = B$.

3）并　两事件 A 与 B 中至少有一个发生所构成的事件称为 A 与 B 的并(或和),记为 $A \cup B$.

例如,$\overline{A_2} \cup \overline{A_3} = \overline{A_1}$.

类似地,n 个事件 $A_1, A_2, \cdots, A_n$ 中至少有一个发生所构成的事件,称为 $A_1, A_2, \cdots, A_n$ 的并,记为 $A_1 \cup A_2 \cup \cdots \cup A_n$,或 $\bigcup\limits_{i=1}^{n} A_i$. 同样,$\bigcup\limits_{i=1}^{\infty} A_i$ 表示"$A_1, A_2, \cdots, A_n, \cdots$ 中至少有一个发生"这一事件.

4）交　两事件 A 与 B 同时发生所构成的事件,称为 A 与 B 的交(或积),记为 $A \cap B$ 或 AB.

例如,$A_2 \cap A_3 = A_1$

类似地,$\bigcap\limits_{i=1}^{n} A_i$ 表示"$A_1, A_2, \cdots, A_n$ 同时发生"这一事件. 同样,可以定义 $\bigcap\limits_{i=1}^{\infty} A_i$.

5）互斥　事件 A 与事件 B 不能同时发生,即 $AB = \varnothing$,则称事件 A 与 B 互斥. 如产品合格 A_1 与产品不合格 $\overline{A_1}$ 为互斥事件.

类似地,对 n 个事件 $A_1, A_2, \cdots, A_n$,若 $A_i A_j = \varnothing$ $(i \neq j; i, j = 1, 2, \cdots, n)$,则称 $A_1, A_2, \cdots, A_n$ 互不相容或两两互斥.

6）互逆　如两事件 A 与 B 不同时发生,但又必须有一个发生,即 $AB = \varnothing$,且 $A \cup B = \Omega$,则称事件 A 与 B 互逆(或对立)或称 B 是 A(或 A 是 B)的对立事件,记为 $B = \overline{A}$(或 $A = \overline{B}$).

显然,若两事件互逆,则必然互斥. 但若两事件互斥,则不一定互逆. 并有

$$\overline{\overline{A}} = A$$

$$\overline{A \cup B} = \overline{A}\,\overline{B}, \overline{AB} = \overline{A} \cup \overline{B}(\text{德·摩根原理})$$

以后将互斥事件的并 $A \cup B$,专记为 $A + B$.

7）差　事件 A 发生,但事件 B 不发生所构成的事件称为事件 A 与 B 的差,记为 $A - B$,显然

$$A - B = A\overline{B}$$

事件间的几种主要关系,可用图 5.1 表示.

例7　向预定目标发射三发炮弹,以 A_1, A_2, A_3 分别表示事件"第一、二、三发炮弹击中目标". 试用 A_1, A_2, A_3 表示下列各事件:

1）三炮同时击中;

2）至少有一炮击中;

3）只有第一炮击中;

4）只有一炮击中;

5）只有两炮击中;

6）至少两炮击中;

7）第三炮击中,第二炮未击中;

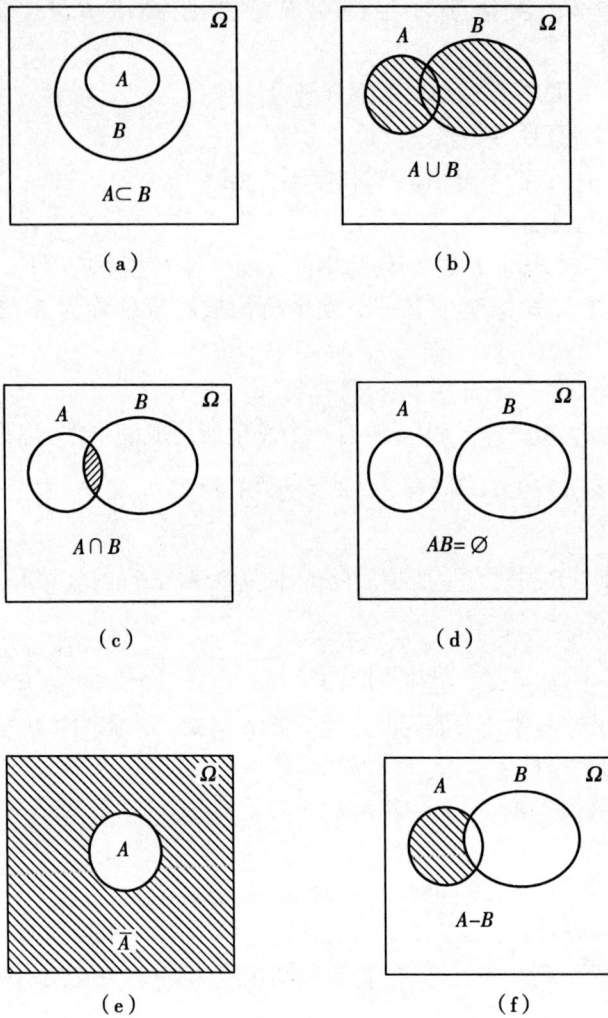

图 5.1

8）前两炮未击中.

解 由已知，A_1,A_2,A_3 分别表示"第一、二、三发炮弹击中目标"，可得 $\overline{A_1},\overline{A_2},\overline{A_3}$ 分别表示"第一、二、三发炮弹未击中目标" 三个事件. 则

1）三炮同时击中，意味着事件 A_1,A_2,A_3 同时发生，即

$$A_1A_2A_3$$

2）至少一炮击中，意味着事件 A_1,A_2,A_3 中至少有一个发生，即

$$A_1 \cup A_2 \cup A_3$$

3）只有第一炮击中，意味着第一炮击中，而第二、三炮均未击中，也意味着 $A_1,\overline{A_2},\overline{A_3}$ 同时发生，即

$$A_1 \, \overline{A_2} \, \overline{A_3}$$

4）只有一炮击中，但并未确定是哪一炮击中，三个事件"只有第一炮击中"、"只有第二炮击中"、"只有第三炮击中" 中任意一个发生，都意味着事件"只有一炮击中" 发生，即

$$A_1\overline{A_2}\overline{A_3} \cup \overline{A_1}A_2\overline{A_3} \cup \overline{A_1}\overline{A_2}A_3$$

5）只有两炮击中,可表为

$$A_1A_2\overline{A_3} \cup A_1\overline{A_2}A_3 \cup \overline{A_1}A_2A_3$$

6）至少两炮击中,意味着恰有两炮击中或三炮击中,即

$$A_1A_2\overline{A_3} \cup A_1\overline{A_2}A_3 \cup \overline{A_1}A_2A_3 \cup A_1A_2A_3$$

7）第三炮击中,而第二炮未击中,可表为

$$A_3 - A_2 = A_3\overline{A_2}$$

8）前两炮均未击中,意味着$\overline{A_1}$,$\overline{A_2}$同时发生,即

$$\overline{A_1}\overline{A_2} = \overline{A_1 \cup A_2}$$

（4）概率的性质

由定义 5.2、定义 5.3,可归纳出概率具有以下基本性质:

性质1（非负性） 对任何事件 A,均有

$$0 \leqslant P(A) \leqslant 1$$

性质2（规范性） 必然事件的概率为 1,即

$$P(\Omega) = 1$$

性质3（互斥可加性） 若事件 A,B 互斥,即 $AB = \varnothing$,则

$$P(A \cup B) = P(A) + P(B) \tag{5.2}$$

证 设 A,B 分别包含 m_A,m_B 个基本事件,由于

$$P(A) = \frac{m_A}{n}, P(B) = \frac{m_B}{n}$$

又据已知条件,A,B 互斥,即 A,B 所包含的基本事件没有相同的,因而 $A \cup B$ 包含 $(m_A + m_B)$ 个基本事件,由古典概率

$$P(A \cup B) = \frac{m_A + m_B}{n}$$

$$= \frac{m_A}{n} + \frac{m_B}{n}$$

$$= P(A) + P(B)$$

推论1 若 $A_1,A_2,\cdots,A_n$ 两两互斥,即

$$A_iA_j = \varnothing \quad (i \neq j; i,j = 1,2,\cdots,n)$$

则

$$P(\bigcup_{i=1}^{n} A_i) = \sum_{i=1}^{n} P(A_i)$$

注意 若 $A_1,A_2,\cdots,A_n$ 两两互斥,则 $\bigcup_{i=1}^{n} A_i$ 可以记为 $\sum_{i=1}^{n} A_i$.

推论2 对立事件概率之和为 1,即

$$P(A) + P(\overline{A}) = 1 \text{ 或 } P(A) = 1 - P(\overline{A}) \tag{5.3}$$

例8 一批产品共 50 件,其中有 45 件是合格品,从这批产品中任取 3 件,求“其中有不合格品”的概率.

解 设 A 表示“任取的 3 件产品中有不合格品”事件,A_i 表示“任取的 3 件产品中恰有 i 件

不合格品"事件$(i = 1,2,3)$. 则A_1,A_2,A_3两两互斥,且$A = A_1 + A_2 + A_3$,所以

$$\begin{aligned}
P(A) &= P(A_1 + A_2 + A_3) \\
&= P(A_1) + P(A_2) + P(A_3) \\
&= \frac{C_5^1 C_{45}^2}{C_{50}^3} + \frac{C_5^2 C_{45}^1}{C_{50}^3} + \frac{C_5^3 C_{45}^0}{C_{50}^3} \\
&= 0.276\,0
\end{aligned}$$

若用推论2来解,就简便一些,此时$\bar{A}$表示"取出3件产品都是合格品".所以

$$P(\bar{A}) = \frac{C_{45}^3}{C_{50}^3} = 0.724\,0$$

由公式(5.3)
$$\begin{aligned}
P(A) &= 1 - P(\bar{A}) \\
&= 1 - 0.724\,0 \\
&= 0.276\,0
\end{aligned}$$

由以上三条性质,立即可推出以下性质:

性质4 $P(\varnothing) = 0.$

即不可能事件的概率为零.

证 由$\varnothing + \varnothing = \varnothing, \varnothing\varnothing = \varnothing$及性质3,有

$$P(\varnothing) = P(\varnothing + \varnothing) = P(\varnothing) + P(\varnothing) = 2P(\varnothing)$$

故 $\quad P(\varnothing) = 0$

性质5 若$A \subset B$,则

$$P(B - A) = P(B) - P(A)$$

且 $\quad P(A) \leqslant P(B)$

证 如图5.2,$B = (B - A) \cup AB$

且 $\quad (B - A)AB = \varnothing$,又已知$A \subset B$

故 $\quad AB = A$,从而$B = (B - A) + A$

所以 $\quad\begin{aligned} P(B) &= P[(B - A) + A] \\ &= P(B - A) + P(A) \end{aligned}$

故 $\quad P(B - A) = P(B) - P(A)$

又 $\quad P(B - A) \geqslant 0$

所以 $\quad P(B) - P(A) \geqslant 0$

即 $\quad P(A) \leqslant P(B)$

性质6(广义加法定理) 若A,B为任何二事件,则有

$$P(A \cup B) = P(A) + P(B) - P(AB) \tag{5.4}$$

证 如图5.3,$A \cup B = (A - AB) \cup B$

且 $\quad (A - AB)B = \varnothing, AB \subset A$

所以 $\quad\begin{aligned} P(A \cup B) &= P[(A - AB) + B] \\ &= P(A - AB) + P(B) \\ &= P(A) - P(AB) + P(B) \end{aligned}$

故 $\quad P(A \cup B) = P(A) + P(B) - P(AB)$

类似地:对于任何三个事件A,B,C,有

$$P(A \cup B \cup C) = P(A) + P(B) + P(C) - P(AB) - P(BC) - $$
$$P(CA) + P(ABC)$$

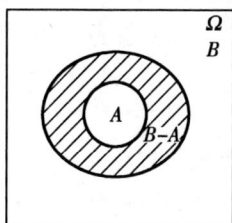

图 5.2

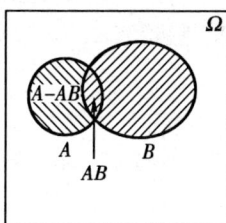

图 5.3

5.1.3　条件概率及其应用

在实际问题中,不仅要考虑事件 A 的概率 $P(A)$,有时还需要研究在"事件 B 已发生"的条件下,事件 A 发生的条件概率. 记为 $P(A \mid B)$.

例如,甲、乙两车间各生产 500 件产品,分别有次品 15 件和 25 件. 今从这 1 000 件产品中任抽一件,以 A 表示抽到次品,B 表示抽到甲车间产品,那么

$$P(A) = \frac{15 + 25}{1\ 000} = 0.04$$

$$P(B) = \frac{500}{1\ 000} = 0.50$$

$$P(A \mid B) = \frac{15}{500} = 0.03$$

显然　　　　$P(A) \neq P(A \mid B)$

而　　　　$P(A \mid B) = \frac{15}{500} = \frac{15/1\ 000}{500/1\ 000} = \frac{P(AB)}{P(B)}$

（1）条件概率

定义 5.4　在事件 B 发生的条件下,事件 A 发生的概率叫做事件 A 在事件 B 发生的前提下的条件概率,记作

$$P(A \mid B) \quad (其中 P(B) > 0)$$

若 A, B 为两任意事件,且 $P(B) > 0$,则

$$P(A \mid B) = \frac{P(AB)}{P(B)} \tag{5.5}$$

事实上,设在所有 n 个基本事件中,使 B 发生的有 m_B 个,使 AB 发生的有 m_{AB} 个,于是

$$P(A \mid B) = \frac{m_{AB}}{m_B} = \frac{m_{AB}/n}{m_B/n} = \frac{P(AB)}{P(B)} \quad (P(B) > 0)$$

类似地,

$$P(B \mid A) = \frac{P(BA)}{P(A)} \quad (P(A) > 0)$$

由条件概率公式,立即可得乘法定理.

（2）乘法定理

设 $P(B) > 0$,则

$$P(AB) = P(B)P(A \mid B) \tag{5.6}$$

或设 $P(A) > 0$,则

$$P(AB) = P(A)P(B \mid A)$$

即两事件的积事件的概率,等于其中一个事件的概率(>0)与另一事件在前一事件发生下的条件概率之积.

类似地,

$$P(A_1A_2A_3) = P(A_1)P(A_2 \mid A_1)P(A_3 \mid A_1A_2)$$

例9 设在96件产品中有3件次品,今无放回地依次抽取两件,问两件都是合格品的概率是多少?

解 设 A_i 表示"第 i 次取得合格品",则两件都是合格品就是 A_1,A_2 同时发生,要求的是 $P(A_1A_2)$,由乘法公式

$$P(A_1A_2) = P(A_1)P(A_2 \mid A_1)$$

而

$$P(A_1) = \frac{93}{96}, \qquad P(A_2 \mid A_1) = \frac{92}{95}$$

所以

$$P(A_1A_2) = \frac{93}{96} \cdot \frac{92}{95} = 0.9382$$

例10 一盒灯泡90个,其中有一等品80个,二等品10个,每次任取一个,检验后不放回.求第三次才取到一个一等品的概率.

解 设 A_1 表示"第一次取到二等品",A_2 表示"第二次取到二等品",A_3 表示"第三次取到一等品".则"第三次才取到一等品"这个事件可表为 $A_1A_2A_3$,即要求 $P(A_1A_2A_3)$.

因 $P(A_1) = \dfrac{10}{90}$, $P(A_2 \mid A_1) = \dfrac{9}{89}$, $P(A_3 \mid A_1A_2) = \dfrac{80}{88}$

由乘法公式

$$P(A_1A_2A_3) = P(A_1)P(A_2 \mid A_1)P(A_3 \mid A_1A_2)$$
$$= \frac{10}{90} \cdot \frac{9}{89} \cdot \frac{80}{88} = 0.0102$$

(3) 事件的独立性

一般说来,$P(A \mid B) \neq P(A)$,这个事实表明,B 的发生,对 A 发生的概率是有影响的.否则,如果 B 的发生对 A 发生的概率没有影响,即 $P(A \mid B) = P(A)$,这时就有

$$P(AB) = P(B)P(A \mid B) = P(A)P(B)$$

从而就自然地认为 A 与 B 是相互独立的.因此,引入以下定义:

定义5.5 若事件 A 与 B 满足条件:

$$P(AB) = P(A)P(B) \tag{5.7}$$

则称事件 A 与 B 相互独立.

两个事件相互独立的概念,可推广到多个事件相互独立的情形,若 A,B,C 满足

$$P(AB) = P(A)P(B)$$
$$P(BC) = P(B)P(C)$$
$$P(AC) = P(A)P(C)$$

则称事件 A,B,C 两两独立.

若 A,B,C 两两独立,且又满足

$$P(ABC) = P(A)P(B)P(C)$$

则称事件 A, B, C 相互独立.

顺便指出:用定义去判别事件的独立性,在实际应用中往往是很困难的,通常是根据经验的直觉推断去加以判定.

由独立性定义可得如下定理:

定理5.1　若事件 A, B 相互独立,则

$$\bar{A} \text{ 与 } B; A \text{ 与 } \bar{B}, \bar{A} \text{ 与 } \bar{B}$$

这三对事件都相互独立.

证　因为 A, B 相互独立,所以

$$P(AB) = P(A)P(B)$$

于是

$$
\begin{aligned}
P(\bar{A}B) &= P[(\Omega - A)B] = P(B - AB) \\
&= P(B) - P(AB) = P(B) - P(A)P(B) \\
&= P(B)[1 - P(A)] = P(B)P(\bar{A}) \\
&= P(\bar{A})P(B)
\end{aligned}
$$

即　　$P(\bar{A}B) = P(\bar{A})P(B)$

由定义 5.5,故 $\bar{A}$ 与 B 相互独立.

同理可证: A 与 $\bar{B}$; $\bar{A}$ 与 $\bar{B}$ 两对事件也相互独立.

这里还应指出:上述四对事件中,假设其中任何一对事件相互独立,则其余三对事件也相互独立. 例如:

例 11　证明事件 $\bar{A}$ 与 $\bar{B}$ 相互独立,则事件 A 与 B 也相互独立.

证　由对立事件概率之和为 1, $\overline{AB} = \bar{A} \cup \bar{B}$ 以及已知 $\bar{A}$ 与 $\bar{B}$ 相互独立,可得

$$
\begin{aligned}
P(AB) &= 1 - P(\overline{AB}) = 1 - P(\bar{A} \cup \bar{B}) \\
&= 1 - [P(\bar{A}) + P(\bar{B}) - P(\bar{A}\bar{B})] \\
&= 1 - P(\bar{A}) - P(\bar{B}) + P(\bar{A})P(\bar{B}) \\
&= [1 - P(\bar{A})] - P(\bar{B})[1 - P(\bar{A})] \\
&= [1 - P(\bar{A})][1 - P(\bar{B})] \\
&= P(A)P(B)
\end{aligned}
$$

即　　$P(AB) = P(A)P(B)$

由定义 5.5,故 A 与 B 相互独立.

例 12　设事件 $\bar{A}$ 与 B 相互独立,且 $P(\bar{B}) = \dfrac{2}{3}$, $P(A) = \dfrac{1}{4}$. 求 ① $P(\overline{\bar{A} \cup \bar{B}})$; ② $P(\overline{AB})$; ③ $P(A - A\bar{B})$; ④ $P(\bar{A} \mid \bar{B})$. 又若 $A \subset B$,求 ⑤ $P(AB)$,求 ⑥ $P(A \cup B)$.

解　由 $\bar{A}$ 与 B 相互独立,可知 $\bar{A}$ 与 $\bar{B}$, A 与 $\bar{B}$, A 与 B 这三对事件均相互独立. 又由已知 $P(\bar{B}) = \dfrac{2}{3}$,有 $P(B) = \dfrac{1}{3}$; $P(A) = \dfrac{1}{4}$,有 $P(\bar{A}) = \dfrac{3}{4}$.

$$
\begin{aligned}
① P(\overline{\bar{A} \cup \bar{B}}) &= 1 - P(\bar{A} \cup \bar{B}) \\
&= 1 - [P(\bar{A}) + P(\bar{B}) - P(\bar{A}\bar{B})] \\
&= 1 - P(\bar{A}) - P(\bar{B}) + P(\bar{A}\bar{B}) \\
&= 1 - P(\bar{A}) - P(\bar{B}) + P(\bar{A})P(\bar{B})
\end{aligned}
$$

$$= 1 - \frac{3}{4} - \frac{2}{3} + \frac{3}{4} \cdot \frac{2}{3} = \frac{12 - 9 - 8 + 6}{12} = \frac{1}{12}$$

或 $P(\overline{A} \cup \overline{B}) = 1 - P(\overline{\overline{A} \cup \overline{B}}) = P(AB) = P(A)P(B)$

$$= \frac{1}{4} \cdot \frac{1}{3} = \frac{1}{12}$$

②$P(\overline{AB}) = 1 - P(AB) = 1 - P(A)P(B)$

$$= 1 - \frac{1}{4} \cdot \frac{1}{3} = 1 - \frac{1}{12} = \frac{11}{12}$$

或 $P(\overline{AB}) = P(\overline{A} \cup \overline{B}) = P(\overline{A}) + P(\overline{B}) - P(\overline{A}\,\overline{B})$

$$= P(\overline{A}) + P(\overline{B}) - P(\overline{A})P(\overline{B})$$

$$= \frac{3}{4} + \frac{2}{3} - \frac{3}{4} \cdot \frac{2}{3} = \frac{11}{12}$$

③$P(A - A\overline{B}) = P(A) - P(A\overline{B}) = P(A) - P(A)P(\overline{B})$

$$= P(A)[1 - P(\overline{B})]$$

$$= \frac{1}{4}\left(1 - \frac{2}{3}\right) = \frac{1}{12}$$

④$P(\overline{A} \mid \overline{B}) = \dfrac{P(\overline{A}\,\overline{B})}{P(\overline{B})} = \dfrac{P(\overline{A})P(\overline{B})}{P(\overline{B})} = P(\overline{A})$

$$= 1 - P(A) = 1 - \frac{1}{4} = \frac{3}{4}$$

⑤ 因为 $A \subset B$,所以 $AB = A$. 于是

$$P(AB) = P(A) = \frac{1}{4}$$

⑥ 因为 $A \subset B$,所以 $A \cup B = B$. 于是

$$P(A \cup B) = P(B) = 1 - P(\overline{B}) = 1 - \frac{2}{3} = \frac{1}{3}$$

例 13 甲、乙两人彼此独立地射击同一目标各一次,各自击中目标的概率分别为 0.9,0.8,求目标被击中的概率.

解 设 A 表示"甲击中目标"事件;B 表示"乙击中目标"事件;C 表示"目标被击中"事件. 于是

$$P(A) = 0.9, \quad P(B) = 0.8$$

方法一:A 与 B 独立,但不一定互斥,$A \cup B$ 表示"甲、乙两人至少一人击中目标"事件,有

$$C = A \cup B$$

于是目标被击中的概率为

$$P(C) = P(A \cup B) = P(A) + P(B) - P(AB)$$

$$= P(A) + P(B) - P(A)P(B)$$

$$= 0.9 + 0.8 - 0.9 \times 0.8 = 0.98$$

注意 此时若没有考虑到 A 与 B 不互斥,就会得出

$$P(A \cup B) = P(A) + P(B) = 0.9 + 0.8 = 1.7 > 1$$

这样一个错误的结论.

方法二: $\overline{A}\,\overline{B}$ 表示"甲、乙两人均未击中目标"事件,即"目标未被击中"事件,有 $\overline{C} = \overline{A}\,\overline{B}$, $\overline{A}$ 与 $\overline{B}$ 相互独立. 于是

$$P(\overline{C}) = P(\overline{A}\,\overline{B}) = P(\overline{A})P(\overline{B})$$
$$= [1 - P(A)][1 - P(B)]$$
$$= (1 - 0.9) \times (1 - 0.8) = 0.02$$

因此,目标被击中的概率

$$P(C) = 1 - P(\overline{C}) = 1 - 0.02 = 0.98$$

可见,两种方法,其计算结果一致.

例 14　加工某一种零件共需三道工序,设各工序的次品率依次为 0.02,0.03,0.04. 假定各道工序互不影响,问加工出零件的次品率是多少?

解　设 A_i 表示"第 i 道工序出次品"事件 ($i = 1,2,3$). 由于这些事件是相互独立的,而且这三个事件中任意一个或某两个或三个发生时,均会出次品(设为 A),所以 A 可表为下面互斥事件之和

$$A = (A_1\overline{A}_2\overline{A}_3 + \overline{A}_1A_2\overline{A}_3 + \overline{A}_1\overline{A}_2A_3) +$$
$$(\overline{A}_1A_2A_3 + A_1\overline{A}_2A_3 + A_1A_2\overline{A}_3) + A_1A_2A_3$$

故　$P(A) = P(A_1\overline{A}_2\overline{A}_3) + \cdots + P(A_1A_2A_3)$
$$= P(A_1)P(\overline{A}_2)P(\overline{A}_3) + \cdots + P(A_1)P(A_2)P(A_3)$$
$$= 0.02 \times (1 - 0.03) \times (1 - 0.04) + \cdots +$$
$$0.02 \times 0.03 \times 0.04 = 0.087\,4$$

如此计算较为复杂,考虑其对立事件 $\overline{A}$, $\overline{A}$ 表示"正品"事件,有

$$\overline{A} = \overline{A}_1\overline{A}_2\overline{A}_3$$

所以

$$P(\overline{A}) = P(\overline{A}_1\overline{A}_2\overline{A}_3) = P(\overline{A}_1)P(\overline{A}_2)P(\overline{A}_3)$$
$$= [1 - P(A_1)][1 - P(A_2)][1 - P(A_3)]$$
$$= (1 - 0.02) \times (1 - 0.03) \times (1 - 0.04)$$
$$= 0.912\,6$$

故　$P(A) = 1 - P(\overline{A})$
$$= 1 - 0.912\,6 = 0.087\,4$$

后面这种计算方法就简便多了.

*(4) 全概率公式与贝叶斯公式

例 15　一盒铅笔共 10 支,其中 6 支是红的,4 支是蓝的. 每次任取一支,无放回地取 2 次,求第二次取到红铅笔的概率.

解　设 A 表示"第一次取到红铅笔", B 表示"第二次取得红铅笔," 由于 $B = AB \cup \overline{A}B$ 且 AB 与 $\overline{A}B$ 互斥,根据概率的加法定理和乘法定理

$$P(B) = P(AB + \overline{A}B) = P(AB) + P(\overline{A}B)$$
$$= P(A)P(B|A) + P(\overline{A})P(B|\overline{A})$$
$$= \frac{6}{10} \cdot \frac{5}{9} + \frac{4}{10} \cdot \frac{6}{9} = 0.6$$

从形式上看,好像把 B 分解为 AB 与 $\overline{A}B$ 是将问题复杂化了. 实际上事件 B 是一个较复杂的

事件,不使用加法定理和乘法定理是无法计算其概率的. 而 AB 和 $\overline{A}B$ 则是较为简单的事件,只要利用乘法定理就可直接计算其概率,然后利用加法定理即可得到 B 的概率 $P(B)$. 这种解题的思想方法对概率计算十分有用,将其一般化,就是全概率公式.

1) **全概率公式** 设事件 $A_1,A_2,\cdots,A_n$ 满足:
$$A_iA_j = O \quad (i \neq j;i,j = 1,2,\cdots,n)$$
且
$$A_1 + A_2 + \cdots + A_n = \Omega$$
则对任何事件 B 有

$$P(B) = \sum_{i=1}^{n} P(A_i)P(B \mid A_i) \tag{5.8}$$

证 由 $B = B\Omega = B(A_1 + A_2 + \cdots + A_n)$
$$= BA_1 + BA_2 + \cdots + BA_n$$
而且 $A_iA_j = O$,故$(BA_i)(BA_j) = O(i \neq j;i,j = 1,2,\cdots,n)$.
由概率的加法定理和乘法定理,有
$$P(B) = P(BA_1 + BA_2 + \cdots + BA_n)$$
$$= P(\sum_{i=1}^{n} A_iB) = \sum_{i=1}^{n} P(A_iB)$$
$$= \sum_{i=1}^{n} P(A_i)P(B \mid A_i)$$

全概率公式表明:若事件 B 的发生是由 n 个互斥原因 $A_1,A_2,\cdots,A_n$ 所引起的,则 B 发生的概率与 $P(BA_1),P(BA_2),\cdots,P(BA_n)$ 有关,且等于它们的和.

与全概率公式所解决问题相反,若已知各原因 A_i 的概率及其条件概率 $P(B \mid A_i)$ $(i = 1,2,\cdots,n)$,且在试验中 B 已发生的条件下,要去求某个原因 A_i 所引起 B 发生的概率 $P(A_j \mid B)$ 是多少. 这类问题可用下面的贝叶斯(Bayes)公式来解决.

2) **贝叶斯(Bayes)公式** 设 n 个事件 $A_1,A_2,\cdots,A_n$ 满足:
$$A_iA_j = O(i \neq j;i,j = 1,2,\cdots,n)$$
且
$$A_1 + A_2 + \cdots + A_n = \Omega$$
则对任一概率不为零的事件 B 有:

$$P(A_j \mid B) = \frac{P(A_j)P(B \mid A_j)}{\sum_{i=1}^{n} P(A_i)P(B \mid A_i)}(j = 1, 2, \cdots, n) \tag{5.9}$$

证 由乘法定理及全概率公式,有
$$P(A_j \mid B) = \frac{P(BA_j)}{P(B)}$$
$$= \frac{P(A_j)P(B \mid A_j)}{\sum_{i=1}^{n} P(A_i)P(B \mid A_i)}(j = 1, 2, \cdots, n)$$

例16 某厂生产的一批零件,甲、乙、丙三个车间各占有总产量的 50%,30%,20%,各车间的次品率分别为 1%,2%,2.5%.

1)求这批产品的正品率;

2)从这批产品中任取一个检验后知它是正品,试求它是乙车间生产的概率.

解　1) 设 B 表示"产品为次品"事件，A_1,A_2,A_3 分别表示"产品为甲、乙、丙车间所生产"的事件，则 A_1,A_2,A_3 满足全概率公式条件，且

$$P(A_1) = 0.50, \quad P(A_2) = 0.30, \quad P(A_3) = 0.20,$$

$$P(B\mid A_1) = 0.01, P(B\mid A_2) = 0.02, P(B\mid A_3) = 0.025$$

所以

$$
\begin{aligned}
P(B) &= \sum_{i=1}^{3} P(A_i)P(B\mid A_i) \\
&= 0.5 \times 0.01 + 0.3 \times 0.02 + 0.2 \times 0.025 = 0.016
\end{aligned}
$$

于是所要求的这批产品的正品率应为

$$P(\overline{B}) = 1 - P(B) = 1 - 0.016 = 0.984$$

2) 由贝叶斯公式及乘法公式，知

$$P(A_2\mid B) = \frac{P(A_2)P(B\mid A_2)}{P(B)} = \frac{0.3 \times 0.02}{0.016} = 0.375$$

5.1.4　二项概率公式

（1）贝努里（Bernouli）概型

在相同的条件下，将同一试验重复做 n 次，如果每次试验的结果都与其他各次试验的结果无关，则称这种试验为重复独立试验. 又如果每次试验只有两种可能结果 A 与 $\overline{A}$，且事件 A 发生的概率 $P(A)$ 在每次试验中保持不变，这种 n 次重复独立试验的随机现象称为 n 重贝努里概型. 这是一种非常重要而又常见的概型，它有广泛的应用，许多实际问题都可归纳为这种概型. 一个有放回的抽样模型，就是一个标准的贝努里概型.

贝努里概型与古典概型的重要区别在于它的基本事件的出现不一定是等可能的. 它常用来讨论 n 次重复试验中事件 A 发生的次数及其概率，对此，有如下公式：

（2）二项概率公式

若一次试验中事件 A 发生的概率为 p，则在 n 重贝努里试验中，事件 A 恰好发生 k 次的概率为

$$P_n(k) = C_n^k p^k q^{n-k} (k = 0,1,2,\cdots,n) \tag{5.10}$$

其中　$q = 1 - p.$

证　由于一次试验中 A 发生的概率为 p，故在 n 重贝努里试验中的每一次试验 A 发生的概率都是 p.

考虑在 n 次试验中，A 在某 k 次发生而在其余 $(n-k)$ 次不发生的概率. 例如前 k 次发生，则由独立事件的乘法公式，可得概率为

$$\underbrace{p \cdot p \cdots p}_{k\text{个}p} \cdot \underbrace{q \cdot q \cdots q}_{n-k\text{个}q} = p^k q^{n-k}$$

由于上面只考虑到 A 在前 k 次发生 —— A 在 n 个位置上的前 k 个位置上出现 —— 这一种情况，事实上，"在 n 次试验中恰好发生 k 次"包含"A 在 n 个位置上的任意 k 个位置都可能出现". 因此"在 n 次试验中恰好发生 k 次"共有 C_n^k 种互斥情况，而且每一种情况的概率都是 $p^k q^{n-k}$，于是由概率的加法公式，得

$$P_n(k) = C_n^k p^k q^{n-k} (k = 0,1,2,\cdots,n)$$

例 17 某批产品中有 20% 的次等品,进行重复抽样检查,共取 5 个样品,求其中次品数等于 0,3,5 的概率.

解 抽取 5 个样品,相当于进行 5 次独立试验. 故 $n = 5$,设 A 表"抽得次品"事件,则 $P(A) = p = 0.2, P(\overline{A}) = q = 0.8$,由二项概率公式可得:

$$P_5(0) = C_5^0(0.2)^0(0.8)^5 \approx 0.327\ 7$$
$$P_5(3) = C_5^3(0.2)^3(0.8)^2 \approx 0.051\ 2$$
$$P_5(5) = C_5^5(0.2)^5(0.8)^0 \approx 0.000\ 3$$

例 18 电灯泡使用寿命在 2 000 小时以上的概率为 0.2,求三个灯泡在使用 2 000 小时以后,只有一个不坏的概率.

解 设 A 表示"一个灯泡使用 2 000 小时以上"的事件,则 $p = P(A) = 0.2, P(\overline{A}) = q = 0.8$. 考虑使用三个灯泡,这相当于进行三次独立试验,只有一个不坏,意味着 A 只发生一次,有 $k = 1$. 由二项概率公式,有

$$P_3(1) = C_3^1(0.2)^1(0.8)^2 = 0.384$$

5.2　随机变量及其分布

为了把随机事件概率的研究继续引向深入,这里引进随机变量这一概念. 随机变量能将随机事件数量化,把对事件的研究转化为对数量的研究,并运用微积分学的分析方法从定量方面来研究随机现象的统计规律性,从而随机事件及其概率能用随机变量及其分布函数表示出来.

5.2.1　随机变量及其分布函数

(1) 随机变量

引例 1 设 100 件产品中有 5 件次品、95 件正品. 从中随机抽取 20 件,观测其次品数. 令 X 为次品件数,则 X 的可取值为 0,1,2,3,4,5,且 $\{X = i\}$ 表示事件"次品数为 i",其中 $i = 0,1,2,3,4,5$. 可见 X 是一个随着试验结果而变的变量.

引例 2 抛掷一枚硬币,记录其结果,由于此试验的可能结果有两种:出现正面 ω_1 或出现反面 ω_2,用 X 表示试验结果. 当出现正面时,规定 $X = 1$;当出现反面时,规定 $X = 0$,即

$$X(\omega) = \begin{cases} 1, \omega = \omega_1 \\ 0, \omega = \omega_2 \end{cases}$$

显然,X 是随着试验的不同结果而取不同的值的变量.

引例 3 从一批灯泡中任取一个进行测试,检查其寿命(耐用时间),令寿命为 X,则 X 的可取值为 $\{X \geqslant x\}(x > 0)$,且 $\{X = 1\ 000\}$ 表示"灯泡寿命为 1 000 小时"事件,$\{X \geqslant 1\ 100\}$ 表示"灯泡寿命不少于 1 100 小时"事件,等等. 可以看出:X 仍是随着试验结果不同而取不同值的变量.

以上三例中 X 有共同的特点:在随机试验之前,只能知道它们的范围而无法确定它们的值,它们是随着试验结果而变化的变量,称之为随机变量. 下面给出随机变量的定义.

定义 5.6 对于随机试验的每个可能结果 ω,都有唯一的一个实数值 $X(\omega)$ 与它对应,则称 $X(\omega)$ 为一个随机变量,简记为 X.

引入了随机变量之后,任何一个随机试验结果(即事件)都可以用一个随机变量来表示,

且随机变量的每一个具体的取值 x,即 $\{X = x\}$ 表示一个随机事件. 随机变量 X 小于某一个数 x 或取值于区间 $[x_1, x_2)$ 或不小于某一个数 x,即 $\{X < x\}$ 或 $\{x_1 \leq X < x_2\}$ 或 $\{X \geq x\}$ 都表示某一个随机事件.

（2）随机变量的分布函数

随机变量的取值虽有随机性的一面,但它所有可能的取值可以预先知道,且取这些可能值又具有其规律性的一面,比如引例 2 中,$P\{X = 1\} = \dfrac{1}{2}$,$P\{X = 0\} = \dfrac{1}{2}$. 通常用分布函数来描述随机变量 X 的取值规律性. 由于任何一个随机事件的概率计算,都可以归结为对事件 $\{X < x\}$ 的概率 $P\{X < x\}$ 的计算. 因此,从某种意义上讲概率 $P\{X < x\}$ 全面地描述了随机现象的统计规律,为此,引入分布函数的概念. 一般而言,$P\{X < x\}$ 的取值是随 x 的变化而有所不同的.

定义 5.7　设 X 是一个随机变量,x 是任意一实数,令

$$F(x) = P\{X < x\} \tag{5.11}$$

则称函数 $F(x)$ 为随机变量 X 的分布函数.

从几何上讲,分布函数 $F(x)$ 的值,就是随机变量 X 落在以 x 点为右端点的半直线上基本事件所构成的事件的概率,或者说成是 X 的取值落在区间 $(-\infty, x)$ 内的概率.

对于任意实数 x_1, x_2 $(x_1 < x_2)$ 有

$$\begin{aligned} P\{x_1 \leq X < x_2\} &= P\{X < x_1\} - P\{X < x_2\} \\ &= F(x_2) - F(x_1) \end{aligned}$$

所以

$$P\{x_1 \leq X < x_2\} = F(x_2) - F(x_1) \tag{5.12}$$

因此,如果已知 X 的分布函数,就可以求出 X 取值落在任一区间 $[x_1, x_2)$ 内的概率.

（3）分布函数的性质

分布函数 $F(x)$ 具有以下性质:

性质 1（有界性）　$0 \leq F(x) \leq 1$.

$$F(-\infty) = \lim_{x \to -\infty} F(x) = 0.$$

$$F(+\infty) = \lim_{x \to +\infty} F(x) = 1.$$

性质 2（单调不减性）　若 $x_1 < x_2$,则 $F(x_1) \leq F(x_2)$.

性质 3（左连续性）　$F(x - 0) = F(x)$.

5.2.2　离散型随机变量及其分布

（1）概率函数和分布函数

定义 5.8　设随机变量 X 的可取值为:$x_1, x_2, \cdots, x_i, \cdots$,其相应的概率分别为 $p_1, p_2, \cdots, p_i, \cdots$,则等式

$$P\{X = x_i\} = p_i (i = 1, 2, \cdots)$$

称为随机变量 X 的概率函数,表格

X	x_1	x_2	$\cdots$	x_i	$\cdots$
$P\{X = x_i\}$	p_1	p_2	$\cdots$	p_i	$\cdots$

称为 X 的概率函数或分布列,并称 X 为离散型随机变量.

离散型随机变量的概率函数具有以下两个基本性质:

1) $p_i \geqslant 0 \quad (i = 1, 2, \cdots, n, \cdots)$;

2) $\sum_i p_i = 1$.

由分布函数定义可知,离散型随机变量的分布函数具有如下形式:

$$F(x) = P\{X < x\} = \sum_{x_i < x} P\{X = x_i\} = \sum_{x_i < x} p_i \qquad (5.13)$$

例 19   求本节引例 2 中随机变量 X 的分布列和分布函数 $F(X)$.

解   因 $P\{X = 0\} = \dfrac{1}{2}, P\{X = 1\} = \dfrac{1}{2}$,所以 X 的分布列(或概率函数) 为

X	0	1
$P\{X = x_i\}$	$\dfrac{1}{2}$	$\dfrac{1}{2}$

当 $x \leqslant 0, F(x) = P\{X < x\} = P(O) = 0$

当 $0 < x \leqslant 1, F(x) = P\{X < x\} = P\{X = 0\} = \dfrac{1}{2}$

当 $1 < x < +\infty, F(x) = P\{X < x\} = P(\{X = 0\} + \{X = 1\})$

$$= P\{X = 0\} + P\{X = 1\}$$

$$= \dfrac{1}{2} + \dfrac{1}{2} = 1$$

所以 X 的分布函数为(见图 5.4)

$$F(x) = \begin{cases} 0, & x \leqslant 0 \\ \dfrac{1}{2}, & 0 < x \leqslant 1 \\ 1, & x > 1 \end{cases}$$

例 20   某水果店,根据零售葡萄的经验,预计做一笔生意,希望从这批货中得到的毛利如表 5.3 所示.

表 5.3

卖出日	本日卖出的概率/%	一吨的毛利/千元
第一天	40	2
第二天	30	1
第三天	20	1
第四天	10	-2

求每吨葡萄所得毛利的分布列和分布函数.

解   设每吨葡萄所得毛利为 X,则 X 的可能取值:-2, 1, 2,又

$$P\{X = -2\} = 0.1$$
$$P\{X = 1\} = 0.2 + 0.3 = 0.5$$
$$P\{X = 2\} = 0.4$$

故 X 的分布列为

X	-2	1	2
$P\{X = x_i\}$	0.1	0.5	0.4

且 X 的分布函数为(见图 5.5)

$$F(x) = \begin{cases} 0, & x \leqslant -2 \\ 0.1, & -2 < x \leqslant 1 \\ 0.1 + 0.5 = 0.6, & 1 < x \leqslant 2 \\ 0.1 + 0.5 + 0.4 = 1, & x > 2 \end{cases}$$

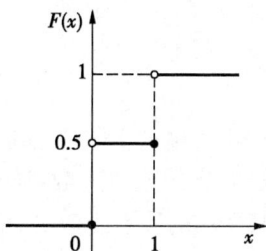
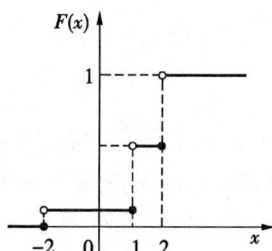

图 5.4　　　　　　　　　　图 5.5

（2）常用的典型分布

1）两点(0-1)分布

若随机变量 X 只能取 0 和 1 两个值,它们的概率分布是 $P\{X = 1\} = p, P\{X = 0\} = q$ $(p + q = 1)$,则称 X 服从两点(0-1)分布,或称 X 具有 0-1 分布.

只要事件总数只有两个基本事件的,都能用两点分布来描述它. 两点分布的分布列为

X	1	0
$P\{X = x_i\}$	p	q

分布函数为

$$F(x) = \begin{cases} 0, & x \leqslant 0 \\ q, & 0 < x \leqslant 1 \\ 1, & x > 1 \end{cases}$$

0-1 分布是经常遇到的一种分布. 例如检验产品是否合格;机器是否工作正常;新生婴儿性别登记;射击是否命中目标;抛掷硬币是否出现正面等都可以用服从 0-1 分布的随机变量 X 来描述.

2）二项分布

若随机变量 X 的概率函数为

$$P\{X = k\} = C_n^k p^k q^{n-k} \quad (k = 0,1,2,\cdots,n) \tag{5.14}$$

且 $0 \le p \le 1, 1 - p = q$，则称 X 服从以 n,p 为参数的二项分布，记为 $X \sim B(n,p)$.

二项分布的实际背景是贝努里概型，n 重贝努里概型中的每一个试验结果 A(或 $\bar{A}$)的发生次数，统统服从二项分布. 二项分布也是经常遇到的一种分布. 例如，在次品率为 p 的一大批产品中任取 n 件产品，那么取得的次品数 X 服从 $B(n,p)$，又如在 n 次独立射击中，击中目标的次数 X 服从二项分布.

顺便指出：当 $n = 1$ 时，二项分布就是两点(0-1)分布.

3）泊松(Poisson)分布

若随机变量 X 可取一切非负整数，且概率函数为

$$P\{X = k\} = \frac{\lambda^k}{k!} e^{-\lambda} \quad (k = 0,1,2,\cdots,\lambda > 0) \tag{5.15}$$

则称 X 服从参数为 λ 的泊松分布，记作 $X \sim P(\lambda)$.

当 n 较大时($n > 10$)，p 较小($p < 0.1$)时，设 $\lambda = np$，泊松分布可用来近似地代替二项分布，其近似公式为

$$C_n^k p^k q^{n-k} \approx \frac{\lambda^k}{k!} e^{-\lambda} \quad (k = 0,1,2,\cdots,n) \tag{5.16}$$

在实际中，一切大次数小概率的事件(即稀有事件)A 发生的次数 X 都近似地服从泊松分布. 例如，电话呼叫占线(繁忙)次数；车站的候车人数；商店的顾客人数；纺织机的断头次数；铸件的疵点个数；某一时间间隔里放射性物质放射到某区域的质点个数等，都可用泊松分布来描述. 泊松分布备有附录 Ⅱ 表 1 可查.

例 21 设在某种工艺设计下，每 $25 \ cm^2$ 的棉网上有一粒棉结，今从某梳棉机上随机地取得 $250 \ cm^2$ 棉网，求

1）其中没有棉结的概率；

2）棉结数不超过 10 粒的概率.

解 由已知每 $25 \ cm^2$ 的棉网上有一粒棉结，可以认为每 cm^2 的棉网上有一粒棉结的概率为 $\frac{1}{25}$. 设棉布上的棉结数为 X，则 X 近似地服从泊松分布. 又

$$n = 250, \quad p = \frac{1}{25}; \quad \lambda = np = 250 \times \frac{1}{25} = 10$$

故　　1）$P\{X = 0\} \approx \frac{10^0}{0!} e^{-10} = 0.000\ 045$

2）$P\{X \le 10\} \approx \sum_{k=0}^{10} \frac{10^k}{k!} e^{-10} = 0.583$

5.2.3　连续型随机变量及其分布

（1）密度函数和分布函数

引例　设 X 的分布函数为

$$F(x) = \begin{cases} 0, & x \le 0 \\ x, & 0 < x \le 1 \\ 1, & x > 1 \end{cases}$$

这时恰有一个非负函数

$$f(x) = \begin{cases} 1, & x \in [0,1] \\ 0, & x \notin [0,1] \end{cases}$$

它在无穷区间$(-\infty, x]$上的广义积分使得

$$F(x) = \int_{-\infty}^{x} f(x)\,\mathrm{d}x$$

成立.

事实上,

① 当 $x \leqslant 0$ 时, $F(x) = 0$,而

$$\int_{-\infty}^{x} f(x)\,\mathrm{d}x = \int_{-\infty}^{x} 0\,\mathrm{d}x = 0 = F(x)$$

② 当 $0 < x \leqslant 1$ 时, $F(x) = x$,而

$$\int_{-\infty}^{x} f(x)\,\mathrm{d}x = \int_{-\infty}^{0} f(x)\,\mathrm{d}x + \int_{0}^{x} f(x)\,\mathrm{d}x$$

$$= \int_{-\infty}^{0} 0 \cdot \mathrm{d}x + \int_{0}^{x} 1 \cdot \mathrm{d}x = x = F(x)$$

③ 当 $x > 1$ 时, $F(x) = 1$,而

$$\int_{-\infty}^{x} f(x)\,\mathrm{d}x = \int_{-\infty}^{0} f(x)\,\mathrm{d}x + \int_{0}^{1} f(x)\,\mathrm{d}x + \int_{1}^{x} f(x)\,\mathrm{d}x$$

$$= \int_{-\infty}^{0} 0\,\mathrm{d}x + \int_{0}^{1} 1\,\mathrm{d}x + \int_{1}^{x} 0\,\mathrm{d}x = 1 = F(x)$$

故　$F(x) = \int_{-\infty}^{x} f(x)\,\mathrm{d}x \quad (-\infty < x < +\infty)$.

这时就称

$$f(x) = \begin{cases} 1, & x \in [0,1] \\ 0, & x \notin [0,1] \end{cases}$$

为 X 的密度函数,从而有以下定义和性质.

1) **定义 5.9**　如果存在非负函数 $f(x)$,使对任意实数 x,随机变量 X 的分布函数

$$F(x) = P\{X < x\} = \int_{-\infty}^{x} f(x)\,\mathrm{d}x \tag{5.17}$$

则称 X 为连续型随机变量,$f(x)$ 为 X 的概率密度函数,简称概率函数或密度函数,常称为密度函数. $y = f(x)$ 的几何图形称为 X 的分布曲线.

2) 密度函数的性质

由定义可知,密度函数 $f(x)$ 具有如下性质:

性质 1　$f(x) \geqslant 0$.

即 X 的分布曲线在 Ox 轴上方.

性质 2　$\int_{-\infty}^{+\infty} f(x)\,\mathrm{d}x = 1$.

即介于分布曲线与 Ox 轴之间面积总和为 1.

事实上,

$$\int_{-\infty}^{+\infty} f(x)\,\mathrm{d}x = \lim_{x \to +\infty} \int_{-\infty}^{x} f(x)\,\mathrm{d}x$$

$$= \lim_{x \to +\infty} F(x) = F(+\infty) = 1$$

性质3 $P\{a \leq x < b\} = \int_a^b f(x)\,\mathrm{d}x.$

即 X 落在区间 $[a,b)$ 内的概率等于随机变量 X 的密度函数 $f(x)$ 在区间 $[a,b)$ 上的定积分值,或等于区间 $[a,b)$ 上分布曲线下的曲边梯形的面积.

事实上,

$$\begin{aligned} P\{a \leq x < b\} &= F(b) - F(a) \\ &= \int_{-\infty}^b f(x)\,\mathrm{d}x - \int_{-\infty}^a f(x)\,\mathrm{d}x \\ &= \int_a^b f(x)\,\mathrm{d}x \end{aligned}$$

性质4 在 $f(x)$ 的连续点处,有

$$F'(x) = f(x)$$

这里分析一下 $f(x)$ 的意义:

$$\begin{aligned} F'(x) &= \lim_{\Delta x \to 0} \frac{F(x + \Delta x) - F(x)}{\Delta x} \\ &= \lim_{\Delta x \to 0} \frac{P\{x \leq X < x + \Delta x\}}{\Delta x} = f(x) \end{aligned}$$

这表明 $f(x)$ 不是 X 落在 x 处的概率,而是 X 在 x 处的概率分布密度.

提醒注意:对连续型随机变量 X,总有 $P\{X = c\} = 0$,即连续型随机变量 X 取个别值的概率为零,这一点与离散型随机变量有所不同.因此对连续型随机变量 X,有

$$\begin{aligned} P\{a < X < b\} &= P\{a \leq X < b\} \\ &= P\{u < X \leq b\} \\ &= P\{a \leq X \leq b\} \end{aligned}$$

例22 设连续型随机变量 X 的密度函数为

$$f(x) = \begin{cases} Ax, & 0 \leq x \leq 1 \\ 0, & \text{其他} \end{cases}$$

求:① 系数 A;

②X 落在 $(0.3, 0.7)$ 内的概率;

③X 的分布函数 $F(x)$;

④$P\{X \geq 2\}$;

⑤$P\{|X - 1| < 1\}$.

解 ① 由密度函数性质 $\int_{-\infty}^{+\infty} f(x)\,\mathrm{d}x = 1$,有

$$\int_0^1 Ax\,\mathrm{d}x = 1$$

$$\frac{A}{2}x^2 \Big|_0^1 = \frac{A}{2} = 1$$

所以 $A = 2.$

②$P\{0.3 < X < 0.7\} = \int_{0.3}^{0.7} 2x\,\mathrm{d}x = x^2 \Big|_{0.3}^{0.7}$

$$= 0.49 - 0.09 = 0.4$$

③$x \leqslant 0$ 时，

$$F(x) = P\{X < x\} = \int_{-\infty}^{x} f(x)\,dx$$
$$= \int_{-\infty}^{x} 0\,dx = 0$$

$0 < x \leqslant 1$ 时，

$$F(x) = P\{X < x\} = \int_{-\infty}^{x} f(x)\,dx$$
$$= \int_{-\infty}^{0} f(x)\,dx + \int_{0}^{x} f(x)\,dx$$
$$= \int_{-\infty}^{0} 0\,dx + \int_{0}^{x} 2x\,dx = x^2$$

$x > 1$ 时，

$$F(x) = P\{X < x\} = \int_{-\infty}^{x} f(x)\,dx$$
$$= \int_{-\infty}^{0} f(x)\,dx + \int_{0}^{1} f(x)\,dx + \int_{1}^{x} f(x)\,dx$$
$$= \int_{-\infty}^{0} 0\,dx + \int_{0}^{1} 2x\,dx + \int_{1}^{x} 0\,dx = 1$$

所以

$$F(x) = \begin{cases} 0, & x \leqslant 0 \\ x^2, & 0 < x \leqslant 1 \\ 1, & x > 1 \end{cases}$$

④$P\{X \geqslant 2\} = 1 - P\{X < 2\}$
$$= 1 - F(2) = 1 - 1 = 0$$

或

$$P\{X \geqslant 2\} = 1 - P\{X < 2\} = 1 - \int_{-\infty}^{2} f(x)\,dx$$
$$= 1 - \int_{0}^{1} 2x\,dx = 1 - x^2 \Big|_{0}^{1}$$
$$= 1 - 1 = 0$$

⑤$P\{|X - 1| < 1\} = P\{-1 < X - 1 < 1\}$
$$= P\{0 < X < 2\}$$
$$= F(2) - F(0)$$
$$= 1 - 0 = 1$$

或　　$P\{|X - 1| < 1\} = P\{0 < X < 2\}$
$$= \int_{0}^{2} f(x)\,dx = \int_{0}^{1} 2x\,dx + \int_{1}^{2} 0\,dx$$
$$= x^2 \Big|_{0}^{1} + 0 = 1$$

（2）常用的典型分布

1）均匀分布

若随机变量 X 的密度函数为

$$f(x) = \begin{cases} \dfrac{1}{b-a}, & a \leqslant x \leqslant b \\ 0, & \text{其他} \end{cases} \tag{5.18}$$

则称 X 在 $[a,b]$ 上服从参数为 a,b 的均匀分布,记为 $X \sim U[a,b]$. 均匀分布的分布函数为

$$F(x) = \begin{cases} 0, & x \leqslant a \\ \dfrac{x-a}{b-a}, & a < x \leqslant b \\ 1, & x > b \end{cases}$$

均匀分布的密度函数与分布函数的图形如图 5.6 所示.

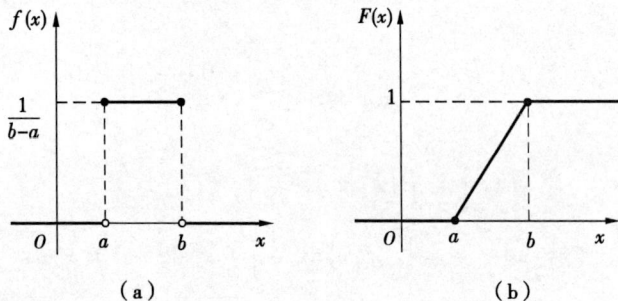

图 5.6

均匀分布在实际中也有广泛应用,例如在数值计算中由于四舍五入,小数点后某一位小数引入的误差;每隔一定时间有一辆公共汽车通过的停车站上乘客的候车时间等变量,都服从均匀分布.

例23 设某公共汽车站上每隔10分钟有1辆车到达,一乘客在任一时刻到达车站是等可能的. 以 X 表示乘客候车的时间,则 X 服从 $U[0,10)$,求乘客在 2 分钟内能上车的概率.

解 因为 $X \sim U[0,10)$,其密度函数为

$$f(x) = \begin{cases} \dfrac{1}{10}, & 0 \leqslant x < 10 \\ 0, & \text{其他} \end{cases}$$

所以 $P\{0 \leqslant X < 2\} = \int_0^2 \dfrac{1}{10}dx = \dfrac{1}{5}$.

2) 指数分布

若随机变量 X 的密度函数为

$$f(x) = \begin{cases} ke^{-kx}, & x \geqslant 0 \\ 0, & x < 0 \end{cases} \tag{5.19}$$

其中 $k > 0$,则称 X 服从参数为 k 的指数分布,它的分布函数为

$$F(x) = \begin{cases} 1 - e^{-kx}, & x \geqslant 0 \\ 0, & x < 0 \end{cases}$$

指数分布的实际背景是各种消耗性产品的"寿命". 正因如此,指数分布常用来描述各种"寿命问题".

3) 正态分布

若随机变量 X 的密度函数为

$$f(x) = \frac{1}{\sqrt{2\pi}\sigma}e^{-\frac{(x-a)^2}{2\sigma^2}} \tag{5.20a}$$

其中 a, σ 为常数,且 $\sigma > 0$,则称 X 服从参数为 a, σ^2 的正态分布,记作 $X \sim N(a, \sigma^2)$. 它的分布函数为

$$F(x) = \int_{-\infty}^{x} \frac{1}{\sqrt{2\pi}\sigma}e^{-\frac{(t-a)^2}{2\sigma^2}}dt \tag{5.21a}$$

$y = f(x)$ 的图形如图 5.7 所示. 由微积分学知道:

① $x = a$ 时,$f(x)$ 达到最大值 $\dfrac{1}{\sqrt{2\pi}\sigma}$;

② 分布曲线 $y = f(x)$ 对称于直线 $x = a$;

③ 分布曲线 $y = f(x)$ 两个拐点的横坐标为 $x = a \pm \sigma$;

④ 分布曲线 $y = f(x)$ 以 x 轴为水平渐近线;

⑤ 若固定 σ,改变 a 之值,则分布曲线 $y = f(x)$ 沿 x 轴平行移动,曲线的几何形状不改变; 若固定 a,而改变 σ 之值,由 $f(x)$ 的最大值可知,当 σ 越大,$y = f(x)$ 的图形越平坦,当 σ 越小,$y = f(x)$ 的图形越陡峭,如图 5.8 所示.

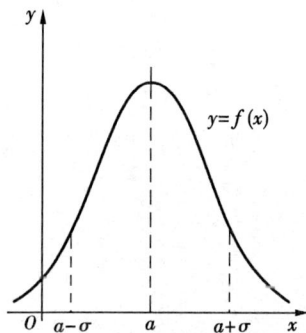

图 5.7

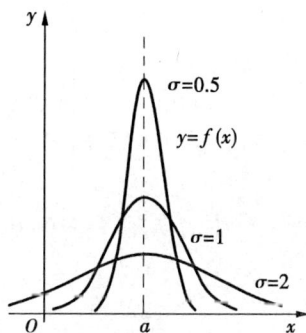

图 5.8

特别地,若 $X \sim N(a, \sigma^2)$,当 $a = 0, \sigma = 1$ 时,称 X 服从标准正态分布,记作 $X \sim N(0,1)$. 标准正态分布的密度函数和分布函数分别用 $\varphi(x)$ 和 $\Phi(x)$ 来表示,即

$$\varphi(x) = \frac{1}{\sqrt{2\pi}}e^{-\frac{x^2}{2}} \quad (-\infty < x < +\infty) \tag{5.20b}$$

$$\Phi(x) = \int_{-\infty}^{x} \frac{1}{\sqrt{2\pi}}e^{-\frac{t^2}{2}}dt \quad (-\infty < x < +\infty) \tag{5.21b}$$

标准正态变量 X 的密度函数 $\varphi(x)$ 和分布函数 $\Phi(x)$ 的图形如图 5.9(a),(b) 所示.

正态分布具有以下性质:

性质 1 若 $X \sim N(0,1)$,则(见图 5.9(a))

$$\Phi(-x) = 1 - \Phi(x)$$

证 $\Phi(-x) = \displaystyle\int_{-\infty}^{-x} \frac{1}{\sqrt{2\pi}}e^{-\frac{t^2}{2}}dt$

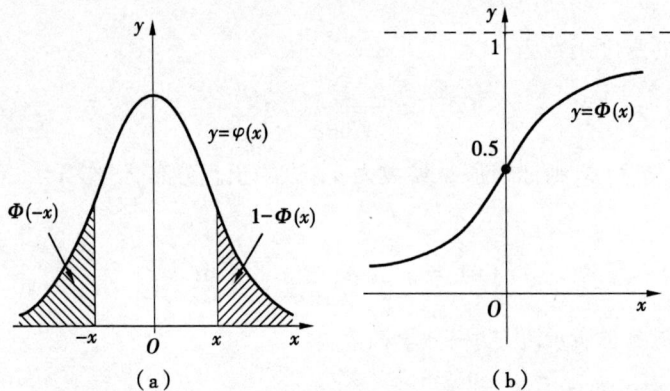

图 5.9

$$\underline{\xrightarrow{\diamondsuit\ t=-y}} \quad -\int_{+\infty}^{x} \frac{1}{\sqrt{2\pi}} e^{-\frac{y^2}{2}} dy$$

$$= \int_{x}^{+\infty} \frac{1}{\sqrt{2\pi}} e^{-\frac{y^2}{2}} dy$$

$$= 1 - \int_{-\infty}^{x} \frac{1}{\sqrt{2\pi}} e^{-\frac{y^2}{2}} dy$$

$$= 1 - \Phi(x)$$

即 $\Phi(-x) = 1 - \Phi(x)$.

由于经常用到 $\Phi(x)$ 的数值,已制成正态分布表(附录 Ⅱ 表2). 读者根据需要,可查找 $\Phi(x)$ 的数值,表中只对 x 的正值列出 $\Phi(x)$ 的值. 当 x 是负值时,可利用公式 $\Phi(x) = 1 - \Phi(-x)$ 得到.

例 24 设某测量产生的误差 $X \sim N(0,1)$,求

①$P\{X < 1\}$;   ②$P\{X < -1\}$;

③$P\{-1 \leqslant X < 2\}$;   ④$P\{|X| < 1\}$.

解 ①$P\{X < 1\} = \Phi(1) = 0.841\ 3$

②$P\{X < -1\} = \Phi(-1) = 1 - \Phi(1)$

$\qquad\qquad\qquad = 1 - 0.841\ 3 = 0.158\ 7$

③$P\{-1 \leqslant X < 2\} = \Phi(2) - \Phi(-1)$

$\qquad\qquad\qquad = \Phi(2) - [1 - \Phi(1)]$

$\qquad\qquad\qquad = \Phi(2) + \Phi(1) - 1$

$\qquad\qquad\qquad = 0.977\ 2 + 0.841\ 3 - 1$

$\qquad\qquad\qquad = 0.818\ 5$

④$P\{|X| < 1\} = P\{-1 < X < 1\}$

$\qquad\qquad\qquad = \Phi(1) - [1 - \Phi(1)]$

$\qquad\qquad\qquad = 2\Phi(1) - 1 = 0.682\ 6$

性质 2 若 $X \sim N(a,\sigma^2)$,$Y \sim N(0,1)$,且其分布函数分别为 $F(x)$ 和 $\Phi(x)$,则

$$F(x) = \Phi\left(\frac{x-a}{\sigma}\right) \tag{5.22}$$

证　正态变量 X 的分布函数

$$F(x) = \int_{-\infty}^{x} \frac{1}{\sqrt{2\pi}\sigma} e^{-\frac{(t-a)^2}{2\sigma^2}} dt$$

$$\xrightarrow[\mathrm{d}t = \sigma\mathrm{d}y]{\frac{t-a}{\sigma} = y} \int_{-\infty}^{\frac{x-a}{\sigma}} \frac{1}{\sqrt{2\pi}} e^{-\frac{y^2}{2}} dy$$

$$= \Phi\left(\frac{x-a}{\sigma}\right)$$

即　　$F(x) = \Phi\left(\dfrac{x-a}{\sigma}\right).$

这个公式十分重要,可以把一般正态分布的分布函数的计算转化为标准正态分布的分布函数来计算.

由分布函数的性质:

$$P\{x_1 \le X < x_2\} = F(x_2) - F(x_1)$$

若 $X \sim N(a, \sigma^2)$ 时,则

$$P\{x_1 \le X < x_2\} = F(x_2) - F(x_1)$$
$$= \Phi\left(\frac{x_2-a}{\sigma}\right) - \Phi\left(\frac{x_1-a}{\sigma}\right)$$

例 25　设某种棉布的张力 $X \sim N(23, 0.25)$. 求

①$P\{X < 23.5\}$;

②$P\{|X - 20| > 1\}$.

解　①$P\{X < 23.5\} = F(23.5)$

$$= \Phi\left(\frac{23.5-23}{0.5}\right) = \Phi(1) = 0.841\,3$$

②$P\{|X-20| > 1\} = 1 - P\{|X-20| \le 1\}$

$$= 1 - P\{19 \le X \le 21\}$$
$$= 1 - [F(21) - F(19)]$$
$$= 1 - \left[\Phi\left(\frac{21-23}{0.5}\right) - \Phi\left(\frac{19-23}{0.5}\right)\right]$$
$$= 1 - [\Phi(-4) - \Phi(-8)]$$
$$= 1 + \Phi(-8) - \Phi(-4)$$
$$= 1 + \Phi(4) - \Phi(8)$$
$$= 1 + 0.999\,968\,38 - 1 = 0.999\,968\,38$$

例 26(3σ 规则)　设 $X \sim N(a, \sigma^2)$. 求 X 落在区间 $(a-k\sigma, a+k\sigma)$ 的概率($k = 1,2,3$).

解　$P\{a-\sigma < X < a+\sigma\} = F(a+\sigma) - F(a-\sigma)$

$$= \Phi\left(\frac{(a+\sigma)-a}{\sigma}\right) - \Phi\left(\frac{(a-\sigma)-a}{\sigma}\right)$$
$$= \Phi(1) - \Phi(-1)$$
$$= 2\Phi(1) - 1$$
$$= 2 \times 0.841\,3 - 1 = 0.682\,6$$

$$P\{a - 2\sigma < X < a + 2\sigma\} = 2\Phi(2) - 1$$
$$= 2 \times 0.977\ 25 - 1 = 0.954\ 5$$
$$P\{a - 3\sigma < X < a + 3\sigma\} = 2\Phi(3) - 1$$
$$= 2 \times 0.998\ 65 - 1 = 0.997\ 3$$

此题计算结果表明:正态随机变量 X 落入区间 $(a - 3\sigma, a + 3\sigma)$ 的概率为 0.997 3. 它说明在一次试验中,正态变量落入点 a 的 3σ 邻域内几乎是必然的. 在工业产品质量管理中常应用这一原理对产品质量进行控制,并称之为"3σ 规则".

*性质3　若 $X \sim N(a, \sigma^2)$,则
$$Y = bX + c \sim N(ba + c, b^2\sigma^2) \quad (b, c \text{ 为实数})$$

证　设 $b > 0 (b < 0,$ 留给读者自证$)$,则 Y 的分布函数为
$$F_Y(y) = P\{Y < y\}$$
$$= P\{bX + c < y\}$$
$$= P\left\{X < \frac{y - c}{b}\right\}$$
$$= \frac{1}{\sqrt{2\pi}\sigma} \int_{-\infty}^{\frac{y-c}{b}} e^{-\frac{(t-a)^2}{2\sigma^2}} dt$$
$$\xlongequal{t = \frac{s-c}{b}} \int_{-\infty}^{y} \frac{1}{\sqrt{2\pi}(b\sigma)} e^{-\frac{(s-(c+ba))^2}{2(b\sigma)^2}} ds$$

故　$Y = bX + c \sim N(ba + c, b^2\sigma^2)$.

这一性质表明:正态变量 X 的线性函数 $Y = bX + c$ 仍为正态变量.

正态分布是一种最重要、最常见的分布,其应用十分广泛. 例如,测量的误差;人体的身高、体重;农作物的收获量;产品的尺寸;海洋波浪的高度;电子管中电流的噪声等随机变量都服从或近似服从正态分布. 正态分布在概率统计的理论研究和实际应用中都起着特别重要的作用.

5.3　随机变量的数字特征

随机变量的概率分布能够完整地描述随机变量的统计规律. 但在实际问题中,概率分布一方面较难确定,另一方面某些实际问题又不需要求出它的概率分布以知道全貌,而只需知道它的某些综合指标. 例如,在测量某种零件的长度时,由于种种随机因素的影响,测量值是一个随机变量,一般并不太关心它服从什么分布,而着重关心它的平均数等于多少,其精确度(测量长度对平均数的偏离程度) 又如何. 因为这两个指标反映了随机变量的两个重要的统计特征,故称它们为随机变量的数字特征,前者叫数学期望,后者叫方差. 用数字特征来刻画随机变量具有直观、简明的优点,同时将看到随机变量分布中某些参数不是别的,恰好是即将研究的随机变量的数字特征. 这样一来,只要知道随机变量的分布类型,则随机变量的分布函数就由其数字特征完全确定了. 可见,随机变量的数字特征在概率统计及其应用中的重要地位,本节着重讨论随机变量的两种常用的数字特征 —— 数学期望和方差.

5.3.1　数学期望

（1）离散型随机变量的数学期望

引例1　设某车间有6台车床,这些车床时而停车,时而工作,所以工作着的车床台数是一个随机变量,记为 X. 现随机观察100次,情况见表5.4,问在这100次观察中工作着的车床平均台数是多少?

表5.4

工作车床台数（X）	0	1	2	3	4	5	6
X 台车床工作次数（m）	1	3	5	11	20	25	35
频率（f_n）	$\dfrac{1}{100}$	$\dfrac{3}{100}$	$\dfrac{5}{100}$	$\dfrac{11}{100}$	$\dfrac{20}{100}$	$\dfrac{25}{100}$	$\dfrac{35}{100}$

解　设工作着的车床平均台数为 $\bar{x}$,则有

$$\bar{x} = \frac{1}{100}(0 \times 1 + 1 \times 3 + 2 \times 5 + 3 \times 11 +$$

$$4 \times 20 + 5 \times 25 + 6 \times 35)$$

$$= 0 \times \frac{1}{100} + 1 \times \frac{3}{100} + 2 \times \frac{5}{100} + 3 \times \frac{11}{100} +$$

$$4 \times \frac{20}{100} + 5 \times \frac{25}{100} + 6 \times \frac{35}{100} = 4.61(台)$$

从此看出, 平均台数不是 X 的可取值 $0,1,2,\cdots,6$ 这七个数的算术平均 $\dfrac{0+1+2+3+4+5+6}{7} = 3$（台）,而是 X 的可取值 $0,1,2,\cdots,6$ 这七个数与相应频率相乘之和,称此和为 $0,1,2,\cdots,6$ 的以频率为权数的加权平均值,而频率 $\dfrac{1}{100},\dfrac{3}{100},\cdots,\dfrac{35}{100}$ 称为权数. 这七个数不同,反映了 $0,1,2,\cdots,6$ 在相加时所占有的比重不同. 显然,求算术平均值是将这七个数的出现机会一视同仁,不分轻重,即均看做是等可能的,因此,它不能体现完全的平均. 加权平均由于考虑了权数,它能表达出完全的平均. 为了加强其直观性,再举一例.

引例2　某市发行有奖体育彩票共 1 750 万张,每张面值2元. 其中一等奖7名,奖金50万元;二等奖14名,奖金12万元;三等奖65名,奖金5万元;四等奖143名,奖金0.5万元;五等奖700名,奖金0.15万元;六等奖11 000名,奖金0.03万元;七等奖38 800名,奖金0.001万元;八等奖491 000名,奖金0.000 2万元. 期望每买一张彩票平均能得多少奖金?

解　显然,这是一个求加权平均的问题:

$$\frac{1}{17\ 500\ 000}(50 \times 7 + 12 \times 14 + 5 \times 65 + 0.5 \times 143 + 0.15 \times 700 +$$

$$0.03 \times 11\ 000 + 0.001 \times 38\ 800 + 0.000\ 2 \times 491\ 000 + 0 \times 16\ 958\ 371)$$

$$= 50 \times \frac{7}{17\ 500\ 000} + 12 \times \frac{14}{17\ 500\ 000} + 5 \times \frac{65}{17\ 500\ 000} + 0.5 \times \frac{143}{17\ 500\ 000} + 0.15 \times$$

$$\frac{700}{17\ 500\ 000} + 0.03 \times \frac{11\ 000}{17\ 500\ 000} + 0.001 \times \frac{38\ 800}{17\ 500\ 000} + 0.000\ 2 \times \frac{491\ 000}{17\ 500\ 000} + 0 \times \frac{16\ 958\ 271}{17\ 500\ 000}$$

= 0.000 085（万元）

即每买一张彩票期望得益 0.85 元.

实际上,购买彩票是一个随机试验,得奖数 X 是一个离散型随机变量,不难写出 X 的分布列:

X	50	12	5	0.5	0.15	0.03	0.001	0.000 2	0
P	$\dfrac{7}{17\,500\,000}$	$\dfrac{14}{17\,500\,000}$	$\dfrac{65}{17\,500\,000}$	$\dfrac{143}{17\,500\,000}$	$\dfrac{700}{17\,500\,000}$	$\dfrac{11\,000}{17\,500\,000}$	$\dfrac{38\,800}{17\,500\,000}$	$\dfrac{491\,000}{17\,500\,000}$	$\dfrac{16\,958\,271}{17\,500\,000}$

上述的得奖加权平均恰好为 X 的各个取值与各自的概率的乘积之和.

由此,引进数学期望这一概念.

定义 5.10 设离散型随机变量 X 的概率函数为

X	x_1	x_2	$\cdots$	x_i	$\cdots$	x_n
P	p_1	p_2	$\cdots$	p_i	$\cdots$	p_n

则称和式

$$\sum_{i=1}^{n} x_i p_i = x_1 p_1 + x_2 p_2 + \cdots + x_i p_i + \cdots + x_n p_n$$

为随机变量 X 的数学期望(或均值),记作 EX,即

$$EX = \sum_{i=1}^{n} x_i p_i \tag{5.23}$$

当 X 可取无穷多个值时,若级数 $\sum_{i=1}^{\infty} x_i p_i$ 绝对收敛,则 EX 存在,且 $EX = \sum_{i=1}^{\infty} x_i p_i$.

如 $Y = g(X)$ 是随机变量 X 的函数,则 Y 的数学期望记为

$$EY = E[g(X)] = \sum g(x_i) p_i \tag{5.24}$$

其中 p_i 为 X 的概率函数.

例 27 设 X 的分布列为

X	-2	-1	0	1	2
P	$\dfrac{1}{10}$	$\dfrac{2}{10}$	$\dfrac{4}{10}$	$\dfrac{2}{10}$	$\dfrac{1}{10}$

求 $EX, EX^2, E(X^2 - 2)$.

解 $EX = (-2) \times \dfrac{1}{10} + (-1) \times \dfrac{2}{10} + 0 \times \dfrac{4}{10} + 1 \times \dfrac{2}{10} +$

$\qquad 2 \times \dfrac{1}{10} = 0$

$EX^2 = (-2)^2 \times \dfrac{1}{10} + (-1)^2 \times \dfrac{2}{10} + 0^2 \times \dfrac{4}{10} + 1^2 \times \dfrac{2}{10} +$

$\qquad 2^2 \times \dfrac{1}{10} = \dfrac{6}{5}$

$E(X^2 - 2) = [(-2)^2 - 2] \times \dfrac{1}{10} + [(-1)^2 - 2] \times \dfrac{2}{10} +$

$$\left[0^2 - 2\right] \times \frac{4}{10} + \left[1^2 - 2\right] \times \frac{2}{10} +$$

$$\left[2^2 - 2\right] \times \frac{1}{10} = -\frac{4}{5}$$

这里指出，随机变量 X 的数学期望 EX 可为一切实数，且它表达了 X 取值的"集中趋势".

例 28　设随机变量 $X \sim B(n, p)$，求 EX.

解　已知 X 的概率函数为

$$P\{X = k\} = C_n^k p^k q^{n-k} \qquad (k = 0, 1, 2, \cdots, n)$$

其中 $1 - p = q$，由数学期望公式(5.23)有

$$\begin{aligned}
EX &= \sum_{k=0}^{n} k \cdot P\{X = k\} = \sum_{k=0}^{n} k \cdot C_n^k p^k q^{n-k} \\
&= \sum_{k=1}^{n} k \cdot \frac{n!}{k!(n-k)!} p^k q^{n-k} \\
&= n \sum_{k=1}^{n} \frac{(n-1)!}{(k-1)!(n-k)!} p^k q^{n-k} \\
&= np \sum_{m=0}^{n-1} \frac{(n-1)!}{m![(n-1)-m]!} p^m q^{(n-1)-m} \\
&= np \sum_{m=0}^{n-1} C_{n-1}^m p^m q^{(n-1)-m} = np
\end{aligned}$$

（2）连续型随机变量的数学期望

定义 5.11　设连续型随机变量 X 的密度函数为 $f(x)$，则称广义积分 $\int_{-\infty}^{+\infty} xf(x)\mathrm{d}x$（绝对收敛）为随机变量 X 的数学期望，记为 EX，即

$$EX = \int_{-\infty}^{+\infty} xf(x)\mathrm{d}x \tag{5.25}$$

如 $Y = g(X)$ 是随机变量 X 的函数，则 Y 的数学期望记为

$$EY = E[g(X)] = \int_{-\infty}^{+\infty} g(x)f(x)\mathrm{d}x \tag{5.26}$$

其中 $f(x)$ 为 X 的密度函数.

例 29　设 $X \sim N(a, \sigma^2)$，求 EX.

解　$EX = \int_{-\infty}^{+\infty} xf(x)\mathrm{d}x = \dfrac{1}{\sqrt{2\pi}\sigma} \int_{-\infty}^{+\infty} x e^{-\frac{(x-a)^2}{2\sigma^2}}\mathrm{d}x$

$$\xrightarrow[\mathrm{d}x = \sigma\mathrm{d}t]{\frac{x-a}{\sigma} = t} \frac{1}{\sqrt{2\pi}} \int_{-\infty}^{+\infty} \frac{a + \sigma t}{\sigma} e^{-\frac{t^2}{2}} \sigma\mathrm{d}t$$

$$= \frac{a}{\sqrt{2\pi}} \int_{-\infty}^{+\infty} e^{-\frac{t^2}{2}}\mathrm{d}t + \frac{\sigma}{\sqrt{2\pi}} \int_{-\infty}^{+\infty} t e^{-\frac{t^2}{2}} \sigma\mathrm{d}t$$

而 $\dfrac{1}{\sqrt{2\pi}} \int_{-\infty}^{+\infty} e^{-\frac{t^2}{2}}\mathrm{d}t = 1$，$\int_{-\infty}^{+\infty} t e^{-\frac{t^2}{2}}\mathrm{d}t = 0$. 所以

$$EX = a \times 1 + \frac{\sigma}{\sqrt{2\pi}} \times 0 = a$$

即 $EX = a$.

这表明,正态分布中的参数 a 恰好是该正态变量的数学期望.

例 30　设 $X \sim U[a,b]$,求 EX 与 $E(X^2 + 1)$.

解　因为 $X \sim U[a,b]$,故 X 的密度函数为

$$f(x) = \begin{cases} \dfrac{1}{b-a}, & a \leq x \leq b \\ 0, & \text{其他} \end{cases}$$

所以

$$\begin{aligned} EX &= \int_{-\infty}^{+\infty} x f(x) \, \mathrm{d}x \\ &= \int_a^b x \cdot \frac{1}{b-a} \mathrm{d}x \\ &= \frac{1}{2(b-a)} x^2 \Big|_a^b \\ &= \frac{a+b}{2} \end{aligned}$$

这说明均匀分布的数学期望为参数 a,b 和的一半,这正是均匀密度细棒的重心位置.

$$\begin{aligned} E(X^2 + 1) &= \int_{-\infty}^{+\infty} (x^2 + 1) f(x) \, \mathrm{d}x \\ &= \int_a^b (x^2 + 1) \cdot \frac{1}{b-a} \mathrm{d}x \\ &= \frac{1}{b-a} \left(\frac{x^3}{3} + x \right) \Big|_a^b \\ &= \frac{1}{b-a} \left[\left(\frac{1}{3} b^3 + b \right) - \left(\frac{1}{3} a^3 + a \right) \right] \\ &= \frac{1}{b-a} \left[\frac{1}{3} (b^3 - a^3) + (b - a) \right] \\ &= \frac{1}{b-a} \left[\frac{1}{3} (b-a)(a^2 + ab + b^2) + (b-a) \right] \\ &= \frac{1}{3} (a^2 + ab + b^2) + 1 \end{aligned}$$

(3) 数学期望的性质

设 a,b,c 为常数,X,Y 为随机变量,且 EX,EY 均存在,则数学期望具有以下性质:

性质 1　$Ec = c$,即常数的数学期望就是它本身.

性质 2　$EcX = cEX$.

性质 3　$E(X \pm Y) = EX \pm EY$.

推论　$E(X_1 + X_2 + \cdots + X_n) = EX_1 + EX_2 + \cdots + EX_n$.

性质 4　$E(aX + b) = aEX + b$.

性质 5　设 X,Y 独立,则 $E(XY) = EX \cdot EY$.

推论　设 $X_1, X_2, \cdots, X_n$ 相互独立,则

$$E(X_1 X_2 \cdots X_n) = EX_1 \cdot EX_2 \cdot \cdots \cdot EX_n$$

作为一种应用,在经济决策中期望值标准是被广泛采纳的一种决策标准. 举一实例说明.

例31　某企业制定五年规划时,面临三种选择:扩大生产、新建企业、承包给工人生产. 该企业生产的产品由于市场价格变动,利润也不相同. 根据市场预测,五年内价格高、中、低的可能性分别为 0. 3,0. 5,0. 2,根据核算五年内工厂的损益值见表5. 5(表中正值表示企业盈利,负值表示企业亏损). 问企业的决策者应采取哪一种方案,才能使企业获得的经济效益最大?

解　选择方案的标准是经济效益,于是考虑各种方案的平均效益. 设 X_1,X_2,X_3 分别表示扩建、新建、承包三种方案的效益,则

$EX_1 = 60 \times 0. 3 + 35 \times 0. 5 + (-30) \times 0. 2 = 29. 5$

$EX_2 = 75 \times 0. 3 + 40 \times 0. 5 + (-45) \times 0. 2 = 33. 5$

$EX_3 = 70 \times 0. 3 + 40 \times 0. 5 + (-30) \times 0. 2 = 35$

看出 $EX_3 > EX_2 > EX_1$.

通过计算表明,面对难以把握的未来价格,应采取承包的方案,才能使企业获得的经济效益最大.

表 5. 5

损益值 价格状态 方案 概率	高 0. 3	中 0. 5	低 0. 2
扩建	60	35	-30
新建	75	40	-45
承包	70	40	-30

*例32　假定国际市场每年对我国某种出口商品的需求量(单位:吨) X 在区间[2 000, 4 000]上服从均匀分布. 设每售出一吨,可为国家赚回外汇3 万元. 若销售不出去,则每吨需保养费1 万元,问应组织多少货源,才能使国家收益最大?

解　设组织货源的吨数为 t,显然可以只考虑 $2\,000 \leqslant t \leqslant 4\,000$ 的情况,则收益(单位:万元)

$$R = R(X) = \begin{cases} 3t, & X \geqslant t \\ 3X - (t - X), & X < t \end{cases}$$

因为　$X \sim U[2\,000,4\,000]$,其密度函数为

$$f(x) = \begin{cases} \dfrac{1}{2\,000}, & x \in [2\,000,4\,000] \\ 0, & x \notin [2\,000,4\,000] \end{cases}$$

根据公式(5. 26)有

$$\begin{aligned} E[R(X)] &= \int_{-\infty}^{+\infty} R(x)f(x)\,dx \\ &= \int_{2\,000}^{4\,000} \frac{1}{2\,000}R(x)\,dx \\ &= \int_{2\,000}^{t} \frac{1}{2\,000}(4x - t)\,dx + \int_{t}^{4\,000} \frac{1}{2\,000} \cdot 3t\,dx \end{aligned}$$

$$= \frac{1}{1\ 000}(-t^2 + 7\ 000t - 4 \times 10^6)$$

$$\{E[R(X)]\}'_t = \frac{1}{1\ 000}(-t^2 + 7\ 000t - 4 \times 10^6)'$$

$$= -\frac{t}{500} + 7 = 0$$

解之得 $t = 3\ 500$，又 $\{E[R(X)]\}''_t = -\frac{1}{500} < 0$. 所以，当 $t = 3\ 500$ 吨时，$E[R(X)]$ 达到最大值，因此组织 3 500 吨此种商品，能使国家收益最大.

5.3.2　方差

（1）方差概念

随机变量的数学期望描述随机变量取值的平均大小，即随机变量取值的集中趋势，它是随机变量的重要数字特征之一. 但对于一个随机变量来说，仅仅知道它的数学期望是不够的. 例如，有两批灯泡，它们的平均寿命都是 1 000 小时，仅由这一特征（或指标）还不能认为这两批灯泡质量一样. 事实上，有可能其中一批灯泡中的绝大部分灯泡的寿命远离 1 000 小时，而另一批灯泡的寿命绝大部分集中在 1 000 小时附近. 在这种情况下，认为后一批灯泡的质量较好. 因此，只知道随机变量的数学期望是不够的，还必须考虑随机变量的取值与它的数学期望的偏离程度（或离中趋势）.

那么，用什么来描述随机变量 X 对 EX 的偏离程度呢？容易想到用偏离平均值来描述. 在这种意义下，若用 $E(X - EX)$ 来描述，则可能会出现正、负相消而为 0 的情况；若用 $E|X - EX|$ 来描述，虽然可以避免正、负抵消的现象，但绝对值又不便运算；而采用 $E(X - EX)^2$ 的形式来描述 X 对 EX 的偏离程度更为适宜. 从而给出如下定义：

定义 5.12　设随机变量 X 的数学期望为 EX，如果

$$E(X - EX)^2$$

存在，则称 $E(X - EX)^2$ 为随机变量 X 的方差，记为 DX，即

$$DX = E(X - EX)^2 \tag{5.27}$$

又称 $\sqrt{DX}$ 为 X 的标准差或均方差，记为 $\sigma(X)$.

方差或标准差是描述随机变量 X 取值的集中（或分散）程度的一个数字特征，它描述随机变量取值的离中趋势. 方差越小，X 取值越集中；方差越大，X 的取值越分散. 显然，方差 DX 只能是一个非负实数，还可看出方差是一种特定的数学期望.

若 X 为离散型随机变量，且其概率函数为

$$P\{X = x_i\} = p_i(i = 1, 2, \cdots)$$

则其方差

$$DX = \sum_i (x_i - EX)^2 p_i（级数收敛） \tag{5.28}$$

若 X 为连续型随机变量，且其密度函数为 $f(x)$，则其方差

$$DX = \int_{-\infty}^{+\infty} (x - EX)^2 f(x)\,\mathrm{d}x \quad （收敛） \tag{5.29}$$

为了便于计算，下面来推导一个十分有用的方差 DX 的计算公式，由方差定义，有

$$DX = E(X - EX)^2 = E[X^2 - 2X \cdot EX + (EX)^2]$$
$$= EX^2 - 2EX \cdot EX + (EX)^2$$
$$= EX^2 - (EX)^2$$

即

$$DX = EX^2 - (EX)^2 \tag{5.30}$$

用此公式来计算方差,不仅比用定义计算方差简便得多,而且这个公式对离散型、连续型随机变量都适用.

例 33　若 $X \sim U[a,b]$,求 DX.

解　由例 34 知　$EX = \dfrac{a + b}{2}$,而

$$EX^2 = \int_{-\infty}^{+\infty} x^2 f(x)\,\mathrm{d}x = \int_a^b x^2 \cdot \frac{1}{b - a}\mathrm{d}x$$
$$= \frac{1}{3(b - a)}(b^3 - a^3)$$
$$= \frac{1}{3}(a^2 + ab + b^2)$$

所以
$$DX = EX^2 - (EX)^2$$
$$= \frac{1}{3}(a^2 + ab + b^2) - \left(\frac{a + b}{2}\right)^2$$
$$= \frac{(b - a)^2}{12}$$

(2) 方差的性质

设 a,b,c 为常数,且 DX,DY 存在,方差具有以下性质:

性质 1　$Dc = 0$. 即常数的方差为零.

事实上　$Dc = E(c - Ec)^2 = E(c - c)^2 = E0^2 = 0$

性质 2　$D[cX] = c^2 DX$.

事实上　$D[cX] = E[(cX - EcX)]^2 = E(cX - cEX)^2$
$$= E[c(X - EX)]^2 = E[c^2(X - EX)^2]$$
$$= c^2 E(X - EX)^2 = c^2 DX$$

性质 3　若 X,Y 相互独立,则 $D(X \pm Y) = DX + DY$. (证略)

为了便于查用,下面以表格形式列出一些常用分布的数字特征,见表 5.6.

表 5.6

名称	0-1 分布	二项分布	泊松分布	指数分布	均匀分布	正态分布
EX	p	np	λ	$\dfrac{1}{k}$	$\dfrac{a + b}{2}$	a
DX	pq	npq	λ	$\dfrac{1}{k^2}$	$\dfrac{(b - a)^2}{12}$	σ^2

例 34　设连续型随机变量 X 的密度函数为
$$f(x) = \begin{cases} a + bx^2, & x \in [0,1] \\ 0, & x \notin [0,1] \end{cases},\text{且 } EX = \frac{1}{2}.$$

求:1) 常数 a 与 b;　　2)X 的分布函数 $F(x)$;

3) 概率 $P\{|X - 2EX| < D(-3X + 2)\}$.

解　1) 由 $\int_{-\infty}^{+\infty} f(x)\mathrm{d}x = 1$ 及 $\int_{-\infty}^{+\infty} xf(x)\mathrm{d}x = EX$,可得

$$\begin{cases} \int_0^1 (a + bx^2)\mathrm{d}x = 1 \\ \int_0^1 x(a + bx^2)\mathrm{d}x = \dfrac{1}{2} \end{cases}$$

积分即得

$$\begin{cases} a + \dfrac{b}{3} = 1 \\ \dfrac{a}{2} + \dfrac{b}{4} = \dfrac{1}{2} \end{cases}$$

解得　$a = 1, b = 0$. 所以

$$f(x) = \begin{cases} 1, & x \in [0,1] \\ 0, & x \notin [0,1] \end{cases}$$

2) 当 $x \le 0$ 时,$F(x) = \int_{-\infty}^x f(x)\mathrm{d}x = \int_{-\infty}^x 0\mathrm{d}x = 0$.

当 $0 < x \le 1$ 时,

$$F(x) = \int_{-\infty}^x f(x)\mathrm{d}x = \int_{-\infty}^0 0\mathrm{d}x + \int_0^x \mathrm{d}x = x$$

当 $x > 1$ 时,

$$F(x) = \int_{-\infty}^x f(x)\mathrm{d}x = \int_{-\infty}^0 0\mathrm{d}x + \int_0^1 \mathrm{d}x + \int_1^x 0\mathrm{d}x = 1$$

所以

$$F(x) = \begin{cases} 0, & x \le 0 \\ x, & 0 < x \le 1 \\ 1, & x > 1 \end{cases}$$

3) 因为 $D(-3X + 2) = (-3)^2 DX = 9DX$,而

$$EX^2 = \int_{-\infty}^{+\infty} x^2 f(x)\mathrm{d}x = \int_0^1 x^2\mathrm{d}x = \frac{1}{3}$$

由 $DX = EX^2 - (EX)^2$
有

$$DX = \frac{1}{3} - \left(\frac{1}{2}\right)^2 = \frac{1}{12}$$

所以 $D(-3X + 2) = 9 \times \dfrac{1}{12} = \dfrac{3}{4}$

故

$$P\{|X - 2EX| < D(-3X + 2)\} = P\left\{|X - 1| < \frac{3}{4}\right\}$$

$$= P\left\{\frac{1}{4} < X < \frac{7}{4}\right\} = F\left(\frac{7}{4}\right) - F\left(\frac{1}{4}\right)$$

$$= 1 - \frac{1}{4} = \frac{3}{4}$$

即 $P\{|X - 2EX| < D(-3X + 2)\} = \frac{3}{4}$.

*5.3.3　统计中常用的矩

为了更好地描述随机变量分布的特征,除了数学期望与方差之外,有时还要用到随机变量的各阶矩的概念. 下面简要介绍原点矩与中心矩及其与此有关的矩.

（1）原点矩

定义 5.13　设 X 是随机变量,若对于正整数 k, $|X|^k$ 的数学期望 $E|X|^k < +\infty$ ($k = 1, 2, 3, \cdots$),则称 EX^k 为 X 的 k 阶原点矩,记为 v_k,即

$$v_k = EX^k = \begin{cases} \sum_i x_i^k p_i \text{（离散型）} \\ \int_{-\infty}^{+\infty} x^k f(x)\,\mathrm{d}x \text{（连续型）} \end{cases} \tag{5.31}$$

显然,数学期望就是一阶原点矩,即 $EX = v_1$.

（2）中心矩

定义 5.14　设 X 是随机变量,若对于 X 的离差的正整数 k 次幂 $|X - EX|^k$ 的数学期望 $E|X - EX|^k < +\infty$ ($k = 1, 2, \cdots$),则称 $E(X - EX)^k$ 为 X 的 k 阶中心矩. 记为 v_k'.

$$v_k' = E(X - EX)^k = \begin{cases} \sum_i (x_i - EX)^k p_i \text{（离散型）} \\ \int_{-\infty}^{+\infty} (x - EX)^k f(x)\,\mathrm{d}x \text{（连续型）} \end{cases} \tag{5.32}$$

显然,方差就是二阶中心矩,即 $DX = v_2'$. 且一阶中心矩恒为零,即 $E(X - EX) = 0$.

（3）相关矩（或协方差）

由于随机变量 X 与 Y 各自的期望与方差仅仅反映它们作为一维随机变量自身的特征. 对于二维随机变量 (X, Y),自然希望定义出能够反映各分量 X 与 Y 之间的联系的某种数字特征,这就引出了相关矩的概念.

定义 5.15　设 X、Y 为定义在同一样本空间 Ω 上的两个随机变量,对二维随机向量 (X, Y),若 $E[(X - EX)(Y - EY)]$ 存在,则称它为随机变量 X 与 Y 的相关矩（或协方差）,记为 $\mathrm{Cov}(X, Y)$,即

$$\mathrm{Cov}(X, Y) = E[(X - EX)(Y - EY)] \tag{5.33}$$

相关矩是二维随机变量的一个重要数字特征,它刻画了 X 与 Y 的取值之间的相互联系,用来描述随机变量之间的相关性. 顺便指出:若 X 与 Y 相互独立,则 $\mathrm{Cov}(X, Y) = 0$. 反之,不成立. 又若 X、Y 为随机变量,则

$$E(XY) = EX \cdot EY + \mathrm{Cov}(X, Y)$$
$$D(X \pm Y) = DX + DY \pm 2\mathrm{Cov}(X, Y)$$

（4）相关系数

定义 5.16　设随机变量 X 与 Y 的相关矩 $\mathrm{Cov}(X, Y)$ 和各自的方差均存在,且 $DX \neq 0$, $DY \neq 0$,则称 $\dfrac{\mathrm{Cov}(X, Y)}{\sqrt{DX}\,\sqrt{DY}}$ 为 X 与 Y 的相关系数,记为 $\rho(X, Y)$,即

$$\rho(X,Y) = \frac{\mathrm{Cov}(X,Y)}{\sqrt{DX}\,\sqrt{DY}} \tag{5.34}$$

规定 $X^* = \dfrac{X - EX}{\sqrt{DX}}$ 为 X 的标准化随机变量. 于是容易验证: X 与 Y 的相关系数 $\rho(X,Y) = \mathrm{Cov}(X^*, Y^*)$, 即 X, Y 的相关系数就是它们的标准化随机变量 X^*, Y^* 的相关矩.

事实上

$$\begin{aligned}
\mathrm{Cov}(X^*, Y^*) &= EX^*Y^* - EX^* \cdot EY^* \\
&= E\left(\frac{X - EX}{\sqrt{DX}} \cdot \frac{Y - EY}{\sqrt{DY}}\right) - E\left(\frac{X - EX}{\sqrt{DX}}\right)E\left(\frac{Y - EY}{\sqrt{DY}}\right) \\
&= \frac{1}{\sqrt{DX}\,\sqrt{DY}}E[(X - EX)(Y - EY)] - \\
&\quad\; \frac{1}{\sqrt{DX}\,\sqrt{DY}}[(EX - EX)(EY - EY)] \\
&= \frac{\mathrm{Cov}(X,Y)}{\sqrt{DX}\,\sqrt{DY}} \\
&= \rho(X,Y)
\end{aligned}$$

相关系数 ρ 是随机变量 X 与 Y 之间线性关系强弱程度的一个度量, 它是一个量纲一的量, 从而消除了因 X 与 Y 量纲不同而带来的影响. 因此它比相关矩更适合作 X 与 Y 的相关性的数字特征.

关于相关系数, 指出以下几个结论:

1) $|\rho| \leqslant 1$, 即 $-1 \leqslant \rho \leqslant 1$.

2) 当 $|\rho| = 1$ 时, X 与 Y 线性关系的概率为 1.

　　$P\{Y = aX + b\} = 1$ (a, b 为常数)

即 $\rho = \pm 1$ 时, X, Y 完全线性相关.

3) 当 $|\rho| = 0$ 时, X 与 Y 完全不线性相关, 即 X 与 Y 不具有线性关系, 此时称 X 与 Y 不相关.

4) 当 $|\rho|$ 接近于 1 时, X 与 Y 的关系可近似地用线性关系来描述. 且当 $|\rho|$ 越大时, X 与 Y 之间线性关系的密切程度越显著.

5) 若 X 与 Y 独立, 则 $\rho = 0$, 即 X 与 Y 完全不相关.

6) 二维正态分布中的参数 ρ 就是相关系数.

(5) 切比谢夫不等式

设随机变量 X 有数学期望 EX 和方差 DX, 则对任意的 $\varepsilon > 0$, 有

$$P\{|X - EX| \geqslant \varepsilon\} \leqslant \frac{DX}{\varepsilon^2} \tag{5.35}$$

或

$$P\{|X - EX| < \varepsilon\} > 1 - \frac{DX}{\varepsilon^2} \tag{5.36}$$

证　这里就随机变量 X 为连续型情况证明这一不等式.

设 X 的密度函数为 $f(x)$, 则

$$P\{\,|X - EX| \geqslant \varepsilon\,\} = \int_{|x-EX| \geqslant \varepsilon} f(x)\,\mathrm{d}x$$

$$\leqslant \int_{|x-EX| \geqslant \varepsilon} \frac{(x - EX)^2}{\varepsilon^2} f(x)\,\mathrm{d}x$$

$$\leqslant \int_{-\infty}^{+\infty} \frac{(x - EX)^2}{\varepsilon^2} f(x)\,\mathrm{d}x$$

$$= \frac{1}{\varepsilon^2} \int_{-\infty}^{+\infty} (x - Ex)^2 f(x)\,\mathrm{d}x$$

$$= \frac{1}{\varepsilon^2} DX$$

所以　　$P\{\,|X - EX| \geqslant \varepsilon\,\} \leqslant \dfrac{DX}{\varepsilon^2}$

切比谢夫不等式告诉我们:随机变量 X 的可能取值落在以其期望 EX 为中心,ε 为半径的区间之外的概率,不超过其方差 DX 与正数 $\dfrac{1}{\varepsilon^2}$ 的乘积. 可见,DX 越小,$\dfrac{DX}{\varepsilon^2}$ 也越小,因此,事件 $\{\,|X - EX| \geqslant \varepsilon\,\}$ 发生的可能性(即概率) 也越小. 也就是说,X 与 EX 有较大偏差的可能性也越小,即 X 集中在 EX 的 ε 邻域内取值的概率越大. 这正好说明了随机变量的方差很好地刻画了随机变量取值偏离 EX 的程度,这一结果与我们定义 DX 的想法是一致的. 且无论 X 服从什么分布,只要知道 EX 和 DX,就可得到 X 对 EX 的偏离程度的概率估计.

5.4　统计分析中的样本分布

统计分析和应用概率基础都是研究大量随机现象统计规律性的数学学科,应用概率基础是统计分析的必备基础,统计分析是应用概率基础的具体应用. 两者关系十分密切,但它们各自研究的问题的侧重点有所不同. 应用概率基础的侧重点是先从一个数学模型出发,比如,已知随机变量的分布,然后去研究它的性质、特点和规律性,因而可以说,应用概率基础是对随机现象统计规律性演绎的研究. 而统计分析面对的则是观测随机现象所得的数据,要利用这些资料来选择或检验数学模型,并对所考察的问题做出推断或预测,因而可以说,统计分析是对随机现象统计规律性归纳的研究. 例如,应用概率基础可以假设随机变量 X 为正态分布 $N(a, \sigma^2)$,其中 a, σ^2 均为已知,进而可以求出诸如"X 落入任一指定区间内的概率" 等问题的解答. 但如何根据 X 的一组观测值去判断出 X 的分布为正态分布呢? 又如何去确定其参数 a 与 σ^2 的数值呢? 这就是统计分析所要研究的问题.

从上面分析来看,统计分析的基本任务是:研究如何以有效的方式收集、整理和分析受到随机性影响的数据,以对所考察的问题做出推断和预测,直至为采取决策和行动提供依据和建议.

由于随机性影响无所不在,因而统计分析的应用十分广泛,在自然科学、社会科学、军事科学、工程技术、医学卫生和工农业生产中都常常要用到统计分析的理论与方法,而且有的甚至以该门学科与统计分析相结合为其特征,例如水文统计学、生物统计学、社会统计学、教育统计学、工艺统计学、文献统计学等. 特别是近 20 多年来,由于电子计算机的迅猛发展与普及,统计分析的应用更加广泛深入,各种使用方便的统计程序软件包(如 SAS、SPSS 等)的出现使得各行各业中只要具有基本统计思想的人都可以迅速掌握统计分析的各种工具为自己的研究课题服务,得到各种有益的结论,统计分析正发挥着越来越大的作用.

以下除介绍样本分布外,着重讨论参数估计,假设检验和回归分析三部分内容.

5.4.1 几个基本概念

(1)总体与个体

在数理统计中,把研究对象的全体所构成的集合称为总体,把构成总体的每个单元称为个体(或样品).例如,一批产品,一个单位的全体职工等都构成总体,其中每一件产品,每一个职工则是总体中的个体.在大量的实际问题中,我们关心的不是每个个体的本身,而主要是观察与它们相联系的某个数量指标(如显像管的寿命,职工的身高等)及其在总体中的分布情况(比如寿命在 1 000~1 500 小时的显像管的百分比,身高在 1.60~1.70 米范围内的职工占该单位全体职工的比例等),由于各种随机因素的影响,每只显像管的寿命和每个职工的身高,它们的取值都是随机的,所以这些数量指标都可看做随机变量.一般说来,可以认为所观察的总体是用一个随机变量来代表的,于是,把总体与随机变量联系起来了,以后就说总体 $F(x)$ 或总体 X,其含义就是说:总体是一个具有确定概率分布的随机变量.总体常用大写字母 X,Y 等表示.

(2)样本与容量

为了比较全面地了解总体 X 的规律性,就必须知道它的概率分布,或者至少要知道它的一些数字特征,如数学期望、方差等.如何才知道总体的分布或数字特征呢?一个重要的方法就是从总体中抽取一部分个体进行试验,再根据这些个体的特性,去推断总体相应的特性,如总体 X 所服从的分布或数字特征.由于这种推断通常必须伴随一定的概率分布,以表示推断的可靠程度,因此称它为统计推断.

定义 5.17 若按一定规则,从总体 X 中,随机抽取 n 个个体 $X_1,X_2,\cdots,X_n$,这 n 个个体 $X_1,X_2,\cdots,X_n$ 就称为总体 X 的一个容量为 n 的样本,简称样本.

由于 $X_1,X_2,\cdots,X_n$ 是从总体 X 中随机抽取出来的,它是随不同的抽取而变化的,因此可以把它们看成是 n 个随机变量.但是在一次具体抽取后,它们均为具体的数值,记作 $x_1,x_2,\cdots,x_n$,称为样本的一个观测值,简称样本值.今后以 $X_1,X_2,\cdots,X_n$ 表示 n 个随机变量,以 $x_1,x_2,\cdots,x_n$ 表示样本值,两次不同的抽取尽管容量相同,得到的样本值一般是不同的.

统计推断的目的就是根据样本的特性,去推断总体相应的特性.这就要求从总体 X 中得到的样本,尽可能地具有代表性,使它能很好地反映总体的特性.所以要求样本中每个分量 $X_i(i=1,2,\cdots,n)$ 与总体 X 有相同的分布,又由于 $X_1,X_2,\cdots,X_n$ 是随机抽取的,自然要求它们相互独立.

定义 5.18 在数理统计中,把满足相互独立且与总体 X 同分布的样本 $X_1,X_2,\cdots,X_n$,称为简单随机样本.

今后如无特别申明,凡提到样本,指的都是简单随机样本.

如何才能获得简单随机样本呢?可采用简单随机抽样.所谓简单随机抽样就是指获得简单随机样本的方法:即如果总体 X 中含个体甚多,抽取 n 个个体就可以近似地认为是一个简单随机样本,因为抽出的个数很少,可以认为对总体影响很小;如果抽取后都原样放回总体中去,然后再次抽取,那么,不一定要求 n 相对于总体很小,这样抽取的 n 个个体也是一个简单随机样本. 由此可知,简单随机抽样有两条原则:

随机原则——就是总体中每个个体抽到的机会是相等的.

返回原则——就是抽取一个个体后放回总体中,仍参加下一次抽取,如果总体很大时,返回抽样和不返回抽样区别甚小,此时,可采取不返回抽样.

综上所述,所谓总体就是一个随机变量 X,所谓样本就是 n 个相互独立且与总体 X 有相同分布的随机变量 $X_1, X_2, \cdots, X_n$.

若总体 X 的分布函数为 $F(x)$,则 $X_1, X_2, \cdots, X_n$ 的联合分布函数为

$$F(x_1)F(x_2)\cdots F(x_n),简记为 \prod_{i=1}^{n} F(x_i)$$

若总体 X 具有分布密度 $f(x)$,则 $X_1, X_2, \cdots, X_n$ 的联合分布密度为

$$f(x_1)f(x_2)\cdots f(x_n),简记为 \prod_{i=1}^{n} f(x_i)$$

其中 $x_1, x_2, \cdots, x_n$ 为普通变量.

(3)统计量

样本是总体的代表,也是统计推断的依据. 由于对一个确定的总体 X,人们所关心的问题常各有异. 有时希望对总体的分布进行了解;有时则需要对总体的参数(如均值、方差等)加以探求. 因此,当要对总体的特性进行统计推断时,就必须根据问题本身的具体要求,把样本中所含的与问题要求有关的信息集中起来,提炼并加工而构成样本的某种函数

$$T = T(x_1, x_2, \cdots, x_n)$$

再根据这个样本函数 T 的分布去对总体 X 进行统计推断. 于是,引出以下统计量的定义:

定义 5.19　设 $X_1, X_2, \cdots, X_n$ 是总体的样本,则样本的函数

$$T = T(X_1, X_2, \cdots, X_n)$$

称为统计量.

显然,统计量是随机变量,并且不含未知参数.

例如,若 $X \sim N(a, \sigma^2)$,且 a, σ^2 未知,$X_1, X_2, \cdots, X_n$ 是总体 X 的一个样本,则

$$\frac{1}{n}\sum_{i=1}^{n} X_i(记为 \overline{X}), \sum_{i=1}^{n} X_i^2, \sum_{i=1}^{n} (X_i - 4)^2, \frac{1}{n-1}\sum_{i=1}^{n} (X_i - \overline{X})^2$$

等均为统计量. 而

$$\sum_{i=1}^{n} (X_i - a), \sum_{i=1}^{n} \left(\frac{X_i - a}{\sigma}\right)^2$$

等均不为统计量.

这是因为前者不含未知参数,而后者含有未知参数的缘故.

5.4.2　样本的数字特征

根据替换原则,用样本矩去推断相应的总体矩,是一个行之有效的好办法.

定义 5.20　设 $X_1, X_2, \cdots, X_n$ 是总体 X 的样本,称统计量 $\frac{1}{n}\sum_{i=1}^{n} X_i$ 为样本均值,记为

$$\overline{X} = \frac{1}{n}\sum_{i=1}^{n} X_i \tag{5.37}$$

称统计量 $\dfrac{1}{n-1}\sum\limits_{i=1}^{n}(X_i-\overline{X})^2$ 为样本方差,记为

$$S^2=\frac{1}{n-1}\sum_{i=1}^{n}(X_i-\overline{X})^2 \tag{5.38}$$

并称　$S=\sqrt{\dfrac{1}{n-1}\sum\limits_{i=1}^{n}(X_i-\overline{X})^2}$ 为样本标准差.

统计量:

$M_k=\dfrac{1}{n}\sum\limits_{i=1}^{n}X_i^k$ 称为样本 k 阶原点矩.

$M'_k=\dfrac{1}{n}\sum\limits_{i=1}^{n}(X_i-\overline{X})^k$ 称为样本 k 阶中心矩.

在实际应用中,用得最多的还是一阶样本原点矩和二阶样本中心矩,亦即样本均值 $\overline{X}$ 和样本方差 S^2. 显然

$$\overline{X}=M_1,S^2=\frac{n}{n-1}M'_2$$

若记　　　　　　　　　　　　$M'_2=\widetilde{S}^2$

即　　　　　　　　　　　　$\widetilde{S}^2=\dfrac{1}{n}\sum\limits_{i=1}^{n}(X_i-\overline{X})^2$

则有　　　　　　　　　　　　$S^2=\dfrac{n}{n-1}\widetilde{S}^2$

即样本方差实质上就是样本二阶中心矩的 $\dfrac{n}{n-1}$ 倍,或 $\widetilde{S}^2=\dfrac{n-1}{n}S^2$,即样本二阶中心矩是样本方差的 $\dfrac{n-1}{n}$ 倍.

请留意,样本方差 S^2 与样本二阶中心矩 $\widetilde{S}^2$ 略有不同. 以后将会看到,为什么不用样本二阶中心矩去定义样本方差的理由.

例35　某灯泡厂每天生产一批 40 W 灯泡,随机抽取 5 个测得的寿命(单位:小时) 为

$$1\,050,\quad 1\,100,\quad 1\,080,\quad 1\,120,\quad 1\,200$$

1) 问总体 X、样本和样本值各是什么?

2) 求样本值的均值和方差.

解　1) 总体 X 是:该批灯泡的每一个寿命的全体.

样本是:X_1,X_2,X_3,X_4,X_5.

样本值是:1 050,1 100,1 080,1 120,1 200.

2) $\overline{X}=\dfrac{1}{5}\sum\limits_{i=1}^{5}X_i$

$\qquad=\dfrac{1}{5}(1\,050+1\,100+1\,080+1\,120+1\,200)=1\,110$

$S^2=\dfrac{1}{5-1}\sum\limits_{i=1}^{5}(X_i-\overline{X})^2$

$$= \frac{1}{4}\big[(1\,050 - 1\,110)^2 + (1\,100 - 1\,110)^2 +$$
$$(1\,080 - 1\,110)^2 + (1\,120 - 1\,110)^2 +$$
$$(1\,200 - 1\,110)^2 \big]$$
$$= \frac{1}{4} \times 12\,800$$
$$= 3\,200$$

在计算样本方差时,用定义 $S^2 = \frac{1}{n-1}\sum\limits_{i=1}^{n}(X_i - \overline{X})^2$ 计算显得甚繁,往往采用下面的简便算式:

$$S^2 = \frac{1}{n-1}\Big(\sum_{i=1}^{n} X_i^2 - n\overline{X}^2 \Big)$$

事实上 $S^2 = \frac{1}{n-1}\sum\limits_{i=1}^{n}(X_i - \overline{X})^2$

$$= \frac{1}{n-1}\sum_{i=1}^{n}(X_i^2 - 2X_i\overline{X} + \overline{X}^2)$$
$$= \frac{1}{n-1}\Big(\sum_{i=1}^{n} X_i^2 - 2\overline{X}\sum_{i=1}^{n} X_i + \sum_{i=1}^{n}\overline{X}^2 \Big)$$
$$= \frac{1}{n-1}\Big(\sum_{i=1}^{n} X_i^2 - 2n\overline{X}^2 + n\overline{X}^2 \Big)$$

所以 $S^2 = \frac{1}{n-1}\Big(\sum\limits_{i=1}^{n} X_i^2 - n\overline{X}^2 \Big)$

对例 1,将样本观测值减去 1\,100,得
$$-50, \quad 0, \quad -20, \quad 20, \quad 100$$
$$\overline{X}' = \frac{1}{5}\sum_{i=1}^{5} X_i'$$
$$= \frac{1}{5}(-50 + 0 - 20 + 20 + 100)$$
$$= \frac{1}{5} \times 50 = 10$$

而 $\overline{X}' + 1\,100 = 10 + 1\,100 = 1\,110$,即 $\overline{X} = 1\,110$.

$$S'^2 = \frac{1}{5-1}\Big(\sum_{i=1}^{n} X_i'^2 - n\overline{X}'^2 \Big)$$
$$= \frac{1}{4}\big[(-50)^2 + 0^2 + (-20)^2 + 20^2 + 100^2 - 5 \times 10^2 \big]$$
$$= \frac{1}{4}(2\,500 + 0 + 400 + 400 + 10\,000 - 500)$$
$$= \frac{1}{4} \times 12\,800 = 3\,200$$

可见,两种算法,其结果完全一致.

5.4.3 抽样分布

为了对总体进行统计推断,就必须研究统计量

$$T = T(X_1, X_2, \cdots, X_n)$$

的概率分布问题. 在数理统计中, 把统计量的分布称为抽样分布. 根据中心极限定理, 在大样本时的统计推断问题, 总是可以用极限分布去处理的. 但在实际问题中, 由于客观条件的限制或研究目的的不同, 在总体中抽取的样本, 其容量 n 不可能很大. 把这类问题称之为小样本问题, 对于这类问题所涉及的有关统计量的分布, 就不是一个极限分布而是一个精确分布了.

由于正态总体在实际问题中占有特别重要的地位, 因此, 下面将介绍三个与正态变量有关的抽样分布.

(1) u-分布

定理 5.2 (样本均值的分布) 设样本 $X_1, X_2, \cdots, X_n$ 来自正态总体 $X \sim N(a, \sigma^2)$, 则统计量

$$\overline{X} = \frac{1}{n} \sum_{i=1}^{n} X_i \sim N\left(a, \frac{\sigma^2}{n}\right) \tag{5.39}$$

证 由已知, $X_i \sim N(a, \sigma^2)$, 且 $X_1, X_2, \cdots, X_n$ 相互独立, 因此 $\overline{X} = \frac{1}{n} \sum_{i=1}^{n} X_i$ 为各相互独立的正态变量的线性组合, 可知 $\overline{X}$ 仍为正态变量. 其分布参数取决于 $E\overline{X}$ 和 $D\overline{X}$, 即

$$\overline{X} \sim N(E\overline{X}, D\overline{X})$$

又因

$$E\overline{X} = E\left(\frac{1}{n} \sum_{i=1}^{n} X_i\right) = \frac{1}{n} E \sum_{i=1}^{n} X_i$$

$$= \frac{1}{n} \sum_{i=1}^{n} EX_i = \frac{1}{n} \cdot na = a$$

$$D\overline{X} = D\left(\frac{1}{n} \sum_{i=1}^{n} X_i\right) = \frac{1}{n^2} D \sum_{i=1}^{n} X_i$$

$$= \frac{1}{n^2} \sum_{i=1}^{n} DX_i = \frac{1}{n^2} \cdot n\sigma^2 = \frac{\sigma^2}{n}$$

所以 $\overline{X} \sim N(a, \frac{\sigma^2}{n})$.

这个定理表明, 样本均值 $\overline{X}$ 的数学期望 $E\overline{X}$ 总是等于总体的数学期望 a, 即 $E\overline{X} = a$, 而其方差却是总体方差的 $\frac{1}{n}$ 倍, 即 $D\overline{X} = \frac{\sigma^2}{n}$. 因此, 当 n 越大时, $\overline{X}$ 就越向总体 a 集中. 这时用样本均值 $\overline{X}$ 去估计总体均值 a 就越准确.

推论 若 $X \sim N(a, \sigma^2)$, $X_1, X_2, \cdots, X_n$ 为总体 X 的样本, 且 $\overline{X}$ 为其样本均值. 则统计量 $\frac{\overline{X} - a}{\sigma/\sqrt{n}}$ 服从标准正态分布, 即

$$\frac{\overline{X} - a}{\sigma/\sqrt{n}} \sim N(0, 1) \tag{5.40}$$

通常称它为 U 统计量, 即 $U = \dfrac{\overline{X} - a}{\sigma/\sqrt{n}}$, 后面将用 U 统计量对总体进行推断. U 统计量的分布称为 u-分布.

由中心极限定理,可以认为定理 11.1 的结论,对非正态总体 X 也成立,即有

$$\overline{X} \sim N(EX, \frac{1}{n}DX)$$

为了对统计量研究的方便起见,介绍一下自由度这个概念. 在数理统计中,所谓自由度指的是统计量中独立随机变量的个数,如 $\overline{X} = \frac{1}{n}\sum_{i=1}^{n} X_i$ 中独立变量的个数为 n,故自由度为 n;又如 $S^2 = \frac{1}{n-1}\sum_{i=1}^{n} (X_i - \overline{X})^2$ 中因有 $\overline{X}$,这时有一个线性约束条件:$n\overline{X} = X_1 + X_2 + \cdots + X_n$,独立变量个数应为 n 减去 1,故自由度为 $n-1$.

(2)χ^2- 分布

定义 5.21　设样本 $X_1, X_2, \cdots, X_n$ 来自标准正态总体 $X \sim N(0,1)$,则统计量

$$\chi^2 = \sum_{i=1}^{n} X_i^2 \tag{5.41}$$

称为自由度为 n 的 χ^2 变量,其分布称自由度为 n 的 χ^2- 分布,记为 $\chi^2 \sim \chi^2(n)$.

可以证明,χ^2 变量的分布密度为

$$\chi^2(x,n) = \begin{cases} \dfrac{1}{2^{\frac{n}{2}}\Gamma\left(\frac{n}{2}\right)} e^{-\frac{x}{2}} x^{\frac{n}{2}-1}, & x > 0 \\ 0, & x \leqslant 0 \end{cases}$$

其中 $\Gamma\left(\frac{n}{2}\right) = \int_0^{+\infty} x^{\frac{n}{2}-1} e^{-x} dx$.

χ^2 变量的分布曲线与 n 有关,如图 5.10 所示,当 n 越大时,它就越接近正态分布,当 $n > 30$ 时,χ^2- 分布就可用正态分布去近似.

χ^2- 统计量有以下性质:

设 $X_1, X_2, \cdots, X_n$ 为来自正态总体 $X \sim N(a, \sigma^2)$ 的样本,则

性质 1　$\sum_{i=1}^{n} \left(\frac{X_i - a}{\sigma}\right)^2 = \frac{1}{\sigma^2}\sum_{i=1}^{n} (X_i - a)^2 \sim \chi^2(n)$

性质 2　$\sum_{i=1}^{n} \left(\frac{X_i - \overline{X}}{\sigma}\right)^2 = \frac{1}{\sigma^2}\sum_{i=1}^{n} (X_i - \overline{X})^2 \sim \chi^2(n-1)$ $\tag{5.42}$

性质 3　$E\chi^2(n) = n, D\chi^2(n) = 2n$

(3)t- 分布

定义 5.22　设样本 $X_1, X_2, \cdots, X_n$ 来自正态总体 $X \sim N(a, \sigma^2)$,$\overline{X}, S^2$ 分别为该样本的均值与方差,则统计量

$$T = \frac{\overline{X} - a}{S/\sqrt{n}} \tag{5.43}$$

称为自由度为 $(n-1)$ 的 T 变量,其分布称为自由度为 $(n-1)$ 的 t- 分布,记为 $T \sim t(n-1)$.

可以证明,当自由度为 n 时,T 变量的分布密度为

$$t(x,n) = \frac{\Gamma\left(\frac{n+1}{2}\right)}{\sqrt{n\pi}\,\Gamma\left(\frac{n}{2}\right)} \left(1 + \frac{x^2}{n}\right)^{-\frac{n+1}{2}} \quad (-\infty < x < +\infty)$$

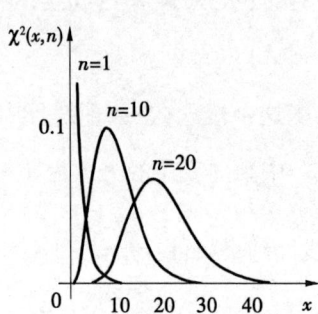

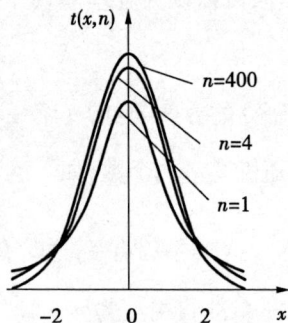

图 5.10 图 5.11

T 变量的分布曲线不仅关于直线 $x = 0$ 对称,而且还与 n 的大小有关,如图 5.11 所示,n 不断增大,图形不断接近正态分布. 当 $n > 30$ 时,t-分布可用正态分布去近似. T 变量的数学期望和方差分别为:

$$ET = 0$$

$$DT = \frac{n-1}{n-3}$$

5.5 参数估计与实例

在研究总体 X 的性质时,如果知道总体 X 的分布,则问题就解决了. 可是找总体的分布却不是一件容易之事. 不过在实际问题中,有时只需对总体的一些数字特征,如均值、方差有个恰当估计就够了. 例如一批灯泡,只需知道它的平均寿命(均值) 和灯泡寿命长短的相差程度(寿命方差) 就可以了. 有时候总体 X 的分布类型虽然已知,但其中的一个或几个参数未知,也要求给各个未知参数一个恰当的估计,解决这类问题的方法称为参数估计,参数估计是统计推断的一个基本问题. 总体分布中的参数往往与它的数学期望与方差有关,因此着重讨论 EX 与 DX 的估计问题.

参数估计通常有两种方法:一种是点估计,即以样本的某一函数值作为未知参数的估计值;另一种是区间估计,即利用统计量这个桥梁,把总体数字特征确定在某一范围之内.

5.5.1 点估计

设 θ 是总体 X 的一个未知参数,其分布密度为 $f(x,\theta)$. $X_1, X_2, \cdots, X_n$ 是来自总体 X 的样本,我们希望获得参数 θ 的一个估计值. 这个问题的解决,在数理统计中通常是用统计量来实现的. 如果用统计量 $\hat{\theta} = \hat{\theta}(X_1, X_2, \cdots, X_n)$ 去估计未知参数 θ,则称统计量 $\hat{\theta}$ 为 θ 的估计量,显然估计量也是随机变量. 如果 $x_1, x_2, \cdots, x_n$ 是样本 $X_1, X_2, \cdots, X_n$ 的一组观测值,则 $\hat{\theta} = \hat{\theta}(x_1, x_2, \cdots, x_n)$ 就是 θ 的一个具体估计值.

由于从样本的不同观测值,可以得到参数 θ 的不同估计值 $\hat{\theta}$,所以这个估计量 $\hat{\theta}(X_1, X_2, \cdots, X_n)$ 的优劣,就不能只以一次的结果来衡量,而应当看它在多次观测中的平均结果是否与参数 θ 相等,即各估计值是否在参数的真值 θ 附近摆动而无系统偏差,严格地说,就是:

定义 5.23　设 $\hat{\theta} = \hat{\theta}(X_1, X_2, \cdots, X_n)$ 为未知参数 θ 的估计量,若

$$E\hat{\theta} = \theta \tag{5.44}$$

则称 $\hat{\theta}$ 为 θ 的无偏估计量.

例 36　设 $X_1, X_2, \cdots, X_n$ 是来自总体 X 的样本,试证明样本均值 $\overline{X}$ 与样本方差 S^2 分别为总体 X 的期望 EX 与方差 DX 的无偏估计量.

证　由于 $E\overline{X} = E\left(\dfrac{1}{n}\sum\limits_{i=1}^{n} X_i\right)$

$$= \frac{1}{n}\sum_{i=1}^{n} EX_i = \frac{1}{n}nEX = EX$$

即 $E\overline{X} = EX$,再根据无偏估计量定义,知 $\overline{X}$ 是 EX 的无偏估计量.

又因

$$ES^2 = E\left[\frac{1}{n-1}\sum_{i=1}^{n}(X_i - \overline{X})^2\right]$$

$$= \frac{1}{n-1}\left[E\sum_{i=1}^{n}(X_i - \overline{X})^2\right]$$

$$= \frac{1}{n-1}\left[E\left(\sum_{i=1}^{n} X_i^2 - n\overline{X}^2\right)\right]$$

$$= \frac{1}{n-1}\left(E\sum_{i=1}^{n} X_i^2 - En\overline{X}^2\right)$$

$$= \frac{1}{n-1}\left(\sum_{i=1}^{n} EX_i^2 - nE\overline{X}^2\right)$$

而 $EX_i^2 = DX_i + (EX_i)^2$,　$E\overline{X}^2 = D\overline{X} + (E\overline{X})^2$

$$D\overline{X} = D\left(\frac{1}{n}\sum_{i=1}^{n} X_i\right) = \frac{1}{n^2}D\sum_{i=1}^{n} X_i$$

$$= \frac{1}{n^2}\sum_{i=1}^{n} DX_i$$

$$= \frac{1}{n^2}nDX = \frac{1}{n}DX$$

故　$ES^2 = \dfrac{1}{n-1}\left\{\sum\limits_{i=1}^{n}\left[DX_i + (EX_i)^2\right] - n\left[D\overline{X} + (E\overline{X})^2\right]\right\}$

$$= \frac{1}{n-1}\left[\sum_{i=1}^{n} DX_i + \sum_{i=1}^{n}(EX_i)^2 - nD\overline{X} - n(E\overline{X})^2\right]$$

$$= \frac{1}{n-1}\left[nDX + n(EX)^2 - n \cdot \frac{DX}{n} - n(EX)^2\right]$$

$$= \frac{DX}{n-1}(n-1) = DX$$

即

$$ES^2 = DX$$

由无偏估计量定义,所以,S^2 为 DX 的无偏估计量.

今后常用样本均值 $\overline{X}$ 作为总体期望 EX 的估计量;样本方差 S^2 作为总体方差 DX 的估计

量,并记为

$$\hat{EX} = \overline{X}, \hat{DX} = S^2$$

但是,对于样本二阶中心矩 $\tilde{S}^2 = \frac{1}{n} \sum_{i=1}^{n} (X_i - \overline{X})^2$ 来说,由于

$$E\tilde{S}^2 = E\left(\frac{n-1}{n}S^2\right) = \frac{n-1}{n}ES^2 = \frac{n-1}{n}DX \neq DX$$

所以 $\tilde{S}^2$ 不是 DX 的无偏估计量,这也是之所以定义样本方差为 S^2 的原因所在.

例37 从一批日光灯管中随机抽取 10 只进行寿命试验,测得以小时为单位的数据为:

$$1\ 200, 1\ 120, 1\ 080, 1\ 100, 1\ 050$$
$$1\ 250, 1\ 040, 1\ 130, 1\ 200, 1\ 300$$

试估计这批日光灯管的平均寿命及寿命分布的均方差.

解 用 $\overline{X} = \frac{1}{n} \sum_{i=1}^{n} X_i$ 作为总体 X 均值 EX 的估计量,而用

$$S^2 = \frac{1}{n-1} \sum_{i=1}^{n} (X_i - \overline{X})^2$$

作为总体方差 DX 的估计量,于是有

$$\hat{EX} = \overline{X} = \frac{1}{10}(1\ 200 + 1\ 120 + \cdots + 1\ 300)$$

$$= 1\ 147(小时)$$

$$\hat{DX} = S^2 = \frac{1}{9}\left[(1\ 200 - 1\ 147)^2 + \cdots + (1\ 300 - 1\ 147)^2\right]$$

$$= 7\ 578.9(平方小时)$$

$$\sqrt{\hat{DX}} = S = \sqrt{7\ 578.9} = 87.1(小时)$$

例38 设 X_1, X_2 为来自正态总体 $X \sim N(a, \sigma^2)$ 的样本,对于参数 a 的两个估计量,$\hat{a}_1 = \frac{3}{4}X_1 + \frac{1}{4}X_2, \hat{a}_2 = \frac{2}{3}X_1 + \frac{1}{3}X_2$.

1) $\hat{a}_1, \hat{a}_2$ 是否为参数 a 的无偏估计量?

2) 若 $\hat{a}_1, \hat{a}_2$ 是参数 a 的无偏估计量,那么用 $\hat{a}_1, \hat{a}_2$ 和 $\overline{X}$ 来估计参数 a,哪个最有效?

解 1) 因 $E\hat{a}_1 = E\left(\frac{3}{4}X_1 + \frac{1}{4}X_2\right) = E\frac{3}{4}X_1 + E\frac{1}{4}X_2$

$$= \frac{3}{4}EX_1 + \frac{1}{4}EX_2 = \frac{3}{4}a + \frac{1}{4}a$$

$$= a$$

即 $E\hat{a}_1 = a$,所以 $\hat{a}_1$ 为 a 的无偏估计量.

又因 $E\hat{a}_2 = E\left(\frac{2}{3}X_1 + \frac{1}{3}X_2\right) = E\frac{2}{3}X_1 + E\frac{1}{3}X_2$

$$= \frac{2}{3}EX_1 + \frac{1}{3}EX_2 = \frac{2}{3}a + \frac{1}{3}a$$

$$= a$$

即 $E\hat{a}_2 = a$,所以 $\hat{a}_2$ 为 a 的无偏估计量.

2) 对未知参数 θ 可以有许多个无偏估计量 $\hat{\theta}_i$,它的无偏性仅仅描述了它所有可能取值按概率平均等于被估参数 θ. 我们希望一个参数 θ 的估计量 $\hat{\theta}$ 的分布最为集中在真值 θ 的周围,越集中越好,方差是体现分布集中程度的一个标准,因此,估计量的方差越小,这个估计量用来估计未知参数 θ 就越有效. 于是

$$\begin{aligned}
D\hat{a}_1 &= D\left(\frac{3}{4}X_1 + \frac{1}{4}X_2\right) = D\left(\frac{3}{4}X_1\right) + D\left(\frac{1}{4}X_2\right) \\
&= \frac{9}{16}DX_1 + \frac{1}{16}DX_2 = \frac{9}{16}\sigma^2 + \frac{1}{16}\sigma^2 \\
&= \frac{5}{8}\sigma^2
\end{aligned}$$

$$\begin{aligned}
D\hat{a}_2 &= D\left(\frac{2}{3}X_1 + \frac{1}{3}X_2\right) = D\left(\frac{2}{3}X_1\right) + D\left(\frac{1}{3}X_2\right) \\
&= \frac{4}{9}DX_1 + \frac{1}{9}DX_2 = \frac{4}{9}\sigma^2 + \frac{1}{9}\sigma^2 \\
&= \frac{5}{9}\sigma^2
\end{aligned}$$

$$\begin{aligned}
D\overline{X} &= D\left(\frac{1}{2}\sum_{i=1}^{2}X_i\right) = \frac{1}{4}D\sum_{i=1}^{2}X_i \\
&= \frac{1}{4}\sum_{i=1}^{2}DX_i = \frac{1}{4}(\sigma^2 + \sigma^2) \\
&= \frac{1}{2}\sigma^2
\end{aligned}$$

可见: $D\overline{X} < D\hat{a}_2 < D\hat{a}_1$,所以,用 $\overline{X}$ 估计参数 a 最有效,$\hat{a}_2$ 次之,$\hat{a}_1$ 最差.

一般地,总体 X 的参数 EX 在无偏估计量 X_i,$\sum_i \alpha_i X_i$(其中 $\sum_i \alpha_i = 1$),$\overline{X}$ 中,可以证明 X_i,$\sum_i \alpha_i X_i$ 的方差均不小于 $\overline{X}$ 的方差,所以 $\overline{X}$ 作为 EX 的估计最有效.

5.5.2　区间估计

(1) 区间估计的意义

参数 θ 的点估计,是用一个数值去估计它,好处是简单、明确,缺点是没有提供一个精度的概念. 例如,用 $\overline{X}$ 去估计 EX,虽然是一种良好的估计,但由于 $\overline{X}$ 是随机变量,它总不会恰好与 EX 相等,而总会有或正或负的偏差,对于一次抽样而言,只得到了 $\overline{X}$ 的一个取值,那么,$\overline{X}$ 离被估计量 EX 到底有"多远"?于是提出通过样本给出一个范围(区间),使得这个区间能按给定的概率套住 EX,而且希望这一区间越小越好,这就是 EX 的区间估计问题.

由一个样本的估计量来估计总体的未知参数,往往有比较大的误差,这是因为在求 θ 的一个点估计值时,都是由样本 $X_1,X_2,\cdots,X_n$ 的一组观测值 $x_1,x_2,\cdots,x_n$ 求得的,再加上参数是未知的,所以不能肯定估计量 $\hat{\theta}(X_1,X_2,\cdots,X_n)$ 与参数 θ 完全相等. 到底估计量与参数相差多大,即 $|\hat{\theta} - \theta|$ 多大呢?根据估计量的分布,在一定的可靠程度下,指出被估计的参数所在的可能值范围,这便是参数的区间估计.

假设 $\hat{\theta}$ 是通过样本 $X_1, X_2, \cdots, X_n$ 的观测值 $x_1, x_2, \cdots, x_n$ 求得的参数 θ 的点估计值. 为求出估计的精度和可靠程度,用误差不超过某一很小的正数 ε 的概率 $1 - \alpha$,即

$$P\{\, |\hat{\theta} - \theta| < \varepsilon \,\} = 1 - \alpha$$

来表示其可靠程度,即参数 θ 位于区间 $(\hat{\theta} - \varepsilon, \hat{\theta} + \varepsilon)$ 内的概率为 $1 - \alpha$. $1 - \alpha$ 称为置信概率,称区间 $(\hat{\theta} - \varepsilon, \hat{\theta} + \varepsilon)$ 为置信区间. 置信概率表示了估计的可靠性,而置信区间则表示了估计的精确度.

定义 5.24 设总体 X 的分布中含有未知参数 θ,由 X 的样本 $X_1, X_2, \cdots, X_n$ 所确定的两个统计量 T_1 和 T_2,如果对于给定的正数 $\alpha(0 < \alpha < 1)$ 有

$$P\{T_1 < \theta < T_2\} = 1 - \alpha \tag{5.45}$$

则称区间 (T_1, T_2) 是 θ 的对应于置信概率为 $1 - \alpha$ 的置信区间,T_1 和 T_2 分别叫做置信区间的置信下限和置信上限,$100(1 - \alpha)\%$ 称为置信度(或信度,或置信概率).

设 $\hat{\theta}_1$ 和 $\hat{\theta}_2$ 是参数 θ 的两个点估计量,若 $P\{\hat{\theta}_1 < \theta < \hat{\theta}_2\} = 95\%$,它的含义是:在总体 X 中取容量为 n 的样本 $X_1, X_2, \cdots, X_n$,反复观测 100 次,每次取一组观测值 $x_1, x_2, \cdots, x_n$,可得到一个区间 $(\hat{\theta}_1, \hat{\theta}_2)$,在 100 个这样的区间中,有的区间包含真值 θ,有的区间不包含真值 θ,但 $P\{\hat{\theta}_1 < \theta < \hat{\theta}_2\} = 95\%$ 表示,包含真值 θ 的约占 95 个,而不包含真值 θ 的约占 5 个.

α 为参数 θ 的区间估计不准的概率,一般希望 α 越小,估计就越准确,通常取 $\alpha = 5\%$ 或 $\alpha = 1\%$.

关于区间的估计问题,主要介绍正态总体 $X \sim N(a, \sigma^2)$ 时,对均值 a 和方差 σ^2 这两个参数的区间估计.

(2) EX 的区间估计

1) 已知 DX,求 EX 的置信区间

设总体 $X \sim N(a, \sigma^2)$,其中 σ^2 已知,$X_1, X_2, \cdots, X_n$ 为来自总体 X 的样本,则统计量 $U = \dfrac{\overline{X} - EX}{\sigma/\sqrt{n}} \sim N(0, 1)$,由正态分布表(附录 Ⅱ 表 2),对给定的 α,存在一个值(临界值)$u_{1 - \frac{\alpha}{2}}$,使

$$P\{\, |U| \leq u_{1 - \frac{\alpha}{2}} \,\} = 1 - \alpha$$

即

$$P\left\{ |\overline{X} - EX| \leq u_{1 - \frac{\alpha}{2}} \frac{\sigma}{\sqrt{n}} \right\} = 1 - \alpha$$

或

$$P\left\{ \overline{X} - u_{1 - \frac{\alpha}{2}} \frac{\sigma}{\sqrt{n}} \leq EX \leq \overline{X} + u_{1 - \frac{\alpha}{2}} \frac{\sigma}{\sqrt{n}} \right\} = 1 - \alpha$$

这就是说,EX 落在区间 $\left(\overline{X} - u_{1 - \frac{\alpha}{2}} \dfrac{\sigma}{\sqrt{n}}, \overline{X} + u_{1 - \frac{\alpha}{2}} \dfrac{\sigma}{\sqrt{n}} \right)$ 内的概率为 $1 - \alpha$,区间

$$\left(\overline{X} - u_{1 - \frac{\alpha}{2}} \frac{\sigma}{\sqrt{n}}, \overline{X} + u_{1 - \frac{\alpha}{2}} \frac{\sigma}{\sqrt{n}} \right) \tag{5.46}$$

称为 EX 的置信区间,α 称为估计不准概率,$1 - \alpha$ 称为置信概率,$u_{1 - \frac{\alpha}{2}}$ 称为在 α 条件下的临界值.

当 $\alpha = 0.05$ 时,查附录 Ⅱ 表 2 得临界值 $u_{1-\frac{\alpha}{2}} = u_{0.975} = 1.96$,因此,$EX$ 的置信区间为

$$\left(\overline{X} - 1.96 \frac{\sigma}{\sqrt{n}}, \overline{X} + 1.96 \frac{\sigma}{\sqrt{n}}\right)$$

当 $\alpha = 0.01$ 时,查附录 Ⅱ 表 2 得临界值 $u_{1-\frac{\alpha}{2}} = u_{0.995} = 2.58$,因此,$EX$ 的置信区间为

$$\left(\overline{X} - 2.58 \frac{\sigma}{\sqrt{n}}, \overline{X} + 2.58 \frac{\sigma}{\sqrt{n}}\right)$$

从上可知,α 越大,区间就越小,EX 落在区间内的把握也就越小,区间大小明显地与样本及容量 n 都有关.

可以证明,根据 U 统计量所确定的这个区间,是所有区间中最短的一个,称它为等尾部区间,如图 5.12 所示.

例39　设有某种滚珠,其直径 X 服从正态分布,且方差为 0.51,现从某天生产的产品中随机地抽取 6 个,测得直径为(单位:mm)

$$14.6, \quad 15.1, \quad 14.9, \quad 14.8, \quad 15.2, \quad 15.1$$

试求平均直径 EX 的置信区间($\alpha = 0.05$).

解　$\overline{X} = \dfrac{1}{6}(14.6 + 15.1 + \cdots + 15.1) = 14.95$

当 $\alpha = 0.05$ 时,查附录 Ⅱ 表 2 得 $u_{1-\frac{\alpha}{2}} = u_{0.975} = 1.96$,

$$\overline{X} - 1.96 \frac{\sigma}{\sqrt{n}} = 14.95 - 1.96 \frac{\sqrt{0.51}}{\sqrt{6}} \approx 14.38$$

$$\overline{X} + 1.96 \frac{\sigma}{\sqrt{n}} = 14.95 + 1.96 \frac{\sqrt{0.51}}{\sqrt{6}} \approx 15.52$$

故 EX 的置信区间为(14.38,15.52).

当 $\alpha = 0.01$ 时,$u_{0.995} = 2.58$,同理可得 EX 的置信区间为(14.20,15.70).

在有些问题中,并不预先知道 X 服从什么分布,在这种情况下,只要样本容量 n 足够大,则由中心极限定理,随机变量 $\dfrac{\overline{X} - EX}{\sqrt{DX/n}}$ 近似服从正态分布. 因此,仍可用

$$\left(\overline{X} - u_{1-\frac{\alpha}{2}} \sqrt{\frac{DX}{n}}, \overline{X} + u_{1-\frac{\alpha}{2}} \sqrt{\frac{DX}{n}}\right)$$

作为 EX 的置信区间.

2）未知 DX,求 EX 的置信区间

实际应用中,经常遇到的是方差未知的情况,这时自然想到用 S^2 来代替未知方差 DX,设 $X_1, X_2, \cdots, X_n$ 为来自正态总体的样本,则统计量

$$T = \frac{\overline{X} - EX}{S/\sqrt{n}} \sim t(n-1)$$

对给定的 α,查 t - 分布表(附录 Ⅱ 表 3) 得临界值 $t_{1-\frac{\alpha}{2}}(n-1)$,使

$$P\left\{\left|\frac{\overline{X} - EX}{S/\sqrt{n}}\right| \leqslant t_{1-\frac{\alpha}{2}}(n-1)\right\} = 1 - \alpha$$

于是得 EX 的置信区间为

$$\left(\overline{X} - t_{1-\frac{\alpha}{2}}(n-1)\frac{S}{\sqrt{n}}, \overline{X} + t_{1-\frac{\alpha}{2}}(n-1)\frac{S}{\sqrt{n}}\right) \tag{5.47}$$

可以证明,这个区间是所有区间中最短的一个,它也是一个等尾部区间,如图 5.13 所示.

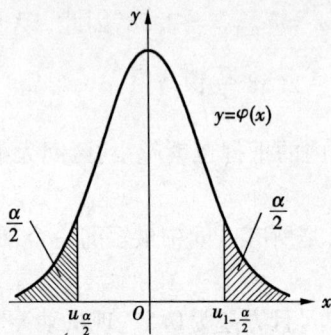

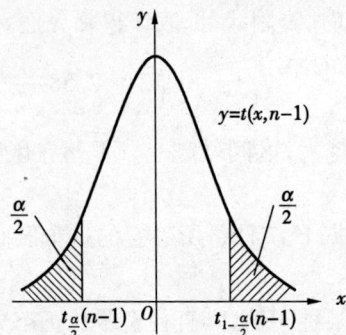

图 5.12　　　　　　　　　　　图 5.13

例 40　某种型号的电阻,其电阻值 X 可以认为服从正态分布,现从该种型号产品中随机抽取 15 只,得样本均值 $\overline{X} = 425.047(\text{k}\,\Omega)$,样本标准差为 $S = \sqrt{\dfrac{1\,006.34}{14}}$,求电阻的平均电阻值 EX 的置信区间($\alpha = 0.05$).

解　当 $\alpha = 0.05$ 时,查自由度 $n = 15 - 1 = 14$ 的 t-分布表(附录 Ⅱ 表 3),得临界值 $t_{1-\frac{\alpha}{2}}(n-1) = t_{0.975}(14) = 2.145$. 于是

$$\overline{X} - t_{1-\frac{\alpha}{2}}(n-1)\frac{S}{\sqrt{n}} = 425.047 - 2.145\sqrt{\frac{1\,006.34}{14 \times 15}} \approx 420.35$$

$$\overline{X} + t_{1-\frac{\alpha}{2}}(n-1)\frac{S}{\sqrt{n}} = 425.047 + 2.145\sqrt{\frac{1\,006.34}{14 \times 15}} \approx 429.74$$

故 EX 的置信区间为 $(420.35, 429.74)$.

(3) 方差 DX 的区间估计

1) 未知期望 EX,求 DX 的置信区间

设 $X_1, X_2, \cdots, X_n$ 为来自总体 $X \sim N(a, \sigma^2)$ 的样本,a, σ^2 均未知,为了确定方差 σ^2 的置信区间,可用样本方差 S^2 去作总体方差 σ^2 的估计,采用统计量 $\chi^2 = \dfrac{n-1}{\sigma^2}S^2 \sim \chi^2(n-1)$.

对给定的 α,查 χ^2-分布表(附录 Ⅱ 表 4)得临界值 $\chi^2_{\frac{\alpha}{2}}(n-1), \chi^2_{1-\frac{\alpha}{2}}(n-1)$,使得

$$P\left\{\chi^2_{\frac{\alpha}{2}}(n-1) < \frac{n-1}{\sigma^2}S^2 < \chi^2_{1-\frac{\alpha}{2}}(n-1)\right\} = 1 - \alpha$$

于是,得方差 $DX = \sigma^2$ 的置信区间为

$$\left(\frac{n-1}{\chi^2_{1-\frac{\alpha}{2}}(n-1)}S^2, \frac{n-1}{\chi^2_{\frac{\alpha}{2}}(n-1)}S^2\right)$$

或

$$\left(\frac{\sum\limits_{i=1}^{n} (X_i - \overline{X})^2}{\chi^2_{1-\frac{\alpha}{2}} (n-1)}, \frac{\sum\limits_{i=1}^{n} (X_i - \overline{X})^2}{\chi^2_{\frac{\alpha}{2}} (n-1)} \right) \tag{5.48}$$

可以证明,当 n 足够大时,这个区间是所有区间中足够短的一个,它也是一个等尾部区间,如图 5.14 所示.

例 41　设某厂生产的砖的抗断强度服从正态分布,在一批砖中随机抽取 6 块,测得其抗断强度(单位:$\mathrm{kg/cm^2}$)为

32.56,　29.66,　31.64,　30.00,　31.87,31.03

试求该厂生产的砖的抗断强度方差 σ^2 具有 95% 的可靠性的置信区间.

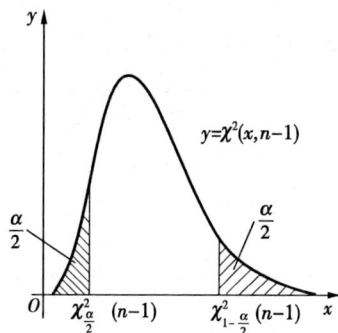

图 5.14

解　此处 $\alpha = 0.05$,查附录 Ⅱ 表 4 得临界值

$$\chi^2_{\frac{\alpha}{2}} (n-1) = \chi^2_{0.025} (5) = 0.831$$

$$\chi^2_{1-\frac{\alpha}{2}} (n-1) = \chi^2_{0.975} (5) = 12.833$$

又　$\overline{X} = \dfrac{1}{n} \sum\limits_{i=1}^{n} X_i = \dfrac{1}{6}(32.56 + 29.66 + \cdots + 31.03)$

$\qquad = 31.127$

$S^2 = \dfrac{1}{n-1} \sum\limits_{i=1}^{n} (X_i - \overline{X})^2$

$\qquad = \dfrac{1}{5}\big[(32.56 - 31.127)^2 + \cdots + (31.03 - 31.127)^2 \big]$

$\qquad = (1.123)^2$

由 $\left(\dfrac{n-1}{\chi^2_{1-\frac{\alpha}{2}} (n-1)} S^2, \dfrac{n-1}{\chi^2_{\frac{\alpha}{2}} (n-1)} S^2 \right)$,有

$$\left(\frac{5}{12.833}(1.123)^2, \frac{5}{0.831}(1.123)^2 \right)$$

即 $(0.491, 7.588)$. 故 σ^2 的 95% 的置信区间为 $(0.491, 7.588)$.

2) 已知期望 $EX = a$,求 DX 的置信区间

此时 $DX = \sigma^2$ 的 $(1-\alpha)$ 的置信区间为

$$\left(\frac{\sum\limits_{i=1}^{n} (X_i - a)^2}{\chi^2_{1-\frac{\alpha}{2}} (n)}, \frac{\sum\limits_{i=1}^{n} (X_i - a)^2}{\chi^2_{\frac{\alpha}{2}} (n)} \right)$$

*5.6　假设检验与实例

参数估计是寻求总体参数 θ 的估计量 $\hat{\theta}$,它是通过样本的观测值求出 $\hat{\theta}$ 的数值,用来作为 θ

的估计值,参数估计是统计推断的一个重要方面,然而在实际应用中,经常遇到与参数估计提法不同的一些问题:

1) 已知样本来自总体 X,问该总体的某参数 θ 是否等于定值 θ_0.

2) 已知样本来自总体 X,问该总体的分布函数 $F(x)$ 是否等于某一已知函数 $F_0(x)$.

这些问题的共同特点,都是要从样本信息出发,对总体参数或分布类型的看法(在1)中的看法是:"$\theta = \theta_0$";在2)中的看法是"$F(x) = F_0(x)$")做出"是"与"否"的判断. 由于"看法"本身又是一个"假设",因此称这类问题为假设检验问题. 假设检验有参数(如1))与非参数(如2))之分,假设检验是统计推断的另一个重要方面. 下面分别讨论单总体和双总体参数(期望、方差)的假设检验问题.

5.6.1　假设检验的基本思想方法

先来看一个具体的实例:某厂有一批产品,按国家规定标准,当次品率 $p_0 \leqslant 0.005$ 时,这批产品方可出厂,今在其中任抽 20 件,发现 3 件次品,问这批产品能否出厂?

这里要检验的假设是:这批产品的次品率是否不大于(即不超过)0.005,记为 $p \leqslant 0.005$.

由二项分布,当 $p = 0.005$ 时,$P\{抽查 20 件恰有 3 件次品\} = C_{20}^3 (0.005)^3 (0.995)^{17} \approx 0.000\,13$.

这一结果表明"任抽 20 件出现 3 件次品"这个事件是一个小概率事件,它在 5\,000 次试验中难得出现一次,可是概率如此小的小概率事件,竟然在一次具体试验中发生了,这明显违背"小概率事件在一次试验中可以认为基本上不会发生"这一小概率原理. 产生这一不合理现象的根源在于假设"$p \leqslant 0.005$",所以认为这一假设是不能成立的,应予否定. 也就是说这批产品不能出厂.

从上例分析看出:为了检验一个"假设"是否成立,只需用"概率性质反证法",就可获得解决. 先假定这个"假设"为真,然后根据抽样结果,利用"小概率原理"看其是否合理,如抽样结果是小概率事件,则拒绝原假设;如抽样结果不是小概率事件,则接受原假设.

为研究问题方便起见,把小概率事件的概率记为 α,并称之为显著性水平(或检验水平).

在上述假设检验中已经看到,假设检验的基本思想是根据"小概率原理"而采用某种带有概率性质的反证法. 在进行假设检验时,总希望,若假设 H_0 确实为真,则接受 H_0;若假设 H_0 确实不真,则拒绝 H_0. 可是当检验假设 H_0 时,仅仅是根据一次随机抽样所得到的样本观测值,就做出了接受或拒绝 H_0 的决策,这难免不犯错误,其犯错误的原因在于"小概率原理"并未保证小概率事件在一次试验中绝对不会发生. 于是在做出对假设 H_0 接受或拒绝的决策时,有可能犯以下两类错误:

1) 假设 H_0 确实为真,有可能拒绝 H_0,这就犯了"弃真"的错误,称为"第一类错误". 它发生的概率就是显著性水平 α,将它记为

$$P\{拒绝 H_0 \mid H_0 为真\} = \alpha$$

2) 假设 H_0 确实不真,有可能接受 H_0,这就犯了"纳伪"的错误,称为"第二类错误",通常用 β 表示. 将它记为

$$P\{接受 H_0 \mid H_0 为伪\} = \beta$$

对于一个假设检验问题来说,希望 α 与 β 都小,当样本容量 n 固定时,可以证明,α 小 β 就大,β 小 α 就大. 因此,当 n 固定时,要求 α 与 β 同时都很小是办不到的. 要想 α 与 β 两者同时减

小,就必须增大样本容量 n,而这又是不现实的. 同时还注意到一个事实,只要当样本容量 $n \geqslant$ 5 时,第二类错误概率 β 就不会太大. 因此,一般的做法是:控制第一类错误概率 α,使犯"弃真"的错误尽可能地小. 一般常取 $\alpha = 0.05, 0.02$ 或 0.01.

5.6.2　正态总体均值 a 的假设检验

(1)已知方差 σ_0^2,检验假设 $H_0 : a = a_0$

设 $X_1, X_2, \cdots, X_n$ 为来自正态总体 $X \sim N(a, \sigma_0^2)$ 的样本,若 $H_0 : a = a_0$ (H_0 表示假设符号, a_0 是已知常数)为真,则样本均值

$$\overline{X} \sim N\left(a_0, \frac{\sigma_0^2}{n}\right)$$

于是统计量 $U = \dfrac{\overline{X} - a_0}{\sigma_0 / \sqrt{n}} \sim N(0, 1)$.

对于给定的显著性水平 α,由附录 Ⅱ 表 2 可得临界值 $u_{1-\frac{\alpha}{2}}$,并使得 $P\{|U| > u_{1-\frac{\alpha}{2}}\} = \alpha$. 显然 $\{|U| > u_{1-\frac{\alpha}{2}}\}$ 是一小概率事件.

当样本 $X_1, X_2, \cdots, X_n$ 取观测值 $x_1, x_2, \cdots, x_n$ 时,统计量 U 的值为 U_0,且:

若 $|U_0| \geqslant u_{1-\frac{\alpha}{2}}$ 时,这说明小概率事件在一次具体试验中出现了,因此应该拒绝假设 $H_0 : a = a_0$;

若 $|U_0| < u_{1-\frac{\alpha}{2}}$ 时,则应该接受假设 $H_0 : a = a_0$.

上述检验法称为 u 检验法.

当拒绝假设 H_0 时,常称总体期望 a 与 a_0 有显著差异;而接受假设 H_0 时,常称总体期望 a 与 a_0 无显著差异. 现将 u 检验法步骤归结如下:

1)提出检验假设 $H_0 : a = a_0$;

2)选取统计量 $U = \dfrac{\overline{X} - a_0}{\sigma_0 / \sqrt{n}} \sim N(0, 1)$;

3)给定显著水平 α,由 $P\{|U| \geqslant u_{1-\frac{\alpha}{2}}\} = \alpha$ 确定临界值 $u_{1-\frac{\alpha}{2}}$;

4)计算统计量 U 的实现值 U_0;

5)做出判断,当 $|U_0| \geqslant u_{1-\frac{\alpha}{2}}$ 时,则拒绝假设 H_0;当 $|U_0| < u_{1-\frac{\alpha}{2}}$ 时,则接受假设 H_0.

例 42　设洗衣粉装包量 X 服从正态分布 $X \sim N(a, \sigma^2)$,其中 $\sigma = \sigma_0 = 2$ 为已知,今在装好的洗衣粉中随机抽取 10 袋,测得平均装包量 $\overline{X} = 498$ g,试问,能否认为 a 是 500 g? ($\alpha = 0.05$)

解　待检验的是 $H_0 : a = 500$,由于总体方差为 $\sigma_0^2 = 4$,采用 u 检验法,算出统计量 $U = \dfrac{\overline{X} - a_0}{\sigma / \sqrt{n}}$ 的值:

$$U_0 = \frac{498 - 500}{2 / \sqrt{10}} = -3.162$$

对 $\alpha = 0.05$,查附录 Ⅱ 表 2,得临界值 $u_{1-\frac{\alpha}{2}} = u_{0.975} = 1.96$,现在 $|U_0| = 3.162 > u_{0.975} = 1.96$,故在 $\alpha = 0.05$ 条件下,拒绝 H_0,即不能认为 a 是 500 g.

（2）未知方差 σ^2 时，检验假设 $H_0:a = a_0$

设样本 $X_1,X_2,\cdots,X_n$ 来自正态总体 $X \sim N(a,\sigma^2)$，要检验假设 $H_0:a = a_0$（其中 a,σ^2 均为未知参数）．

这里由于方差 σ^2 未知，上面 u 检验法不能适用，为了得到一个不含未知参数 σ^2 的统计量，自然想到用方差的无偏估计量 S^2 来代替 σ^2，于是选统计量 $T = \dfrac{\overline{X} - a_0}{S/\sqrt{n}}$．

若 $H_0:a = a_0$ 为真时，

$$T = \frac{\overline{X} - a_0}{S/\sqrt{n}} \sim t(n-1)$$

当给定 α，由附录 Ⅱ 表3，可得临界值 $t_{1-\frac{\alpha}{2}}(n-1)$，并使

$$P\{|T| \geq t_{1-\frac{\alpha}{2}}(n-1)\} = \alpha$$

计算 T 的实现值为 T_0，

若 $|T_0| \geq t_{1-\frac{\alpha}{2}}(n-1)$，就拒绝 H_0；

若 $|T_0| < t_{1-\frac{\alpha}{2}}(n-1)$，就接受 H_0．

这种检验叫 t **检验法**．

比较一下 u 检验法与 t 检验法的步骤，从形式看完全相同，主要区别在于选取的统计量不同．形式相同是由于都是采用小概率原理以反证的推理方法建立起来的；而统计量的不同则是根据问题条件不同而决定的．因此，根据不同条件选取不同的统计量是建立不同检验法的关键．在今后的检验问题中读者要特别注意对统计量的选择这一关键问题．

例43 已知健康人的红血球直径服从均值为 $7.20\ \mu m$ 的正态分布，今在某一患者血液中随机测到 9 个红血球的直径如下（单位：μm）

$$7.1,\quad 7.3,\quad 7.7,\quad 7.8,\quad 8.0,\quad 8.1,\quad 8.5,\quad 9.0,\quad 7.6$$

问该患者红血球平均直径与健康人有无显著差异？（$\alpha = 0.05$）

解 这里要检验假设 $H_0:a = a_0 = 7.2$，由于 σ^2 未知，采用 t 检验法．

$$\overline{X} = \frac{1}{9}(7.1 + 7.3 + \cdots + 7.6) = 7.9$$

$$S^2 = \frac{1}{8}\left[(7.1-7.9)^2 + (7.3-7.9)^2 + \cdots + (7.6-7.9)^2\right]$$
$$= 0.345$$
$$S = 0.587$$

T 的观测值

$$T_0 = \frac{\overline{X} - a_0}{S/\sqrt{n}} = \frac{7.9 - 7.2}{0.587/\sqrt{9}} = 3.58$$

由 $\alpha = 0.05$，自由度 $n-1 = 9-1 = 8$，查附录 Ⅱ 表3，得临界值 $t_{1-\frac{\alpha}{2}}(n-1) = t_{0.975}(8) = 2.306$，现在 $|T_0| = 3.58 > t_{0.975} = 2.306$，所以拒绝假设 H_0，即认为该患者的红血球直径与健康人有显著性差异．

5.6.3 正态总体方差 σ^2 的假设检验

设样本 $X_1,X_2,\cdots,X_n$ 来自正态总体 $X \sim N(a,\sigma^2)$，这里 σ^2 为未知参数，现在要检验假设

$H_0 : \sigma^2 = \sigma_0^2$.

（1）已知期望 a 时，检验假设 $H_0 : \sigma^2 = \sigma_0^2$

当 H_0 为真时，统计量

$$\chi^2 = \frac{1}{\sigma_0^2} \sum_{i=1}^{n} (X_i - a)^2 \sim \chi^2(n)$$

若给定显著性水平 α，则可由附录 Ⅱ 表4，查得临界值 $\chi_{\frac{\alpha}{2}}^2(n)$ 与 $\chi_{1-\frac{\alpha}{2}}^2(n)$ 使得

$$P\{\chi^2 \geqslant \chi_{1-\frac{\alpha}{2}}^2(n)\} = P\{\chi^2 \leqslant \chi_{\frac{\alpha}{2}}^2(n)\} = \frac{\alpha}{2}$$

当由样本算得统计量 χ^2 的值 χ_0^2，

若 $\chi_0^2 \leqslant \chi_{\frac{\alpha}{2}}^2(n)$ 或 $\chi_0^2 \geqslant \chi_{1-\frac{\alpha}{2}}^2(n)$，则拒绝 H_0；

若 $\chi_{\frac{\alpha}{2}}^2(n) < \chi_0^2 < \chi_{1-\frac{\alpha}{2}}^2(n)$，则接受 H_0.

这种检验方法叫 χ^2 **检验法**.

例 44　已知维尼纶的纤维粗细程度在正常情况下服从正态分布 $N(1.45 ; 0.048^2)$，今抽取 8 根纤维，测得其纤维度为

1.44，1.32，1.55，1.36，1.40，1.39，1.38，1.35

问当天纤维度的总体方差 σ^2 是否正常？（$\alpha = 0.05$）

解　设该天维尼纶纤维度为 $X \sim N(a, \sigma^2)$，于是问题变为检验假设 $H_0 : \sigma^2 = \sigma_0^2 = 0.048^2$，其中 $a = 1.45$ 已知，采用 χ^2 检验法

$$\sum_{i=1}^{n} (X_i - a)^2 = (1.44 - 1.45)^2 + \cdots + (1.35 - 1.45)^2$$

$$\approx 0.056$$

统计量 χ^2 的观测值

$$\chi_0^2 = \frac{1}{\sigma_0^2} \sum_{i=1}^{n} (X_i - a)^2 = \frac{0.056}{0.048^2} \approx 24.3056$$

由 $\alpha = 0.05$，$\frac{\alpha}{2} = 0.025$，查附录 Ⅱ 表4，得临界值

$$\chi_{\frac{\alpha}{2}}^2(n) = \chi_{0.025}^2(8) = 2.180$$

$$\chi_{1-\frac{\alpha}{2}}^2(n) = \chi_{0.975}^2(8) = 17.535$$

现在的事实是 $24.3056 \geqslant 17.535$，故拒绝 H_0，即该天纤维度总体的标准差是不正常的.

（2）未知期望 a 时，检验假设 $H_0 : \sigma^2 = \sigma_0^2$

当 H_0 为真时，统计量

$$\chi^2 = \frac{1}{\sigma_0^2} \sum_{i=1}^{n} (X_i - \overline{X})^2 \sim \chi^2(n-1)$$

若给定显著性水平 α，则可由附录 Ⅱ 表4，查得临界值 $\chi_{\frac{\alpha}{2}}^2(n-1)$ 与 $\chi_{1-\frac{\alpha}{2}}^2(n-1)$ 使得

$$P\{\chi^2 \geqslant \chi_{1-\frac{\alpha}{2}}^2(n-1)\} = P\{\chi^2 \leqslant \chi_{\frac{\alpha}{2}}^2(n-1)\} = \frac{\alpha}{2}$$

如图 5.15 所示.

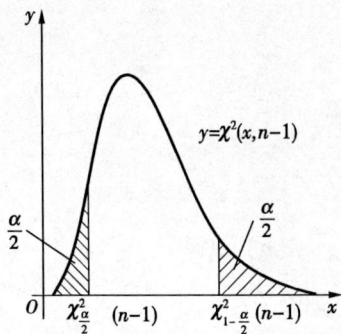

图 5.15

当由样本算得统计量 χ^2 的值 χ_0^2,

若 $\chi_0^2 \leqslant \chi_{\frac{\alpha}{2}}^2(n-1)$ 或 $\chi_0^2 \geqslant \chi_{1-\frac{\alpha}{2}}^2(n-1)$,则拒绝 H_0;

若 $\chi_{\frac{\alpha}{2}}^2(n-1) < \chi_0^2 < \chi_{1-\frac{\alpha}{2}}^2(n-1)$,则接受 H_0.

*5.6.4 两个正态总体方差的假设检验

这里通过一个实例就两个正态总体方差的假设检验,作一简要介绍.

从两个铁矿山的铁矿石中各抽样数次,分析其含铁量(%)如下:

甲矿:24.3　　20.8　　23.7　　21.3　　17.4

乙矿:18.3　　16.9　　20.2　　16.7

假定各铁矿山的含铁量服从正态分布,试问甲乙两铁矿山的含铁量方差是否相同,亦即两者方差有无显著差异($\alpha = 0.05$).

设 $X_1, X_2, \cdots, X_m$ 与 $Y_1, Y_2, \cdots, Y_n$ 为分别来自正态总体 $X \sim N(a_1, \sigma_1^2)$ 和 $Y \sim N(a_2, \sigma_2^2)$ 的样本,且它们相互独立,则统计量

$$F = \frac{S_m^2/\sigma_1^2}{S_n^2/\sigma_2^2} \sim F(m-1, n-1)$$

其中 S_m^2, S_n^2 分别表示各个样本的样本方差.

现在欲检验假设:

$$H_0 : \sigma_1^2 = \sigma_2^2 \quad (H_1 : \sigma_1^2 \neq \sigma_2^2)$$

当均值 a_1, a_2 未知时,两总体样本方差 S_m^2 与 S_n^2 在 $H_0 : \sigma_1^2 = \sigma_2^2$ 成立的条件下,它们不应相差太大,即比值 $F = S_m^2/S_n^2$ 应该接近于 1. 否则当 $\sigma_1^2 > \sigma_2^2$ 时,F 有偏大的趋势;当 $\sigma_1^2 < \sigma_2^2$ 时,F 有偏小的趋势. 在这两种情况下,假设 $H_0 : \sigma_1^2 = \sigma_2^2$ 都不大可能成立. 于是,当 $H_0 : \sigma_1^2 = \sigma_2^2$ 为真时,统计量

$$F = \frac{S_m^2}{S_n^2} \sim F(m-1, n-1)$$

就可以作为 $H_0 : \sigma_1^2 = \sigma_2^2$ 的检验统计量,称用 F 统计量的检验法为 **F 检验法**. 因此,对于给定的显著水平 α,查 F 分布数值表(即附录 Ⅱ 表5),可得两个临界值 $F_{\frac{\alpha}{2}}(m-1, n-1)$ 与 $F_{1-\frac{\alpha}{2}}(m-1, n-1)$,使得

$$P\{F \leqslant F_{\frac{\alpha}{2}}(m-1, n-1)\} = P\{F \geqslant F_{1-\frac{\alpha}{2}}(m-1, n-1)\} = \frac{\alpha}{2}$$

然后,根据样本值计算出 F 的实际观测值 F_0. 进一步计算出 $F = S_1^2/S_2^2$ 的实际值 F_0.

若 $F_{\frac{\alpha}{2}}(m-1, n-1) < F_0 < F_{1-\frac{\alpha}{2}}(m-1, n-1)$,则接受原假设 $H_0 : \sigma_1^2 = \sigma_2^2$.

若 $F_0 \geqslant F_{1-\frac{\alpha}{2}}(m-1, n-1)$ 或 $F_0 \leqslant F_{\frac{\alpha}{2}}(m-1, n-1)$,则拒绝原假设 $H_0 : \sigma_1^2 = \sigma_2^2$.

于是,刚才提出的实例,就可以用上述 F 检验法获得解决.

由实例题意可知,需要检验的假设为

$$H_0 : \sigma_1^2 = \sigma_2^2$$

因为这是一个两个正态总体的方差检验问题,又其均值 a_1, a_2 未知,所以判别 H_0 的检验统计量

应为

$$F = \frac{S_m^2}{S_n^2} \sim F(m-1, n-1)$$

此处　$m-1 = 5-1 = 4, n-1 = 4-1 = 3$. 当 $\alpha = 0.05$ 时, 查 F 分布表, 可得临界值

$$F_{1-\frac{\alpha}{2}}(m-1, n-1) = F_{0.975}(4, 3) = 15.10$$

又利用

$$F_{\frac{\alpha}{2}}(m-1, n-1) = 1/F_{1-\frac{\alpha}{2}}(n-1, m-1)$$

可得

$$F_{0.025}(4, 3) = 1/F_{0.975}(3, 4) = 1/9.98 = 0.1$$

$$S_m^2 = \frac{1}{m-1}\sum_{i=1}^{m}(X_i - \overline{X})^2 = \frac{1}{4}\sum_{i=1}^{5}(X_i - \overline{X})^2 = 7.505$$

$$S_n^2 = \frac{1}{n-1}\sum_{i=1}^{n}(Y_i - \overline{Y})^2 = \frac{1}{3}\sum_{i=1}^{4}(Y_i - \overline{Y})^2 = 2.609$$

从而算得统计量的样本观测值为

$$F_0 = \frac{S_m^2}{S_n^2} = \frac{7.505}{2.609} = 2.88$$

由于 $0.1 = F_{0.025}(4, 3) < F_0 = 2.88 < F_{1-\frac{\alpha}{2}}(4,3) = 15.10$, 因此应该接受 $H_0 : \sigma_1^2 = \sigma_2^2$, 即认为两矿山铁矿石的含铁量方差应该相同.

5.7　线性回归与实例

回归分析是处理变量之间相关关系的一种统计分析方法, 它在生产实践、科学试验、工程技术中有着极为广泛的应用. 本节主要讨论一元线性回归, 对于一元非线性回归和质量控制也将通过实例作简要介绍.

5.7.1　回归分析的意义

（1）两种不同类型的变量关系

客观现实的变换过程中, 变量之间的相互关系是十分复杂的, 表现在数量上主要有两种类型.

类型 Ⅰ：确定关系　这类关系的特点是：对给定的变量 x, 另一变量 y 有确定的对应值. 如平面区域圆的面积：S（圆面积）$= \pi r^2$（半径）, 电学中的欧姆定律：U（电压）$= I$（电流强度）R（电阻）等, 这些都是我们所熟知的函数关系.

类型 Ⅱ：相关关系　这类关系的特点是：变量具有某种不确定性的关系. 如人的身高与体重的关系, 一般来说, 人高一些, 体重大一些, 但同样高度的人, 体重往往不尽相同. 即不能由"身高"去确定"体重". 又如, 农作物的收获量与气候、降雨、肥量等因素有关, 但是同样的气候、雨量、肥量条件, 其收获量未必完全相同. 又再如, 某商品的需求量与价格有关, 一般而言, 价高需求量小, 价低需求量大, 但同一价格的商品, 需求量往往也有所不同. 这些变量之间的关系无法用一个确切的数学表达式把它们表示出来, 但确实它们之间又存在着密切关系. 这种变量关系从本质上来说, 是随机变量之间的关系, 在统计分析中, 把它们称为相关关系或统计

关系.

不过由于这些问题中变量 x 的取值是可以人为控制或可以通过观测得到,因此又可以把它作为普通变量看待. 回归分析就是研究这种特殊关系的一种统计分析方法.

(2) 回归分析的主要任务

相关关系虽然不是确定关系,但在大量的观测下,往往会呈现出一定的统计规律性,这里假定变量 x 是可控(或普通)变量,若将相关关系中变量 x 与 y 的 n 组样本观测值 (x_i, y_i) $(i = 1, 2, \cdots, n)$ 作为平面直角坐标系中点的坐标,并把这些点标在坐标图上,就得出这 n 个点的散布图,把它称为观测值的散点图. 从散点图上一般可直观地看出变量关系大概的统计规律,如图 5.16 与图 5.17 所示.

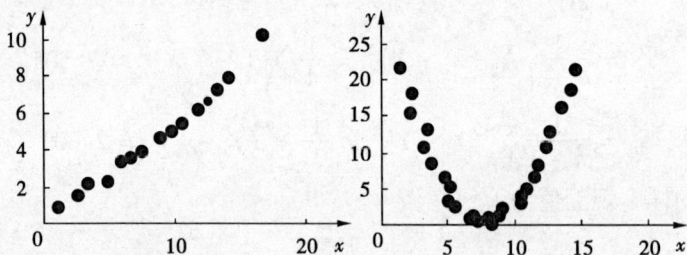

图 5.16　　　　　　　　图 5.17

可以直观看出:图 5.16 的散点大致围绕一条直线散布,图 5.17 的散点则大致围绕一条抛物线散布. 这就是变量间统计规律性的一种表现形式,于是可借助于确定的函数 $y = bx + a$ 与 $y = ax^2 + bx + c$ 来作为观测结果的一种近似描述. 这就是说,变量间的相关关系尽管不是函数关系,仍可借助相应的一个恰当函数来表达它们的规律性. 称这样的函数为回归函数. 如果回归函数是一线性函数,则称为变量间的线性回归,否则称为非线性回归. 所谓回归分析,就是由一个普通变量去估计或预测某一随机变量的观测值时,所建立的数学模型及所进行的一系列统计分析.

回归分析的任务就是根据变量 x 与 y 的样本点 (x_i, y_i),寻求并检验变量之间相关关系的回归函数,从而运用这个函数(经验公式)达到预测或控制的目的.

"回归"一词首先由英国科学家高尔顿用于研究身高的遗传问题. 高尔顿在研究父子身高的关系时,发现父亲身高与父辈平均身高之差同儿子身高与子辈平均身高之差成一定比例. 即身高量是随平均数变化的,即要"回归"到平均数上. 目前回归分析已经成为通用术语.

5.7.2　一元线性回归方程的建立

(1) 一元回归直线

若已知变量 x 与 y 之间存在某种相关关系,为了研究它们的具体关系,其中最简单的方法是通过样本观测值 (x_i, y_i) $(i = 1, 2, \cdots, n)$ 做出散点图,看散点图中的散点是否大致分布在一条直线上,如散点几乎分布在一条直线上,就用一直线方程 $y = a + bx$ 来近似地描述变量 y 与 x 的相关关系,这就是线性回归直线.

例 45　商品销售额在居民收入上的回归问题:某地区 1978—1988 年居民货币收入 x 与社会商品零售额 y 的资料如表 5.7 所示.

表 5.7

年　份	1978	1979	1980	1981	1982	1983	1984	1985	1986	1987	1988
x/ 亿元	35	36	41	44	47	50	54	57	64	70	68
y/ 亿元	45	46	54	60	65	72	77	80	85	97	114

以各年份居民货币收入为自变量 x,以社会商品零售额 y 为因变量,它们之间的相互关系如图 5.18 所示,该图称为散点图.

散点图中的每一点代表每一年的数据,例如图中最左边的一点就表示 1978 年居民货币收入为35 亿元,商品零售额是45 亿元,且由图可见,变量 x 与 y 之间存在密切相关关系,随着居民货币收入的增长,相应地引起社会商品零售额的增长,二者之间大致呈现线性关系,因而自然会想到用一条直线

$$\hat{y} = a + bx \qquad (5.49)$$

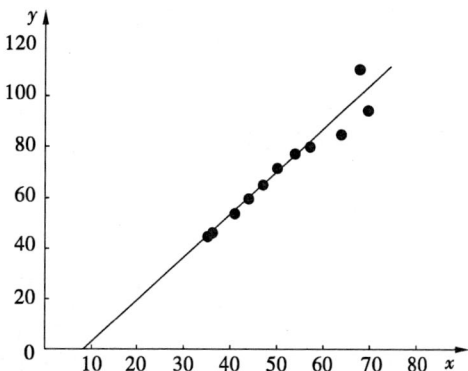

图 5.18

来近似地表示两者之间的关系.这条直线称为回归直线,这个方程称为回归方程,方程中的系数 b(亦即回归直线的斜率) 称为回归系数,a 为常数项.

(2) 回归直线方程的建立

设 x 与 y 是两个具有相关关系的变量,采用独立试验的方法,对一个容量为 n 的样本观测值: $(x_1,y_1),(x_2,y_2),\cdots,(x_n,y_n)$,如何求出其回归直线方程,即如何确定 $\hat{y} = a + bx$ 中的 a 与 b?

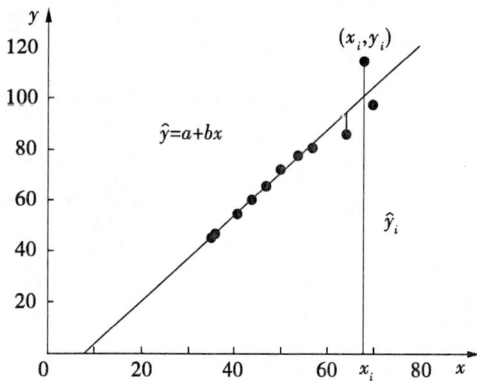

图 5.19

所求的回归直线方程,自然希望它尽可能地靠近每一个样本点 (x_i,y_i),显然这样的直线有一个显著的特点:“对于所有 x_i,观测值 y_i 与回归值 $\hat{y}_i$ 的偏离达到最小. ”

当 $x = x_i$ 时,y 的观测值为 y_i,而其回归值为 $\hat{y}_i = a + bx_i$,所以在 x_i 处观测值 y_i 与回归值 $\hat{y}_i$ 的离差为

$$y_i - \hat{y}_i = y_i - (a + bx_i) \quad (i = 1,2,\cdots,n)$$

如图 5.19 所示.

为避免其离差的相互抵消,采用离差平方和

$$Q(a,b) = \sum_{i=1}^{n} (y_i - \hat{y}_i)^2 = \sum_{i=1}^{n} (y_i - a - bx_i)^2 \qquad (5.50)$$

来刻画 (x_i,y_i) 与直线 $y = a + bx$ 的偏离程度,一般所说的回归直线就是使 Q 为最小的直线. 使 $Q(a,b)$ 达到最小值的 a 与 b 的估计值 $\hat{a}$ 与 $\hat{b}$,就是所需要的回归直线的截距与斜率,因此,求回归直线问题便转化为求 Q 取最小值的 a 与 b 的问题.

根据微积分学求极值的原理,当 $Q(a,b)$ 可微时,有

$$\begin{cases} \dfrac{\partial Q}{\partial a} = -2\sum_{i=1}^{n}(y_i - a - bx_i) = 0 \\[3mm] \dfrac{\partial Q}{\partial b} = -2\sum_{i=1}^{n}(y_i - a - bx_i)x_i = 0 \end{cases}$$

即

$$\begin{cases} na + b\sum_{i=1}^{n}x_i = \sum_{i=1}^{n}y_i \\[3mm] a\sum_{i=1}^{n}x_i + b\sum_{i=1}^{n}x_i^2 = \sum_{i=1}^{n}x_iy_i \end{cases} \qquad （正规方程）$$

这是关于 a,b 的二元线性方程组,解之得

$$\begin{cases} \hat{b} = \dfrac{\begin{vmatrix} n & \sum\limits_{i=1}^{n}y_i \\[3mm] \sum\limits_{i=1}^{n}x_i & \sum\limits_{i=1}^{n}x_iy_i \end{vmatrix}}{\begin{vmatrix} n & \sum\limits_{i=1}^{n}x_i \\[3mm] \sum\limits_{i=1}^{n}x_i & \sum\limits_{i=1}^{n}x_i^2 \end{vmatrix}} = \dfrac{n\sum\limits_{i=1}^{n}x_iy_i - \left(\sum\limits_{i=1}^{n}x_i\right)\left(\sum\limits_{i=1}^{n}y_i\right)}{n\sum\limits_{i=1}^{n}x_i^2 - \left(\sum\limits_{i=1}^{n}x_i\right)^2} \\[8mm] \quad = \dfrac{\sum\limits_{i=1}^{n}x_iy_i - n\bar{x}\bar{y}}{\sum\limits_{i=1}^{n}x_i^2 - n\bar{x}^2} \\[8mm] \hat{a} = \dfrac{1}{n}\sum\limits_{i=1}^{n}y_i - \dfrac{\hat{b}}{n}\sum\limits_{i=1}^{n}x_i = \bar{y} - \hat{b}\bar{x} \end{cases} \qquad (5.51)$$

显然,(5.51) 式中的 $(\hat{a},\hat{b})$ 就是使 $Q(a,b)$ 达到最小值的 (a,b) 值,于是所求的线性回归方程就是

$$\hat{y} = \hat{a} + \hat{b}x \qquad (5.52)$$

为便于记忆求回归系数 $\hat{b}$ 的公式,引入以下记号

$$l_{xx} = \sum_{i=1}^{n}(x_i - \bar{x})(x_i - \bar{x}) = \sum_{i=1}^{n}(x_i - \bar{x})^2 = \sum_{i=1}^{n}x_i^2 - n\bar{x}^2$$

$$l_{xy} = \sum_{i=1}^{n}(x_i - \bar{x})(y_i - \bar{y}) = \sum_{i=1}^{n}x_iy_i - n\bar{x}\bar{y}$$

$$l_{yy} = \sum_{i=1}^{n}(y_i - \bar{y})(y_i - \bar{y}) = \sum_{i=1}^{n}y_i^2 - n\bar{y}^2$$

$$\bar{x} = \frac{1}{n}\sum_{i=1}^{n}x_i, \qquad \bar{y} = \frac{1}{n}\sum_{i=1}^{n}y_i$$

此时

$$\begin{cases} \hat{b} = \dfrac{l_{xy}}{l_{xx}} \\ \hat{a} = \overline{y} - \hat{b}\overline{x} \end{cases} \tag{5.53}$$

现在利用本节例 11 的数据,来具体地说明回归直线方程的计算过程,这个过程可以利用回归方程计算表(表 5.8):

表 5.8

年　份	x	y	x^2	xy	y^2
1978	35	45	1 225	1 575	2 025
1979	36	46	1 296	1 656	2 116
1980	41	54	1 681	2 214	2 916
1981	44	60	1 936	2 640	3 600
1982	47	65	2 209	3 055	4 225
1983	50	72	2 500	3 600	5 184
1984	54	77	2 916	4 158	5 929
1985	57	80	3 249	4 560	6 400
1986	64	85	4 096	5 440	7 225
1987	70	97	4 900	6 790	9 409
1988	68	114	4 624	7 752	12 996
$\sum$	566	795	30 632	43 440	62 025

$$\begin{aligned}
\hat{b} &= \frac{n\sum\limits_{i=1}^{n} x_i y_i - \left(\sum\limits_{i=1}^{n} x_i\right)\left(\sum\limits_{i=1}^{n} y_i\right)}{n\sum\limits_{i=1}^{n} x_i^2 - \left(\sum\limits_{i=1}^{n} x_i\right)^2} \\
&= \frac{11 \times 43\,440 - 566 \times 795}{11 \times 30\,632 - 566^2} \\
&\approx 1.679\,32 \\
\hat{a} &= \frac{1}{n}\sum\limits_{i=1}^{n} y_i - \frac{b}{n}\sum\limits_{i=1}^{n} x_i \\
&= \frac{1}{11} \times 795 - \frac{1.679\,32}{11} \times 566 \\
&\approx -14.135\,92
\end{aligned}$$

故所求回归直线方程为

$$\hat{y} = -14.135\,92 + 1.679\,32x$$

回归系数 b 的意义:它表明当自变量 x 每增加(或减少)一个单位时,因变量 y 平均增加(或减少)多少的量. 回归系数 b 有正有负,当 $b > 0$ 时,称为正相关,表明自变量 x 增加,因变量 y 也增加;当 $b < 0$ 时,称为负相关,表明自变量 x 增加,因变量 y 反而减少. 在本例中,$\hat{b} =$

1.679 32, 表明当居民年货币收入量 x 增加 1 亿元时, 社会商品销售额增加 1.679 32 亿元.

综上所述, 将求线性回归方程的步骤简写如下:

第一步, 作出样本点 (x_i, y_i) 的散点图.

第二步, 列出回归方程计算值表, 并计算出 $\bar{x}, \bar{y}, l_{xx}, l_{xy}, l_{yy}$.

第三步, 利用公式 $\hat{b} = \dfrac{l_{xy}}{l_{xx}}, \hat{a} = \bar{y} - \hat{b}\bar{x}$ 求出回归系数 $\hat{b}$ 与回归方程截距 $\hat{a}$.

第四步, 写出回归(估计)方程 $\hat{y} = \hat{a} + \hat{b}x$.

5.7.3   相关程度的检验

由上述方法求回归直线方程时, 并未事先假定 y 与 x 真有线性关系, 只要任一组样本观测值 (x_i, y_i) 中的 x_i 不全相等, 通过公式(5.51)都可以配出一条回归直线来描述 y 与 x 的关系, 于是就产生了这样的问题: y 与 x 是否具有线性关系, 如 y 与 x 并无线性相关关系, 那么所配出的回归直线也就毫无意义了. 这里就提出了回归直线的相关程度显著性检验这个问题, 它可以通过观察 x 与 y 之间相关系数的大小来求得解决.

(1) 相关系数

定义 5.25   称统计量

$$r = \frac{l_{xy}}{\sqrt{l_{xx}l_{yy}}} = \frac{\sum\limits_{i=1}^{n}(x_i - \bar{x})(y_i - \bar{y})}{\sqrt{\sum\limits_{i=1}^{n}(x_i - \bar{x})^2 \sum\limits_{i=1}^{n}(y_i - \bar{y})^2}} \tag{5.54}$$

或

$$r = \frac{n\sum\limits_{i=1}^{n}x_iy_i - \left(\sum\limits_{i=1}^{n}x_i\right)\left(\sum\limits_{i=1}^{n}y_i\right)}{\sqrt{\left[n\sum\limits_{i=1}^{n}x_i^2 - \left(\sum\limits_{i=1}^{n}x_i\right)^2\right]\left[n\sum\limits_{i=1}^{n}y_i^2 - \left(\sum\limits_{i=1}^{n}y_i\right)^2\right]}}$$

为样本相关系数.

相关系数 r 是描述两个变量 x 与 y 线性相关关系的密切程度的一个数量指标, 为对 r 有进一步的认识, 将 $\hat{a}, \hat{b}$ 代入(5.50)式得

$$Q(\hat{a}, \hat{b}) = \sum_{i=1}^{n}(y_i - \hat{a} - \hat{b}x_i)^2$$

经过数学处理, 有

$$Q(\hat{a}, \hat{b}) = (1 - r^2)\sum_{i=1}^{n}(y_i - \bar{y})^2$$

由于 $Q(\hat{a}, \hat{b}) \geq 0, \sum\limits_{i=1}^{n}(y_i - \bar{y})^2 \geq 0$, 于是得 $|r| \leq 1$, 即

$$-1 \leq r \leq 1$$

由此可知, 离差平方和 $Q(\hat{a}, \hat{b})$ 的大小与相关系数 r 的绝对值 $|r|$ 有关. 当 $|r|$ 越大, $Q(\hat{a}, \hat{b})$ 就越小, 因而回归效果越好; 当 $|r|$ 越小, $Q(\hat{a}, \hat{b})$ 就越大, 因而回归效果越差. 当 $r = \pm 1$

时,$Q(\hat{a},\hat{b}) = \min Q(a,b) = 0$,观测点$(x_i,y_i)$完全落在回归直线上,$x$与$y$完全线性相关,即为函数关系;当$r = 0$时,$Q(\hat{a},\hat{b}) = \min Q(a,b) = \sum_{i=1}^{n}(y_i - \bar{y})^2$,$x$与$y$毫无线性关系,散点分布极不规则. 那么,当$0 < |r| < 1$时,$x$与$y$的相关程度又如何定论呢?这要看$|r|$接近1的程度了,于是提出变量$x$与$y$线性相关的相关系数显著性检验方法.

（2）相关系数的显著性检验

人们根据统计量r的概率性质,编制出了r的临界值表,即附录 Ⅱ 表6,表中的数据就刻画了$|r|$与1的接近程度,具体检验步骤如下：

1）提出假设$H_0 : b = 0$.

2）给出显著性水平α,查自由度为$(n - 2)$的相关系数表（即附录 Ⅱ 表6）得临界值$r_\alpha(n - 2)$.

3）计算相关系数r的实现值r_0.

4）比较$|r_0|$与$r_\alpha(n - 2)$的大小,若$|r_0| \geqslant r_\alpha(n - 2)$,则$x$与$y$线性相关显著,即$\hat{y} = \hat{a} + \hat{b}x$ 有意义;若$|r_0| < r_\alpha(n - 2)$,则x与y线性相关不显著,或x与y不存在线性关系,即$\hat{y} = \hat{a} + \hat{b}x$ 无意义. 其直观意义,见图5.20.

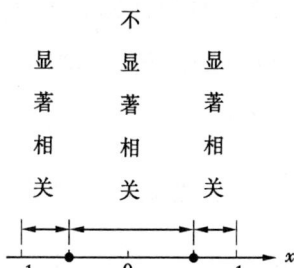

图 5.20

下面对本节例 11 中两变量线性相关的显著性进行检验.

1）计算相关系数r的具体实现值r_0

$$r_0 = \frac{n\sum_{i=1}^{n}x_iy_i - (\sum_{i=1}^{n}x_i)(\sum_{i=1}^{n}y_i)}{\sqrt{[n\sum_{i=1}^{n}x_i^2 - (\sum_{i=1}^{n}x_i)^2][n\sum_{i=1}^{n}y_i^2 - (\sum_{i=1}^{n}y_i)^2]}}$$

$$= \frac{11 \times 43\,440 - 566 \times 795}{\sqrt{(11 \times 30\,632 - 566^2)(11 \times 62\,025 - 795^2)}}$$

$$= 0.965\,1$$

2）自由度$n - 2 = 11 - 2 = 9$,取$\alpha = 0.01$,查附录 Ⅱ 表6,得临界值

$$r_\alpha(n - 2) = r_{0.01}(9) = 0.735$$

3）比较r_0与$r_\alpha(n - 2)$大小,因为$r_0 = 0.965\,1 > r_{0.01}(9) = 0.735$,故社会商品零售额$y$与居民货币收入$x$的线性相关关系是显著的,即建立的回归直线$\hat{y} = -14.135\,92 + 1.679\,32x$是有意义的.

关于相关系数r与回归系数b,还要提及两点：

第一,有些问题并不要求做出回归直线,只需了解是否线性相关就够了,这时,只需用样本相关系数检验一下就行了. 我们知道,相关系数r是介于 -1 与1之间的一个数,即 $-1 \leqslant r \leqslant 1$,通过相关系数的具体数值,如何判断相关关系的强弱程度,不少人提出过大同小异的标准. 例如麦科尔认为$|r|$在 $0 \sim 0.4$ 之间是低度相关;$|r|$在 $0.4 \sim 0.7$ 之间是显著相关;0.7 以上是高度相关,$|r| = 1$ 为完全线性相关.

第二,相关系数r与回归系数b的正负号是一致的. 当$b > 0$时,回归直线斜率为正,x增加,y也随之增加,因此$r > 0$是正相关;当$b < 0$时,回归直线斜率为负,x增加,y随之而减少,因此

$r < 0$ 是负相关.

线性相关的显著性检验还有其他的检验法,如 t 检验法等.

5.7.4 线性回归分析的应用

找到了两个变量间的回归直线,就可以解决在生产和实际中很有实用价值的预测和控制问题. 所谓预测,就是对给定的 x 值,估计 y 值在什么范围内;所谓控制,就是如何控制 x 值使 y 值落在指定范围内.

(1) 回归预测

如果回归直线配制较好,就可以用它来作变量的预测,对任一给定的 x_0 相应的 y_0 一般是以回归直线上的对应值 $\hat{y}_0 = \hat{a} + \hat{b}x_0$ 为中心的服从正态分布的随机变量. 设这个随机变量 y 的方差为 σ^2,则

$$P\{\hat{y}_0 - 1.96\sigma < y < \hat{y}_0 + 1.96\sigma\} = 0.95$$

此式表明,当 $x = x_0$ 时,对应的 y 值以 0.95 的概率落入区间

$$(\hat{y}_0 - 1.96\sigma, \hat{y}_0 + 1.96\sigma) \tag{5.55}$$

这个区间称为 y 的 0.95 预测区间,$\hat{y}_0$ 称为 y 的点预测值.

y 的方差往往是未知的,但可以证明,它的方差近似为

$$S_y = \sqrt{\frac{Q}{n-2}}$$

其中

$$Q = Q(\hat{a}, \hat{b}) = (1 - r^2) \sum_{i=1}^{n} (y_i - \bar{y})^2 = (1 - r^2) l_{yy}$$

用 S_y 代替 σ,则对给定的 x_0,概率为 0.95 的 y_0 的预测区间为

$$(\hat{y}_0 - 1.96S_y, \hat{y}_0 + 1.96S_y) \tag{5.56}$$

一般为方便起见,近似地取 1.96 为 2,则上述区间近似为

$$(\hat{y}_0 - 2S_y, \hat{y}_0 + 2S_y) \tag{5.57}$$

由于 x 取值是变的,因此 y 的预测区间上、下限是平行于回归直线的两条直线:

$$L_1 : y = \hat{a} - 2S_y + \hat{b}x$$

$$L_2 : y = \hat{a} + 2S_y + \hat{b}x$$

如图 5.21 所示.

(2) 回归控制

如果希望 y 落在区间 (y_1, y_2) 内,则 x 取值区间可由图 5.21 中直线 $L_1 L_2$ 对应的关系所确定,设

$$y_1 = \hat{a} - 2S_y + \hat{b}x_1$$

$$y_2 = \hat{a} + 2S_y + \hat{b}x_2$$

解出 x_1, x_2,则

当 $\hat{b} > 0$ 时,控制区间为 (x_1, x_2);

当 $\hat{b} < 0$ 时,控制区间为 (x_2, x_1).

但必须注意:只有当$(y_2 - y_1) > 4S_y$ 时,所求控制区间才有意义.

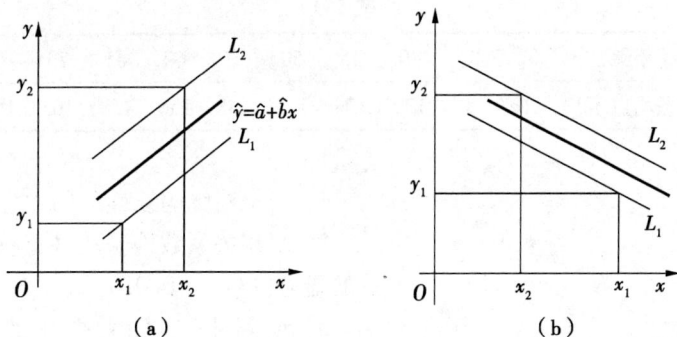

图 5.21

下面利用本节例 11 的结果,1) 当居民收入为 60 亿元时,预测社会商品零售额的范围;
2) 若 要求社会商品零售额在 70 亿元 ~ 90 亿元之间,居民收入应如何控制?

1) 将 $x_0 = 60$ 代入回归直线方程 $\hat{y} = -14.135\,92 + 1.679\,32x$ 中,得

$$\hat{y}_0 = -14.135\,92 + 1.679\,32 \times 60 = 86.623\,28$$

$$r_0 = 0.965\,1$$

$$Q = (1 - r^2) \sum_{i=1}^{n} (y_i - \bar{y})^2$$

$$= (1 - r^2) \left[\sum_{i=1}^{n} y_i^2 - \frac{1}{n} \left(\sum_{i=1}^{n} y_i \right)^2 \right]$$

$$= (1 - 0.965\,1^2) \left(62\,025 - \frac{1}{11} \times 795^2 \right)$$

$$= 313.295$$

$$S_y = \sqrt{\frac{Q}{n-2}} = \sqrt{\frac{313.295}{9}} \approx 5.9$$

$$y_1 = \hat{y}_0 - 2S_y = 86.623\,28 - 2 \times 5.9 = 74.823\,28$$

$$y_2 = \hat{y}_0 + 2S_y = 86.623\,28 + 2 \times 5.9 = 98.423\,28$$

即当居民收入为 60 亿元时,以 95% 的概率可以预测社会商品零售额在 74.823 28 亿元 ~
98.423 28 亿元之间.

2) 当要求社会商品零售额在 70 亿元 ~ 100 亿元之间时,根据

$$y_1 = \hat{a} - 2S_y + \hat{b}x_1$$

$$y_2 = \hat{a} + 2S_y + \hat{b}x_2$$

有

$$70 = -14.135\,92 - 2 \times 5.9 + 1.679\,32x_1$$

$$100 = -14.135\,92 + 2 \times 5.9 + 1.679\,32x_2$$

解之得

$$x_1 = 57.127\,84, x_2 = 60.938\,90$$

即居民的收入应控制在 57.127 84 亿元 ~ 60.938 90 亿元之间.

例 46　血压在年龄上的回归问题:某地区调查到妇女的平均血压 y 与年龄 x 的数据如表

5.9 所示.

表 5.9

x(年龄)	30	35	40	45	50	55	60	65	70	75
y(平均血压)	110	114	120	124	133	143	150	158	162	166

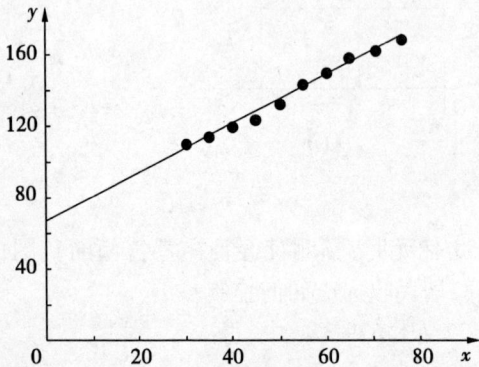

图 5.22

1)求 y 对 x 的线性回归方程.

2)用相关系数检验法,检验 y 与 x 之间线性关系的显著性($\alpha = 0.01$).

3)预测 40 岁妇女血压的正常范围($\alpha = 0.05$).

解 1)求 y 对 x 的回归方程

① 作出样本点 (x_i, y_i) 的散点图,如图 5.22 所示,样本点基本散布在一条直线附近.

② 列出回归方程计算值表,并计算出 l_{xx}, l_{xy}, l_{yy}. 回归方程计算如表 5.10 所示.

$$\bar{x} = \frac{1}{n} \sum_{i=1}^{n} x_i = \frac{1}{10} \times 525 = 52.5$$

$$\bar{y} = \frac{1}{n} \sum_{i=1}^{n} y_i = \frac{1}{10} \times 1\,380 = 138$$

表 5.10

序号	x	y	x^2	xy	y^2
1	30	110	900	3 300	12 100
2	35	114	1 225	3 990	12 996
3	40	120	1 600	4 800	14 400
4	45	124	2 025	5 580	15 376
5	50	133	2 500	6 650	17 689
6	55	143	3 025	7 865	20 449
7	60	150	3 600	9 000	22 500
8	65	158	4 225	10 270	24 964
9	70	162	4 900	11 340	26 244
10	75	166	5 625	12 450	27 556
$\sum$	525	1 380	29 625	75 245	194 274

$$l_{xy} = \sum_{i=1}^{n} (x_i - \bar{x})(y_i - \bar{y}) = \sum_{i=1}^{n} x_i y_i - n \bar{x} \bar{y}$$
$$= 75\,245 - 10 \times 52.5 \times 138$$
$$= 2\,795$$

$$l_{xx} = \sum_{i=1}^{n} x_i^2 - n\bar{x}^2 = 29\ 625 - 10 \times 52.5^2$$
$$= 2\ 062.5$$

$$l_{yy} = \sum_{i=1}^{n} y_i^2 - n\bar{y}^2 = 194\ 274 - 10 \times 138^2$$
$$= 3\ 834$$

③ 利用公式 $\hat{b} = \dfrac{l_{xy}}{l_{xx}}, \hat{a} = \bar{y} - \hat{b}\bar{x}$ 求出回归系数 $\hat{b}$ 与回归方程截距 $\hat{a}$

$$\hat{b} = \frac{l_{xy}}{l_{xx}} = \frac{2\ 795}{2\ 062.5} \approx 1.355$$
$$\hat{a} = \bar{y} - \hat{b}\bar{x}$$
$$= 138 - 1.355 \times 52.5$$
$$\approx 66.862\ 5$$

④ 写出回归(估计)方程 $\hat{y} = \hat{a} + \hat{b}x$. 故所求回归直线方程为
$$\hat{y} = 66.862\ 5 + 1.355x$$

2)显著性检验

① 提出假设 $H_0 : b = 0$.

② 查相关系数临界值 $r_\alpha(n-2)$

自由度 $n - 2 = 10 - 2 = 8$,取 $\alpha = 0.01$,查附录 Ⅱ 表 6,得临界值
$$r_\alpha(n-2) = r_{0.01}(8) = 0.764\ 6$$

③ 计算相关系数 r 的实现值 r_0

$$r_0 = \frac{l_{xy}}{\sqrt{l_{xx}l_{yy}}} = \frac{2\ 795}{\sqrt{2\ 062.5 \times 3\ 834}} \approx 0.993\ 9$$

④ 比较 $|r_0|$ 与 $r_\alpha(n-1)$ 的大小,作出判断

因为 $r_0 - 0.993\ 9 > r_{0.01}(8) = 0.764\ 6$,故 y 与 x 之间线性关系是显著的,即建立的回归直线 $\hat{y} = 66.862\ 5 + 1.355x$ 是有意义的.

3)预测

将 $x_0 = 40$ 代入回归直线方程 $\hat{y} = 66.862\ 5 + 1.355x$ 中,得

$$\hat{y}_0 = 66.862\ 5 + 1.355 \times 40 = 121.062\ 5$$
$$Q = (1 - r^2)l_{yy}$$
$$= (1 - 0.993\ 9^2) \times 3\ 834$$
$$\approx 46.632$$

$$S_y = \sqrt{\frac{Q}{n-2}} = \sqrt{\frac{46.632}{8}} \approx 2.414$$

$$y_1 = \hat{y}_0 - 2S_y = 121.062\ 5 - 2 \times 2.414 = 116.234\ 5$$
$$y_2 = \hat{y}_0 + 2S_y = 121.062\ 5 + 2 \times 2.414 = 125.890\ 5$$

即 40 岁妇女血压的正常范围为 116.234 5 ~ 125.890 5,即在 116 ~ 126 之间.

5.7.5　线性回归直线的简便求法

回归分析的计算一般比较繁难,工作量大,因而大大地影响了这个十分有用的数学方法的

普及推广. 为了减少计算,在精度要求不太高或试验数据的线性程度特别好的情况下,人们总结了一些简便的适用方法,这里介绍如下两种:

(1) 平均值法

用平均值法来求线性回归直线方程 $\hat{y} = a + bx$ 中的系数 a 和 b. 其具体做法是:

第一步,将 n 组数据 (x_i, y_i) 分别代入回归方程 $\hat{y} = a + bx$;

第二步,把这 n 个方程均分为两组(分的组数等于欲求未知数的个数);

第三步,把每组内的方程分别相加,得到一个二元一次联立方程组;

第四步,解以上二元一次联立方程组,得系数 a 和 b,即得所求线性回归直线方程 $\hat{y} = a + bx$.

例如:本节例 11 中,将 11 组数据代入方程 $\hat{y} = a + bx$,然后将它们分为两组分别相加,

$$
\begin{array}{ll}
45 = a + 35b & \\
46 = a + 36b & 77 = a + 54b \\
54 = a + 41b & 80 = a + 57b \\
60 = a + 44b & 85 = a + 64b \\
65 = a + 47b & 97 = a + 70b \\
+)\,72 = a + 50b & +)\,114 = a + 68b \\
\hline
342 = 6a + 253b & 453 = 5a + 313b
\end{array}
$$

得到一个二元一次联立方程组

$$342 = 6a + 253b, 453 = 5a + 313b$$
$$a = -12.338, b = 1.644$$

于是得回归方程

$$\hat{y} = -12.338 + 1.644x$$

这与最小二乘法所求得的回归直线方程

$$\hat{y} = -14.13592 + 1.67932x_1$$

相差无几.

(2) 紧绳法

这种方法是将组数据所成的散点描在坐标纸上. 如若画出的点群(即散点图)形成一直线形带,就在这点群中间画一条直线,使得该直线两边的点子差不多相等并尽可能靠拢. 这条直线可以被近似地当作回归直线. 利用它在坐标纸上就可直接进行预报.

习 题 5

1. 某工人生产了 4 个零件,用 A_i 表示"生产的第 i 个零件是正品"($1 \leqslant i \leqslant 4$),试用 A_i 表示下列事件:

(1) 没有一个零件是次品;

(2) 至少有一个零件是次品;

(3) 只有一个零件是次品;

(4) 至少有两个正品.

2. 将下列事件用 A, B, C 表示:

(1) 只有 A 发生;

(2) A 与 B 都发生,而 C 不发生;

(3) 三个事件都发生;

(4) 三个事件至少有一个发生;

(5) 三个事件中至少有两个发生;

(6) 三个事件中恰好发生一个;

(7) 三个事件中恰好发生两个;

(8) 三个事件都不发生;

(9) 三个事件中不多于两个事件发生;

(10) 三个事件中不多于一个事件发生.

3. 一部四卷的文集,随意放在书架上,问恰好各卷自左向右或自右向左的卷号为 1,2,3,4 的概率是多少?

4. 100 件产品中有 3 件次品,今从中任取 5 个进行检查,求其次品数分别为 0,1,2,3 的概率.

5. 一个袋内有 5 个红球、3 个白球、2 个黑球,计算任取 3 个球恰为一红、一白、一黑的概率.

6. 一批产品中,一、二、三等品的概率分别为 0.8,0.16,0.04,若规定一、二等品为合格品,求产品合格的概率.

7. 由长期统计资料得知,某一地区在四月份下雨(记为事件 A) 的概率为 $\frac{4}{15}$,刮风(用 B 表示) 的概率为 $\frac{7}{15}$,既刮风又下雨的概率为 $\frac{1}{10}$. 求 $P(A \mid B)$;$P(B \mid A)$;$P(A \cup B)$.

8. 一批零件共 100 个,其中有次品 5 个,每次从中任取一个,取后不放回,求下列事件的概率:

(1) 第二次才取得正品;

(2) 第二次取得正品;

(3) 检查 3 个零件至少有一个是次品.

9. 求证:事件 $\overline{A}$ 与 $\overline{B}$ 独立的充分必要条件是 $\overline{A}$ 与 B 独立.

10. 设事件 A 与 $\overline{B}$ 独立,且 $P(\overline{A}) = \frac{1}{5}$,$P(B) = \frac{1}{3}$. 求

(1) $P(A \cup B)$;

(2) $P(\overline{AB})$;

(3) $P(A - A\overline{B})$;

(4) $P(B \mid \overline{A})$.

11. 某机场有一个 9 人组成的顾问小组,若每个顾问贡献正确意见的概率为 0.7,现该机场对某事可行与否个别征求各位顾问的意见,并按多数人意见作出决策,求作出正确决策的概率.

12. 已知随机变量 X 的概率分布为

X	-1	0	1
P	$\frac{1}{4}$	$\frac{1}{2}$	$\frac{1}{4}$

求 X 的分布函数 $F(x)$ 并作图.

13. 某产品 40 件,其中次品 3 件,现从中任取 3 件,求取出的 3 件产品中的次品数 X 的分布律及分布函数.

14. 公共汽车站每隔 5 分钟有一辆汽车通过,乘客到达车站的任一时刻是等可能的,求乘客候车时间不超过 3 分钟的概率.

15. 已知连续型随机变量 X 的密度函数

$$f(x) = \begin{cases} Cx + 1, & 0 < x < 2 \\ 0, & \text{其他} \end{cases}$$

求　(1) 系数 C;

(2) X 的分布函数 $F(x)$;

(3) X 落入 $(1.5, 2.5]$ 内的概率.

16. 设随机变量 X 的分布函数为

$$F(x) = A + B \arctan \frac{x}{2} (-\infty < x < +\infty)$$

求 (1) 系数 A, B;

(2) X 的密度函数;

(3) 计算 $P\{0 < X < 1\}$.

17. 随机变量 $X \sim N(0,1)$,

(1) 求 $P\{0.1 \leqslant X < 1.5\}$;

(2) 求 $P\{-0.1 \leqslant X < 1.5\}$ 与 $P\{-1.5 \leqslant X < 0.1\}$;

(3) 求 X, 使 $P\{X - 1 > x\} = 0.8$.

18. 设随机变量 $X \sim N(500, 10^4)$,

(1) 求下列事件的概率: $\{X \leqslant 400\}$, $\{X \geqslant 800\}$, $\{400 \leqslant X \leqslant 600\}$;

(2) 求 x, 使 $P\{X > x\} = 0.04$.

19. 测量到某一目标的距离时发生的误差 $X \sim N(20, 40^2)$ (单位:m). 求在三次测量中至少有一次误差绝对值不超过 30 m 的概率. (提示:令 A_i = "第 i 次测量误差绝对值不超过 30 m", 则所求概率为 $P(A_1 \cup A_2 \cup A_3)$)

20. 设 $X \sim N(a, \sigma^2)$, 对 $P\{a - k\sigma < X < a + k\sigma\} = 0.95, 0.90, 0.99$, 分别找出相应的 k 值; 又对于 k 的什么值有 $P\{X > a - k\sigma\} = 0.95$.

21. 设 X 的概率分布为

X	-1	$-\frac{1}{2}$	0	$\frac{1}{2}$	1
P	$\frac{1}{12}$	$\frac{1}{6}$	$\frac{1}{2}$	$\frac{1}{12}$	$\frac{1}{6}$

求 $EX, E(2X - 1), EX^2$.

22. 设 X 的密度函数为

$$f(x) = \begin{cases} \dfrac{x}{2}, & 0 < x < 2 \\ 0, & \text{其他} \end{cases}$$

求 $EX, E(X^2 + 1)$.

23. 已知 X 的密度函数为

(1) $f_1(x) = \begin{cases} \dfrac{1}{\pi \sqrt{1 - x^2}}, & |x| \leqslant 1 \\ 0, & \text{其他} \end{cases}$

(2) $f_2(x) = \dfrac{1}{2} e^{-|x|}, |x| < \infty$. 求 EX.

24. 设 X 的概率分布为

X	-2	0	2
P	0.4	0.3	0.3

求 EX.

25. 设连续型随机变量 $X \sim U[a, b]$, 求证:

(1) X 的分布函数为 $F(x) = \begin{cases} 0, & x \leqslant a \\ \dfrac{x-a}{b-a}, & a < x \leqslant b; \\ 1, & x > b \end{cases}$

(2) 随机变量 $Y = -2X + 3$ 的方差 $DY = \dfrac{1}{3}(b-a)^2$.

26. 已知 X 的密度函数为

$$f(x) = \begin{cases} \mathrm{e}^{-Ax}, & x > 0 \\ 0, & x \leqslant 0 \end{cases}$$

求　(1) 系数 A;

(2) 分布函数 $F(x)$;

(3) $EX, E(3X-2)$;

(4) $DX, D(-2X+1)$;

(5) $P\{|X - 2EX| < D(-2X+1)\}$.

27. 证明：当 $k = EX$ 时，$E(X-k)^2$ 的值最小，最小值为 DX. （提示：$E(X-k)^2 = E[(X-EX) + (EX-k)]^2$）

28. 设连续型随机变量 X 的密度函数为

$$f(x) = \begin{cases} a + bx, x \in [0,1] \\ 0, \qquad 其他 \end{cases}, \quad 且 EX = \dfrac{2}{3}.$$

求　(1) 常数 a,b;

(2) 分布函数 $F(x)$;

(3) $P\left\{X \in \left[-\dfrac{1}{3}, \dfrac{5}{4}\right]\right\}$;

(4) $P\left\{\left|X - \dfrac{3}{2}EX\right| < D(2X-1)\right\}$.

29. 设随机变量 X 的数学期望为 EX,方差为 $DX > 0$,令 $Y = \dfrac{X - EX}{\sqrt{DX}}$,求 EY, DY.

30. 从一批某种物品中随机地抽取 4 件,测得寿命为(单位.h)

1 502,　1 453,　1 367,　1 650

试用数字特征法估计这批物品的平均寿命及寿命的方差.

31. 在总体 $X \sim N(52, 6.3^2)$ 中随机抽取一容量为 36 的样本. 求样本均值 $\overline{X}$ 落在 50.8 到 53.8 之间的概率.

32. 设 X_1, X_2, X_3 为总体 X 的样本(其中 EX, DX 均存在),试证明统计量

$$\varphi_1(X_1, X_2, X_3) = \overline{X}$$

$$\varphi_2(X_1, X_2, X_3) = \dfrac{1}{5}X_1 + \dfrac{2}{5}X_2 + \dfrac{2}{5}X_3$$

$$\varphi_3(X_1, X_2, X_3) = \dfrac{1}{2}X_1 + \dfrac{1}{3}X_2 + \dfrac{1}{6}X_3$$

$$\varphi_4(X_1, X_2, X_3) = \dfrac{1}{7}X_1 + \dfrac{9}{14}X_2 + \dfrac{3}{14}X_3$$

都是总体 X 的数学期望 EX 的无偏估计量,并判断哪一个最有效.

33. 设 $\overline{X}$ 为来自总体 $X \sim N(a, 2\sigma^2)$ 的容量为 n 的样本均值,求证统计量 $Y = -2\overline{X} + 1 \sim N\left(-2a+1, \dfrac{8}{n}\sigma^2\right)$.

34. 设 $\hat{\theta}$ 是 θ 的无偏估计量,且 $D\hat{\theta} > 0$,试证 $\hat{\theta}^2$ 不是 θ^2 的无偏估计量.

35. 对某种零件的长度进行测量,得数据如下(单位:mm)

$$12.6, \quad 13.4, \quad 12.8, \quad 13.2$$

设零件长度 $X \sim N(a, 0.09)$,求 a 的置信区间($\alpha = 0.05$).

36. 从一批导线中随机抽取 5 根,测得其电阻为(单位:Ω)

$$0.140, \quad 0.142, \quad 0.136, \quad 0.138, \quad 0.140$$

设电阻值 X 服从正态分布,求 EX 的置信区间($\alpha = 0.05$).

37. 对飞机的飞行速度进行 15 次独立试验,测得飞行速度为(单位:m/s)

$$422.2, \quad 418.7, \quad 425.6, \quad 420.3, \quad 425.8,$$
$$423.1, \quad 431.5, \quad 428.2, \quad 438.3, \quad 434.0,$$
$$412.3, \quad 417.2, \quad 413.5, \quad 441.3, \quad 423.7$$

设飞机的最大飞行速度服从正态分布,试求最大飞行速度方差的置信区间($\alpha = 0.05$).

38. 某车间生产一批滚珠,现随机地从中抽取 6 个,测得直径为(单位:mm)

$$14.6, 15.1, 14.9, 14.8, 15.2, 15.1$$

设滚珠直径服从正态分布 $N(a, 0.06)$,是否可以认为该批滚珠的直径为 15.0($\alpha = 0.05$).

39. 在某砖瓦厂生产的一批砖中,随机地抽取 6 块,测得抗断强度为(单位:kg/cm^2)

$$32.56, \quad 29.66, \quad 31.64,$$
$$30.00, \quad 31.87, \quad 31.03$$

设砖的抗断强度 $X \sim N(a, 1.21)$,问这批砖的抗断强度 a 是否为 32.50($\alpha = 0.05$)?

40. 某车床加工轴料,生产一向比较稳定,现从产品中随机地抽取 15 件,测量其椭圆度,计算出 $S^2 = 0.0006$,问该产品椭圆度的方差是否为 0.0004(设椭圆度服从正态分布,$\alpha = 0.05$)?

41. 随机抽取了 12 个城市居民家庭关于收入与食品支出的样本,数据如下表(单位:元):

家庭收入 x	80	93	105	130	144	150	160	180	200	270	300	400
每月食品支出	75	85	92	105	120	120	130	145	156	200	200	240

试断定食品支出 y 与家庭收入 x 是否存在线性相关关系,并求出其回归直线.

42. 根据"关税与贸易总协定"发表的数字,20 世纪 70 年代世界制造业总产量增长率 $x(\%)$ 与世界制成品总出口量年增长率 $y(\%)$ 的变化关系如下表:

年份	1970	1971	1972	1973	1974	1975	1976	1977	1978	1979
总产量年增长率 x	4.0	4.0	8.5	9.5	3.0	-1.0	8.0	5.0	5.0	4.0
总出口量年增长率 y	8.5	8.0	10.5	15.0	8.5	-4.5	13.0	5.0	6.0	7.0

(1)试确定变量 x 与 y 的关系,并求出其回归方程;

(2)试求 x 与 y 之间的相关系数 r;

(3)试用相关系数检验法,检验变量 x 与 y 之间是否存在线性关系($\alpha = 0.05$),若有,并指出线性相关的程度;

(4)试求当 $x_0 = 5.5$ 时,y 的 95% 的预测区间;

(5)若 y 的增长率在(1%, 15%)内,问增长率 x 应控制在什么范围($\alpha = 0.05$)?

43. 设 y 为正态变量,对 x, y 有下列观测值:

x	-2.0	0.6	1.4	1.3	0.1	-1.6	-1.7	0.1	-1.8	-1.1
y	-6.1	-0.5	7.2	6.9	-0.2	-2.1	-3.9	3.8	-7.5	-2.1

(1) 求 y 对 x 的回归直线方程；

(2) 检验 y 与 x 之间线性关系的显著性($\alpha = 0.05$)；

(3) 当 $x = 2.5$ 时，求 y 的 95% 的预测区间；

(4) 要 $|y| < 4$，求 x 应控制的范围.

综合自测试题(第 5 章)

一、填空题

1. 设 $A = B$，且 $P(A) = \dfrac{1}{4}$，则 $P(AB) = $ _____.

2. 设 $P(\bar{A}) = \dfrac{1}{3}$，则 $P(A) = $ _____.

3. 设 $X \sim N(1,2)$，则 $EX = $ _____，$\sqrt{DX} = $ _____，X 的分布函数 $F(x) = $ _____.

4. 设 $X_1, X_2, \cdots, X_{100}$ 来自 $X \sim N(a,\sigma^2)$，则 $\bar{X} \sim $ _____，$\dfrac{\bar{X} - a}{\sigma/10} \sim $ _____.

5. 设 $\hat{\theta}$ 为 θ 的无偏估计量，则 $E\hat{\theta} = $ _____.

6. 设 S^2 为来自总体 $X \sim N(a,\sigma^2)$ 的容量为 n 的样本方差，则 $ES^2 = $ _____.

7. $f(x)$ 与 $F(x)$ 分别为总体 X 的分布密度与分布函数，则其相互关系的等式为_____.

8. 未知方差，检验总体期望 EX 时，用_____统计量.

9. 设 $F(x)$ 为 X 的分布函数，则 $P(x_1 \leq X < x_2) = $ _____，$F(-\infty) = $ _____，又若 X 的分布密度 $f(x)$ 连续，则 $f(x) = $ _____.

10. 若 X 的分布列为：

X	x_1	x_1	x_1
$P\{X = x_i\}$	$\dfrac{1}{4}$	$\dfrac{2}{5}$	p

则 $p = $ _____.

二、选择题(错选倒扣分)

1. 设 $X \sim N(0,1)$，则 $P(X > 3) = $ (　　).

(1) $\Phi(-3)$；　(2) $1 - \Phi(-3)$；　(3) $\Phi(3)$；　(4) $1 - \Phi(3)$

2. X 的方差 DX (　　).

(1) 可以取一切实数；　(2) 不能取小于零的实数；

(3) 可以取大于 2 的实数；　(4) 只能取区间 $[0,1]$ 上的实数

3. 设 $X_1, X_2, \cdots, X_n$ 是 X 的样本，且 $\bar{X} = \dfrac{1}{n}\sum_{i=1}^{n} X_i$，则有(　　).

(1) $\bar{X} = EX$；　(2) $E\bar{X} = EX$；　(3) $\bar{X} \approx EX$；　(4) $D\bar{X} = \dfrac{DX}{n}$；　(5) $\bar{X} = \dfrac{EX}{n}$

4. 设 X_1, X_2, X_3 为总体 X 的一个样本，EX 的无偏估计量有(　　).

(1) $\hat{a}_1 = \dfrac{1}{2}X_1 - \dfrac{1}{4}X_2 + \dfrac{1}{3}X_3$；

(2) $\hat{a}_2 = \dfrac{1}{6}X_1 + \dfrac{11}{12}X_2 - \dfrac{3}{12}X_3$；

$(3)\ \hat{a}_3 = \dfrac{1}{2}X_1 + \dfrac{1}{3}X_2 + \dfrac{1}{6}X_3;$

$(4)\ \hat{a}_4 = \dfrac{1}{3}X_1 + \dfrac{3}{2}X_2 - \dfrac{5}{6}X_3$

5. 设 $X \sim N(1,3)$，$X_1,\cdots,X_9$ 为 X 的一个样本，则有（　　）.

$(1)\ \dfrac{3(\overline{X}-1)}{3} \sim N(0,1)$；$(2)\ \dfrac{\overline{X}-1}{3} \sim N(0,1)$；

$(3)\ \dfrac{8}{3}S^2 \sim \chi^2(8)$；　　　$(4)\ \dfrac{8}{3}S^2 \sim \chi^2(9)$

三、试按由小到大的顺序将 $P(A)$，$P(AB)$，$P(A \cup B)$，$P(A+B)$ 四个数用等号或不等号连接起来，并说明其理由.

四、甲、乙两种商品，其优质品率各为 $0.8,0.7$，现分别从这两种商品中任取一件，求：

1. 两件均为优质品的概率；

2. 两件中至少有一件优质品的概率；

3. 两件中恰有一件优质品的概率.

五、设 X 的分布密度为 $f(x) = \begin{cases} Ax\mathrm{e}^{-x}, & x > 0 \\ 0, & x \leqslant 0 \end{cases}$

求：

1. 系数 A；　　　　　　　　2. $P(0 \leqslant X < 1)$；

3. X 的分布函数 $F(x)$；　　　4. $P\{|X-EX| < 2DX\}$.

六、设 $X_1,X_2,\cdots,X_n$ 为来自总体 $X \sim N(a,\sigma^2)$ 的一个样本，求证统计量 $\widetilde{S}^2 = \dfrac{1}{n}\sum\limits_{i=1}^{n}(X_i-\overline{X})^2$ 不是总体方差 σ^2 的无偏估计量.

七、某公司 1986—1992 年度产值 x（单位：万元）与利润 y（单位：万元）的资料数据如下表：

x	50	70	100	150	200	250	350
y	5	9	13	20	29	40	60

1. 检验 y 与 x 之间线性相关关系是否显著（$\alpha = 0.05$）？

2. 如果线性相关关系显著，求 y 对 x 的线性回归方程；

3. 若该公司为了在 1993 年实现 80 万元的利润，需要达到多大的产值？

4. 当产值 $x = 300$（万元）时，求以 95% 的把握利润 y 的取值范围.

八、证明题

1. 设连续型随机变量 X 的密度函数为 $f(x) = \begin{cases} k\mathrm{e}^{-kx}, & x \geqslant 0 \\ 0, & x < 0 \end{cases}$（其中 $k > 0$）. 求证：X 的分布函数为 $F(x) = \begin{cases} 1 - \mathrm{e}^{-kx}, & x \geqslant 0 \\ 0, & x < 0 \end{cases}$.

2. 设 $\overline{X}$ 为来自总体 $X \sim N(a,\sigma^2)$ 的容量为 n 的样本均值，求证：

$$Y = 3\overline{X} - 1 \sim N\left(3a-1, \dfrac{9}{n}\sigma^2\right).$$

附　录

附录 I　简单积分表①

一、含有 $a + bx$ 的积分

1. $\displaystyle\int (a+bx)^\alpha \mathrm{d}x = \begin{cases} \dfrac{(a+b)^{\alpha+1}}{b(\alpha+1)} + C, & \text{当 } \alpha \neq -1 \\[3mm] \dfrac{1}{b}\ln|a+bx| + C, & \text{当 } \alpha = -1 \end{cases}$

2. $\displaystyle\int \frac{x\mathrm{d}x}{a+bx} = \frac{x}{b} - \frac{a}{b^2}\ln|a+bx| + C$

3. $\displaystyle\int \frac{x^2\mathrm{d}x}{a+bx} = \frac{1}{b^3}\Big[\frac{1}{2}(a+bx)^2 - 2a(a+bx) + a^2\ln|a+bx|\Big] + C$

4. $\displaystyle\int \frac{x\mathrm{d}x}{(a+bx)^2} = \frac{1}{b^2}\Big(\frac{a}{a+bx} + \ln|a+bx|\Big) + C$

5. $\displaystyle\int \frac{x^2\mathrm{d}x}{(a+bx)^2} = \frac{1}{b^3}\Big[bx - \frac{a^2}{a+bx} - 2a\ln|a+bx|\Big] + C$

6. $\displaystyle\int \frac{\mathrm{d}x}{x(a+bx)} = \frac{1}{a}\ln\Big|\frac{x}{a+bx}\Big| + C$

7. $\displaystyle\int \frac{\mathrm{d}x}{x^2(a+bx)} = -\frac{1}{ax} + \frac{b}{a^2}\ln\Big|\frac{a+bx}{x}\Big| + C$

8. $\displaystyle\int \frac{\mathrm{d}x}{x(a+bx)^2} = \frac{1}{u(a+bx)} - \frac{1}{a^2}\ln\Big|\frac{a+bx}{x}\Big| + C$

二、含有 $\sqrt{a+bx}$ 的积分

9. $\displaystyle\int x\sqrt{a+bx}\,\mathrm{d}x = \frac{2(3bx-2a)(a+bx)^{3/2}}{15b^2} + C$

10. $\displaystyle\int x^2\sqrt{a+bx}\,\mathrm{d}x = \frac{2(15b^2x^2 - 12abx + 8a^2)(a+bx)^{3/2}}{105b^3} + C$

11. $\displaystyle\int \frac{x\mathrm{d}x}{\sqrt{a+bx}} = \frac{2(bx-2a)\sqrt{a+bx}}{3b^2} + C$

12. $\displaystyle\int \frac{x^2\mathrm{d}x}{\sqrt{a+bx}} = \frac{2(3b^2x^2 - 4abx + 8a^2)(\sqrt{a+bx})}{15b^3} + C$

13. $\displaystyle\int \frac{\mathrm{d}x}{x\sqrt{a+bx}} = \begin{cases} \dfrac{1}{\sqrt{a}}\ln\dfrac{\left|\sqrt{a+bx}-\sqrt{a}\right|}{\sqrt{a+bx}+\sqrt{a}} + C, & \text{当 } a > 0 \\[4mm] \dfrac{2}{\sqrt{-a}}\arctan\sqrt{\dfrac{a+bx}{-a}} + C, & \text{当 } a < 0 \end{cases}$

---

①公式中的 $a, b, c, \alpha \cdots$ 均为实数；m, n 为正整数，C 是积分常数.

14. $\int \dfrac{\mathrm{d}x}{x^2 \sqrt{a + bx}} = -\dfrac{\sqrt{a + bx}}{ax} - \dfrac{b}{2a} \int \dfrac{\mathrm{d}x}{x \sqrt{a + bx}}$

15. $\int \dfrac{\sqrt{a + bx}}{x} \mathrm{d}x = 2 \sqrt{a + bx} + a \int \dfrac{\mathrm{d}x}{x \sqrt{a + bx}}$

16. $\dfrac{\sqrt{a + bx}}{x^2} \mathrm{d}x = -\dfrac{(a + bx)^{3/2}}{ax} + \dfrac{b}{2a} \int \dfrac{\sqrt{a + bx}}{x} \mathrm{d}x$

三、含有 $a^2 \pm x^2$ 的积分

17. $\int \dfrac{\mathrm{d}x}{(a^2 + x^2)^n}$

$= \begin{cases} \dfrac{1}{a} \arctan \dfrac{x}{a} + C, 当 n = 1 \\ \dfrac{x}{2(n - 1)a^2(a^2 + x^2)^{n-1}} + \dfrac{2n - 3}{2(n - 1)a^2} \int \dfrac{\mathrm{d}x}{(a^2 + x^2)^{n-1}} + C, 当 n > 1 \end{cases}$

18. $\int \dfrac{x\mathrm{d}x}{(a^2 + x^2)^n} = \begin{cases} \dfrac{1}{2} \ln(a^2 + x^2) + C, 当 n = 1 \\ -\dfrac{1}{2(n - 1)(a^2 + x^2)^{n-1}} + C, 当 n > 1 \end{cases}$

19. $\int \dfrac{\mathrm{d}x}{a^2 - x^2} = \dfrac{1}{2a} \ln \left| \dfrac{a + x}{a - x} \right| + C$

四、含有 $\sqrt{a^2 - x^2}$ 的积分

20. $\int \sqrt{a^2 - x^2} \mathrm{d}x = \dfrac{x}{2} \sqrt{a^2 - x^2} + \dfrac{a^2}{2} \arcsin \dfrac{x}{a} + C$

21. $\int x \sqrt{a^2 - x^2} \mathrm{d}x = -\dfrac{1}{3}(a^2 - x^2)^{3/2} + C$

22. $\int x^2 \sqrt{a^2 - x^2} \mathrm{d}x = \dfrac{x}{8}(2x^2 - a^2) \sqrt{a^2 - x^2} + \dfrac{a^4}{8} \arcsin \dfrac{x}{a} + C$

23. $\int \dfrac{\mathrm{d}x}{\sqrt{a^2 - x^2}} = \arcsin \dfrac{x}{a} + C$

24. $\int \dfrac{x\mathrm{d}x}{\sqrt{a^2 - x^2}} = -\sqrt{a^2 - x^2} + C$

25. $\int \dfrac{x^2 \mathrm{d}x}{\sqrt{a^2 - x^2}} = -\dfrac{x}{2} \sqrt{a^2 - x^2} + \dfrac{a^2}{2} \arcsin \dfrac{x}{a} + C$

26. $\int (a^2 - x^2)^{3/2} \mathrm{d}x = \dfrac{x}{8}(5a^2 - 2x^2) \sqrt{a^2 - x^2} + \dfrac{3}{8}a^4 \arcsin \dfrac{x}{a} + C$

27. $\int \dfrac{\mathrm{d}x}{(a^2 - x^2)^{3/2}} = \dfrac{x}{a^2 \sqrt{a^2 - x^2}} + C$

28. $\int \dfrac{x\mathrm{d}x}{(a^2 - x^2)^{3/2}} = \dfrac{1}{\sqrt{a^2 - x^2}} + C$

29. $\int \dfrac{x^2 \mathrm{d}x}{(a^2 - x^2)^{3/2}} = \dfrac{x}{\sqrt{a^2 - x^2}} - \arcsin \dfrac{x}{a} + C$

30. $\int \dfrac{\mathrm{d}x}{x \sqrt{a^2 - x^2}} = -\dfrac{1}{a} \ln \left| \dfrac{a - \sqrt{a^2 - x^2}}{x} \right| + C$

31. $\int \dfrac{\mathrm{d}x}{x^2 \sqrt{a^2 - x^2}} = -\dfrac{\sqrt{a^2 - x^2}}{a^2 x} + C$

32. $\int \dfrac{\mathrm{d}x}{x^3 \sqrt{a^2 - x^2}} = -\dfrac{\sqrt{a^2 - x^2}}{2a^2 x^2} - \dfrac{1}{2a^3} \ln \left| \dfrac{a + \sqrt{a^2 - x^2}}{x} \right| + C$

33. $\int \dfrac{\sqrt{a^2 - x^2}}{x}\mathrm{d}x = \sqrt{a^2 - x^2} - a \ln \left| \dfrac{a + \sqrt{a^2 - x^2}}{x} \right| + C$

34. $\int \dfrac{\sqrt{a^2 - x^2}}{x^2}\mathrm{d}x = -\dfrac{\sqrt{a^2 - x^2}}{x} - \arcsin \dfrac{x}{a} + C$

五、含有 $\sqrt{x^2 \pm a^2}$ 的积分

35. $\int \sqrt{x^2 \pm a^2}\mathrm{d}x = \dfrac{x}{2}\sqrt{x^2 \pm a^2} \pm \dfrac{a^2}{2} \ln \left| x + \sqrt{x^2 \pm a^2} \right| + C$

36. $\int x\sqrt{x^2 \pm a^2}\mathrm{d}x = \dfrac{1}{3}(x^2 \pm a^2)^{3/2} + C$

37. $\int x^2 \sqrt{x^2 \pm a^2}\mathrm{d}x = \dfrac{x}{8}(2x^2 \pm a^2)\sqrt{x^2 \pm a^2} - \dfrac{a^4}{8} \ln \left| x + \sqrt{x^2 \pm a^2} \right| + C$

38. $\int \dfrac{\mathrm{d}x}{\sqrt{x^2 \pm a^2}} = \ln \left| x + \sqrt{x^2 \pm a^2} \right| + C$

39. $\int \dfrac{\mathrm{d}x}{\sqrt{x^2 \pm a^2}} = \sqrt{x^2 \pm a^2} + C$

40. $\int \dfrac{x^2 \mathrm{d}x}{\sqrt{x^2 \pm a^2}} = \dfrac{x}{2}\sqrt{x^2 \pm a^2} \mp \dfrac{a^2}{2} \ln \left| x + \sqrt{x^2 \pm a^2} \right| + C$

41. $\int (x^2 \pm a^2)^{3/2}\mathrm{d}x = \dfrac{x}{8}(2x^2 \pm 5a^2)\sqrt{x^2 \pm a^2} + \dfrac{3a^4}{8} \ln \left| x + \sqrt{x^2 \pm a^2} \right| + C$

42. $\int \dfrac{\mathrm{d}x}{(x^2 \pm a^2)^{3/2}} = \pm \dfrac{x}{a^2 \sqrt{x^2 \pm a^2}} + C$

43. $\int \dfrac{x\mathrm{d}x}{(x^2 \pm a^2)^{3/2}} = -\dfrac{1}{\sqrt{x^2 \pm a^2}} + C$

44. $\int \dfrac{x^2 \mathrm{d}x}{(x^2 \pm a^2)^{3/2}} = -\dfrac{x}{\sqrt{x^2 \pm a^2}} + \ln \left| x + \sqrt{x^2 \pm a^2} \right| + C$

45. $\int \dfrac{\mathrm{d}x}{x^2 \sqrt{x^2 \pm a^2}} = \mp \dfrac{\sqrt{x^2 \pm a^2}}{a^2 x} + C$

46. $\int \dfrac{\mathrm{d}x}{x^3 \sqrt{x^2 + a^2}} = -\dfrac{\sqrt{x^2 \pm a^2}}{2a^2 x^2} + \dfrac{1}{2a^3} \ln \dfrac{a + \sqrt{x^2 + a^2}}{|x|} + C$

47. $\int \dfrac{\mathrm{d}x}{x^3 \sqrt{x^2 - a^2}} = \dfrac{\sqrt{x^2 - a^2}}{2a^2 x^2} + \dfrac{1}{2a^3} \arccos \dfrac{a}{x} + C$

48. $\int \dfrac{\sqrt{x^2 + a^2}}{x}\mathrm{d}x = \sqrt{x^2 + a^2} - a \ln \dfrac{a + \sqrt{x^2 + a^2}}{|x|} + C$

49. $\int \dfrac{\sqrt{x^2 - a^2}}{x}\mathrm{d}x = \sqrt{x^2 - a^2} - \arccos \dfrac{a}{x} + C$

50. $\int \dfrac{\sqrt{x^2 \pm a^2}}{x^2}\mathrm{d}x = -\dfrac{\sqrt{x^2 \pm a^2}}{x} + \ln \left| x + \sqrt{x^2 \pm a^2} \right| + C$

51. $\int \dfrac{\mathrm{d}x}{x\sqrt{x^2 + a^2}} = \dfrac{1}{a} \ln \dfrac{|x|}{a + \sqrt{x^2 + a^2}} + C$

52. $\int \dfrac{\mathrm{d}x}{x\sqrt{x^2 - a^2}} = \dfrac{1}{a} \arccos \dfrac{a}{x} + C$

六、含有 $a + bx + cx^2$ 的积分

53. $\int \dfrac{\mathrm{d}x}{a + bx + cx^2}$

$$= \begin{cases} \dfrac{2}{\sqrt{4ac - b^2}} \arctan \dfrac{2cx + b}{\sqrt{4ac - b^2}} + C, \text{当 } b^2 < 4ac \\[4mm] \dfrac{1}{\sqrt{b^2 - 4ac}} \ln \left| \dfrac{\sqrt{b^2 - 4ac} - b - 2cx}{\sqrt{b^2 - 4ac} + b + 2cx} \right| + C, \text{当 } b^2 > 4ac \end{cases}$$

七、含有 $\sqrt{a + bx + cx^2}$ 的积分

54. $\int \dfrac{\mathrm{d}x}{\sqrt{a + bx + cx^2}}$

$$= \begin{cases} \dfrac{1}{\sqrt{c}} \ln \left| 2cx + b + 2\sqrt{c(a + bx + cx^2)} \right| + C, \text{当 } c > 0 \\[4mm] \dfrac{-1}{\sqrt{-C}} \arcsin \dfrac{2cx + b}{\sqrt{b^2 - 4ac}} + C, \text{当 } b^2 > 4ac, c < 0 \end{cases}$$

55. $\int \sqrt{a + bx + cx^2}\,\mathrm{d}x = \dfrac{2cx + b}{4c} \sqrt{a + bx + cx^2} + \dfrac{4ac - b^2}{8c} \int \dfrac{\mathrm{d}x}{\sqrt{a + bx + cx^2}} + C$

56. $\int \dfrac{x\mathrm{d}x}{\sqrt{a + bx + cx^2}} = \dfrac{1}{c} \sqrt{a + bx + cx^2} - \dfrac{b}{2c} \int \dfrac{\mathrm{d}x}{\sqrt{a + bx + cx^2}}$

八、含有三角函数的积分

57. $\int \sin ax\mathrm{d}x = -\dfrac{1}{a} \cos ax + C$

58. $\int \cos ax\mathrm{d}x = \dfrac{1}{a} \sin ax + C$

59. $\int \tan ax\mathrm{d}x = -\dfrac{1}{a} \ln |\cos ax| + C$

60. $\int \cot ax\mathrm{d}x = \dfrac{1}{a} \ln |\sin ax| + C$

61. $\int \sin^2 ax\mathrm{d}x = \dfrac{1}{2a}(ax - \sin ax \cos ax) + C$

62. $\int \cos^2 ax\mathrm{d}x = \dfrac{1}{2a}(ax + \sin ax \cdot \cos ax) + C$

63. $\int \sec ax\mathrm{d}x = \dfrac{1}{a} \ln |\sec ax + \tan ax| + C$

64. $\int \csc ax\mathrm{d}x = -\dfrac{1}{a} \ln |\csc ax + \cot ax| + C$

65. $\int \sec x \cdot \tan x\mathrm{d}x = \sec x + C$

66. $\int \csc x \cot x\mathrm{d}x = -\csc x + C$

67. $\int \sin ax \cdot \sin bx\mathrm{d}x = -\dfrac{\sin(a + b)x}{2(a + b)} + \dfrac{\sin(a - b)x}{2(a - b)} + C, \text{当 } a \neq b \text{ 时}$

68. $\int \sin ax \cdot \cos bx\mathrm{d}x = \dfrac{-\cos(a + b)x}{2(a + b)} - \dfrac{\cos(a - b)x}{2(a - b)} + C, \text{当 } a \neq b \text{ 时}$

69. $\int \cos ax \cdot \cos bx\mathrm{d}x = \dfrac{\sin(a + b)x}{2(a + b)} + \dfrac{\sin(a - b)x}{2(a - b)} + C, \text{当 } a \neq b \text{ 时}$

70. $\int \sin^n x \mathrm{d}x = -\dfrac{1}{n} \sin^{n-1} x \cdot \cos x + \dfrac{n-1}{n} \int \sin^{n-2} x \mathrm{d}x$

71. $\int \cos^n x \mathrm{d}x = \dfrac{1}{n} \cos^{n-1} x \cdot \sin x + \dfrac{n-1}{n} \int \cos^{n-2} x \mathrm{d}x$

72. $\int \tan^n x \mathrm{d}x = \dfrac{1}{n-1} \tan^{n-1} x - \int \tan^{n-2} x \mathrm{d}x (n > 1)$

73. $\int \cot^n x \mathrm{d}x = \dfrac{-1}{n-1} \cot^{n-1} x - \int \cot^{n-1} x \mathrm{d}x \quad (n > 1)$

74. $\int \sec^n x \mathrm{d}x = \dfrac{1}{n-1} \tan x \sec^{n-2} x + \dfrac{n-2}{n-1} \int \sec^{n-2} x \mathrm{d}x$

75. $\int \csc^n x \mathrm{d}x = -\dfrac{1}{n-1} \cot x \cdot \csc^{n-2} x + \dfrac{n-2}{n-1} \int \csc^{n-2} x \mathrm{d}x \quad (n > 1)$

76. $\int \sin^m x \cos^n x \mathrm{d}x$

$= \dfrac{\sin^{m+1} x \cdot \cos^{n-1} x}{m+n} + \dfrac{n-1}{m+n} \int \sin^m x \cos^{n-2} x \mathrm{d}x$

$= -\dfrac{\sin^{m-1} x \cdot \cos^{n+1} x}{m+n} + \dfrac{m-1}{m+n} \int \sin^{m-2} x \cos^n x \mathrm{d}x$

77. $\int \dfrac{\mathrm{d}x}{a + b \cos x}$

$= \begin{cases} \dfrac{2}{\sqrt{a^2 - b^2}} \arctan\left(\sqrt{\dfrac{a-b}{a+b}} \tan \dfrac{x}{2} \right) + C, 当 a^2 > b^2 时 \\[4mm] \dfrac{1}{\sqrt{b^2 - a^2}} \ln \left| \dfrac{\sqrt{b^2 - a^2} \tan \dfrac{x}{2} + b + a}{\sqrt{b^2 - a^2} \tan \dfrac{x}{2} - b - a} \right| + C, 当 a^2 < b^2 时 \end{cases}$

九、其他形式的积分

78. $\int x^n \mathrm{e}^{ax} \mathrm{d}x = \dfrac{1}{a} x^n \mathrm{e}^{ax} - \dfrac{n}{a} \int x^{n-1} \mathrm{e}^{ax} \mathrm{d}x$

79. $\int x^\alpha \ln x \mathrm{d}x = \dfrac{x^{\alpha+1}}{(\alpha+1)^2} [(\alpha+1) \ln x - 1] + C, 当 \alpha \neq 1 时$

80. $\int x^n \cdot \sin x \mathrm{d}x = -x^n \cos x + n \int x^{n-1} \cos x \mathrm{d}x$

81. $\int x^n \cdot \cos x \mathrm{d}x = x^n \sin x - n \int x^{n-1} \sin x \mathrm{d}x$

82. $\int \mathrm{e}^{ax} \cdot \sin bx \mathrm{d}x = \dfrac{\mathrm{e}^{ax}(a \sin bx - b \cos bx)}{a^2 + b^2} + C$

83. $\int \mathrm{e}^{ax} \cos bx \mathrm{d}x = \dfrac{\mathrm{e}^{ax}(a \cos bx + b \sin bx)}{a^2 + b^2} + C$

84. $\int \arcsin \dfrac{x}{a} \mathrm{d}x = x \cdot \arcsin \dfrac{x}{a} + \sqrt{a^2 - x^2} + C$

85. $\int \arccos \dfrac{x}{a} \mathrm{d}x = x \arccos \dfrac{x}{a} - \sqrt{a^2 - x^2} + C$

86. $\int \arctan \dfrac{x}{a} \mathrm{d}x = x \cdot \arctan \dfrac{x}{a} - \dfrac{a}{2} \ln(a^2 + x^2) + C$

87. $\int x^n \arcsin x \mathrm{d}x = \dfrac{1}{n+1} \left(x^{n+1} \arcsin x - \int \dfrac{x^{n+1}}{\sqrt{1-x^2}} \mathrm{d}x \right)$

88. $\int x^n \arctan x \mathrm{d}x = \dfrac{1}{n+1} \left(x^{n+1} \arctan x - \int \dfrac{x^{n+1}}{1+x^2} \mathrm{d}x \right)$

十、几个常用的定积分

89. $\int_{-\pi}^{\pi} \cos nx \mathrm{d}x = \int_{-\pi}^{\pi} \sin nx \mathrm{d}x = 0$

90. $\int_{-\pi}^{\pi} \cos mx \cdot \sin nx \mathrm{d}x = 0$

91. $\int_{-\pi}^{\pi} \cos mx \cdot \cos nx \mathrm{d}x = \begin{cases} 0, m \neq n \\ \pi, m = n \end{cases}$

92. $\int_{-\pi}^{\pi} \sin mx \cdot \sin nx \mathrm{d}x = \begin{cases} 0, m \neq n \\ \pi, m = n \end{cases}$

93. $\int_{0}^{\pi} \sin mx \cdot \sin nx \mathrm{d}x = \int_{0}^{\pi} \cos mx \cdot \cos nx \mathrm{d}x = \begin{cases} 0, m \neq n \\ \dfrac{\pi}{2}, m = n \end{cases}$

94. $\int_{0}^{\frac{\pi}{2}} \sin^n x \mathrm{d}x = \int_{0}^{\frac{\pi}{2}} \cos^n x \mathrm{d}x$

$$= \begin{cases} \dfrac{n-1}{n} \cdot \dfrac{n-3}{n-2} \cdot \cdots \cdot \dfrac{4}{5} \cdot \dfrac{2}{3}, n \text{ 为奇数} \\ \dfrac{n-1}{n} \cdot \dfrac{n-3}{n-2} \cdot \cdots \cdot \dfrac{3}{4} \cdot \dfrac{1}{2} \cdot \dfrac{\pi}{2}, n \text{ 为偶数} \end{cases}$$

附录 II　常用概率统计数值表

表1　泊松分布概率函数数值表

$$P_{\lambda}(m) = \frac{\lambda^{m}}{m!}e^{-\lambda}$$

m＼λ	0.1	0.2	0.3	0.4	0.5	0.6	0.7	0.8	0.9
0	0.904 8	818 7	740 8	670 3	606 5	548 8	496 6	449 3	406 6
1	090 5	163 8	222 2	268 1	303 3	329 3	347 6	359 5	365 9
2	004 5	016 4	033 3	053 6	075 8	098 8	121 7	143 8	164 7
3	000 2	001 1	003 3	007 2	012 6	019 6	028 4	038 3	049 4
4		000 1	000 3	000 7	001 6	003 0	005 0	007 7	011 1
5				000 1	000 2	000 4	000 7	001 2	002 0
6							000 1	000 2	000 3

m＼λ	1.0	1.5	2.0	2.5	3.0	3.5	4.0	4.5	5.0
0	0.367 9	223 1	135 3	082 1	049 8	030 2	018 3	011 1	005 7
1	367 9	334 7	270 7	205 2	149 4	105 7	073 3	050 0	033 7
2	183 9	251 0	270 7	256 5	224 0	185 0	146 5	112 5	084 2
3	061 3	125 5	180 5	213 8	224 0	215 8	195 4	168 7	140 4
4	015 3	047 1	090 2	133 6	168 0	188 8	195 4	189 8	175 5
5	003 1	014 1	036 1	066 8	100 8	132 2	156 3	170 8	175 5
6	000 5	003 5	012 0	027 8	050 4	077 1	104 2	128 1	146 2
7	000 1	000 8	003 4	009 9	021 6	038 6	059 5	082 4	104 5
8		000 1	000 9	003 1	008 1	016 9	029 8	046 3	065 1
9			000 2	000 9	002 7	006 6	013 2	023 2	036 3
10				000 2	000 8	002 3	005 3	010 4	018 1
11				000 1	000 2	000 7	001 9	004 3	008 2
12					000 1	000 2	000 6	001 6	003 4
13						000 1	000 2	000 6	001 3
14							000 1	000 2	000 5
15								000 1	000 2
16									000 1

续表

m \ λ	6	7	8	9	10	λ=20			
						m	p	m	p
0	0.002 5	000 9	000 3	000 1		5	0.000 1	20	088 8
1	014 9	006 4	002 7	001 1	000 5	6	000 2	21	084 6
2	044 6	022 3	010 7	005 0	002 3	7	000 5	22	076 9
3	089 2	052 1	028 6	015 0	007 6	8	001 3	23	066 9
4	133 9	091 2	057 3	033 7	018 9	9	002 9	24	055 7
5	160 6	127 7	091 6	060 7	037 8	10	005 8	25	044 6
6	160 6	149 0	122 1	091 1	063 1	11	010 6	26	034 3
7	137 7	149 0	139 6	117 1	090 1	12	017 6	27	025 4
8	103 3	130 4	139 6	131 8	112 6	13	027 1	28	018 2
9	068 8	101 4	124 1	131 8	125 1	14	028 2	29	012 5
10	041 3	071 0	099 3	118 6	125 1	15	051 7	30	008 3
11	022 5	045 2	072 2	097 0	113 7	16	064 6	31	005 4
12	011 3	026 4	048 1	072 8	094 8	17	076 0	32	003 4
13	005 2	014 2	029 6	050 4	072 0	18	084 4	33	002 0
14	002 2	007 1	016 9	032 4	052 1	19	088 8	34	001 2
15	000 9	003 3	009 0	019 4	0347			35	000 7
16	000 3	001 5	004 5	010 9	021 7			36	000 4
17	000 1	000 6	002 1	005 8	012 8			37	000 2
18		000 2	000 9	002 9	007 1			38	000 1
19		000 1	000 4	001 4	003 7			39	000 1
20			000 2	000 6	001 9				
21			000 1	000 3	000 9				
22				000 1	000 4				
23					000 2				
24					000 1				

续表

$\lambda = 30$				$\lambda = 40$				$\lambda = 50$			
m	p	m	p	m	p	m	p	m	p	m	p
10		30	072 6	15		40	063 0	25		50	056 3
11		31	070 3	16		41	061 4	26	0.000 1	51	055 2
12	0.000 1	32	065 9	17		42	053 5	27	000 1	52	053 1
13	000 2	33	059 9	18	0.000 1	43	054 4	28	000 2	53	050 1
14	000 5	34	052 9	19	000 1	44	049 5	29	000 4	54	046 4
15	001 0	35	045 3	20	000 2	45	044 0	30	000 7	55	042 2
16	001 9	36	037 8	21	000 4	46	038 2	31	001 1	56	037 7
17	003 4	37	030 6	22	000 7	47	032 5	32	001 7	57	033 0
18	005 7	38	024 2	23	001 2	48	027 1	33	002 6	58	028 5
19	008 9	39	018 6	24	001 9	49	022 1	34	003 8	59	024 1
20	013 4	40	013 9	25	003 1	50	017 7	35	005 4	60	020 1
21	019 2	41	010 2	26	004 7	51	013 9	36	007 5	61	016 5
22	026 1	42	007 3	27	007 0	52	010 7	37	010 2	62	018 8
23	034 1	43	005 1	28	010 0	53	008 1	38	013 4	63	010 6
24	042 6	44	003 5	29	013 9	54	006 0	39	017 2	64	008 2
25	051 1	45	002 3	30	018 5	55	004 3	40	021 5	65	006 3
26	059 0	46	001 5	31	023 8	56	003 1	41	026 2	66	004 8
27	065 5	47	001 0	32	029 8	57	002 2	42	031 2	67	003 5
28	070 2	48	000 6	33	036 1	58	001 5	43	036 3	68	002 6
29	072 6	49	000 4	34	042 5	59	001 0	44	041 2	69	001 9
		50	000 2	35	048 5	60	000 7	45	045 8	70	001 4
		51	000 1	36	053 9	61	000 5	46	049 8	71	001 0
		52	000 1	37	058 3	62	000 3	47	053 0	72	000 7
				38	061 4	63	000 2	48	055 2	73	000 5
				39	063 0	64	000 1	49	056 3	74	000 3
						65	000 1			75	000 2
										76	000 1
										77	000 1

表 2　标准正态分布分布函数数值表

$$\Phi(x) = \frac{1}{\sqrt{2\pi}}\int_{-\infty}^{x} e^{-\frac{t^2}{2}}dt\,(x \geq 0)$$

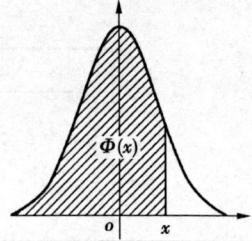

x	0.00	0.01	0.02	0.03	0.04	0.05	0.06	0.07	0.08	0.09	x
0.0	0.5000	0.0040	0.5080	0.5120	0.5160	0.5199	0.5239	0.5279	0.5319	0.5359	0.0
0.1	0.5398	0.5438	0.5478	0.5517	0.5557	0.5596	0.5636	0.5675	0.5714	0.5753	0.1
0.2	0.5793	0.5832	0.5871	0.5910	0.5948	0.5987	0.6026	0.6064	0.6103	0.6141	0.2
0.3	0.6179	0.6217	0.6255	0.6293	0.6331	0.6368	0.6406	0.6443	0.6480	0.6517	0.3
0.4	0.6554	0.6591	0.6628	0.6664	0.6700	0.6736	0.6772	0.6808	0.6844	0.6879	0.4
0.5	0.6915	0.6950	0.6985	0.7019	0.7054	0.7088	0.7123	0.7157	0.7190	0.7224	0.5
0.6	0.7257	0.7291	0.7324	0.7357	0.7389	0.7422	0.7454	0.7486	0.7517	0.7549	0.6
0.7	0.7580	0.7611	0.7642	0.7673	0.7703	0.7734	0.7764	0.7794	0.7823	0.7852	0.7
0.8	0.7881	0.7910	0.7939	0.7967	0.7995	0.8023	0.8051	0.8078	0.8106	0.8133	0.8
0.9	0.8159	0.8186	0.8212	0.8238	0.8264	0.8289	0.8315	0.8340	0.8365	0.8389	0.9
1.0	0.8413	0.8438	0.8461	0.8485	0.8508	0.8531	0.8554	0.8577	0.8599	0.8621	1.0
1.1	0.8643	0.8665	0.8686	0.8708	0.8729	0.8749	0.8770	0.8790	0.8810	0.8830	1.1
1.2	0.8849	0.8869	0.8888	0.8907	0.8925	0.8944	0.8962	0.8980	0.8997	0.90147	1.2
1.3	0.90320	0.90490	0.90658	0.90824	0.90988	0.91140	0.91309	0.91466	0.91621	0.91774	1.3
1.4	0.91924	0.92073	0.92220	0.92364	0.92507	0.92647	0.92785	0.92922	0.93056	0.93189	1.4
1.5	0.93319	0.93448	0.93574	0.93699	0.93822	0.93943	0.94062	0.94179	0.94295	0.94403	1.5
1.6	0.94520	0.94630	0.94738	0.94845	0.94950	0.95053	0.95154	0.95254	0.95352	0.95449	1.6
1.7	0.95543	0.95637	0.95728	0.95818	0.95907	0.95994	0.95080	0.96164	0.96264	0.96327	1.7
1.8	0.96407	0.96485	0.96562	0.96638	0.96712	0.96784	0.96856	0.96926	0.96995	0.97062	1.8
1.9	0.97128	0.97193	0.97257	0.97320	0.97381	0.97441	0.97500	0.97558	0.97615	0.97670	1.9
2.0	0.97725	0.97778	0.97831	0.97882	0.97932	0.97982	0.98030	0.98077	0.98124	0.98169	2.0
2.1	0.98214	0.98257	0.98300	0.98341	0.98382	0.98422	0.98461	0.98500	0.98537	0.98574	2.1
2.2	0.98610	0.98645	0.98679	0.98713	0.98745	0.98778	0.98809	0.98840	0.98870	0.98899	2.2
2.3	0.98928	0.98956	0.98983	$0.9^2 0097$	$0.9^2 0358$	$0.9^2 0613$	$0.9^2 0863$	$0.9^2 1106$	$0.9^2 1344$	$0.9^2 1576$	2.3
2.4	$0.9^2 1802$	$0.9^2 2024$	$0.9^2 2240$	$0.9^2 2451$	$0.9^2 2656$	$0.9^2 2875$	$0.9^2 3053$	$0.9^2 3244$	$0.9^2 3431$	$0.9^2 3613$	2.4

x	0.00	0.01	0.02	0.03	0.04	0.05	0.06	0.07	0.08	0.09	x
2.5	0.$9^2$3790	0.$9^2$3963	0.$9^2$4132	0.$9^2$4297	0.$9^2$4457	0.$9^2$4614	0.$9^2$4766	0.$9^2$4915	0.$9^2$5060	0.$9^2$5201	2.5
2.6	0.$9^2$5339	0.$9^2$5473	0.$9^2$5604	0.$9^2$5731	0.$9^2$5855	0.$9^2$5975	0.$9^2$6093	0.$9^2$6207	0.$9^2$6319	0.$9^2$6427	2.6
2.7	0.$9^2$6533	0.$9^2$6636	0.$9^2$6736	0.$9^2$6833	0.$9^2$6928	0.$9^2$7020	0.$9^2$7110	0.$9^2$7197	0.$9^2$7282	0.$9^2$7365	2.7
2.8	0.$9^2$7445	0.$9^2$7523	0.$9^2$7599	0.$9^2$7673	0.$9^2$7744	0.$9^2$7814	0.$9^2$7882	0.$9^2$7948	0.$9^2$8012	0.$9^2$8074	2.8
2.9	0.$9^2$8134	0.$9^2$8193	0.$9^2$8250	0.$9^2$8305	0.$9^2$8359	0.$9^2$8411	0.$9^2$8462	0.$9^2$8511	0.$9^2$8559	0.$9^2$8605	2.9
3.0	0.$9^2$8650	0.$9^2$8694	0.$9^2$8736	0.$9^2$8777	0.$9^2$8811	0.$9^2$8856	0.$9^2$8893	0.$9^2$8930	0.$9^2$8965	0.$9^2$8999	3.0
3.1	0.$9^3$0324	0.$9^3$0646	0.$9^3$0957	0.$9^3$1260	0.$9^3$1553	0.$9^3$1836	0.$9^3$2112	0.$9^3$2376	0.$9^3$2633	0.$9^3$2886	3.1
3.2	0.$9^3$3129	0.$9^3$3363	0.$9^3$3590	0.$9^3$3810	0.$9^3$4024	0.$9^3$4230	0.$9^3$4429	0.$9^3$4523	0.$9^3$4810	0.$9^3$4991	3.2
3.3	0.$9^3$5166	0.$9^3$5335	0.$9^3$5499	0.$9^3$5658	0.$9^3$5811	0.$9^3$5950	0.$9^3$6103	0.$9^3$6242	0.$9^3$6376	0.$9^3$6505	3.3
3.4	0.$9^3$6631	0.$9^3$6752	0.$9^3$6869	0.$9^3$6982	0.$9^3$7091	0.$9^3$7197	0.$9^3$7299	0.$9^3$7398	0.$9^3$7493	0.$9^3$7535	3.4
3.5	0.$9^3$7674	0.$9^3$7759	0.$9^3$7842	0.$9^3$7922	0.$9^3$7999	0.$9^3$8074	0.$9^3$8146	0.$9^3$8215	0.$9^3$8282	0.$9^3$8347	3.5
3.6	0.$9^3$8409	0.$9^3$8469	0.$9^3$8527	0.$9^3$8583	0.$9^3$8637	0.$9^3$8689	0.$9^3$8739	0.$9^3$8787	0.$9^3$8834	0.$9^3$8879	3.6
3.7	0.$9^3$8922	0.$9^3$8964	0.$9^4$0039	0.$9^4$0426	0.$9^4$0799	0.$9^4$1158	0.$9^4$1504	0.$9^4$1833	0.$9^4$2159	0.$9^4$2468	3.7
3.8	0.$9^4$2765	0.$9^4$3052	0.$9^4$3327	0.$9^4$3593	0.$9^4$3848	0.$9^4$0094	0.$9^4$4331	0.$9^4$4558	0.$9^4$4777	0.$9^4$4983	3.8
3.9	0.$9^4$5190	0.$9^4$5385	0.$9^4$5573	0.$9^4$5755	0.$9^4$5926	0.$9^4$6092	0.$9^4$6253	0.$9^4$6406	0.$9^4$6554	0.$9^4$6696	3.9
4.0	0.$9^4$6838	0.$9^4$6964	0.$9^4$7090	0.$9^4$7211	0.$9^4$7327	0.$9^4$7439	0.$9^4$7546	0.$9^4$7649	0.$9^4$7748	0.$9^4$7843	4.0
4.1	0.$9^4$7934	0.$9^4$8022	0.$9^4$8106	0.$9^4$8186	0.$9^4$8263	0.$9^4$8338	0.$9^4$8409	0.$9^4$8477	0.$9^4$8542	0.$9^4$8605	4.1
4.2	0.$9^4$8665	0.$9^4$8723	0.$9^4$8778	0.$9^4$8832	0.$9^4$8882	0.$9^4$8931	0.$9^4$8978	0.$9^5$0226	0.$9^5$0655	0.$9^5$1066	4.2
4.3	0.$9^5$1460	0.$9^5$1837	0.$9^5$2199	0.$9^5$2545	0.$9^5$2876	0.$9^5$3193	0.$9^5$3497	0.$9^5$3788	0.$9^5$4066	0.$9^5$4332	4.3
4.4	0.$9^5$4587	0.$9^5$4831	0.$9^5$5065	0.$9^5$5288	0.$9^5$5502	0.$9^5$5706	0.$9^5$5902	0.$9^5$6089	0.$9^5$6268	0.$9^5$6439	4.4
4.5	0.$9^5$6602	0.$9^5$6759	0.$9^5$6903	0.$9^5$7051	0.$9^5$7187	0.$9^5$7318	0.$9^5$7442	0.$9^5$7561	0.$9^5$7675	0.$9^5$7784	4.5
4.6	0.$9^5$7888	0.$9^5$7987	0.$9^5$8081	0.$9^5$8172	0.$9^5$8258	0.$9^5$8340	0.$9^5$8419	0.$9^5$8494	0.$9^5$8566	0.$9^5$8634	4.6
4.7	0.$9^5$8699	0.$9^5$8761	0.$9^5$8821	0.$9^5$8877	0.$9^5$8931	0.$9^5$8983	0.$9^6$0320	0.$9^6$0789	0.$9^6$1235	0.$9^6$1661	4.7
4.8	0.$9^6$2067	0.$9^6$2453	0.$9^6$2822	0.$9^6$3173	0.$9^6$3508	0.$9^6$3827	0.$9^6$4131	0.$9^6$4420	0.$9^6$4696	0.$9^6$4958	4.8
4.9	0.$9^6$5208	0.$9^6$5446	0.$9^6$5673	0.$9^6$5889	0.$9^6$6094	0.$9^6$6289	0.$9^6$6475	0.$9^6$6652	0.$9^6$6821	0.$9^6$6981	4.9

表 2′ 标准正态分布常用分位数表

$$P\{U < u_p\} = p$$

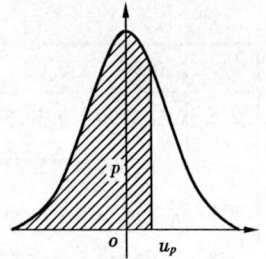

p	0.90	0.95	0.975	0.99	0.995	0.999
u_p	1.282	1.645	1.960	2.326	2.576	3.090

表 3 t 分布分位数表

$$P\{U < t_p(n)\} = p$$

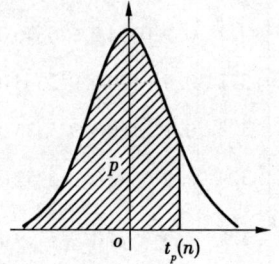

n \ p	0.75	0.90	0.95	0.975	0.99	0.995
1	1.000 0	3.077 7	6.313 8	12.706 2	31.820 7	63.657 4
2	0.816 5	1.885 6	2.920 0	4.302 7	6.964 6	9.924 8
3	0.764 9	1.637 7	2.353 4	3.182 4	4.540 7	5.840 9
4	0.740 7	1.533 2	2.131 8	2.776 4	3.746 9	4.604 1
5	0.726 7	1.475 9	2.015 0	2.570 6	3.364 9	4.032 2
6	0.717 6	0.439 8	1.943 2	2.446 9	3.142 7	3.707 1
7	0.711 1	1.414 9	1.894 6	2.364 6	2.998 0	3.499 5
8	0.706 4	1.396 8	1.859 5	2.306 0	2.896 5	3.355 4
9	0.702 7	1.383 0	1.933 1	2.262 2	2.821 4	3.249 8
10	0.699 8	1.372 2	1.812 5	2.228 1	2.763 8	3.169 3
11	0.697 4	1.363 4	1.795 9	2.201 0	2.718 1	3.105 8
12	0.695 5	1.356 2	1.782 3	2.178 8	2.681 0	3.054 5
13	0.693 8	1.350 2	1.770 9	2.160 4	2.650 3	3.012 3
14	0.692 4	1.345 0	1.761 3	2.144 8	2.624 5	2.976 8
15	0.691 2	1.340 6	1.753 1	2.131 5	2.602 5	2.946 7

续表

n \ p	0.75	0.90	0.95	0.975	0.99	0.995
16	0.690 1	1.336 8	1.745 9	2.119 9	2.583 5	2.920 8
17	0.689 2	1.333 4	1.739 6	2.109 8	2.566 9	2.898 2
18	0.688 4	1.330 4	1.734 1	2.100 9	2.552 4	2.878 4
19	0.687 6	1.327 7	1.729 1	2.093 0	2.539 5	2.860 9
20	0.637 0	1.325 3	1.724 7	2.086 0	2.528 0	2.845 3
21	0.686 4	1.323 2	1.720 7	2.079 6	2.517 7	2.831 4
22	0.685 8	1.321 2	1.717 1	2.073 9	2.508 3	2.818 8
23	0.685 3	1.319 5	1.713 9	2.068 7	2.499 9	2.807 3
24	0.684 8	1.317 8	1.710 9	2.063 9	2.492 2	2.796 9
25	0.684 4	1.316 3	1.708 1	2.059 5	2.485 1	2.787 4
26	0.684 0	1.315 0	1.705 6	2.055 5	2.478 6	2.778 7
27	0.683 7	1.313 7	1.703 3	2.054 8	2.472 7	2.770 7
28	0.683 4	1.312 5	1.701 1	2.048 4	2.467 1	2.763 3
29	0.683 0	1.311 4	1.699 1	2.045 2	2.462 0	2.756 4
30	0.682 8	1.310 4	1.697 3	2.042 3	2.457 3	2.750 0
31	0.682 5	1.309 5	1.695 5	2.030 5	2.452 8	2.744 0
32	0.682 2	1.308 6	1.693 9	2.036 9	2.448 7	2.738 5
33	0.682 0	1.307 7	1.692 4	2.034 5	2.444 8	2.733 3
34	0.681 8	1.307 0	1.690 9	2.032 2	2.441 1	7.728 4
35	0.681 6	1.306 2	1.689 5	2.030 1	2.437 7	2.723 8
36	0.681 4	1.305 5	1.688 3	2.028 1	2.434 5	2.719 5
37	0.681 2	1.304 9	1.687 1	2.026 2	2.431 4	2.715 4
38	0.681 0	1.304 2	1.686 0	2.024 4	2.428 3	2.711 6
39	0.680 8	1.303 6	1.684 9	2.022 7	2.425 8	2.707 9
40	0.680 7	1.303 1	1.683 9	2.021 1	2.423 3	2.704 5
41	0.680 5	1.302 5	1.682 9	2.019 5	2.420 8	2.701 2
42	0.680 4	1.302 0	1.682 0	2.018 1	2.418 5	2.698 1
43	0.680 2	1.301 6	1.681 1	2.016 7	2.416 3	2.695 1
44	0.680 1	1.301 1	1.680 2	2.015 4	2.414 1	2.692 3
45	0.680 0	1.300 6	1.679 4	2.014 1	2.412 1	2.689 6

表4 χ^2 分布分位数表

$$P\{\chi^2 < \chi_p^2(n)\} = p$$

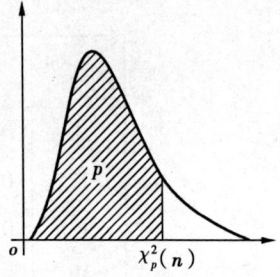

n＼p	0. 005	0. 01	0. 025	0. 05	0. 10	0. 25
1	—	—	0. 001	0. 004	0. 016	0. 102
2	0. 010	0. 020	0. 051	0. 103	0. 211	0. 575
3	0. 072	0. 115	0. 216	0. 352	0. 584	1. 213
4	0. 207	0. 297	0. 484	0. 711	1. 064	1. 923
5	0. 412	0. 554	0. 831	1. 145	1. 610	2. 675
6	0. 676	0. 872	1. 237	1. 635	2. 204	3. 455
7	0. 989	1. 239	1. 690	2. 167	2. 833	4. 255
8	1. 344	1. 646	2. 180	2. 733	3. 490	5. 071
9	1. 735	2. 088	2. 700	3. 325	4. 168	5. 899
10	2. 156	2. 558	3. 247	3. 940	4. 865	6. 737
11	2. 603	3. 053	3. 816	4. 575	5. 578	7. 584
12	3. 074	3. 571	4. 404	5. 226	6. 304	8. 438
13	3. 565	4. 107	5. 009	5. 892	7. 042	9. 299
14	4. 075	4. 660	5. 629	6. 571	7. 790	10. 165
15	4. 601	5. 229	6. 262	7. 261	8. 547	11. 037
16	5. 142	5. 812	6. 908	7. 962	9. 312	11. 912
17	5. 679	6. 408	7. 564	8. 672	10. 085	12. 797
18	6. 265	7. 015	8. 231	9. 390	10. 265	10. 675
19	6. 844	7. 633	8. 907	10. 117	11. 651	14. 562
20	7. 434	8. 260	9. 591	10. 851	12. 443	15. 452
21	8. 034	8. 897	10. 283	11. 591	13. 240	16. 344
22	8. 643	9. 542	10. 982	12. 338	14. 042	17. 240

续表

n \ p	0.005	0.01	0.025	0.05	0.10	0.25
23	9.260	10.196	11.680	13.091	14.848	18.137
24	9.886	10.865	12.401	13.848	15.659	19.037
25	10.520	11.524	13.120	14.611	16.473	19.939
26	11.160	12.198	13.844	15.379	17.292	20.843
27	11.808	12.879	14.573	16.151	18.114	21.749
28	12.461	13.565	15.308	16.928	18.939	22.657
29	13.121	14.257	16.047	17.708	19.768	23.567
30	13.787	14.954	16.791	18.493	20.599	24.478
31	14.458	15.655	17.539	19.281	21.434	25.390
32	15.134	16.362	18.291	20.072	22.271	26.304
33	15.815	17.074	19.047	20.867	23.110	27.210
34	16.501	17.789	19.806	21.664	23.952	28.136
35	17.192	18.509	20.569	22.465	24.797	29.054
36	17.887	19.233	21.336	23.269	25.643	29.973
37	18.586	19.960	22.106	24.075	26.492	30.893
38	19.289	20.691	22.878	24.884	27.343	31.815
39	19.996	21.426	23.654	25.695	28.196	32.737
40	20.707	22.164	24.433	26.509	29.051	33.660
41	21.421	22.906	25.215	27.326	29.907	34.585
42	22.138	23.650	25.999	28.144	30.765	35.510
43	22.859	24.398	26.785	28.965	31.625	36.436
44	23.584	25.148	27.575	29.787	32.487	37.363
45	24.311	25.901	28.366	30.612	33.350	38.291

续表

n \ p	0.75	0.90	0.95	0.975	0.99	0.995
1	1.323	2.706	3.841	5.024	6.635	7.879
2	2.773	4.605	5.991	7.378	9.210	10.597
3	4.108	6.251	7.815	9.348	11.345	12.838
4	5.385	7.779	9.488	11.143	13.277	14.860
5	6.626	9.236	11.071	12.833	15.086	16.750
6	7.841	10.645	12.592	14.449	16.812	18.548
7	9.037	12.017	14.067	16.013	18.475	20.278
8	10.219	13.362	15.507	17.535	20.090	21.955
9	11.389	14.684	16.919	19.023	21.666	23.589
10	12.549	15.987	18.307	20.483	23.209	25.188
11	13.701	17.275	19.675	21.920	24.725	26.757
12	14.845	18.549	21.026	23.337	26.217	28.299
13	15.984	19.812	22.362	24.736	27.688	29.819
14	17.117	21.064	23.685	26.119	29.141	31.319
15	18.245	22.307	24.996	27.488	30.578	32.801
16	19.369	23.542	26.296	28.845	32.000	34.267
17	20.489	24.769	27.587	30.191	33.409	35.718
18	21.605	25.989	28.869	31.526	34.805	37.156
19	22.718	27.204	30.144	32.852	36.191	38.532
20	23.828	28.412	31.410	34.170	37.566	39.997
21	24.935	29.615	32.671	35.479	38.932	41.401
22	26.039	30.818	33.924	36.781	40.289	42.796
23	27.141	32.007	85.172	38.076	41.638	44.181
24	28.241	33.196	36.415	39.534	42.980	45.559
25	29.339	34.382	37.652	40.646	44.314	46.923

续表

n \ p	0.75	0.90	0.95	0.975	0.99	0.995
26	30.435	35.563	38.885	41.923	45.642	48.290
27	31.528	36.741	40.113	43.194	46.963	49.645
28	32.620	37.916	41.337	44.461	48.278	50.993
29	33.711	39.087	42.557	45.722	49.588	52.336
30	34.800	40.256	43.773	46.979	50.892	53.672
31	35.887	41.422	44.985	48.232	52.191	55.003
32	36.973	42.585	46.194	49.480	53.486	56.328
33	38.058	43.745	47.400	50.725	54.776	57.648
34	39.141	44.903	48.602	51.966	56.061	58.964
35	40.226	46.059	49.802	53.203	57.342	60.275
36	41.304	47.212	50.998	54.437	58.619	61.581
37	42.383	48.363	52.192	55.668	59.892	62.883
38	43.462	49.513	53.384	56.896	61.162	64.181
39	44.539	50.660	54.572	58.120	62.428	65.476
40	45.616	51.805	55.758	59.342	63.691	66.766
41	46.692	52.849	56.942	60.561	64.950	68.053
42	47.766	54.090	58.124	61.777	66.206	69.336
43	48.840	55.230	59.304	62.990	67.459	70.616
44	49.913	56.369	60.481	64.201	68.710	71.893
45	50.985	57.505	61.656	65.410	69.957	73.166

表5　F 分布分位数表

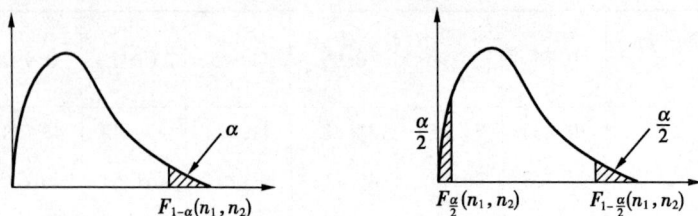

$$F_{1-\alpha}(n_1, n_2) \qquad F_{\frac{\alpha}{2}}(n_1, n_2) \qquad F_{1-\frac{\alpha}{2}}(n_1, n_2)$$

附表 5-1　$F_{0.90}(f_1, f_2)$ 表

$f_2 \backslash f_1$	1	2	3	4	5	6	7	8	9	10	15	20	30	50	100	200	500	∞	f_2
1	39.9	49.5	53.6	55.8	57.2	58.2	58.9	59.4	59.9	60.2	61.2	61.7	62.3	62.7	63.0	63.2	63.3	63.3	1
2	8.53	9.00	9.16	9.24	9.29	9.33	9.35	9.37	9.38	9.39	9.42	9.44	9.46	9.47	9.48	9.49	9.49	9.49	2
3	5.54	5.46	5.39	5.34	5.31	5.28	5.27	5.25	5.24	5.23	5.20	5.18	5.17	5.15	5.14	5.14	5.14	5.13	3
4	4.54	4.32	4.19	4.11	4.05	4.01	3.98	3.95	3.94	3.92	3.87	3.84	3.82	3.80	3.78	3.77	3.76	3.76	4
5	4.06	3.78	3.62	3.52	3.45	3.40	3.37	3.34	3.32	3.30	3.24	3.21	3.17	3.15	3.13	3.12	3.11	3.10	5
6	3.78	3.46	3.29	3.18	3.11	3.05	3.01	2.98	2.96	2.91	2.87	2.84	2.80	2.77	2.75	2.73	2.73	2.72	6
7	3.59	3.26	3.07	2.96	2.88	2.83	2.78	2.75	2.72	2.70	2.63	2.59	2.56	2.52	2.50	2.48	2.48	2.47	7
8	3.46	3.11	2.92	2.81	2.73	2.67	2.62	2.57	2.56	2.51	2.46	2.42	2.38	2.35	2.32	2.31	2.30	2.29	8
9	3.36	3.01	2.81	2.69	2.61	2.55	2.51	2.47	2.44	2.42	2.34	2.30	2.25	2.22	2.19	2.17	2.17	2.16	9
10	3.28	2.92	2.73	2.61	2.52	2.46	2.41	2.38	2.35	2.32	2.24	2.20	2.16	2.12	2.09	2.07	2.06	2.06	10
11	3.23	2.86	2.66	2.54	2.45	2.39	2.34	2.30	2.27	2.25	2.17	2.12	2.08	2.04	2.00	1.99	1.98	1.97	11
12	3.18	2.81	2.61	2.48	2.39	2.33	2.28	2.24	2.21	2.19	2.10	2.06	2.01	1.97	1.94	1.92	1.91	1.90	12
13	3.14	2.76	2.56	2.43	2.35	2.28	2.23	2.20	2.16	2.14	2.05	2.01	1.96	1.92	1.88	1.86	1.85	1.85	13
14	3.10	2.73	2.52	2.39	2.31	2.24	2.19	2.15	2.12	2.10	2.01	1.96	1.91	1.87	1.83	1.82	1.80	1.80	14
15	3.07	2.70	2.49	2.36	2.27	2.21	2.16	2.12	2.09	2.06	1.97	1.92	1.87	1.83	1.79	1.77	1.76	1.76	15
16	3.05	2.67	2.46	2.33	2.24	2.18	2.13	2.09	2.06	2.03	1.94	1.89	1.84	1.79	1.76	1.74	1.73	1.72	16
17	3.03	2.64	2.44	2.31	2.22	2.15	2.10	2.06	2.03	2.00	1.91	1.86	1.81	1.76	1.73	1.71	1.69	1.69	17
18	3.01	2.62	2.42	2.29	2.20	2.13	2.08	2.04	2.00	1.98	1.89	1.84	1.78	1.74	1.70	1.68	1.67	1.66	18
19	2.99	2.61	2.40	2.27	2.18	2.11	2.06	2.02	1.98	1.96	1.86	1.81	1.76	1.71	1.67	1.65	1.64	1.63	19
20	2.97	2.59	2.38	2.25	2.16	2.09	2.04	2.00	1.96	1.94	1.84	1.79	1.74	1.69	1.65	1.63	1.62	1.61	20
22	2.95	2.56	2.35	2.22	2.13	2.06	2.01	1.97	1.93	1.90	1.81	1.76	1.70	1.65	1.61	1.59	1.58	1.57	22
24	2.93	2.54	2.33	2.19	2.10	2.04	1.98	1.94	1.91	1.88	1.78	1.73	1.67	1.62	1.58	1.56	1.54	1.53	24
26	2.91	2.52	2.31	2.17	2.08	2.01	1.96	1.92	1.88	1.86	1.76	1.71	1.65	1.59	1.55	1.53	1.51	1.50	26
28	2.89	2.50	2.29	2.16	2.06	2.00	1.94	1.90	1.87	1.84	1.74	1.69	1.63	1.57	1.53	1.50	1.49	1.48	28
30	2.88	2.49	2.28	2.14	2.05	1.98	1.93	1.88	1.85	1.82	1.72	1.67	1.61	1.55	1.51	1.48	1.47	1.46	30
40	2.84	2.44	2.23	2.09	2.00	1.93	1.87	1.83	1.79	1.76	1.66	1.61	1.54	1.48	1.43	1.41	1.39	1.38	40
50	2.81	2.41	2.00	2.06	1.97	1.90	1.84	1.80	1.76	1.73	1.63	1.57	1.50	1.44	1.39	1.36	1.34	1.33	50
60	2.79	2.39	2.18	2.04	1.95	1.87	1.82	1.77	1.74	1.71	1.60	1.54	1.48	1.41	1.36	1.33	1.31	1.29	60
80	2.77	2.37	2.15	2.02	1.92	1.85	1.79	1.75	1.71	1.68	1.57	1.51	1.44	1.38	1.32	1.28	1.26	1.24	80
100	2.76	2.36	2.14	2.00	1.91	1.83	1.78	1.73	1.70	1.66	1.56	1.49	1.42	1.35	1.29	1.26	1.23	1.21	100
200	2.73	2.33	2.11	1.97	1.88	1.80	1.75	1.70	1.66	1.63	1.52	1.46	1.38	1.31	1.24	1.20	1.17	1.14	200
500	2.72	2.31	2.10	1.96	1.86	1.79	1.73	1.68	1.64	1.61	1.50	1.44	1.36	1.28	1.21	1.16	1.12	1.09	500
∞	2.71	2.30	2.08	1.94	1.85	1.77	1.72	1.67	1.63	1.60	1.49	1.42	1.34	1.26	1.18	1.13	1.08	1.00	∞

附表 5-2　$F_{0.95}(f_1,f_2)$ 表

f_2＼f_1	1	2	3	4	5	6	7	8	9	10	12	14	16	18	20	f_1＼f_2
1	161	200	216	225	230	234	237	239	241	242	244	245	246	247	248	1
2	18.5	19.0	19.2	19.2	19.3	19.3	19.4	19.4	19.4	19.4	19.4	19.4	19.4	19.4	19.4	2
3	10.1	9.55	9.23	9.12	9.01	8.94	8.89	8.85	8.81	8.79	8.74	8.71	8.69	8.67	8.66	3
4	7.71	6.94	6.59	6.39	6.26	6.16	6.09	6.04	6.00	5.96	5.91	5.87	5.84	5.82	5.80	4
5	6.61	5.79	5.41	5.19	5.05	4.95	4.88	4.82	4.77	4.74	4.68	4.64	4.60	4.58	4.56	5
6	5.99	5.14	4.76	4.53	4.39	4.28	4.21	4.15	4.10	4.06	4.00	3.96	3.92	3.90	3.87	6
7	5.59	4.74	4.35	4.12	3.97	3.87	3.79	3.73	3.68	3.64	3.57	3.53	3.49	3.47	3.44	7
8	5.32	4.46	4.07	3.84	3.69	3.58	3.50	3.44	3.39	3.35	3.28	3.24	3.20	3.17	3.15	8
9	5.12	4.26	3.86	3.63	3.48	3.37	3.29	3.23	3.18	3.14	3.07	3.03	2.99	2.96	2.94	9
10	4.96	4.10	3.71	3.48	3.33	3.22	3.14	3.07	3.02	2.98	2.91	2.86	2.83	2.80	2.77	10
11	4.84	3.98	3.59	3.36	3.20	3.09	3.01	2.95	2.90	2.85	2.79	2.74	2.70	2.67	2.65	11
12	4.75	3.89	3.40	3.26	3.11	3.00	2.91	2.85	2.80	2.75	2.69	2.64	2.60	2.57	2.54	12
13	4.67	3.81	3.41	3.18	3.03	2.92	2.83	2.77	2.71	2.67	2.60	2.55	2.51	2.48	2.46	13
14	4.60	3.74	3.34	3.11	2.96	2.85	2.76	2.70	2.65	2.60	2.53	2.48	2.44	2.41	2.39	14
15	4.54	3.68	3.29	3.06	2.90	2.79	2.71	2.64	2.59	2.54	2.48	2.42	2.38	2.35	2.33	15
16	4.49	3.63	3.24	3.01	2.85	2.74	2.66	2.59	2.54	2.49	2.42	2.37	2.33	2.30	2.28	16
17	4.45	3.59	3.20	2.96	2.81	2.70	2.61	2.55	2.49	2.45	2.38	2.33	2.29	2.26	2.23	17
18	4.41	3.55	3.16	2.93	2.77	2.66	2.58	2.51	2.46	2.41	2.34	2.29	2.25	2.22	2.19	18
19	4.38	3.52	3.13	2.90	2.74	2.63	2.54	2.48	2.42	2.38	2.31	2.26	2.21	2.18	2.16	19
20	4.35	3.49	3.10	2.87	2.71	2.60	2.51	2.45	2.39	2.35	2.28	2.22	2.18	2.15	2.12	20
21	4.32	3.47	3.07	2.84	2.68	2.57	2.49	2.42	2.37	2.32	2.25	2.20	2.16	2.12	2.10	21
22	4.30	3.44	3.05	2.82	2.66	2.55	2.46	2.40	2.34	2.30	3.23	2.17	2.13	2.10	2.07	22
23	4.28	3.42	3.03	2.80	2.64	2.53	2.44	2.37	2.32	2.27	2.20	2.15	2.11	2.07	2.05	23
24	4.26	3.40	3.01	2.78	2.62	2.51	2.42	2.36	2.30	2.25	2.18	2.13	2.09	2.05	2.03	24
25	4.24	3.39	2.99	2.76	2.60	2.49	2.40	2.34	2.28	2.24	2.16	2.11	2.07	2.04	2.01	25
26	4.23	3.37	2.98	2.74	2.59	2.47	2.39	2.32	2.27	2.22	2.15	2.09	2.05	2.02	1.99	26
27	4.21	3.35	2.96	2.73	2.57	2.46	2.37	2.31	2.25	2.20	2.13	2.08	2.04	2.00	1.97	27
28	4.20	3.34	2.95	2.71	2.56	2.45	2.36	2.29	2.24	2.19	2.12	2.06	2.02	1.99	1.96	28
29	4.18	3.33	2.93	2.70	2.55	2.43	2.35	2.28	2.22	2.18	2.10	2.05	2.01	1.97	1.94	29
30	4.17	3.32	2.92	2.69	2.53	2.42	2.33	2.27	2.21	2.16	2.09	2.04	1.99	1.96	1.93	30
32	4.15	3.29	2.90	2.67	2.51	2.40	2.31	2.24	2.19	2.14	2.07	2.01	1.97	1.94	1.91	32
34	4.13	3.28	2.88	2.65	2.49	2.38	2.29	2.23	2.17	2.12	2.05	1.99	1.95	1.92	1.89	34
36	4.11	3.26	2.87	2.60	2.48	2.36	2.28	2.21	2.15	2.11	2.03	1.98	1.93	1.90	1.87	36
38	4.10	3.24	2.85	2.62	2.46	2.35	2.26	2.19	2.14	2.09	2.02	1.96	1.92	1.88	1.85	38
40	4.08	3.23	2.84	2.61	2.45	2.34	2.25	2.18	2.12	2.08	2.00	1.95	1.90	1.87	1.84	40
42	4.07	3.22	2.83	2.59	2.44	2.32	2.24	2.17	2.11	2.06	1.99	1.93	1.89	1.86	1.83	42
44	4.06	3.21	2.82	2.58	2.43	2.31	2.23	2.16	2.10	2.05	1.98	1.92	1.88	1.84	1.81	44
46	4.05	3.20	2.81	2.57	2.42	2.30	2.22	2.15	2.09	2.04	1.97	1.91	1.87	1.83	1.80	46
48	4.04	3.19	2.80	2.57	2.41	2.29	2.21	2.14	2.08	2.03	1.96	1.90	1.86	1.82	1.79	48
50	4.03	3.18	2.79	2.56	2.40	2.29	2.20	2.13	2.07	2.03	1.95	1.89	1.85	1.81	1.78	50
60	4.00	3.15	2.76	2.53	2.37	2.25	2.17	2.10	2.04	1.99	1.92	1.86	1.82	1.78	1.75	60
80	3.96	3.11	2.72	2.49	2.33	2.21	2.13	2.06	2.00	1.95	1.88	1.82	1.77	1.73	1.70	80
100	3.94	3.09	2.70	2.46	2.31	2.19	3.10	2.03	1.97	1.93	1.85	1.79	1.75	1.71	1.68	100
125	3.92	3.07	2.68	2.44	2.29	2.17	2.08	2.01	1.96	1.91	1.83	1.77	1.72	1.69	1.66	125
150	3.90	3.06	2.66	2.43	2.27	2.16	2.07	2.00	1.94	1.89	1.82	1.76	1.71	1.67	1.64	150
200	3.89	3.04	2.65	2.42	2.26	2.14	2.06	1.98	1.93	1.88	1.80	1.74	1.69	1.66	1.62	200
300	3.87	3.03	2.63	2.40	2.24	2.13	2.04	1.97	1.91	1.86	1.78	1.72	1.68	1.64	1.61	300
500	3.86	3.01	2.62	2.39	2.23	2.12	2.03	1.96	1.90	1.85	1.77	1.71	1.66	1.62	1.59	500
1 000	3.85	3.00	2.61	2.38	2.22	2.11	2.03	1.95	1.89	1.84	1.76	1.70	1.65	1.61	1.58	1 000
∞	3.84	3.00	2.60	2.37	2.21	2.10	2.01	1.94	1.88	1.83	1.75	1.69	1.64	1.60	1.57	∞

续表

f_2 \ f_1	22	24	26	28	30	35	40	45	50	60	80	100	200	500	∞	f_1 \ f_2
1	249	249	249	250	250	251	251	251	252	252	252	253	254	254	254	1
2	19.5	19.5	19.5	19.5	19.5	19.5	19.5	19.5	19.5	19.5	19.5	19.5	19.5	19.5	19.5	2
3	8.65	8.64	8.63	8.62	8.62	8.60	8.59	8.59	8.58	8.57	8.56	8.55	8.54	8.53	8.53	3
4	5.79	5.77	5.76	5.75	5.75	5.73	5.72	5.71	5.70	5.69	5.67	5.66	5.65	5.64	5.63	4
5	4.54	4.53	4.52	4.50	4.50	4.48	4.46	4.45	4.44	4.43	4.41	4.41	4.39	4.37	4.37	5
6	3.86	3.84	3.83	3.82	3.81	3.79	3.77	3.76	3.75	3.74	3.72	3.71	3.69	3.68	3.67	6
7	3.43	3.41	3.40	3.39	3.38	3.36	3.34	3.33	3.32	3.30	3.29	8.27	3.25	3.24	3.23	7
8	3.13	3.12	3.10	3.09	3.08	3.06	3.04	3.03	3.02	3.01	2.99	2.97	2.95	2.94	2.93	8
9	2.92	2.90	2.89	2.87	2.86	2.84	2.83	2.81	2.80	2.79	2.77	2.76	2.73	2.72	2.71	9
10	2.75	2.74	2.72	2.71	2.70	2.68	2.66	2.65	2.64	2.62	2.60	2.59	2.56	2.55	2.54	10
11	2.63	2.61	2.59	2.58	2.57	2.55	2.53	2.52	2.51	2.49	2.47	2.46	2.43	2.42	2.40	11
12	2.52	2.51	2.49	2.48	2.47	2.44	2.43	2.41	2.40	2.38	2.36	2.35	2.32	2.31	2.30	12
13	2.44	2.42	2.41	2.39	2.38	2.36	2.34	2.33	2.31	2.30	2.27	2.26	2.23	2.22	2.21	13
14	2.37	2.35	2.33	2.32	2.31	2.28	2.27	2.25	2.24	2.22	2.20	2.19	2.16	2.14	2.13	14
15	2.31	2.29	2.27	2.26	2.25	2.22	2.20	2.19	2.18	2.16	2.14	2.12	2.10	2.08	2.07	15
16	2.25	2.24	2.22	2.21	2.19	2.17	2.15	2.14	2.12	2.11	2.08	2.07	2.04	2.02	2.01	16
17	2.21	2.19	2.17	2.16	2.15	2.12	2.10	2.09	2.08	2.06	2.03	2.02	1.99	1.97	1.96	17
18	2.17	2.15	2.13	2.11	2.11	2.08	2.06	2.05	2.04	2.02	1.99	1.98	1.95	1.93	1.92	18
19	2.13	2.11	2.10	2.08	2.07	2.05	2.03	2.01	2.00	1.98	1.96	1.94	1.91	1.89	1.88	19
20	2.10	2.08	2.07	2.05	2.04	2.01	1.99	1.98	1.97	1.95	1.92	1.91	1.88	1.86	1.84	20
21	2.07	2.05	2.04	2.02	2.01	1.98	1.96	1.95	1.94	1.92	1.89	1.88	1.84	1.82	1.81	21
22	2.05	2.03	2.01	2.00	1.98	1.96	1.94	1.92	1.91	1.89	1.86	1.85	1.82	1.80	1.78	22
23	2.02	2.00	1.99	1.97	1.96	1.93	1.91	1.90	1.88	1.86	1.84	1.82	1.79	1.77	1.76	23
24	2.00	1.98	1.97	1.95	1.94	1.91	1.89	1.88	1.86	1.84	1.82	1.80	1.77	1.75	1.73	24
25	1.98	1.96	1.95	1.93	1.92	1.89	1.87	1.86	1.84	1.82	1.80	1.78	1.75	1.73	1.71	25
26	1.97	1.95	1.93	1.91	1.90	1.87	1.85	1.84	1.82	1.80	1.78	1.76	1.73	1.71	1.69	26
27	1.95	1.93	1.91	1.90	1.83	1.86	1.84	1.82	1.81	1.79	1.76	1.74	1.71	1.69	1.67	27
28	1.93	1.91	1.90	1.88	1.87	1.84	1.82	1.80	1.79	1.77	1.74	1.73	1.69	1.67	1.65	28
29	1.92	1.90	1.88	1.87	1.85	1.83	1.81	1.79	1.77	1.75	1.73	1.71	1.67	1.65	1.64	29
30	1.91	1.89	1.87	1.85	1.84	1.81	1.79	1.77	1.76	1.74	1.71	1.70	1.66	1.64	1.62	30
32	1.88	1.86	1.85	1.83	1.82	1.79	1.77	1.75	1.74	1.71	1.69	1.67	1.63	1.61	1.59	32
34	1.86	1.84	1.82	1.80	1.80	1.77	1.75	1.73	1.71	1.69	1.66	1.65	1.61	1.59	1.57	34
36	1.85	1.82	1.81	1.79	1.78	1.75	1.73	1.71	1.69	1.67	1.64	1.62	1.59	1.56	1.55	36
38	1.83	1.81	1.79	1.77	1.76	1.73	1.71	1.69	1.68	1.65	1.62	1.61	1.57	1.54	1.53	38
40	1.81	1.79	1.77	1.76	1.74	1.72	1.69	1.67	1.66	1.64	1.61	1.59	1.55	1.53	1.51	40
42	1.80	1.78	1.76	1.74	1.73	1.70	1.68	1.66	1.65	1.62	1.59	1.57	1.53	1.51	1.49	42
44	1.79	1.77	1.75	1.73	1.72	1.69	1.67	1.65	1.63	1.61	1.58	1.56	1.52	1.49	1.48	44
46	1.78	1.76	1.74	1.72	1.71	1.68	1.65	1.64	1.62	1.60	1.57	1.55	1.51	1.48	1.46	46
48	1.77	1.75	1.73	1.71	1.70	1.67	1.64	1.62	1.61	1.59	1.56	1.54	1.49	1.47	1.45	48
50	1.76	1.74	1.72	1.70	1.69	1.66	1.63	1.61	1.60	1.58	1.54	1.52	1.48	1.46	1.44	50
60	1.72	1.70	1.68	1.66	1.65	1.62	1.59	1.57	1.56	1.53	1.50	1.48	1.44	1.41	1.40	60
80	1.68	1.65	1.63	1.62	1.60	1.57	1.54	1.52	1.51	1.48	1.45	1.43	1.38	1.35	1.32	80
100	1.65	1.63	1.61	1.59	1.57	1.54	1.52	1.49	1.48	1.45	1.41	1.39	1.34	1.31	1.28	100
125	1.63	1.60	1.58	1.57	1.55	1.52	1.49	1.47	1.45	1.42	1.39	1.36	1.31	1.27	1.25	125
150	1.61	1.59	1.57	1.55	1.53	1.50	1.48	1.45	1.44	1.41	1.37	1.34	1.29	1.25	1.22	150
200	1.00	1.57	1.55	1.53	1.52	1.48	1.46	1.43	1.41	1.39	1.35	1.32	1.26	1.22	1.19	200
300	1.58	1.55	1.53	1.51	1.50	1.46	1.43	1.41	1.39	1.36	1.33	1.30	1.23	1.19	1.15	300
500	1.56	1.54	1.52	1.50	1.48	1.45	1.42	1.40	1.38	1.34	1.30	1.28	1.21	1.16	1.11	500
1 000	1.55	1.53	1.51	1.49	1.47	1.44	1.41	1.38	1.36	1.33	1.29	1.26	1.19	1.13	1.08	1 000
∞	1.54	1.52	1.50	1.48	1.46	1.42	1.39	1.37	1.35	1.32	1.27	1.24	1.17	1.11	1.00	∞

附表 5-3　$F_{0.99}(f_1,f_2)$ 表

f_2\\f_1	1	2	3	4	5	6	7	8	9	10	12	14	16	18	20	f_1\\f_2
1	4 052	4 999	5 403	5 625	5 764	5 859	5 928	5 982	6 022	6 056	6 106	6 142	6 169	6 192	6 209	1
2	98.5	99.0	99.2	99.2	99.3	99.3	99.4	99.4	99.4	99.4	99.4	99.4	99.4	99.4	99.4	2
3	34.1	30.8	29.5	28.7	28.2	27.9	27.7	27.5	27.3	27.2	27.1	26.9	26.8	26.8	26.7	3
4	21.2	18.0	16.7	16.0	15.5	15.2	15.0	14.8	14.7	14.5	14.4	14.2	14.2	14.1	14.0	4
5	16.3	13.3	12.1	11.4	11.0	10.7	10.5	10.3	10.2	10.1	9.89	9.77	9.68	9.61	9.55	5
6	13.7	10.9	9.78	9.15	8.75	8.47	8.26	8.10	7.98	7.87	7.72	7.60	7.52	7.45	7.40	6
7	12.2	9.55	8.45	7.85	7.46	7.19	6.99	6.84	6.72	6.62	6.47	6.36	6.27	6.21	6.16	7
8	11.3	8.65	7.59	7.01	6.63	6.37	6.18	6.03	5.91	5.81	5.67	5.56	5.48	5.41	5.36	8
9	10.6	8.02	6.99	6.42	6.06	5.80	5.61	5.47	5.35	5.26	5.11	5.00	4.92	4.86	4.81	9
10	10.0	7.56	6.55	5.99	5.64	5.39	5.20	5.06	4.94	4.85	4.71	4.60	4.52	4.46	4.41	10
11	9.65	7.21	6.22	5.67	5.32	5.07	4.89	4.74	4.63	4.54	4.40	4.29	4.21	4.15	4.10	11
12	9.33	6.93	5.95	5.41	5.06	4.82	4.64	4.50	4.39	4.30	4.16	4.05	3.97	3.91	3.86	12
13	9.07	6.70	5.74	5.21	4.86	4.62	4.44	4.30	4.19	4.10	3.96	3.86	3.78	3.71	3.66	13
14	8.86	6.51	5.56	5.04	4.70	4.46	4.28	4.14	4.03	3.94	3.80	3.70	3.62	3.56	3.51	14
15	8.68	6.36	5.42	4.89	4.56	4.32	4.14	4.00	3.89	3.80	3.67	3.56	3.49	3.42	3.37	15
16	8.53	6.23	5.29	4.77	4.44	4.20	4.03	3.89	3.78	3.69	3.55	3.45	3.37	3.31	3.26	16
17	8.40	6.11	5.18	4.67	4.34	4.10	3.93	3.79	3.68	3.59	3.46	3.35	3.27	3.21	3.16	17
18	8.29	6.01	5.09	4.58	4.25	4.01	3.84	3.71	3.60	3.51	3.37	3.27	3.19	3.13	3.08	18
19	8.18	5.93	5.01	4.50	4.17	3.94	3.77	3.63	3.52	3.43	3.30	3.19	3.12	3.05	3.00	19
20	8.10	5.85	4.94	4.43	4.10	3.87	3.70	3.56	3.46	3.37	3.23	3.13	3.05	2.99	2.94	20
21	8.02	5.78	4.87	4.37	4.04	3.81	3.64	3.51	3.40	3.31	3.17	3.07	2.99	2.93	2.88	21
22	7.95	5.72	4.82	4.31	3.99	3.76	3.59	3.45	3.35	3.26	3.12	3.02	2.94	2.88	2.88	22
23	7.88	5.66	4.76	4.26	3.94	3.71	3.54	3.41	3.30	3.21	3.07	2.97	2.89	2.83	2.78	23
24	7.82	5.61	4.72	4.22	3.90	3.67	3.50	3.36	3.26	3.17	3.03	2.93	2.85	2.79	2.74	24
25	7.77	5.57	4.68	4.18	3.86	3.63	3.46	3.32	3.22	3.13	2.99	2.89	2.81	2.75	2.70	25
26	7.72	5.53	4.64	4.14	3.82	3.59	3.42	3.29	3.18	3.09	2.96	2.86	2.78	2.72	2.66	26
27	7.68	5.49	4.60	4.11	3.73	3.56	3.39	3.26	3.15	3.06	2.93	2.82	2.75	2.68	2.63	27
28	7.64	5.45	4.57	4.07	3.75	3.53	3.36	3.23	3.12	3.03	2.90	2.79	2.72	2.65	2.60	28
29	7.60	5.42	4.54	4.04	3.73	3.50	3.33	3.20	3.09	3.00	2.87	2.77	2.69	2.62	2.57	29
30	7.56	5.39	4.51	4.02	3.70	3.47	3.30	3.17	3.07	2.98	2.84	2.74	2.66	2.60	2.55	30
32	7.50	5.34	4.46	3.97	3.65	3.43	3.26	3.13	3.02	2.93	2.80	2.70	2.62	2.55	2.50	32
34	7.44	5.29	4.42	3.93	3.61	3.39	3.22	3.09	2.98	2.89	2.76	2.66	2.58	2.51	2.46	34
36	7.40	5.25	4.38	3.89	3.57	3.35	3.18	3.05	2.95	2.86	2.72	2.62	2.54	2.48	2.43	36
38	7.35	5.21	4.34	3.86	3.54	3.32	3.15	3.02	2.92	2.83	2.69	2.59	2.51	2.45	2.40	38
40	7.31	5.18	4.31	3.83	3.51	3.29	3.12	2.99	2.89	2.80	2.66	2.56	2.48	2.43	2.37	40
42	7.28	5.15	4.29	3.80	3.49	3.27	3.10	2.97	2.86	2.78	2.64	2.54	2.46	2.40	2.34	42
44	7.25	5.12	4.26	3.78	3.47	3.24	3.08	2.95	2.84	2.75	2.62	2.52	2.44	2.37	2.32	44
46	7.22	5.10	4.24	3.76	3.44	3.22	3.06	2.93	2.82	2.73	2.60	2.50	2.42	2.35	2.30	46
48	7.20	5.08	4.22	3.74	3.48	3.20	3.40	2.91	2.80	2.72	2.58	2.48	2.40	2.33	2.28	48
50	7.17	5.06	4.20	3.72	3.41	3.19	3.02	2.89	2.79	2.70	2.56	2.46	2.38	2.32	2.27	50
60	7.08	4.98	4.13	3.65	3.34	3.12	2.95	2.82	2.72	2.63	2.50	2.39	2.31	2.25	2.20	60
80	6.96	4.88	4.04	3.56	3.26	3.04	2.87	2.74	2.64	2.55	2.42	2.31	2.23	2.17	2.12	80
100	6.90	4.82	3.93	3.51	3.21	2.99	2.82	2.69	2.59	2.50	2.37	2.26	2.19	2.12	2.07	100
125	6.84	4.78	3.94	3.47	3.17	2.95	2.79	2.66	2.55	2.47	2.33	2.23	2.15	2.08	2.03	125
150	6.81	4.75	3.92	3.45	3.14	2.92	2.76	2.63	2.53	2.14	2.31	2.20	2.12	2.06	2.00	150
200	6.76	4.71	3.88	3.41	3.11	2.89	2.73	2.69	2.50	2.41	2.27	2.17	2.09	2.02	1.97	200
300	6.72	4.68	3.85	3.38	3.08	2.86	2.70	2.57	2.47	2.88	2.24	2.14	2.06	1.99	1.94	300
500	6.69	4.65	3.82	3.36	3.05	2.84	2.68	2.55	2.44	2.36	2.22	2.12	2.04	1.97	1.92	500
1 000	6.66	4.63	3.80	3.34	3.04	2.82	2.66	2.58	2.43	2.34	2.20	2.10	2.02	1.95	1.90	1 000
∞	6.63	4.61	3.78	3.32	3.02	2.80	2.64	2.51	2.41	2.32	2.18	2.08	2.00	1.98	1.83	∞

续表

f_2 \ f_1	22	24	26	28	30	35	40	45	50	60	80	100	200	500	∞	f_1 \ f_2
1	6 223	6 235	6 245	6 258	6 261	6 276	6 287	6 296	6 303	6 313	6 325	6 334	6 350	6 360	6 366	1
2	99.5	99.5	99.5	99.5	99.5	99.5	99.5	99.5	99.5	99.5	99.5	99.5	99.5	99.5	99.5	2
3	26.6	26.6	26.6	26.5	26.5	26.5	26.4	26.4	26.4	26.3	26.3	26.2	26.2	26.1	26.1	3
4	14.0	13.9	13.9	13.9	13.8	13.8	13.7	13.7	13.7	13.7	13.6	13.6	13.5	13.5	13.5	4
5	9.51	9.47	9.43	9.40	9.38	9.33	9.29	9.26	9.24	9.20	9.16	9.13	9.08	9.04	9.02	5
6	7.35	7.31	7.28	7.25	7.23	7.18	7.14	7.11	7.09	7.06	7.01	6.99	6.93	6.90	6.88	6
7	6.11	6.07	6.04	6.02	5.99	5.94	5.91	5.88	5.86	5.82	5.78	5.75	5.70	5.67	5.65	7
8	5.32	5.28	5.25	5.22	5.20	5.15	5.12	5.10	5.07	5.03	4.99	4.96	4.91	4.88	4.86	8
9	4.77	4.73	4.70	4.67	4.65	4.60	4.57	4.54	4.52	4.48	4.44	4.42	4.36	4.33	4.31	9
10	4.36	4.33	4.30	4.27	4.25	4.20	4.17	4.14	4.12	4.08	4.04	4.01	3.96	3.93	3.91	10
11	4.06	4.02	3.99	3.96	3.94	3.89	3.86	3.83	3.81	3.78	3.73	3.71	3.66	3.62	3.60	11
12	3.82	3.78	3.75	3.72	3.70	3.65	6.62	3.59	3.57	3.54	3.49	3.47	3.41	3.38	3.36	12
13	3.62	3.59	3.56	3.53	3.51	3.46	3.43	3.40	3.38	3.34	3.30	3.27	3.22	3.19	3.17	13
14	3.46	3.43	3.40	3.37	3.35	3.30	3.27	3.24	3.22	3.18	3.14	3.11	3.06	3.03	3.00	14
15	3.33	3.29	3.26	3.24	3.21	3.17	3.13	3.10	3.08	3.05	3.00	2.98	2.92	2.89	2.87	15
16	3.22	3.18	3.15	3.12	3.10	3.05	3.02	2.99	2.97	2.93	2.89	2.86	2.81	2.78	2.75	16
17	3.12	3.08	3.05	3.03	3.00	2.96	2.92	2.89	2.87	2.83	2.79	2.76	2.71	2.68	2.65	17
18	3.03	3.00	2.97	2.94	2.92	2.87	2.84	2.81	2.78	2.75	2.70	2.68	2.62	2.59	2.57	18
19	2.96	2.92	2.89	2.87	2.84	2.80	2.76	2.73	2.71	2.67	2.63	2.60	2.55	2.51	2.49	19
20	2.90	2.86	2.83	2.80	2.78	2.73	2.69	2.67	2.64	2.61	2.56	2.54	2.48	2.44	2.42	20
21	2.84	2.80	2.77	2.74	2.72	2.67	2.64	2.61	2.58	2.55	2.50	2.48	2.42	2.38	2.36	21
22	2.78	2.75	2.72	2.69	2.67	2.62	2.58	2.55	2.53	2.50	2.45	2.42	2.36	2.33	2.31	22
23	2.74	2.70	2.67	2.64	2.62	2.57	2.54	2.51	2.48	2.45	2.40	2.37	2.32	2.28	2.26	23
24	2.70	2.66	2.68	2.60	2.58	5.53	2.49	2.46	2.44	2.40	2.36	2.33	2.27	2.24	2.21	24
25	2.66	2.62	2.59	2.56	2.54	2.49	2.45	2.42	2.40	2.36	2.32	2.29	2.23	2.19	2.17	25
26	2.62	2.58	2.55	2.53	2.50	2.45	2.42	2.39	2.36	2.33	2.28	2.25	2.19	2.16	2.13	26
27	2.59	2.55	2.52	2.49	2.47	2.42	2.38	2.35	2.33	2.29	2.25	2.22	2.16	2.12	2.10	27
28	2.56	2.52	2.49	2.46	2.44	2.39	2.35	2.32	2.30	2.26	2.22	2.19	2.13	2.09	2.06	28
29	2.53	2.49	2.46	2.44	2.41	2.36	2.33	2.30	2.27	2.23	2.19	2.16	2.10	2.06	2.03	29
30	2.51	2.47	2.44	2.41	2.39	2.34	2.30	2.27	2.25	2.21	2.16	2.13	2.07	2.03	2.01	30
32	2.46	2.42	2.39	2.36	2.34	2.29	2.25	2.22	2.20	2.16	2.11	2.08	2.02	1.98	1.96	32
34	2.42	2.38	2.35	2.32	2.30	2.25	2.21	2.18	2.16	2.12	2.07	2.04	1.98	1.94	1.91	34
36	2.38	2.35	2.32	2.29	2.26	2.21	2.17	2.14	2.12	2.08	2.03	2.00	1.94	1.90	1.87	36
38	2.35	2.32	2.28	2.26	2.23	2.18	2.14	2.11	2.09	2.05	2.00	1.97	1.90	1.86	1.84	38
40	2.33	2.29	2.26	2.23	2.20	2.15	2.11	2.08	2.06	2.02	1.97	1.94	1.87	1.83	1.80	40
42	2.30	2.26	2.23	2.20	2.18	2.13	2.09	2.06	2.03	1.99	1.94	1.91	1.85	1.80	1.78	42
44	2.28	2.24	2.21	2.18	2.15	2.10	2.06	2.03	2.01	1.97	1.92	1.89	1.82	1.78	1.75	44
46	2.26	2.22	2.19	2.16	2.13	2.08	2.04	2.01	1.99	1.95	1.90	1.86	1.80	1.75	1.73	46
48	2.24	2.20	2.17	2.14	2.12	2.06	2.02	1.99	1.97	1.93	1.88	1.84	1.78	1.73	1.70	48
50	2.22	2.18	2.15	2.12	2.10	2.05	2.01	1.97	1.95	1.91	1.86	1.82	1.76	1.71	1.68	50
60	2.15	2.12	2.08	2.05	2.03	1.98	1.94	1.90	1.88	1.84	1.78	1.75	1.68	1.63	1.60	60
80	2.07	2.03	2.00	1.97	1.94	1.89	1.85	1.81	1.79	1.75	1.69	1.66	1.58	1.53	1.49	80
100	2.02	1.98	1.94	1.92	1.89	1.84	1.80	1.76	1.73	1.69	1.63	1.60	1.52	1.47	1.43	100
125	1.98	1.94	1.91	1.88	1.85	1.80	1.76	1.72	1.69	1.65	1.59	1.55	1.47	1.41	1.37	125
150	1.96	1.92	1.88	1.85	1.83	1.77	1.73	1.69	1.66	1.62	1.56	1.52	1.43	1.38	1.33	150
200	1.93	1.89	1.85	1.82	1.79	1.74	1.69	1.66	1.63	1.58	1.52	1.48	1.39	1.33	1.28	200
300	1.89	1.85	1.82	1.79	1.76	1.71	1.66	1.62	1.60	1.53	1.48	1.44	1.35	1.28	1.22	300
500	1.87	1.83	1.79	1.76	1.74	1.68	1.63	1.60	1.56	1.52	1.45	1.41	1.31	1.23	1.16	500
1 000	1.85	1.81	1.77	1.74	1.72	1.66	1.61	1.57	1.54	1.50	1.43	1.38	1.28	1.19	1.11	1 000
∞	1.83	1.79	1.76	1.72	1.70	1.64	1.59	1.55	1.52	1.47	1.40	1.36	1.23	1.15	1.00	∞

附表 5-4　$F_{0.975}(f_1, f_2)$ 表

f_2	f_1 1	2	3	4	5	6	7	8	9	10	12	15	20	24	30	40	60	120	∞
1	647.8	799.5	864.2	899.6	921.8	937.1	948.2	956.7	963.1	968.6	976.7	984.9	993.1	997.2	1 001	1 006	1 010	1 014	1 018
2	38.51	39.00	39.17	39.25	39.30	39.33	39.36	39.37	39.39	39.40	39.41	39.43	39.45	39.46	39.46	39.47	39.48	39.49	39.50
3	17.44	16.04	15.44	15.10	14.88	14.73	14.62	14.54	14.47	14.42	14.34	14.25	14.17	14.12	14.08	14.04	13.99	13.95	13.90
4	12.22	10.65	9.98	9.60	9.36	9.20	9.07	8.98	8.90	8.84	8.75	8.66	8.56	8.51	8.46	8.41	8.36	8.31	8.26
5	10.01	8.43	7.76	7.39	7.15	6.98	6.85	6.76	6.68	6.62	6.52	6.43	6.33	6.28	6.23	6.18	6.12	6.07	6.02
6	8.81	7.26	6.60	6.23	5.99	5.82	5.70	5.60	5.52	5.46	5.37	5.27	5.17	5.12	5.07	5.01	4.96	4.90	4.85
7	8.07	6.54	5.89	5.52	5.29	5.12	4.99	4.90	4.82	4.76	4.67	4.57	4.47	4.42	4.36	4.31	4.25	4.20	4.14
8	7.57	6.06	5.42	5.05	4.82	4.65	4.53	4.43	4.36	4.30	4.20	4.10	4.00	3.95	3.89	3.84	3.78	3.73	3.67
9	7.21	5.71	5.08	4.72	4.48	4.32	4.20	4.10	4.03	3.96	3.87	3.77	3.67	3.61	3.56	3.51	3.45	3.39	3.33
10	6.94	5.46	4.83	4.47	4.24	4.07	3.95	3.85	3.78	3.72	3.62	3.52	3.42	3.37	3.31	3.26	3.20	3.14	3.08
11	6.72	5.26	4.63	4.28	4.04	3.88	3.76	3.66	3.59	3.53	3.43	3.33	3.23	3.17	3.12	3.06	3.00	2.91	2.88
12	6.55	5.10	4.47	4.12	3.89	3.73	3.61	3.51	3.44	3.37	3.28	3.18	3.07	3.02	2.96	2.91	2.85	2.79	2.72
13	6.41	4.97	4.35	4.00	3.77	3.60	3.48	3.39	3.31	3.25	3.15	3.05	2.95	2.89	2.84	2.78	2.72	2.66	2.60
14	6.30	4.36	4.24	3.89	3.66	3.50	3.38	3.29	3.21	3.15	3.05	2.95	2.84	2.79	2.73	2.67	2.61	2.55	2.49
15	6.29	4.77	4.15	3.80	3.58	3.41	3.29	3.20	3.12	3.06	2.96	2.86	2.76	2.70	2.64	2.59	2.52	2.46	2.40
16	6.12	4.69	4.08	3.73	3.50	3.34	3.22	3.12	3.05	2.99	2.89	2.79	2.68	2.63	2.57	2.51	2.45	2.38	2.32
17	6.04	4.62	4.01	3.66	3.44	3.28	3.16	3.06	2.98	2.92	2.82	2.72	2.62	2.56	2.50	2.44	2.38	2.32	2.25
18	5.98	4.56	3.95	3.61	3.38	3.22	3.10	3.01	2.93	2.87	2.77	2.67	2.56	2.50	2.44	2.38	2.32	2.26	2.19
19	5.92	4.51	3.90	3.56	3.33	3.17	3.05	2.96	2.88	2.82	2.72	2.62	2.51	2.45	2.39	2.33	2.27	2.20	2.13
20	5.87	4.46	3.86	3.51	3.29	3.13	3.01	2.91	2.84	2.77	2.68	2.57	2.46	2.41	2.35	2.29	2.23	2.16	2.09
21	5.83	4.42	3.82	3.48	3.25	3.09	2.97	2.87	2.80	2.73	2.64	2.53	2.42	2.37	2.31	2.25	2.18	2.11	2.04
22	5.79	4.38	3.78	3.44	3.22	3.05	2.93	2.84	2.76	2.70	2.60	2.50	2.39	2.33	2.27	2.21	2.14	2.08	2.00
23	5.75	4.35	3.75	3.41	3.18	3.02	2.90	2.81	2.73	2.67	2.57	2.47	2.36	2.30	2.24	2.18	2.11	2.04	1.97
24	5.72	4.32	3.72	3.38	3.15	2.99	2.87	2.78	2.70	2.64	2.54	2.44	2.33	2.27	2.21	2.15	2.08	2.01	1.94
25	5.69	4.29	3.69	3.35	3.13	2.67	2.85	2.75	2.68	2.61	2.51	2.41	2.30	2.24	2.18	2.12	2.05	1.98	1.91
26	5.66	4.27	3.67	3.33	3.10	2.94	2.82	2.73	2.65	2.59	2.49	2.39	2.28	2.22	2.16	2.09	2.03	1.95	1.88
27	5.63	4.24	3.65	3.31	3.08	2.92	2.80	2.71	2.63	2.57	2.47	2.36	2.25	2.19	2.13	2.07	2.00	1.93	1.85
28	5.61	4.22	3.63	3.29	3.06	2.90	2.78	2.69	2.61	2.55	2.45	2.34	2.23	2.17	2.11	2.05	1.98	1.91	1.83
29	5.59	4.20	3.61	3.27	3.04	2.88	2.76	2.67	2.59	2.53	2.43	2.32	2.21	2.15	2.09	2.03	1.96	1.89	1.81
30	5.57	4.18	3.59	3.25	3.03	2.87	2.75	2.65	2.57	2.51	2.41	2.31	2.20	2.14	2.07	2.01	1.94	1.87	1.79
40	5.42	4.05	3.46	3.13	2.90	2.74	2.62	2.53	2.45	2.39	2.29	2.18	2.07	2.01	1.91	1.88	1.80	1.72	1.64
60	5.29	3.93	3.34	3.01	2.79	2.63	2.51	2.41	2.33	2.27	2.17	2.06	1.94	1.88	1.82	1.74	1.67	1.58	1.48
120	5.15	3.80	3.23	2.89	2.67	2.52	2.39	2.30	2.22	2.16	2.05	1.94	1.82	1.76	1.69	1.61	1.53	1.43	1.31
∞	5.02	3.69	3.12	2.79	2.57	2.41	2.29	2.19	2.11	2.05	1.94	1.83	1.71	1.64	1.57	1.48	1.39	1.27	1.00

表6　相关系数临界值表

$$P(\,|\,r\,|\,>r_\alpha)=\alpha$$

α / $n-2$	0.10	0.05	0.02	0.01	0.001	α / $n-2$
1	0.987 69	0.996 92	0.999 507	0.999 877	0.999 998 8	1
2	0.900 00	0.950 00	0.980 00	0.990 00	0.999 00	2
3	0.805 4	0.878 3	0.934 33	0.958 73	0.991 16	3
4	0.729 3	0.811 4	0.882 2	0.917 20	0.974 06	4
5	0.669 4	0.754 5	0.832 9	0.874 5	0.950 74	5
6	0.621 5	0.706 7	0.788 7	0.834 3	0.924 93	6
7	0.582 2	0.666 4	0.749 8	0.797 7	0.898 2	7
8	0.549 4	0.631 9	0.715 5	0.764 6	0.872 1	8
9	0.521 4	0.602 1	0.685 1	0.734 8	0.847 1	9
10	0.497 3	0.576 0	0.658 1	0.707 9	0.823 3	10
11	0.476 2	0.552 9	0.633 9	0.683 5	0.801 0	11
12	0.457 5	0.532 4	0.612 0	0.661 4	0.780 0	12
13	0.440 9	0.513 9	0.592 3	0.641 1	0.760 3	13
14	0.425 9	0.497 3	0.574 2	0.622 6	0.742 0	14
15	0.412 4	0.482 1	0.557 7	0.605 5	0.724 6	15
16	0.400 0	0.468 3	0.542 5	0.589 7	0.708 4	16
17	0.387 7	0.455 5	0.528 5	0.575 1	0.693 2	17
18	0.378 3	0.443 8	0.515 5	0.561 4	0.678 7	18
19	0.368 7	0.432 9	0.503 4	0.548 7	0.665 2	19
20	0.359 8	0.422 7	0.492 1	0.536 8	0.652 4	20
25	0.323 3	0.380 9	0.445 1	0.486 9	0.597 4	25
30	0.296 0	0.349 4	0.409 3	0.448 7	0.554 1	30
35	0.274 6	0.324 6	0.381 0	0.418 2	0.518 9	35
40	0.257 3	0.304 4	0.357 8	0.403 2	0.489 6	40
45	0.242 8	0.287 5	0.338 4	0.372 1	0.464 8	45
50	0.230 6	0.273 2	0.321 8	0.354 1	0.443 3	50
60	0.210 8	0.250 0	0.294 8	0.324 8	0.407 8	60
70	0.195 4	0.231 9	0.273 7	0.301 7	0.379 9	70
80	0.182 9	0.217 2	0.256 5	0.283 0	0.356 8	80
90	0.172 6	0.205 0	0.242 2	0.267 3	0.337 5	90
100	0.163 8	0.194 6	0.233 1	0.254 0	0.321 1	100

参 考 书 目

1 何良材等. 应用概率统计. 北京:高等教育出版社,1989

2 何良材等. 概率论与数理统计. 重庆:重庆大学出版社,1990

3 何良材等. 高等应用数学(上、下). 重庆:重庆大学出版社,2000

4 何良材,何中市. 经济应用数学. 重庆:重庆大学出版社,1993

5 何良材,何中市. 经济应用数学(第三版). 重庆:重庆大学出版社,2003

6 赵树源. 经济应用数学基础. 北京:中国人民大学出版社,1988

7 萧亮壮等. 管理数学基础. 北京:宇航出版社,1988

8 周兆麟. 经济数学基础. 北京:中央广播电视大学出版社,1994

9 张良栋等. 经济数学辅导与习题解答. 成都:四川科学技术出版社,1986

10 高汝熹. 高等数学(一)微积分. 武汉:武汉大学出版社,1995

11 同济大学应用数学系. 微积分(上、下). 北京:高等教育出版社,1999

12 中山大学等. 运筹学——经济管理决策方法. 成都:四川大学出版社,1989

13 刘正根. 经济管理数学基础(一)微积分. 成都:西南财经大学出版社,1993

14 钟契夫. 投入产出分析. 北京:中国财政经济出版社,1987

15 傅鹂,刘琼荪,龚劬,何中市. 数学实验. 北京:科学出版社,2000